中華古籍保護計劃

ZHONG HUA GU JI BAO HU JI HUA CHENG GUO

·成果·

甘肅省西北民族大學圖書館等十四家收藏單位古籍普查登記目録

全國古籍普查登記目録

國家圖書館出版社
National Library of China Publishing House

圖書在版編目(CIP)數據

甘肅省西北民族大學圖書館等十四家收藏單位古籍普查登記目録/《甘肅省西北民族大學圖書館等十四家收藏單位古籍普查登記目録》編委會編. —北京:國家圖書館出版社,2024.11
(全國古籍普查登記目録)
ISBN 978-7-5013-8089-3

Ⅰ.①甘… Ⅱ.①甘… Ⅲ.①院校圖書館—古籍—圖書館目録—甘肅 Ⅳ.①Z838

中國國家版本館 CIP 數據核字(2024)第 037916 號

書　　名　甘肅省西北民族大學圖書館等十四家收藏單位古籍普查登記目録
著　　者　《甘肅省西北民族大學圖書館等十四家收藏單位古籍普查登記目録》編委會　編
責任編輯　閆　悦

出版發行　國家圖書館出版社(北京市西城區文津街 7 號　100034)
(原書目文獻出版社 北京圖書館出版社)
010-66114536　63802249　nlcpress@nlc.cn(郵購)
網　　址　http://www.nlcpress.com
排　　版　京荷(北京)科技有限公司
印　　裝　河北三河弘翰印務有限公司
版次印次　2024 年 11 月第 1 版　2024 年 11 月第 1 次印刷

開　　本　787×1092　1/16
印　　張　36.75
字　　數　650 千字
書　　號　ISBN 978-7-5013-8089-3
定　　價　360.00 圓

《全國古籍普查登記目録》

工作委員會

《全國古籍普查登記目録》

序　言

全國古籍普查登記工作是“中華古籍保護計劃”的首要任務，是全面開展古籍搶救、保護和利用工作的基礎，也是有史以來第一次由政府組織、參加收藏單位最多的全國性古籍普查登記工作。

2007年國務院辦公廳發布《關於進一步加强古籍保護工作的意見》(國辦發[2007]6號)，明確了古籍保護工作的首要任務是對全國公共圖書館、博物館和教育、宗教、民族、文物等系統的古籍收藏和保護狀況進行全面普查，建立中華古籍聯合目録和古籍數字資源庫。2011年12月，文化部下發《文化部辦公廳關於加快推進全國古籍普查登記工作的通知》(文辦發[2011]518號)，進一步落實了全國古籍普查登記工作。根據文化部2011年518號文件精神，國家古籍保護中心擬訂了《全國古籍普查登記工作方案》，進一步規範了古籍普查登記工作的範圍、内容、原則、步驟、辦法、成果和經費。目前進行的全國古籍普查登記工作的中心任務是通過每部古籍的身份證——“古籍普查登記編號”和相關信息，建立古籍總臺賬，全面瞭解全國古籍存藏情况，開展全國古籍保護的基礎性工作，加强各級政府對古籍的管理、保護和利用。

《全國古籍普查登記工作方案》規定了全國古籍普查登記工作的三個主要步驟：一、開展古籍普查登記工作；二、在古籍普查登記基礎上，編纂出版館藏古籍普查登記目録，形成《全國古籍普查登記目録》；三、在古籍普查登記工作基本完成的前提下，由省級古籍保護中心負責編纂出版本省古籍分類聯合目録《中華古籍總目》分省卷，由國家古籍保護中心負責編纂出版《中華古籍總目》統編卷。

在黨和政府領導下，在各地區、各有關部門和全社會共同努力下，古籍普查登記工作得以扎實推進。古籍普查已在除臺、港、澳之外的全國各省級行政區域開展，普查内容除漢文古籍外，還包括各少數民族文字古籍，特别是於2010年分别啓動了新疆古籍保護和西藏古籍保護專項，因地制宜，開展古籍普查登記工作；國家古籍保護中心研製的“全國古籍普查登記平臺”已覆蓋到全國各省級古籍保護中心，并進一步研發了“中華古籍索引庫”，爲及時展現古籍普查成果提供有力支持；截至目前，已有11375部古籍進入《國家珍貴古籍名録》，浙江、江蘇、山東、河北等省公布了省級《珍貴古籍名録》,古籍分級保護機制初步形成。

《全國古籍普查登記目録》是古籍普查工作的階段性成果,旨在摸清家底,揭示館藏,反映古籍的基本信息。原則上每申報單位獨立成册,館藏量少不能獨立成册者,則在本省範圍内幾個館目合并成册。無論獨立成册還是合并成册,均編製獨立的書名筆畫索引附於書後。著録的必填基本項目有:古籍普查登記編號、索書號、題名卷數、著者(含著作方式)、版本、册數及存缺卷數。其他擴展項目有:分類、批校題跋、版式、裝幀形式、叢書子目、書影、破損狀況等。有條件的收藏單位多著録的一些擴展項目,也反映在《全國古籍普查登記目録》上。目録編排按古籍普查登記編號排序,内在順序給予各古籍收藏單位較大自由度,可按分類排列古籍普查登記編號,也可按排架號、按同書名等排列古籍普查登記編號,以反映各館特色。

此次全國古籍普查登記工作,克服了古籍數量多、普查人員少、普查難度大等各種困難,也得到了全國古籍保護工作者的極大支持。在古籍普查登記過程中,國家古籍保護中心、各省古籍保護中心爲此舉辦了多期古籍普查、古籍鑒定、古籍普查目録審校等培訓班,全國共1600餘家單位參加了培訓,爲古籍普查登記工作培養了大量人才。同時在古籍普查登記工作中,也鍛煉了普查員的實踐能力,爲將來古籍保護事業發展奠定了良好的基礎。

《全國古籍普查登記目録》的出版,將摸清我國古籍家底,爲古籍保護和利用工作提供依據,也將是古籍保護長期工作的一個里程碑。

國家古籍保護中心
2013年10月

《全國古籍普查登記目録》

編纂凡例

一、收録範圍爲我國境内各收藏機構或個人所藏，産生於 1912 年以前，具有文物價值、學術價值和藝術價值的文獻典籍，包括漢文古籍和少數民族文字古籍以及甲骨、簡帛、敦煌遺書、碑帖拓本、古地圖等文獻。其中，部分文獻的收録年限適當延伸。

二、以各收藏機構爲分册依據，篇幅較小者，適當合并出版。

三、一部古籍一條款目，複本亦單獨著録。

四、著録基本要求爲客觀登記、規範描述。

五、著録款目包括古籍普查登記編號、索書號、題名卷數、著者、版本、册數、存缺卷等。古籍普查登記編號的組成方式是：省級行政區劃代碼—單位代碼—古籍普查登記順序號。

六、以古籍普查登記編號順序排序。

《甘肅省西北民族大學圖書館等十四家收藏單位古籍普查登記目録》

編委會

《甘肅省西北民族大學圖書館等十四家收藏單位古籍普查登記目録》

前　言

甘肅省地處我國西北，屬古絲綢之路的東段。其地形狹長，連通六省，右瞰西域，左臨中原，自古及今，爲中外交流暨各民族文化交匯之重地。

甘肅省現存古籍藏量豐富，自2007年全國古籍普查工作發軔，至2024年，著録於"全國古籍普查登記平臺"上的數據已達六萬餘條，合計約六十六萬餘册。這些數據涵蓋了省内各級公共圖書館、博物館、文化館、高校圖書館、中學圖書館以及私家收藏。十七年間，先後幾批古籍研究者、從業者、志願者，投身到普查實踐中，凌寒冒暑，逐年纍日地完成了海量而艱苦的基礎工作，纔使這些存世古籍的基本信息得以著録於平臺。

《古籍普查登記目録》是全國古籍普查登記工作的階段性成果，是從"全國古籍普查登記平臺"上提取每條（部）古籍的六項基本信息，形成目録，以反映各收藏單位所藏古籍的基本情況。甘肅省古籍保護中心一直承擔該目録的編纂工作，迄今已由國家圖書館出版社出版了《甘肅省四家高校圖書館古籍普查登記目録》（2016年10月）、《甘肅省圖書館古籍普查登記目録》（2020年8月）、《甘肅省天水市圖書館等十家收藏單位古籍普查登記目録》（2022年11月）三種。

本次出版的《甘肅省西北民族大學圖書館等十四家收藏單位古籍普查登記目録》，是甘肅省古籍普查登記目録的第四種，共收録14家單位古籍信息6795條（部）。其中，西北民族大學圖書館於2020年由國務院確定爲第六批"全國古籍重點保護單位"，所藏如明成化十二年（1476）内府刻本《續資治通鑑綱目》、明正德七年（1512）刻本《歐陽文忠公全集》等32種古籍收入《國家珍貴古籍名録》。定西市通渭縣圖書館所藏古籍大部分爲清代學者、關隴名臣牛樹梅家族藏書，中華人民共和國成立初期由其曾孫捐獻，又多藏川、甘、陝三地鄉邦文獻及通渭先賢書稿，其中明正德十四年（1519）建陽慎獨齋刻本《歷代通鑑纂要》入選《國家珍貴古籍名録》。河西學院圖書館所藏古籍多由已故西北師範大學教授李鼎文先生捐贈，其中有明萬曆三十七年（1609）蘭暉堂刻本《十六國春秋》。又如蘭州市圖書館所藏明嘉靖二十七年（1548）清渭草堂刻本《雍音》、明正統十三年（1448）善敬堂刻本《增廣註釋音辯唐柳先生集》、明刻本《玄玄棋經》《仙機武庫》，平凉市莊浪縣圖書館藏清康熙四十三年

(1704)采山亭刻本《中晚唐詩叩彈集》,臨夏市圖書館藏明嘉靖南京國子監刻明清遞修本前後《漢書》,武威市民勤縣文化館藏明萬曆刻本《琴譜合璧》、清康熙二十四年(1685)刻五色套印本《古文淵鑒》,天水市清水縣圖書館藏明永樂十三年(1415)内府刻本《禮記集説大全》等等,均爲海内珍本,已收入《國家珍貴古籍名録》或《甘肅省珍貴古籍名録》。

本《目録》由邵正春擔任總審校,具體分工如下:曹有林、李輝、邵正春、趙蘭香完成《西北民族大學圖書館古籍普查登記目録》的審校工作;李輝、陳潤莉、吕茹悦完成《甘肅省蘭州市圖書館古籍普查登記目録》的審校工作;邵正春、王慧娟完成《甘肅省定西市安定區圖書館古籍普查登記目録》的審校工作;陳潤莉、羅潤太完成《甘肅省平凉市莊浪縣圖書館古籍普查登記目録》的審校工作;邵正春、馬忠天完成《甘肅省臨夏市圖書館古籍普查登記目録》的審校工作;李輝、王維平完成《甘肅省定西市通渭縣圖書館古籍普查登記目録》的審校工作;曹有林、王玉鳳完成《甘肅省武威市民勤縣文化館古籍普查登記目録》的審校工作;曹有林、毛麗完成《甘肅省定西市臨洮縣圖書館古籍普查登記目録》的審校工作;曹有林、梁瑞霞完成《甘肅省白銀市會寧縣圖書館古籍普查登記目録》的審校工作;李輝、武鑫完成《河西學院圖書館古籍普查登記目録》的審校工作;曹有林、郭瑞霞完成《甘肅省天水市清水縣圖書館古籍普查登記目録》的審校工作;李輝、劉卉雯完成《甘肅省慶陽市鎮原縣圖書館古籍普查登記目録》的審校工作;陳潤莉、鄧亞鳳完成《甘肅省平凉市靈臺縣圖書館古籍普查登記目録》的審校工作;李輝、時依青完成《甘肅省慶陽市環縣圖書館古籍普查登記目録》的審校工作。審校完成後,由邵正春將全部條目復審,并提交出版。

本書的出版,是全國古籍普查工作成果的一部分,也是甘肅省古籍普查工作邁進的重要一步。本書匯聚了無數普查工作者的辛勤汗水,限於體例,不能一一列舉名字;國家圖書館出版社的編輯老師們,爲此書作細緻耐心的審核,付出了巨大的心力,謹在此一并致謝。因學識有限,條目綦繁,時間緊迫,謬誤必不能免,祈方家不吝賜正。

本書編委會

2024 年 6 月

目　録

西北民族大學圖書館古籍普查登記目録

全國古籍普查登記目録

國家圖書館出版社
National Library of China Publishing House

《西北民族大學圖書館古籍普查登記目録》

編委會

620000－1144－0000001　K937/1
阿富汗土耳基斯坦志一卷阿富汗斯坦志一卷附新志一卷土耳基斯坦志一卷東土耳基斯坦志一卷　(清)學部編譯圖書局編纂　清光緒三十三年(1907)學部編譯圖書局鉛印本　一冊

620000－1144－0000002　B944/18
阿毗達磨俱舍論三十卷　(唐)釋玄奘譯　清宣統三年(1911)刻本　六冊

620000－1144－0000003　I215.22/3
愛日軒稿不分卷　(清)周葆元撰　清道光抄本　二冊

620000－1144－0000004　K33/1
安南史四卷　(日本)引田利章撰　毛乃庸譯　清光緒二十九年(1903)教育世界社石印本　四冊

620000－1144－0000005　B944/7
暗室燈註解二卷　(清)深山居士輯　清道光二十八年(1848)刻本　一冊

620000－1144－0000006　K206.3/2
澳門公牘錄存一卷　(清)□□輯　清宣統三年(1911)泉唐汪氏振綺堂叢書鉛印本　一冊

620000－1144－0000007　I222.849/3
八家四六文註八卷　(清)孫星衍撰　(清)許貞幹注　清光緒十八年(1892)上海圖書集成印書局石印本　八冊

620000－1144－0000008　Z812.34/48/1
八史經籍志十種三十卷　(日本)□□輯　清光緒九年(1883)鎮海張壽榮刻本　十六冊

620000－1144－0000009　I214.82/7
白沙子全集六卷首一卷末一卷　(明)陳獻章撰　(清)顧嗣協校正　(清)何九疇重編　清康熙四十九年(1710)刻本　六冊

620000－1144－0000010　I214.92/31
白田草堂存稿二十四卷　(清)王懋竑撰　清乾隆刻本　六冊

620000－1144－0000011　K827.52/2:2
百將圖傳二卷　(清)丁日昌輯　清同治九年(1870)江蘇書局刻本　二冊

620000－1144－0000012　Q95.64/1
百獸集説圖考十卷　(美國)范約翰撰　(清)吳子翔述　清光緒二十五年(1899)上海美華書館鉛印本　一冊

620000－1144－0000013　Z121.4/7
稗海七十種四百四十九卷　(明)商濬輯　明萬曆會稽刻本　三十八冊　存二十四種

620000－1144－0000014　I214.92/40:2
板橋詩鈔二卷　(清)鄭燮撰　清宣統元年(1909)湖南譽飛書局刻本　二冊

620000－1144－0000015　I214.92/40
板橋詩鈔二卷詞鈔一卷小唱一卷題畫一卷家書一卷　(清)鄭燮撰　清清暉書屋刻本　六冊

620000－1144－0000016　S34/3
半半山莊農言著實一卷　(清)楊秀沅撰　(清)柏森校刊　清光緒二十三年(1897)柏經正堂刻本　一冊

620000－1144－0000017　K827.49/5
碑傳集一百六十卷首二卷末二卷　(清)錢儀吉纂　清光緒十九年(1893)江蘇書局刻本　六十冊

620000－1144－0000018　K239.24/1
北齊書五十卷　(唐)李百藥撰　清光緒十四年(1888)上海圖書集成印書局鉛印二十四史叢書本　六冊

620000－1144－0000019　K239.242/1
北齊書五十卷　(唐)李百藥撰　清同治十三年(1874)金陵書局刻二十四史五省官書局叢書本　四冊

620000－1144－0000020　Z221/2
北堂書鈔一百六十卷首一卷　(唐)虞世南撰　(清)孔廣陶注　清光緒十四年(1888)南海孔氏三十有三萬卷堂刻本　十八冊　缺四十八卷(六十一至一百七、首一卷)

620000－1144－0000021　H131.7/1
北溪字義二卷補遺一卷嚴陵講義一卷　(宋)陳淳撰　清光緒十三年(1887)傳經堂刻西京清麓叢書本　二冊

620000－1144－0000022　H131.7/1
北溪字義二卷補遺一卷嚴陵講義一卷　(宋)陳淳撰　清光緒十三年(1887)傳經堂刻西京清麓叢書本　一冊

620000－1144－0000023　K295.58/1
北隅掌錄二卷　(清)黄士珣撰　清道光二十五年(1845)錢塘汪氏振綺堂刻本　二冊

620000－1144－0000024　K827.52/8
北征日記二卷　(清)景澄清撰　清光緒十六年(1890)豹隱山房刻本　一冊

620000－1144－0000025　K249/5
本朝史講義三卷　(清)汪榮寶撰　(清)京師譯學館編　清光緒三十二年(1906)京師官書局鉛印本　二冊　存二卷(二至三)

620000－1144－0000026　I214.92/91
比竹餘音四卷　鄭文焯撰　清光緒二十八年(1902)刻本　一冊

620000－1144－0000027　I222.852/21
苾芻館詞集六卷　(清)胡延撰　清光緒十三年(1887)刻本　三冊

620000－1144－0000028　I222.852/14
苾芻詞二卷　(清)胡延撰　清光緒十三年(1887)刻本　二冊

620000－1144－0000029　Z842.49/3
皕宋樓藏書志一百二十卷續志四卷　(清)陸心源編　清光緒八年(1882)十萬卷樓刻潛園總集叢書本　三十二冊

620000－1144－0000030　I214.92/86
碧梧山館詞二卷　(清)汪世泰撰　清嘉慶十四年(1809)刻本　一冊

620000－1144－0000031　K204.5/8
邊事彙鈔十二卷續鈔八卷　(清)朱克敬輯　清光緒六年(1880)刻本　十冊

620000－1144－0000032　I215.22/20
徧行堂集十六卷　(清)釋澹歸撰　清宣統三年(1911)上海國學扶輪社鉛印本　八冊

620000－1144－0000033　B828.3/7
辨志堂家訓節鈔一卷　(清)劉斗垣撰　清光緒二十年(1894)刻本　一冊

620000－1144－0000034　I124.1/1
辨字通考四卷首一卷　(清)王在鎬輯　清咸豐十一年(1861)陝西三原行恕堂刻本　五冊

620000－1144－0000035　K256/1
變法奏議叢鈔不分卷　(清)□□輯　清光緒二十七年(1901)上海書局石印本　四冊

620000－1144－0000036　I214.92/7
變雅堂遺集二十卷　(清)杜濬撰　清光緒二十年(1894)黄岡沈氏刻本　六冊

620000－1144－0000037　Z429.44/6
賓退錄十卷　(宋)趙與旹撰　清乾隆十七年(1752)存恕堂刻本　十冊

620000－1144－0000038　S－12/1
豳風廣義三卷　(清)楊屾輯　清刻本　二冊

620000－1144－0000039　I222.852/25
冰壺詞四卷　(清)張雲驤撰　清光緒十二年(1886)刻本　一冊

620000－1144－0000040　E892.49/2
兵法史略學二卷　(清)陳慶年纂　清光緒二十五年(1899)兩湖書院刻本　二冊

620000－1144－0000041　I214.92/33
炳燭齋文集初刻一卷續刻一卷　(清)顧大韶撰　清宣統元年(1909)上海國學扶輪社鉛印本　二冊

620000－1144－0000042　Z812.34/2
補後漢書藝文志攷十卷首一卷　(清)曾樸纂　清光緒二十一年(1895)刻常熟曾氏叢書本　四冊

620000－1144－0000043　R221.1/1
補注黄帝内經素問二十四卷遺篇一卷　(唐)王冰注　(宋)林億等校正　清光緒三年

(1877)浙江書局刻本　七册

620000－1144－0000044　P151/1
步天歌一卷　(清)王瞰正韻　(清)李之嶷參訂　清乾隆二十年(1755)刻本　一册

620000－1144－0000045　I222.7492/29
菜根軒詩鈔十四卷續集一卷　(清)王省山撰　清咸豐四年(1854)刻本　四册

620000－1144－0000046　S88/1
蠶桑輯要一卷　(清)沈秉成撰　清光緒二十二年(1896)江西書局刻本　一册

620000－1144－0000047　F429.52/1
蠶桑織務紀要不分卷　(清)魏綸光撰　清光緒七年(1881)河南蠶桑織務局刻本　一册

620000－1144－0000048　H122/16
倉頡篇三卷　(清)陳其榮輯　清光緒十八年(1892)石埭徐氏觀自得齋刻本　一册

620000－1144－0000049　I312.1432/1
滄江稿十四卷　(朝鮮)金澤榮撰　清光緒三十一年(1905)江蘇通州翰墨林書局鉛印本　六册

620000－1144－0000050　I214.82/20
滄溟先生集三十卷附録一卷　(明)李攀龍撰　明萬曆二十八年(1600)吳用光刻本　十六册

620000－1144－0000051　I222.7482/1
滄溟先生集十四卷附録一卷　(明)李攀龍撰　清光緒二十一年(1895)長沙張氏湘雨樓刻本　八册

620000－1144－0000052　Z842/1
藏書紀事詩七卷　葉昌熾撰　清宣統二年(1910)刻本　六册

620000－1144－0000053　I222.8482/1
草堂詩餘五卷　(明)楊慎批點　清樂圃刻本　五册

620000－1144－0000054　Z222/2
册府元龜一千卷　(宋)王欽若等輯　(明)李嗣京參閱　(明)文翔鳳訂正　(明)董國琦校釋　清乾隆十九年(1754)刻本　二百册

620000－1144－0000055　I222.7422/17
昌黎先生詩集注十一卷　(唐)韓愈注　(清)顧嗣立删補　清康熙三十八年(1699)秀野草堂刻本　四册

620000－1144－0000056　K876.402/6
長安獲古編二卷續補一卷　(清)劉喜海編　清光緒三年(1877)刻本　二册

620000－1144－0000057　K280.147/7
長春真人西遊記二卷　(元)李志常撰　清道光二十七年(1847)靈石楊氏刻連筠簃叢書本　一册

620000－1144－0000058　K281.2/41
長春真人西遊記二卷　(元)李志常撰　清光緒二十六年(1900)上海掃葉山房石印本　二册

620000－1144－0000059　K281.2/41
長春真人西遊記二卷　(元)李志常撰　清光緒二十六年(1900)上海掃葉山房石印本　二册

620000－1144－0000060　K928.42/1
長江圖説十二卷首一卷　(清)馬徵麟撰　清同治十年(1871)湖北崇文書局刻本(原缺卷一至二)　五册

620000－1144－0000061　K928.42/1
長江圖説十二卷首一卷　(清)馬徵麟撰　清同治十年(1871)湖北崇文書局刻本(原缺卷一至二)　五册

620000－1144－0000062　I214.9/4
陳定宇先生文集十七卷首一卷　(元)陳櫟撰　(清)陳嘉基訂　清康熙三十五年(1696)刻本　十二册

620000－1144－0000063　I214.42/25
陳同甫集三十卷　(宋)陳亮撰　清刻本　七册

620000－1144－0000064　I214.82/33
陳臥子先生安雅堂稿十五卷　(明)陳子龍撰

清宣統元年(1909)上海時中書局鉛印本　六册

620000－1144－0000065　I222.7522/16
陳一齋先生詩集一卷　(清)陳梓撰　(清)崔以學編　清宣統三年(1911)上海國學扶輪社鉛印本　一册

620000－1144－0000066　B944/24
成唯識論觀心法要十卷　(明)釋智旭述　清光緒二十六年(1900)刻本　十册

620000－1144－0000067　B946.3/2
成唯識論十卷　(唐)釋玄奘譯　清光緒二十二年(1896)金陵刻經處刻本　二册

620000－1144－0000068　B946.3/3
成唯識論述記六十卷　(唐)釋窺基撰　清光緒二十六年(1900)維揚藏經院刻本　二十册

620000－1144－0000069　B946.3/3:2
成唯識論述記六十卷　(唐)釋窺基撰　清光緒二十七年(1901)金陵刻經處刻本　二十册　存四十五卷(一至二十一、三十七至六十)

620000－1144－0000070　Z429.49/6
池北偶談二十六卷　(清)王士禛撰　(清)王廷掄校　清康熙四十年(1701)刻本　八册

620000－1144－0000071　Z429.49/6
池北偶談二十六卷　(清)王士禛撰　(清)王廷掄校　清康熙四十年(1701)刻本　八册

620000－1144－0000072　I222.7522/2
池陽吟草二卷　(清)余賡陽撰　清同治十年(1871)劉傳經堂刻本　二册

620000－1144－0000073　K204.3/9
尺木堂綱鑑易知錄九十二卷　(清)吳乘權等輯　清刻本　十二册　存二十六卷(二十六至三十八、六十六至七十八)

620000－1144－0000074　B248.99/6
恥言一卷　(明)徐禎稷撰　清光緒十六年(1890)柏經正堂刻本　一册

620000－1144－0000075　B223.2/1
沖虛至德真經八卷　(晉)張湛注　(唐)殷敬順釋文　明嘉靖十二年(1533)顧春世德堂刻六子全書本　二册

620000－1144－0000076　B946/2
重訂教乘法數十二卷　(清)釋超海等訂　清光緒四年(1878)刻本　六册

620000－1144－0000077　K220.42/1
重訂路史全本四十七卷　(宋)羅泌撰　清嘉慶六年(1801)刻本　十六册

620000－1144－0000078　K220.42/1:1
重訂路史全本四十七卷　(宋)羅泌撰　清嘉慶六年(1801)刻本　十六册

620000－1144－0000079　K565.43/1
重訂普法戰紀四卷　(清)李光廷輯　清光緒二十四年(1898)中華印務總局鉛印本　四册

620000－1144－0000080　B951/1
重刊道藏輯要總目一卷　(清)賀龍驤撰　清光緒三十二年(1906)成都二仙庵刻重刊道藏輯要本　一册

620000－1144－0000081　B992.4/1
重刊人子須知資孝地理心學統宗八卷　(明)徐善繼　(明)徐善述撰　清刻本　十六册

620000－1144－0000082　K204.5/7
重刊史鑑節要便讀六卷　(清)鮑東里輯　清同治十二年(1873)羊城運署刻本　二册

620000－1144－0000083　Z124.5/4
重刻船山遺書二百八十八卷　(清)王夫之撰　清同治四年(1865)金陵節署刻本　一百册

620000－1144－0000084　Z126.25/3
重校十三經不貳字不分卷　(清)李鴻藻校編　清光緒八年(1882)三味齋刻本　一册

620000－1144－0000085　I211/2
重校正唐文粹一百卷　(宋)姚鉉輯　明嘉靖三年(1524)徐焴刻本　十六册

620000－1144－0000086　N52/1
重增格物入門七卷　(美國)丁韙良撰　清光緒二十五年(1899)上海美華書館鉛印本　七册

620000－1144－0000087　K826.1/1
疇人傳四十六卷續傳六卷　(清)阮元撰　(清)羅士琳續纂　清光緒八年(1882)張氏常惺齋刻本　十二册

620000－1144－0000088　K280.26/1
籌蒙芻議二卷　姚錫光撰　清光緒三十四年(1908)刻本　二册

620000－1144－0000089　F129/2
籌餉事例一卷　(清)戶部纂修　清同治八年(1869)刻本　四册

620000－1144－0000090　K256.3/1
籌洋芻議一卷　(清)薛福成撰　清光緒十年(1884)刻本　一册

620000－1144－0000091　K256.3/1
籌洋芻議一卷　(清)薛福成撰　清光緒十一年(1885)石印本　一册

620000－1144－0000092　I222.7522/33
出都詩録一卷　易順鼎撰　清光緒十年(1884)刻琴志樓叢書本　一册

620000－1144－0000093　I210.7/1
出使英法義比四國日記六卷　(清)薛福成撰　清光緒二十年(1894)孫谿校經堂刻本　三册

620000－1144－0000094　I210.7/1:2
出使英法義比四國日記六卷　(清)薛福成撰　清光緒十八年(1892)石印本　二册

620000－1144－0000095　K919/3
出園城記一卷　(清)甦庵道人撰　清宣統元年(1909)番禺沈氏刻晨風閣叢書本　一册

620000－1144－0000096　I222.3/2
楚辭集注八卷末一卷辯證二卷末一卷後語六卷末一卷　(宋)朱熹集注　清光緒十八年(1892)西京清麓叢書本　二册　缺十卷(辯證二卷、末一卷,後語六卷、末一卷)

620000－1144－0000097　I222.3/1
楚辭章句十七卷首一卷疑字直音補一卷　(漢)王逸注　(明)朱燮元　(明)朱一龍校刻　明萬曆朱氏校刻本　二册

620000－1144－0000098　I121.5/13
春暉堂叢書十二種三十七卷　(清)徐渭仁輯　清道光至咸豐上海徐氏刻同治補刻本　十册　缺一卷(居易堂一)

620000－1144－0000099　K225.8/1:2
春秋大事表五十卷偶筆一卷輿圖一卷　(清)顧棟高輯　(清)吳光裕參訂　清同治十二年(1873)山東尚志堂刻本　二十册

620000－1144－0000100　K225.4/27
春秋大事表五十卷輿圖一卷附錄一卷　(清)顧棟高輯　(清)吳光裕參訂　清光緒十四年(1888)陝西求友齋刻本　二十四册

620000－1144－0000101　K225.4/25
春秋大事表五十卷輿圖一卷附錄一卷　(清)顧棟高輯　(清)吳光裕參訂　清乾隆十三年(1748)萬卷樓刻本　十六册

620000－1144－0000102　K225.8/1
春秋大事表五十卷輿圖一卷附錄一卷　(清)顧棟高輯　(清)吳光裕參訂　清乾隆十三年(1748)萬卷樓刻本　二十册

620000－1144－0000103　B234.5/1
春秋繁露十七卷　(漢)董仲舒撰　清刻本　四册

620000－1144－0000104　K225.4/21
春秋公法比義發微六卷　(清)藍光策撰　清宣統三年(1911)南洋印刷官廠鉛印本　三册

620000－1144－0000105　K225.4/18
春秋公羊註疏二十八卷　(漢)何休注　(唐)陸德明音義　(唐)徐彥疏　明崇禎七年(1634)毛氏汲古閣刻清乾隆四年(1739)修補本　八册

620000－1144－0000106　K225.4/17:2
春秋公羊傳十二卷　(明)閔齊伋裁注　明天啓文林閣唐錦池刻本　二册　存六卷(一至六)

620000－1144－0000107　K225.4/22

春秋穀梁傳十二卷　(明)閔齊伋裁注　明天啓文林閣唐錦池刻本　三册　存七卷(三、七至十二)

620000－1144－0000108　K225.4/1
春秋經傳集解三十卷年表一卷名號歸一圖二卷　(晉)杜預注　(唐)陸德明音義　清刻本　十六册

620000－1144－0000109　K225.04/1
春秋全經左傳句解八卷　(宋)朱申注　(明)孫鑛批　清光緒十一年(1885)繡谷令德堂刻本　八册

620000－1144－0000110　K225.4/2
春秋十六卷首一卷　(□)□□注　清同治十年(1871)刻本　五册　缺九卷(五至六、八至十四)

620000－1144－0000111　K225.4/7
春秋朔閏異同二卷序略一卷　(清)羅士琳撰　清刻本　二册

620000－1144－0000112　K225.4/3
春秋四卷首一卷　(□)□□注　清光緒十三年(1887)傳經堂刻本　二册

620000－1144－0000113　K225.4/3
春秋四卷首一卷　(□)□□注　清光緒十三年(1887)傳經堂刻本　二册

620000－1144－0000114　K225.4/4
春秋通論六卷　(清)劉紹攽撰　清同治十二年(1873)刻本　二册

620000－1144－0000115　K225.4/16
春秋左氏傳地名補注十二卷　(清)沈欽韓撰　清心矩齋刻本　四册

620000－1144－0000116　K225.4/13:2
春秋左傳杜注三十卷首一卷　(清)姚培謙增輯　清道光五年(1825)刻本　八册

620000－1144－0000117　K225.4/13:2
春秋左傳杜注三十卷首一卷　(清)姚培謙增輯　清道光五年(1825)刻本　十六册　缺十五卷(十六至三十)

620000－1144－0000118　K225.4/13:4
春秋左傳杜注三十卷首一卷　(清)姚培謙增輯　清光緒十九年(1893)浙江書局刻本　十册

620000－1144－0000119　K225.4/13:3
春秋左傳杜注三十卷首一卷　(清)姚培謙增輯　清光緒十五年(1889)江南書局刻本　十册

620000－1144－0000120　K225.4/13
春秋左傳杜注三十卷首一卷　(清)姚培謙增輯　清解梁書院刻本　十二册

620000－1144－0000121　K225.4/8
春秋左傳綱目杜林詳註四十卷　(晉)杜預注　(宋)林堯叟附注　(明)張岐然訂　清嘉慶刻本　八册

620000－1144－0000122　K225.4/11
春秋左傳三十卷首一卷　(晉)杜預注　(唐)陸德明音義　(宋)林堯叟附注　(清)馮李驊集解　清光緒十二年(1886)湖北官書處刻本　十二册

620000－1144－0000123　K225.4/10
春秋左傳五十卷　(晉)杜預注　(唐)陸德明音義　(宋)林堯叟附注　(明)孫鑛等評點　清光緒二十一年(1895)澹雅局刻本　十二册

620000－1144－0000124　K225.4/9
春秋左傳註疏六十卷　(晉)杜預注　(唐)孔穎達疏　明毛氏汲古閣刻本　二十四册

620000－1144－0000125　I262.52/1
春在堂雜文六編十卷　(清)俞樾撰　清光緒刻本　十册

620000－1144－0000126　I214.92/67
純孝編一卷　(清)王樸撰　清康熙刻本　一册

620000－1144－0000127　J292.2.3/4
淳化閣帖釋文十首一卷　(清)朱家標校定　清康熙二十二年(1683)綱錦堂刻本　四册

620000－1144－0000128　Z429.47/1

輟耕錄三十卷 (明)陶宗儀撰 明末汲古閣刻津逮秘書本 五冊

620000－1144－0000129 I207.23/1:1
詞林典故八卷 (清)張廷玉等輯 清乾隆十二年(1747)刻本 八冊

620000－1144－0000130 I207.23/2
詞律二十卷 (清)萬樹撰 清光緒二年(1876)刻本 十六冊

620000－1144－0000131 I207.23/1
詞律二十卷 (清)萬樹撰 清康熙二十六年(1687)堆絮園刻本 十冊

620000－1144－0000132 I222.421/1:2
詞綜三十八卷 (清)朱彝尊輯 (清)汪森增訂 清嘉慶刻同治四年(1865)重校印本 十冊

620000－1144－0000133 I222.8421/1
詞綜三十八卷 (清)朱彝尊輯 (清)汪森增訂 清康熙十七年(1678)蘇州綠蔭堂刻本 八冊

620000－1144－0000134 B244.99/1
慈溪黄氏日鈔分類九十七卷古今紀要二十卷 (宋)黄震撰 (清)張壽榮校訂 (清)馮祖憲參校 清耕餘樓刻本 二十冊 缺三卷(八十一、八十九、九十二)

620000－1144－0000135 I237.2/1:2
此宜閣增訂西廂四卷首一卷 (元)王實甫撰 (清)金聖嘆批 清光緒二年(1876)如是山房刻本 八冊

620000－1144－0000136 B942/15
大乘密嚴經三卷 (唐)釋不空譯 清光緒二十三年(1897)金陵刻經處刻本 一冊

620000－1144－0000137 B942/14
大乘入楞伽經七卷 (唐)釋實叉難陀譯 清光緒三十四年(1908)金陵刻經處刻本 二冊

620000－1144－0000138 B949.9/3:2
大慈恩寺三藏法師傳十卷 (唐)釋慧立本 (唐)釋彥悰箋 清刻本 二冊 存六卷(一至六)

620000－1144－0000139 B949.9/3
大慈恩寺三藏法師傳十卷 (唐)釋慧立本 (唐)釋彥悰箋 清宣統元年(1909)常州天寧寺刻本 三冊

620000－1144－0000140 K892.9/11
大戴禮記十三卷 (漢)戴德撰 (北周)盧辯注 清刻本 四冊

620000－1144－0000141 B942/29
大佛頂如來密因修證了義諸菩薩萬行首楞嚴經十卷 (唐)釋般剌密帝譯 吴芝瑛書 清宣統元年(1909)小萬柳堂石印本 二冊

620000－1144－0000142 B942.1/5
大佛頂首楞嚴經正脈疏四十卷 (明)釋真鑑撰 清光緒二十二年(1896)金陵刻經處刻本 十四冊

620000－1144－0000143 K246.442/1
大金國志四十卷 (宋)宇文懋昭撰 清嘉慶二年(1797)掃葉山房刻本 四冊

620000－1144－0000144 K246.442/1:2
大金國志四十卷 (宋)宇文懋昭撰 清嘉慶二年(1797)掃葉山房刻本 二冊

620000－1144－0000145 B942.1/1
大明三藏法數五十卷總目三卷 (明)釋一如等注 明萬曆二十一年(1593)徑山興聖萬壽禪寺刻清光緒重印本 十六冊 缺三卷(大明三藏法數一至三)

620000－1144－0000146 H113.6/1
大明萬曆己丑重刊改併五音集韻十五卷 (金)韓道昭重編 明崇禎金陵園覺寺刻本 五冊

620000－1144－0000147 B944/25
大清重刻龍藏彙記一卷 (清)藏經館彙記 清同治九年(1870)金陵刻經處刻本 一冊

620000－1144－0000148 D691.5/6
大清會典二百五十卷 (清)張廷玉等纂修 清雍正十年(1732)武英殿刻本 一百冊

620000－1144－0000149　D691.42/3
大清縉紳全書不分卷　(清)□□撰　清光緒十五年(1889)刻本　四册

620000－1144－0000150　D929.49/5
大清律集解附例三十卷總類六卷　(清)朱軾等纂　清雍正刻本　二十册

620000－1144－0000151　D929.49/5:1
大清律集解附例三十卷總類六卷　(清)朱軾等纂　清雍正刻本　十册　存二十卷(十一至三十)

620000－1144－0000152　D929.49/4
大清律例增修統纂集成四十卷　(清)姚雨薌輯　清末鉛印本　二十三册　缺一卷(一)

620000－1144－0000153　K892.96/4
大清通禮五十四卷　(清)來保等纂　清刻本　十二册

620000－1144－0000154　K249/6
大清一統志表不分卷　(清)徐午輯校　清刻本　八册

620000－1144－0000155　K249/3
大清一統志五百卷　(清)和珅等纂修　清光緒二十三年(1897)杭州竹簡齋石印本　六十册

620000－1144－0000156　K290.49/3
大清一統志五百卷　(清)和珅等纂修　清光緒二十三年(1897)杭州竹簡齋石印本　六十册

620000－1144－0000157　Z831/2
大清駐日本使署藏書書目表四卷　胡惟德編纂　清宣統二年(1910)鉛印本　二册

620000－1144－0000158　R289.5/1
大生要旨五卷　(清)唐千頃纂　清刻本　一册

620000－1144－0000159　K204.3/13
大事記十二卷通釋三卷解題十二卷　(宋)吕祖謙撰　(清)胡鳳丹校刊　清同治十二年(1873)退補齋刻金華叢書本　十二册

620000－1144－0000160　K930.9/1
大唐西域記十二卷　(唐)釋玄奘口述　(唐)釋辯機撰　清宣統元年(1909)常州天寧寺刻本　四册

620000－1144－0000161　K930.9/1
大唐西域記十二卷　(唐)釋玄奘譯　(唐)釋辯機撰　清宣統元年(1909)常州天寧寺刻本　四册

620000－1144－0000162　I215.22/2
大學滄言一卷　(清)鄙成撰　(清)喬佐洲校刊　清刻本　一册

620000－1144－0000163　B222.1/16
大學古本質言一卷　(清)劉沅撰　清咸豐十一年(1861)虛受齋刻本　一册

620000－1144－0000164　K928.3/10
岱覽三十二卷首編七卷目錄一卷附錄一卷　(清)唐仲冕輯　清嘉慶十二年(1807)果克山房刻本　十二册

620000－1144－0000165　I214.92/36
待菴日札一卷　(清)王弘撰撰　清光緒二十六年(1900)敬義堂刻本　一册

620000－1144－0000166　Z121.5/7:2
貸園叢書初集十二種四十五卷　(清)周永年輯　清乾隆刻本　六册　存三種二十一卷(九經古義一至十六、易例一至二、春秋左傳補註一至三)

620000－1144－0000167　Z121.5/7
貸園叢書初集十二種四十五卷　(清)周永年輯　清乾隆五十四年(1789)歷城周氏竹西書屋刻本　十二册

620000－1144－0000168　B249.6/1:2
戴東原集十二卷年譜一卷　(清)戴震撰　清宣統二年(1910)成都渭南嚴氏家塾刻本　六册

620000－1144－0000169　R249.47/1
丹溪全書三十二卷首一卷　(元)朱震亨撰　清光緒二十六年(1900)刻本　十二册

620000－1144－0000170　R2.51/2
當歸草堂醫學叢書初編十種四十一卷二種十七卷　(清)丁丙輯　清光緒四年(1878)錢塘丁氏當歸草堂刻本　十二册

620000－1144－0000171　B223.1/1:4
道德經解二卷　題(唐)呂嵒釋義　(□)雲門魯史纂述　清光緒九年(1883)刻本　二册

620000－1144－0000172　B223.1/1:2
道德經評註二卷　(漢)河上公注　(明)歸有光批　清嘉慶九年(1804)刻本　一册

620000－1144－0000173　I214.92/43
道古堂文集四十八卷詩集二十六卷　(清)杭世駿撰　清乾隆四十一年(1776)刻本　十六册

620000－1144－0000174　B223/2
道統大成四集九種不分卷　(清)汪啓濩輯　(清)韓景垚評點　清光緒二十六年(1900)許啓邦校刻本　十册

620000－1144－0000175　K516/1
德意志全史二卷　(日本)河上清撰　(清)褚嘉猷譯　清光緒二十九年(1903)上海通雅書局鉛印本　二册

620000－1144－0000176　K290.49/9
登壇必究四十卷　(明)王鳴鶴輯　清刻本　十六册　缺二十卷(一至四、十二、十五至十九、二十一至二十四、二十八至二十九、三十三至三十六)

620000－1144－0000177　B944/20
等不等觀雜錄八卷　(清)楊文會撰　清末金陵刻經處刻本　四册

620000－1144－0000178　I222.7492/14
笛漁小稿十卷　(清)朱昆田撰　清刻本　一册　缺一卷(一)

620000－1144－0000179　I214.92/34
砥齋集不分卷　(清)王弘撰撰　清抄本　四册

620000－1144－0000180　P183/1
地球韻言四卷　(清)張士瀛編　清光緒二十九年(1903)柏經正堂刻西京清麓叢書本　二册

620000－1144－0000181　P183/1
地球韻言四卷　(清)張士瀛編　清光緒二十九年(1903)柏經正堂刻西京清麓叢書本　二册

620000－1144－0000182　P183/1
地球韻言四卷　(清)張士瀛編　清光緒二十九年(1903)柏經正堂刻西京清麓叢書本　二册

620000－1144－0000183　K916.43/1
地輿圖考四卷　(清)龔柴撰　清光緒三十二年(1906)抄本　四册

620000－1144－0000184　G613.2/2
弟子規一卷　(清)李毓秀撰　清同治五年(1866)傳經堂刻本　一册

620000－1144－0000185　K291.8/1
帝京景物略八卷　(明)劉侗修　(明)于奕正修　明崇禎刻本　十二册

620000－1144－0000186　K204.5/9
帝王甲子記一卷　(清)王在鎬輯　清務敏齋刻本　一册

620000－1144－0000187　Z126.24/3
帝王經世圖譜十六卷附錄一卷　(宋)唐仲友撰　清同治十二年(1873)胡氏退補齋刻金華叢書本　六册

620000－1144－0000188　K829.174/1
滇粹不分卷　呂志伊　李根源輯　清宣統元年(1909)鉛印本　一册

620000－1144－0000189　K297.4/1
滇考二卷　(清)馮甦編　清道光元年(1821)臨海宋氏刻台州叢書本　二册

620000－1144－0000190　K928.974/1
滇軺紀程一卷　(清)林則徐撰　清光緒三年(1877)三山林氏刻林文忠公遺集叢書本　一册

620000－1144－0000191　H122/11
點畫要略一卷　(清)王繁祚撰　清道光十一年(1831)刻本　一册

620000－1144－0000192　I222.7522/32
蜨庵詩鈔四卷　(清)楊棨撰　清同治二年(1863)刻本　一册

620000－1144－0000193　I262.44/3
疊山謝先生文章規範七卷　(宋)謝枋得輯　清同治七年(1868)湘鄉曾氏刻本　二册

620000－1144－0000194　I214.92/93
定山堂古文小品二卷　(清)龔鼎孳撰　清宣統二年(1910)上海國學昌明社石印本　二册

620000－1144－0000195　H121/2
訂正習用譌字二卷　(清)南士明撰　清咸豐三年(1853)刻本　二册

620000－1144－0000196　K244.42/1
東都事略一百三十卷　(宋)王稱撰　清刻本　十六册

620000－1144－0000197　K873.4/6:2
東觀餘論二卷附録一卷　(宋)黄伯思撰　清光緒刻邵武徐氏叢書本　二册

620000－1144－0000198　D691.5/1
東漢會要四十卷西漢會要七十卷　(宋)徐天麟撰　清光緒十年(1884)江蘇書局刻本　九册　存四十八卷(東漢會要四十卷、西漢會要六至十三)

620000－1144－0000199　K249.6/5
東華録擥要一百十四卷　(清)汪文安録　清光緒二十九年(1903)上海商務印書館鉛印本　二十七册　缺四卷(一百十一至一百十四)

620000－1144－0000200　K249.6/5
東華録擥要一百十四卷　(清)汪文安録　清光緒二十九年(1903)上海商務印書館鉛印本　二十七册

620000－1144－0000201　K249.6/1
東華録三十二卷　(清)蔣良騏輯　清刻本　十六册

620000－1144－0000202　K249.06/1
東華録三十二卷　(清)蔣良騏輯　清末刻本　八册　存八卷(一至八)

620000－1144－0000203　K249.6/4
東華續録一百卷　王先謙輯　陶濬宣校　清光緒十八年(1892)上海圖書集成印書局鉛印本　三十二册

620000－1144－0000204　K290.38/1
東晉疆域志四卷　(清)洪亮吉撰　清嘉慶元年(1796)京師刻本　二册

620000－1144－0000205　K290.38/1
東晉疆域志四卷　(清)洪亮吉撰　清嘉慶元年(1796)京師刻本　二册

620000－1144－0000206　K225.4/29
東萊博議四卷增補虛字注釋一卷　(宋)吕祖謙撰　(清)馮泰松校刻　清光緒二十四年(1898)刻本　四册

620000－1144－0000207　K242.43/1
東萊先生音註唐鑑二十四卷附音註考異一卷　(宋)范祖禹撰　(宋)吕祖謙注　(清)楊鳳詔考異　清光緒十六年(1890)柏經正堂刻西京清麓叢書本　三册

620000－1144－0000208　K248.45/9
東南紀事十二卷　(清)邵廷采撰　(清)徐榦校刊　清光緒刻邵武徐氏叢書本　四册

620000－1144－0000209　J292.2.3/1
東坡題跋二卷　(宋)蘇軾撰　(清)溫一貞録　清同治十一年(1872)刻本　二册

620000－1144－0000210　I214.42/9
東坡先生全集七十五卷　(宋)蘇軾撰　清文盛堂刻本　三十册

620000－1144－0000211　D69/8
東三省政略十二卷　徐世昌等編　清宣統三年(1911)鉛印本　四十册

620000－1144－0000212　K207/20
東洋史要二卷　(日本)桑原騭藏撰　樊炳清譯　清光緒二十五年(1899)石印本　二册

620000－1144－0000213　K249.45/9
東征集六卷　(清)藍鼎元撰　(清)王者輔評　清雍正十年(1732)刻本　三冊

620000－1144－0000214　B234.5/2
董子春秋繁露十七卷　(漢)董仲舒撰　清光緒二年(1876)浙江書局刻本　二冊

620000－1144－0000215　K295.5/2
洞霄圖志六卷　(元)鄧牧撰　(元)孟宗寶輯　清乾隆至道光刻知不足齋叢書本　三冊

620000－1144－0000216　B222.1/15
讀大學偶記一卷　(清)李毓秀撰　清刻本　一冊

620000－1144－0000217　I207.22/10
讀杜小箋三卷二箋二卷　(清)錢謙益撰　清宣統三年(1911)石印本　一冊

620000－1144－0000218　Z121.5/9
讀畫齋叢書四十六種二百二卷　(清)顧修輯　清嘉慶四年(1799)桐川顧氏刻本　六十四冊

620000－1144－0000219　Z121.5/9:2
讀畫齋叢書四十六種二百二卷　(清)顧修輯　清嘉慶四年(1799)桐川顧氏刻本　三冊　存五種(玉山逸稾、玉山璞稾、滄浪櫂歌、北牕炙輠、洞天清祿集)

620000－1144－0000220　K892.98/2
讀禮通考一百二十卷　(清)徐乾學撰　清康熙刻本　二十四冊

620000－1144－0000221　Z126.2752/1
讀十三經管見草一卷　(清)王尚槩撰　清宣統二年(1910)鉛印本　一冊

620000－1144－0000222　E291/1
讀史兵略四十六卷　(清)胡林翼輯　清咸豐十一年(1861)武昌節署刻本　十六冊

620000－1144－0000223　K290.49/2:4
讀史方輿紀要一百三十卷方輿全圖總說五卷　(清)顧祖禹撰　清光緒二十七年(1901)圖書集成局鉛印本　二十冊

620000－1144－0000224　K290.49/2:2
讀史方輿紀要一百三十卷方輿全圖總說五卷　(清)顧祖禹撰　清光緒二十五年(1899)上海二林齋鉛印本　三十二冊

620000－1144－0000225　K290.49/2:3
讀史方輿紀要一百三十卷輿圖要覽四卷　(清)顧祖禹撰　清光緒二十五年(1899)慎記書莊石印本　三十二冊

620000－1144－0000226　K290.49/2
讀史方輿紀要一百三十卷輿圖要覽四卷　(清)顧祖禹撰　清嘉慶十六年(1811)四川龍萬育覆文閣刻光緒五年(1879)蜀南薛氏桐華書屋修補本　五十冊

620000－1144－0000227　B259.9/4
讀書記疑四卷　(清)張諧之撰　清光緒爲己精舍刻本　一冊

620000－1144－0000228　B248.99/1
讀書錄十一卷續錄十二卷　(明)薛瑄撰　清乾隆十一年(1746)薛肯穫刻本　六冊

620000－1144－0000229　B248.99/1:2
讀書錄十一卷續錄十二卷　(明)薛瑄撰　清乾隆十一年(1746)薛肯穫刻本　二冊

620000－1144－0000230　Z126.2749/3
讀書雜志十種八十二卷餘編二卷　(清)王念孫撰　清嘉慶至道光刻本　二十四冊

620000－1144－0000231　K207/11
讀通鑑綱目條記二十卷首一卷　(清)李述來撰　清光緒八年(1882)群玉山房刻本　六冊

620000－1144－0000232　I214.82/36
堵文忠公集十卷附錄一卷　(明)堵允錫撰　清光緒十三年(1887)刻本　四冊　缺一卷(六)

620000－1144－0000233　I222.7422/9
杜工部集二十卷　(唐)杜甫撰　(清)錢謙益注　清宣統三年(1911)時中書局石印本　八冊

620000－1144－0000234　I214.22/5

杜工部集二十卷少陵年譜一卷杜集諸家詩話一卷唱酬題詠附録一卷注杜詩略例一卷杜工部集附録一卷　(唐)杜甫撰　(清)錢謙益注　(清)季振宜校　清康熙六年(1667)静思堂刻本　十册

620000－1144－0000235　I222.7422/4
杜工部集二十卷首一卷　(唐)杜甫撰　清光緒十三年(1887)玉勾草堂刻本　十二册

620000－1144－0000236　I222.7422/8
杜詩鏡銓二十卷首一卷　(清)楊倫撰　清同治十一年(1872)望三益齋刻本　十一册

620000－1144－0000237　I222.7422/7
杜詩詳注二十五卷首一卷附編二卷　(清)仇兆鰲注　清康熙三十二年(1693)刻本　二十八册

620000－1144－0000238　K875.4/2
端谿硯史三卷　(清)吴蘭修輯　清道光十四年(1834)許增刻本　一册

620000－1144－0000239　Z124.5/14
敦艮齋遺書十七卷　(清)徐潤第撰　清道光二十八年(1848)徐繼畬刻本　五册

620000－1144－0000240　Z125/5
敦煌石室遺書十三種　羅振玉編　清宣統元年(1909)鉛印本　三册　缺一卷(流沙訪古記一)

620000－1144－0000241　K951.29/2
俄游彙編十二卷　(清)繆祐孫纂　清光緒十五年(1889)上海秀文書局石印本　四册

620000－1144－0000242　B963/1
而木代經釋義教門基礎一卷　(□)□□撰　清宣統三年(1911)大公報館鉛印本　一册

620000－1144－0000243　H131.2/6
爾雅蒙求二卷　(清)李拔式撰　清同治十二年(1873)味經書院刻本　二册

620000－1144－0000244　H131.2/3
爾雅三卷　(晉)郭璞注　(唐)陸德明音義　清光緒五年(1879)山西濬文書局刻本　三册

620000－1144－0000245　H131.2/2
爾雅三卷　(晉)郭璞注　(唐)陸德明音義　清嘉慶二十二年(1817)張青選刻本　三册

620000－1144－0000246　H131.2/1
爾雅三卷　(晉)郭璞注　清嘉慶六年(1801)影宋刻本　三册

620000－1144－0000247　H131.2/7
爾雅註疏十一卷　(晉)郭璞注　(宋)邢昺疏　清道光二十九年(1849)刻本　四册

620000－1144－0000248　I222.7492/41
二家詞鈔二卷　(清)李慈銘撰　清光緒二十八年(1902)刻本　二册

620000－1144－0000249　I222.7491/6
二南遺音四卷續集一卷　(清)劉紹攽編　清三原劉傳經堂刻本　五册

620000－1144－0000250　I214.92/15
二曲集二十六卷　(清)李顒撰　清嘉慶十五年(1810)皋蘭刻本　八册

620000－1144－0000251　I214.92/15:2
二曲集二十六卷　(清)李顒撰　清刻本　五册　存十九卷(三、六至二十三)

620000－1144－0000252　Z429.49/21
二十二史感應録二卷　(清)彭希涑輯　清光緒二十六年(1900)善化向氏刻本　一册

620000－1144－0000253　K204.1/1:3
二十四史二十四種　(□)□□輯　清光緒上海集成圖書公司鉛印本　三百九十七册

620000－1144－0000254　K204.1/1
二十四史二十四種　(□)□□輯　清光緒上海同文書局石印本　六百九十七册　缺二種五十六卷(唐書二百十一至二百二十五、舊五代史一百十至一百五十)

620000－1144－0000255　K204.1/1
二十四史二十四種　(□)□□輯　清光緒同文書局石印本　六百八十八册　缺一種八十卷(南史一至八十)

620000－1144－0000256　K204.1/1:2

二十四史二十四種　(□)□□輯　清光緒武林竹簡齋石印本　二百冊

620000－1144－0000257　K825.8/1

貳臣傳十二卷逆臣傳四卷　(清)國史館編　清末都城琉璃廠半松居士刻本　十六冊

620000－1144－0000258　J292.2.3/2

法書攷八卷　(元)盛熙明撰　清康熙四十五年(1706)揚州使院刻楝亭藏書十二種本　二冊

620000－1144－0000259　I222.7522/15

法我堂吟草二卷　(清)蕭雲史書　清刻本　二冊

620000－1144－0000260　B948/1

法苑珠林一百卷　(唐)釋道世撰　清宣統二年(1910)昆陵天寧寺刻本　三十冊

620000－1144－0000261　D691.5/9

藩鎮指掌編一卷唐末諸王一卷　(明)陳繼儒輯　明天啓刻本　一冊

620000－1144－0000262　B942/16

翻譯名義集二十卷　(宋)釋法雲輯　清光緒四年(1878)金陵刻經處刻本　六冊

620000－1144－0000263　B942/16:3

翻譯名義集二十卷　(宋)釋法雲輯　清光緒四年(1878)金陵刻經處刻本　四冊　存十四卷(一至三、七至十三、十七至二十)

620000－1144－0000264　B942/16:2

翻譯名義集選一卷　(宋)釋法雲輯　(清)世宗胤禛選　清同治十二年(1873)江北刻經處刻本　一冊

620000－1144－0000265　B942/16:2

翻譯名義集選一卷　(宋)釋法雲輯　(清)世宗胤禛選　清同治十二年(1873)江北刻經處刻本　一冊

620000－1144－0000266　I222.7521/1

樊南詩鈔一卷附集一卷梅花詩社同唫集一卷　(清)延壽輯錄　清同治三年(1864)鉛印本　二冊

620000－1144－0000267　I214.22/14

樊南文集詳注八卷　(唐)李商隱撰　(清)馮浩編訂　清同治七年(1868)刻本　八冊

620000－1144－0000268　I214.42/1

范文正公集二十卷别集四卷政府奏議二卷尺牘三卷年譜一卷年譜補遺一卷言行拾遺事錄四卷鄱陽遺事錄一卷范文正公遺跡目錄一卷義莊規矩一卷保賢集五卷補編五卷　(宋)范仲淹撰　清宣統二年(1910)歲寒堂刻本　十冊

620000－1144－0000269　I214.42/8

范忠宣公文集二十卷奏議二卷遺文一卷附錄一卷補編一卷　(宋)范純仁撰　清宣統二年(1910)歲寒堂刻本　六冊

620000－1144－0000270　I207.22/15

方叔淵遺稿一卷　(元)方瀾撰　清宣統元年(1909)番禺沈氏刻晨風閣叢書本　一冊

620000－1144－0000271　E152/1

防海新論十八卷　(德國)希理哈撰　(英國)傅蘭雅口譯　(清)華蘅芳筆述　清同治十二年(1873)江南製造總局刻本　六冊

620000－1144－0000272　B828.3/9

放翁家訓一卷　(宋)陸游撰　清嘉慶刻本　一冊

620000－1144－0000273　J292.11/1

分隸偶存二卷　(清)萬經輯　清刻本　二冊

620000－1144－0000274　H114.9/3

分韻字攷十二卷　(□)□□撰　清嘉慶十六年(1811)刻本　六冊

620000－1144－0000275　K892.2/1

風俗通姓氏篇二卷　(漢)應劭撰　(清)張澍注　清光緒十七年(1891)順德龍氏刻知服齋叢書本　一冊

620000－1144－0000276　I214.92/29

豐川續集三十四卷　(清)王心敬輯　清乾隆十三年(1748)刻本　十六冊

620000－1144－0000277　I222.7492/46

鳳孫樓詞二卷　(清)管繩萊撰　清光緒元年(1875)刻本　一册

620000－1144－0000278　B945/1
佛教初學課本註一卷　(清)楊文會撰　清光緒三十二年(1906)金陵刻經處刻本　一册

620000－1144－0000279　B942/18
佛説阿彌陀經疏鈔四卷事義問辨問答疑辨一卷　(後秦)釋鳩摩羅什譯　清光緒十八年(1892)金陵刻經處刻本　五册

620000－1144－0000280　K249.45/5
福惠全書三十二卷　(清)黄六鴻撰　清康熙至雍正刻本　八册

620000－1144－0000281　I214.92/85
榑洲詞二卷　(清)勒方錡撰　清同治四年(1865)刻本　一册

620000－1144－0000282　G612/1
父師善誘法二卷　(清)唐彪輯　清光緒二十一年(1895)柏經正堂刻本　一册

620000－1144－0000283　I222.7492/2
傅徵君霜紅龕詩鈔不分卷　(清)傅山撰　(清)蘇爾詒參訂　清乾隆三十二年(1767)刻本　二册

620000－1144－0000284　K825.6/2
復堂日記八卷　(清)譚獻撰　清光緒十三年(1887)復堂類集本　四册

620000－1144－0000285　B249.9/3
復齋録六卷　(清)王建常撰　(清)賀瑞麟校　清光緒元年(1875)述荊堂刻西京清麓叢書本　四册

620000－1144－0000286　K922.1/2
甘肅全省輿圖不分卷　(清)□□繪　清手繪本　一册

620000－1144－0000287　B953/2
感應篇直講一卷　(□)□□撰　清光緒十七年(1891)刻本　一册

620000－1144－0000288　K204.3/9：1
綱鑑易知録九十二卷　(清)吳乘權輯　清刻本　四十八册

620000－1144－0000289　I215.25/1
高平祁氏三世遺藁四卷　(清)祁汝撰　(清)祁恩元　(清)祁恩成校刊　清光緒十七年(1891)石印本　四册

620000－1144－0000290　I207.22/16
高氏三宴詩三卷　(唐)高正臣輯　清宣統元年(1909)番禺沈氏刻晨風閣叢書本　一册

620000－1144－0000291　Z838/12
閣鈔彙編目録一卷　(清)□□編　清光緒末鉛印本　一册

620000－1144－0000292　I222.7521/3
庚子記念圖不分卷　烏目山僧撰　清光緒二十七年(1901)鉛印本　一册

620000－1144－0000293　I214.92/90
更生齋詩餘二卷　(清)洪亮吉撰　清光緒三年(1877)鄂垣刻本　一册

620000－1144－0000294　K225.4/19
公羊春秋經傳驗推補證十一卷首一卷　廖平撰　清光緒三十二年(1906)則柯軒刻本　一册

620000－1144－0000295　I222.7522/3
功甫小集五卷　(清)潘曾沂撰　清咸豐四年(1854)刻本　一册

620000－1144－0000296　Z121.5/16
功順堂叢書十八種八十一卷　(清)潘祖蔭輯　清光緒吳縣潘氏刻本　二十四册

620000－1144－0000297　I222.8421/2
宮詞不分卷　(明)毛晉輯　清同治十二年(1873)淮南書局刻本　一册

620000－1144－0000298　I242.1/13
觚賸八卷續編四卷　(清)鈕琇輯　清康熙三十九年(1700)臨野堂刻本　十二册

620000－1144－0000299　K204.5/1
古今紀要十九卷古今紀要彙編一卷　(宋)黄震撰　(清)劉孝思校訂　(清)馮祖憲參校　清耕餘樓刻本　六册

620000－1144－0000300　K204.5/1:2

古今紀要十九卷古今紀要選編一卷　(宋)黃震撰　(清)劉孝思校訂　(清)馮祖憲參校　清耕餘樓刻本　四冊

620000－1144－0000301　Z225/2

古今圖書集成一萬卷目錄三十二卷　(清)陳夢雷　(清)蔣廷錫等編纂　清光緒十年(1884)上海圖書集成局鉛印本　一千五百三十八冊　缺五百五十二卷(戎政典一至三百、考工典一至二百五十二)

620000－1144－0000302　G256.3/1:2

古今僞書考不分卷　(清)姚際恒撰　清光緒十五年(1889)長沙經濟書堂刻本　一冊

620000－1144－0000303　H113.6/5

古今韻略五卷首一卷　(清)邵長蘅纂　清康熙三十五年(1696)宋犖刻本　五冊

620000－1144－0000304　K875.62/2

古泉匯六十四卷續十四卷補遺二卷　(清)李佐賢編輯　(清)鮑康續編　清同治三年至光緒元年(1864－1875)李氏石泉書屋刻本　二十冊

620000－1144－0000305　I222/5

古詩歸十五卷　(明)鍾惺　(明)譚元春選　清江右天德堂刻本　四冊

620000－1144－0000306　I222/4

古詩箋三十二卷　(清)王士禛選　(清)聞人倓箋　清乾隆三十一年(1766)芷蘭堂刻本　七冊

620000－1144－0000307　K204.5/2

古史輯要六卷首一卷　(清)□□輯　清道光二十五年(1845)番禺潘氏刻海山仙館叢書本　四冊

620000－1144－0000308　Z225/7

古事比五十二卷　(清)方中德輯　清光緒十三年(1887)上海點石齋石印本　六冊

620000－1144－0000309　Z225/7

古事比五十二卷　(清)方中德輯　清光緒十三年(1887)上海點石齋石印本　六冊

620000－1144－0000310　I222.7421/5

古唐詩合解十六卷　(清)王堯衢注　(清)李模等校　清刻本　四冊

620000－1144－0000311　I211/10

古文辭類纂七十四卷續古文辭類纂三十四卷　(清)姚鼐纂　王先謙續纂　清光緒三十三年(1907)上海商務印書館鉛印本　十二冊

620000－1144－0000312　Z225/10

古文辭類纂七十五卷　(清)姚鼐纂　清光緒十九年(1893)刻本　三冊　存十九卷(一至三、三十一至四十六)

620000－1144－0000313　Z225/10:2

古文辭類纂七十五卷　(清)姚鼐纂　清刻本　十七冊　存六十三卷(三至三十四、四十五至七十五)

620000－1144－0000314　I211/5:2

古文喈鳳新編八卷　(清)汪基輯　清上海廣義書局石印本　四冊　存四卷(二至五)

620000－1144－0000315　I212/5

古文喈鳳新編八卷　(清)汪基輯　清義興堂刻本　二冊　存二卷(一至二)

620000－1144－0000316　H131.7/4

古文快筆貫通解三卷　(清)杭永年撰　清蜀西什邑富興堂刻本　三冊

620000－1144－0000317　I211/14

古文淵鑒六十四卷　(清)徐乾學等編　清康熙内府五色套印本　四十冊

620000－1144－0000318　I262/3

古文淵鑒六十四卷　(清)徐乾學等編　清宣統二年(1910)學部圖書局石印本　二十四冊

620000－1144－0000319　Z225/1:4

古香齋新刻袖珍淵鑑類函四百五十卷目錄四卷　(清)張英　(清)王士禛輯　清乾隆古香齋刻本　一百四十冊

620000－1144－0000320　Z429.52/4

古學記問錄十五卷　(清)吴蔚文輯　清同治

四年(1865)式義堂刻本　六册

620000－1144－0000321　I207.22/17
古洋遺鄉集一卷　(宋)文同撰　清宣統元年(1909)番禺沈氏刻晨風閣叢書本　一册

620000－1144－0000322　I222/3
古謠諺一百卷　(清)杜文瀾輯　清咸豐十一年(1861)杜氏曼陀羅華閣刻本　十六册

620000－1144－0000323　H113.6/4
古韻標準四卷　(清)江永撰　(清)戴震參定　清乾隆三十六年(1771)潮陽縣衙刻本　六册

620000－1144－0000324　K225.04/4
穀梁春秋經傳古義疏十一卷　廖平撰　清光緒二十六年(1900)日新書局刻本　八册

620000－1144－0000325　D929.42/1
故唐律疏義三十卷音義一卷　(唐)長孫無忌撰　(宋)孫奭音義　**宋提刑洗冤錄五卷**　(宋)宋慈撰　清光緒十七年(1891)刻本　八册

620000－1144－0000326　B248.99/11
關學編五卷　(明)馮從吾輯　(清)李元春續輯　清三原劉氏傳經堂刻本　二册　存二卷(四至五)

620000－1144－0000327　B222.4/1
關尹子二卷　(宋)陳顯微注　(明)朱蔚然校　明刻本　二册

620000－1144－0000328　Z124.6/1
觀古堂所著書二十種　葉德輝輯　清光緒二十一年至民國八年(1895－1919)葉德輝刻本　十六册　缺四種十二卷(秘書省續編到四庫闕書目一至二、覺迷要錄一至四、古泉雜詠一至四、消夏百一詩一至二)

620000－1144－0000329　B949.9/2
觀音慈林集三卷　(清)釋弘贊輯　清康熙七年(1668)刻本　一册

620000－1144－0000330　B226.1/1
管子二十四卷　(明)淩汝亨輯評　明萬曆四十八年(1620)淩汝亨刻朱墨套印本　六册

620000－1144－0000331　B226.1/2
管子二十四卷　(唐)房玄齡注　(明)劉績補注　清光緒二年(1876)浙江書局刻本　六册

620000－1144－0000332　B226.1/2
管子二十四卷　(唐)房玄齡注　(明)劉績補注　清光緒二年(1876)浙江書局刻本　六册

620000－1144－0000333　I222.852/27
盥廬詞一卷看鏡詞一卷　蔣廷黻撰　清末刻本　一册

620000－1144－0000334　K928.42/4
灌江備考一卷　(清)王廷珏輯　(清)李先立編　清乾隆八年(1743)刻灌江四種叢書本　二册

620000－1144－0000335　D829.13/1
光緒勘定西北邊界俄文譯漢圖例言一卷　(清)□□撰　清光緒刻本　一册

620000－1144－0000336　K828.49/7
廣高士傳三卷　(清)倪釗輯　清光緒二十三年(1897)鉛印本　三册

620000－1144－0000337　Z121.4/2:2
廣漢魏叢書七十六種四百三十九卷　(明)何允中輯　明萬曆二十年(1592)刻本　四十四册

620000－1144－0000338　K828.49/6
廣列女傳二十卷附錄一卷　(清)劉開纂　清光緒十年(1884)刻本　六册

620000－1144－0000339　K928.3/14
廣雁蕩山誌二十八卷首一卷末一卷　(清)曾唯纂修　清乾隆五十五年(1790)刻嘉慶十三年(1808)增刻同治八年(1869)修補本　八册

620000－1144－0000340　K290.49/6:2
廣輿記二十四卷　(明)陸應陽纂　(清)蔡方炳增輯　清康熙五十六年(1717)光德堂刻本　十六册

620000－1144－0000341　K290.49/6:3
廣輿記二十四卷　(明)陸應陽纂　(清)蔡方

炳增輯　清康熙五十六年(1717)光德堂刻本　十二册

620000－1144－0000342　K290.49/6
廣輿記二十四卷附清地輿全圖一卷　(明)陸應陽撰　(清)蔡方炳增輯　清康熙刻本　十二册

620000－1144－0000343　K928.955/1
廣志繹五卷　(明)王士性撰　清嘉慶二十二年(1817)臨海宋氏刻台州叢書本　三册

620000－1144－0000344　K204.2/2
歸方評點史記合筆六卷　(清)王拯纂　清光緒元年(1875)望三益齋刻本　四册

620000－1144－0000345　Z429.49/17
歸田瑣記八卷　(清)梁章鉅撰　清道光二十五年(1845)北東園刻本　四册

620000－1144－0000346　Z429.49/16
癸巳存稿十五卷　(清)俞正燮撰　清光緒刻本　八册

620000－1144－0000347　Z429.49/16
癸巳存稿十五卷　(清)俞正燮撰　清光緒十年(1884)刻本　六册

620000－1144－0000348　Z225/9
癸巳類稿十五卷　(清)俞正燮撰　清道光十三年至十六年(1833－1836)求日益齋刻本　八册

620000－1144－0000349　K926.72/1
桂海虞衡志一卷　(宋)范成大撰　清刻本　一册

620000－1144－0000350　K827.48/4：1
國朝貢舉考略四卷　(清)黄崇蘭輯　清光緒五年(1879)金陵文英堂刻本　四册

620000－1144－0000351　K828.49/3
國朝漢學師承記八卷國朝宋學淵源記二卷附記一卷國朝經師經義目錄一卷　(清)江藩撰　清光緒二十二年(1896)成都志古堂刻本　四册

620000－1144－0000352　B222/4
國朝漢學師承記八卷國朝宋學淵源記二卷附記一卷國朝經師經義目錄一卷　(清)江藩撰　清咸豐四年(1854)掃葉山房刻本　六册

620000－1144－0000353　I266.5/1
國朝名人書札二卷　吴增祺輯　清宣統元年(1909)上海商務印書館鉛印本　四册

620000－1144－0000354　Z121.5/20
國朝名人著述叢編十三種十六卷　(清)□□輯　清光緒五年(1879)上海淞隱閣鉛印本　三册

620000－1144－0000355　I222.7491/2
國朝山右詩存十六卷　(清)李錫麟　(清)王攀　(清)李素輯　清嘉慶六年(1801)刻本　八册

620000－1144－0000356　K825.6/1
國朝詩人徵略六十卷　(清)張維屏撰　清道光十年(1830)刻本　十二册

620000－1144－0000357　K827.49/2：4
國朝先正事略八卷　(清)李元度纂　清光緒二十八年(1902)上海廣益書局石印本　十册

620000－1144－0000358　K827.49/2：3
國朝先正事略六十卷　(清)李元度纂　清光緒九年(1883)蛟川方氏刻本　二十四册

620000－1144－0000359　K827.49/2：2
國朝先正事略六十卷　(清)李元度纂　清同治八年(1869)星沙小琅環館刻本　二十三册　缺二卷(十六至十七)

620000－1144－0000360　K827.49/2
國朝先正事略六十卷　(清)李元度纂　清同治五年(1866)循陔草堂刻本　二十册

620000－1144－0000361　I214.81/2
國朝中州名賢集十卷末一卷　(清)黄舒昺輯　清刻本　十一册

620000－1144－0000362　K225.04/2
國語二十一卷　(三國吳)韋昭注　(宋)宋庠補音　(明)穆文熙纂　明末刻本　八册

620000－1144－0000363　K225.04/3

國語二十一卷　(三國吳)韋昭注　清詩禮堂刻本　四冊

620000－1144－0000364　Z126.25/7
國語校注三種二十九卷　(清)汪遠孫選　清道光二十六年(1846)錢塘汪氏刻振綺堂遺書本　六冊

620000－1144－0000365　K351.9/1
海道圖說十五卷附長江圖說一卷　(英國)金約翰輯　(英國)傅蘭雅口譯　(清)王德均筆述　清光緒二十二年(1896)上海書局石印本　八冊

620000－1144－0000366　K916.41/2:2
海國圖志一百卷　(清)魏源撰　清光緒二十一年(1895)上海積山書局石印本　十八冊

620000－1144－0000367　K916.41/2
海國圖志一百卷　(清)魏源撰　清光緒六年(1880)邵陽急當務齋刻本　二十四冊

620000－1144－0000368　K916.41/2:1
海國圖志一百卷　(清)魏源撰　清咸豐二年(1852)古微堂刻本　二十四冊

620000－1144－0000369　B226.5/1
韓非子二十卷　(戰國)韓非撰　(□)□□評注　清嘉慶九年(1804)刻本　六冊　缺五卷(六至八、十九至二十)

620000－1144－0000370　B226.5/2
韓非子二十卷識誤三卷　(戰國)韓非撰　(清)顧廣圻識誤　清光緒元年(1875)浙江書局刻本　六冊

620000－1144－0000371　I222.749/3
韓五泉詩四卷附錄二卷　(明)韓汝慶撰　清刻本　二冊

620000－1144－0000372　J292.22/21
漢碑錄文四卷　(清)馬邦玉輯　清道光六年(1826)刻本　四冊

620000－1144－0000373　D691.5/10
漢晉迄明謚彙考十卷　(清)劉長華輯　清光緒刻本　四冊

620000－1144－0000374　K827.49/8
漢名臣傳三十二卷　(清)國史館編　清末京都正陽門琉璃廠榮錦書屋刻本　三十二冊

620000－1144－0000375　I222.62/1
漢鐃歌釋文箋正一卷　王先謙撰　清同治十一年(1872)刻本　一冊

620000－1144－0000376　B259.9/8
漢儒道義七卷　(清)陳澧撰　清咸豐八年(1858)粵東富文齋刻本　二冊

620000－1144－0000377　K234.142/2
漢書補注一百卷首一卷　(漢)班固撰　(唐)顏師古注　王先謙補注　清光緒二十六年(1900)長沙王氏刻本　三十二冊

620000－1144－0000378　K234/3
漢書蒙拾二卷　(清)杭世駿輯　清光緒十年(1884)上海同文書局石印本　二冊

620000－1144－0000379　K930.9/5
漢書西域傳補注二卷　(清)徐松撰　清光緒六年(1880)刻本　二冊

620000－1144－0000380　D691.5/13
漢唐事箋十二卷後集八卷　(元)朱禮撰　清道光二年(1822)刻本　四冊

620000－1144－0000381　K930.9/6:2
漢西域圖考七卷　(清)李光廷撰　清光緒八年(1882)陽湖趙氏壽萱草堂木活字印本　四冊

620000－1144－0000382　K930.9/6:2
漢西域圖考七卷　(清)李光廷撰　清光緒八年(1882)陽湖趙氏壽萱草堂木活字印本　四冊

620000－1144－0000383　K930.9/6:3
漢西域圖考七卷　(清)李光廷撰　清光緒十九年(1893)寶善書局石印本　七冊

620000－1144－0000384　K930.9/6:5
漢西域圖考七卷首一卷　(清)李光廷撰　清光緒石印本　四冊

620000－1144－0000385　K930.9/6

漢西域圖考七卷首一卷　(清)李光廷撰　清末刻本　四冊

620000－1144－0000386　K930.9/6

漢西域圖考七卷首一卷　(清)李光廷撰　清末刻本　四冊

620000－1144－0000387　K930.9/6

漢西域圖考七卷首一卷　(清)李光廷撰　清末刻本　四冊

620000－1144－0000388　J292.26/44

漢溪書法通解八卷　(清)戈守智撰　清刻本　四冊

620000－1144－0000389　H13/2

漢學商兑三卷　(清)方東樹撰　清光緒二十年(1894)傳經堂刻本　四冊

620000－1144－0000390　H13/2

漢學商兑三卷　(清)方東樹撰　清光緒二十年(1894)傳經堂刻本　四冊

620000－1144－0000391　Z839.2/1

行素堂目睹書録十卷　(清)朱記榮輯　清光緒十年(1884)朱槐廬刻本　十冊

620000－1144－0000392　I214.72/1

郝文忠公陵川文集三十九卷首一卷　(元)郝經撰　(清)王鏐編訂　清嘉慶三年(1798)刻本　十冊

620000－1144－0000393　I214.82/15

何氏集二十三卷　(明)何景明撰　明嘉靖十年(1531)義陽書院刻本　八冊

620000－1144－0000394　I214.42/15

和靖尹先生文集四卷　(宋)尹焞撰　(清)劉昇之重刻　清光緒九年(1883)劉傳經堂刻本　一冊

620000－1144－0000395　I214.22/12

河東先生全集録六卷外集一卷　(唐)柳宗元撰　(清)儲欣輯　清光緒八年(1882)江蘇書局刻唐宋十大家全集録本　五冊　存五卷(一至五)

620000－1144－0000396　B223.9/2

鶡冠子三卷　(宋)陸佃注　(明)王宇等評　明天啓五年(1625)朱氏花齋刻本　一冊

620000－1144－0000397　K928.94/2

荷戈紀程一卷　(清)林則徐撰　清光緒三年(1877)刻本　一冊

620000－1144－0000398　I214.82/31

賀文忠公遺集四卷末一卷　(明)賀逢聖撰　清同治八年(1869)錦樹山房刻本　二冊

620000－1144－0000399　B561.43/1

赫胥黎天演論二卷　(英國)赫胥黎撰　嚴復譯　清光緒二十一年(1895)味經刊書處刻本　二冊

620000－1144－0000400　I222.8/1

鶴緣詞一卷　(清)呂耀斗撰　清光緒二十六年(1900)呂氏敬止堂刻本　一冊

620000－1144－0000401　I712.49/1

黑奴籲天録四卷　(美國)斯土活撰　林紓魏易譯　清光緒二十七年(1901)上海文明書局刻本　四冊

620000－1144－0000402　I242.1/15

恒州偶紀四卷　(清)鄒儒撰　清乾隆十五年(1750)刻本　二冊

620000－1144－0000403　B248.99/10

衡門芹一卷　(明)辛全撰　清光緒二十五年(1899)柏經正堂刻本　一冊

620000－1144－0000404　B94/14

弘明集十四卷　(南朝梁)釋僧祐輯　清光緒二十二年(1896)金陵刻經處刻本　四冊

620000－1144－0000405　H114.3/1

洪武正韻十六卷　(明)樂韶鳳等纂　明刻本　五冊

620000－1144－0000406　K234.242/6

後漢書補注二十四卷　(清)惠棟撰　清光緒二十年(1894)廣雅書局刻本　十二冊

620000－1144－0000407　K234.242/2

後漢書一百二十卷　(南朝宋)范曄撰　(唐)李賢注　清同治十年(1871)成都書局刻本

二十九册

620000－1144－0000408　B248.99/2

胡敬齋先生居業錄四卷　(明)胡居仁撰　清同治八年(1869)刻本　一册　存一卷(一)

620000－1144－0000409　I214.82/8

胡敬齋先生全書七卷　(明)胡居仁撰　(清)賀瑞麟抄　清光緒三十年(1904)賀瑞麟手抄本　三册

620000－1144－0000410　I222.7491/4

湖海詩傳四十六卷　(清)王昶輯　清嘉慶八年(1803)三泖漁莊刻本　十六册

620000－1144－0000411　I214.91/1

湖海文傳七十五卷　(清)王昶輯　清道光十七年(1837)經訓堂刻本　十六册

620000－1144－0000412　I214.92/57

虎谷集不分卷　(清)王雲鳳撰　清嘉慶二十二年(1817)刻本　四册

620000－1144－0000413　K297.1/1:2

華陽國志十二卷　(晉)常璩撰　清嘉慶九年(1804)刻本　四册

620000－1144－0000414　I222.7492/33

華原風土詞一百首一卷　(清)顧曾烜撰　清光緒十九年(1893)刻本　一册

620000－1144－0000415　K928.3/7

華嶽志八卷首一卷　(清)李榕纂　清道光十一年(1831)刻光緒三十年(1904)補刻本　四册

620000－1144－0000416　K928.3/7

華嶽志八卷首一卷　(清)李榕纂　清道光十一年(1831)刻光緒三十年(1904)補刻本　四册

620000－1144－0000417　K928.3/7

華嶽志八卷首一卷　(清)李榕纂　清道光十一年(1831)刻光緒三十年(1904)補刻本　四册

620000－1144－0000418　J212/6

畫禪室隨筆四卷　(明)董其昌撰　清宣統三年(1911)掃葉山房石印本　三册

620000－1144－0000419　K254.6/3

淮軍平捻記十二卷　(清)周世澄撰　清末刻本　六册

620000－1144－0000420　K254.6/3

淮軍平捻記十二卷　(清)周世澄撰　清末刻本　二册　存六卷(四至九)

620000－1144－0000421　B234.4/3

淮南子二十一卷　(漢)劉安撰　(漢)高誘注　清光緒二年(1876)浙江書局刻本　六册

620000－1144－0000422　B234.4/2

淮南子箋釋二十一卷　(漢)劉安撰　(清)莊逵吉校　清嘉慶九年(1804)刻本　六册

620000－1144－0000423　I222/11

槐軒名家詩解二卷首一卷　(清)夏世欽訂　清聚錦堂刻本　二册

620000－1144－0000424　Z121.5/22

懷豳雜俎十二種十七卷　徐乃昌輯　清光緒至宣統南陵徐氏刻本　十册

620000－1144－0000425　I237.1/1:3

懷永堂繪像第六才子書八卷　(元)王實甫撰　(清)金聖歎評　清刻本　六册

620000－1144－0000426　K207/8

寰宇分和志八卷增輯一卷　(明)徐樞輯　(清)鄭元慶增　清光緒二十八年(1902)湘潭楊氏刻本　八册

620000－1144－0000427　Z228/1

宦鄉要則七卷首一卷　(清)張鑒瀛輯　清光緒二十二年(1896)上海寶文書局石印本　二册

620000－1144－0000428　F329.52/1

荒政輯要九卷　(清)汪志伊纂　清同治八年(1869)崇文書局刻本　二册

620000－1144－0000429　I207.23/1:2

皇朝詞林典故六十四卷首一卷　(清)朱珪等纂　清宣統元年(1909)石印本　一册　存一卷(首一卷)

620000－1144－0000430　I207.23/1
皇朝詞林典故六十四卷首一卷　（清）朱珪等纂　清宣統元年（1909）石印本　三十四册

620000－1144－0000431　K249.6/9
皇朝藩部要略十八卷表四卷　（清）祁韻士纂　清道光二十五年（1845）筠淥山房刻本　八册　缺四卷（表四卷）

620000－1144－0000432　K249.6/9
皇朝藩部要略十八卷表四卷　（清）祁韻士纂　清光緒十年（1884）浙江書局刻本　三册　存八卷（一至八）

620000－1144－0000433　K249.6/9：2
皇朝藩部要略十八卷表四卷　（清）祁韻士纂　清光緒十年（1884）浙江書局刻本　八册

620000－1144－0000434　K249.6/9：2
皇朝藩部要略十八卷表四卷　（清）祁韻士纂　清光緒十年（1884）浙江書局刻本　八册　缺一卷（皇朝藩部要略一）

620000－1144－0000435　K29.51/2
皇朝藩屬輿地叢書六集二十八種　（清）浦□輯　清光緒二十九年（1903）金匱浦氏靜寄東軒石印本　四十八册

620000－1144－0000436　K29.51/2
皇朝藩屬輿地叢書六集二十八種　（清）浦□輯　清光緒二十九年（1903）金匱浦氏靜寄東軒石印本　四十八册

620000－1144－0000437　K29.51/2
皇朝藩屬輿地叢書六集二十八種　（清）浦□輯　清光緒二十九年（1903）金匱浦氏靜寄東軒石印本　四十八册

620000－1144－0000438　K29.51/2
皇朝藩屬輿地叢書六集二十八種　（清）浦□輯　清光緒二十九年（1903）金匱浦氏靜寄東軒石印本　四十八册

620000－1144－0000439　K29.51/2
皇朝藩屬輿地叢書六集二十八種　（清）浦□輯　清光緒二十九年（1903）金匱浦氏靜寄東軒石印本　四十八册

620000－1144－0000440　K29.51/2
皇朝藩屬輿地叢書六集二十八種　（清）浦□輯　清光緒二十九年（1903）金匱浦氏靜寄東軒石印本　四十七册　缺三種十四卷（澳大利亞洲志譯本一、西北域記一、元秘史山川地名攷一至十二）

620000－1144－0000441　K875.22/3
皇朝祭器樂舞錄二卷　（清）徐暢達輯　清同治十年（1871）楚北崇文書局刻本　二册

620000－1144－0000442　I211/9：5
皇朝經世文編一百二十卷　（清）賀長齡輯　清道光六年（1826）刻本　八十册

620000－1144－0000443　I211/9：3
皇朝經世文編一百二十卷　（清）賀長齡輯　清光緒二十一年（1895）上海積山書局石印本　十二册

620000－1144－0000444　I211/9：6
皇朝經世文編一百二十卷　（清）賀長齡輯　清光緒上海詞源閣書局石印本　二十册

620000－1144－0000445　I211/9
皇朝經世文編一百二十卷　（清）賀長齡輯　清光緒十二年（1886）思補樓石印本　六十册

620000－1144－0000446　I211/9：9
皇朝經世文編一百二十卷　（清）賀長齡輯　清光緒十三年（1887）上海點石齋石印本　十二册

620000－1144－0000447　I211/9：2
皇朝經世文編一百二十卷　（清）賀長齡輯　清光緒十四年（1888）上海廣百宋齋石印本　二十四册

620000－1144－0000448　I211/9：4
皇朝經世文編一百二十卷　（清）賀長齡輯　清石印本　十二册　缺五十五卷（一至五十五）

620000－1144－0000449　I211/9/2
皇朝經世文三編八十卷　（清）陳忠倚輯　清

光緒二十八年(1902)上海龍文書局石印本　十六冊

620000－1144－0000450　I211/9:2:2
皇朝經世文三編八十卷　(清)陳忠倚輯　清光緒二十四年(1898)石印本　十六冊　存七十五卷(一至三十、三十六至八十)

620000－1144－0000451　I211/9:2:2
皇朝經世文三編八十卷　(清)陳忠倚輯　清光緒二十四年(1898)石印本　五冊　存十卷(六至十、二十六至三十)

620000－1144－0000452　I211/9:2:1
皇朝經世文三編八十卷　(清)陳忠倚輯　清石印本　一冊　存五卷(三十一至三十五)

620000－1144－0000453　I211/9/3
皇朝經世文四編五十二卷　(清)何良棟輯　清光緒二十八年(1902)上海書局石印本　十二冊

620000－1144－0000454　I211/9/4
皇朝經世文統編一百七卷　(清)邵之棠輯　清石印本　五十二冊

620000－1144－0000455　I211/9/5
皇朝經世文新編二十一卷　麥仲華輯　清光緒二十八年(1902)瑤林書館石印本　十六冊

620000－1144－0000456　I211/9:5:2
皇朝經世文新編二十一卷　麥仲華輯　清光緒二十四年(1898)上海譯書局石印本　二十一冊　存十九卷(一至五、八至二十一)

620000－1144－0000457　I211/9:5:2
皇朝經世文新編二十一卷　麥仲華輯　清石印本　二十四冊　存二十卷(一至二十)

620000－1144－0000458　I211/9:1:2
皇朝經世文續編一百二十卷　(清)葛士濬輯　清光緒二十二年(1896)上海寶善書局石印本　十六冊

620000－1144－0000459　I211/91:2
皇朝經世文續編一百二十卷　(清)葛士濬輯　清光緒二十二年(1896)上海寶善書局石印本　二十冊

620000－1144－0000460　I211/9/1
皇朝經世文續編一百二十卷　(清)葛士濬輯　清光緒十四年(1888)上海圖書集成局石印本　三十二冊

620000－1144－0000461　D691.5/11
皇朝謚法考五卷續編一卷補一卷　(清)劉長華纂　(清)鮑康輯　清同治十一年(1872)刻本　二冊

620000－1144－0000462　D69/5
皇朝續文獻通考三百二十卷　劉錦藻撰　清光緒三十一年至宣統二年(1905－1910)堅匏盦鉛印本　八十八冊

620000－1144－0000463　K290.49/5
皇朝輿地略一卷　(清)六承如輯　**皇朝輿地韻編二卷**　(清)李兆洛輯　清道光二十一年(1841)辨志書塾刻本　二冊

620000－1144－0000464　K992.652/1
皇朝中外壹統輿圖南十卷北二十卷首一卷中一卷　(清)鄒世詒等編　(清)李廷簫增訂　清同治二年(1863)湖北撫署刻本　三十冊　缺四卷(北一至二、十九至二十)

620000－1144－0000465　K992.652/1
皇朝中外壹統輿圖南十卷北二十卷首一卷中一卷　(清)鄒世詒等編　(清)李廷簫增訂　清同治二年(1863)湖北撫署刻本　十六冊

620000－1144－0000466　I214.82/16
皇甫司勳集六十卷　(明)皇甫汸撰　明嘉靖刻本　八冊

620000－1144－0000467　K827.52/5
皇清誥授建威將軍雲南提督署四川提督唐公年譜一卷附錄一卷　唐鴻學撰　清光緒三十四年(1908)石印本　一冊

620000－1144－0000468　Z126.2/2:3
皇清經解續編二百九卷　王先謙輯　清光緒十五年(1889)上海蜚英館石印本　二十四冊　缺五十三卷(五十二至八十七、一百六至一

百十一、一百四十五至一百五十五）

620000－1144－0000469　Z126.2/2:2
皇清經解續編二百九種一千四百三十卷　王先謙輯　清光緒十四年（1888）南菁書院刻本　三百二十冊

620000－1144－0000470　Z126.2/2
皇清經解一千四百八卷首一卷　（清）阮元輯　清道光九年（1829）學海堂刻咸豐十一年（1861）補刻本　三百六十冊

620000－1144－0000471　Z126.2/2
皇清經解一千四百八卷首一卷　（清）阮元輯　清道光九年（1829）學海堂刻咸豐十一年（1861）補刻本　二十二冊　存九十一卷（一至十七、二十至三十、一百五十六至二百、一千三百五十五至一千三百六十、一千三百七十一至一千三百七十六、一千三百八十至一千三百八十二、一千三百九十一至一千三百九十二，首一卷）

620000－1144－0000472　K249.43/3
皇清開國方略三十二卷首一卷　（清）阿桂等纂修　清光緒十三年（1887）廣百宋齋鉛印本　六冊

620000－1144－0000473　K249.65/1
皇清奏議六十八卷首一卷　（清）琴川居士輯　清刻本　六十冊

620000－1144－0000474　R221.2/1
黄帝内經靈樞十二卷　（宋）史崧注　（清）黄以周等校　清刻本　三冊

620000－1144－0000475　Z833/1
璜川吴氏重刊彙刻書目十卷新編一卷補編一卷　（清）顧修編　清嘉慶二十五年（1820）刻本　十冊　缺一卷（新編一卷）

620000－1144－0000476　K207/16
晦明軒稿一卷壬癸金石跋一卷　楊守敬撰　清光緒二十七年（1901）鄰蘇園刻本　二冊

620000－1144－0000477　Z833/3
彙刻書目二十卷　（清）顧修編　清光緒十二年至十五年（1886－1889）上海福瀛書局刻本　二十冊

620000－1144－0000478　I207.21/1
彙纂詩法度鍼三十三卷首一卷　（清）徐文弼輯　清乾隆二十七年（1762）聚錦堂刻本　八冊

620000－1144－0000479　G613.2/4
誨兒編二卷　（清）賀瑞麟輯　清光緒十六年（1890）強勉學堂刻本　一冊

620000－1144－0000480　I215.22/33
蕙襟集十二卷　（清）馮秀瑩撰　清宣統三年（1911）刻本　二冊

620000－1144－0000481　K928.3/2
繪圖山海經廣注十八卷　（晉）郭璞傳　清咸豐元年（1851）奎光堂刻本　四冊

620000－1144－0000482　I242.4/4
繪圖施公案前傳八卷後傳六卷三傳四卷四傳四卷五傳四卷六傳四卷七傳四卷八傳四卷九傳四卷全續四卷　（清）□□撰　清光緒二十九年（1903）上海廣益書局石印本　十五冊　缺一卷（八傳四）

620000－1144－0000483　I242.4/4
繪圖施公案前傳八卷後傳六卷三傳四卷四傳四卷五傳四卷六傳四卷七傳四卷八傳四卷九傳四卷全續四卷　（清）□□撰　清末石印本　二十冊

620000－1144－0000484　I214.82/35
藿議不分卷　（明）劉士龍撰　（明）王象天纂　明刻本　二冊

620000－1144－0000485　K877.33/1
積古齋鐘鼎彝器款識十卷　（清）阮元撰　清末刻本　四冊

620000－1144－0000486　K877.33/1
積古齋鐘鼎彝器款識十卷　（清）阮元撰　清末刻本　四冊

620000－1144－0000487　K873.4/5
集古録跋尾十卷　（宋）歐陽修撰　清光緒十

三年(1887)吳縣朱氏刻行素草堂金石叢書本　四册

620000－1144－0000488　K877.401/1
集古錄目五卷　(宋)歐陽棐撰　清光緒十三年(1887)吳縣朱氏刻行素草堂金石叢書本　二册

620000－1144－0000489　I222.7482/9
集古梅花詩二卷　(明)沈行履撰　清光緒二十三年(1897)刻本　一册

620000－1144－0000490　B92/1
集說詮真提要附續編不分卷　(清)黄伯祿輯　清光緒三十二年(1906)上海慈母堂鉛印本　五册

620000－1144－0000491　B248.99/5
蕺山先生人譜一卷人譜類記二卷　(明)劉宗周撰　(清)洪正治校編　清雍正四年(1726)白沙教忠堂刻本　四册

620000－1144－0000492　I214.92/47
紀文達公遺集十六卷首一卷　(清)紀昀撰　(清)孫樹馨編校　清宣統二年(1910)上海保翠樓石印本　八册

620000－1144－0000493　K827.49/1
記潞河白大司空軼事一卷記潞河母劉太夫人軼事一卷　(清)張炳撰　清咸豐四年(1854)刻本　一册

620000－1144－0000494　I222.7491/9
寄嶽雲齋試帖詳注四卷　(清)聶銑敏編　(清)張學蘇箋　(清)王茂松等校　清道光二十六年(1846)刻本　一册

620000－1144－0000495　Z124.5/29
濟一子證道秘書十七種　(清)傅金銓撰　清蜀東善成堂刻本　五册　存十九卷(樵陽經一、附語錄一,新鐫道書一至八,心學一至三,丹經一,三峯丹訣一至五)

620000－1144－0000496　B828.3/4
家範十卷　(宋)司馬光撰　清光緒六年(1880)解梁書院刻本　一册　存五卷(一至五)

620000－1144－0000497　K892.98/1
家禮五卷首一卷末一卷　(宋)朱熹撰　清光緒五年(1879)岐山武氏刻本　三册

620000－1144－0000498　Z429.49/15
家蔭堂來西錄一卷　(清)周奎撰　清道光十八年(1838)刻本　一册

620000－1144－0000499　B222.1/1:2
監本四書十九卷　(宋)朱熹集注　清刻本　六册

620000－1144－0000500　I214.92/81
翦紅詞草不分卷　(清)惲毓巽撰　清宣統二年(1910)刻本　二册

620000－1144－0000501　K245.45/1
建炎進退志四卷建炎時政記二卷　(宋)李綱撰　清光緒十年(1884)刻邵武徐氏叢書本　一册

620000－1144－0000502　I222.7442/5
劍南詩鈔不分卷　(宋)陸游撰　(清)楊大鶴選輯　清康熙二十四年(1685)敬業齋刻本　六册

620000－1144－0000503　I222.7442/5:2
劍南詩鈔不分卷　(宋)陸游撰　(清)楊大鶴選輯　清刻本　五册

620000－1144－0000504　I242.1/1
劍俠傳四卷　(清)鄭官應輯校　清末刻本　一册

620000－1144－0000505　K825.6/6
澗泉日記三卷　(宋)韓淲撰　清末刻本　一册

620000－1144－0000506　Z832/1
江刻書目三種　(清)江標輯　清光緒十四年至二十三年(1888－1897)元和江氏刻本　四册

620000－1144－0000507　Z832/1
江刻書目三種　(清)江標輯　清光緒十四年至二十三年(1888－1897)元和江氏刻本

四册

620000－1144－0000508　Z124.5/15
焦氏叢書十種一百二十三卷　（清）焦循撰　清嘉慶至道光江都焦氏雕菰樓刻本　四十七册　缺一種十六卷（里堂學算記一至十六）

620000－1144－0000509　G613.2/5
教童子法一卷　（清）王筠撰　清刻本　一册

620000－1144－0000510　I207.6/2
校訂困學紀聞集證二十卷　（宋）王應麟撰（清）屠繼序等校補　清刻本　八册

620000－1144－0000511　K204.2/4
校刊史記集解索隱正義札記五卷　（清）張文虎撰　清同治十一年（1872）金陵書局刻本　二册

620000－1144－0000512　K247.44/2
校正元親征錄不分卷　（清）何秋濤校正　清光緒二十年（1894）小漚巢刻本　一册

620000－1144－0000513　K256.8/1
教務紀略四卷首一卷　周馥　魏家驊編　清光緒三十一年（1905）南洋官報局刻本　五册

620000－1144－0000514　B248/3：4
節本明儒學案二十卷　（清）黄宗羲撰　梁啟超節抄　清光緒三十二年（1906）新民社鉛印本　一册

620000－1144－0000515　K14/1
節本泰西新史攬要八卷　（英國）李提摩太譯　周慶雲節錄　清光緒二十七年（1901）夢坡室刻本　二册

620000－1144－0000516　F09.33/1
節本原富五卷　（英國）斯密亞丹撰　張鵬一選編　清光緒三十三年（1907）鉛印本　二册

620000－1144－0000517　J212/3：1
芥子園畫傳四集四卷　（清）丁臯撰　（清）耿璋校訂　清嘉慶二十三年（1818）刻本　四册

620000－1144－0000518　B249.93/1
今古學攷二卷　廖平撰　清光緒十二年（1886）成都刻四益館經學叢書本　一册

620000－1144－0000519　K928.4/14：2
今水經一卷表一卷　（清）黄宗羲撰　清光緒六年（1880）會稽章氏刻本　一册

620000－1144－0000520　K928.4/14
今水經一卷表一卷　（清）黄宗羲撰　清光緒三年（1877）湖北崇文書局刻本　一册

620000－1144－0000521　K928.4/14
今水經一卷表一卷　（清）黄宗羲撰　清光緒三年（1877）湖北崇文書局刻本　一册

620000－1144－0000522　B942/6
金剛般若波羅蜜經一卷　（後秦）釋鳩摩羅什譯　清蘇省瑪瑙經房刻本　一册

620000－1144－0000523　R253.2/1
金匱要略淺註十卷　（清）陳念祖注　清光緒二十九年（1903）湖南益元書局刻本　一册　存二卷（一至二）

620000－1144－0000524　I222.7461/3
金詩選四卷　（清）陶玉禾編　（清）顧奎光輯　清乾隆十六年（1751）刻本　二册

620000－1144－0000525　K873.4/2：3
金石萃編一百六十卷　（清）王昶纂　**金石續編二十一卷**　（清）陸耀遹纂　清光緒十九年（1893）上海寶善石印本　二十三册　缺四卷（金石續編十八至二十一）

620000－1144－0000526　K873.4/2：2
金石萃編一百六十卷　（清）王昶纂　**金石續編二十一卷**　（清）陸耀遹纂　清光緒十九年（1893）上海醉六堂石印本　二十四册

620000－1144－0000527　K873.4/1
金石存十五卷　（清）吴玉搢撰　清嘉慶二十四年（1819）李氏聞妙香室刻本　四册

620000－1144－0000528　K873.125/1
金石記九卷　（清）楊篤纂　清光緒十八年（1892）刻山西通志抽印本　六册

620000－1144－0000529　K873.1/1
金石錄三十卷　（宋）趙明誠撰　清光緒十三年（1887）吴縣朱氏刻行素草堂金石叢書本

六冊

620000－1144－0000530　K873.2/3
金石索十二卷首一卷　（清）馮雲鵬　（清）馮雲鵷輯　清光緒三十三年（1907）上海文新局石印本　二十四冊

620000－1144－0000531　K873.2/1
金石圖二卷　（清）牛運震集說　（清）褚峻摹圖　清乾隆八年（1743）刻本　六冊

620000－1144－0000532　K246.444/1
金史紀事本末五十二卷首一卷　（清）李有棠纂　清末石印本　六冊

620000－1144－0000533　K246.444/1:2
金史紀事本末五十二卷首一卷　（清）李有棠纂　清末石印本　四冊

620000－1144－0000534　K246.444/1:3
金史紀事本末五十二卷首一卷末一卷　（清）李有棠纂　清光緒二十九年（1903）李移鄂樓刻本　十二冊

620000－1144－0000535　K246.44/1
金史一百三十五卷首一卷　（元）脫脫等撰　清末石印本　四冊

620000－1144－0000536　I212.464/1
金淵集六卷　（元）仇遠撰　清光緒十九年（1893）刻本　二冊　存三卷（一至三）

620000－1144－0000537　Z121.4/3
津逮秘書十五集一百四十一種　（明）毛晉輯　明崇禎汲古閣刻本　一百九十一冊

620000－1144－0000538　K292.18/1
津門雜記三卷　（清）張燾輯　清光緒十年（1884）刻本　三冊

620000－1144－0000539　I214.92/95
近光集十四卷　（清）汪文升編　清康熙五十八年（1719）刻本　八冊

620000－1144－0000540　B244.7/2
近思錄集解十四卷　（宋）朱熹　（宋）呂祖謙輯　（宋）葉采集釋　清刻本　四冊

620000－1144－0000541　B244.7/2:3
近思錄十四卷　（宋）朱熹　（宋）呂祖謙輯　（清）江永集注　清光緒二十五年（1899）浙江官書局刻本　四冊

620000－1144－0000542　B244.7/2:2
近思錄十四卷考異一卷　（宋）朱熹　（宋）呂祖謙輯　清光緒十年（1884）傳經堂刻西京清麓叢書本　二冊

620000－1144－0000543　K237.42/2
晉略六十六卷　（清）周濟撰　清光緒二年（1876）味雋齋刻本　十冊

620000－1144－0000544　K237.42/1
晉書一百三十卷音義三卷　（唐）房玄齡等撰　（唐）何超音義　清同治十年（1871）金陵書局刻二十四史本　二十冊

620000－1144－0000545　I214.92/68
燼餘志過錄二卷　（清）馬自強撰　清同治九年（1870）敦倫堂刻本　二冊

620000－1144－0000546　Z124.5/25
京塵雜錄四種四卷　（清）楊懋建撰　清光緒十二年（1886）上海同文書局石印本　二冊

620000－1144－0000547　B248.99/3
涇野子内篇二十七卷　（明）呂柟撰　（清）程維雍　（清）白遇道重訂　清光緒七年（1881）刻本　六冊

620000－1144－0000548　H131.6/1
經典釋文三十卷　（唐）陸德明撰　清康熙十九年（1680）刻通志堂經解本　十冊

620000－1144－0000549　H131.6:2
經典釋文三十卷攷證一卷　（唐）陸德明撰　（清）盧文弨考證　清同治八年（1869）湖北崇文書局刻本　十二冊

620000－1144－0000550　K225.4/28
經典釋文三十卷攷證一卷　（唐）陸德明撰　（清）盧文弨考證　清同治八年（1869）湖北崇文書局刻本　十二冊

620000－1144－0000551　H131.7/2

經籍籑詁一百六卷 (清)阮元纂 清嘉慶十七年(1812)揚州阮氏琅嬛僊館刻本 六十四册

620000－1144－0000552 H131.6/3
經書字音辨要九卷 (清)楊名颺輯 清道光二十五年(1845)上海掃葉山房刻本 二册

620000－1144－0000553 Z126.24/2
經義圖説八卷 (清)吳寶謨輯 (清)陳逢衡校 清嘉慶二十四年(1819)裛露軒刻本 八册

620000－1144－0000554 Z124.5/10
經韻樓叢書八種一百十二卷 (清)段玉裁撰 清乾隆至道光金壇段氏刻本 二十四册

620000－1144－0000555 K827.48/7
精選當代各名公短札字字珠八卷首一卷 (明)許以忠選 (明)徐榛校 明萬曆四十五年(1617)王養恬刻本 五册

620000－1144－0000556 I222.752/2
精選名儒草堂詩餘一卷 (清)廬陵鳳林書院輯 清嘉慶四年(1799)桐川顧氏讀畫齋叢書本 一册

620000－1144－0000557 B978/3
景教碑文紀事考正二卷 (清)楊榮鋕撰 清光緒二十一年(1895)楊大本堂刻本 二册

620000－1144－0000558 R2.51/4
景岳全書六十四卷 (明)張介賓撰 清刻本 十二册 存二十四卷(四十至五十六、五十八至六十四)

620000－1144－0000559 K877.33/6
敬吾心室彝器款識不分卷 (清)朱善旂輯 清光緒三十四年(1908)石印本 二册

620000－1144－0000560 I215.22/9
敬齋存稿二十卷 (清)張諧之撰 清爲己精舍刻本 四册 存十卷(六至七、十至十三、十五至十八)

620000－1144－0000561 K244.45/1
靖康傳信録三卷 (宋)李綱撰 (清)徐榦校 清光緒十年(1884)刻邵武徐氏叢書本 一册

620000－1144－0000562 I215.22/18
静庵文集一卷詩稿一卷 王國維撰 清光緒三十一年(1905)鉛印本 一册

620000－1144－0000563 K249.6/2
九朝東華録四百二十五卷 王先謙編 周潤蕃 周瀹蕃校 清光緒十年(1884)刻本 一百六十册

620000－1144－0000564 K249.6/2:2
九朝東華録四百二十五卷 王先謙編 周潤蕃 周瀹蕃校 清光緒十三年(1887)廣百宋齋鉛印本 七十六册

620000－1144－0000565 K249.6/10
九朝東華録一百二十卷 王先謙編 周潤蕃 周瀹蕃校 清光緒十年(1884)石印本 六十册 缺五卷(康熙五至九)

620000－1144－0000566 K249.6/10
九朝東華録一百二十卷 王先謙編 周潤蕃 周瀹蕃校 清光緒十年(1884)石印本 六十册

620000－1144－0000567 K05/1
九穀考四卷 (清)程瑤田撰 清嘉慶刻通藝録叢書本 二册

620000－1144－0000568 D69/7
九通分類總纂二百四十卷 (清)汪鍾霖纂 清光緒二十八年(1902)上海文瀾書局石印本 七十九册 缺三卷(一百十五至一百十七)

620000－1144－0000569 Z225/6
九通分類總纂二百四十卷 (清)汪鍾霖纂 清光緒二十八年(1902)上海文瀾書局石印本 八十册

620000－1144－0000570 D69/2:2
九通九種二千三百二十一卷 (清)□□輯 清光緒二十七年(1901)上海圖書集成局鉛印本 二百九十九册

620000－1144－0000571 D69/2:2

九通九種二千三百二十一卷 (清)□□輯 清光緒二十七年(1901)上海圖書集成局鉛印本 二百三十九册 缺一種二百三卷(通志一至二百、考證一至三)

620000－1144－0000572 B69/2
九通九種二千三百二十一卷 (清)□□輯 清光緒浙江書局刻本 九百五十九册

620000－1144－0000573 D69/6
九通序不分卷 (清)□□輯 清光緒二十八年(1902)景幡山房鉛印本 三册

620000－1144－0000574 K290.44/2
九域志十卷 (宋)王存等撰 清光緒八年(1882)金陵書局刻本 四册

620000－1144－0000575 I215.22/14
舊雨集三卷 (清)鄭士範撰 (清)周鼎校 清光緒二十一年(1895)周正誼堂刻本 一册

620000－1144－0000576 I214.82/29
愳菴遺集一卷序文一卷 (明)黄震象撰 清同治五年(1866)刻本 五册

620000－1144－0000577 B249.9/5
卷石齋語録二卷 (清)馬秫士撰 清同治九年(1870)敦倫堂刻本 一册

620000－1144－0000578 B94/7
覺世警言八卷 (清)聚善堂編 清光緒二十四年(1898)甘肅慶陽刻本 四册

620000－1144－0000579 I237.2/1
鈞天樂二卷 (清)尤侗撰 清刻本 二册

620000－1144－0000580 K280.45/3
戡定新疆記八卷 (清)魏光燾輯 清光緒二十五年(1899)刻本 二册

620000－1144－0000581 I214.92/69
看雲草堂集八卷 (清)尤侗撰 清康熙三十五年(1696)刻本 二册

620000－1144－0000582 I214.82/13
康對山先生文集十卷 (明)康海撰 (清)孫景烈編 清乾隆二十六年(1761)刻本 六册

620000－1144－0000583 H163/1:8
康熙字典十二集三十六卷總目一卷檢字一卷辨似一卷等韻一卷補遺一卷備考一卷 (清)張玉書等纂 清道光宏道堂刻本 四十册

620000－1144－0000584 H163/1:9
康熙字典十二集三十六卷總目一卷檢字一卷辨似一卷等韻一卷補遺一卷備考一卷 (清)張玉書等纂 清光緒十九年(1893)上海寶文書局石印本 六册

620000－1144－0000585 H163/1:3
康熙字典十二集三十六卷總目一卷檢字一卷辨似一卷等韻一卷補遺一卷備考一卷 (清)張玉書等纂 清光緒十三年(1887)上海積山書局石印本 六册

620000－1144－0000586 H163/1
康熙字典十二集三十六卷總目一卷檢字一卷辨似一卷等韻一卷補遺一卷備考一卷 (清)張玉書等纂 清刻本 四十册

620000－1144－0000587 H163/1
康熙字典十二集三十六卷總目一卷檢字一卷辨似一卷等韻一卷補遺一卷備考一卷 (清)張玉書等纂 清刻本 四十册

620000－1144－0000588 H163/1
康熙字典十二集三十六卷總目一卷檢字一卷辨似一卷等韻一卷補遺一卷備考一卷 (清)張玉書等纂 清刻本 三十二册 缺六卷(戌集一至三、亥集一至三)

620000－1144－0000589 H163/1:7
康熙字典十二集三十六卷總目一卷檢字一卷辨似一卷等韻一卷補遺一卷備考一卷 (清)張玉書等纂 清刻本 二十八册

620000－1144－0000590 H163/1:4
康熙字典十二卷備考十二卷補遺十二卷首一卷 (清)張玉書等纂 清光緒十五年(1889)上海點石齋石印本 二册

620000－1144－0000591 K928.97/1
康輶紀行十六卷 (清)姚瑩撰 清末刻本 六册

620000－1144－0000592　I214.82/38
考槃餘事四卷　(明)屠隆撰　清乾隆五十年(1785)刻本　二册

620000－1144－0000593　I262/2
恪靖侯盾鼻餘瀋一卷　(清)左宗棠撰　清光緒七年(1881)柳葆元刻本　一册

620000－1144－0000594　G613.2/7
課蒙舉隅二卷　(清)杜成章輯　清光緒二十六年(1900)文華堂書局刻本　二册

620000－1144－0000595　I214.82/10
空同子集六十六卷目錄三卷附錄二卷　(明)李夢陽撰　(明)鄧雲霄　(明)潘之恒輯校　明萬曆三十年(1602)刻本　十八册

620000－1144－0000596　K928.3/9
崆峒山志二卷　(清)張伯魁纂修　清同治十一年(1872)刻本　二册

620000－1144－0000597　B222.2/2
孔子編年四卷　(清)狄子奇編　清光緒十三年(1887)浙江書局刻本　一册

620000－1144－0000598　B222.2/1
孔子集語十七卷　(清)孫星衍撰　清光緒三年(1877)浙江書局刻本　四册

620000－1144－0000599　B259.9/3
困學錄四卷　(清)張諧之撰　清光緒二十二年(1896)爲己精舍刻本　一册　存二卷(一至二)

620000－1144－0000600　I222.7482/5
藍澗詩集六卷　(明)藍智撰　(明)程嗣祖編　清光緒二十六年(1900)刻本　三册

620000－1144－0000601　I214.42/4
老泉先生全集錄五卷　(宋)蘇洵撰　(清)儲欣輯　清光緒八年(1882)江蘇書局刻唐宋十大家全集錄本　三册

620000－1144－0000602　B223.1/1
老子道德經二卷　(漢)河上公注　明嘉靖十二年(1533)顧春世德堂刻本　一册

620000－1144－0000603　B223.1/1:3
老子道德經二卷　(三國魏)王弼注　(唐)陸德明音義　清光緒元年(1875)浙江書局刻本　一册

620000－1144－0000604　I214.92/5
樂善堂全集定本三十卷　(清)蔣溥編　清乾隆二十四年(1759)刻本　十册

620000－1144－0000605　H12/51/2
雷刻四種二十一卷　(清)雷浚輯　清光緒十年(1884)吳縣雷氏刻本　六册

620000－1144－0000606　B942/14:2
楞伽阿跋多羅寶經會譯四卷　(明)釋員珂譯　清光緒三十四年(1908)金陵刻經處刻本　四册

620000－1144－0000607　I214.92/92
冷紅詞四卷　鄭文焯撰　清光緒刻本　一册

620000－1144－0000608　I222.752/2
冷吟仙館詩餘一卷　(清)左錫嘉撰　清光緒二十一年至二十二年(1895－1896)南陵徐氏小檀欒室彙刻閨秀詞叢書本　一册

620000－1144－0000609　D691.42/5
釐定官制草案一卷憲法述要一卷雜錄一卷　(清)王竹民錄　清光緒三十二年(1906)抄本　一册

620000－1144－0000610　I222.7423/1
李長吉集四卷外一卷　(明)黃淳耀評　(清)黎簡批點　清光緒石印本　二册

620000－1144－0000611　Z124.5/6
李二曲先生全集四種三十七卷　(清)李顒撰　清同治十二年(1873)西安應理書院馬存心堂刻本　十一册　缺二種二卷(潛確錄一、二曲歷年紀略一)

620000－1144－0000612　K919/1
李傅相歷聘歐美記二卷　(美國)林樂知彙譯　蔡爾康纂輯　清光緒二十四年(1898)上海廣學會鉛印本　二册

620000－1144－0000613　K827/1

李鴻章不分卷十二章　梁啟超撰　清光緒二十七年(1901)石印本　一册

620000－1144－0000614　K29.51/1:2
李氏五種合刊二十八卷　(清)李兆洛輯　清光緒二十四年(1898)上海掃葉山房石印本　七册　缺一卷(歷代地理沿革圖一)

620000－1144－0000615　K29.51/1
李氏五種合刊二十八卷　(清)李兆洛輯　清同治十年(1871)合肥李鴻章刻本　十册

620000－1144－0000616　K29.51/1
李氏五種合刊二十八卷　(清)李兆洛輯　清同治十年(1871)合肥李鴻章刻本　十二册

620000－1144－0000617　K29.51/1
李氏五種合刊二十八卷　(清)李兆洛輯　清同治十年(1871)合肥李鴻章刻本　十册

620000－1144－0000618　I214.22/4:3
李太白全集三十六卷　(唐)李白撰　(清)王琦輯注　清光緒三十四年(1908)上海掃葉山房石印本　二十册

620000－1144－0000619　I214.22/4:2
李太白文集三十六卷　(唐)李白撰　(清)王琦輯注　清乾隆二十三年(1758)寶笏樓刻本　十二册

620000－1144－0000620　I214.22/4
李太白文集三十六卷　(唐)李白撰　(清)王琦輯注　清乾隆二十三年(1758)刻本　三十六册

620000－1144－0000621　Z124.5/18
李文清公遺書八卷首一卷志節編二卷　(清)李棠階撰　清光緒八年(1882)河北道署刻本　四册

620000－1144－0000622　K252.6/2
李文忠公朋僚函稿二十四卷　(清)吳汝綸編　清末鉛印本　三册　存六卷(一至六)

620000－1144－0000623　K827.52/2
李文忠公事略四卷首一卷　梁啟超撰　清光緒二十七年(1901)石印本　二册

620000－1144－0000624　I222.7422/13
李義山詩集二卷　(唐)李商隱撰　(清)朱鶴齡箋　清刻本　一册　存一卷(二)

620000－1144－0000625　I214.22/16
李義山文集十卷　(唐)李商隱撰　(清)徐樹穀箋　清雍正刻本　六册

620000－1144－0000626　K892.9/8
禮記恒解四十九卷　(清)劉沅撰　清光緒三十一年(1905)刻本　十册

620000－1144－0000627　K892.9/7
禮記省度四卷　(清)彭頤撰　清乾隆二十四年(1759)耘經堂刻朱墨套印本　四册

620000－1144－0000628　K892.9/5:2
禮記十卷　(元)陳澔注　清道光二十三年(1843)刻本　十册

620000－1144－0000629　K892.9/5
禮記十卷　(元)陳澔注　清康熙三十七年(1698)李粲章刻本　十册

620000－1144－0000630　K892.9/5:3
禮記十卷　(元)陳澔注　清同治三年(1864)刻本　十册

620000－1144－0000631　K892.97/1
禮記訓纂四十九卷　(清)朱彬輯　清宣統元年(1909)學部圖書局石印本　十册

620000－1144－0000632　K204.4/1
歷朝紀事本末九種六百五十八卷　(清)陳如升　(清)朱記榮輯　清光緒二十八年(1902)上海書局石印本　五十四册

620000－1144－0000633　K290/1
歷代地理沿革表四十七卷　(清)陳芳績輯　清光緒二十一年(1895)廣雅書局刻本　二十四册

620000－1144－0000634　K290/5
歷代地理志韻編今釋二十卷皇朝輿地韻編二卷　(清)李兆洛輯　清末石印本　四册

620000－1144－0000635　J292.2.3/5
歷代帝王法帖釋文十卷　(清)徐朝弼集釋

清刻本　一冊

620000－1144－0000636　K204.5/5
歷代帝王曆祚考八卷　（明）吳繼安編　明萬曆二十九年（1601）刻本　四冊

620000－1144－0000637　K208/2：2
歷代帝王年表一卷　（清）齊召南編　（清）阮福續編　清道光四年（1824）小琅嬛仙館刻本　四冊

620000－1144－0000638　K208/3
歷代帝王年表一卷　（清）黃大華編　清光緒二十六年（1900）刻本　一冊

620000－1144－0000639　K208/2
歷代帝王年表一卷帝王廟謚年諱譜一卷　（清）齊召南撰　（清）阮福續編　清同治二年（1863）武林葉敦怡堂刻本　一冊

620000－1144－0000640　K825.7/1
歷代畫史彙傳七十二卷首一卷附錄二卷　（清）彭蘊璨編　清刻本　三十二冊

620000－1144－0000641　K825.7/1：3
歷代畫史彙傳七十二卷首一卷附錄二卷　（清）彭蘊璨編　清末石印本　八冊　缺三卷（首一卷、附錄二卷）

620000－1144－0000642　K204.3/12
歷代紀元彙考五卷　（清）萬斯同編　清康熙五十四年（1715）刻本　二冊

620000－1144－0000643　K206.5/1
歷代名臣奏議選八卷　（清）趙承恩輯　清光緒二十七年（1901）掃葉山房石印本　十二冊

620000－1144－0000644　K829.2/3
歷代名人年譜十卷　（清）吳榮光撰　清晚期北京晉華書局據萬忍堂刻本　十冊

620000－1144－0000645　K829.2/3
歷代名人年譜十卷　（清）吳榮光撰　清晚期北京晉華書局據萬忍堂刻本　十冊

620000－1144－0000646　K877.43/1
歷代石經略二卷　（清）桂馥撰　清光緒九年（1883）陳州郡齋刻本　二冊

620000－1144－0000647　K208/4
歷代史表五十九卷首一卷末一卷　（清）萬斯同撰　清光緒十五年（1889）廣雅書局刻本　六冊

620000－1144－0000648　K208/4：2
歷代史表五十九卷首一卷末一卷　（清）萬斯同撰　清光緒十五年（1889）廣雅書局刻本　十二冊

620000－1144－0000649　K207/6：2
歷代史論十二卷宋史論三卷元史論一卷　（明）張溥撰　**明史論四卷**　（清）谷應泰撰　**左傳史論二卷**　（清）高士奇撰　清雙和堂刻本　十冊

620000－1144－0000650　K207/6
歷代史論一編四卷二編十卷　（明）張溥撰　明末刻本　六冊

620000－1144－0000651　K2/1
歷代史略六卷　柳詒徵撰　清光緒三十三年（1907）江楚書局刻本　八冊

620000－1144－0000652　K992.6/1
歷代輿地沿革險要圖不分卷　楊守敬撰　饒敦秩撰　清光緒五年（1879）東湖饒氏朱墨套印本　一冊

620000－1144－0000653　K992.652/2
歷代輿地沿革險要圖不分卷　楊守敬撰　饒敦秩撰　清光緒五年（1879）東湖饒氏朱墨套印本　一冊

620000－1144－0000654　K992.652/2
歷代輿地沿革險要圖不分卷　楊守敬撰　饒敦秩撰　清光緒五年（1879）東湖饒氏朱墨套印本　一冊

620000－1144－0000655　K992.6/5
歷代輿地沿革險要圖說不分卷　楊守敬撰　饒敦秩撰　王尚德重繪　清光緒二十四年（1898）上海文賢閣石印本　一冊

620000－1144－0000656　D691.42/1：4
歷代職官表六卷　（清）黃本驥纂　清道光二

十六年(1846)湘陰蔣瓌刻三長物齋叢書本　二冊

620000－1144－0000657　D691.42/1:2
歷代職官表六卷　(清)黄本驥纂　(清)王廷學校　清光緒八年(1882)上海王氏刻本　三冊

620000－1144－0000658　D691.42/1:3
歷代職官表六卷　(清)黄本驥纂　清光緒二十四年(1898)柏經正堂刻本　二冊

620000－1144－0000659　K828.49/5
歷年紀略一卷　(清)惠霦嗣錄　清同治十二年(1873)西安馬存心堂刻本　一冊

620000－1144－0000660　H123/1
隸辨八卷　(清)顧藹吉撰　清康熙五十七年(1718)項氏玉淵堂刻本　八冊

620000－1144－0000661　Z121.5/28
麗廔叢書九種　葉德輝輯　清光緒三十三年至宣統元年(1907－1909)長沙葉氏刻本　九冊　缺七卷(投壺新格一,譜雙一至五、附錄一)

620000－1144－0000662　Z121.5/15
連筠簃叢書十五種二百二十三卷　(清)楊尚文輯　清道光二十八年(1848)靈石楊氏刻本　三十冊　缺三種一百十一卷(說文解字義證一至五十、永樂大典目錄一至六十、韻補正一)

620000－1144－0000663　I222.7522/4
蓮潔詩翰釋文一卷　(清)謝艙撰　清刻本　一冊

620000－1144－0000664　K828.52/6
蓮塘朱公家慶集一卷　(清)朱封翁撰　清同治八年(1869)石印本　一冊

620000－1144－0000665　I214.82/6
練中丞金川集二卷遺事錄一卷雜錄一卷　(明)練子寧撰　清乾隆二十七年(1762)浩然堂刻本　二冊

620000－1144－0000666　K204.3/1:2
兩朝御批資治通鑑二百九十四卷　(宋)司馬光撰　(元)胡三省音注　清光緒九年(1883)重慶廣學書局刻本　八十冊

620000－1144－0000667　D691.5/14
兩漢策要十二卷　(宋)陶叔獻輯　清光緒十三年(1887)上海同文書局石印本　八冊

620000－1144－0000668　K234.245/2
兩漢策要十二卷　(宋)陶叔獻輯　清乾隆五十六年(1791)刻本　六冊　缺一卷(三)

620000－1144－0000669　K877.2/2
兩漢金石記二十二卷　(清)翁方綱撰　清乾隆五十四年(1789)南昌使院刻本　六冊

620000－1144－0000670　K877.3/3
兩罍軒彝器圖釋十二卷　(清)吳雲撰　清同治十二年(1873)刻本　四冊

620000－1144－0000671　K877.25/1
兩浙金石志十八卷補遺一卷　(清)阮元編錄　清光緒十七年(1891)刻本　十二冊

620000－1144－0000672　I222.7522/13
聊園詩存二卷　(清)王增祺撰　清光緒十七年(1891)韓城刻本　一冊

620000－1144－0000673　I242.7/2
聊齋志異新評十六卷　(清)蒲松齡撰　(清)王士禛評　(清)但明倫新評　清光緒九年(1883)掃葉山房朱墨套印本　十六冊

620000－1144－0000674　K290.46/1
遼史地理志考五卷　(清)李慎儒撰　清光緒二十八年(1902)刻本　二冊

620000－1144－0000675　K246.144/1:2
遼史紀事本末四十卷首一卷　(清)李有棠編纂　清光緒二十五年(1899)上海慎記書莊石印本　二冊

620000－1144－0000676　K246.144/1
遼史紀事本末四十卷首一卷　(清)李有棠編纂　清光緒十九年(1893)上海同文書局石印本　四冊

620000－1144－0000677　K246.145/1

遼史拾遺二十四卷補五卷　(清)厲鶚撰　(清)楊復吉補輯　清光緒元年(1875)江蘇書局刻本　十册

620000－1144－0000678　K828.34/1
列女傳八卷　(漢)劉向撰　(清)梁端校注　清光緒十七年(1891)陝西咸寧趙劉氏刻本　四册

620000－1144－0000679　B223.2/1：2
列子八卷　(晉)張湛注　清光緒二年(1876)浙江書局刻本　二册

620000－1144－0000680　K249.65/2
林文忠公政書三集三十七卷　(清)林則徐撰　清光緒二年(1876)三山林氏刻林文忠公遺集叢書本　十六册

620000－1144－0000681　I222.7492/47
廔楥詞不分卷　(清)劉恩黻撰　清光緒三十四年(1908)刻本　一册

620000－1144－0000682　G625.5/1
靈峽學則一卷　(清)薛于瑛撰　清光緒三年(1877)刻本　一册

620000－1144－0000683　K29/4
嶺南叢述六十卷　(清)鄧淳輯　(清)黄培芳參訂　清道光十年(1830)養拙山房刻本　十二册

620000－1144－0000684　Z122.65/1
嶺南遺書六集五十九種三百四十八卷　(清)伍元徵輯　(清)伍崇曜輯　清道光至同治南海伍氏粤雅堂文字歡娱室刻本　八十六册

620000－1144－0000685　Z121.5/31
留垞叢刻八種二十卷　楊鍾羲輯　清光緒宣統刻本　二册　存五種

620000－1144－0000686　K252.65/3
留垣疏草一卷　(明)徐憲卿撰　清光緒八年(1882)太倉張文藝齋刻本　二册

620000－1144－0000687　K827.49/10
劉大將軍大事記不分卷　(清)管斯駿輯　清光緒二十一年(1895)務實齋石印本　三册

620000－1144－0000688　I214.42/16
劉給諫文集五卷附録一卷　(宋)劉安上撰　清同治十二年(1873)武昌局刻本　一册

620000－1144－0000689　I214.22/17/33
劉左史文集四卷　(宋)劉安節撰　清光緒二年(1876)武昌局刻本　一册

620000－1144－0000690　I222.7522/35
柳下詞一卷萬善畫室詞一卷　(清)周青撰　清道光三年(1823)刻本　一册

620000－1144－0000691　K295.38/1
六朝事迹編類十四卷　(清)張敦頤撰　清光緒寶章閣刻本　四册

620000－1144－0000692　I222.4/1
六朝唐賦讀本不分卷　(清)馬傳賡選注　清同治十三年(1874)京都玉燕書局刻本　二册

620000－1144－0000693　I211/7
六朝文絜四卷　(清)許槤評選　(清)朱鈞參校　清光緒三年(1877)讀有用書齋刻朱墨套印本　二册

620000－1144－0000694　Z126.24/1
六經圖二十四卷　(清)鄭之僑編　清乾隆九年(1744)述堂刻本　十二册

620000－1144－0000695　B828/2
六事箴言一卷　(清)葉玉屏輯　清刻本　一册

620000－1144－0000696　H123/6
六書通十卷　(明)閔齊伋輯　(清)畢弘述篆訂　清光緒二十一年(1895)上海鴻寶齋石印本　一册

620000－1144－0000697　K204/5
六通訂誤不分卷　席裕福撰　清光緒上海圖書集成局鉛印本　二册

620000－1144－0000698　I222.7492/32
六齋詩存二卷　(清)丁善寶撰　(清)張昭潛選　清光緒九年(1883)清勤堂刻本　二册

620000－1144－0000699　B22.51/1
六子全書六十卷　(明)顧春輯　明嘉靖十二

年(1533)吳郡顧氏世德堂刻本　三十二册

620000－1144－0000700　I214.42/24
龍川文集三十卷首一卷辨譌考異二卷附録二卷　(宋)陳亮撰　清光緒元年(1875)湖北崇文書局刻本　十册

620000－1144－0000701　G61/4
龍文鞭影四卷　(明)蕭良有撰　(清)楊臣諍增訂　清道光十一年(1831)刻本　四册

620000－1144－0000702　Z429.44/5
蘆浦筆記十卷　(宋)劉昌詩撰　清嘉慶三年(1798)刻知不足齋叢書本　一册

620000－1144－0000703　I214.42/31
廬陵宋丞相信國公文忠烈先生全集十六卷　(宋)文天祥撰　清光緒十三年(1887)刻本　十六册

620000－1144－0000704　B828.3/6
陸清獻公宰嘉訓俗一卷　(清)陸隴其撰　清光緒二年(1876)刻本　一册

620000－1144－0000705　B828.3/6
陸清獻公宰嘉訓俗一卷　(清)陸隴其撰　清光緒二年(1876)刻本　一册

620000－1144－0000706　I214.42/23
陸象山先生全集三十六卷　(宋)陸九淵撰　(明)楊琇校　(明)楊琬重校　明嘉靖十三年(1534)刻本　二十四册

620000－1144－0000707　I214.22/9:3
陸宣公全集二十四卷　(唐)陸贄撰　(明)湯賓尹評　(明)馬元訂　明崇禎元年(1628)披珍館刻本　四册

620000－1144－0000708　I214.92/38
鹿洲初集二十卷　(清)藍鼎元撰　清刻本　十册

620000－1144－0000709　I214.92/38
鹿洲公案二卷　(清)藍鼎元撰　清刻本　二册

620000－1144－0000710　K204.5/10
路史四十七卷　(宋)羅泌撰　清嘉慶十二年(1807)富春堂刻本　二十册

620000－1144－0000711　I214.42/10
欒城先生全集録六卷　(宋)蘇轍撰　(清)儲欣輯　清光緒八年(1882)江蘇書局刻唐宋十大家全集錄本　二册

620000－1144－0000712　B81/1
論理學綱要不分卷　(日本)十時彌撰　田吳炤譯　清光緒三十二年(1906)上海商務印書館鉛印本　一册

620000－1144－0000713　J292.1/2
論書偶存一卷　(清)李朝棟撰　清光緒十六年(1890)岐山武氏刻本　一册

620000－1144－0000714　Z124.5/19
羅忠節公遺集八種十八卷　(清)羅澤南撰　清咸豐至同治刻本　六册　缺一卷(小學韻語一)

620000－1144－0000715　Z126.2/1
呂涇野經説二十一卷　(明)呂柟撰　清咸豐八年(1858)宏道書院刻惜陰軒叢書本　十册

620000－1144－0000716　B229.2/1
呂氏春秋二十六卷附考一卷　(清)畢沅校　清光緒元年(1875)浙江書局刻本　六册

620000－1144－0000717　I214.82/26
呂新吾先生去僞齋文集十卷　(明)呂坤撰　清刻本　十册

620000－1144－0000718　Z124.4/5
呂新吾先生全集二十種五十七卷　(明)呂坤撰　明萬曆刻清遞修本　三十五册　缺五種五卷(河工書一、省心紀一、天日一、修城一、展城或問一)

620000－1144－0000719　R2.53/1
呂祖醫道還元九卷奇症新方一卷　(清)呂真撰　清光緒二十七年(1901)刻本　四册

620000－1144－0000720　I222.7522/6
旅游小草四卷　(清)華振撰　清光緒二年(1876)刻本　二册

620000－1144－0000721　Z429.49/13

履園叢話二十四卷　(清)錢泳撰　清道光十八年(1838)古虞石室刻本　八冊

620000－1144－0000722　D929.52/2
律例館校正洗冤錄四卷　(宋)宋慈輯　清刻本　四冊

620000－1144－0000723　K280.7/2
蠻書十卷　(唐)樊綽撰　清光緒桐廬袁氏刻漸西村舍彙刊叢書本　一冊

620000－1144－0000724　K820.49/2
滿洲名臣傳四十八卷　(清)國史館編　清刻本　五冊　存五卷(二十七、二十九至三十、三十三至三十四)

620000－1144－0000725　K827.49/9
滿洲名臣傳四十八卷　(清)國史館編　清末京都正陽門琉璃廠榮錦書屋刻本　四十八冊

620000－1144－0000726　I222.7492/16
幔坡詩鈔一卷　(清)田六善撰　清刻本　一冊

620000－1144－0000727　I222.2/16
毛詩二十卷　(漢)毛亨傳　(漢)鄭玄箋　清刻本　四冊

620000－1144－0000728　I222.2/10
毛詩古音攷五卷　(明)陳第撰　(明)焦竑訂正　(清)徐時作重訂　清刻本　二冊

620000－1144－0000729　I222.2/1
毛詩故訓傳鄭箋三十卷　(漢)毛亨傳　(漢)鄭玄箋　清同治十一年(1872)五雲堂刻本　四冊

620000－1144－0000730　I222.2/7
毛詩稽古編三十卷　(清)陳啓源撰　(清)龐佑清校　清嘉慶十八年(1813)江寧刻本　八冊

620000－1144－0000731　I222.2/8
毛詩説三十卷　(清)孫燾撰　清嘉慶二十年(1815)世德堂孫氏刻本　四冊

620000－1144－0000732　I222.2/9
毛詩音韻攷四卷略言一卷　(清)程以恬撰　清道光四年(1824)朝邑崇文堂木活字印本　四冊

620000－1144－0000733　Z126.2/5
毛詩註二十卷　(漢)毛萇傳　(漢)鄭玄箋　清末稽古樓刻本　二十四冊

620000－1144－0000734　I222.852/19
眉綠樓詞不分卷　(清)顧文彬撰　清光緒五年(1879)刻本　二冊

620000－1144－0000735　I214.92/2
梅村家藏藁五十八卷　(清)吳偉業撰　清宣統三年(1911)武進董氏誦芬室叢刻本　八冊

620000－1144－0000736　I214.92/94
梅花館詩集一卷　(清)汪韻梅撰　清光緒三十四年(1908)鉛印本　一冊

620000－1144－0000737　Z833/9
美術叢書四集四十輯　(清)梁國書撰　清宣統三年至民國二十五年(1911－1936)上海神州國光社鉛印本　二十四冊　存三集二十輯(初集五至十、二集二至十、三集六至十)

620000－1144－0000738　I214.42/28
蒙川先生遺稿四卷　(宋)劉黻撰　(元)劉應奎校正　(明)阮存編次　清同治十二年(1873)瑞安孫氏刻本　一冊

620000－1144－0000739　I214.42/27
蒙川先生遺稿四卷補遺一卷　(宋)劉黻撰　清同治十二年(1873)瑞安孫氏刻本　一冊

620000－1144－0000740　K281.2/5
蒙古史二卷　(日本)河野元三述　歐陽瑞驊編譯　清宣統三年(1911)江南圖書館鉛印本　二冊

620000－1144－0000741　K281.2/5
蒙古史二卷　(日本)河野元三述　歐陽瑞驊編譯　清宣統三年(1911)江南圖書館鉛印本　一冊　存一卷(二)

620000－1144－0000742　K281.2/41
蒙古游牧記十六卷　(清)張穆撰　清光緒二十六年(1900)上海掃葉山房石印本　六冊

620000－1144－0000743　K281.2/41
蒙古游牧記十六卷　(清)張穆撰　清光緒二十六年(1900)上海掃葉山房石印本　六冊

620000－1144－0000744　K292.61/1
蒙古游牧記十六卷　(清)張穆撰　清同治六年(1867)壽陽祁氏刻本　四冊

620000－1144－0000745　K292.61/1
蒙古游牧記十六卷　(清)張穆撰　清同治六年(1867)壽陽祁氏刻本　四冊

620000－1144－0000746　K292.61/1
蒙古游牧記十六卷　(清)張穆撰　清同治六年(1867)壽陽祁氏刻本　四冊

620000－1144－0000747　K20/2
蒙學中國歷史教科書不分卷八篇　(清)文明書局編　清光緒文明書局刻本　二冊

620000－1144－0000748　I222.742/1
孟襄陽詩集二卷　(清)汪立名輯訂　清光緒刻本　二冊

620000－1144－0000749　B222.5/2
孟子編年四卷　(清)狄子奇編　清光緒十三年(1887)浙江書局刻本　一冊

620000－1144－0000750　B222.1/21
孟子或問十四卷　(宋)朱熹撰　清尊樂堂刻本　一冊

620000－1144－0000751　I215.2/32
夢綠草堂詩鈔十二卷附一卷末一卷　(清)蔡壽祺撰　清咸豐八年(1858)刻本　六冊

620000－1144－0000752　Z429.44/1
夢溪筆談二十六卷補三卷續一卷校字記一卷　(宋)沈括撰　清光緒刻本　四冊

620000－1144－0000753　Z429.52/5
夢園叢説内篇八卷外篇八卷　(清)方濬頤撰　清同治十三年(1874)楊州刻本　八冊

620000－1144－0000754　K281.6/1:2
苗防備覽二十二卷　(清)嚴如熤撰　清道光二十三年(1843)紹義堂刻本　八冊

620000－1144－0000755　K281.6/1
苗防備覽二十二卷　(清)嚴如熤撰　清嘉慶二十五年(1820)刻本　八冊

620000－1144－0000756　B942/3
妙法蓮華經七卷　(後秦)釋鳩摩羅什譯　清同治十年(1871)金陵刻經處刻本　三冊

620000－1144－0000757　B942/3
妙法蓮華經七卷　(後秦)釋鳩摩羅什譯　清同治十年(1871)金陵刻經處刻本　二冊　存四卷(一至四)

620000－1144－0000758　B942/3:2
妙法蓮華經七卷直音一卷　(後秦)釋鳩摩羅什譯　清金陵朝天宫刻本　四冊

620000－1144－0000759　B942/27
妙法蓮華經台宗會義十五卷　(明)釋智旭述　清光緒十九年(1893)江北刻經處刻本　八冊

620000－1144－0000760　I214.82/24
蠛蠓集五卷　(明)盧柟撰　(明)孟華平校　清光緒二十年(1894)刻本　五冊

620000－1144－0000761　Z224/2
名句文身表異錄二十卷　(明)王志堅輯　清康熙漱六閣刻本　二冊

620000－1144－0000762　B249.9/7
明辨錄一卷　(清)陳法撰　清光緒十八年(1892)傳經堂刻本　一冊

620000－1144－0000763　I222.8481/2
明詞綜十二卷　(清)朱彝尊輯　(清)汪森增訂　清嘉慶刻同治四年(1865)重校印本　二冊

620000－1144－0000764　K827.48/4
明貢舉考略二卷　(清)黄崇蘭輯　清光緒五年(1879)金陵文英堂刻本　二冊

620000－1144－0000765　I222.852/29
明湖四客詞鈔四卷　(清)趙國華輯　清同治十三年(1874)刻本　一冊

620000－1144－0000766　K248.45/1

明季稗史彙編十六種二十七卷　(清)留雲居士輯　清都城琉璃廠刻本　二十四册　缺一卷(也是錄一)

620000－1144－0000767　K248.42/9
明季北略二十四卷明季南略十八卷　(清)計六奇撰　清光緒十三年(1887)上海圖書集成印書局鉛印本　八册　缺八卷(南略一至八)

620000－1144－0000768　K248.42/6
明季南略十八卷明季北略二十四卷　(清)計六奇撰　清都城琉璃廠半松居士刻本　二十四册

620000－1144－0000769　K248.43/2
明紀六十卷　(清)陳鶴纂　(清)陳克家參訂　清同治十年(1871)江蘇書局刻本　二十册

620000－1144－0000770　K827.36/1
明良志略一卷　(清)劉沅撰　清道光二十九年(1849)豫誠堂刻本　一册

620000－1144－0000771　B248/3
明儒學案六十二卷師說一卷　(清)黄宗羲撰　(清)莫晉　(清)莫階校　清道光元年(1821)莫氏校刻本　二十四册

620000－1144－0000772　B248/3:2
明儒學案六十二卷師說一卷　(清)黄宗羲撰　清光緒二十一年(1895)中州明道書院刻本　三十册

620000－1144－0000773　I222.7481/2
明詩別裁集十二卷　(清)沈德潛　(清)周準輯　清乾隆三年(1738)刻本　四册

620000－1144－0000774　I222.7481/1
明詩綜一百卷　(清)朱彝尊輯　清西泠吳氏清來堂刻本　三十二册

620000－1144－0000775　K248.42/3
明史稿三百十卷目錄三卷　(清)王鴻緒撰　清雍正元年(1723)敬慎堂刻本　八十册

620000－1144－0000776　K248.42/3
明史稿三百十卷目錄三卷　(清)王鴻緒撰　清雍正元年(1723)敬慎堂刻本　八十册

620000－1144－0000777　K248.42/1
明史三百三十二卷　(清)張廷玉等撰　清光緒三年(1877)湖北崇文書局刻二十四史五省官書局叢書本　八十册

620000－1144－0000778　K248.43/1:2
明通鑑九十卷首一卷前編四卷附編六卷　(清)夏燮編　清光緒二十九年(1903)上海點石齋書局石印本　十六册

620000－1144－0000779　K248.43/1
明通鑑九十卷首一卷前編四卷附編六卷　(清)夏燮編　清同治十二年(1873)宜黄官廨刻本　四十册

620000－1144－0000780　I214.81/1
明文奇賞四十卷　(明)陳仁錫評選　明天啓三年(1623)刻本　二十册

620000－1144－0000781　B249.3/1
明夷待訪錄一卷　(清)黄宗羲撰　清光緒二十一年(1895)陝西味經售書處刻本　一册

620000－1144－0000782　I214.82/12
明張文忠公文集十一卷詩集六卷　(明)張孚敬撰　清宣統三年(1911)上海醉古堂石印本　四册

620000－1144－0000783　I269.6/3
摩兜堅齋汲古集聯一卷續一卷二續一卷三續一卷四續一卷五續一卷　(清)白遇道輯　清光緒三十四年至宣統三年(1908－1911)蘭州官書局鉛印本　四册　缺一卷(二續一卷)

620000－1144－0000784　I214.92/80
摩園閣詞二卷　易順鼎撰　清光緒八年(1882)刻本　一册

620000－1144－0000785　I269.6/2
莫愁湖楹聯便覽一卷　(清)釋壽安輯錄　清光緒五年(1879)刻本　一册

620000－1144－0000786　TS951.2/2
墨經一卷　(宋)晁說之撰　清康熙四十五年(1706)揚州詩局刻楝亭藏書十二種本　一册

620000－1144－0000787　B224/1

墨子十六卷目一卷 （清）畢沅校注 清光緒二年(1876)浙江書局刻二十二子本 四册

620000－1144－0000788 B224/2
墨子閒詁十五卷目録一卷附録一卷後語二卷 （清）孫詒讓撰 清光緒三十三年(1907)刻本 八册

620000－1144－0000789 K829.2/9
牧齋晚年家乘文一卷錢牧翁先生年譜一卷 （清）錢謙益撰 清宣統三年(1911)上海國學扶輪社鉛印本 一册

620000－1144－0000790 J643.5/2
納書楹邯鄲記全譜二卷 （清）葉堂訂譜 （清）王文治參訂 清乾隆五十七年(1792)刻本 四册

620000－1144－0000791 I237.2/5
納書楹南柯記全譜二卷 （清）葉堂訂譜 （清）王文治參訂 清乾隆五十七年(1792)納書楹刻本 二册

620000－1144－0000792 J643.5/3
納書楹曲譜正集四卷續集四卷外集二卷補遺四卷 （清）葉堂訂譜 （清）王文治參訂 清乾隆五十七年(1792)刻本 十四册

620000－1144－0000793 I237.2/5
納書楹紫釵記全譜二卷 （清）葉堂訂譜 （清）王文治參訂 清乾隆五十七年(1792)納書楹刻本 二册

620000－1144－0000794 B223.5/3
南華瀝摘萃一卷 （清）馬魯輯 清同治九年(1870)關中馬氏敦倫堂刻馬氏叢刻本 一册

620000－1144－0000795 B223.5/1
南華真經十卷 （晉）郭象注 （唐）陸德明音義 明嘉靖十二年(1533)顧春世德堂刻本 六册

620000－1144－0000796 K248.42/7
南疆繹史勘本三十卷首二卷 （清）溫睿臨撰 **繹史卹謚攷八卷** （清）李瑤輯 **繹史摭譯十八卷** （清）李瑤撰 清道光十年(1830)都城琉璃廠刻本 二十四册

620000－1144－0000797 K248.42/7
南疆繹史勘本三十卷首二卷 （清）溫睿臨撰 **繹史卹謚攷八卷** （清）李瑤輯 **繹史摭譯十八卷** （清）李瑤撰 清道光十年(1830)都城琉璃廠刻本 十六册

620000－1144－0000798 I214.92/71
南雷文定前集十一卷後集四卷三集三卷附録一卷南雷詩歷四卷 （清）黄宗羲撰 清道光至光緒刻粤雅堂叢書本 十册

620000－1144－0000799 I222.7441/2
南宋群賢小集一百三十卷 （宋）陳起輯 （清）顧修輯 清嘉慶六年(1801)石門顧氏讀畫齋刻本 四十册

620000－1144－0000800 I222.7491/5
南宋雜事詩七卷 （清）沈嘉轍撰 清同治十一年(1872)淮南書局刻本 四册

620000－1144－0000801 I207.21/5
南苑一知集二卷 （清）馬魯撰 清同治十二年(1873)敦倫堂刻本 二册

620000－1144－0000802 K204.1/5
廿二史文鈔一百九卷 （清）納蘭常安選評 清刻本 二册 存八卷(宋書一至四、梁書一至四)

620000－1144－0000803 K207/13:2
廿二史劄記三十六卷補遺一卷 （清）趙翼撰 清光緒二十五年(1899)湖南書局刻本 十二册

620000－1144－0000804 K207/13
廿二史劄記三十六卷補遺一卷 （清）趙翼撰 清嘉慶刻本 十二册

620000－1144－0000805 K207/13
廿二史劄記三十六卷補遺一卷 （清）趙翼撰 清嘉慶刻本 十册

620000－1144－0000806 I239.1/1
廿一史彈詞注十一卷 （明）楊慎輯 （清）張三異增定 （清）張仲璜注 清康熙四十九年

(1710)張仲璜刻本　二十冊

620000－1144－0000807　K208/5
廿一史四譜五十四卷　(清)沈炳震撰　清末刻本　二十四冊

620000－1144－0000808　S－09247/1:2
農桑輯要七卷　(元)司農司撰　清光緒二十一年(1895)中江榷署刻本　二冊

620000－1144－0000809　S－09247/1:3
農桑輯要七卷　(元)司農司撰　清光緒六年(1880)河南臬署刻本　三冊

620000－1144－0000810　S－09247/1
農桑輯要七卷　(元)司農司撰　清刻本　四冊

620000－1144－0000811　G776/1
女學七種十卷　(清)賀瑞麟輯　清同治九年至光緒三十四年(1870－1908)傳經堂刻西京清麓叢書外編本　四冊

620000－1144－0000812　G776/1
女學七種十卷　(清)賀瑞麟輯　清同治九年至光緒三十四年(1870－1908)傳經堂刻西京清麓叢書外編本　四冊

620000－1144－0000813　G776/1
女學七種十卷　(清)賀瑞麟輯　清同治九年至光緒三十四年(1870－1908)傳經堂刻西京清麓叢書外編本　四冊

620000－1144－0000814　G776/1
女學七種十卷　(清)賀瑞麟輯　清同治九年至光緒三十四年(1870－1908)傳經堂刻西京清麓叢書外編本　四冊

620000－1144－0000815　G776/1
女學七種十卷　(清)賀瑞麟輯　清同治九年至光緒三十四年(1870－1908)傳經堂刻西京清麓叢書外編本　三冊

620000－1144－0000816　Z125.5/9
甌北全集七種一百七十七卷　(清)趙翼撰　清乾隆五十六年至嘉慶十七年(1791－1812)常州湛貽堂刻本　五十四冊

620000－1144－0000817　I214.42/2
歐陽文忠公全集一百五十三卷附錄六卷　(宋)歐陽修撰　(宋)周必大編　明正德七年(1512)劉喬刻嘉靖十六年(1537)重修三十九年(1560)何遷遞修本　二十四冊

620000－1144－0000818　GI214.42/2
歐陽文忠公全集一百五十三卷附錄六卷　(宋)歐陽修撰　(宋)周必大編　**年譜一卷**　(宋)胡柯撰　明正德七年(1512)劉喬刻嘉靖十六年(1537)重修三十九年(1560)何遷遞修本　二十四冊

620000－1144－0000819　F119.4/1
歐洲商業史三卷　(英國)士器賓撰　(日本)永田健助補　(清)沈紘譯　清光緒二十二年(1896)鉛印本　三冊

620000－1144－0000820　Z508/1
歐洲族類源流略五卷　王樹枏撰　清光緒二十八年(1902)中衛縣署刻本　二冊

620000－1144－0000821　Z124.5/20
番禺陳氏東塾叢書五種三十四卷　(清)陳澧撰　清咸豐至光緒刻本　十一冊

620000－1144－0000822　I215.22/15
匏隱廬文稿一卷　(清)沈毓桂撰　清光緒二十二年(1896)上海鉛印本　二冊

620000－1144－0000823　K827.53/12
培遠堂手札節存二卷　(清)陳弘謀撰　清同治三年(1864)射雕山館刻本　一冊

620000－1144－0000824　I222/23
佩秋閣詩稾二卷詞一卷駢文一卷　(清)吳茝撰　清光緒元年(1875)刻十四年(1888)重印本　一冊

620000－1144－0000825　Z225/3
佩文韻府一百六卷拾遺一百六卷　(清)張玉書等編　清刻本　一百十四冊

620000－1144－0000826　I214.92/97
捧月樓詞二卷　(清)袁通撰　清光緒十八年(1892)勤裕堂鉛印隨園三十八種本　一冊

620000－1144－0000827　H131.5/1
駢雅七卷　(明)朱謀㙔撰　(清)魏茂林注　清同治十一年(1872)經綸書室刻本　十冊

620000－1144－0000828　K280.45/2
平定關隴紀略十三卷　(清)易孔昭撰　清光緒刻本　八冊　存八卷(三至十)

620000－1144－0000829　Z121.5/8
平津館叢書三十八種二百四十四卷　(清)孫星衍輯　清光緒十一年(1885)吳縣朱氏槐廬家塾刻本　五十冊

620000－1144－0000830　Z121.5/8
平津館叢書三十八種二百四十四卷　(清)孫星衍輯　清光緒十一年(1885)吳縣朱氏槐廬家塾刻本　四十八冊

620000－1144－0000831　K254.6/1
平浙紀略十六卷　(清)秦緗業　(清)陳鍾英撰　清光緒元年(1875)上海申報館鉛印本　四冊

620000－1144－0000832　K254.6/1
平浙紀略十六卷　(清)秦緗業　(清)陳鍾英撰　清光緒元年(1875)上海申報館鉛印本　四冊

620000－1144－0000833　E892.49/1
洴澼百金方十四卷　(清)袁宮桂輯　(清)玉巵居士重訂　清刻本　八冊

620000－1144－0000834　I269.6/1
憑山閣增輯留青新集三十卷　(清)陳枚選　(清)陳德裕增輯　清康熙四十七年(1708)刻本　十五冊　缺十六卷(二、八、十至十六、二十四至三十)

620000－1144－0000835　R932.852/1
普濟雜方一卷　(清)高世格輯　清同治十二年(1873)刻本　一冊

620000－1144－0000836　I214.92/17
曝書亭集八十卷附錄一卷笛漁小稿十卷　(清)朱彝尊撰　清康熙五十三年(1714)刻本　十二冊

620000－1144－0000837　I214.92/17:2
曝書亭集八十卷附錄一卷笛漁小稿十卷　(清)朱彝尊撰　清康熙五十三年(1714)刻本　十五冊

620000－1144－0000838　K873.4/7
曝書亭金石文字跋尾六卷　(清)朱彝尊撰　清光緒九年(1883)吳縣朱氏槐廬家塾刻本　二冊

620000－1144－0000839　K928.4/16
漆沮通考不分卷　(清)鄭士範撰　清光緒二十二年(1896)周正誼堂刻本　一冊

620000－1144－0000840　K877.33/4
奇觚室吉金文述二十卷首一卷　(清)劉心源撰　清光緒二十八年(1902)石印本　十冊

620000－1144－0000841　Z429.44/8
齊東野語二十卷　(宋)周密撰　明商濬刻清康熙遞修稗海本　四冊

620000－1144－0000842　S－09239/1
齊民要術十卷　(北魏)賈思勰撰　清光緒二十二年(1896)中江榷署刻本　四冊

620000－1144－0000843　K246.142/1
契丹國志二十七卷　(宋)葉隆禮撰　清嘉慶二年(1797)常熟席世臣掃葉山房刻本　四冊

620000－1144－0000844　K246.142/1:3
契丹國志二十七卷　(宋)葉隆禮撰　清嘉慶二年(1797)常熟席世臣掃葉山房刻本　二冊

620000－1144－0000845　K234.143/1
前漢紀三十卷　(漢)荀悅撰　清康熙三十五年(1696)蔣氏樂三堂刻本　十冊

620000－1144－0000846　K234.142/1
前漢書一百卷附考證一卷　(漢)班固撰　(唐)顏師古注　清同治十年(1871)成都書局刻四史本　三十二冊

620000－1144－0000847　K290.49/4:2
乾隆府廳州縣圖志五十卷　(清)洪亮吉撰　清光緒二十三年(1897)新化三味書室刻本　二十四冊

620000－1144－0000848　K290.49/4
乾隆府廳州縣圖志五十卷年譜一卷　(清)洪亮吉纂　清乾隆五十三年至嘉慶八年(1788－1803)刻北江全集本　十冊

620000－1144－0000849　I214.92/79
潛龍閣文稿一卷　(清)□□撰　清抄本　一冊

620000－1144－0000850　Z429.49/3
潛邱劄記六卷　(清)閻若璩撰　清乾隆九年(1744)閻學林眷西堂刻本　六冊

620000－1144－0000851　Z224/3
潛確居類書一百二十卷　(明)陳仁錫輯　清刻本　一冊　存三卷(四十六至四十八)

620000－1144－0000852　I214.92/48
錢南園先生遺集五卷　(清)錢灃撰　清光緒十九年(1893)浙江書局刻本　二冊

620000－1144－0000853　Z429.49/19
切問齋文鈔三十卷　(清)陸燿輯　清道光二年(1822)刻本　十冊

620000－1144－0000854　H113.1/2
切音捷訣一卷幼學切音便讀一卷　(清)酈珩伯輯　清光緒六年(1880)刻本　一冊

620000－1144－0000855　H113.1/3
切韻考六卷外篇三卷　(清)陳灃撰　清道光二十二年(1842)刻本　二冊

620000－1144－0000856　K256.7/2
欽差大臣太子太保協辦大學士兼兩江總督世襲一等毅勇侯曾公克復金陵勳德記一卷　(清)劉毓崧撰　清同治五年(1866)曼陀羅華閣刻本　一冊

620000－1144－0000857　D691.5/7
欽定大清會典圖二百七十卷首一卷　(清)昆岡等修纂　清光緒石印本　七十四冊

620000－1144－0000858　D929.49/2
欽定理藩部則例六十四卷　(清)理藩部編　清光緒三十四年(1908)鉛印本　十六冊

620000－1144－0000859　D929.49/2
欽定理藩部則例六十四卷　(清)理藩部編　清光緒三十四年(1908)鉛印本　十六冊

620000－1144－0000860　D929.49/1
欽定理藩院則例六十四卷　(清)理藩院編　清光緒十七年(1891)刻本　三十二冊

620000－1144－0000861　D929.49/1
欽定理藩院則例六十四卷　(清)理藩院編　清光緒十七年(1891)刻本　二十三冊　存四十七卷(一至五、二十一至五十四、五十七至六十四)

620000－1144－0000862　D929.49/3
欽定吏部處分則例二十三卷　(清)吏部輯　清嘉慶刻本　十冊

620000－1144－0000863　D929.49/3:2
欽定吏部處分則例二十三卷　(清)吏部輯　清嘉慶刻本　八冊　存十六卷(一至十六)

620000－1144－0000864　D691.42/1
欽定歷代職官表七十二卷首一卷　(清)紀昀等纂　清光緒二十二年(1896)廣雅書局刻本　三十二冊

620000－1144－0000865　D691.42/1
欽定歷代職官表七十二卷首一卷　(清)紀昀等纂　清光緒二十二年(1896)廣雅書局刻本　三十二冊

620000－1144－0000866　K280.149/1
欽定滿洲源流考二十卷　(清)阿桂等撰　清乾隆四十二年(1777)刻本　八冊

620000－1144－0000867　K280.147/1
欽定蒙古源流八卷　(清)小徹辰薩囊台吉撰　清刻本　四冊

620000－1144－0000868　K248.43/3
欽定明鑑二十四卷首一卷　(清)胡敬纂　清嘉慶二十三年(1818)刻本　十八冊　存十九卷(一至十二、十九至二十四,首一卷)

620000－1144－0000869　I222.2/17
欽定詩經傳說彙纂二十一卷首二卷詩序二卷　(清)王鴻緒等纂　清同治七年(1868)閩浙

總督馬新貽刻本　十六冊

620000－1144－0000870　Z833/2
欽定四庫全書簡明目錄二十卷　(清)紀昀等編　清光緒十年(1884)上海同文書局石印本　四冊

620000－1144－0000871　Z812.49/1
欽定四庫全書總目二百卷首一卷　(清)紀昀等編　清同治七年(1868)廣東書局刻本　一百二十冊

620000－1144－0000872　I211/17
欽定四書文不分卷　(清)方苞等纂　清刻本　六冊

620000－1144－0000873　Z812.52/2
欽定天祿琳琅書目十卷後編二十卷　(清)于敏中等編　清光緒十年(1884)長沙王氏刻本　十冊

620000－1144－0000874　H114.9/2
欽定同文韻統六卷　(清)允祿等撰　清刻本　四冊

620000－1144－0000875　B992.1/1
欽定萬年曆不分卷　(清)欽天監編　清晚期李光明莊刻本　二冊

620000－1144－0000876　K294.51/6
欽定新疆識略十二卷首一卷　(清)松筠纂　清道光元年(1821)刻本　十冊

620000－1144－0000877　K294.51/6:2
欽定新疆識略十二卷首一卷　(清)松筠纂　清光緒二十年(1894)積山書局石印本　十六冊

620000－1144－0000878　I262.52/4
芹香課鈔不分卷　(清)王瑞鳳等撰　清刻本　一冊

620000－1144－0000879　K928.1/5
秦邊紀略六卷　(清)□□撰　清同治十一年(1872)安徽藩署敬義齋刻本　二冊

620000－1144－0000880　K928.971/1
秦蜀驛程後記二卷　(清)王士禛撰　清刻本　一冊

620000－1144－0000881　J207.39/1
琴學入門二卷　(清)張鶴輯　(清)陸琮校刊　清同治六年(1867)刻本　三冊

620000－1144－0000882　I207.41/2
青泥蓮花記十三卷　(明)梅鼎祚輯　(明)梅膺祚校　清宣統二年(1910)北平古槐書屋石印本　四冊

620000－1144－0000883　I222.752/1
青田山廬詩鈔二卷　(清)莫庭芝撰　清光緒十五年(1889)刻本　一冊

620000－1144－0000884　I222.7522/11
清抱居勝稿一卷附錄一卷　(清)畢庭杰撰　清光緒十三年(1887)刻東倉書庫叢刻初編本　一冊

620000－1144－0000885　K928.3/5
清涼山志十卷　(明)釋鎮澄纂修　清光緒十三年(1887)刻本　四冊

620000－1144－0000886　I215.22/16
清麓文集二十三卷日記五卷　(清)賀瑞麟撰　(清)劉嗣曾校　清光緒二十三年(1897)傳經堂刻本　二十二冊

620000－1144－0000887　D691.3/1
清秘述聞十六卷續十六卷補一卷　(清)法式善編　(清)錢維福校　清光緒十三年(1887)刻本　八冊

620000－1144－0000888　H221.6/1
清文彙書十二卷　(清)李延基撰　清京都三槐堂書坊刻本　五冊　缺一卷(九)

620000－1144－0000889　Z222/5
清異錄二卷　(宋)陶穀撰　清康熙六閣刻本　二冊

620000－1144－0000890　H159/1
清語輯要二卷　(清)□□撰　清光緒十七年(1891)刻本　二冊

620000－1144－0000891　B96/7
清真指南十卷　(清)馬注撰　清刻本　五冊

存五卷(五至九)

620000－1144－0000892　K828.52/5
秋水軒詳註四卷　(清)許思湄撰　(清)婁世瑞注　清咸豐九年(1859)羊城味經堂刻本　四册

620000－1144－0000893　K873.2/2
求古精舍金石圖初集四卷　(清)陳經撰　清嘉慶二十一年(1816)說劍樓刻本　六册

620000－1144－0000894　Z429.52/2
求闕齋語摘錄一卷　(清)曾國藩撰　清末解梁書院刻本　一册

620000－1144－0000895　I222.7421/3:2
全唐詩九百卷目錄十二卷　(清)彭定求等編　(清)曹寅等校刊　清康熙刻本　一百二十册

620000－1144－0000896　I222.7421/3
全唐詩九百卷目錄十二卷　(清)彭定求等編　清康熙四十六年(1707)武英殿刻本　一百二十册

620000－1144－0000897　I214.92/44
全謝山文鈔十六卷　(清)全祖望撰　清宣統二年(1910)上海國學扶輪社鉛印本　八册

620000－1144－0000898　K875.62/1
泉志十五卷　(宋)洪遵撰　清同治十三年(1874)隸釋齋刻本　一册

620000－1144－0000899　B259.9/5
勸學篇二卷　(清)張之洞撰　清光緒二十三年(1897)味經刊書處刻本　一册

620000－1144－0000900　Z126.21/3
群經綱紀攷十六卷　李滋然撰　清宣統三年(1911)京師京華印書局鉛印本　六册

620000－1144－0000901　Z429.49/9
人海記二卷　(清)查慎行輯　清宣統二年(1910)上海掃葉山房石印本　二册

620000－1144－0000902　B248.99/5:2
人譜一卷人譜類記二卷　(明)劉宗周撰　清同治七年(1868)蕺山書院刻本　四册

620000－1144－0000903　I214.42/30
仁山金先生文集四卷附錄一卷　(宋)金履祥撰　(清)金弘勳校輯　清雍正三年(1725)春暉堂刻本　二册

620000－1144－0000904　B249.99/2:2
任氏述記四卷　(清)任兆麟述　清光緒十年(1884)蜀西廖氏刻本　四册

620000－1144－0000905　B249.99/2
任兆麟述記三卷　(清)任兆麟述　(清)尤興讓編　清末石印本　一册

620000－1144－0000906　I222.7492/17
紉芳齋稿二卷　(清)譚尚忠撰　清同治十三年(1874)刻本　一册

620000－1144－0000907　D931.309/1
日本法規大全不分卷　(清)南洋公學譯書院譯　清光緒三十三年(1907)上海商務印書館鉛印本　八十一册

620000－1144－0000908　K313/1
日本新史攬要七卷　(日本)石村貞一編　(清)游瀛主人譯　清光緒二十一年(1895)石印本　七册

620000－1144－0000909　B259.9/7
日省錄二卷　(清)王承烈撰　清光緒二十四年(1898)刻本　二册

620000－1144－0000910　K291.8/2
日下尊聞錄五卷　(清)□□輯　清咸豐二年(1852)安和軒刻本　二册

620000－1144－0000911　B249.1/1
日知錄集釋三十二卷栞誤二卷　(清)黃汝成撰　清刻本　十六册

620000－1144－0000912　B249.1/1:2
日知錄集釋三十二卷栞誤二卷　(清)黃汝成撰　清同治十一年(1872)湖北崇文書局刻本　十六册

620000－1144－0000913　B249.1/1:2
日知錄集釋三十二卷栞誤二卷　(清)黃汝成撰　清同治十一年(1872)湖北崇文書局刻本

十六册

620000－1144－0000914　B249.1/2
日知錄三十二卷　（清）顧炎武撰　清康熙三十四年（1695）遂初堂刻本　十二册

620000－1144－0000915　I214.92/56
容𡸴詩集二十八卷文鈔十卷　（清）茹綸常撰　清乾隆三十七年（1772）刻本　十册

620000－1144－0000916　Z429.4/2
容齋隨筆十六卷續筆十六卷三筆十六卷四筆十六卷五筆十卷　（宋）洪邁撰　明崇禎三年（1630）馬調元刻本　十八册　缺十六卷（續筆十六卷）

620000－1144－0000917　Z429.44/2
容齋隨筆十六卷續筆十六卷三筆十六卷四筆十六卷五筆十卷　（宋）洪邁撰　明崇禎三年（1630）馬調元刻本　十四册

620000－1144－0000918　Z429.44/2：2
容齋隨筆十六卷續筆十六卷三筆十六卷四筆十六卷五筆十卷　（宋）洪邁撰　清同治十一年（1872）刻本　十二册　缺十一卷（續筆十一至十六、三筆十二至十六）

620000－1144－0000919　I266.1/1
容齋題跋二卷　（宋）洪邁撰　（明）毛晉訂　明末毛氏汲古閣刻本　一册

620000－1144－0000920　I222.7522/7
蓉湖草堂存稿一卷　（清）陳滋撰　清光緒三年（1877）刻本　一册

620000－1144－0000921　I215.1/1
榕蔭堂律集一卷　（清）曾宗彦等撰　清刻本　一册

620000－1144－0000922　I262.6/1
阮盦筆記五種十卷　況周儀撰　清光緒三十三年（1907）刻本　二册

620000－1144－0000923　I222.852/15
瑞雲詞一卷　（清）徐其志撰　清咸豐四年（1854）刻本　一册

620000－1144－0000924　I222.7492/18
弱水集二十二卷　（清）屈復撰　清刻本　八册

620000－1144－0000925　I222.7472/5
薩天錫詩集三卷　（元）薩都剌撰　明崇禎十一年（1638）海虞毛氏汲古閣刻元人十種詩本　六册

620000－1144－0000926　I222.7522/5
塞上吟四卷　（清）方聯甲撰　（清）孫大浤校　清同治十二年（1873）武昌郡廨刻本　二册

620000－1144－0000927　K246.044/1
三朝北盟會編二百五十卷校勘記一卷　（宋）徐夢莘撰　清光緒四年（1878）鉛印本　四十册

620000－1144－0000928　K249.205/1
三藩紀事本末二十二卷　（清）楊陸榮編　（清）朱記榮校刊　清光緒十四年（1888）上海書業公所鉛印歷朝紀事本末本　一册

620000－1144－0000929　K248/1
三藩紀事本末四卷　（清）楊陸榮編　清康熙五十六年（1717）刻本　一册

620000－1144－0000930　D691.5/2
三國會要二十二卷首一卷　（清）楊晨撰　清光緒二十六年（1900）江蘇書局刻本　六册

620000－1144－0000931　K290.36/1
三國郡縣表八卷　（清）吳曾僅撰　清光緒二十二年（1896）木活字印本　四册

620000－1144－0000932　K236.042/1
三國志六十五卷　（晉）陳壽撰　明萬曆二十四年（1596）國子監刻本　十二册

620000－1144－0000933　K892.9/10
三禮義證十二卷　（清）武億撰　（清）武耒校　清道光二十三年（1843）偃師武氏刻授堂遺書本　二册

620000－1144－0000934　K892.9/9
三禮約編啃鳳十九卷　（清）汪基撰　（清）江永校訂　清嘉慶十七年（1812）刻本　六册　缺四卷（禮記一至四）

620000－1144－0000935　K829.125/1:2
三立祠傳四卷　(明)袁繼咸撰　(清)劉梅重訂　(清)和其衷重編　清嘉慶二十三年(1818)山西晉陽書院刻本　二册

620000－1144－0000936　K829.125/1
三立祠傳四卷　(明)袁繼咸纂　(清)劉梅重訂　清刻本　一册

620000－1144－0000937　B944/17
三論玄義二卷　(隋)釋吉藏撰　清光緒二十五年(1899)金陵刻經處刻本　一册

620000－1144－0000938　K892.2/1
三秦記一卷　(□)辛□撰　(清)張澍輯注　清光緒十七年(1891)順德龍氏刻知服齋叢書本　一册

620000－1144－0000939　K928.1/4
三省邊防備覽十四卷　(清)嚴如熤輯　清道光二年(1822)刻本　六册

620000－1144－0000940　K928.1/4
三省邊防備覽十四卷　(清)嚴如熤輯　清道光二年(1822)刻本　六册

620000－1144－0000941　K204/6
三通考輯要七十六卷　湯壽潛輯　清光緒二十五年(1899)圖書集成局鉛印本　六十册　缺五卷(欽定續文獻通考十五、十七下,皇朝文獻通考四至五、七)

620000－1144－0000942　D69/1
三通七百四十八卷　(□)□□輯　清咸豐九年(1859)崇仁謝氏刻本　二百九十一册　缺十五卷(文獻通考一百十二至一百十五、一百五十二至一百五十四、一百六十五至一百六十七、二百七十八至二百七十九、三百二十七至三百二十九)

620000－1144－0000943　I214.92/18
三魚堂文集十二卷外集六卷附錄一卷　(清)陸隴其撰　(清)席永恂等校　清康熙四十年(1701)琴川書屋刻本　八册

620000－1144－0000944　I214.92/18:2
三魚堂文集十二卷外集六卷附錄一卷陸清獻公年譜一卷　(清)陸隴其撰　清光緒十五年(1889)涇陽柏經正堂刻本　八册

620000－1144－0000945　K294.14/40
三志合編七卷　(清)黄本驥編　清道光二十七年(1847)湘陰蔣瓌刻三長物齋叢書本　二册

620000－1144－0000946　I222.7521/2
三朱遺編三卷　(清)朱廣川等撰　(清)楊伯潤輯　清光緒十五年(1889)嘉興楊氏刻本　一册

620000－1144－0000947　G613.2/1
三字經註解備要二卷　(清)賀興思注　(清)朗軒氏校　清刻本　一册　存一卷(二)

620000－1144－0000948　K828.49/8
山高水長一卷　(清)張澤寰輯　清光緒三十四年(1908)鉛印本　一册

620000－1144－0000949　K928.3/3
山海經箋疏十八卷圖讃一卷訂譌一卷敘錄一卷　(晉)郭璞傳　(清)郝懿行箋　清光緒二十年(1894)上海書局刻本　六册

620000－1144－0000950　K928.3/1
山海經十八卷　(晉)郭璞傳　(清)畢沅校　清光緒三年(1877)浙江書局刻本　三册

620000－1144－0000951　I207.6/1
山海經十八卷圖讃一卷　(晉)郭璞傳　(清)郝懿行箋　清嘉慶十四年(1809)刻本　四册

620000－1144－0000952　K873.125/2
山右石刻叢編四十卷　(清)胡聘之撰　清光緒二十七年(1901)刻本　二十册

620000－1144－0000953　K873.125/2
山右石刻叢編四十卷　(清)胡聘之撰　清光緒二十七年(1901)刻本　二十四册

620000－1144－0000954　Z429.49/2
山志初集六卷二集六卷　(清)王弘撰撰　(清)王淩霄重刻　清光緒二十六年(1900)敬義堂刻本　六册

620000－1144－0000955　K252.6/3
陝衛治略十卷　(清)嚴作霖撰　清光緒十九年(1893)刻本　十冊

620000－1144－0000956　B226.2/1
商君書五卷附攷一卷　(清)嚴萬里校　清光緒二年(1876)浙江書局刻本　一冊

620000－1144－0000957　R252.5/2
傷寒舌鑑一卷　(清)張登輯　(清)邵之鵬校　清光緒四年(1878)刻本　一冊

620000－1144－0000958　K220.42/2:2
尚史七十卷首一卷　(清)李鍇纂　清嘉慶十年(1805)刻本　二十四冊

620000－1144－0000959　K220.42/2
尚史七十卷首一卷　(清)李鍇纂　清乾隆三十八年(1773)悅道樓刻本　三十一冊　缺三卷(世家十一至十二、列傳三十四)

620000－1144－0000960　K221.4/3
尚書考異六卷　(明)梅鷟撰　清光緒十八年(1892)浙江書局刻本　四冊

620000－1144－0000961　K221.4/2
尚書離句六卷　(清)錢在培撰　清積金齋刻本　二冊

620000－1144－0000962　K820/1
尚友錄二十二卷續集二十二卷　(明)廖用賢編　(清)張伯琮補輯　(清)思退主人續編　清光緒二十四年(1898)上海鴻寶齋石印本　十二冊

620000－1144－0000963　I215.22/5
少嵒文稿二卷　(清)夏思恬撰　清同治三年(1864)文林堂刻本　二冊

620000－1144－0000964　I222.852/22
射雕詞二卷續鈔一卷　(清)應寶時撰　清光緒十年(1884)刻本　一冊

620000－1144－0000965　Z121.5/32
涉聞梓舊二十五種一百十九卷　(清)蔣光煦輯　清道光二十六年(1846)海昌蔣氏宜年堂刻本　五冊　存三十四卷(金石錄補一至二十七、續跋一至七)

620000－1144－0000966　K928.7051/1
申江勝景圖二卷　(清)尊聞閣主人輯　(清)吳友如繪　清光緒十年(1884)上海點石齋石印二十年(1894)重印本　二冊

620000－1144－0000967　B248.92/1
呻吟語六卷　(明)呂坤撰　清永城孫履泰刻本　六冊

620000－1144－0000968　I214.92/37
沈端恪公遺書二卷　(清)沈近思撰　清同治十二年(1873)浙江書局刻本　二冊

620000－1144－0000969　I222.852/13
笙月詞五卷花影詞一卷　(清)王詒壽撰　清同治十一年(1872)刻本　二冊

620000－1144－0000970　H113.1/4
聲律通考十卷切韻考六卷外篇三卷　(清)陳澧撰　清咸豐十年(1860)粵東富文齋刻番禺陳氏東塾叢書本　六冊

620000－1144－0000971　K293.18/1
盛京典制備考八卷首一卷　(清)崇厚撰　清光緒四年(1878)奉天督署刻本　六冊

620000－1144－0000972　B222/6
聖蹟圖一卷　(□)□□繪　清同治十三年(1874)刻本　一冊

620000－1144－0000973　K249.44/3
聖武記十四卷　(清)魏源撰　清道光二十二年(1842)古微堂刻本　十二冊

620000－1144－0000974　K249.44/3
聖武記十四卷　(清)魏源撰　清道光二十二年(1842)古微堂刻本　十二冊

620000－1144－0000975　K249.44/3
聖武記十四卷　(清)魏源撰　清道光二十二年(1842)古微堂刻本　十冊

620000－1144－0000976　K249.44/3
聖武記十四卷　(清)魏源撰　清道光二十二年(1842)古微堂刻本　十二冊

620000－1144－0000977　K249.44/3:5
聖武記十四卷　(清)魏源撰　清道光二十四年(1844)京都琉璃廠刻本　六册

620000－1144－0000978　K249.44/3:2
聖武記十四卷　(清)魏源撰　清光緒二十七年(1901)夢坡室石印本　八册

620000－1144－0000979　K249.44/3:3
聖武記十四卷圖一卷　(清)魏源撰　清末石印本　六册

620000－1144－0000980　J222.49/2
聖諭像解二十卷　(清)梁延年輯　清康熙二十年(1681)梁氏承宣堂刻本　十册

620000－1144－0000981　B229.1/1
尸子二卷存疑一卷　(清)汪繼培輯　清光緒三年(1877)浙江書局刻本　一册

620000－1144－0000982　I222.7442/1
施注蘇詩四十二卷補遺二卷目錄二卷　(宋)蘇軾撰　(清)施元之注　(清)顧禧注　(清)顧嗣立等補删　清康熙刻本　十六册

620000－1144－0000983　I222/10
詩賦全集不分卷　(清)徐文靖撰　(清)徐春樞注　清志甯堂刻本　一册

620000－1144－0000984　I222.2/4
詩經八卷　(宋)朱熹注　清樹信堂刻本　四册

620000－1144－0000985　I222.2/3
詩經八卷首一卷　(宋)朱熹注　清光緒十三年(1887)刻本　一册

620000－1144－0000986　I222.2/14:2
詩經融註大全體要八卷　(清)沈世楷輯　(清)高朝瓔定　清關中五車樓刻本　四册

620000－1144－0000987　I222.2/14
詩經融註大全體要八卷　(清)沈世楷輯　(清)高朝瓔定　清刻本　四册

620000－1144－0000988　I222.2/6
詩經音訓不分卷　(清)□□輯　清光緒元年(1875)陝西求友齋刻本　四册

620000－1144－0000989　I222.2/5
詩序朱熹辯說一卷　(宋)朱熹撰　清刻本　一册

620000－1144－0000990　I207.21/8
詩韻含英題解十卷　(清)甘蘭友輯　清刻本　四册

620000－1144－0000991　I207.21/3
詩韻集成十卷　(清)余照輯　清光緒十年(1884)裕和堂刻本　四册

620000－1144－0000992　I207.21/3:2
詩韻集成十卷　(清)余照輯　清光緒十年(1884)裕和堂刻本　四册

620000－1144－0000993　I207.21/3:3
詩韻集成十卷詞林典腋一卷　(清)余照輯　清東昌書業德記刻本　四册

620000－1144－0000994　I207.21/3:4
詩韻集成十卷詞林典腋一卷　(清)余照輯　清光緒十六年(1890)上海埽葉山房鉛印本　四册

620000－1144－0000995　K249.6/2:3
十朝東華錄五百二十五卷　王先謙撰　陶濬宣校　清末石印本　十六册　存八十五卷(咸豐十六至一百)

620000－1144－0000996　K243.242/1
十國春秋一百十六卷　(清)吳任臣撰　(清)周昂校刊　清乾隆五十八年(1793)此宜閣刻本　二十册

620000－1144－0000997　I222.7522/14
十國雜事詩十七卷敘目二卷　(清)饒智元撰　清光緒十七年(1891)刻本　四册

620000－1144－0000998　Z429.49/4:2
十駕齋養新錄二十卷餘錄三卷　(清)錢大昕撰　清道光十一年(1831)刻本　八册

620000－1144－0000999　Z429.49/4
十駕齋養新錄二十卷餘錄三卷　(清)錢大昕撰　清嘉慶十一年(1806)刻本　六册

620000－1144－0001000　I214.92/75

十駕齋養新録二十五卷　(清)錢大昕撰　清光緒二年(1876)浙江書局刻本　八册

620000－1144－0001001　T－09/1
十九周新學史一卷　(英國)華麗士撰　(清)梁瀾勳譯　(清)許家惺纂輯　清光緒二十八年(1902)鉛印本　一册

620000－1144－0001002　K238.42/1:4
十六國春秋十六卷　(北魏)崔鴻撰　清嘉慶刻廣漢魏叢書本　一册　存五卷(一至五)

620000－1144－0001003　K238.42/1:3
十六國春秋一百卷　(北魏)崔鴻撰　清光緒十二年(1886)湖北官書局刻本　十册

620000－1144－0001004　K238.42/1:2
十六國春秋一百卷　(北魏)崔鴻撰　(清)汪日桂重訂　清末會稽徐氏述史樓刻本　十六册

620000－1144－0001005　K238.42/1
十六國春秋一百卷　(北魏)崔鴻撰　(清)汪日桂重訂　清乾隆四十六年(1781)刻本　二十册

620000－1144－0001006　I222.838/1
十六國宫詞二卷　(清)周昇撰　清道光二十年(1840)掃葉山房刻本　四册

620000－1144－0001007　K290.38/2:2
十六國疆域志十六卷　(清)洪亮吉撰　清光緒十七年(1891)廣雅書局刻本　四册

620000－1144－0001008　K290.38/2
十六國疆域志十六卷　(清)洪亮吉撰　清嘉慶三年(1798)京師刻本　四册

620000－1144－0001009　K207/12
十七史商榷一百卷　(清)王鳴盛撰　清乾隆五十二年(1787)洞涇草堂刻本　十六册

620000－1144－0001010　K207/12:2
十七史商榷一百卷　(清)王鳴盛撰　清乾隆五十二年(1787)洞涇草堂刻本　二十四册

620000－1144－0001011　Z126.25/1
十三經集字摹本不分卷　(清)彭玉雯纂　清道光五年(1825)刻本　八册

620000－1144－0001012　Z126.21/1
十三經類語十四卷　(明)羅萬藻輯　(明)魯重民纂注　(清)潘龍重訂　清康熙五十五年(1716)弘遠堂刻本　五册

620000－1144－0001013　Z126.2/3
十三經札記二十二卷群書札記十六卷　(清)朱亦棟撰　清光緒四年(1878)武林竹簡齋刻本　十二册

620000－1144－0001014　Z126.2/4
十三經注疏并校勘記七十八卷　(清)阮元撰　(清)盧宣旬摘録　清光緒二十三年(1897)上海點石齋石印本　二十五册

620000－1144－0001015　Z121.5/18
十萬卷樓叢書五十二種　(清)陸心源輯　清光緒歸安陸心源刻本　一百十册　缺二種五卷(新編張仲景註解傷寒發微論一至二、玉管照神局一至三)

620000－1144－0001016　K249.6/3
十一朝東華録六百二十五卷　王先謙編　清宣統三年(1911)存古齋鉛印本　一百二十四册　缺三十一卷(七十至一百)

620000－1144－0001017　Z125/2
十種古逸書三十卷　(清)茆泮林輯　清道光十四年(1834)梅瑞軒刻本　十册

620000－1144－0001018　K877.413/3
石鼓文定本十六卷　(清)沈梧撰　清光緒十六年(1890)古華山館刻本　四册

620000－1144－0001019　K877.413/1
石鼓文釋存一卷補注一卷　(清)張燕昌述　清光緒二十八年(1902)刻本　一册

620000－1144－0001020　K877.413/1
石鼓文釋存一卷補注一卷　(清)張燕昌述　清光緒二十八年(1902)刻本　一册

620000－1144－0001021　I214.42/35
石林詞一卷　(宋)葉夢得撰　葉德輝校刊　清宣統三年(1911)觀古堂刻石林遺書本

一册

620000－1144－0001022　R242/1

石室秘錄六卷　(清)陳士鐸撰　清嘉慶三年(1798)刻本　六册

620000－1144－0001023　I214.92/42

石笥山房文集六卷附錄一卷詩集十二卷詩集補遺二卷續補遺二卷　(清)胡天游撰　清宣統二年(1910)上海國學扶輪社石印本　十册

620000－1144－0001024　R276.12/1

時疫白喉捷要一卷　(清)張紹修撰　清光緒三十年(1904)浙江官書局刻本　一册

620000－1144－0001025　I214.92/58

實事求是齋遺稿四卷續集四卷　(清)汪廷珍撰　清光緒八年(1882)雍熙堂刻本　六册

620000－1144－0001026　K204.3/10

史存三十卷　(清)劉沅撰　清光緒三十一年(1905)致福樓刻槐軒全書叢書本　二十四册

620000－1144－0001027　K204.2/1

史記一百三十卷　(漢)司馬遷撰　(南朝宋)裴駰集解　(唐)司馬貞索隱　(唐)張守節正義　(明)陳仁錫評　明崇禎元年(1628)刻本　十九册　存一百二十六卷(一至二、七至一百三十)

620000－1144－0001028　K204.2/1:3

史記一百三十卷　(漢)司馬遷撰　(南朝宋)裴駰集解　(唐)司馬貞索隱　(唐)張守節正義　清光緒二十九年(1903)五洲同文書局二十四史石印本　二十六册

620000－1144－0001029　K204.2/1:8

史記一百三十卷　(漢)司馬遷撰　(南朝宋)裴駰集解　(唐)司馬貞索隱　(唐)張守節正義　清刻本　一册　存二卷(六至七)

620000－1144－0001030　K204.2/1:9

史記一百三十卷　(漢)司馬遷撰　(南朝宋)裴駰集解　(唐)司馬貞索隱　(唐)張守節正義　**史記正義論例謚法解列國分野一卷**　(唐)張守節撰　**補史記一卷**　(唐)司馬貞撰注　清同治九年(1870)楚北崇文書局刻本　二十四册

620000－1144－0001031　K204.2/1:2

史記一百三十卷　(漢)司馬遷撰　(南朝宋)裴駰集解　(唐)司馬貞索隱　(唐)張守節正義　清同治十一年(1872)成都書局刻本　二十六册

620000－1144－0001032　K204.5/7:2

史鑑節要便讀六卷　(清)鮑東里編　清光緒三十一年(1905)山西河東道刻本　二册

620000－1144－0001033　K204.5/7:3

史鑑節要便讀六卷　(清)鮑東里編　清光緒味經官書局刻本　二册

620000－1144－0001034　K204.5/6

史略十三卷　(清)朱坤輯　清光緒二十八年(1902)心壽堂鉛印本　八册

620000－1144－0001035　K207/2:1

史通通釋二十卷　(唐)劉知幾撰　(清)浦起龍釋　清刻本　六册

620000－1144－0001036　K207/3

史通削繁四卷　(清)紀昀撰　清道光十三年(1833)粵東翰墨園刻本　四册

620000－1144－0001037　K827.48/3

史外八卷附錄一卷　(清)汪有典撰　清光緒三年(1877)刻本　八册

620000－1144－0001038　K827.48/3

史外八卷附錄一卷　(清)汪有典撰　清光緒三年(1877)刻本　八册

620000－1144－0001039　K2.51/1

史學叢書四十三種三百十四卷　(清)□□輯　清光緒二十八年(1902)上海煥文書局點石齋石印本　三十二册

620000－1144－0001040　R2.51/5

世補齋醫書前集六種三十三卷後集九種二十五卷　(清)陸懋修撰　清光緒、宣統刻本　十八册

620000－1144－0001041　K916/2

世界地理志六卷 （日本）中村五六編 （日本）樋田保熙譯 清光緒三十一年（1905）金粟齋鉛印本 三册

620000－1144－0001042 I242.1/7
世説新語六卷 （南朝宋）劉義慶撰 （南朝梁）劉峻注 明萬曆三十二年（1604）刻本 六册

620000－1144－0001043 I242.1/18
世説新語三卷補四卷 （南朝宋）劉義慶撰 （南朝梁）劉峻注 （明）何良俊補 清康熙十五年（1676）刻本 十六册

620000－1144－0001044 K280.3/2
試辦遷旗實邊報告一卷 （清）三多撰 清宣統三年（1911）鉛印本 一册

620000－1144－0001045 I222.7421/10
試帖箋林八卷 （清）秦錫淳選評 清乾隆二十三年（1758）經笥堂刻本 六册

620000－1144－0001046 Z429.52/7
適可齋記言四卷記行八卷 （清）馬建忠撰 清光緒二十二年（1896）刻本 四册

620000－1144－0001047 B259.9/1
釋命一卷 （清）馬先登撰 清同治十一年（1872）關中馬氏敦倫堂刻馬氏叢刻本 一册

620000－1144－0001048 K280.45/10
守邊輯要一卷葉爾羌守城紀略一卷 （清）壁昌撰 清道光二十三年（1843）刻本 一册

620000－1144－0001049 I222.7482/3
受祺堂詩三十五卷 （清）李因篤撰 清康熙十四年（1675）刻本 十二册

620000－1144－0001050 I214.82/34
受祺堂文集四卷 （清）李因篤撰 清道光七年（1827）刻本 四册

620000－1144－0001051 I262.49/4
受祺堂文集四卷續刻四卷 （清）李因篤撰 清道光七年（1827）刻本 八册

620000－1144－0001052 Z124.5/12
授堂遺書七種七十九卷 （清）武億撰 清道光二十三年（1843）偃師武氏刻本 二十一册

620000－1144－0001053 K221.4/8
書經六卷 （宋）蔡沈注 清光緒十三年（1887）信述堂刻本 四册

620000－1144－0001054 K221.4/9
書經詮義十二卷首二卷 （清）汪紱撰 清光緒二十四年（1898）刻本 十三册

620000－1144－0001055 K221.4/6:3
書經體註大全合參六卷 （宋）蔡沈注 （清）錢希祥纂輯 清刻本 二册 存三卷（二至四）

620000－1144－0001056 K221.4/6:2
書經體註大全合參六卷 （宋）蔡沈注 （清）錢希祥纂輯 清乾隆五十七年（1792）同興堂刻本 四册

620000－1144－0001057 K221.4/6
書經體註大全合參六卷 （宋）蔡沈注 （清）錢希祥纂輯 清致和堂刻本 四册

620000－1144－0001058 K221.4/6:4
書經體註大全合參六卷圖一卷 （宋）蔡沈注 （清）錢希祥纂輯 清光緒十年（1884）善成堂刻本 四册

620000－1144－0001059 Z812.52/1
書目答問一卷國朝著述姓名一卷 （清）張之洞撰 清光緒五年（1879）池陽蘊經閣刻本 一册

620000－1144－0001060 K248.1/3
蜀碧四卷 （清）彭遵泗撰 清末肇經堂刻本 二册

620000－1144－0001061 K248.1/3
蜀碧四卷 （清）彭遵泗撰 清末肇經堂刻本 二册

620000－1144－0001062 K297.1/3
蜀典十二卷 （清）張澍輯 清道光十四年（1834）刻本 五册

620000－1144－0001063 K297.11/2
蜀典十二卷 （清）張澍輯 清光緒二年

(1876)尊經書院刻本　四册

620000－1144－0001064　K297.11/3
蜀故二十七卷　(清)彭遵泗纂　清道光十四年(1834)白鶴堂刻本　六册

620000－1144－0001065　K928.4/20:2
蜀水攷四卷　(清)陳登龍輯　(清)朱錫穀補注　(清)陳一津疏　清光緒十六年(1890)成都試院刻本　四册

620000－1144－0001066　K928.4/20
蜀水攷四卷　(清)陳登龍輯　(清)朱錫穀補注　(清)陳一津疏　清光緒五年(1879)楊氏清泉精舍刻本　四册

620000－1144－0001067　K928.4/20:3
蜀水攷四卷　(清)陳登龍輯　(清)朱錫穀補注　(清)陳一津疏　清末刻本　二册　存三卷(二至四)

620000－1144－0001068　K928.7071/1
蜀中名勝記三十卷　(明)曹學佺撰　清宣統二年(1910)刻本　十册

620000－1144－0001069　K928.7071/1
蜀中名勝記三十卷　(明)曹學佺撰　清宣統二年(1910)刻本　十册

620000－1144－0001070　I242.1/19
述異記二卷　(南朝梁)任昉撰　清光緒三十年(1904)南陵徐乃昌刻本　一册

620000－1144－0001071　B828.3/9
庶齋老學叢談三卷　(元)盛如梓撰　清嘉慶刻本　一册

620000－1144－0001072　I214.92/3
霜紅龕集八卷補遺一卷　(清)傅山撰　(清)王晉榮增訂　清宣統二年(1910)平遙王氏輯刻本　八册

620000－1144－0001073　I222.752/5
雙紅豆詞二卷　(清)周天麟撰　清光緒十七年(1891)石印本　一册

620000－1144－0001074　Z121.5/21
雙楳景闇叢書十七種二十六卷　葉德輝輯　清光緒二十九年至宣統三年(1903－1911)長沙葉氏郎園刻本　五册　缺五種六卷(素女經一,素女方一,玉房祕訣一、附指要一,洞玄子一,天地陰陽交歡大樂賦一)

620000－1144－0001075　I222.7492/23
雙藤書屋詩集十二卷　(清)向道生撰　清道光元年(1821)刻本　四册

620000－1144－0001076　K928.4/15
水道提綱二十八卷　(清)齊召南撰　清光緒四年(1878)霞城精舍刻本　八册

620000－1144－0001077　K928.4/15:2
水道提綱二十八卷　(清)齊召南撰　清光緒四年(1878)霞城精舍刻本　八册

620000－1144－0001078　K928.4/13
水經釋地八卷　(清)孔繼涵撰　清光緒六年(1880)會稽章氏刻本　三册

620000－1144－0001079　K928.4/22
水經注匯校四十卷首一卷附錄二卷　(北魏)酈道元撰　(清)楊希閔校　清末刻本　五册　存十九卷(十六至三十一、四十,附錄二卷)

620000－1144－0001080　K928.4/8
水經注釋四十卷首一卷附錄二卷水經注箋刊誤十二卷　(清)趙一清撰　清光緒六年(1880)會稽章氏刻本　三十二册

620000－1144－0001081　K928.4/7
水經注疏要删補遺四十卷　楊守敬撰　清宣統元年(1909)刻本　六册

620000－1144－0001082　K928.4/6
水經注疏要删四十卷補遺一卷　楊守敬撰　清光緒三十一年(1905)觀海堂刻本　六册

620000－1144－0001083　K928.4/1
水經注四十卷　(北魏)酈道元注　明嘉靖十三年(1534)文樞堂刻本　十册

620000－1144－0001084　K928.4/2
水經注四十卷　(北魏)酈道元注　(清)戴震校　清刻本　十四册

620000－1144－0001085　K928.4/4

水經注四十卷補遺一卷附録二卷 （北魏）酈道元注 （清）全祖望校 清光緒十四年(1888)無錫薛福成刻本 十六册

620000－1144－0001086 K928.4/4
水經注四十卷補遺一卷附録二卷 （北魏）酈道元注 （清）全祖望校 清光緒十四年(1888)無錫薛福成刻本 十六册

620000－1144－0001087 K928.4/5
水經注四十卷首一卷末一卷附録二卷 （北魏）酈道元注 王先謙校 清光緒二十年(1894)寶善書局石印本 十八册

620000－1144－0001088 K928.4/10
水經注圖説殘稿四卷 （清）董祐誠撰 清光緒六年(1880)會稽章氏刻本 一册

620000－1144－0001089 K928.4/12
水經注圖四十卷補一卷 楊守敬 熊會貞繪 清光緒三十一年(1905)觀海堂刻本 八册 存二十二卷(南一至十九、北一至三)

620000－1144－0001090 K928.4/11
水經注圖一卷附録一卷 （清）汪士鐸撰 清咸豐十年(1860)刻本 一册

620000－1144－0001091 I222.7492/26
水西詠雪齋詩藁六卷 （清）趙炳文撰 清道光二十四年(1844)刻本 四册

620000－1144－0001092 I222.7522/12
水仙百詠一卷 （清）李毓秀撰 （清）閻廷玠録 清光緒十六年(1890)三原正誼書院刻本 一册

620000－1144－0001093 I222.7522/12
水仙百詠一卷 （清）李毓秀撰 （清）閻廷玠録 清光緒十六年(1890)三原正誼書院刻本 一册

620000－1144－0001094 I222.7522/12
水仙百詠一卷 （清）李毓秀撰 （清）閻廷玠録 清光緒十六年(1890)三原正誼書院刻本 一册

620000－1144－0001095 I222.7522/12
水仙百詠一卷 （清）李毓秀撰 （清）閻廷玠録 清光緒十六年(1890)三原正誼書院刻本 一册

620000－1144－0001096 I222.852/31
水雲欸乃一卷泥爪詞一卷竹窗秋籟一卷悔餘詞一卷月樓琴語一卷 （清）周天麟撰 清光緒十七年(1891)石印本 一册

620000－1144－0001097 I222.849/2
水雲樓詞二卷 （清）蔣春霖撰 清咸豐十一年(1861)曼陀羅華閣刻本 一册

620000－1144－0001098 I215.22/11
説劍堂集不分卷 潘飛聲撰 清光緒十四年(1888)刻本 二册

620000－1144－0001099 K928.3/19
説嵩三十二卷例目一卷 （清）景日昣纂 清康熙六十年(1721)嶽生堂刻本 十册

620000－1144－0001100 H122/39
説文發疑六卷 （清）張行孚撰 清光緒九年(1883)後知不足齋刻本 三册

620000－1144－0001101 H121/3
説文古籀補十四卷附録一卷 （清）吳大澂撰 清光緒十二年(1886)點石齋石印本 四册

620000－1144－0001102 H121/5
説文古籀疏證六卷 （清）莊述祖撰 清光緒二十年(1894)刻本 四册

620000－1144－0001103 H161/9
説文管見三卷 （清）胡秉虔撰 清同治十二年(1873)胡氏世澤樓刻本 一册

620000－1144－0001104 H122/8
説文解字舊音一卷 （清）畢沅輯 清乾隆四十八年(1783)刻本 一册

620000－1144－0001105 H122/4：2
説文解字句讀三十卷 （清）王筠撰 清光緒八年(1882)四川尊經書局刻本 十八册 缺九卷(十五至二十三)

620000－1144－0001106 H122/4
説文解字句讀三十卷補正三十卷 （清）王筠

撰　清同治四年(1865)刻王氏說文四種本　十六冊

620000－1144－0001107　H161/1
說文解字三十卷標目一卷　(漢)許慎撰　(宋)徐鉉校　清初汲古閣刻本　六冊

620000－1144－0001108　H161/1
說文解字三十卷標目一卷　(漢)許慎撰　(宋)徐鉉校　清刻本　十二冊　存十五卷(一至八、二十四至三十)

620000－1144－0001109　H161/2
說文解字三十卷標目一卷　(漢)許慎撰　(宋)徐鉉校　(清)孫星衍重校　清刻本　六冊

620000－1144－0001110　H161/4
說文解字三十卷檢字記一卷通檢三十卷　(漢)許慎撰　(宋)徐鉉校　清光緒九年(1883)山西書局刻本　十二冊

620000－1144－0001111　H161/3
說文解字三十卷檢字記一卷通檢十五卷　(漢)許慎撰　(宋)徐鉉校　清光緒十四年(1888)粵東省城富文齋刻本　十冊

620000－1144－0001112　H161/7
說文解字十五卷標目一卷　(漢)許慎撰　(宋)徐鉉校　清光緒十一年(1885)蕉心室刻本　一冊　存四卷(一至三、標目一卷)

620000－1144－0001113　H122/19
說文解字提要補注一卷四書說文解字五卷　(清)柏森撰　(清)柏惠民校刊　清柏經堂刻本　四冊

620000－1144－0001114　H122/1
說文解字徐氏繫傳四十卷校勘記三卷　(五代)徐鍇撰　清道光十九年(1839)祁寯藻刻本　八冊

620000－1144－0001115　H122/6
說文解字義證五十卷　(清)桂馥撰　清同治九年(1870)湖北崇文書局刻本　三十二冊

620000－1144－0001116　H123/5
說文解字注匡謬八卷　(清)徐承慶撰　清光緒歸安姚氏咫進齋刻本　二冊　存五卷(一至三、五至六)

620000－1144－0001117　H122/2:3
說文解字注三十二卷　(清)段玉裁注　清光緒七年(1881)蘇州刻本　二十四冊

620000－1144－0001118　H122/2:2
說文解字注三十二卷　(清)段玉裁注　清同治十一年(1872)湖北崇文書局刻本　十八冊

620000－1144－0001119　H122/2:4
說文解字注三十二卷通檢十五卷匡謬八卷　(清)段玉裁注　(清)徐承慶匡謬　清光緒三十四年(1908)上海江左書林石印本　八冊

620000－1144－0001120　H161/4:2
說文解字注三十二卷通檢十五卷匡謬八卷　(清)段玉裁注　(清)徐承慶匡謬　清宣統二年(1910)上海江左書林石印本　八冊

620000－1144－0001121　H122/2
說文解字注三十卷汲古閣說文訂序一卷部目分韻一卷今韻古分十七部表五卷　(清)段玉裁注　清刻本　二十三冊　缺七卷(二上下、六至七、十、十二、十三下、十五上)

620000－1144－0001122　H122/2
說文解字注三十卷汲古閣說文訂序一卷說文部目分韻一卷今韻古分十七部表五卷　(清)段玉裁注　清刻本　二十三冊　缺二卷(今韻古分十七部表三至四)

620000－1144－0001123　H122/9
說文拈字七卷補遺三卷　(清)王玉樹撰　清嘉慶八年(1803)芳梫堂刻本　十冊

620000－1144－0001124　H122/9:2
說文拈字七卷補遺三卷　(清)王玉樹撰　清嘉慶八年(1803)芳梫堂刻本　四冊　缺三卷(補遺三卷)

620000－1144－0001125　H122/18
說文審音十六卷　(清)張行孚撰　清光緒二十四年(1898)刻本　四冊

620000－1144－0001126　H122/3
說文釋例二十卷　(清)王筠撰　清道光刻本　十冊

620000－1144－0001127　H122/15
說文提要一卷　(清)陳建侯撰　清光緒元年(1875)湖北崇文書局刻本　一冊

620000－1144－0001128　H122/38
說文通檢十四卷首一卷末一卷　(清)黎永椿編　清光緒二年(1876)湖北崇文書局刻本　二冊

620000－1144－0001129　H122/5:2
說文通訓定聲十八卷柬韻一卷說雅一卷古今韻準一卷行狀一卷六書爻列一卷　(清)朱駿聲撰　(清)朱鏡蓉參訂　清光緒十三年(1887)上海積山書局石印本　八冊

620000－1144－0001130　H122/5
說文通訓定聲十八卷柬韻一卷說雅一卷古今韻準一卷行狀一卷六書爻列一卷　(清)朱駿聲撰　(清)朱鏡蓉參訂　清咸豐元年(1851)臨嘯閣刻同治九年(1870)補刻本　二十冊

620000－1144－0001131　H122/37
說文新附攷六卷續一卷　(清)鈕樹玉撰　清嘉慶六年(1801)鈕氏非石居刻本　二冊

620000－1144－0001132　H161/8
說文逸字二卷附錄一卷　(清)鄭珍輯　清湖南經濟書堂刻本　二冊

620000－1144－0001133　H122/14
說文引經攷證八卷　(清)陳瑑撰　清同治十三年(1874)湖北崇文書局刻本　二冊

620000－1144－0001134　H122/12
說文韻譜校五卷　(清)王筠撰　(清)劉嘉禾校　清光緒十六年(1890)濰縣劉氏刻本　二冊

620000－1144－0001135　I242.1/11
說淵十集六十四卷　(明)陸楫輯　清道光元年(1821)苕溪邵氏酉山堂刻古今說海叢書本　六冊

620000－1144－0001136　K928.1/3:2
朔方備乘六十八卷首十二卷　(清)何秋濤纂　清光緒七年(1881)石印本　八冊

620000－1144－0001137　K928.1/3:4
朔方備乘六十八卷首十二卷　(清)何秋濤纂　清光緒七年(1881)石印本　八冊

620000－1144－0001138　K928.1/3
朔方備乘六十八卷首十二卷　(清)何秋濤纂　清末刻本　二十四冊

620000－1144－0001139　K928.1/3:3
朔方備乘六十八卷首十二卷　(清)何秋濤纂　清末刻本　二十四冊

620000－1144－0001140　K294.3/2
朔方備乘六十八卷首十二卷　(清)何秋濤纂　清末石印本　八冊

620000－1144－0001141　K294.3/3
朔方備乘札記一卷　(清)李文田撰　清光緒二十三年(1897)會稽施氏刻鄦鄭學盧地理叢刊本　一冊

620000－1144－0001142　G78/1
司馬氏書儀十卷　(宋)司馬光撰　清同治七年(1868)江蘇書局刻本　四冊

620000－1144－0001143　I215.22/12
思誠堂文集六卷詩集二卷　(清)張鏞撰　清光緒十三年(1887)刻本　二冊

620000－1144－0001144　I262.52/3
思貽齋詩約存二十一卷　(清)高賡恩撰　清宣統二年(1910)刻本　一冊　缺五卷(一、十五、十九至二十一)

620000－1144－0001145　I262.52/3
思貽齋雜著續集四卷　(清)高賡恩撰　清宣統二年(1910)刻本　一冊　存一卷(四)

620000－1144－0001146　K236/1
四大奇書第一種□□卷一百二十回　(明)羅貫中撰　(清)毛宗崗評　清末刻本　十九冊　存十八卷(一至二、四至十九)

620000－1144－0001147　K982.96/1:2

四禮翼合編四卷　(明)呂坤撰　(清)朱栻評　清刻本　一冊

620000－1144－0001148　K892.96/1
四禮翼一卷四禮疑五卷表禮餘言一卷　(明)呂坤撰　明萬曆四十二年(1614)刻本　二冊

620000－1144－0001149　H114.9/6
四聲便覽四卷　(清)余六師輯　清同治七年(1868)西安餘慶堂刻本　一冊

620000－1144－0001150　H113.9/2
四聲切韻表一卷　(清)江永撰　清宣統二年(1910)清麓精舍刻本　二冊

620000－1144－0001151　B222.1/1
四書便蒙十九卷　(宋)朱熹撰　(清)俞長城等評　清乾隆五十二年(1787)刻本　六冊

620000－1144－0001152　B222.1/1
四書便蒙十九卷　(宋)朱熹撰　(清)俞長城等評　清乾隆五十二年(1787)刻本　六冊

620000－1144－0001153　B222.1/8
四書大全四十六卷　(清)陸隴其輯　清刻本　十六冊

620000－1144－0001154　B222.1/2
四書反身錄十四卷續錄二卷　(清)李顒撰　清同治十二年(1873)西安馬存心堂刻本　四冊

620000－1144－0001155　B222.1/17
四書或問三十九卷　(宋)朱熹撰　清尊樂堂刻本　六冊　存二十四卷(中庸或問一、中庸輯略一至三、論語或問一至二十)

620000－1144－0001156　B222.1/4
四書或問語類集解釋註大全四十一卷　(清)朱良玉纂　清光裕堂刻本　四十冊

620000－1144－0001157　b222.1/13
四書集疏二十二卷　(清)張秉直訂　(清)賀瑞麟閱　清光緒三十四年(1908)柏經正堂刻本　六冊　存六卷(大學一至三、論語一至三)

620000－1144－0001158　B222.1/13
四書集疏二十二卷　(清)張秉直訂　(清)賀瑞麟閱　清光緒三十四年(1908)柏經正堂刻本　六冊　存六卷(大學一至三、論語一至三)

620000－1144－0001159　B222.1/27
四書集註十九卷　(宋)朱熹撰　清光緒三十二年(1906)上海商務印書館鉛印本　六冊

620000－1144－0001160　B222.1/7
四書講義大全二十四卷　(清)史廷煇輯　清光緒二十七年(1901)愛日堂刻本　十六冊

620000－1144－0001161　B222.1/3
四書釋義旁訓十九卷　(清)李沛霖訂　(清)李學曾等編　清刻本　六冊

620000－1144－0001162　B222.1/6
四書章句集注定本辨一卷附考四卷家塾讀本句讀一卷　(清)吳英　(清)吳志忠撰　清光緒二十年(1894)上海點石齋石印本　一冊

620000－1144－0001163　B222.1/6
四書章句集注定本辨一卷附考四卷家塾讀本句讀一卷　(清)吳英　(清)吳志忠撰　清光緒二十年(1894)上海點石齋石印本　一冊

620000－1144－0001164　B222.1/1:3
四書章句集註十九卷　(宋)朱熹撰　清光緒十二年(1886)刻本　六冊

620000－1144－0001165　B222.1/1:3
四書章句集註十九卷　(宋)朱熹撰　清光緒十二年(1886)刻本　六冊

620000－1144－0001166　B222.1/9
四書朱子集注古義箋六卷　李滋然撰　清宣統三年(1911)京師京華印書局鉛印本　二冊　存四卷(一至二、五至六)

620000－1144－0001167　H221.6/2:2
四體合璧文鑑八卷目錄一卷補遺一卷　(清)□□撰　清抄本　十冊

620000－1144－0001168　H221.6/2
四體合璧文鑑八卷目錄一卷解義八卷　(清)□□撰　清刻本　十一冊

620000－1144－0001169　H221.6/2：3
四體合璧文鑑三十二卷總綱八卷　（清）□□撰　清刻本　二册　存十二卷（五至八、二十一至二十八）

620000－1144－0001170　K108/1
四裔編年表四卷　（美國）林樂知　嚴良勳譯　（清）李鳳苞彙編　清光緒二十三年（1897）石印本　四册

620000－1144－0001171　K108/1
四裔編年表四卷　（美國）林樂知　嚴良勳譯　（清）李鳳苞彙編　清光緒二十三年（1897）石印本　一册　存一卷（一）

620000－1144－0001172　I222.8.51/2
四印齋所刻詞二十種六十七卷彙刻宋元三十一家詞三十一卷　（清）王鵬運輯　清光緒十九年（1893）監桂王氏家塾刻本　十六册

620000－1144－0001173　I211/6
四忠遺集三十九卷　（清）□□輯　清同治楚醴景萊書室刻本　二十册

620000－1144－0001174　Z124.5/16
松花菴全集十二卷　（清）吳鎮撰　清宣統二年（1910）刻本　十二册

620000－1144－0001175　I262.52/2
松菊齋時文不分卷　（清）郭寶森撰　清光緒十七年（1891）刻本　一册

620000－1144－0001176　I242.1/15
松源偶紀二卷　（清）鄒儒撰　清乾隆十五年（1750）刻本　二册

620000－1144－0001177　K928.75/2
嵩嶽廟史十卷　（清）景日昣輯　清康熙三十五年（1696）太壺園刻本　四册

620000－1144－0001178　B22/2
宋本十三經注疏附校勘記四百十六卷　（漢）鄭玄等注　（唐）孔穎達等疏　（清）阮元等校　清光緒十三年（1887）脈望仙館石印本　二十八册

620000－1144－0001179　B22/2
宋本十三經注疏附校勘記四百十六卷　（漢）鄭玄等注　（唐）孔穎達等疏　（清）阮元等校　清光緒十三年（1887）脈望仙館石印本　二十八册

620000－1144－0001180　I222/8
宋金元詩永二十卷補遺二卷　（清）吳綺選　（清）江闓等校　清康熙十七年（1678）刻本　十册

620000－1144－0001181　I222.8441/2
宋六十名家詞八十九卷　（明）毛晉輯　清光緒十四年（1888）錢塘汪氏刻本　二十四册

620000－1144－0001182　K204.4/3：2
宋史紀事本末一百九卷　（明）馮琦輯　（明）陳邦瞻增訂　（明）張溥論正　清光緒十四年（1888）上海書業公所崇德堂鉛印本　八册

620000－1144－0001183　K204.4/3
宋史紀事本末一百九卷　（明）馮琦輯　（明）陳邦瞻增訂　（明）張溥論正　清同治十三年（1874）江西書局刻本　二十册

620000－1144－0001184　K244.42/2
宋史翼四十卷　（清）陸心源輯　清光緒三十二年（1906）歸安陸氏十萬卷樓刻本　十册

620000－1144－0001185　K239.142/1
宋書一百卷　（南朝梁）沈約撰　清同治十一年（1872）金陵書局刻二十四史本　十二册　缺二十七卷（七十四至一百）

620000－1144－0001186　I211/3
宋文鑑一百五十卷目錄三卷　（宋）呂祖謙輯　清光緒十二年（1886）江蘇書局刻本　二十四册

620000－1144－0001187　I242.1/17
宋豔十二卷　（清）徐士鑾輯　清光緒十七年（1891）蝶園刻本　六册

620000－1144－0001188　Z839.2/3
宋元舊本書經眼錄三卷附錄二卷　（清）莫友芝撰　清同治十二年（1873）刻本　二册

620000－1144－0001189　I222/9

宋元明詩約鈔三百首二卷首一卷　(清)朱梓(清)冷昌言輯　(清)華鼒臣注　清咸豐五年(1855)保墨閣刻本　二冊

620000-1144-0001190　K204.3/19
宋元通鑑一百五十七卷　(明)薛應旂編(明)陳仁錫評　明天啓六年(1626)刻本　三十冊

620000-1144-0001191　B244/1
宋元學案一百卷首一卷考略一卷　(清)黄宗羲撰　(清)黄百家輯　(清)全祖望修定　清光緒五年(1879)長沙寄廬刻本　四十冊

620000-1144-0001192　I214.42/14
宋宗忠簡公集八卷　(宋)宗澤撰　(清)王廷曾重編　清康熙三十年(1691)刻本　四冊

620000-1144-0001193　I222.7442/2
蘇東坡詩集注三十二卷目録一卷　(宋)蘇軾撰　(宋)呂祖謙編　(宋)王十朋集注(清)朱從延重校　清康熙三十七年(1698)文蔚堂刻本　三十冊

620000-1144-0001194　I222.7442/3
蘇文忠詩合註五十卷首一卷　(宋)蘇軾撰(清)馮應榴輯訂　清乾隆六十年(1795)踵息齋刻本　二十冊

620000-1144-0001195　I222.7442/3:2
蘇文忠詩合註五十卷首一卷　(宋)蘇軾撰(清)馮應榴輯訂　清同治九年(1870)刻本二十四冊

620000-1144-0001196　I214.42/3
蘇學士文集十六卷　(宋)蘇舜欽撰　(清)徐念修　(清)徐惇復校刊　清康熙三十七年至三十八年(1698-1699)震澤徐氏白華書屋刻本　二冊

620000-1144-0001197　K244.066/1
涑水記聞十六卷補遺一卷　(宋)司馬光撰清光緒三年(1877)湖北崇文書局刻本　四冊

620000-1144-0001198　I214.92/84
粟香室叢書八十二種一百六十七卷　金武祥輯　清光緒至民國江陰金氏刻本　二冊　存十九卷(玉麈集一至二,鷗堂賸稿一、補遺一,東鷗草堂詞一至二,冰蠶詞一,端溪硯坑記一,開方之分還原術一,勇盧間詰評語一至十)

620000-1144-0001199　K241.42/1
隋書八十五卷考異一卷　(唐)魏徵等撰　清同治十年(1871)淮南書局刻二十四史本　十六冊

620000-1144-0001200　I222.75/1
綏服紀略圖詩一卷　(清)松筠撰　清嘉慶十六年(1811)程振甲刻本　一冊

620000-1144-0001201　K297.14/17
綏靖屯志十卷首一卷　(清)李涵元修　清道光五年(1825)刻本　四冊

620000-1144-0001202　K248.44/1
綏寇紀略十二卷補遺三卷　(清)吳偉業輯(清)張海鵬重校　清嘉慶九年(1804)刻本八冊

620000-1144-0001203　K248.44/1
綏寇紀略十二卷補遺三卷　(清)吳偉業輯(清)張海鵬重校　清嘉慶九年(1804)刻本六冊

620000-1144-0001204　I222.7491/1
隨園女弟子詩選六卷　(清)袁枚輯　(清)席佩蘭等撰　清末刻本　四冊

620000-1144-0001205　Z1245.5/8
隨園三十種　(清)袁枚撰　清乾隆至嘉慶刻本　八十一冊

620000-1144-0001206　I207.22/3:3
隨園詩話十六卷補遺十卷　(清)袁枚撰　清光緒十八年(1892)勤裕堂鉛印隨園三十八種本　三冊　存十六卷(一至五、十至十六,補遺一至四)

620000-1144-0001207　I207.22/3:4
隨園詩話十六卷補遺十卷　(清)袁枚撰　清光緒十八年(1892)勤裕堂鉛印隨園三十八種

本　四冊　存四卷(補遺一至四)

620000－1144－0001208　I207.22/3:2
隨園詩話十六卷補遺十卷　(清)袁枚撰　清雙門底芸居樓刻本　十二冊　缺六卷(補遺五至十)

620000－1144－0001209　E892.25/1
孫子十家註十三卷續錄一卷遺說一卷　(宋)吉天保輯　(清)孫星衍　(清)吳人驥校　清光緒三年(1877)浙江書局刻本　六冊

620000－1144－0001210　Z124.5/26
損齋全書四種三十卷首一卷　(清)楊樹椿撰　清光緒十九年至二十一年(1893－1895)柏經正堂刻本　十二冊　缺十卷(西埜楊氏壬申譜一至十)

620000－1144－0001211　K295.52/2
台州外書二十卷　(清)戚學標輯　清嘉慶四年(1799)刻本　四冊

620000－1144－0001212　K290.44/1
太平寰宇記二百卷補闕七卷　(宋)樂史撰　清刻本　四十八冊

620000－1144－0001213　K290.44/1:3
太平寰宇記二百卷補闕一卷　(宋)樂史撰　清嘉慶刻本　三十二冊

620000－1144－0001214　Z222/1:2
太平御覽一千卷　(宋)李昉等撰　清光緒十八年(1892)南海李氏刻本　一百二十冊

620000－1144－0001215　Z222/1
太平御覽一千卷　(宋)李昉等撰　清嘉慶十一年(1806)文會堂活字印本　一百二十冊

620000－1144－0001216　B953/1:3
太上感應篇二卷　(清)惠棟注　清光緒二年(1876)張璹校刻本　一冊

620000－1144－0001217　B953/1:2
太上感應篇一卷　(清)惠棟注　清光緒二十六年(1900)善化向氏刻本　一冊

620000－1144－0001218　B953/1
太上感應篇一卷　(清)惠棟注　清刻本　一冊

620000－1144－0001219　I214.82/3
太師誠意伯劉文成公集二十卷　(明)劉基撰　清光緒二十年(1894)浙江書局刻本　十冊

620000－1144－0001220　B234.99/2
太玄經十卷說玄一卷釋文一卷　(漢)揚雄撰　(晉)范望注　清刻本　二冊

620000－1144－0001221　K504/1
泰西各國名人言行錄十六卷　(清)張兆蓉輯　清光緒二十九年(1903)石印本　六冊

620000－1144－0001222　K504/2
泰西十八周史攬要十八卷　(英國)雅各偉德撰　(英國)季理斐成章譯　(清)李鼎星述稿　清光緒二十九年(1903)上海廣學會鉛印本　六冊

620000－1144－0001223　K504/3
泰西新史攬要二十三卷附記一卷　(英國)馬懇西撰　(英國)李提摩太譯　蔡爾康述稿　清光緒二十八年(1902)美華書館鉛印本　八冊

620000－1144－0001224　I214.9/3
湯文正公遺稿八卷　(清)湯斌撰　(清)田蘭芳校　清康熙二十九年(1690)刻本　五冊

620000－1144－0001225　Z124.5/5
湯子遺書三十九卷　(清)湯斌撰　清同治九年(1870)刻本　三十二冊

620000－1144－0001226　I214.22/3
唐丞相曲江張文獻公集十二卷首一卷附錄一卷　(唐)張九齡撰　清光緒十八年(1892)刻本　五冊

620000－1144－0001227　I242.51/3:5
唐代叢書六集一百六十四種一百七十卷　(清)陳世熙輯　清乾隆五十七年(1792)挹秀軒刻本　十九冊

620000－1144－0001228　I242.51/3:4
唐代叢書六集一百六十四種一百七十卷　(清)陳世熙輯　清同治三年(1864)緯文堂刻

本　三十六册

620000－1144－0001229　D691.5/3
唐會要一百卷　（宋）王溥撰　清光緒十年(1884)江蘇書局刻本　二十四册

620000－1144－0001230　I214.22/9:4
唐陸宣公翰苑集二十四卷首一卷末一卷　（唐）陸贄撰　（清）張佩芳注　清光緒十八年(1892)柏經正堂刻本　八册

620000－1144－0001231　I214.22/9:2
唐陸宣公集二十二卷　（唐）陸贄撰　（清）周右　（清）吳紹浣校　清嘉慶二十三年(1818)春暉堂刻本　四册

620000－1144－0001232　I214.22/9
唐陸宣公集二十二卷　（唐）陸贄撰　（清）年羹堯訂　清雍正元年(1723)刻本　六册

620000－1144－0001233　I242.51/3
唐人説薈六集一百六十四種一百七十卷　（清）陳世熙輯　（清）周克達訂　清同治三年(1864)緯文堂刻本　二十册

620000－1144－0001234　I222.7421/8
唐人萬首絶句選七卷　（清）王士禛選　清刻本　二册

620000－1144－0001235　I222.7421/1
唐詩歸三十六卷　（明）鍾惺　（明）譚元春選　（清）林夢熊重訂　清刻本　六册

620000－1144－0001236　I222.7421/14
唐詩近體四卷　（清）張錫麟評選　（清）張熙麟　（清）張仁林校　清嘉蔭堂刻本　一册

620000－1144－0001237　I222.7421/12:3
唐詩三百首不分卷　（清）孫洙編　清光緒十五年(1889)著易堂鉛印本　二册

620000－1144－0001238　I222.7421/12
唐詩三百首注疏六卷續選一卷姓氏小傳一卷　（清）孫洙編　（清）章燮注　（清）孫孝根校注　清道光十四年(1834)愛日堂刻本　八册

620000－1144－0001239　I222.7421/12:2
唐詩三百首註釋六卷　（清）孫洙編　（清）章燮注　清光緒二十年(1894)京都文成堂刻本　六册

620000－1144－0001240　R932.842/3
唐王燾先生外臺秘要方四十卷　（唐）王燾撰　（明）程衍道校訂　清同治十三年(1874)廣東翰墨園刻本　三十二册

620000－1144－0001241　I222.7421/6
唐賢三味集三卷　（清）王士禛選　（清）吳煊　（清）胡棠輯注　（清）黄培芳評　清光緒九年(1883)翰墨園刻本　六册

620000－1144－0001242　K828.52/2
弢園尺牘十二卷　（清）王韜撰　清宣統二年(1910)鉛印本　四册

620000－1144－0001243　I237.2/4
桃花扇傳奇二卷　（清）孔尚任撰　清康熙西園刻本　四册

620000－1144－0001244　I237.2/4
桃花扇傳奇二卷　（清）孔尚任撰　清康熙西園刻本　四册

620000－1144－0001245　I237.2/4
桃花扇傳奇二卷　（清）孔尚任撰　清刻本　六册

620000－1144－0001246　I213.72/1
陶淵明集十卷　（晉）陶潛撰　清光緒二年(1876)刻本　二册

620000－1144－0001247　K876.402/9
陶齋吉金續錄二卷　（清）端方撰　清宣統元年(1909)石印本　二册

620000－1144－0001248　K291.8/3
藤陰雜記十二卷　（清）戴璐撰　清光緒三年(1877)刻本　二册

620000－1144－0001249　H114.9/10:7
剔弊廣增分韻五方元音二卷首一卷　（清）樊騰鳳撰　（清）趙培梓改訂　清光緒三十年(1904)刻本　五册

620000－1144－0001250　B963/5

天方典禮擇要解二十卷後編一卷　（清）劉智撰　清刻本　六冊

620000－1144－0001251　B963/6
天方性理五卷首一卷　（清）劉智撰　清乾隆二十五年(1760)京江談氏刻本　六冊

620000－1144－0001252　B963/15
天方字母解義題一卷　（清）劉智撰　（清）常鎮國　（清）展士廉校　清刻本　一冊

620000－1144－0001253　I262.49/2
天花亂墜八卷　（清）寅半生選輯　清光緒二十九年(1903)崇寔齋刻本　四冊

620000－1144－0001254　K290.49/1
天下郡國利病書一百二十卷　（清）顧炎武輯　清光緒二十七年(1901)圖書集成局鉛印本　二十八冊

620000－1144－0001255　K290.49/1
天下郡國利病書一百二十卷　（清）顧炎武輯　清光緒二十七年(1901)圖書集成局鉛印本　二十八冊

620000－1144－0001256　K290.49/1
天下郡國利病書一百二十卷　（清）顧炎武輯　清光緒二十七年(1901)圖書集成局鉛印本　二十四冊

620000－1144－0001257　P194.3/1
天下山河兩戒考十四卷圖一卷　（清）徐文靖撰　清雍正元年(1723)刻光緒二年(1876)補刻徐位山六種本　三冊　缺七卷(八至十四)

620000－1144－0001258　K290.48/1
天下一統志九十卷　（明）李賢修　（明）萬安纂　明天順五年(1461)萬壽堂刻本　四十冊

620000－1144－0001259　K294.58/2:3
聽園西疆雜述詩四卷　（清）蕭雄撰　清光緒二十一年(1895)刻本　二冊

620000－1144－0001260　I214.92/9
亭林文集六卷餘集一卷　（清）顧炎武撰　清山隱居刻本　八冊

620000－1144－0001261　D69/12
通典二百卷　（唐）杜佑撰　清乾隆十二年(1747)刻本　四十冊

620000－1144－0001262　I214.92/60
通父詩存四卷詩存之餘二卷類稿四卷　（清）魯一同撰　清咸豐九年(1859)刻本　四冊

620000－1144－0001263　K204.4/4
通鑑紀事本末二百三十九卷　（宋）袁樞撰　（明）張溥論正　清同治十二年(1873)江西書局刻本　八十冊

620000－1144－0001264　F729/1
通商始末記二十卷　（清）王之春撰　清光緒二十七年(1901)上海申昌社石印本　六冊

620000－1144－0001265　K207/17
通志二百卷考證三卷　（宋）鄭樵撰　清光緒二十七年(1901)上海圖書集成局鉛印本　六十冊

620000－1144－0001266　D69/3:3
通志略五十二卷　（宋）鄭樵撰　清乾隆十四年(1749)刻本　二十冊

620000－1144－0001267　K249.6/4:2
同治東華續錄一百卷　王先謙編　清光緒二十四年(1898)石印本　二十四冊

620000－1144－0001268　I215.22/7
桐城吳先生文集四卷　（清）吳汝綸撰　（清）吳闓生編　清光緒三十年(1904)桐城吳先生全書本　四冊

620000－1144－0001269　J220.9/1
圖繪寶鑑八卷　（明）夏文彥撰　清借綠草堂刻本　六冊

620000－1144－0001270　K204.3/17
萬國綱鑑易知錄二十卷　（日本）岡本監輔撰　清光緒二十七年(1901)上海書局石印本　六冊

620000－1144－0001271　K1/1
萬國歷史彙編一百卷　（清）江子雲等輯　清光緒二十九年(1903)上海官書局石印本　十六冊

620000－1144－0001272　Z2/1
萬國時務策學大全四十八卷首一卷　（清）潄石山館主人輯　清光緒二十三年（1897）積山書局石印本　二十册　存四十五卷（一至四、九至四十八，首一卷）

620000－1144－0001273　K1/2
萬國通史前編十卷　（英國）李思倫白輯譯　蔡爾康述　清光緒二十六年（1900）上海廣學會鉛印本　十册

620000－1144－0001274　I222.7522/8
萬卷書屋詩存一卷　（清）朱棆撰　清光緒九年（1883）吳縣潘氏刻本　二册

620000－1144－0001275　Z124.5/28
王山史五種　（清）王弘撰撰　（清）李夔龍評　清光緒二十年至二十六年（1894－1900）敬義堂刻本　四册　缺一卷（正學偶見一）

620000－1144－0001276　I214.82/9
王文恪公集三十六卷　（明）王鏊撰　（明）董其昌閱　（明）朱國楨訂　清中期刻本　四册　存七卷（一至二、二十六至二十八、三十五至三十六）

620000－1144－0001277　B249.9/4
王學質疑五卷附錄一卷　（清）張烈撰　（清）張伯行重訂　清光緒十八年（1892）魯橋刻本　一册

620000－1144－0001278　Z124.4/3
王陽明先生全集二十二卷首一卷　（明）王守仁撰　（清）俞嶙重編　清康熙十九年（1680）刻本　四十二册　缺二卷（二十一至二十二）

620000－1144－0001279　Z124.4/3：2
王陽明先生全集二十二卷首一卷　（明）王守仁撰　（清）俞嶙重編　清康熙十九年（1680）刻本　二十三册

620000－1144－0001280　I222.7422/3
王右丞集二十八卷首一卷末一卷　（唐）王維撰　（清）趙殿成輯注　清乾隆二年（1737）刻本　六册

620000－1144－0001281　Z124.5/7
王漁洋遺書三十八種　（清）王士禛撰　清刻本　六十三册　存二十七種

620000－1144－0001282　I222.7421/11
網師園唐詩箋十八卷　（清）宋宗元輯　清乾隆三十二年（1767）尚絅堂刻本　六册

620000－1144－0001283　K877.23/2
望堂金石文字不分卷　楊守敬輯　清光緒四年（1878）飛清閣刻本　十七册

620000－1144－0001284　I214.92/32
望溪集不分卷　（清）方苞撰　清乾隆十一年（1746）刻本　六册

620000－1144－0001285　I222/21
韋蘇州集十卷　（唐）韋應物撰　清宣統三年（1911）石印本　六册

620000－1144－0001286　H162/3
維揚大成堂新刻增訂釋義經書便用通考雜字二卷　（清）徐三省輯　（清）戴啓達增訂　清乾隆三十年（1765）維揚大成堂刻本　二册

620000－1144－0001287　K928.3/15
委羽山志六卷續志六卷　（明）胡昌賢輯　（清）王維翰續輯　清同治九年（1870）羽委石室刻本　三册

620000－1144－0001288　K825.81/1
魏鄭公諫續錄二卷　（元）翟思忠撰　清乾隆刻本　一册

620000－1144－0001289　I222.7422/14
溫飛卿詩集九卷　（唐）溫庭筠撰　（明）曾益謙注　（清）顧子咸補注　（清）顧嗣立重校　清康熙三十六年（1697）秀野草堂刻本　四册

620000－1144－0001290　I222.7442/7
文公朱先生感興詩一卷武夷櫂歌一卷　（宋）朱熹撰　（宋）蔡模注　清同治四年（1865）刻本　一册

620000－1144－0001291　K828.48/2
文敬先生年譜一卷附行狀祭文墓碑　（明）辛全撰　（明）李生光輯　清光緒三年（1877）絳

州東雍書院刻本　一冊

620000－1144－0001292　I214.82/5
文清公薛先生文集二十四卷　(明)薛瑄撰　(明)張鼎編校　明萬曆四十二年(1614)刻本　十二冊

620000－1144－0001293　I214.82/5
文清公薛先生文集二十四卷年譜一卷　(明)薛瑄撰　(明)張鼎編校　明萬曆四十二年(1614)刻本　十三冊

620000－1144－0001294　K207/4:4
文史通義八卷　(清)章學誠撰　清道光十二年(1832)刻本　四冊

620000－1144－0001295　K207/4:4
文史通義八卷　(清)章學誠撰　清道光十二年(1832)刻本　四冊

620000－1144－0001296　K207/4
文史通義八卷附校讎通義三卷　(清)章學誠撰　清光緒二十四年(1898)長沙經文書局刻本　八冊

620000－1144－0001297　I211/4
文體明辯六十一卷首一卷目錄六卷附錄十四卷　(明)徐師曾撰　明萬曆八年(1580)壽檜堂刻本　二十二冊　缺二十三卷(三十四至四十三、四十九至五十一,附錄三至十二)

620000－1144－0001298　D69/4
文獻通考詳節二十四卷　(元)馬端臨撰　清乾隆二十九年(1764)繩武堂刻本　六冊

620000－1144－0001299　I206/1
文心雕龍十卷　(南朝梁)劉勰撰　(清)黃叔琳注　(清)紀昀評　清道光十三年(1833)兩廣節署刻朱墨套印本　四冊

620000－1144－0001300　I211/1
文選六十卷　(南朝梁)蕭統輯　(唐)李善注　(清)何焯評點　清乾隆三十七年(1772)海錄軒朱墨套印本　五冊　存七卷(十六至二十二)

620000－1144－0001301　I211/1
文選六十卷　(南朝梁)蕭統輯　(唐)李善注　(清)葉樹藩參訂　清乾隆三十七年(1772)葉氏海錄軒刻本　十二冊

620000－1144－0001302　I211/1:3
文選六十卷考異十卷　(南朝梁)蕭統輯　(唐)李善注　清上海古香閣據鴻文書局藏版石印本　六冊

620000－1144－0001303　I262/1
文章指南五卷　(明)歸有光選　(清)許筱蓮輯　清光緒二年(1876)皖江節署刻本　五冊

620000－1144－0001304　B241.1/2
文中子中說十卷　(隋)王通撰　(宋)阮逸注　清光緒二年(1876)浙江書局刻本　二冊

620000－1144－0001305　B223.9/1:2
文子纘義十二卷　(元)杜道堅撰　清光緒九年(1883)湖南傳忠書局刻本　六冊

620000－1144－0001306　B223.9/1
文子纘義十二卷　(元)杜道堅撰　清光緒三年(1877)浙江書局刻本　二冊

620000－1144－0001307　H14/1
文字發凡四卷　龍志澤輯　清光緒三十二年(1906)上海廣智書局鉛印本　二冊

620000－1144－0001308　H121/1:2
文字蒙求四卷　(清)王筠撰　清光緒十三年(1887)刻本　二冊

620000－1144－0001309　H121/1
文字蒙求四卷　(清)王筠撰　清光緒五年(1879)會稽章氏刻本　一冊

620000－1144－0001310　I214.92/82
聞妙香室詞鈔四卷　(清)錢錫寀撰　清宣統二年(1910)天津醒華報館石印本　一冊

620000－1144－0001311　K29.51/3
問影樓輿地叢書十五種四十四卷　胡思敬輯　清光緒三十四年(1908)鉛印本　十冊

620000－1144－0001312　K29.51/3
問影樓輿地叢書十五種四十四卷　胡思敬輯

清光緒三十四年(1908)鉛印本　九册　缺四卷(關中水道記一至四)

620000－1144－0001313　E892.32/1
握機經解一卷　(清)王瞰撰　清康熙五十一年(1712)刻本　一册

620000－1144－0001314　E892.32/1
握機經解一卷　(清)王瞰撰　清康熙五十一年(1712)刻本　一册

620000－1144－0001315　E892.32/1
握機經解一卷　(清)王瞰撰　清康熙五十一年(1712)刻本　一册

620000－1144－0001316　E892.32/1
握機經解一卷　(清)王瞰撰　清康熙五十一年(1712)刻本　一册

620000－1144－0001317　E892.32/1
握機經解一卷　(清)王瞰撰　清康熙五十一年(1712)刻本　一册

620000－1144－0001318　E892.32/1
握機經解一卷　(清)王瞰撰　清康熙五十一年(1712)刻本　一册

620000－1144－0001319　E892.32/1
握機經解一卷　(清)王瞰撰　清康熙五十一年(1712)刻本　一册

620000－1144－0001320　E892.32/1
握機經解一卷　(清)王瞰撰　清康熙五十一年(1712)刻本　一册

620000－1144－0001321　E892.32/1
握機經解一卷　(清)王瞰撰　清康熙五十一年(1712)刻本　一册

620000－1144－0001322　E892.32/1
握機經解一卷　(清)王瞰撰　清康熙五十一年(1712)刻本　一册

620000－1144－0001323　E892.32/1
握機經解一卷　(清)王瞰撰　清康熙五十一年(1712)刻本　一册

620000－1144－0001324　E892.32/1
握機經解一卷　(清)王瞰撰　清康熙五十一年(1712)刻本　一册

620000－1144－0001325　E892.32/1
握機經解一卷　(清)王瞰撰　清康熙五十一年(1712)刻本　一册

620000－1144－0001326　E892.32/1
握機經解一卷　(清)王瞰撰　清康熙五十一年(1712)刻本　一册

620000－1144－0001327　D691.5/8
吾學錄初編二十四卷　(清)吳榮光述　清光緒七年(1881)三原李氏桐蔭軒刻本　六册

620000－1144－0001328　I214.42/33
吳赤溟先生文集一卷附錄一卷　(清)吳炎撰　清光緒三十二年(1906)鉛印國學叢書本　二册

620000－1144－0001329　I222.7492/4
吳詩集覽二十卷　(清)吳偉業撰　(清)顧湄　(清)許旭編　(清)靳榮藩輯　清乾隆三十四年(1769)善成堂刻本　二十册

620000－1144－0001330　I214.72/8
吳興沈夢麟先生花谿集三卷　(明)沈夢麟撰　(清)陸珩編　清宣統二年(1910)刻枕碧樓叢書本　二册

620000－1144－0001331　K225.45/1
吳越春秋十卷徐氏補注五卷　(漢)趙曄撰　(元)徐天祐注　明刻本　六册

620000－1144－0001332　I222.7522/17
吳越游草一卷　(清)王文治撰　清宣統三年(1911)古吳藏書樓石印本　一册

620000－1144－0001333　I215.22/8
吳摯甫文集四卷附鈔深州風土記一卷　(清)吳汝綸撰　清宣統元年(1909)上海國學扶輪社石印本　五册

620000－1144－0001334　B942.1/3
無量義經一卷　(南朝齊)釋曇摩伽陀耶舍譯　清光緒三十年(1904)刻本　一册

620000－1144－0001335　K243.142/1

五代史記七十四卷　(宋)歐陽修撰　(宋)徐無黨注　(清)彭元瑞注　清道光八年(1828)刻本　四十册

620000－1144－0001336　K243.1/1
五代史七十四卷　(宋)歐陽修撰　(宋)徐無黨注　清同治十一年(1872)湖北崇文書局刻二十四史五省官書局本　二册　存二十三卷(一至二十三)

620000－1144－0001337　K243.142/2
五代史七十四卷附考證一卷　(宋)歐陽修撰　(宋)徐無黨注　清光緒十年(1884)上海同文書局石印本　十册

620000－1144－0001338　H114.9/10
五方元音十二卷　(清)樊騰鳳撰　(清)年希堯增補　清宣統三年(1911)書業公司石印本　四册

620000－1144－0001339　H114.9/10：8
五方元音十二卷　(清)樊騰鳳撰　(清)年希堯增補　清宣統三年(1911)書業公司石印本　一册　存五卷(一至五)

620000－1144－0001340　Z126.21/2
五經旁訓辨體二十一卷　(清)徐立綱輯　清乾隆五十四年(1789)循陔堂刻本　六册

620000－1144－0001341　K892.96/3
五禮通考二百六十二卷首四卷　(清)秦蕙田輯　清乾隆十八年(1753)味經窩刻本　七十六册

620000－1144－0001342　I222.7491/3
五言排律依永集八卷　(清)張九鉞箋釋　清嘉慶十一年(1806)金裕堂刻本　四册

620000－1144－0001343　K91/1
五洲圖考不分卷　(清)龔柴撰　清光緒二十八年(1902)上海徐家匯印書館鉛印本　四册

620000－1144－0001344　I213.62/2
武侯全書二十卷首一卷　(三國蜀)諸葛亮撰　(清)趙承恩編訂　清光緒十年(1884)紅杏山房刻本　十二册

620000－1144－0001345　I213.62/2
武侯全書二十卷首一卷　(三國蜀)諸葛亮撰　(清)趙承恩編訂　清光緒十年(1884)紅杏山房刻本　十册

620000－1144－0001346　E892.52/1
戊笈談兵十卷首一卷　(清)汪紱撰　清光緒二十年(1894)刻本　八册

620000－1144－0001347　K256.5/1
戊戌奏稿一卷　康有爲撰　清宣統三年(1911)鉛印本　一册

620000－1144－0001348　I262.49/1
物外草初集一卷二集一卷　(清)柴夢楫撰　清刻本　二册

620000－1144－0001349　K928.6/1
西北邊界圖地名譯漢攷證二卷　(清)許景澄撰　清光緒二十二年(1896)刻本　三册

620000－1144－0001350　K928.6/1
西北邊界圖地名譯漢攷證二卷　(清)許景澄撰　清光緒二十二年(1896)刻本　二册

620000－1144－0001351　K928.6/3
西北邊界圖地名譯漢攷證二卷　(清)許景澄撰　清光緒二十二年(1896)刻本　二册

620000－1144－0001352　I222.4/3
西藏賦不分卷　(清)和寧撰　清嘉慶二年(1797)刻本　一册

620000－1144－0001353　K297.51/1
西藏通覽不分卷　(日本)山縣初男纂　清宣統元年(1909)四川西藏研究會鉛印本　四册

620000－1144－0001354　K297.51/1
西藏通覽不分卷　(日本)山縣初男纂　清宣統元年(1909)四川西藏研究會鉛印本　四册

620000－1144－0001355　K297.51/1
西藏通覽不分卷　(日本)山縣初男纂　清宣統元年(1909)四川西藏研究會鉛印本　四册

620000－1144－0001356　B949.9/3
西藏宗教源流考一卷　(清)張其勤輯　陳錫民校訂　清宣統二年(1910)官印刷局鉛印本

一册

620000－1144－0001357　K294.51/8
西陲要略四卷　(清)祁韻士輯　清光緒八年(1882)鉛印本　二册

620000－1144－0001358　K294.51/8∶3
西陲要略四卷　(清)祁韻士輯　清同治元年(1862)刻粤雅堂叢書本　一册

620000－1144－0001359　H214.59/1
西番譯語二卷　(清)□□撰　清刻本　二册

620000－1144－0001360　I214.92/35
西歸日札一卷　(清)王弘撰撰　(清)李夔龍評　清光緒二十六年(1900)敬義堂刻本　一册

620000－1144－0001361　K234.142/4
西漢會要七十卷　(宋)徐天麟撰　清光緒十年(1884)江蘇書局刻本　九册　缺八卷(六至十三)

620000－1144－0001362　K234.142/3
西漢年紀三十卷　(宋)王益之撰　(清)胡鳳丹校　清同治十二年(1873)永康胡氏退補齋刻金華叢書本　十册

620000－1144－0001363　K294.58/2
西疆雜述詩四卷　(清)蕭雄撰　清光緒十八年(1892)鈴印本　四册

620000－1144－0001364　Z121.5/23
西京清麓叢書正編三十二種續編二十七種外編二十四種　(清)賀瑞麟輯　清光緒至民國傳經堂刻本　五百一册

620000－1144－0001365　K256.045/1
西甯等處軍務紀略一卷　(清)奎順編　清光緒石印本　一册

620000－1144－0001366　I242.1/14
西青散記四卷　(清)史震林撰　清乾隆二年(1737)三餘堂刻本　四册

620000－1144－0001367　K876.412/2
西清續鑑甲編二十卷附錄一卷　(清)王杰編　清末石印本　四十二册

620000－1144－0001368　Z124.5/3
西堂全集四種一百三十二卷　(清)尤侗撰　**湘中草六卷**　(明)湯傳楹撰　清康熙四年至二十三年(1665－1684)刻本　二十四册　存六十二卷(文集一至二十四、詩集一至三十、性理吟一、後性理吟一,湘中草六卷)

620000－1144－0001369　Z124.5/3
西堂全集四種一百三十二卷　(清)尤侗撰　**湘中草六卷**　(明)湯傳楹撰　清康熙四年至二十三年(1665－1684)刻本　十九册　缺七十三卷(餘集一至七十二、鈞天樂一)

620000－1144－0001370　Z124.5/3
西堂全集四種一百三十二卷　(清)尤侗撰　**湘中草六卷**　(明)湯傳楹撰　清康熙四年至二十三年(1665－1684)刻本　二十八册　缺七十八卷(樂府一至六、餘集一至七十二)

620000－1144－0001371　I214.92/78
西堂雜組一集八卷二集八卷三集八卷　(清)尤侗撰　清刻本　一册　存五卷(一集四至八)

620000－1144－0001372　K294.51/9
西域考古錄十八卷　(清)俞浩撰　清道光二十八年(1848)刻本　六册

620000－1144－0001373　Z122.45/1
西域三種八卷　(清)徐松撰　清道光九年(1829)北平隆福寺文奎堂刻本　八册

620000－1144－0001374　K928.4/17
西域水道記五卷新疆賦一卷　(清)徐松撰　清道光三年(1823)刻本　五册

620000－1144－0001375　K928.4/21
西域水道記校補一卷　(清)徐松撰　清宣統元年(1909)刻晨風閣叢書本　一册

620000－1144－0001376　K294.51/4
西域瑣談四卷　(清)七十一撰　(清)周宅仁編　清嘉慶二十三年(1818)刻本　四册

620000－1144－0001377　K294.51/2
西域聞見錄八卷首一卷　(清)七十一撰　清

道光七年(1827)刻本　四册

620000－1144－0001378　K294.51/2:5
西域聞見錄八卷首一卷　(清)七十一撰　清刻本　四册

620000－1144－0001379　D092.49/1
熙朝政紀八卷　(清)王慶雲述　清光緒二十七年(1901)上海廣益書局石印本　四册

620000－1144－0001380　I214.82/11
谿田文集十一卷補遺一卷　(明)馬理撰　(明)雒遵選　清乾隆十七年(1752)補刻本　四册

620000－1144－0001381　D929.52/1
洗冤錄詳義四卷首一卷附洗冤錄歌訣一卷　(清)許槤編　清宣統元年(1909)甘肅官報書局鉛印本　五册

620000－1144－0001382　K928.9/1
霞客遊記十卷　(明)徐弘祖撰　清光緒七年(1881)瘦影山房刻本　十册

620000－1144－0001383　I214.92/1
夏峰先生集十四卷補遺二卷首一卷　(清)孫奇逢撰　清道光二十五年(1845)大梁書院刻本　十六册

620000－1144－0001384　B222.53/1
先儒正修錄三卷先儒齊治錄三卷　(清)于準輯　清康熙刻本　六册

620000－1144－0001385　K827.52/1:2
咸豐以來功臣别傳三十卷　朱孔彰撰　清光緒二十四年(1898)元和胡氏漸學廬叢書第一集石印本　六册

620000－1144－0001386　B248.99/8
閑闢錄十卷　(明)程曈輯　清光緒十八年(1892)清麓山房刻西京清麓叢書續編本　二册

620000－1144－0001387　I214.62/1
閑閑老人滏水文集二十卷校札記二卷附錄一卷　(金)趙秉文撰　清光緒二十九年(1903)海豐吴氏刻本　七册　缺一卷(校札記一)

620000－1144－0001388　S573/1
香譜一卷　(宋)洪芻撰　清順治三年(1646)宛委山堂刻說郛本　一册

620000－1144－0001389　I242.51/2
香艷叢書二十集三百二十八種　(清)蟲天子輯　清宣統元年至三年(1909－1911)上海國學扶輪社鉛印本　八十册

620000－1144－0001390　I222.7492/27
香葉草堂詩存不分卷　(清)羅聘撰　清嘉慶元年(1796)刻本　一册

620000－1144－0001391　Z429.49/7
香祖筆記十二卷　(清)王士禛撰　清康熙四十四年(1705)刻王漁洋遺書叢書本　二册

620000－1144－0001392　Z429.49/7:2
香祖筆記十二卷　(清)王士禛撰　清康熙四十四年(1705)刻王漁洋遺書叢書本　四册

620000－1144－0001393　Z429.49/7:2
香祖筆記十二卷　(清)王士禛撰　清康熙四十四年(1705)刻王漁洋遺書叢書本　四册

620000－1144－0001394　D691.2/1
鄉黨圖考十卷　(清)江永撰　清乾隆五十八年(1793)刻本　三册

620000－1144－0001395　D691.2/2
鄉守輯要合鈔十卷　(清)許乃釗編　清咸豐三年(1853)刻本　二册

620000－1144－0001396　F329.52/2
鄉約塞語一卷　(明)尹畊撰　清光緒八年(1882)刻本　一册

620000－1144－0001397　K254.6/9
湘軍記二十卷　(清)王定安撰　清光緒十五年(1889)刻本　十二册

620000－1144－0001398　Z124.5/31
湘蘭合稿五卷　(清)宗婉撰　清光緒六年(1880)常熟宗氏刻本　一册

620000－1144－0001399　I222.7492/48
享帚齋詩鈔四卷　(清)周恩綬撰　清同治十三年(1874)山西解梁官廨刻本　一册

620000－1144－0001400　I214.92/46
小倉山房文集三十五卷外集八卷詩集三十六卷　(清)袁枚撰　清乾隆刻本　五十二册

620000－1144－0001401　Z429.49/14
小滄浪筆談四卷　(清)阮元撰　清光緒二十六年(1900)江蘇書局刻本　二册

620000－1144－0001402　K29.51/4
小方壺齋輿地叢鈔十二帙補編十二帙再補編十二帙　(清)王錫祺輯　清光緒十七年(1891)上海著易堂鉛印本　六十八册　存十五帙(小方壺齋輿地叢鈔十二帙、再補編二至四)

620000－1144－0001403　K877.23/1
小蓬萊閣金石文字不分卷　(清)黄易輯　清嘉慶五年(1800)刻本　五册

620000－1144－0001404　Z429.49/18
小坡識小録四卷　(清)馬騰蛟輯　清同治十三年(1874)刻本　四册

620000－1144－0001405　I222.852/12
小三吾亭詞二卷附録一卷　冒廣生撰　清光緒至民國刻如皋冒氏叢書本　一册

620000－1144－0001406　Z121.5/17
小石山房叢書三十八種六十四卷　(清)顧湘輯　清同治十三年(1874)虞山顧氏刻本　十六册

620000－1144－0001407　Z121.4/1
小四書四種五卷　(明)朱升輯　(清)陸隴其校訂　清刻本　四册

620000－1144－0001408　K248.43/4
小腆紀年坿攷二十卷　(清)徐鼒撰　清咸豐十一年(1861)刻本　十二册

620000－1144－0001409　K248.42/8
小腆紀傳六十五卷附補遺一卷　(清)徐鼒撰　清光緒十三年(1887)金陵刻本　十六册

620000－1144－0001410　B828/1:6
小學集解六卷　(清)張伯行撰　(清)李蘭汀訂　清刻本　一册　存一卷(六)

620000－1144－0001411　B828/1:2
小學集解六卷　(清)張伯行撰　(清)李蘭汀訂　清同治四年(1865)晉陽藩署刻本　二册

620000－1144－0001412　B828/1:3
小學集解六卷　(清)張伯行撰　(清)李蘭汀訂　清同治四年(1865)晉陽藩署刻本　四册

620000－1144－0001413　B828/1:4
小學集註六卷　(宋)朱熹撰　清光緒三十二年(1906)鴻寶齋石印本　四册

620000－1144－0001414　H12/1
小學考五十卷　(清)謝啟昆撰　清咸豐二年(1852)樹經堂刻本　十六册

620000－1144－0001415　B828/7
小學六卷　(宋)朱熹撰　清光緒十年(1884)刻西京清麓叢書本　一册　缺二卷(五至六)

620000－1144－0001416　B828/1
小學纂註六卷　(清)高愈撰　清刻本　四册

620000－1144－0001417　B828.3/1
孝經一卷　(唐)玄宗李隆基注　清光緒二年(1876)渭南嚴氏刻本　一册

620000－1144－0001418　Z429.52/1:2
校邠廬抗議二卷　(清)馮桂芬撰　清光緒二十四年(1898)上海書局石印本　一册

620000－1144－0001419　Z429.52/1
校邠廬抗議二卷　(清)馮桂芬撰　清咸豐十一年(1861)刻本　二册

620000－1144－0001420　Z429.52/1
校邠廬抗議二卷　(清)馮桂芬撰　清咸豐十一年(1861)刻本　二册

620000－1144－0001421　H113.9/9
諧聲譜二卷　(清)丁顯撰　清光緒二十六年(1900)刻丁西圃叢書本　二册

620000－1144－0001422　I214.92/61
攜雪堂文集四卷　(清)吴可讀撰　(清)楊慶生注　清光緒二十六年(1900)浙江書局刻本　四册

620000－1144－0001423　K221.4/1
寫定尚書一卷　(清)吳汝綸撰　清光緒十八年(1892)桐城吳氏家塾刻本　一册

620000－1144－0001424　I222.849/1
心安隱室詞集四卷　(清)詹肇堂撰　清道光二十三年(1843)刻本　一册

620000－1144－0001425　K928.94/4
辛卯侍行記六卷　(清)陶保廉撰　清光緒二十三年(1897)養樹山房刻本　六册

620000－1144－0001426　I207.21/7
新訂詩韻必讀二卷　(清)周南什撰　(清)周南化校　清咸豐四年(1854)刻本　一册

620000－1144－0001427　K290.34/1
新斠注地理志十六卷　(清)錢坫撰　(清)徐松集釋　清同治十三年(1874)會稽章氏刻本　六册

620000－1144－0001428　Z424.9/1
新節毛西河四種四卷　(清)毛奇齡撰　(清)姜兆熊等校　清刻本　一册

620000－1144－0001429　K242.42/3
新舊唐書合鈔二百六十卷首一卷唐書宰相世系表訂譌十二卷　(清)沈炳震撰　清同治十年(1871)武林吳氏清來堂刻本　六十四册　存二百六十一卷(新舊唐書合鈔二百六十卷、首一卷)

620000－1144－0001430　B22.52/1
新鐫校正詳註分類百子金丹全書十卷　(明)郭偉選注　(明)王星聚校　(明)郭中吉編　清光緒二十九年(1903)鴻寶齋石印本　八册

620000－1144－0001431　I246.4/1
新鐫玉茗堂批評按鑑參補南宋志傳十卷五十回　(清)研石山樵訂正　(清)織里畸人校閱　清善成堂刻本　五册

620000－1144－0001432　I214.82/1
新刊宋學士全集三十四卷　(明)宋濂撰　(明)韓叔陽　(明)張元中彙編　(清)張應廣重訂　清雍州書林梅屯甘節齋柳田好古堂雙刻本　三十二册

620000－1144－0001433　Z225/5
新刻何氏類鎔三十五卷　(明)何三畏撰　明萬曆刻本　十二册

620000－1144－0001434　G613.2/6
新刻賽黃金一卷　(□)□□撰　清成文堂刻本　一册

620000－1144－0001435　B234.2/1
新書十卷　(漢)賈誼撰　(清)盧文弨校　清光緒元年(1875)浙江書局刻本　二册

620000－1144－0001436　Z429.52/10
新學界叢編十四卷　(清)□□輯　清光緒三十年(1904)石印本　八册

620000－1144－0001437　Z429.52/6
新義錄一百卷　(清)孫璧文撰　清光緒八年(1882)漱石山房刻本　三十九册　缺二卷(七至八)

620000－1144－0001438　J120.2/1
新增格古要論十三卷　(明)曹昭撰　(明)舒敏輯　(明)王佐增　(清)李錫齡校　清道光二十六年(1846)宏道書院刻惜陰軒叢書本　三册

620000－1144－0001439　H113/1
新增說文韻府群玉二十卷　(元)陰時夫等輯注　清康熙五十五年(1716)文盛堂天德堂刻本　二十册

620000－1144－0001440　S－9248/1
新製諸器圖說一卷　(明)王徵撰　(明)武位中校梓　明天啓七年(1627)刻本　一册

620000－1144－0001441　B234.99/1
新纂門目五臣音註揚子法言十卷　(漢)揚雄撰　(晉)李軌　(唐)柳宗元注　(宋)司馬光等補注　明嘉靖十二年(1533)顧春世德堂刻本　三册

620000－1144－0001442　K82.64/3
新纂氏族箋釋八卷　(清)熊峻運撰　清光緒七年(1881)文奎堂刻本　四册

620000－1144－0001443　B828/3
修齊直指一卷　（清）楊屾撰　（清）齊倬注　清光緒三十年（1904）柏經正堂刻本　一册

620000－1144－0001444　B963/7
修真蒙引一卷　（清）伍遵契撰　清道光十六年（1836）刻本　一册

620000－1144－0001445　I214.92/87
繡墨軒詩稿一卷詞稿一卷　（清）俞慶曾撰　清光緒二十三年（1897）刻本　一册

620000－1144－0001446　H141/1
虛字說一卷　（清）袁仁林撰　清光緒二十二年（1896）長沙刻惜陰軒叢書本　一册

620000－1144－0001447　Z429/1
徐位山六種一百一卷　（清）徐文靖撰　清光緒二年（1876）刻本　二十册　缺八卷（天下山河一至七、志寧堂一）

620000－1144－0001448　K827.52/6
續碑傳集八十六卷首二卷　繆荃孫撰　清宣統二年（1910）江楚編譯書局刻本　二十四册

620000－1144－0001449　K916.41/2:2
續海國圖志二十五卷首一卷　（英國）麥高爾輯　（美國）林樂知譯　清光緒二十一年（1895）上海書局石印本　二册

620000－1144－0001450　K234.242/4
續後漢書九十卷　（元）郝經撰　（元）苟宗道注　清刻本　二十四册

620000－1144－0001451　K928.3/20
續刊青城山記二卷　（清）彭洵輯　清光緒三十二年（1906）成都二仙庵刻重刊道藏輯要本　一册

620000－1144－0001452　K875.22/4
續刊文廟祀位一卷　（清）李觀濤輯　清光緒刻本　一册

620000－1144－0001453　I222.847/1
續軒渠集十卷附錄一卷附杏庭摘藁一卷　（元）洪希文撰　（明）蔡宗兗校刊　清光緒六年（1880）杉直槐清之館刻本　二册

620000－1144－0001454　K204.3/8
續資治通鑑二百二十卷　（清）畢沅撰　清乾隆至嘉慶畢氏刻馮氏補刻同治八年（1869）江蘇書局補修本　六十册

620000－1144－0001455　K204.3/6
續資治通鑑綱目二十七卷　（明）商輅等撰　明成化十二年（1476）内府刻本　十四册

620000－1144－0001456　K827.48/6:1
薛文清公從政名言三卷　（明）薛瑄撰　清嘉慶二十一年（1816）集益齋刻本　一册

620000－1144－0001457　K827.48/6
薛文清公年譜一卷　（明）楊鶴編　清康熙五十二年（1713）刻本　一册

620000－1144－0001458　B249.99/1
學案小識十四卷首一卷末一卷　（清）唐鑑撰　清光緒十年（1884）刻本　十二册

620000－1144－0001459　B248.99/7
學蔀通辯十二卷　（明）陳建撰　（清）張伯行重訂　清光緒十七年（1891）三原劉氏傳經堂刻本　四册

620000－1144－0001460　G612/2
學規七種一卷　（清）賀瑞麟輯　清光緒十六年（1890）強勉學堂刻本　一册

620000－1144－0001461　I215.22/13
學圃文存文四卷詩楹帖八卷　（清）梁景先撰　（清）梁永泉校　清光緒十九年（1893）誦芬堂刻本　六册

620000－1144－0001462　H114.9/1
學韻紀要二卷　（清）劉紹攽撰　清乾隆五年（1740）刻本　二册

620000－1144－0001463　B259.9/2
學旨要略一卷　（清）□□撰　清光緒十年（1884）刻本　一册

620000－1144－0001464　B259.9/2
學旨要略一卷　（清）□□撰　清光緒十年（1884）刻本　一册

620000－1144－0001465　I222.7492/28

壎篪集十卷　（清）劉芳皋錄　清咸豐二年(1852)豫誠堂刻本　四册

620000－1144－0001466　B222.6/1
荀子二十卷　（唐）楊倞注　明嘉靖十二年(1533)顧春世德堂刻本　六册

620000－1144－0001467　B222.6/1:2
荀子二十卷　（唐）楊倞注　（清）謝墉校　清光緒二年(1876)浙江書局刻本　六册

620000－1144－0001468　B222.6/2
荀子二十卷首一卷　（唐）楊倞注　王先謙集解　清光緒十七年(1891)思賢講舍刻本　五册　缺四卷(九至十二)

620000－1144－0001469　G613.2/2:2
訓蒙千文一卷　（清）何桂珍撰　清光緒十六年(1890)富平劉德智刻本　一册

620000－1144－0001470　G613.2/3:2
訓蒙千文一卷　（清）何桂珍撰　清光緒十六年(1890)富平劉德智刻本　一册

620000－1144－0001471　G613.2/3:2
訓蒙千文一卷　（清）何桂珍撰　清光緒十六年(1890)富平劉德智刻本　一册

620000－1144－0001472　G613.2/3
訓蒙千文一卷　（清）何桂珍撰　清光緒十三年(1887)刻本　一册

620000－1144－0001473　Z124.5/13
顨軒孔氏所著書七種六十卷　（清）孔廣森撰　清嘉慶二十二年(1817)曲阜孔氏儀鄭堂刻本　十册

620000－1144－0001474　Z121.5/24
雅雨堂藏書十三種一百三十七卷　（清）盧見曾輯　清乾隆二十一年(1756)德州盧氏雅雨堂刻本　二十八册　缺一種(周易爻辰圖)

620000－1144－0001475　Z429.49/13
簷曝雜記六卷　（清）趙翼撰　清乾隆至嘉慶刻本　二册

620000－1144－0001476　Z429.49/12
簷曝雜記六卷　（清）趙翼撰　清乾隆至嘉慶湛貽堂刻甌北全集本　二册

620000－1144－0001477　I214.42/32
巖下放言三卷　（宋）葉夢得撰　清光緒三十年(1904)觀古堂刻石林遺書本　二册

620000－1144－0001478　B222.9/1:2
晏子春秋七卷　（清）蘇輿校注　清光緒十八年(1892)思賢講舍刻本　二册

620000－1144－0001479　B222.9/1
晏子春秋七卷音義二卷校勘二卷　（清）孫星衍注　（清）黄以周校　清光緒元年(1875)浙江書局刻本　四册

620000－1144－0001480　TS951.2/1
硯箋四卷　（宋）高似孫撰　清康熙四十五年(1706)揚州使院刻本　一册

620000－1144－0001481　I214.92/67
燕居錄一卷　（清）王樸撰　清康熙刻本　一册

620000－1144－0001482　I222.7462/15
豔雪堂詩集四卷　（清）張晉撰　清道光十七年(1837)香雪庵刻本　四册

620000－1144－0001483　B234.99/6
揚子法言十三卷音義一卷　（漢）揚雄撰　（晉）李軌注　清光緒二年(1876)浙江書局刻本　一册

620000－1144－0001484　Z124.5/27
楊江四種六卷　（清）楊江撰　清咸豐七年(1857)關中書院刻本　四册

620000－1144－0001485　Z124.5/2
楊園先生全集五十四卷年譜一卷　（清）張履祥撰　（清）姚璉輯　（清）萬斛泉編次　清同治十一年(1872)江蘇書局刻本　十六册

620000－1144－0001486　B828.3/5
楊忠愍公家訓一卷　（明）楊繼盛撰　清末皋蘭王氏刻本　一册

620000－1144－0001487　I214.82/21
楊忠愍公全集四卷　（明）楊繼盛撰　（清）毛奇齡鑒定　章鈺等參訂　清康熙三十七年

(1698)金陵鳴鳳聽松樓刻本　二冊

620000－1144－0001488　G61/2
養蒙金鑑二卷首一卷　(清)林之望輯　(清)瞿廷韶校　清光緒元年(1875)鄂垣藩署刻本　二冊

620000－1144－0001489　G61/1
養蒙書九種一卷續編一卷　(清)賀瑞麟輯　清同治二年(1863)三原劉氏傳經堂刻西京清麓叢書續編本　二冊

620000－1144－0001490　G61/1
養蒙書九種一卷續編一卷　(清)賀瑞麟輯　清同治二年(1863)三原劉氏傳經堂刻西京清麓叢書續編本　一冊

620000－1144－0001491　G61/3
養蒙針度五卷　(清)潘子聲撰　清同治六年(1867)刻本　二冊

620000－1144－0001492　I214.92/52
養一齋文集二十卷　(清)李兆洛撰　清光緒四年(1878)刻本　八冊

620000－1144－0001493　H113.4/1:3
姚氏叢刻三種三十卷　(清)姚覲元輯　清光緒二年(1876)川東官舍刻本　十冊

620000－1144－0001494　R249/1
葉氏醫案存真三卷　(清)葉桂撰　(清)葉萬青輯　清光緒九年(1883)刻本　三冊

620000－1144－0001495　H131.6/2:2
一切經音義二十六卷　(唐)釋玄應撰　明崇禎刻本　八冊

620000－1144－0001496　H131.6/2
一切經音義二十五卷華嚴經音義二卷　(唐)釋玄應撰　(清)莊炘等校　清同治八年(1869)武林張氏寶晉齋刻本　四冊

620000－1144－0001497　H131.6/2
一切經音義二十五卷華嚴經音義二卷　(唐)釋玄應撰　(清)莊炘等校　清同治八年(1869)武林張氏寶晉齋刻本　四冊

620000－1144－0001498　K827.49/17
一西自記年譜一卷　(清)張師誠撰　清同治八年(1869)刻本　二冊

620000－1144－0001499　K828.52/4
一齋日程不分卷　(清)□□撰　清光緒三十一年至三十四年(1905－1908)養正書舍抄本　四冊

620000－1144－0001500　B221/2
伊川易傳四卷　(宋)程頤撰　清光緒十八年(1892)劉傳經堂刻本　四冊

620000－1144－0001501　I222.749/1
怡志堂詩初編八卷　(清)朱琦撰　清咸豐七年(1857)刻本　二冊

620000－1144－0001502　I215.22/30
怡志堂文初編六卷　(清)朱琦撰　清同治七年(1868)刻本　二冊

620000－1144－0001503　Z121.5/25
宜稼堂叢書七種二百五十六卷　(清)郁松年輯　清道光九年(1829)郁松年刻本　六十二冊

620000－1144－0001504　B248.99/4
疑思錄六卷　(明)馮從吾撰　明萬曆三十七年(1609)刻本　二冊

620000－1144－0001505　I222.7482/7
疑雨集四卷　(明)王彥泓撰　清光緒三十一年(1905)郎園葉氏刻本　二冊

620000－1144－0001506　I222.7462/2
遺山先生詩集二十卷　(金)元好問撰　明崇禎十一年(1638)海虞毛氏汲古閣刻元人十種詩本　十二冊

620000－1144－0001507　B249.9/1
儀小經一卷　(清)李因篤撰　清光緒十年(1884)刻本　一冊

620000－1144－0001508　B963/9
以麻呢穆直默勒啓蒙淺說一卷　(印度)阿世格口授　(清)張時中筆記　清光緒九年(1883)敘城蘇世泰刻本　一冊

620000－1144－0001509　I222.852/9

憶雲詞四卷 (清)項廷紀撰 清光緒石印本 一册

620000－1144－0001510 K256.5/2
翼教叢編六卷 (清)蘇輿輯 清光緒二十四年(1898)武昌刻本 三册

620000－1144－0001511 Z125/4
藝海珠塵八集一百六十四種 (清)吳省蘭輯 清嘉慶吳氏聽彝堂刻本 二册 存四種六卷(圭塘欸乃集一、刻燭集一、岳忠武王集一、丁孝子詩集一至三)

620000－1144－0001512 K204.4/2
繹史一百六十卷 (清)馬驌撰 清康熙刻本 六十册

620000－1144－0001513 K204.4/2:2
繹史一百六十卷 (清)馬驌撰 清同治七年(1868)姑蘇亦西齋刻本 三十九册

620000－1144－0001514 B944/19
因明入正理論疏八卷 (唐)釋窺基撰 清光緒二十二年(1896)金陵刻經處刻本 二册

620000－1144－0001515 B944/4
因明入正理論疏八卷 (唐)釋窺基撰 清光緒二十二年(1896)金陵刻經處刻本 二册

620000－1144－0001516 H113.9/1
音學辨微一卷 (清)江永撰 清宣統二年(1910)正誼書院刻本 一册

620000－1144－0001517 H113.9/1
音學辨微一卷 (清)江永撰 清宣統二年(1910)正誼書院刻本 一册

620000－1144－0001518 H113.9/1:2
音學辨微一卷 (清)江永撰 清宣統元年(1909)影印本 一册

620000－1144－0001519 H13/51/1
音學五書五種三十八卷 (清)顧炎武撰 清光緒十六年(1890)思賢講舍刻本 十四册

620000－1144－0001520 H114.9/8
音韻闡微十八卷 (清)李光地等撰 清光緒七年(1881)淮南書局刻本 六册

620000－1144－0001521 K877.14/1
殷商貞卜文字考一卷 羅振玉撰 清宣統二年(1910)玉簡齋石印本 一册

620000－1144－0001522 I214.92/59
月齋文集八卷詩集四卷 (清)張穆撰 清咸豐八年(1858)刻本 四册

620000－1144－0001523 I214.92/83
飲水詞鈔二卷 (清)納蘭性德撰 (清)袁通選 清光緒十八年(1892)勤裕堂鉛印隨園三十八種本 一册

620000－1144－0001524 K561.8/1
英俄印度交涉書一卷續編一卷 (英國)馬文撰 (英國)羅亨利 (清)瞿昂來譯稿 清光緒二十二年(1896)儲英館刻本 一册

620000－1144－0001525 Z429.44/7:2
桯史十五卷 (宋)岳珂撰 清刻本 四册

620000－1144－0001526 K916.41/1
瀛寰志略十卷 (清)徐繼畬撰 清道光三十年(1850)刻本 六册

620000－1144－0001527 K916.41/1:2
瀛環志略十卷 (清)徐繼畬撰 清同治五年(1866)總理衙門刻本 六册

620000－1144－0001528 I222/6
瀛奎律髓刊誤四十九卷 (元)方回編選 (清)紀昀評 清乾隆五十三年(1788)蘇州掃葉山房刻本 十二册

620000－1144－0001529 I207.22/14
邕州小集一卷 (宋)陶弼撰 清宣統元年(1909)番禺沈氏刻晨風閣叢書本 一册

620000－1144－0001530 I206.6/6
庸盦海外文編四卷 (清)薛福成撰 清光緒二十七年(1901)石印本 三册

620000－1144－0001531 I242.1/16
庸閒齋筆記八卷 (清)陳其元撰 清同治十三年(1874)刻本 四册

620000－1144－0001532 I22/1
咏物詩選八卷 (清)俞琰輯 清雍正二年

(1724)寧儉堂刻本　四册

620000－1144－0001533　I222/22
詠物詩選注釋八卷　(清)俞琰輯　(清)易開緡　(清)孫洊鳴注　清乾隆三十八年(1773)經綸堂刻本　六册

620000－1144－0001534　Z429.48/2
湧幢小品三十二卷　(明)朱國禎輯　明末刻本　十二册

620000－1144－0001535　Z835/1
輶軒語書目答問不分卷　(清)張之洞撰　清光緒三年(1877)長沙濠上書齋刻本　四册

620000－1144－0001536　I214.92/50
有正味齋駢體文二十四卷外集五卷詞集八卷　(清)吴錫麒撰　清刻本　二十册　缺二卷(詞集一至二)

620000－1144－0001537　I242.1/5
酉陽雜俎二十卷續集十卷　(唐)段成式撰　(明)毛晉訂　明末毛氏汲古閣刻本　十册

620000－1144－0001538　I242.1/5
酉陽雜俎二十卷續集十卷　(唐)段成式撰　(明)毛晉訂　明末毛氏汲古閣刻本　六册

620000－1144－0001539　I242.1/5:4
酉陽雜俎二十卷續集十卷　(唐)段成式撰　清道光二十九年(1849)刻本　六册

620000－1144－0001540　I242.1/5:2
酉陽雜俎二十卷續集十卷　(唐)段成式撰　清嘉慶十年(1805)虞山張氏照曠閣刻學津討原本　九册

620000－1144－0001541　I214.92/67
迂齋集一卷　(清)王樸撰　清康熙刻本　一册

620000－1144－0001542　K249.63/1
于清端公政書八卷首一卷外集一卷　(清)于成龍撰　(清)蔡方炳　(清)諸匡鼎編　清初刻本　一册　存一卷(三)

620000－1144－0001543　K207/7
于文定公讀史漫錄二十卷　(明)于慎行撰　(清)黄恩彤参訂　清道光二十六年(1846)存素齋刻本　八册

620000－1144－0001544　Z121.5/29
娱園叢刻十一種十五卷　(清)許增輯　清光緒十五年(1889)刻本　二册　缺三卷(端谿硯史一至三)

620000－1144－0001545　K928.94/3
榆塞紀行錄四卷　(清)李嘉績撰　清光緒十二年(1886)李氏代耕堂刻本　一册

620000－1144－0001546　I214.72/3
虞文靖公道園全集五十二卷道園詩遺稿八卷　(元)虞集撰　清道光十七年(1837)岷陽鵝溪村舍刻本　十六册

620000－1144－0001547　I222.7492/10
漁洋山人精華錄箋注十二卷補一卷年譜一卷　(清)王士禛撰　(清)金榮箋　(清)徐淮輯　清康熙鳳翽堂刻本　六册

620000－1144－0001548　K290.44/3
輿地廣記三十八卷校勘輿地札記二卷　(宋)歐陽忞撰　(清)黄丕烈校　清光緒六年(1880)金陵書局刻本　四册

620000－1144－0001549　K290.44/4
輿地紀勝二百卷校勘記五十二卷　(宋)王象之撰　(清)劉文淇校　清咸豐五年(1855)南海伍氏粤雅堂刻本　二十四册

620000－1144－0001550　K290/4
輿地沿革表四十卷首一卷　(清)楊丕復撰　清光緒十四年(1888)刻本　二十册

620000－1144－0001551　K928/4
禹貢班義述三卷　(清)成蓉鏡撰　清光緒十一年(1885)刻本　一册

620000－1144－0001552　K928/5
禹貢本義一卷　楊守敬撰　清光緒三十二年(1906)刻本　一册

620000－1144－0001553　K928/2
禹貢會箋十二卷圖一卷　(清)徐文靖撰　清同治十三年(1874)慈谿何氏刻本　四册

620000－1144－0001554　K928/3
禹貢集釋三卷禹貢蔡傳正誤一卷禹貢錐指正誤一卷　(清)丁晏撰　清同治二年(1863)山陽丁氏六藝堂刻頤志齋叢書本　一冊

620000－1144－0001555　K928/6
禹貢水道便覽一卷　(清)張先振輯　清同治六年(1867)張氏家塾刻本　一冊

620000－1144－0001556　K928/1
禹貢錐指二十卷略例一卷圖一卷　(清)胡渭撰　清康熙四十四年(1705)漱六軒刻本　十冊

620000－1144－0001557　K928/1
禹貢錐指二十卷略例一卷圖一卷　(清)胡渭撰　清康熙四十四年(1705)漱六軒刻本　九冊　存二十卷(禹貢錐指二十卷)

620000－1144－0001558　K928/1
禹貢錐指二十卷略例一卷圖一卷　(清)胡渭撰　清康熙四十四年(1705)漱六軒刻本　十二冊

620000－1144－0001559　K928/1
禹貢錐指二十卷略例一卷圖一卷　(清)胡渭撰　清康熙四十四年(1705)漱六軒刻本　十二冊

620000－1144－0001560　I213.921/1
庾子山集十六卷注釋一卷庾集題辭一卷年譜一卷庾信本傳一卷目錄一卷總釋一卷年譜一卷　(北周)庾信撰　(清)倪璠編注　清光緒十六年(1890)成都試院刻本　十二冊

620000－1144－0001561　I213.92/7
庾子山全集十卷諸家詩評一卷　(北周)庾信撰　(清)吳兆宜注　清吳郡寶翰樓刻本　八冊

620000－1144－0001562　I222.7492/30
嶼浮閣賦集十四卷　(清)溫日知撰　(清)李錫齡重刊　清咸豐七年(1857)宏道書院刻本　二冊

620000－1144－0001563　I222.7492/30
嶼浮閣賦集十四卷　(清)溫日知撰　(清)李錫齡重刊　清咸豐七年(1857)宏道書院刻本　二冊

620000－1144－0001564　I222.7492/30
嶼浮閣賦集十四卷　(清)溫日知撰　(清)李錫齡重刊　清咸豐七年(1857)宏道書院刻本　二冊

620000－1144－0001565　I214.72/8/9
玉斗山人文集三卷附錄一卷　(元)王奕撰　(明)陳中州編　清宣統三年(1911)刻枕碧樓叢書本　一冊

620000－1144－0001566　Z222/3
玉海二百四卷　(宋)王應麟輯　清嘉慶十一年(1806)刻本　六十二冊

620000－1144－0001567　Z222/4
玉海摘要二十一卷　(清)方維翰編　清道光十五年(1835)刻本　八冊

620000－1144－0001568　I214.42/32
玉澗集一卷　(宋)葉夢得撰　葉德輝校刊　清宣統元年(1909)觀古堂刻石林遺書本　一冊

620000－1144－0001569　I222.852/8
玉可盦詞存一卷　(清)徐琪撰　清光緒十三年(1887)張鴻辰寫刻本　一冊

620000－1144－0001570　I222.7422/12
玉谿生詩詳注三卷發凡一卷年譜一卷　(唐)李商隱撰　(清)馮浩編訂　清乾隆四十五年(1780)德聚堂刻本　十二冊

620000－1144－0001571　I222.852/20
玉屑詞三卷　(清)朱寯瀛撰　清光緒二十七年(1901)刻本　一冊

620000－1144－0001572　K208/6
御定歷代紀事年表一百卷　(清)王之樞等編　清刻本　十冊　存九卷(二十二至三十)

620000－1144－0001573　I222.7461/2
御訂全金詩增補中州集七十四卷　(金)元好問撰　(清)郭元釪編　清刻本　二十四冊

620000－1144－0001574　Z928.32/1
御覽三省黃河全圖不分卷　易順鼎等編繪　清光緒十六年(1890)上海鴻文書局石印本　五册

620000－1144－0001575　K204.3/7:4
御批歷代通鑒輯覽一百二十卷　(清)楊述曾等纂修　清光緒二十四年(1898)湖北書局刻本　六十册

620000－1144－0001576　K204.3/7:3
御批歷代通鑑輯覽一百二十卷　(清)楊述曾等纂修　清光緒五年(1879)朱墨套印本　七十册

620000－1144－0001577　K204.3/16:2
御批歷代通鑑輯覽一百二十卷　(清)楊述曾等纂修　清刻本　十四册　存二十七卷(十九至二十、二十三至二十五、三十四至三十五、四十二至四十三、四十八至五十一、五十四至五十九、七十八至七十九、八十八至八十九、一百四至一百七)

620000－1144－0001578　K204.3/16
御批歷代通鑑輯覽一百二十卷　(清)楊述曾等纂修　清同治十年(1871)湖北崇文書局刻本　六十册

620000－1144－0001579　K204.3/7
御批歷代通鑑輯覽一百二十卷　(清)楊述曾等纂修　清同治十年(1871)浙江書局刻朱墨套印本　四十八册

620000－1144－0001580　K204.3/7:2
御批歷代通鑑輯覽一百二十卷　(清)楊述曾等纂修　清同治十三年(1874)湖南書局刻本　六十四册

620000－1144－0001581　I222.7421/4
御選唐詩三十二卷目錄三卷　(清)陳廷敬等輯纂　清康熙五十二年(1713)朱墨套印本　十五册

620000－1144－0001582　G529.49/1
御製勸善要言一卷　(清)世祖福臨撰　清滿漢文合刻本　一册

620000－1144－0001583　I214.92/26
御製文集初集四十卷總目五卷二集五十卷總目六卷三集五十卷總目六卷　(清)張玉書等纂　清康熙五十三年(1714)刻本　七十八册

620000－1144－0001584　H221.6/1
御製增訂清文鑑三十二卷補編四卷索引一卷　(清)傅恆等撰　清乾隆三十六年(1771)武英殿刻本　四十四册

620000－1144－0001585　K296.11/3
豫乘識小錄二卷　(清)朱雲錦撰　清同治十二年(1873)刻本　一册　存一卷(二)

620000－1144－0001586　I222.7492/35
鬱華閣遺集四卷　(清)盛昱撰　清光緒二十八年(1902)刻朱印本　一册

620000－1144－0001587　B244.7/1
淵鑒齋御纂朱子全書六十六卷　(清)李光地等纂　清康熙五十三年(1714)武英殿刻本　二十五册

620000－1144－0001588　Z225/1:2
淵鑑類函四百五十卷　(清)張英等輯　清石印本　十册

620000－1144－0001589　Z225/1:3
淵鑑類函四百五十卷目錄四卷　(清)張英等輯　清雍正刻本　五十册　缺二百八十八卷(一至六十、九十六至一百二十六、一百五十九至二百八十八、三百十八至三百四十九、三百八十至四百十四)

620000－1144－0001590　I222.852/24
鴛鴦宜福館遺詞一卷　(清)陳元鼎撰　清光緒雙照樓刻本　一册

620000－1144－0001591　K247.45/1
元朝秘史十卷續集二卷　(元)□□撰　清光緒三十四年(1908)葉氏觀古堂刻本　六册

620000－1144－0001592　K281.2/41
元朝秘史十五卷　(元)□□撰　清光緒二十六年(1900)上海掃葉山房石印本　二册

620000－1144－0001593　K281.2/41

元朝秘史十五卷　(元)□□撰　清光緒二十六年(1900)上海掃葉山房石印本　二册

620000－1144－0001594　K247.45/1:3
元朝秘史十五卷　(元)□□撰　(清)李文田注　清光緒桐廬袁氏刻漸西村舍彙刊本　八册

620000－1144－0001595　K247.45/1:2
元朝秘史十五卷首一卷　(元)□□撰　(清)李文田注　清光緒二十九年(1903)史學齋編譯書局石印本　八册

620000－1144－0001596　I214.42/5
元豐類稿五十卷　(宋)曾鞏撰　(宋)陳師道編　清乾隆二十八年(1763)南豐查溪刻本　八册

620000－1144－0001597　K82.64/2
元和姓纂十卷　(唐)林寶撰　(清)孫星衍(清)洪瑩校刊　清光緒六年(1880)金陵書局刻本　四册

620000－1144－0001598　K244.05/1
元寇紀略二卷附年表　(日本)大橋順撰　**黑韃事略一卷**　(宋)彭大雅撰　清光緒二十九年(1903)江蘇通州翰墨林編譯印書局鉛印本　一册

620000－1144－0001599　K247.45/3
元秘史李注補正十五卷　(清)高寶銓撰　清光緒二十八年(1902)刻本　二册

620000－1144－0001600　I222.7471/1
元詩選十卷　(清)顧嗣立輯　清康熙顧氏秀野草堂刻本　四十八册

620000－1144－0001601　I222.7471/2
元詩自攜二十一卷　(清)姚廷謙輯　清康熙六十一年(1722)刻本　十册

620000－1144－0001602　K204.4/5
元史紀事本末二十七卷　(明)陳邦瞻編(明)張溥論正　清同治十三年(1874)江西書局刻本　四册

620000－1144－0001603　K247.7/1
元史攷訂四卷　(清)曾廉撰　清宣統三年(1911)曾漪堂刻本　二册

620000－1144－0001604　K247.42/2
元史類編四十二卷　(清)邵遠平撰　(清)席世臣校刊　清乾隆掃葉山房刻本　八册

620000－1144－0001605　K247.8/1
元史氏族表三卷　(清)錢大昕撰　清末江蘇書局刻本　二册

620000－1144－0001606　K247.42/4
元史新編九十五卷　(清)魏源編修　清光緒三十一年(1905)邵陽魏氏慎微堂刻本　三十二册

620000－1144－0001607　Z812.47/1:2
元史藝文志四卷　(清)錢大昕撰　清嘉慶刻本　一册

620000－1144－0001608　Z812.47/1
元史藝文志四卷　(清)錢大昕撰　清末江蘇書局刻本　一册

620000－1144－0001609　Z812.47/1:2
元史藝文志四卷　(清)錢大昕撰　清末江蘇書局刻本　一册

620000－1144－0001610　K247.42/3:2
元史譯文證補三十卷　(清)洪鈞撰　清光緒二十九年(1903)史學齋編譯石印書局石印本(原缺卷七至八、十三、十六至十七、十九至二十一、二十五、二十八)　六册

620000－1144－0001611　K247.42/3
元史譯文證補三十卷　(清)洪鈞撰　清光緒二十六年(1900)廣雅書局刻廣雅書局叢書本(原缺卷七至八、十三、十六至十七、十九至二十一、二十五、二十八)　四册

620000－1144－0001612　K247.42/5
元書一百二卷首一卷　(清)曾廉撰　清宣統三年(1911)層漪堂刻本　二十册

620000－1144－0001613　I214.71/1
元文類七十卷　(元)蘇天爵編次　(元)王守誠校　明末修德堂刻本　十二册

620000－1144－0001614　K247/7
元耶律楚材西遊錄一卷　（元）耶律楚材撰　（元）盛如梓刪略　（清）李文田注　**和林詩一卷**　（清）李文田撰　清光緒二十三年（1897）會稽施氏刻鄦鄦學盧地理叢刊叢書本　一册

620000－1144－0001615　K247/13
元耶律文正西游錄略一卷　（清）李文田注　（清）范壽金補　清光緒二十三年（1897）劉氏刻聚學軒叢書本　一册

620000－1144－0001616　Z124.3/1
元遺山先生全集六十八卷首一卷　（金）元好問撰　清光緒七年（1881）讀書山房刻本　二十八册

620000－1144－0001617　Z124.3/1
元遺山先生全集六十八卷首一卷　（金）元好問撰　清光緒七年（1881）讀書山房刻本　十八册　缺十五卷（元遺山先生集三十七至四十、中州集一至十、中州樂府一）

620000－1144－0001618　K827.44/5
元祐黨人傳十卷　（清）陸心源撰　清光緒十五年（1889）刻本　十册

620000－1144－0001619　I215.21/1
原獻文詩錄四卷　（清）賀瑞麟輯　清光緒六年（1880）刻本　八册

620000－1144－0001620　I214.82/14
苑洛集二十二卷　（明）韓邦奇撰　明嘉靖三十一年（1552）刻本　九册

620000－1144－0001621　I214.42/18
岳忠武王文集八卷首一卷末一卷　（宋）岳飛撰　（清）黄邦寧纂修　（清）李林校　（清）郝延年補修　清同治十二年（1873）刻本　四册

620000－1144－0001622　H173/1
越諺三卷賸語二卷　（清）范寅輯　清光緒八年（1882）谷應山房刻本　三册

620000－1144－0001623　I222.61/1∶3
樂府詩集一百卷　（宋）郭茂倩編　清同治十三年（1874）湖北崇文書局刻本　十六册

620000－1144－0001624　Z429.44/4
雲谷雜紀四卷首一卷末一卷　（宋）張淏撰　清刻本　二册

620000－1144－0001625　H114.9/15
韻辨附文五卷　（清）沈兆霖撰　清道光二十三年（1843）刻本　五册

620000－1144－0001626　H114.9/5
韻辨附文五卷　（清）沈兆霖撰　清道光二十三年（1843）刻本　五册

620000－1144－0001627　H114.9/7
韻詁不分卷補遺一卷　（清）方濬頤輯　清光緒四年（1878）淮南書局刻本　六册

620000－1144－0001628　H113.9/3
韻歧五卷　（清）江昱輯　清光緒七年（1881）刻本　二册

620000－1144－0001629　B222.5/1
載詠樓重鐫硃批孟子二卷　（宋）蘇洵批　（清）沈李龍校　清刻本　二册

620000－1144－0001630　Z429.49/1
棗林雜俎六卷附錄一卷　（明）談遷撰　清宣統三年（1911）上海國學扶輪社鉛印張氏適園叢書初集本　六册

620000－1144－0001631　P197.1/1
擇日祕書一卷　（明）董德彰撰　清光緒十八年（1892）上海點石齋石印本　一册

620000－1144－0001632　H1.51/1
澤存堂五種五十卷　（清）張士俊輯　清光緒十四年（1888）上海蜚英館石印本　八册

620000－1144－0001633　H1.51/1
澤存堂五種五十卷　（清）張士俊輯　清光緒十四年（1888）上海蜚英館石印本　八册

620000－1144－0001634　K827.52/4
曾文正公家書十卷家訓二卷大事記四卷榮哀錄一卷　（清）曾國藩撰　清光緒上海著易堂書局石印本　八册

620000－1144－0001635　B828.3/8
曾文正公家訓二卷　(清)曾國藩撰　清光緒十六年(1890)鴻寶南局鉛印本　一冊

620000－1144－0001636　B222.1/5
增補四書精繡圖像人物備考十二卷圖一卷　(明)薛應旂輯　(明)陳仁錫增訂　清刻本　九冊

620000－1144－0001637　B222.1/5:2
增補四書精繡圖像人物備考十二卷圖一卷　(明)薛應旂輯　(明)陳仁錫增訂　清乾隆四十九年(1784)二南堂刻本　八冊

620000－1144－0001638　B222.1/5:2
增補四書精繡圖像人物備考十二卷圖一卷　(明)薛應旂輯　(明)陳仁錫增訂　清乾隆四十九年(1784)二南堂刻本　三冊　存四卷(五至八)

620000－1144－0001639　K225.4/15
增補左傳易讀六卷　(清)司徒修輯注　清咸豐六年(1856)槐蔭堂刻本　六冊

620000－1144－0001640　K225.4/15
增補左傳易讀六卷　(清)司徒修輯注　清智興堂刻本　六冊

620000－1144－0001641　R1/1
增訂第四版衛生學問答二編九章　丁福保撰　清光緒二十七年(1901)無錫疇隱廬石印本　一冊

620000－1144－0001642　B259.9/6:2
增訂輶軒語一卷　(清)張之洞撰　清光緒二十一年(1895)陝西學署刻本　一冊

620000－1144－0001643　B222.1/26
增訂註釋塾課分編十六卷　(清)王步青評　(清)王士龕編　清金陵文玉堂刻本　二十四冊

620000－1144－0001644　K820/1
增廣廿四史尚友錄十六卷　(明)廖用賢編　(清)思退主人續編　(清)倉山主人再續編　清光緒二十九年(1903)上海富強齋石印本　二十八冊

620000－1144－0001645　I222.7472/1
湛然居士文集十四卷　(元)耶律楚材撰　清光緒二十一年(1895)漸西村舍刻本　四冊

620000－1144－0001646　I222.7472/1
湛然居士文集十四卷　(元)耶律楚材撰　清光緒二十一年(1895)漸西村舍刻本　四冊

620000－1144－0001647　K231.4/1
戰國策三十三卷　(漢)高誘注　**重刻剡川姚氏本戰國策札記三卷**　(清)黄丕烈撰　清同治八年(1869)湖北崇文書局刻本　五冊

620000－1144－0001648　K231.04/4
戰國策十卷　(宋)鮑彪注　(元)吳師道補正　(清)孔傳鐸校刊　清初詩禮堂刻本　八冊

620000－1144－0001649　K877.45/1
張柬之誌石記一卷　(清)□□輯　清刻本　一冊

620000－1144－0001650　Z125/1
張氏叢書二十一種三十一卷　(清)張澍輯　清道光元年(1821)張氏二酉堂刻本　十冊

620000－1144－0001651　Z125/1
張氏叢書二十一種三十一卷　(清)張澍輯　清道光元年(1821)張氏二酉堂刻本　八冊　存九種

620000－1144－0001652　Z125/1
張氏叢書二十一種三十一卷　(清)張澍輯　清道光元年(1821)張氏二酉堂刻本　十二冊

620000－1144－0001653　Z121.6/2:2
張氏適園叢書初集七種三十三卷　張鈞衡輯　清宣統三年(1911)上海國學扶輪社鉛印本　一冊　存二種三卷(今古學考一至二、殘明紀事一)

620000－1144－0001654　I214.82/25
張太岳文集四十六卷行實一卷　(明)張居正撰　明萬曆四十年(1612)刻本　十六冊

620000－1144－0001655　Z124.2/2:2
張子全書十五卷　(宋)張載撰　(宋)朱熹注

（清）朱軾　（清）段志熙校　清康熙至乾隆刻朱文端公藏書本　四册

620000－1144－0001656　Z124.2/2
張子全書十五卷　（宋）張載撰　清同治九年（1870）鳳郡祠刻本　八册

620000－1144－0001657　I214.82/17
張左華集十五卷　（明）張光孝撰　明嘉靖四十四年（1565）刻本　四册

620000－1144－0001658　Z121.5/1
昭代叢書五百六十三種　（清）張潮　（清）張漸輯　（清）楊復吉　（清）沈楙德續輯　清道光十三年（1833）世楷堂刻本　八十册

620000－1144－0001659　Z121.5/1:2
昭代叢書五百六十三種　（清）張潮　（清）張漸輯　（清）楊復吉　（清）沈楙德續輯　清道光十三年（1833）世楷堂刻光緒印本　一百三十册

620000－1144－0001660　K827.52/10
昭代名人尺牘二十四卷　（清）吴修輯　清光緒三十四年（1908）西泠印社石印本　二十四册

620000－1144－0001661　K827.52/11
昭代名人尺牘續集二十四卷　（清）□□輯　清宣統三年（1911）石印本　十二册

620000－1144－0001662　K827.52/11
昭代名人尺牘續集二十四卷　（清）□□輯　清宣統三年（1911）石印本　十一册

620000－1144－0001663　Z842.44/1
昭德先生郡齋讀書志二十卷後志二卷考異一卷　（宋）晁公武撰　**趙氏附志二卷**　（宋）趙希弁撰　清光緒十年（1884）長沙王氏刻本　十册

620000－1144－0001664　I214.92/23
趙恭毅公賸藁八卷　（清）趙申喬撰　清光緒十八年（1892）浙江書局刻本　六册

620000－1144－0001665　B1/1
哲學要領前編一卷後編一卷　（日本）井上圓了撰　（清）羅伯雅譯　清光緒二十九年（1903）上海廣志書局鉛印本　二册

620000－1144－0001666　K242.45/1
貞觀政要十卷　（唐）吴兢撰　清刻本　四册

620000－1144－0001667　B963/4
真功發微二卷　（清）劉智撰　清光緒十九年（1893）鎮江清真寺刻本　二册

620000－1144－0001668　B828.5/1
箴銘輯要類編前録一卷後録三卷　（清）寇守信輯　清光緒七年（1881）岐山武文炳刻本　四册

620000－1144－0001669　E892.48/1
陣紀四卷　（明）何良臣撰　（清）李錫齡校　清光緒二十二年（1896）長沙刻惜陰軒叢書本　一册

620000－1144－0001670　Z121.5/30
振綺堂叢書初集十種二十一卷　（清）汪康年輯　清宣統二年（1910）錢塘汪氏鉛印本　一册　存三種三卷（客舍偶聞一、拳匪聞見録一、克復梁山大略一）

620000－1144－0001671　I214.82/18
震川先生集三十卷别集十卷　（明）歸有光撰　（清）錢謙益選　（清）歸莊校　（清）歸玠編　清康熙十四年（1675）刻本　二十八册

620000－1144－0001672　I214.92/98
筝船詞一卷　（清）劉嗣綰録　清光緒十八年（1892）鉛印本　一册

620000－1144－0001673　B249.9/8
正誼八卷　（清）劉沅撰　清咸豐四年（1854）刻本　四册

620000－1144－0001674　B979.2/1
正教奉褒不分卷　（清）黄伯禄輯　清光緒三十年（1904）上海慈母堂鉛印本　二册

620000－1144－0001675　B979.2/1:2
正教奉傳一卷　（清）黄伯禄輯　清光緒三十四年（1908）上海慈母堂鉛印本　二册

620000－1144－0001676　I214.92/77

正誼堂文集十二卷 （清）張伯行撰 清同治五年（1866）福州正誼書院刻正誼堂全書本 一册 存四卷（一至四）

620000－1144－0001677 D093.13/1:1
政治史不分卷 （日本）森山守次撰 （清）陳大棱譯 清光緒二十九年（1903）上海新民譯印書局鉛印本 一册

620000－1144－0001678 B234.99/5
鄭氏佚書二十三種七十卷 （漢）鄭玄撰 （清）袁鈞輯 清光緒十四年（1888）浙江書局刻本 十册

620000－1144－0001679 I222.7522/34
知了義齋詩鈔三卷 （清）貴慶撰 清刻本 一册

620000－1144－0001680 I222.7492/31
知退齋詩四卷 （清）譚光祥撰 清同治十三年（1874）刻本 一册

620000－1144－0001681 I222.852/28
知止堂詞錄三卷 （清）朱綬撰 清道光二十一年（1841）刻本 二册

620000－1144－0001682 I222.852/28:2
知止堂詞錄三卷 （清）朱綬撰 清光緒二十年（1894）湖南思賢書局刻本 一册

620000－1144－0001683 I214.92/27
織齋文集八卷 （清）李煥章撰 （清）張昭潛考訂 清光緒十三年（1887）尚志堂刻本 二册

620000－1144－0001684 Z839.2/4
直齋書錄解題二十二卷 （宋）陳振孫撰 清光緒九年（1883）江蘇書局刻本 六册

620000－1144－0001685 Q949.64/1
植物名實圖考三十八卷 （清）吳其濬撰 清道光二十八年（1848）陸應穀刻光緒六年（1880）山西濬文書局增修本 四十三册 缺十七卷（一至十四、十八至二十）

620000－1144－0001686 Q949.64/1
植物名實圖考三十八卷 （清）吳其濬撰 清刻本 三十七册 缺三卷（二十二至二十四）

620000－1144－0001687 I222.4/2
止唐先生古今文選評一卷 （清）劉沅評 （清）槐軒門人選輯 清刻本 一册

620000－1144－0001688 K252.65/4
制賊淺說一卷 （清）邊祖恭撰 清光緒二十一年（1895）隴州官廨刻本 一册

620000－1144－0001689 K313.0/1
中等東洋史要六卷首一卷 （日本）桑原騭藏撰 （清）自強學堂東文齋譯 清光緒三十年（1904）山東官印書局鉛印本 二册

620000－1144－0001690 K256.06/8
中俄國際約註五卷 （清）施紹常編 清光緒三十一年（1905）上海商務印書館鉛印本 一册 存二卷（一至二）

620000－1144－0001691 B241.1/1
中說十卷 （隋）王通撰 （宋）阮逸注 明嘉靖十二年（1533）顧春世德堂刻六子全書本 二册

620000－1144－0001692 K991/1
中外地輿圖說集成一百三十卷 （清）同康廬主人輯 清光緒二十年（1894）上海積山書局石印本 三十二册

620000－1144－0001693 D691/1
中外政治策論新編八卷 （清）陳耀卿輯 清光緒二十八年（1902）刻本 八册

620000－1144－0001694 I222.7421/9
中晚唐詩叩彈集十二卷續集三卷 （清）杜詔 （清）杜庭珠編 清同治十二年（1873）寶應鑄經堂刻本 十四册

620000－1144－0001695 E89/1
中西兵略指掌二十四卷首一卷 （清）陳龍昌輯 清光緒二十三年（1897）東山草堂石印本 八册

620000－1144－0001696 K249.45/11
中西紀事二十四卷 （清）夏燮撰 清光緒十一年（1885）京都琉璃廠鉛印本 六册

620000－1144－0001697　K827.52/1
中興將帥别傳三十卷續編六卷　朱孔彰撰　清光緒二十三年至三十二年(1897－1906)江寧刻本　八册

620000－1144－0001698　K820.5/2
中興名臣事略八卷　朱孔彰撰　清光緒二十四年(1898)上海書局石印本　四册

620000－1144－0001699　K951.29/1
中亞洲俄屬遊記二卷　(英國)蘭士德撰　(清)莫鎮藩譯　清光緒二十年(1894)刻本　二册

620000－1144－0001700　I222.1/26
中庸注一卷　康有爲撰　清光緒二十七年(1901)中國圖書公司鉛印本　一册

620000－1144－0001701　I222.7461/1
中州集十卷首一卷樂府一卷　(金)元好問輯　明末汲古閣刻本　十册

620000－1144－0001702　I213.622/1
忠武侯諸葛孔明先生全集十二卷　(清)張澍輯　清嘉慶十七年(1812)刻本　八册

620000－1144－0001703　I222.7492/25
種蕉館詩集六卷　(清)郭堃撰　清嘉慶十五年(1810)刻本　二册

620000－1144－0001704　I215.22/6
種樹軒遺集四種四卷　(清)郭長清撰　清光緒二十三年(1897)刻本　二册

620000－1144－0001705　I215.22/6
種樹軒遺集四種四卷　(清)郭長清撰　清光緒二十三年(1897)刻本　二册

620000－1144－0001706　I215.22/4
仲實類稿一卷仲實詩存二卷　(清)魯蕡撰　清刻本　二册

620000－1144－0001707　K247/13
周公年表一卷　(清)牟庭撰　清光緒二十三年(1897)劉氏刻聚學軒叢書本　一册

620000－1144－0001708　K224.6/2
周官恒解六卷書經恒解六卷　(清)劉沅輯注　清道光元年(1821)刻本　六册　存七卷(周官恒解六卷、書經恒解一)

620000－1144－0001709　K224.6/3
周官精義十二卷　(清)連斗山編　清乾隆四十一年(1776)金陵李士果刻本　六册

620000－1144－0001710　K224.6/5
周禮古學攷十一卷　李滋然撰　清宣統元年(1909)鉛印本　三册

620000－1144－0001711　K224.6/3
周禮正義八十六卷　(清)孫詒讓撰　清光緒三十一年(1905)鉛印本　十册

620000－1144－0001712　K224.6/4
周禮政要四卷　(清)孫詒讓撰　清光緒三十年(1904)西安官書局鉛印本　二册

620000－1144－0001713　K224.06/1
周禮註疏四十三卷　(漢)鄭玄注　(唐)賈公彦疏　明末汲古閣刻本　二册　存六卷(三十一至三十六)

620000－1144－0001714　K239.242/2
周書五十卷　(唐)令狐德棻等撰　清同治十三年(1874)金陵書局刻二十四史本　四册

620000－1144－0001715　B221/5
周易象解二卷周易六卷　(清)南明信撰　(清)馮雁題等校　清刻本　二册　缺四卷(周易一至二、五至六)

620000－1144－0001716　B244.7/3
朱子語類一百四十卷正譌一卷記疑一卷　(宋)朱熹撰　(宋)黎靖德輯　(清)賀瑞麟考訂　清光緒二年(1876)傳經堂刻西京清麓叢書本　二十五册　缺五十八卷(一至四十四、五十一至六十四)

620000－1144－0001717　B244.7/2:4
朱子原訂近思錄十四卷　(宋)朱熹　(宋)呂祖謙輯　(清)江永注　(清)王鼎校　清光緒十五年(1889)刻本　四册

620000－1144－0001718　B244.7/2:4
朱子原訂近思錄十四卷　(宋)朱熹　(宋)呂

祖謙輯　(清)江永注　(清)王鼎校　清光緒十五年(1889)刻本　四册

620000－1144－0001719　K248.63/1
硃批諭旨不分卷　(清)鄂爾泰　(清)張廷玉編　清光緒十三年(1887)上海點石齋朱墨石印本　五十九册

620000－1144－0001720　K207/10
諸史拾遺五卷三史拾遺五卷　(清)錢大昕撰　清嘉慶十二年(1807)嘉定李賡蕓稻香吟館刻潛研堂全書叢書本　四册

620000－1144－0001721　K204.3/11
竹書紀年統箋十二卷前編一卷雜述一卷　(清)徐文靖箋　清光緒三年(1877)浙江書局刻本　二册

620000－1144－0001722　I214.42/22
竹軒雜著六卷　(宋)林季仲撰　清光緒二年(1876)武昌局孫氏刻本　一册

620000－1144－0001723　Z429.49/20
竹葉亭雜記八卷　(清)姚元之撰　清光緒十九年(1893)刻本　二册

620000－1144－0001724　K829.2/4
駐防盛京熊岳正藍旗都京業布崇額佐領下費莫氏宗譜四卷塋圖一卷　(清)常亮等修　清光緒十年(1884)石印本　八册

620000－1144－0001725　B223.5/4
莊子集解八卷　王先謙撰　清宣統元年(1909)上海埽葉山房石印本　四册

620000－1144－0001726　B223.5/1:2
莊子十卷　(晉)郭象注　(唐)陸德明音義　清光緒二年(1876)浙江書局刻本　四册

620000－1144－0001727　B223.5/2
莊子雪三卷　(清)陸樹芝撰　清嘉慶四年(1799)刻本　三册

620000－1144－0001728　I230/1
綴白裘新集合編十二集　(清)玩花主人選　清嘉慶十五年(1810)五柳居刻本　四十八册

620000－1144－0001729　Z124.5/24
拙盦叢稿五種二十卷　(清)朱一新撰　清光緒二十二年(1896)順德龍氏葆真堂刻本　十六册

620000－1144－0001730　I222.852/23
濯絳宧存稾一卷　劉毓盤撰　清光緒二十七年(1901)刻本　一册

620000－1144－0001731　I214.92/45
滋樹堂文集不分卷　(清)孫景烈撰　(清)張孝友　(清)張賓樹編　清乾隆五十七年(1792)刻本　三册

620000－1144－0001732　K204.3/3
資治通鑑地理今釋十六卷　(清)吳熙載撰　清光緒八年(1882)江蘇書局刻本　三册

620000－1144－0001733　K204.3/1:3
資治通鑑二百九十四卷　(宋)司馬光撰　(元)胡三省注　清光緒十七年(1891)刻本　一百册

620000－1144－0001734　K204.3/1:4
資治通鑑二百九十四卷　(宋)司馬光撰　(元)胡三省注　清末石印本　十五册　存一百二十一卷(一百二十八至二百四十八)

620000－1144－0001735　K204.3/1
資治通鑑二百九十四卷釋文辨誤十二卷　(宋)司馬光撰　(元)胡三省注　清嘉慶潘陽胡克家刻本　九十七册　缺四卷(一百八至一百九、一百三十六至一百三十七)

620000－1144－0001736　K204.3/5
資治通鑑綱目前編二十五卷正編五十九卷續編二十七卷　(明)陳仁錫評閲　清嘉慶八年(1803)大文堂刻本　一百十九册

620000－1144－0001737　K204.3/14
資治通鑑後編校勘記十五卷　夏震武撰　清光緒二十四年(1898)刻本　四册

620000－1144－0001738　K204.3/2
資治通鑑目錄三十卷　(宋)司馬光編　清同治八年(1869)江蘇書局仿宋刻本　十册

620000－1144－0001739　K249.45/3

資治新書十四卷首一卷二集二十卷　(清)李漁輯　(清)沈心友訂　清康熙二年(1663)英德堂刻本　十二冊　缺十卷(資治新書十至十四,二集一至三、六至七)

620000－1144－0001740　Z225/4
子史精華一百六十卷　(清)允祿等編　清雍正刻本　四十八冊

620000－1144－0001741　Z225/4:2
子史精華一百六十卷　(清)允祿等編　清雍正刻本　三十二冊　存一百十二卷(一至八十三、一百三十二至一百六十)

620000－1144－0001742　H162/2:2
字彙十二卷首一卷末一卷　(明)梅膺祚撰　(清)劉永懋重訂　清金閶步月樓刻本　十四冊

620000－1144－0001743　H162/2
字彙十二卷首一卷末一卷　(明)梅膺祚撰　清玉樹堂刻本　十四冊

620000－1144－0001744　H121/4
字說一卷　(清)吳大澂撰　清光緒十九年(1893)思賢講舍刻本　一冊

620000－1144－0001745　H121/4
字說一卷　(清)吳大澂撰　清光緒十九年(1893)思賢講舍刻本　一冊

620000－1144－0001746　H12/51/1
字學三種三卷　(清)傅雲龍輯　清同治十三年(1874)德清傅氏味腴山館刻本　一冊

620000－1144－0001747　B828.4/2
宗約歌一卷　(明)呂坤撰　清刻本　一冊

620000－1144－0001748　G538/1
奏定學堂章程不分卷　(清)張百熙　(清)張之洞編　清光緒三十年(1904)陝西藩署刻本　六冊

620000－1144－0001749　K1/3
最新萬國輿地韻編十二卷補韻一卷　(清)齊忠甲編　清光緒二十九年(1903)刻本　十二冊

620000－1144－0001750　K82.64/4
左文襄公年譜十卷　(清)羅正鈞纂　清光緒二十三年(1897)湘陰左氏刻本　八冊　存九卷(二至十)

620000－1144－0001751　Z124.5/21
左文襄公全集十二種一百二十三卷首一卷　(清)左宗棠撰　清光緒十六年(1890)刻本　一百二十八冊

620000－1144－0001752　Z124.5/21
左文襄公全集十二種一百二十三卷首一卷　(清)左宗棠撰　清光緒十六年(1890)刻本　一百三十冊

620000－1144－0001753　Z124.5/21:2
左文襄公全集十二種一百二十三卷首一卷　(清)左宗棠撰　清光緒十六年(1890)刻本　一百十九冊　缺九卷(奏稿五十一至五十九)

620000－1144－0001754　I215.22/1
左文襄公文集五卷詩一卷聯語一卷　(清)左宗棠撰　清宣統元年(1909)蘇城毛上珍鉛印本　二冊

620000－1144－0001755　K252.65/1
左文襄公奏疏初編三十八卷續編七十六卷三編六卷　(清)左宗棠撰　清光緒十六年(1890)上海圖書集成局鉛印本　二十冊

620000－1144－0001756　K225.4/1:2
左繡三十卷首一卷　(清)馮李驊　(清)陸浩評輯　清刻本　十二冊　缺七卷(一至七)

620000－1144－0001757　K225.4/31
左傳紀事本末五十三卷　(清)高士奇撰　清同治十二年(1873)江西書局刻本　十二冊

620000－1144－0001758　K225.4/30
左傳事緯十二卷　(清)馬驌撰　(清)潘霨校訂　清光緒四年(1878)敏德堂刻本　十冊

620000－1144－0001759　K225.4/30
左傳事緯十二卷　(清)馬驌撰　(清)潘霨校訂　清光緒四年(1878)敏德堂刻本　五冊

620000－1144－0001760　K296.34/5

[道光]安陸縣志四十卷首一卷　(清)蔣炯纂修　(清)李廷錫增纂　清道光二十三年(1843)刻本　十二册

620000－1144－0001761　K292.22/4
[道光]保安州志八卷首一卷　(清)楊桂森纂修　清道光十五年(1835)刻本　四册

620000－1144－0001762　K292.22/6
[道光]承德府志六十卷首二十六卷　(清)海忠纂修　清光緒十三年(1887)刻本　二十四册

620000－1144－0001763　K294.14/70
[道光]重修略陽縣志四卷　(清)譚瑀修　(清)黎成德等纂　清道光二十六年(1846)刻本　四册

620000－1144－0001764　K294.14/70:2
[道光]重修略陽縣志四卷　(清)譚瑀修　(清)黎成德等纂　清光緒三十年(1904)刻本　四册

620000－1144－0001765　K294.24/23
[道光]敦煌縣志七卷首一卷　(清)蘇履吉修　(清)曾誠纂　清道光十一年(1831)刻本　四册

620000－1144－0001766　K295.44/2
[道光]阜陽縣志二十四卷首一卷　(清)劉虎文修　(清)李復慶纂　清道光九年(1829)刻本　六册　存十三卷(一至十二、首一卷)

620000－1144－0001767　K296.14/13
[道光]輝縣志二十卷首一卷末一卷　(清)周際華修　(清)戴銘纂　清光緒十四年(1888)刻本　八册

620000－1144－0001768　K294.24/4
[道光]金縣志十三卷首一卷　(清)恩福修　(清)冒蕖纂　清道光二十四年(1844)刻本　二册　存十三卷(一至十二、首一卷)

620000－1144－0001769　K294.22/1
[道光]蘭州府志十二卷首一卷　(清)陳士楨修　(清)涂鴻儀纂　清道光十三年(1833)刻本　八册

620000－1144－0001770　K294.22/1
[道光]蘭州府志十二卷首一卷　(清)陳士楨修　(清)涂鴻儀纂　清道光十三年(1833)刻本　八册

620000－1144－0001771　K294.24/9
[道光]秦安縣志十四卷　(清)嚴長宦修　(清)劉德熙纂　清道光十八年(1838)刻本　四册

620000－1144－0001772　K294.24/9:2
[道光]秦安縣志十四卷　(清)嚴長宦修　(清)劉德熙纂　清道光十八年(1838)刻本　一册　存三卷(一至三)

620000－1144－0001773　K294.11/2
[道光]陝西志輯要六卷首一卷秦疆治略一卷關中漢唐存碑跋一卷漢南游草一卷　(清)王志沂輯　清道光七年(1827)朝坂謝氏賜書堂刻本　十册

620000－1144－0001774　K294.11/2
[道光]陝西志輯要六卷首一卷秦疆治略一卷關中漢唐存碑跋一卷漢南游草一卷　(清)王志沂輯　清道光七年(1827)朝坂謝氏賜書堂刻本　九册

620000－1144－0001775　K294.14/74
[道光]石泉縣志四卷　(清)舒鈞纂修　清道光二十九年(1849)刻本　二册

620000－1144－0001776　K296.14/3
[道光]尉氏縣志二十卷首一卷　(清)劉厚滋　(清)沈淮修　(清)王觀潮纂　清道光十一年(1831)刻本　八册

620000－1144－0001777　K296.14/3
[道光]尉氏縣志二十卷首一卷　(清)劉厚滋　(清)沈淮修　(清)王觀潮纂　清道光十一年(1831)刻本　八册

620000－1144－0001778　K294.12/28
[道光]榆林府志五十卷首一卷　(清)李熙齡纂　清道光二十一年(1841)刻本　十一册

缺三卷(四十八至五十)

620000－1144－0001779　K296.34/1
[道光]雲夢縣志略十二卷首一卷末一卷
(清)呂錫麟修　(清)程懷璟纂　清光緒九年(1883)刻本　六册

620000－1144－0001780　K294.14/73
[道光]紫陽縣志八卷首一卷　(清)吳純修　(清)曹學易纂　清道光二十三年(1843)刻本　四册

620000－1144－0001781　K295.24/9
[光緒]昌邑縣續志八卷　(清)陳嘉楷修　(清)韓天衢纂　清光緒三十三年(1907)刻本　五册

620000－1144－0001782　K294.14/66
[光緒]重修甯羌州志五卷　(清)馬毓華修　(清)鄭書香　(清)曹良模纂　清光緒十四年(1888)刻本　五册

620000－1144－0001783　K294.22/7
[光緒]重纂秦州直隸州新志二十四卷首一卷　(清)余澤春修　(清)王權纂　清光緒十五年(1889)刻本　二十册

620000－1144－0001784　K294.22/7
[光緒]重纂秦州直隸州新志二十四卷首一卷　(清)余澤春修　(清)王權纂　清光緒十五年(1889)刻本　十二册　存十四卷(一至二、六至九、十四至二十一)

620000－1144－0001785　K294.12/6
[光緒]定遠廳志二十六卷首一卷末一卷
(清)余修鳳纂修　清光緒五年(1879)刻本　六册

620000－1144－0001786　K292.54/10
[光緒]繁峙縣志四卷首一卷　(清)何才价修　(清)楊篤纂　清光緒七年(1881)刻本　四册

620000－1144－0001787　K294.14/19
[光緒]富平縣志稿十卷首一卷　樊增祥修　譚麐纂　清光緒十七年(1891)刻本　十册

620000－1144－0001788　K294.21/2
[光緒]甘肅新通志一百卷首五卷　(清)升允　(清)長庚修　(清)安維峻纂　清宣統元年(1909)刻本　七十八册

620000－1144－0001789　K295.34/11
[光緒]贛榆縣志十八卷　(清)王豫熙修　張謇纂　清光緒十四年(1888)刻本　四册

620000－1144－0001790　K294.14/8
[光緒]高陵縣續志八卷　(清)程維雍修　清光緒十年(1884)刻本　二册

620000－1144－0001791　K294.14/8
[光緒]高陵縣續志八卷　(清)程維雍修　清光緒十年(1884)刻本　二册

620000－1144－0001792　K292.54/8
[光緒]廣靈縣誌十卷首一卷末一卷　(清)楊亦銘纂修　清光緒七年(1881)京都琉璃廠漱潤齋刻本　二册

620000－1144－0001793　K292.24/8
[光緒]懷安縣志八卷首一卷末一卷　(清)蔭祿修　(清)程燮奎纂　清光緒二年(1876)刻本　四册

620000－1144－0001794　K292.24/5
[光緒]懷來縣志十八卷首一卷　(清)朱乃恭修　(清)席之瓚纂　清光緒八年(1882)刻本　六册

620000－1144－0001795　K292.54/5
[光緒]懷仁縣新志十二卷首一卷續刻一卷
(清)李長華修　(清)姜利仁纂　(清)汪大浣續修　(清)馬蕃續纂　清光緒九年(1883)刻三十一年(1905)增補續刻本　四册

620000－1144－0001796　K295.54/5
[光緒]黃巖縣志四十卷首一卷　(清)陳寶善修　(清)王棻纂　(清)陳鍾英續修　王詠霓續纂　清光緒三年(1877)刻本　十六册

620000－1144－0001797　K292.52/3

[光緒]渾源州續志十卷 (清)賀澍恩修 (清)程續等纂 清光緒七年(1881)刻本 六册

620000－1144－0001798 K292.54/21
[光緒]交城縣志十卷首一卷 (清)夏肇庸修 (清)許惺南纂 清光緒八年(1882)刻本 八册

620000－1144－0001799 K294.22/9
[光緒]階州直隸州續志三十三卷首一卷 (清)葉恩沛修 (清)呂震南纂 清光緒十二年(1886)刻本 十册

620000－1144－0001800 K292.7/2
[光緒]靖邊志稿四卷 (清)丁錫奎修 (清)白翰章纂 清光緒二十五年(1899)刻本 四册

620000－1144－0001801 K294.14/53
[光緒]靖邊志稿四卷 (清)丁錫奎修 (清)白翰章纂 清光緒二十五年(1899)刻本 四册

620000－1144－0001802 K294.14/21
[光緒]藍田縣志十六卷附文徵錄四卷 (清)呂懋勳修 (清)袁廷俊纂 清光緒元年(1875)刻本 五册

620000－1144－0001803 K292.54/4
[光緒]靈邱縣補志十卷 (清)雷棣榮 (清)嚴潤林修 (清)陸泰元纂 清光緒八年(1882)刻本 四册

620000－1144－0001804 K296.14/29
[光緒]鹿邑縣志十六卷首一卷 (清)于滄瀾 (清)馬家彥修 (清)蔣師轍纂 清光緒二十二年(1896)刻本 六册

620000－1144－0001805 K292.54/33
[光緒]潞城縣志四卷首一卷 (清)崔曉然修 (清)楊篤纂 清光緒十年(1884)刻本 八册

620000－1144－0001806 K294.14/57
[光緒]米脂縣志十二卷 (清)高照熙纂 清光緒三十三年(1907)鉛印本 四册

620000－1144－0001807 K294.14/68
[光緒]沔縣志四卷 (清)孫銘鐘修 (清)彭齡纂 清光緒九年(1883)刻本 四册

620000－1144－0001808 K296.14/36
[光緒]南陽縣志十二卷首一卷 (清)潘守廉修 (清)張嘉謀 (清)張鳳岡纂 清光緒三十年(1904)刻本 八册

620000－1144－0001809 K292.54/17
[光緒]平遙縣志十二卷圖考一卷 (清)恩端 (清)錫良修 (清)武達材 (清)王舒萼纂 清光緒八年(1882)刻本 八册

620000－1144－0001810 K294.14/33
[光緒]蒲城縣新志十三卷首一卷 (清)李體仁修 (清)王學禮纂 清光緒三十一年(1905)刻本 四册

620000－1144－0001811 K295.24/20
[光緒]棲霞縣續志十卷 (清)黄麗中修 (清)于如川纂 清光緒五年(1879)刻本 八册

620000－1144－0001812 K292.54/19
[光緒]祁縣志十六卷 (清)劉發岏修 (清)李芬纂 清光緒八年(1882)刻本 十册

620000－1144－0001813 K294.14/47
[光緒]汧陽述古編二卷 (清)李嘉績纂 清光緒十五年(1889)刻本 一册

620000－1144－0001814 K294.14/18
[光緒]乾州志稿十四卷首一卷别錄四卷乾陽殉難士女錄一卷補遺一卷 (清)周銘旂纂修 清光緒十年(1884)乾陽書院刻本 六册

620000－1144－0001815 K292.54/32
[光緒]沁源縣續志四卷 (清)董餘三纂修 清光緒七年(1881)刻本 四册

620000－1144－0001816 K292.54/42
[光緒]榮河縣志十四卷首一卷 (清)馬鑑等修 (清)尋鑾煒纂 清光緒七年(1881)刻本 六册

620000－1144－0001817　K294.12/27
[光緒]三續華州志十二卷　(清)吳炳南修　(清)劉域纂　清光緒八年(1882)刻本　六冊

620000－1144－0001818　K294.14/13
[光緒]三原縣新志八卷　(清)焦雲龍修　(清)賀瑞麟纂　清光緒六年(1880)刻本　四冊

620000－1144－0001819　K292.51/1
[光緒]山西通志一百八十四卷首一卷　(清)曾國荃修　(清)楊篤纂　清光緒十八年(1892)刻本　九十六冊

620000－1144－0001820　K297.12/4
[光緒]四川新設鑪霍屯志略不分卷　(清)李之珂纂　清光緒三十二年(1906)蓉城鉛印本　二冊

620000－1144－0001821　K292.61/5
[光緒]綏遠志十卷首一卷　(清)貽穀修　(清)高賡恩纂　清光緒三十四年(1908)刻本　六冊

620000－1144－0001822　K292.61/5
[光緒]綏遠志十卷首一卷　(清)貽穀修　(清)高賡恩纂　清光緒三十四年(1908)刻本　六冊

620000－1144－0001823　K292.54/2
[光緒]天鎮縣志四卷首一卷　(清)洪汝霖修　(清)楊篤纂　清光緒十六年(1890)刻本　四冊

620000－1144－0001824　K294.14/22
[光緒]同州府續志十六卷首一卷　(清)饒應祺修　(清)馬先登纂　清光緒七年(1881)刻本　一冊　缺十二卷(三至十四)

620000－1144－0001825　K292.64/2
[光緒]土默特旗志十卷　(清)貽穀修　(清)高賡恩纂　清光緒三十四年(1908)刻本　二冊

620000－1144－0001826　K292.64/2
[光緒]土默特旗志十卷　(清)貽穀修　(清)高賡恩纂　清光緒三十四年(1908)刻本　二冊

620000－1144－0001827　K292.64/2
[光緒]土默特旗志十卷　(清)貽穀修　(清)高賡恩纂　清光緒三十四年(1908)刻本　二冊

620000－1144－0001828　K292.22/3
[光緒]蔚州志二十卷首一卷　(清)慶之金修　(清)楊篤纂　清光緒三年(1877)蘿川公廨刻本　八冊

620000－1144－0001829　K292.22/3
[光緒]蔚州志二十卷首一卷　(清)慶之金修　(清)楊篤纂　清光緒三年(1877)蘿川公廨刻本　八冊

620000－1144－0001830　K292.54/22
[光緒]文水縣志十二卷首一卷末一卷　(清)范啓堃修　(清)陰步霞纂　清光緒九年(1883)刻本　六冊

620000－1144－0001831　K294.24/19
[光緒]文縣志八卷首一卷末一卷　(清)長贇修　(清)劉健纂　清光緒二年(1876)刻本　六冊

620000－1144－0001832　K297.51/4
[光緒]西藏圖考八卷首一卷　(清)黄沛翹纂　清光緒二十年(1894)北平琉璃廠文友堂刻本　四冊

620000－1144－0001833　K297.51/4:2
[光緒]西藏圖考八卷首一卷　(清)黄沛翹纂　清光緒二十三年(1897)刻本　六冊

620000－1144－0001834　K292.54/25
[光緒]孝義縣續志二卷首一卷末一卷　(清)孔廣熙修　(清)何之煌纂　清光緒六年(1880)刻本　二冊

620000－1144－0001835　K292.52/8
[光緒]忻州志四十二卷　(清)方戊昌修　(清)方淵如纂　清光緒六年(1880)刻本　八冊

620000－1144－0001836　K292.54/44
[光緒]續修臨晉縣志二卷　(清)艾紹濂修　(清)姚東濟纂　清光緒六年(1880)刻本　二册

620000－1144－0001837　K292.54/35
[光緒]續修曲沃縣志三十二卷　(清)張鴻逵修　(清)韓子泰纂　清光緒六年(1880)刻本　六册

620000－1144－0001838　K292.52/12
[光緒]續修隰州志四卷　(清)崔澄寰修　(清)王嘉會纂　清光緒二十四年(1898)刻本　四册

620000－1144－0001839　K292.54/38
[光緒]續修鄉甯縣志十五卷　(清)馮安瀾　(清)李羲銘修　(清)崔鍾淦纂　清光緒七年(1881)刻本　二册

620000－1144－0001840　K296.34/2
[光緒]續雲夢縣志略十卷首一卷末一卷　(清)吳念椿修　(清)程壽昌纂　(清)曾廣浚纂　清光緒九年(1883)刻本　四册

620000－1144－0001841　K291/3
[光緒]延慶州志十二卷首一卷末一卷　(清)何道增修　(清)張惇德纂　清光緒六年(1880)刻本　十册

620000－1144－0001842　K296.34/11
[光緒]宜城縣續志二卷　(清)李連騎修　(清)姚德華纂　清光緒九年(1883)刻本　一册

620000－1144－0001843　K295.24/6
[光緒]益都縣圖志五十四卷首一卷　(清)張承燮修　(清)法偉堂等纂　清光緒三十三年(1907)刻本　十六册

620000－1144－0001844　K296.34/4
[光緒]應城志十四卷首一卷　(清)羅緗　(清)陳豪修　(清)王承禧纂　清光緒八年(1882)刻本　八册

620000－1144－0001845　K296.14/28
[光緒]永城縣志三十八卷首一卷　(清)岳廷楷修　(清)胡贊采　(清)呂永輝纂　清光緒二十七年(1901)刻本　八册

620000－1144－0001846　K292.54/14
[光緒]榆次縣續志四卷　(清)吳師祁　(清)張承熊修　(清)黄汝梅　(清)王俶纂　清光緒十一年(1885)刻本　二册

620000－1144－0001847　K829.2/2
[河東太平]衛氏家譜不分卷　(清)衛詔等纂　清嘉慶十六年(1811)刻本　二册

620000－1144－0001848　K294.14/7
[嘉靖]呂涇野先生高陵縣志七卷續傳一卷　(明)呂柟纂修　清光緒十年(1884)刻本　二册

620000－1144－0001849　K294.14/7
[嘉靖]呂涇野先生高陵縣志七卷續傳一卷　(明)呂柟纂修　清光緒十年(1884)刻本　二册

620000－1144－0001850　K294.14/34
[嘉靖]喬三石耀州志十一卷附五臺山志一卷　(明)李廷寶修　(明)喬世寧纂　清乾隆二十七年(1762)汪灝刻本　二册

620000－1144－0001851　K294.14/72
[嘉慶]白河縣志十四卷　(清)嚴一青纂修　清嘉慶六年(1801)刻本　四册

620000－1144－0001852　K294.14/2
[嘉慶]長安縣志三十六卷　(清)張聰賢修　(清)董曾臣纂　清嘉慶二十年(1815)刻本　八册

620000－1144－0001853　K297.14/1
[嘉慶]成都縣志六卷首一卷　(清)王泰雲等修　(清)衷以壎纂　(清)楊芳燦續纂　清嘉慶二十一年(1816)刻本　六册

620000－1144－0001854　K294.14/43
[嘉慶]扶風縣志十八卷首一卷　(清)宋世犖修　(清)吳鵬翱　(清)王樹棠纂　清嘉慶二十四年(1819)刻本　四册

620000-1144-0001855 K294.12/7
[嘉慶]漢陰廳志十卷首一卷 (清)錢鶴年修 (清)董詔纂 清嘉慶二十三年(1818)刻本 六冊

620000-1144-0001856 K293.51/1
[嘉慶]黑龍江外記八卷 (清)西清纂 清光緒二十年(1894)漸西村舍彙刊叢書本 二冊

620000-1144-0001857 K294.24/17
[嘉慶]徽縣志八卷 (清)張伯魁纂修 清嘉慶十四年(1809)刻本 八冊

620000-1144-0001858 K292.54/20
[嘉慶]介休縣志十四卷 (清)徐品山修 (清)陸元鏸修 (清)熊兆占等纂 清嘉慶二十四年(1819)刻本 八冊

620000-1144-0001859 K292.24/12
[嘉慶]涉縣志八卷 (清)戚學標纂修 清嘉慶四年(1799)刻本 四冊

620000-1144-0001860 K292.24/12
[嘉慶]涉縣志八卷 (清)戚學標纂修 清嘉慶四年(1799)刻本 四冊

620000-1144-0001861 K296.14/37
[嘉慶]澠池縣志十六卷 (清)甘揚聲修 (清)劉文運纂 清嘉慶十五年(1810)刻本 八冊

620000-1144-0001862 K296.14/4
[嘉慶]洧川縣志八卷首一卷 (清)何文明纂修 清嘉慶二十三年(1818)刻本 四冊

620000-1144-0001863 K297.51/3
[嘉慶]衛藏通志十六卷首一卷衛藏通志校字記一卷 (清)和琳纂 清光緒二十二年(1896)漸西村舍彙刊叢書本 八冊

620000-1144-0001864 K297.51/3
[嘉慶]衛藏通志十六卷首一卷衛藏通志校字記一卷 (清)和琳纂 清光緒二十二年(1896)漸西村舍彙刊叢書本 一冊 存二卷(十六、衛藏通志校字記一卷)

620000-1144-0001865 K294.22/8
[嘉慶]武階備志二十二卷 (清)吳鵬翱修 清同治十二年(1873)刻本 三冊 存十五卷(一至十五)

620000-1144-0001866 K294.14/3
[嘉慶]咸寧縣志二十六卷首一卷 (清)高廷法修 (清)陸耀遹纂 清嘉慶二十四年(1819)刻本 八冊

620000-1144-0001867 K296.14/15
[嘉慶]續濟源縣志十二卷 (清)何荇芳修 (清)劉大觀纂 清嘉慶十八年(1813)刻本 四冊

620000-1144-0001868 K294.14/63
[康熙]城固縣志十卷 (清)王穆纂修 清光緒四年(1878)刻本 四冊

620000-1144-0001869 K295.2/1
[康熙]費縣志十卷 (清)黄學懃修 清康熙二十五年(1686)刻本 二冊 存四卷(七至十)

620000-1144-0001870 K294.22/2
[康熙]鞏昌府志二十八卷 (明)楊恩纂 (清)紀元續纂 清康熙二十七年(1688)刻本 十二冊

620000-1144-0001871 K296.12/2
[康熙]懷慶府志十八卷 (清)劉維世修 (清)蕭瑞苞 (清)喬騰鳳纂 清康熙三十四年(1695)刻本 十冊

620000-1144-0001872 K294.14/45
[康熙]麟遊縣志五卷 (清)吳汝爲修 (清)范光曦續修 (清)羅魁續纂 清順治十四年(1657)刻康熙四十七年(1708)增刻本 二冊

620000-1144-0001873 K292.54/3
[康熙]靈丘縣誌四卷 (清)宋起鳳原本 (清)岳宏譽增訂 清康熙二十三年(1684)刻光緒八年(1882)重印本 四冊

620000-1144-0001874 K292.24/4
[康熙]龍門縣志十六卷 (清)章焞纂修 清

康熙五十一年(1712)刻本　四册

620000－1144－0001875　K294.22/10
[康熙]岷州志二十卷　(清)汪元絅修　(清)田而穟纂　清康熙四十一年(1702)刻本　六册

620000－1144－0001876　K294.24/12
[康熙]寧遠縣志六卷　(清)馮同憲輯　清康熙四十九年(1710)刻本　二册

620000－1144－0001877　K294.22/5
[康熙]寧州志五卷　(清)晉顯卿修　(清)王星麟纂　清康熙二十六年(1687)刻本　三册

620000－1144－0001878　K297.31/1
[康熙]黔書二卷　(清)田雯撰　清康熙二十九年(1690)刻本　二册

620000－1144－0001879　K294.14/12
[康熙]三原縣志七卷　(清)李瀛修　(清)焦之序纂　清康熙四十四年(1705)刻本　五册

620000－1144－0001880　K296.14/27
[康熙]商邱縣志二十卷首一卷　(清)劉德昌修　(清)葉澐纂　清光緒十一年(1885)刻本　六册

620000－1144－0001881　K292.52/11
[康熙]隰州志二十四卷　(清)錢以塏纂修　清康熙四十八年(1709)刻本　四册

620000－1144－0001882　K294.12/3
[康熙]續華州志四卷　(清)馮昌奕修　(清)劉遇奇纂　清光緒八年(1882)刻本　四册

620000－1144－0001883　K294.12/3:2
[康熙]續華州志四卷　(清)馮昌奕修　(清)劉遇奇纂　清刻本　四册

620000－1144－0001884　K296.14/17
[康熙]延津縣志十卷　(清)余心孺纂修　清康熙四十一年(1702)刻本　四册

620000－1144－0001885　K292.54/18
[康熙]重修平遙縣志八卷　(清)王綬修　(清)康乃心纂　清康熙四十五年(1706)刻本　四册

620000－1144－0001886　K296.14/10
[康熙三十六年]封邱縣續志五卷　(清)孟鏐修　(清)李承絨纂　清康熙三十六年(1697)刻本　二册

620000－1144－0001887　K296.14/9
[康熙十九年]封邱縣續志不分卷　(清)王賜魁修　(清)李會生　(清)宋作賓纂　清康熙十九年(1680)刻本　一册

620000－1144－0001888　K294.12/2
[隆慶]華州志二十四卷　(明)李可久修　(明)張光孝纂　清光緒八年(1882)刻本　四册

620000－1144－0001889　K297.14/24
[乾隆]巴縣志十七卷首一卷　(清)王爾鑑修　(清)王世沿纂　清嘉慶二十五年(1820)刻本　一册　存二卷(一、首一卷)

620000－1144－0001890　K295.24/8
[乾隆]昌邑縣志八卷　(清)周來邰纂修　清乾隆七年(1742)刻本　四册

620000－1144－0001891　K294.24/20
[乾隆]成縣新志四卷　(清)黄泳纂修　清乾隆十七年(1752)刻本　四册

620000－1144－0001892　K294.24/20
[乾隆]成縣新志四卷　(清)黄泳纂修　清乾隆十七年(1752)刻本　一册　存一卷(三)

620000－1144－0001893　K292.24/2
[乾隆]赤城縣志八卷首一卷　(清)孟思誼修　(清)張曾炳纂　清乾隆十二年(1747)刻二十四年(1759)黄紹七補訂本　四册

620000－1144－0001894　K296.14/34
[乾隆]重修固始縣志二十六卷首一卷　(清)謝聘修　(清)洪亮吉纂　清乾隆五十一年(1786)刻本　十六册

620000－1144－0001895　K292.54/28

[乾隆]**重修襄垣縣志八卷**　(清)李廷芳修　(清)陳于廷纂　清乾隆四十七年(1782)刻本　十冊

620000－1144－0001896　K292.52/1
[乾隆]**大同府志三十二卷首一卷**　(清)吳輔宏修　(清)王飛藻纂　清乾隆四十七年(1782)刻本　十五冊　缺三卷(十四至十六)

620000－1144－0001897　K296.14/5
[乾隆]**登封縣志三十二卷**　(清)陸繼萼修　(清)洪亮吉纂　清乾隆五十二年(1787)刻本　八冊

620000－1144－0001898　K296.14/5
[乾隆]**登封縣志三十二卷**　(清)陸繼萼修　(清)洪亮吉纂　清乾隆五十二年(1787)刻本　八冊

620000－1144－0001899　K294.22/3
[乾隆]**狄道州志十六卷**　(清)呼延華國修　(清)吳鎮纂　清乾隆二十八年(1763)刻本　八冊

620000－1144－0001900　K292.54/23
[乾隆]**汾陽縣志十四卷首一卷**　(清)李文起修　(清)戴震纂　清乾隆三十七年(1772)刻本　八冊

620000－1144－0001901　K292.52/10
[乾隆]**汾州府志三十四卷首一卷**　(清)孫和相修　(清)戴震纂　清乾隆三十六年(1771)刻本　八冊　存十六卷(十九至三十四)

620000－1144－0001902　K297.14/6
[乾隆]**富順縣志五卷首一卷**　(清)段玉裁纂修　清光緒八年(1882)刻本　五冊

620000－1144－0001903　K294.21/1
[乾隆]**甘肅通志五十卷首一卷**　(清)許容修　(清)李迪纂　清乾隆元年(1736)刻本　三十冊　存四十五卷(一至二十八、三十五至五十,首一卷)

620000－1144－0001904　K294.24/1
[乾隆]**皋蘭縣志二十卷**　(清)吳鼎新修　(清)黃建中纂　清乾隆四十三年(1778)刻本　四冊

620000－1144－0001905　K292.54/7
[乾隆]**廣靈縣誌十卷首一卷末一卷**　(清)郭磊纂修　清乾隆十九年(1754)刻本　四冊

620000－1144－0001906　K292.52/2
[乾隆]**渾源州志十卷**　(清)桂敬順纂修　清乾隆二十八年(1763)刻同治九年(1870)孔廣培增刻本　五冊

620000－1144－0001907　K296.14/12
[乾隆]**獲嘉縣志十六卷首一卷**　(清)吳喬齡修　(清)李棟纂　清乾隆二十一年(1756)刻本　六冊

620000－1144－0001908　K296.14/12
[乾隆]**獲嘉縣志十六卷首一卷**　(清)吳喬齡修　(清)李棟纂　清乾隆二十一年(1756)刻本　六冊

620000－1144－0001909　K296.14/11
[乾隆]**汲縣志十四卷首一卷末一卷**　(清)徐汝瓚修　(清)杜岷纂　清乾隆二十年(1755)刻本　七冊

620000－1144－0001910　K296.14/14
[乾隆]**濟源縣志十六卷首一卷末一卷**　(清)蕭應植修　(清)沈樗莊纂　清乾隆二十六年(1761)刻本　六冊

620000－1144－0001911　K292.22/1
[乾隆]**口北三廳志十六卷首一卷**　(清)黃可潤纂修　清乾隆二十三年(1758)刻本　十四冊

620000－1144－0001912　K294.24/11
[乾隆]**禮縣志十九卷首一卷**　(清)方嘉發纂修　清乾隆二十一年(1756)刻本　二冊

620000－1144－0001913　K294.14/15
[乾隆]**醴泉縣志十四卷**　(清)蔣騏昌修　(清)孫星衍纂　清乾隆四十九年(1784)刻本　四冊

620000－1144－0001914　K296.14/26

[乾隆]林縣志十卷首一卷末一卷　(清)楊潮觀纂修　清乾隆十七年(1752)刻本　四册

620000－1144－0001915　K292.54/34
[乾隆]臨汾縣志十卷首一卷末一卷　(清)高塘　(清)吳士淳修　(清)吕淙　(清)吳克元纂　清乾隆四十四年(1779)刻本　七册

620000－1144－0001916　K292.54/43
[乾隆]臨晉縣志八卷　(清)王正茂修纂　清乾隆三十八年(1773)刻本　四册

620000－1144－0001917　K294.24/5
[乾隆]隴西縣誌十二卷　(清)魯廷琰修　(清)田呂叶纂　清乾隆元年(1736)刻本　六册

620000－1144－0001918　K294.14/48
[乾隆]隴州續志八卷首一卷末一卷　(清)吳炳纂修　清乾隆三十一年(1766)刻本　四册

620000－1144－0001919　K296.14/19
[乾隆]孟縣志十卷　(清)仇汝瑚修　(清)馮敏昌纂　清乾隆五十五年(1790)刻本　八册

620000－1144－0001920　K292.52/6
[乾隆]寧武府志十二卷首一卷　(清)周景桂　(清)李維梓纂修　清乾隆十五年(1750)刻本　七册

620000－1144－0001921　K294.24/13
[乾隆]寧遠縣志續略八卷　(清)胡奠域修　(清)于纘周纂　清乾隆二十七年(1762)刻本　二册

620000－1144－0001922　K294.14/32
[乾隆]蒲城縣志十五卷　(清)張心鏡修　(清)吳泰來纂　清乾隆四十七年(1782)刻本　六册

620000－1144－0001923　K295.24/19
[乾隆]棲霞縣志十卷　(清)衛萇纂修　清乾隆十九年(1754)刻光緒五年(1879)增刻本　八册

620000－1144－0001924　K294.14/41:2
[乾隆]岐山縣志八卷　(清)平世增修　(清)蔣兆甲纂　清乾隆四十四年(1779)刻道光二十二年(1842)補刻本　四册

620000－1144－0001925　K294.51/1
[乾隆]欽定皇輿西域圖志四十八卷首四卷　(清)傅恆等修　(清)褚廷璋等纂　(清)英廉等增纂　清光緒鉛印本　二十四册

620000－1144－0001926　K294.51/1
[乾隆]欽定皇輿西域圖志四十八卷首四卷　(清)傅恆等修　(清)褚廷璋等纂　(清)英廉等增纂　清光緒鉛印本　二十四册

620000－1144－0001927　K294.24/10
[乾隆]清水縣志十六卷　(清)朱超纂修　清乾隆六十年(1795)刻本　四册

620000－1144－0001928　K292.51/2
[乾隆]山西志輯要十卷首一卷　(清)雅德修　(清)汪本直纂　清乾隆四十五年(1780)刻本　四册　存七卷(一、六至十,首一卷)

620000－1144－0001929　K295.24/10
[乾隆]濰縣志六卷首一卷末一卷　(清)張耀璧修　(清)王誦芬纂　清乾隆二十五年(1760)刻本　六册

620000－1144－0001930　K297.51/2
[乾隆]衛藏圖識四卷附蠻語一卷　(清)馬揭修　(清)盛繩祖纂　清乾隆五十七年(1792)刻本　四册

620000－1144－0001931　K297.51/2:2
[乾隆]衛藏圖識四卷附蠻語一卷　(清)馬揭修　(清)盛繩祖纂　清乾隆五十七年(1792)刻本　三册　缺一卷(衛藏圖識二)

620000－1144－0001932　K296.12/1
[乾隆]衛輝府志五十三卷首一卷末一卷　(清)德昌修　(清)徐朗齋纂　清乾隆五十三年(1788)刻本　二十四册

620000－1144－0001933　K294.12/1
[乾隆]西安府志八十卷首一卷　(清)舒其紳修　(清)嚴長明纂　清乾隆四十四年(1779)

刻本　四十册

620000－1144－0001934　K294.51/5
[乾隆]西陲總統事略十二卷　(清)松筠修　(清)汪廷楷輯　(清)祁韻士增纂　**西陲竹枝詞一卷**　(清)祁韻士撰　**綏服紀略圖詩一卷**　(清)松筠撰　清嘉慶十六年(1811)程振甲校刻本　十四册

620000－1144－0001935　K294.51/5
[乾隆]西陲總統事略十二卷　(清)松筠修　(清)汪廷楷輯　(清)祁韻士增纂　**西陲竹枝詞一卷**　(清)祁韻士撰　**綏服紀略圖詩一卷**　(清)松筠撰　清嘉慶十六年(1811)程振甲校刻本　八册

620000－1144－0001936　K294.51/5
[乾隆]西陲總統事略十二卷　(清)松筠修　(清)汪廷楷輯　(清)祁韻士增纂　**西陲竹枝詞一卷**　(清)祁韻士撰　**綏服紀略圖詩一卷**　(清)松筠撰　清嘉慶十六年(1811)程振甲校刻本　八册

620000－1144－0001937　K294.24/15
[乾隆]西和縣志四卷　(清)邱大英纂修　清乾隆三十九年(1774)刻本　四册

620000－1144－0001938　K294.14/27
[乾隆]郃陽縣全志四卷　(清)席奉乾修　(清)孫景烈纂　清乾隆三十四年(1769)刻本　四册

620000－1144－0001939　K294.14/27
[乾隆]郃陽縣全志四卷　(清)席奉乾修　(清)孫景烈纂　清乾隆三十四年(1769)刻本　四册

620000－1144－0001940　K292.54/37
[乾隆]鄉寧縣志十五卷　(清)葛清纂修　清乾隆四十九年(1784)刻本　四册

620000－1144－0001941　K292.54/24
[乾隆]孝義縣志二十卷　(清)鄧必安修纂　清乾隆三十五年(1770)刻光緒六年(1880)重印本　四册

620000－1144－0001942　K294.51/3
[乾隆]新疆輿圖風土攷五卷　(清)七十一撰　清光緒八年(1882)點石齋石印本　一册

620000－1144－0001943　K294.51/3
[乾隆]新疆輿圖風土攷五卷　(清)七十一撰　清光緒八年(1882)點石齋石印本　一册

620000－1144－0001944　K294.14/36
[乾隆]續商州志十卷　(清)羅文思纂修　清乾隆二十三年(1758)刻本　二册

620000－1144－0001945　K294.14/35
[乾隆]續耀州志十一卷　(清)汪灝修　(清)鍾研齋纂　清乾隆二十七年(1762)刻光緒十六年(1890)增刻本　二册

620000－1144－0001946　K292.22/2
[乾隆]宣化府志四十二卷首一卷　(清)王者輔原本　(清)張志奇續修　(清)黄可潤續纂　清乾隆八年(1743)刻二十二年(1757)增刻本　十六册

620000－1144－0001947　K294.14/71
[乾隆]洵陽縣志十四卷　(清)鄧夢琴纂修　清乾隆四十八年(1783)刻本　四册

620000－1144－0001948　K294.44/2
[乾隆]循化志八卷　(清)龔景瀚纂修　清刻本　八册

620000－1144－0001949　K296.14/18
[乾隆]陽武縣志十二卷　(清)談諟曾修　(清)楊仲震纂　清乾隆十年(1745)刻本　六册

620000－1144－0001950　K294.12/4
[乾隆]再續華州志十二卷　(清)汪以誠修　(清)史蓴纂　清光緒八年(1882)刻本　二册

620000－1144－0001951　K294.22/6
[乾隆]直隸秦州新志十二卷首一卷末一卷　(清)費廷珍修　(清)胡釴等纂　清乾隆二十九年(1764)刻本　十六册

620000－1144－0001952　K294.24/14
[乾隆三十五年]伏羌縣志十四卷　(清)周銑

修　(清)葉芝纂　清乾隆三十五年(1770)刻本　四冊

620000－1144－0001953　K296.14/8
[順治]封邱縣志九卷首一卷　(清)余縉修　(清)李嵩陽纂　清順治十六年(1659)刻本　五冊

620000－1144－0001954　K296.14/25
[順治]淇縣志十卷圖考一卷　(清)王謙吉　(清)王南國修　(清)白龍躍　(清)葛漢忠纂　清順治十七年(1660)刻本　二冊

620000－1144－0001955　K292.24/3
[同治]赤城縣續志十卷首一卷　(清)林牟貽等纂　清光緒九年(1883)刻本　一冊

620000－1144－0001956　K295.22/4
[同治]重修甯海州志二十六卷　(清)舒孔安修　(清)王厚階纂　清同治三年(1864)牟平書院刻本　六冊

620000－1144－0001957　K292.54/11
[同治]河曲縣志八卷　(清)金福增修　(清)張兆魁纂　清同治十一年(1872)刻本　八冊

620000－1144－0001958　K296.14/22
[同治]滑縣志十二卷　(清)姚錕　(清)唐咸仰修　(清)徐光第纂　清同治六年(1867)刻本　八冊

620000－1144－0001959　K295.24/17
[同治]黄縣志十四卷首一卷末一卷　(清)尹繼美修　(清)王棠纂　清同治十年(1871)刻本　四冊

620000－1144－0001960　K292.54/40
[同治]稷山縣志十卷　(清)沈鳳翔修　(清)鄧嘉紳纂　清同治四年(1865)刻本　八冊

620000－1144－0001961　K295.34/2
[同治]上江兩縣志二十九卷首一卷　(清)莫祥芝修　(清)甘紹盤修　(清)王士鐸等纂　清同治十三年(1874)刻本　十二冊

620000－1144－0001962　K292.24/7
[同治]西甯新志十卷首一卷　(清)韓志超修　(清)楊篤纂　清光緒元年(1875)宏州書院刻本　四冊

620000－1144－0001963　K292.24/7
[同治]西甯新志十卷首一卷　(清)韓志超修　(清)楊篤纂　清光緒元年(1875)宏州書院刻本　四冊

620000－1144－0001964　K292.54/30
[同治]陽城縣志十八卷首一卷　(清)賴昌期修　(清)譚澐　(清)盧廷棻纂　清同治十三年(1874)刻本　八冊

620000－1144－0001965　K296.34/10
[同治]宜城縣志十卷　(清)程啓安修　(清)張炳鐘纂　清同治五年(1866)刻本　七冊

620000－1144－0001966　K292.54/13
[同治]榆次縣志十六卷首一卷末一卷　(清)俞世銓修　(清)王序賓纂　清同治二年(1863)鳳鳴書院刻本　八冊

620000－1144－0001967　K296.12/5
[同治]禹州志二十六卷增續二卷　(清)朱煒修　(清)姚椿等纂　(清)宮國勳增修　(清)楊景純　(清)趙甲祥增纂　清道光十五年(1835)刻同治九年(1870)增刻本　十二冊

620000－1144－0001968　K294.14/1
[熙寧]長安志二十卷圖三卷　(宋)宋敏求纂　(清)畢沅校　清光緒十七年(1891)思賢講舍刻本　四冊

620000－1144－0001969　K295.32/1
[咸豐]邳州志二十卷首一卷　(清)馬軼群修　(清)魯一同纂　清咸豐元年(1851)刻本　四冊

620000－1144－0001970　K292.54/16
[咸豐]太谷縣志八卷首一卷末一卷　(清)章青選　(清)汪和修　(清)章嗣衡纂　清咸豐五年(1855)刻本　八冊

620000－1144－0001971　K292.52/7
[咸豐]續甯武府志不分卷　(清)常文遴　(清)阿克達春纂修　清咸豐七年(1857)刻本　一冊

620000－1144－0001972　K294.14/17
[宣統]長武縣志十二卷　沈錫榮修　王錫璋　魚獻珍纂　清宣統二年(1910)學務公所印刷局鉛印本　四冊

620000－1144－0001973　K294.14/11
[宣統]重修涇陽縣志十六卷首一卷末一卷　劉懋官修　宋伯魯　周斯億纂　清宣統三年(1911)鉛印本　四冊

620000－1144－0001974　K294.14/44
[宣統]鄜縣志十八卷首一卷　(清)李帶雙修　沈錫榮增補　清宣統二年(1910)陝西圖書館鉛印本　四冊

620000－1144－0001975　K293.44/1
[宣統]西安縣志略十三卷　雷飛鵬等修　段盛梓等纂　清宣統三年(1911)石印本　二冊

620000－1144－0001976　K294.51/13
[宣統]新疆國界圖志六卷　王樹枏撰　清宣統元年(1909)王氏陶盧叢刻本　四冊

620000－1144－0001977　K294.51/15:2
[宣統]新疆山脈志六卷　王樹枏撰　清宣統新疆官書局鉛印本　六冊

620000－1144－0001978　K294.51/15
[宣統]新疆山脈志六卷　王樹枏撰　清宣統元年(1909)王氏陶盧叢刻本　四冊

620000－1144－0001979　K294.51/12:2
[宣統]新疆圖志一百十六卷首一卷　袁大化修　王樹枏　王學曾纂　清宣統三年(1911)木活字印本　一百七冊　缺九卷(建置一卷、藝文二至八,首一卷)

620000－1144－0001980　K294.51/12:2
[宣統]新疆圖志一百十六卷首一卷　袁大化修　王樹枏　王學曾纂　清宣統三年(1911)木活字印本　五十七冊　存六十卷(忠傑二卷、實業二卷、兵事一卷、祀典二卷、藝文一卷、古跡一卷、武功三卷、食貨四卷、民政三卷、賦稅二卷、金石一卷、山脈一卷、土壤一卷、道路五卷、奏議九卷、水道五卷、溝渠五卷、民政六卷、軍制二卷、物候一卷、交涉三卷)

620000－1144－0001981　K820.49/1
[宣統]新疆武功志三卷　袁大化修　王樹枏纂　清宣統三年(1911)刻本　二冊　存二卷(一、三)

620000－1144－0001982　K294.32/4
[宣統]新修固原直隸州志十一卷附錄一卷　王學伊修　錫麒纂　**新修硝河城志一卷**　楊修德纂　清宣統元年(1909)官報書局鉛印本　十二冊

620000－1144－0001983　K292.54/15
[雍正]遼州志八卷　(清)徐三俊修　(清)劉湜纂　清雍正十一年(1733)刻本　四冊

620000－1144－0001984　K292.54/31
[雍正]沁源縣志十卷首一卷　(清)韓瑛纂修　(清)王廷掄續纂　清康熙五十二年(1713)修雍正八年(1730)續修刻本　四冊

620000－1144－0001985　K294.11/1
[雍正]陝西通志一百卷首一卷　(清)劉於義修　(清)沈青崖纂　清雍正十三年(1735)刻本　一百冊

620000－1144－0001986　K292.52/4
[雍正]朔平府志十二卷　(清)劉士銘修　(清)王霷纂　清雍正十一年(1733)刻本　十冊

620000－1144－0001987　K292.54/6
[雍正]陽高縣志六卷　(清)房裔蘭修　(清)蘇之芬纂　清雍正七年(1729)刻本　四冊

620000－1144－0001988　K206.5/2
[雍正上諭]不分卷　(清)世宗胤禛撰　清雍正六年(1728)刻本　八冊

620000－1144－0001989　K294.14/24
[正德]朝邑縣志二卷　(明)王道修　(明)韓邦靖纂　清刻本　一冊

620000－1144－0001990　K294.14/24
[正德]朝邑縣志二卷　(明)王道修　(明)韓邦靖纂　清刻本　一冊

620000－1144－0001991　K294.14/50:3
[正德]重刊武功縣志四卷首一卷　(明)康海撰　清光緒二十年(1894)海昌許氏刻本　一冊

620000－1144－0001992　K294.14/49
[正德]武功縣志三卷　(明)康海纂修　清雍正十二年(1734)刻本　一冊

620000－1144－0001993　K294.14/50
[正德]武功縣志三卷首一卷　(明)康海纂　(清)孫景烈評注　(清)瑪星阿參訂　清光緒十三年(1887)張世英刻本　一冊

620000－1144－0001994　K294.14/50:2
[正德]武功縣志三卷首一卷　(明)康海纂修　清同治十二年(1873)湖北崇文書局刻本　一冊

620000－1144－0001995　K294.14/51
[正德]武功縣志四卷首一卷　(明)康海纂修　清道光八年(1828)刻本　四冊

620000－1144－0001996　K295.21/1
[至元]齊乘六卷附釋音一卷　(元)于欽纂修　清乾隆四十六年(1781)刻本　四冊

甘肅省蘭州市圖書館古籍普查登記目録

全國古籍普查登記目録

國家圖書館出版社
National Library of China Publishing House

《甘肅省蘭州市圖書館古籍普查登記目録》

編委會

620000－1102－0000001　492
八卦雜鈔一卷　(清)□□抄　清抄本　一册

620000－1102－0000002　496
八卦雜鈔一卷　(清)□□抄　清抄本　一册

620000－1102－0000003　180
八銘塾鈔二集六卷　(清)吳懋政輯　清同治八年(1869)刻本　五册

620000－1102－0000004　209
白虎通二卷　(漢)班固撰　清康熙刻本　二册

620000－1102－0000005　642
白衣高王觀音經一卷　(□)□□撰　清末刻本　一册

620000－1102－0000006　374
包羅萬象六卷　(清)□□撰　清光緒抄本　二册　存二卷(一、四)

620000－1102－0000007　3
保甲書四卷　(清)徐棟輯　清刻本　三册

620000－1102－0000008　493
保靖編一卷　(清)何維楷撰　清光緒十七年(1891)寶善堂刻本　一册

620000－1102－0000009　515
寶藏論一卷　(後秦)釋僧肇撰　清刻本　一册

620000－1102－0000010　721
北斗九皇新經註解三卷　(唐)呂嵓注　清光緒二十四年(1898)蘭州刻本　一册　存一卷(上)

620000－1102－0000011　724
北斗九皇新經註解三卷　(唐)呂嵓注　清光緒二十四年(1898)蘭州刻本　一册　存二卷(上、中)

620000－1102－0000012　725
北斗九皇新經註解三卷　(唐)呂嵓注　清光緒二十四年(1898)蘭州刻本　二册　存二卷(上、中)

620000－1102－0000013　517
北斗九皇新經註解三卷　(唐)呂嵓注　清光緒刻本　一册　存一卷(中)

620000－1102－0000014　771
備用藥物一卷經驗簡便良方一卷　(□)□□撰　清末蘭州官書局鉛印本　一册

620000－1102－0000015　490
本草綱目五十二卷　(明)李時珍撰　清刻本　一册　存二卷(九至十)

620000－1102－0000016　491
本草綱目五十二卷　(明)李時珍撰　清刻本　二十一册　存二十七卷(十四、十六至二十二、三十二至四十四、四十七至五十二)

620000－1102－0000017　520
辨同音字定字位章法一卷　(清)□□撰　清抄本　一册

620000－1102－0000018　498
博物新編三卷　(英國)合信撰　清咸豐五年(1855)上海墨海書館刻本　一册

620000－1102－0000019　522
駁案新編三十二卷續編十六卷　(清)全士潮等纂　清刻本　十七册　存三十八卷(駁案新編一至二十一、二十四至二十五、三十一，續編一至十二、十五至十六)

620000－1102－0000020　528
卜筮雜鈔一卷　(清)□□輯　清光緒抄本　一册

620000－1102－0000021　385
補過齋文牘戊集四卷　楊增新撰　清刻本　四册

620000－1102－0000022　102
補註洗冤錄集證六卷　(清)王又槐增輯　(清)李觀瀾補輯　(清)阮其新補注　清道光十五年(1835)刻本　四册

620000－1102－0000023　532
補註洗冤錄集證四卷作吏要言一卷　(清)王又槐增輯　(清)李觀瀾補輯　(清)阮其新補

注　清道光二十三年(1843)刻三色套印本　四册

620000－1102－0000024　541
才子西厢文一卷　(清)金人瑞評點　清鉛印本　一册

620000－1102－0000025　509
菜根譚一卷　(明)洪應明撰　清光緒三年(1877)刻本　一册

620000－1102－0000026　264
餐菊齋棋評一卷　(清)周鼎撰　清同治刻本　一册

620000－1102－0000027　263
餐菊齋棋評一卷　(清)周鼎撰　清同治刻本　一册

620000－1102－0000028　920
曹大家訓女四字經五卷　(漢)班昭撰　(清)張子輯　清刻本　一册

620000－1102－0000029　512
草字彙十二卷　(清)石梁輯　清道光五年(1825)刻本　一册　存一卷(一)

620000－1102－0000030　500
策府統宗六十五卷目録一卷　(清)劉昌齡輯　清光緒十五年(1889)珍藝書局鉛印本　十册　存二十卷(一至二、六至七、十二至十六、二十六至三十六)

620000－1102－0000031　149
策府統宗六十五卷目録一卷　(清)劉昌齡輯　清光緒石印本　二十册

620000－1102－0000032　851
策府統宗六十五卷目録一卷　(清)劉昌齡輯　清末鉛印本　十三册　存四十三卷(三至五、十至十一、十七至二十五、三十七至六十五)

620000－1102－0000033　495
策府統宗六十五卷目録一卷　(清)劉昌齡輯　清末石印本　一册　存一卷(三)

620000－1102－0000034　571
策學備纂三十二卷目録三十二卷首一卷　(清)蔡啓盛　(清)吴潁炎輯　清光緒二十六年(1900)上海點石齋石印本　四十六册

620000－1102－0000035　575
策學纂要正續編十六卷　(清)萬南泉等撰
日知録集釋三十二卷刊誤二卷續刊誤二卷　(清)黄汝成撰　清光緒十三年(1887)上海大同書局石印本　一册　存十二卷(策學纂要正續編十五至十六、日知録集釋二十七至三十二、刊誤二卷、續刊誤二卷)

620000－1102－0000036　546
禪源諸詮集都序四卷　(唐)釋宗密撰　清光緒十八年(1892)金陵刻經處刻本　一册

620000－1102－0000037　556
禪源諸詮集都序四卷　(唐)釋宗密撰　清光緒十八年(1892)金陵刻經處刻本　一册

620000－1102－0000038　420
陳氏毛詩五種三十七卷　(清)陳奂撰　清道光二十七年至咸豐九年(1847－1859)吴門南園陳氏掃葉山莊刻本　十一册

620000－1102－0000039　545
陳文恭公手札節要三卷　(清)陳弘謀撰　清光緒三十二年(1906)刻本　一册

620000－1102－0000040　560
程氏家塾讀書分年日程三卷綱領一卷　(元)程端禮撰　清光緒十八年(1892)蘭州督學節署刻本　一册　存一卷(三)

620000－1102－0000041　336
程氏考古編十卷　(宋)程大昌撰　(清)李調元校勘　清刻本　一册

620000－1102－0000042　540
程松崖先生眼科應驗良方一卷　(清)程玠撰　清光緒二年(1876)趙氏完璧堂刻本　一册

620000－1102－0000043　521
尺牘含芳四卷　(清)紉裳居士輯　清嘉慶二十四年(1819)刻本　四册

620000－1102－0000044　401

尺木堂綱鑑易知錄九十二卷 （清）吳乘權等輯　清康熙刻本　三十六册　存七十九卷（一至三十七、五十一至九十二）

620000－1102－0000045　557
尺木堂綱鑑易知錄九十二卷 （清）吳乘權等輯　清康熙五十年（1711）刻本　十九册　存三十九卷（一至十三、十六至二十八、八十至九十二）

620000－1102－0000046　60
尺木堂綱鑑易知錄九十二卷明鑑易知錄十五卷 （清）吳乘權等輯　清光緒二十七年（1901）刻本　十五册　缺六卷（八十七至九十二）

620000－1102－0000047　559
尺木堂綱鑑易知錄九十二卷御纂資治通鑑綱目三編二十卷 （清）吳乘權等輯　（清）張廷玉等續纂　清刻本　二十四册　存七十二卷（綱鑑易知錄二十八至七十九、御纂資治通鑑綱目三編二十卷）

620000－1102－0000048　537
沖虛至德真經八卷 （晋）張湛注　（唐）殷敬順釋文　清嘉慶九年（1804）姑蘇聚文堂刻本　二册

620000－1102－0000049　11
重訂寄嶽雲齋試帖箋註四卷 （清）張眉山撰　清道光二十二年（1842）刻本　四册

620000－1102－0000050　917
重訂傷寒集註十卷附五卷 （清）舒詔撰　清刻本　一册　存七卷（一至七）

620000－1102－0000051　996
重訂詩經衍義合參集註八卷 （清）江環輯　（清）黃文煥定　清道光二十六年（1846）天德堂刻本　四册

620000－1102－0000052　89
重訂事類賦三十卷重訂廣事類賦四十卷 （宋）吳淑撰注　（清）華希閔增廣　（清）華希閎重訂　清刻本　十六册

620000－1102－0000053　604
重訂王鳳洲先生綱鑑會纂四十六卷 （明）王世貞纂　清刻本　十册　存二十卷（十三至二十二、三十至三十九）

620000－1102－0000054　608
重訂王鳳洲先生綱鑑會纂四十六卷 （明）王世貞纂　清末刻本　十三册　存十九卷（十二至十九、二十二至二十三、三十至三十八）

620000－1102－0000055　650
重訂王鳳洲先生會纂綱鑑四十六卷 （明）王世貞纂　清末刻本　五册　存七卷（二十三至二十九）

620000－1102－0000056　913
重訂文選集評十五卷首一卷末一卷 （南朝梁）蕭統選　（清）于光華編　清刻本　四册　存四卷（九至十一、十三）

620000－1102－0000057　999
重訂文選集評十五卷首一卷末一卷 （南朝梁）蕭統選　（清）于光華編　清刻本　四册　存五卷（八、十二、十四至十五，末一卷）

620000－1102－0000058　198
重訂文選集評十五卷首一卷末一卷 （南朝梁）蕭統選　（清）于光華編　清咸豐八年（1858）刻本　十二册

620000－1102－0000059　968
重訂小學纂註六卷 （清）高愈撰　清嘉慶十九年（1814）鼇峯書院刻本　二册

620000－1102－0000060　783
重鐫增訂敬信錄身世金箴合編二卷 （清）金運昌輯　清光緒八年（1882）刻本　二册

620000－1102－0000061　915
重刊補註洗冤錄集證五卷 （清）王又槐輯　（清）孫光烈參閱　（清）王又梧校訂　清道光十七年（1837）刻三色套印本　四册

620000－1102－0000062　753
重刊宋本十三經註疏附校勘記十三種四百十六卷 （清）阮元校　清嘉慶二十年（1815）南

昌府學刻本　一百三十七册　存三百三十四卷(周易二十卷,周禮四十二卷,儀禮五十卷,左傳一至二、五至七、十至十一、二十五至二十八、四十一至五十一、五十七至六十,公羊二十八卷,穀梁一至二十,論語一至五、十一至二十,孝經九卷,孟子一至九、十三至十四,禮記六十三卷,尚書二十卷,毛詩一至二十,爾雅十卷)

620000－1102－0000063　813
重刻萁元奇門遁甲旬解煙波釣叟歌四卷　(宋)趙普等撰　清刻本　二册　存二卷(一、四)

620000－1102－0000064　581
重刻添補傳家寶俚言新本初集八卷首一卷二集八卷三集八卷四集八卷　(清)石成金撰　清刻本　一册　存二卷(初集一、首一卷)

620000－1102－0000065　809
重樓玉鑰兩卷　(清)鄭宏綱撰　清光緒二十五年(1899)留清堂刻本　一册

620000－1102－0000066　1070
重校十三經不貳字一卷　(清)李鴻藻輯　清光緒九年(1883)文林書坊刻本　一册

620000－1102－0000067　402
初學行文語類四卷　(清)孫埏輯　清嘉慶十二年(1807)刻本　四册

620000－1102－0000068　403
初學行文語類四卷　(清)孫埏輯　清嘉慶十一年(1806)刻本　四册

620000－1102－0000069　153
初學行文語類四卷　(清)孫埏輯　清乾隆四十四年(1779)刻本　一册

620000－1102－0000070　497
初學行文語類四卷　(清)孫埏輯　清乾隆四十四年(1779)致和堂刻本　三册　存三卷(一至三)

620000－1102－0000071　598
傳家訓讀一卷　(清)□□輯　清光緒三十年(1904)刻本　一册

620000－1102－0000072　174
春秋公羊傳十二卷　(明)閔齊伋裁注　明天啓元年(1621)刻本　四册

620000－1102－0000073　161
春秋公羊傳十二卷　(明)閔齊伋裁注　明天啓元年(1621)刻本　四册

620000－1102－0000074　162
春秋公羊傳十二卷　(明)閔齊伋裁注　清乾隆五十八年(1793)刻本　四册

620000－1102－0000075　165
春秋穀梁傳十二卷　(□)□□評注　清刻本　四册

620000－1102－0000076　168
春秋穀梁傳十二卷　(□)□□評注　清乾隆五十八年(1793)刻本　四册

620000－1102－0000077　164
春秋穀梁傳十二卷　(□)□□評注　清乾隆五十八年(1793)刻本　四册

620000－1102－0000078　244
春秋穀梁傳註疏二十卷　(晉)范甯注　(唐)楊士勛疏　明崇禎刻本　四册　存十四卷(一至四、八至十七)

620000－1102－0000079　842
春秋三傳十六卷首一卷　(晉)杜預注　(唐)陸德明音義　清同治十年(1871)刻本　一册　存一卷(首一卷)

620000－1102－0000080　298
春秋三傳十六卷首一卷釋文音義十六卷　(晉)杜預注　(唐)陸德明音義　清光緒十六年(1890)刻本　十四册　缺五卷(春秋三傳二、四、六、十三、十六)

620000－1102－0000081　297
春秋三傳十六卷首一卷釋文音義十六卷　(晉)杜預注　(唐)陸德明音義　清同治十年(1871)刻本　十一册　缺二卷(春秋三傳一至二)

620000－1102－0000082　527
春秋三十卷　（宋）胡安國傳　清乾隆刻本　六冊

620000－1102－0000083　530
春秋十六卷首一卷　（晉）杜預注　（唐）陸德明音義　清光緒十六年（1890）刻本　四冊　存六卷（十一至十六）

620000－1102－0000084　381
春秋左傳類聯四卷　（清）王一清編注　清乾隆四十四年（1779）藜照堂刻本　二冊

620000－1102－0000085　534
春秋左傳三十卷首一卷　（晉）杜預注　（唐）陸德明音義　（宋）林堯叟補注　（清）馮李驊集解　清刻本　四冊　存十卷（九至十一、十七至十九、二十七至三十）

620000－1102－0000086　513
春秋左傳五十卷　（晉）杜預注　（唐）陸德明音義　（宋）林堯叟補注　（明）鍾惺等評　清刻本　三冊　存三十七卷（十二至二十五、二十八至五十）

620000－1102－0000087　529
春秋左傳五十卷　（晉）杜預注　（唐）陸德明音義　（宋）林堯叟補注　（明）鍾惺等評　清刻本　十六冊

620000－1102－0000088　396
春秋左傳五十卷　（晉）杜預注　（唐）陸德明音義　（宋）林堯叟補注　（明）鍾惺等評　清刻本　三冊

620000－1102－0000089　536
春秋左傳五十卷提要一卷　（晉）杜預注　（唐）陸德明音義　（宋）林堯叟補注　（明）鍾惺等評　清刻本　八冊　存二十六卷（一至二十六）

620000－1102－0000090　120
春秋左傳注疏六十卷　（晉）杜預注　（唐）孔穎達疏　清乾隆四年（1739）刻本　二十冊

620000－1102－0000091　586
蠢子數二卷　（宋）邵雍撰　清末刻本　二冊

620000－1102－0000092　345
從政遺規二卷　（清）陳弘謀輯　清道光六年（1826）刻本　二冊

620000－1102－0000093　133
達生編二卷　（清）亟齋居士注　清光緒刻本　一冊

620000－1102－0000094　592
大佛頂如來密因修證了義諸菩薩萬行首楞嚴經纂註十卷首一卷末一卷　（唐）釋般剌密帝譯　（唐）釋彌伽釋迦譯　（明）釋真界纂注　清末刻本　二冊　存四卷（三至四、七至八）

620000－1102－0000095　942
大清重刻龍藏彙記一卷　（清）釋超盛等編　清同治九年（1870）金陵刻經處刻本　一冊

620000－1102－0000096　943
大清重刻龍藏彙記一卷　（清）釋超盛等編　清同治九年（1870）金陵刻經處刻本　三冊

620000－1102－0000097　984
大清重刻龍藏彙記一卷　（清）釋超盛等編　清同治九年（1870）金陵刻經處刻本　一冊

620000－1102－0000098　1050
大清重刻龍藏彙記一卷　（清）釋超盛等編　清同治九年（1870）金陵刻經處刻本　一冊

620000－1102－0000099　335
大清重刻龍藏彙記一卷　（清）釋超盛等編　清同治九年（1870）金陵刻經處刻本　一冊

620000－1102－0000100　86
大清重刻龍藏彙記一卷　（清）釋超盛等編　清同治九年（1870）金陵刻經處刻本　一冊

620000－1102－0000101　499
大清搢紳全書四卷　（清）□□輯　清光緒二十五年（1899）榮錄堂刻本　四冊

620000－1102－0000102　49
大清律例彙輯便覽四十卷　（清）定壽纂修　清同治十二年（1873）刻本　四十冊

620000－1102－0000103　239
大清一統志輯要五十卷　(清)洪亮吉纂修　清光緒石印本　六册　存二十四卷(十四至十六、二十一至二十六、三十一至三十八、四十三、四十五至五十)

620000－1102－0000104　518
大題觀海初集不分卷二集不分卷　(清)□□輯　清末石印本　二十一册

620000－1102－0000105　58
大文堂綱鑑易知錄九十二卷　(清)吳乘權輯　清康熙刻本　四十三册　缺一卷(二十八)

620000－1102－0000106　554
大學考義問答一卷　(清)□□撰　清光緒二十七年(1901)鉛印本　一册

620000－1102－0000107　514
大學衍義四十三卷　(宋)真德秀撰　清光緒二十七年(1901)上海書局石印本　六册

620000－1102－0000108　555
大學直解二卷　(清)王建常撰　清同治十二年(1873)刻本　一册

620000－1102－0000109　552
大學中庸引端增補燕說二卷　(清)劉忠輯　(清)劉麗中增補　清光緒十年(1884)劉生香齋刻本　一册

620000－1102－0000110　951
戴氏遺書十五種一百卷　(清)戴震撰　清乾隆孔氏微波榭刻本　六册　存三十二卷(水地記一,考工圖一至二,方言疏證一至十三,文集七至十,聲類表一至九、首一卷,續天文略一至二)

620000－1102－0000111　92
淡廑子養元記一卷　(清)張鑑三撰　清光緒十四年(1888)刻本　一册

620000－1102－0000112　817
道德經評註二卷　(漢)河上公注　清嘉慶九年(1804)姑蘇聚文堂刻十子全書本　一册

620000－1102－0000113　589
道生堂小題制藝初集一卷二集一卷三集一卷　(清)鍾聲撰　清光緒十三年(1887)刻本　一册　存一卷(道生堂小題制藝初集一卷)

620000－1102－0000114　597
登壇必究四十卷　(明)王鳴鶴輯　明萬曆刻本　九册　存十七卷(遏盜一、百戰一、戰地一、謀主一、祭禱一、醫藥一、奏疏一至四、福建事宜一、廣東事宜一、兵柄一、將權一、將帥一、漕河一、漕運一)

620000－1102－0000115　599
弟子職女戒居家雜儀三書一卷　(清)賀瑞麟輯　清光緒八年(1882)刻本　一册

620000－1102－0000116　510
第六才子書西廂記八卷　(元)王實甫撰　(清)金人瑞評點　清刻朱墨套印本　一册　存一卷(八)

620000－1102－0000117　1072
點石齋畫報一卷　(清)點石齋編　清光緒十一年(1885)石印本　一册

620000－1102－0000118　29
東湖草堂賦鈔十四卷　(清)程祥棟輯　清光緒三年(1877)刻本　十二册

620000－1102－0000119　601
東華錄三十二卷　(清)蔣良騏輯　清道光刻本　三册　存三卷(六至八)

620000－1102－0000120　214
東萊博議四卷　(宋)呂祖謙撰　(清)張明德評點　清嘉慶刻本　四册

620000－1102－0000121　531
東萊博議四卷　(宋)呂祖謙撰　清末刻本　四册

620000－1102－0000122　547
東萊博議四卷　(宋)呂祖謙撰　清末刻本　二册　存二卷(三至四)

620000－1102－0000123　243
東萊博議四卷虛字註釋備考六卷　(宋)呂祖謙撰　(清)張明德評點　清光緒刻本　二册

620000－1102－0000124　104
東萊先生音註唐鑑二十四卷　(宋)范祖禹撰　(宋)吕祖謙注　清同治刻本　四册

620000－1102－0000125　549
東萊先生左氏博議二十五卷　(清)紀昀等纂　清光緒八年(1882)刻本　五册　存二十一卷(一至八、十三至二十五)

620000－1102－0000126　182
東萊先生左氏博議二十五卷　(清)紀昀等纂　清光緒八年(1882)刻本　六册

620000－1102－0000127　508
東萊先生左氏博議二十五卷首一卷末一卷　(清)紀昀等纂　清末鉛印本　四册

620000－1102－0000128　983
東周列國志二十七卷首一卷　(清)蔡界評點　清末上海錦章圖書局石印本　八册　存十四卷(一至十三、首一卷)

620000－1102－0000129　587
董公選司天臺秘法的本一卷　(清)蔣雲輯　清末刻本　一册

620000－1102－0000130　558
痘疹定論四卷　(清)朱純嘏輯　清道光元年(1821)英華堂刻本　四册

620000－1102－0000131　562
痘疹管見賦一卷　(清)張振濯撰　清咸豐九年(1859)刻本　一册

620000－1102－0000132　570
痘疹管見賦一卷　(清)張振濯撰　清咸豐九年(1859)刻本　一册

620000－1102－0000133　572
讀律心得三卷蜀僚問答二卷　(清)劉衡纂輯　**漁陽山人手鏡一卷**　(清)王士禛撰　**代直隸總督勸諭牧令文一卷**　(清)黄輔辰撰　清咸豐刻本　一册

620000－1102－0000134　526
讀史方輿紀要一百三十卷輿圖要覽四卷　(清)顧祖禹撰　(清)彭元瑞校定　清嘉慶敷文閣刻本　三十册　存五十九卷(一至五、十四至二十四、二十七至四十六、五十二、六十一至六十三、六十六至六十九、八十九至九十四、一百八至一百十二、一百二十五至一百二十七,輿圖要覽一)

620000－1102－0000135　577
讀書鐙一卷　鄒福保纂　清宣統三年(1911)甘肅存古學堂刻本　一册

620000－1102－0000136　303
讀書雜誌八十二卷餘編二卷　(清)王念孫撰　清刻本　十八册　存六十四卷(逸周書四卷、戰國策三卷、史記六卷、漢書十六卷、管子十二卷、晏子二卷、淮南内篇五至二十二、漢隸拾遺一卷,餘編二卷)

620000－1102－0000137　378
讀書作文譜十二卷父師善誘法二卷　(清)唐彪輯　清經國堂刻本　四册

620000－1102－0000138　195
讀通鑑論三十卷　(清)王夫之撰　清光緒石印本　六册

620000－1102－0000139　85
讀通鑑論三十卷末一卷　(清)王夫之撰　清同治四年(1865)刻本　十八册

620000－1102－0000140　505
讀通鑑論十卷首一卷末一卷宋論五卷末一卷　(清)王夫之撰　清光緒二十八年(1902)上海慎記書莊石印本　四册　存十卷(讀通鑑論一至二、五至七,首一卷;宋論三至五、末一卷)

620000－1102－0000141　501
杜雲川先生讀史論略□□卷　(清)杜詔撰　(清)李應染訂　清咸豐九年(1859)刻本　一册　存一卷(上)

620000－1102－0000142　584
垩室録感一卷　(清)李顒撰　(清)楊筠校録　清道光八年(1828)刻本　一册

620000－1102－0000143　578

爾雅鈔一卷 (□)□□抄 清抄本 一冊

620000－1102－0000144 280

爾雅郭注義疏二十卷 (晉)郭璞注 (清)郝懿行疏 清光緒七年(1881)刻朱墨套印本 八冊

620000－1102－0000145 341

爾雅蒙求二卷 (清)李拔式撰 清同治十二年(1873)味經書院刻本 二冊

620000－1102－0000146 569

爾雅註疏十一卷 (晉)郭璞注 (宋)邢昺疏 清乾隆十三年(1748)刻本 三冊 存五卷(一至五)

620000－1102－0000147 134

二曲全集二十六卷四書反身錄七卷首一卷 (清)李顒撰 清光緒二十六年(1900)刻本 八冊

620000－1102－0000148 573

二曲擇要一卷 (清)李顒撰 清光緒十八年(1892)馬忠信堂刻本 一冊

620000－1102－0000149 119

二如亭群芳譜二十九卷首一卷 (明)王象晉纂 明刻本 二十四冊

620000－1102－0000150 273

二十五子不分卷 (清)□□輯 清光緒石印本 七冊

620000－1102－0000151 37

二十一史約編不分卷 (清)鄭元慶撰 清雍正刻本 八冊

620000－1102－0000152 275

二酉堂叢書二十一種三十一卷 (清)張澍輯 清道光元年(1821)刻本 十二冊

620000－1102－0000153 566

樊山公牘三卷 樊增祥撰 清光緒二十年(1894)刻本 三冊

620000－1102－0000154 594

樊山公牘三卷 樊增祥撰 清光緒二十年(1894)刻本 三冊

620000－1102－0000155 591

樊山批判十四卷 樊增祥撰 清光緒二十二年(1896)刻本 七冊

620000－1102－0000156 114

樊山批判十四卷 樊增祥撰 清光緒二十三年(1897)刻本 七冊

620000－1102－0000157 583

樊山政書二十卷 樊增祥撰 清宣統二年(1910)刻本 六冊 存六卷(一至六)

620000－1102－0000158 588

樊山政書二十卷 樊增祥撰 清宣統二年(1910)刻本 六冊 存六卷(一至六)

620000－1102－0000159 606

梵網經心地品菩薩戒義疏發隱五卷 (後秦)釋鳩摩羅什譯 (隋)釋智者大師疏 (明)釋袾宏發隱 清光緒二十五年(1899)刻本 四冊

620000－1102－0000160 245

方輿志十二卷 (清)常毓坤修 (清)李開甲纂 清光緒刻本 四冊

620000－1102－0000161 261

防心集五卷 (清)陳育仁輯 清咸豐五年(1855)刻本 五冊

620000－1102－0000162 1102

放生儀一卷戒殺放生文一卷 (明)釋袾宏輯 清光緒十八年至二十五年(1892－1899)金陵刻經處刻本 一冊

620000－1102－0000163 302

分類尺牘備覽三十卷 (清)王虎榜輯 清鴻寶齋石印本 八冊

620000－1102－0000164 301

分類尺牘備覽三十卷 (清)王虎榜輯 清鴻寶齋石印本 八冊

620000－1102－0000165 676

分類代言四卷 (清)爾爾埜人輯 清刻本 二冊

620000－1102－0000166 631

分類賦鵠十二卷首一卷　(清)飲香居士編　(清)白下慵隱子注　清末石印本　二册　存二卷(一、首一卷)

620000－1102－0000167　603
分類詳註飲香尺牘四卷首一卷　(清)飲香居士編　(清)白下慵隱子注　清末刻本　一册　存一卷(二)

620000－1102－0000168　580
分類字錦六十四卷　(清)何焯等纂　清早期刻本　八册　存八卷(五十七至六十四)

620000－1102－0000169　596
分韻撮要字彙四卷　(清)温儀鳳輯　清晚期刻本　一册

620000－1102－0000170　626
風角書八卷　(清)張爾岐撰　清道光十四年(1834)刻本　二册

620000－1102－0000171　615
佛説觀彌勒菩薩上生兜率陀天經一卷　(南朝宋)沮渠京聲譯　清光緒三年(1877)金陵刻經處刻本　一册

620000－1102－0000172　618
佛説觀彌勒菩薩上生兜率陀天經一卷　(南朝宋)沮渠京聲譯　清光緒三年(1877)金陵刻經處刻本　一册

620000－1102－0000173　494
佛説無量壽經義疏六卷　(三國魏)釋康僧鎧譯　(晉)釋慧遠疏　清光緒二十年(1894)金陵刻經處刻本　一册　存四卷(三至六)

620000－1102－0000174　622
佛遺教經論疏節要一卷　(後秦)釋鳩摩羅什譯　(宋)釋淨源節要　(明)釋袾宏補注　清光緒二十四年(1898)金陵刻經處刻本　一册

620000－1102－0000175　392
敷文鄭氏書説二十六篇洪範統一一卷孟子外書四卷續孟子二卷伸蒙子三卷廣成子解一卷　(宋)鄭朴撰　清咸豐刻本　一册

620000－1102－0000176　299
福惠全書三十二卷　(清)黄六鴻撰　清文英堂刻本　十二册

620000－1102－0000177　576
父師善誘法二卷讀書作文譜十二卷　(清)唐彪輯　清末刻本　一册

620000－1102－0000178　538
附釋音春秋左傳注疏六十卷校勘記六十卷　(晉)杜預注　(唐)陸德明音義　(唐)孔穎達疏　清刻本　三册　存十二卷(三至四、二十一至二十四,校勘記三至四、二十一至二十四)

620000－1102－0000179　757
附釋音禮記注疏六十三卷　(漢)鄭玄注　(唐)孔穎達疏　(唐)陸德明音義　清嘉慶二十年(1815)南昌府學刻本　九册　存二十三卷(十八至四十)

620000－1102－0000180　525
附釋音禮記注疏六十三卷　(漢)鄭玄注　(唐)孔穎達疏　(唐)陸德明音義　清末石印本　一册　存十八卷(四十六至六十三)

620000－1102－0000181　234
附釋音毛詩注疏十二卷　(漢)毛亨傳　(漢)鄭玄箋　(唐)孔穎達疏　(唐)陸德明音義　清道光刻本　二十一册

620000－1102－0000182　758
附釋音周禮注疏四十二卷　(唐)賈公彦疏　(唐)陸德明釋文　(清)阮元校勘　(清)盧宣旬摘錄　清嘉慶二十年(1815)南昌府學刻本　八册　存二十三卷(一至二十三)

620000－1102－0000183　612
富文堂綱鑑易知錄九十二卷　(清)周之炯　(清)吴乘權　(清)周之燦輯　清刻本　十七册　存三十五卷(十一至三十三、三十六至三十七、六十三至七十二)

620000－1102－0000184　229
賦鈔箋略十五卷　(清)姚培謙重訂　清宣統刻本　八册

620000－1102－0000185　132
甘肅己卯科鄉試同闈錄一卷　(清)□□輯　清光緒五年(1879)刻本　一冊

620000－1102－0000186　117
甘肅鄉試闈墨四卷　(清)□□輯　清光緒刻本　四冊

620000－1102－0000187　35
綱鑑會纂三十九卷首一卷　(明)王世貞輯　清乾隆刻本　四十二冊

620000－1102－0000188　916
綱鑑總論二卷　(清)周道卿輯　清光緒二十八年(1902)刻本　二冊

620000－1102－0000189　242
綱鑑總論二卷　(清)周道卿輯　清光緒二十七年(1901)石印本　二冊

620000－1102－0000190　805
高安三傳合編五十六卷　(清)朱軾　(清)蔡世遠輯　清同治三年(1864)刻本　一冊　存二卷(歷代名儒傳一至二)

620000－1102－0000191　633
高厚蒙求初集一卷二集一卷三集四卷四集三卷五集一卷　(清)徐朝俊纂　清道光九年(1829)刻本　一冊　存一卷(五集一卷)

620000－1102－0000192　899
杲溪詩經補注二卷　(清)戴震撰　清刻本　一冊

620000－1102－0000193　199
格物入門六卷　(美國)丁韙良撰　清光緒二十一年(1895)石印本　四冊

620000－1102－0000194　620
格言聯璧一卷　(清)金纓輯　清光緒四年(1878)刻本　一冊

620000－1102－0000195　50
庚辰集五卷　(清)紀昀撰　清嘉慶八年(1803)刻本　六冊

620000－1102－0000196　112
公穀傳選一卷　(清)儲欣評　清乾隆三十八年(1773)刻本　一冊

620000－1102－0000197　175
公羊穀梁春秋合編附註疏纂十二卷　(漢)何休注　(晉)范甯集解　(唐)楊士勛疏　清乾隆五十八年(1793)刻本　四冊

620000－1102－0000198　46
觚賸八卷續編四卷　(清)鈕琇輯　清宣統三年(1911)上海國學扶輪社石印本　六冊

620000－1102－0000199　221
古今史論大觀前編十五卷後編十七卷　(清)雷瑨輯　清光緒二十七年(1901)硯耕山莊石印本　十冊

620000－1102－0000200　644
古事比五十二卷　(清)方中德撰　清光緒三十一年(1905)上海點石齋石印本　六冊

620000－1102－0000201　628
古唐詩合解十二卷古詩四卷　(清)王堯衢注　清光緒七年(1881)刻本　二冊　存六卷(古唐詩合解三至四、古詩四卷)

620000－1102－0000202　625
古唐詩合解十二卷古詩四卷　(清)王堯衢注　清刻本　三冊　存九卷(古唐詩合解三至七、古詩四卷)

620000－1102－0000203　617
古文詞略讀本二十四卷　(清)梅曾亮輯　清末鉛印本　三冊　存十六卷(一至十、十九至二十四)

620000－1102－0000204　293
古文辭類纂七十四卷　(清)姚鼐纂　清光緒十年(1884)吳縣朱氏行素草堂刻本　十二冊

620000－1102－0000205　74
古文觀止十二卷　(清)吳乘權　(清)吳大職撰　清光緒二十七年(1901)刻本　六冊

620000－1102－0000206　613
古文析義六卷二編八卷　(清)林雲銘評注　清嘉慶刻本　十四冊

620000－1102－0000207　368

古文析義六卷二編八卷　(清)林雲銘評注　清刻本　十四冊

620000－1102－0000208　665
古文雅正十四卷　(清)蔡世遠選評　清光緒二十一年(1895)周正誼堂刻本　八冊

620000－1102－0000209　43
古文雅正十四卷　(清)蔡世遠選評　清同治七年(1868)刻本　八冊

620000－1102－0000210　296
古文雅正十四卷三通序三卷　(清)蔡世遠選評　清嘉慶九年(1804)陜甘學政刻本　六冊

620000－1102－0000211　295
古文雅正十四卷三通序三卷　(清)蔡世遠選評　清嘉慶九年(1804)陜甘學政刻本　六冊

620000－1102－0000212　667
古文雅正十四卷三通序三卷　(清)蔡世遠選評　清嘉慶九年(1804)陜甘學政刻本　六冊

620000－1102－0000213　669
古文雅正十四卷三通序三卷　(清)蔡世遠選評　清嘉慶九年(1804)陜甘學政刻本　六冊

620000－1102－0000214　760
古文雅正十四卷三通序三卷　(清)蔡世遠選評　清嘉慶九年(1804)陜甘學政刻本　二冊　存三卷(三通序三卷)

620000－1102－0000215　685
古賢桃花女周公講論鎮書二卷太上感應秘法靈符一卷新刻雷霆玄機驅諴邪精要訣一卷　(清)王東山等撰　清初刻本　一冊

620000－1102－0000216　678
古香齋鑒賞袖珍史記一百三十卷　(漢)司馬遷撰　(南朝宋)裴駰集解　(唐)司馬貞索隱　(唐)張守節正義　清刻本　十五冊　存八十七卷(四十三至一百十、一百十二至一百三十)

620000－1102－0000217　1059
關聖帝君聖蹟圖誌全集五卷　(清)盧湛編　清嘉慶七年(1802)刻本　六冊

620000－1102－0000218　379
關中書院課士賦不分卷　(清)路德評選　清道光刻本　六冊

620000－1102－0000219　640
廣事類賦四十卷　(清)華希閔撰　(清)鄒兆升參　清刻本　十冊

620000－1102－0000220　904
廣事類賦四十卷　(清)華希閔撰　(清)鄒兆升參　清刻本　八冊

620000－1102－0000221　652
廣續方言拾遺一卷　(清)程先甲撰　清宣統二年(1910)江寧程先甲刻本　一冊

620000－1102－0000222　655
廣訓衍義不分卷　(□)□□編　清光緒七年(1881)成都陜甘公所刻本　四冊

620000－1102－0000223　647
廣治平略三十六卷續八卷　(清)蔡方炳輯　清末刻本　一冊　存六卷(十三至十八)

620000－1102－0000224　646
廣治平略正集三十六卷續集八卷　(清)蔡方炳輯　清光緒十六年(1890)上海廣百宋齋鉛印本　六冊

620000－1102－0000225　657
國朝律賦新機初集一卷二集一卷餘集四卷　(清)孫理評輯　(清)胡金栻注　(清)胡玉樹注　(清)華文杏續輯　清嘉慶二十一年至二十四年(1816－1819)刻本　四冊

620000－1102－0000226　673
國朝先正事略六十卷　(清)李元度纂　清末鉛印本　七冊　缺四卷(一至四)

620000－1102－0000227　674
國朝先正事略六十卷　(清)李元度纂　清同治五年(1866)循陔草堂刻本　十六冊　存三十一卷(一至三十一)

620000－1102－0000228　93
國朝先正事略六十卷　(清)李元度纂　清同治五年(1866)循陔草堂刻本　二十四冊

620000－1102－0000229　109
國朝先正事略六十卷首一卷　(清)李元度纂　清光緒十二年(1886)鉛印本　十冊

620000－1102－0000230　533
國語補音三卷　(宋)宋庠撰　清乾隆孔氏刻微波榭叢書本　一冊

620000－1102－0000231　13
果齋一隙記四卷　劉爾炘撰　清宣統二年(1910)刻本　二冊

620000－1102－0000232　623
海昌二妙集三卷首一卷　(清)浮曇末齋輯　清刻本　二冊　存二卷(中至下)

620000－1102－0000233　18
海上名人畫稿一卷　(清)同文書局編　清光緒十一年(1885)同文書局石印本　一冊

620000－1102－0000234　348
韓非子二十卷　(漢)高誘注　清嘉慶九年(1804)聚文堂刻本　四冊

620000－1102－0000235　882
漢晉史日記摘錄不分卷　慕壽祺輯　清光緒三十一年(1905)刻本　二冊

620000－1102－0000236　929
合纂四書彙通二十七卷　(清)李載禮纂　清康熙二十八年(1689)紹啓堂刻本　十七冊　存二十四卷(一至二十四)

620000－1102－0000237　629
紅樓夢傳奇八卷　(清)陳鍾麟撰　清刻本　三冊　存六卷(三至八)

620000－1102－0000238　145
鴻雪因緣圖記三卷　(清)白見亭撰　清光緒石印本　六冊

620000－1102－0000239　638
後漢書一百二十卷　(南朝宋)范曄撰　(唐)李賢注　清末刻本　二十六冊

620000－1102－0000240　63
後漢書一百二十卷　(南朝宋)范曄撰　(唐)李賢注　清同治十年(1871)刻本　二十八冊

620000－1102－0000241　22
胡氏榮哀錄二卷　(明)胡纘宗輯　明刻本　一冊

620000－1102－0000242　254
胡文忠公遺集八十六卷　(清)胡林翼撰　(清)鄭敦謹編　(清)曾國荃輯　清同治刻本　三十二冊

620000－1102－0000243　72
胡文忠公遺集八十六卷　(清)胡林翼撰　(清)鄭敦謹編　(清)曾國荃輯　清同治刻本　三十二冊

620000－1102－0000244　207
胡文忠公遺集八十六卷首一卷　(清)胡林翼撰　(清)鄭敦謹編　(清)曾國荃輯　清同治六年(1867)黃鶴樓刻本　三十二冊

620000－1102－0000245　801
華嚴念佛三昧論一卷　(清)彭際清述　清刻本　一冊

620000－1102－0000246　881
華嚴念佛三昧論一卷　(清)彭際清述　清刻本　一冊

620000－1102－0000247　837
華嚴普賢行願修證儀二卷　(宋)釋淨源撰　清刻本　一冊

620000－1102－0000248　1066
華嚴普賢行願修證儀二卷　(宋)釋淨源撰　清刻本　一冊

620000－1102－0000249　111
華嶽志八卷首一卷　(清)李榕輯　清道光十一年(1831)楊翼武清白別墅刻光緒三十年(1904)補刻本　四冊

620000－1102－0000250　645
華祖真君內科神籤一卷　(□)□□撰　清末抄本　一冊

620000－1102－0000251　634
淮南子二十一卷　(漢)劉安撰　(漢)高誘注　清刻本　五冊　存十八卷(四至二十一)

620000－1102－0000252　279
淮南子二十一卷　(漢)劉安撰　(漢)高誘注　清刻本　四册　存十七卷(五至二十一)

620000－1102－0000253　643
換骨篇一卷　(□)□□撰　清同治八年(1869)刻本　一册

620000－1102－0000254　614
皇朝經世文編一百二十卷姓名總目二卷　(清)賀長齡輯　清末鉛印本　十八册　存九十三卷(一至七十四、九十九至一百十五,姓名總目二卷)

620000－1102－0000255　75
皇朝經世文編一百二十卷姓名總目二卷　(清)賀長齡輯　清同治十二年(1873)刻本　十册

620000－1102－0000256　206
皇朝一統輿地全圖一卷　(清)□□撰　清光緒石印本　一册

620000－1102－0000257　208
黃帝内經素問九卷　(清)張志聰集注　(清)莫承藝參訂　(清)朱景韓校正　清刻本　八册

620000－1102－0000258　187
黃氏醫書八種八十卷　(清)黃元御撰　清乾隆十八年(1753)刻本　十二册　缺十六卷(傷寒懸解十四卷、首一卷、末一卷)

620000－1102－0000259　663
回生方一卷醫醫卮言一卷　(清)王潩撰　清光緒二十八年(1902)刻本　一册

620000－1102－0000260　641
會試硃卷(同治辛未科)一卷　(清)□□編　清末刻本　一册

620000－1102－0000261　337
會心内集二卷外集二卷　(清)劉一明撰　清嘉慶六年(1801)趙存貞刻本　四册

620000－1102－0000262　648
繪圖識字實在易不分卷二十期　施崇恩編　清光緒三十一年(1905)京師大學堂石印本　三册　存十二期(一至十二)

620000－1102－0000263　1091
繪圖自由鏡不分卷三十四章　蔣景緘撰　清宣統二年(1910)時事報社石印本　二册　缺八章(一至八)

620000－1102－0000264　671
積古齋鐘鼎彝器款識十卷　(清)阮元編　清光緒三十三年(1907)醉二堂石印本　一册　存二卷(一至二)

620000－1102－0000265　83
積古齋鐘鼎彝器款識十卷　(清)阮元編　清光緒五年(1879)刻本　三册

620000－1102－0000266　683
積古齋鐘鼎彝器款識十卷　(清)阮元編　清刻本　一册　存二卷(三至四)

620000－1102－0000267　765
急救應驗良方一卷　(清)費山壽輯　清宣統元年(1909)刻本　一册

620000－1102－0000268　675
集思山房尺牘□□卷　(清)耕心堂主人錄　清抄本　一册　存一卷(三)

620000－1102－0000269　734
紀慎齋先生易學求雨圖説一卷　(清)勞守慎輯　清光緒三十二年(1906)刻本　一册

620000－1102－0000270　248
寄傲山房塾課纂輯春秋備旨十二卷　(清)鄒聖脈纂　(清)鄒可庭編　清光緒刻本　四册　存七卷(三、七至十二)

620000－1102－0000271　662
寄園寄所寄十二卷　(清)趙吉士輯　清末刻本　五册　存三卷(六至七、九)

620000－1102－0000272　684
寄園寄所寄十二卷　(清)趙吉士輯　清末刻本　一册　存二卷(八至九)

620000－1102－0000273　690
寄園寄所寄十二卷　(清)趙吉士輯　清末刻

本　一冊　存一卷(六)

620000－1102－0000274　668
濟生神數一卷　(□)柳真人撰　(清)陳乃悟編　清光緒三十二年(1906)刻本　一冊

620000－1102－0000275　658
濟衆録三種三卷　(清)勞守慎輯　清光緒三十二年(1906)南海勞禮安堂刻本　一冊

620000－1102－0000276　679
濟衆録三種三卷　(清)勞守慎輯　清光緒三十二年(1906)南海勞禮安堂刻本　一冊

620000－1102－0000277　167
濟衆録三種三卷　(清)勞守慎輯　清光緒三十二年(1906)南海勞禮安堂刻本　一冊

620000－1102－0000278　585
家寶二集八卷　(清)石成金撰　清刻本　四冊　存四卷(二、四至五、八)

620000－1102－0000279　334
家庭談話一卷　(清)學部圖書局編　清光緒三十三年(1907)學部圖書局石印本　一冊

620000－1102－0000280　661
堅瓠集十五集六十六卷　(清)褚人穫輯　清刻本　十冊　存二十二卷(甲集四卷、丙集三至四、戊集一至二、己集一至二、辛集四卷、廣集六卷、補集一至二)

620000－1102－0000281　677
監本書經六卷　(宋)蔡沈集傳　清咸豐七年(1857)稻香齋刻本　一冊　存一卷(一)

620000－1102－0000282　686
監本四書十九卷　(宋)朱熹集注　清康熙十三年(1674)朱錫旂刻本　二冊　存四卷(大學一卷、中庸一卷、孟子六至七)

620000－1102－0000283　774
劍南詩選一卷　(宋)陸游撰　(清)補拙菴主人抄　清抄本　一冊

620000－1102－0000284　1106
校訂困學紀聞集證二十卷　(宋)王應麟撰　(清)屠繼序校補　(清)萬希槐集證　清嘉慶二十四年(1819)山壽齋胡氏刻本　八冊　存七卷(一至七)

620000－1102－0000285　961
校增字學舉隅一卷　(清)黄本驥輯　(清)龍啟瑞增輯　清同治十三年(1874)譚鍾麟西安藩署刻本　一冊

620000－1102－0000286　970
校增字學舉隅一卷　(清)黄本驥輯　(清)龍啟瑞增輯　清同治十三年(1874)譚鍾麟西安藩署刻本　一冊

620000－1102－0000287　1036
校增字學舉隅一卷　(清)黄本驥輯　(清)龍啟瑞增輯　清同治十三年(1874)譚鍾麟西安藩署刻本　一冊

620000－1102－0000288　1037
校增字學舉隅一卷　(清)黄本驥輯　(清)龍啟瑞增輯　清同治十三年(1874)譚鍾麟西安藩署刻本　一冊

620000－1102－0000289　1039
校增字學舉隅一卷　(清)黄本驥輯　(清)龍啟瑞增輯　清同治十三年(1874)譚鍾麟西安藩署刻本　一冊

620000－1102－0000290　911
校正尚友録二十二卷　(明)廖用賢輯　清鉛印本　五冊　存十五卷(一至十一、十六、二十至二十二)

620000－1102－0000291　1023
校正尚友録二十二卷續集二十二卷　(明)廖用賢輯　(清)張伯琮補輯　清光緒二十四年(1898)上海鴻寶齋石印本　十一冊　缺三卷(續集二十至二十二)

620000－1102－0000292　717
教諭語四卷　(清)謝金鑾撰　清刻本　一冊

620000－1102－0000293　714
教諭語四卷　(清)謝金鑾撰　清同治五年(1866)求心齋刻本　一冊

620000－1102－0000294　759

戒淫寶訓四卷　(清)傅伯辰撰　清光緒十三年(1887)刻本　一冊　存一卷(一)

620000－1102－0000295　755
芥子園畫傳初集六卷　(清)王槩等編繪　清光緒十六年(1890)上海鴻寶齋石印本　一冊　存二卷(一至二)

620000－1102－0000296　751
芥子園畫傳初集六卷　(清)王槩等編繪　清末石印本　一冊　存一卷(三)

620000－1102－0000297　750
芥子園畫傳初集六卷二集九卷　(清)王槩等編繪　清光緒十三年(1887)上海鴻文書局石印本　四冊　存六卷(初集一至三、五至六,二集五)

620000－1102－0000298　188
今古奇觀十卷　(明)抱甕老人撰　清刻本　二冊

620000－1102－0000299　772
金丹四百字解一卷　(宋)張伯端撰　(清)劉一明注　清嘉慶十六年(1811)榆中棲雲山刻本　一冊

620000－1102－0000300　709
金剛般若波羅蜜經直解一卷　(清)純陽子注　清刻本　一冊

620000－1102－0000301　812
金石索十二卷　(清)馮雲鵬　(清)馮雲鵷輯　清末石印本　二冊　存二卷(金索四、石索六)

620000－1102－0000302　400
金石索十二卷首一卷　(清)馮雲鵬　(清)馮雲鵷輯　清道光元年(1821)滋陽縣署刻本　四冊　存四卷(金索一、石索三卷)

620000－1102－0000303　752
金仙証論一卷　(清)柳華陽撰注　清道光二十八年(1848)宏道堂刻本　一冊

620000－1102－0000304　217
近思錄集解十四卷　(宋)朱熹　(宋)呂祖謙輯　(宋)葉采集釋　清初刻本　四冊

620000－1102－0000305　349
經典釋文三十卷附考證　(唐)陸德明撰　(清)盧文弨考證　清同治十三年(1874)成都尊經書院刻本　五冊　存十五卷(一至二、十五至十八、二十二至三十)

620000－1102－0000306　27
經濟類編一百卷　(明)馮琦撰　明萬曆三十二年(1604)刻本　九十九冊　缺一卷(六十一)

620000－1102－0000307　656
經講類典合編十種□□卷　(清)奎壁齋主人輯　清光緒十四年(1888)鴻寶齋石印本　九冊　存四十九卷(易經備旨七卷、首一卷;易經精義一卷;易經標題一卷;易義針度摘要一卷;書經備旨一至七;書經精義一卷;書經標題一卷;尚書大傳一卷;春秋備旨一至五、十至十二,首一卷;春秋精義一卷;春秋標題一卷;春秋三傳異一卷;禮記備旨一至十一;禮記精義一卷;禮記標題一卷;夏小正一卷;五經典林一卷;五經囊括纂要一卷)

620000－1102－0000308　253
經史百家雜鈔二十六卷　(清)曾國藩輯　清光緒鉛印本　十二冊

620000－1102－0000309　712
經史百家雜鈔二十六卷　(清)曾國藩輯　清光緒三十二年(1906)商務印書館上海鉛印本　一冊　存二卷(三至四)

620000－1102－0000310　728
經史百家雜鈔二十六卷　(清)曾國藩輯　清光緒三十二年(1906)商務印書館上海鉛印本　六冊　存十二卷(一至十二)

620000－1102－0000311　729
經史百家雜鈔二十六卷　(清)曾國藩輯　清刻本　二冊　存二卷(二至三)

620000－1102－0000312　651
經文夏造不分卷　(清)藜光閣主人輯　清末石印本　三冊

620000－1102－0000313　595
經驗丹方彙編二卷　(清)錢峻輯　(清)俞煥　(清)周朗增補　清乾隆十七年(1752)餘愛堂刻本　一册

620000－1102－0000314　687
經驗廣集四卷　(清)李文炳彙纂　清刻本　二册　存二卷(三至四)

620000－1102－0000315　689
經驗廣集四卷　(清)李文炳彙纂　清刻本　一册　存一卷(四)

620000－1102－0000316　777
經餘必讀八卷　(清)錢樹棠　(清)雷琳輯　清嘉慶八年(1803)刻本　四册

620000－1102－0000317　394
經餘必讀八卷　(清)錢樹棠　(清)雷琳輯　清嘉慶八年(1803)刻本　四册

620000－1102－0000318　388
經餘必讀續編八卷　(清)錢樹棠　(清)雷琳輯　清嘉慶刻本　四册

620000－1102－0000319　393
經餘必讀續編八卷　(清)錢樹棠　(清)雷琳輯　清嘉慶十一年(1806)刻本　二册

620000－1102－0000320　905
經餘必讀續編八卷　(清)錢樹棠　(清)雷琳輯　清嘉慶十一年(1806)致和堂刻本　三册　缺二卷(七至八)

620000－1102－0000321　746
經元局新增鑑略妥註善本五卷　(明)李廷機撰　(清)鄒聖脈訂　清光緒二十九年(1903)經元書室刻本　二册

620000－1102－0000322　031
精選黄眉故事十卷　(明)鄧志謨輯　清刻本　四册

620000－1102－0000323　699
精選巧搭大觀不分卷　(清)張承臚輯　清光緒十五年(1889)上海點石齋石印本　七册

620000－1102－0000324　659
驚風治驗錄一卷　(清)秦霖熙輯　清光緒十二年(1886)刻本　一册

620000－1102－0000325　736
驚痟吐瀉門一卷　(□)□□撰　清恩餘堂刻本　一册

620000－1102－0000326　1000
净土要言三卷　(清)賀獻書輯　清道光刻本　一册

620000－1102－0000327　698
敬信錄四卷　(清)徐榮編　清刻本　一册　存二卷(一至二)

620000－1102－0000328　740
九宫圖說一卷　(□)□□撰　清抄本　一册

620000－1102－0000329　649
九數通考十一卷首一卷末一卷　(清)屈曾發輯　清末石印本　一册　存五卷(六至十)

620000－1102－0000330　843
救劫回生四卷　(清)□□撰　清光緒十七年(1891)刻本　四册

620000－1102－0000331　258
救生船四卷　(清)□□撰　清光緒石印本　四册

620000－1102－0000332　872
康熙字典十二集三十六卷備考一卷補遺一卷　(清)張玉書等纂　清光緒二十五年(1899)上海慎記書莊石印本　六册

620000－1102－0000333　200
康熙字典十二集三十六卷檢字一卷辨似一卷等韻二卷　(清)張玉書等纂　清道光七年(1827)刻本　二十八册

620000－1102－0000334　1103
康熙字典十二集三十六卷檢字一卷辨似一卷等韻二卷　(清)張玉書等纂　清光緒二十五年(1899)上海慎記書莊石印本　三册　存二十一卷(子上中下、丑上中下、寅上中下、卯上中下、辰上中下、未上中下、申上中下)

620000－1102－0000335　151

康熙字典十二集三十六卷檢字一卷辨似一卷等韻二卷 (清)張玉書等纂 清光緒九年(1883)石印本 二冊

620000－1102－0000336 822
康熙字典十二集三十六卷檢字一卷辨似一卷等韻二卷備考一卷補遺一卷 (清)張玉書等纂 清道光七年(1827)刻本 二十八冊 缺十二卷(辰上中下、巳上中下、申上中下、酉上中下)

620000－1102－0000337 255
康熙字典十二集三十六卷總目一卷檢字一卷辨似一卷備考一卷補遺一卷 (清)張玉書等纂 清刻本 三十五冊 缺五卷(子中、丑上中下、辰上)

620000－1102－0000338 259
考卷約選全集□□卷 (清)李錫瓚編 清同治九年(1870)刻本 二十二冊 存初集四卷、二集四卷、三集五卷、四集二至三、五集不分卷、六集不分卷、七集不分卷

620000－1102－0000339 16
可泉擬涯翁擬古樂府二卷 (明)胡纘宗撰 (明)張光孝評 (明)胡統宗注 明嘉靖三十六年(1557)汪翰刻清遞修本 二冊

620000－1102－0000340 680
叩鉢齋纂行廚集十八卷 (清)李之澎 (清)汪建封輯 (清)汪志瑞注 清康熙刻本 十一冊 存十六卷(一至十、十三至十八)

620000－1102－0000341 321
來瞿唐先生易註十五卷首一卷末一卷 (明)來知德撰 (清)符永培重刊 清刻本 十冊

620000－1102－0000342 155
蘭山課業松厓詩錄二卷 (清)吳鎮撰 (清)楊芳燦選 清乾隆五十七年(1792)蘭山書院刻本 二冊

620000－1102－0000343 4
蘭山課業松厓詩錄二卷 (清)吳鎮撰 (清)楊芳燦選 清乾隆五十七年(1792)蘭山書院刻本 二冊

620000－1102－0000344 1096
蘭亭考十二卷 (宋)桑世昌撰 清乾隆至道光長塘鮑氏知不足齋刻本 一冊 存三卷(五至七)

620000－1102－0000345 681
樂善堂全集定本三十卷序一卷跋一卷 (清)高宗弘曆撰 清刻本 十二冊 缺十卷(一至二、十一至十六、二十三至二十四)

620000－1102－0000346 672
類經三十二卷 (明)張介賓類注 清刻本 十冊 存十四卷(一至二、五、七、十至十四、十九、二十七至二十九、三十一)

620000－1102－0000347 766
類經圖翼十一卷 (明)張介賓撰 清刻本 一冊 存二卷(四至五)

620000－1102－0000348 409
藜照堂尺牘六卷 (明)李光祚纂 清刻本 三冊

620000－1102－0000349 52
李太白全集十六卷 (唐)李白撰 (清)李調元 (清)鄧在珩編訂 清道光十三年(1833)刻本 六冊

620000－1102－0000350 237
禮記便讀二卷 (清)王一清考訂 清道光刻本 二冊

620000－1102－0000351 695
禮記二十卷 (漢)鄭玄注 清刻本 十冊

620000－1102－0000352 710
禮記十卷 (元)陳澔集說 清光緒三十年(1904)寶慶勸學書舍刻本 十冊

620000－1102－0000353 703
禮記十卷 (元)陳澔集說 清光緒十二年(1886)湖北官書處刻本 六冊 存六卷(一、五至六、八至十)

620000－1102－0000354 705
禮記十卷 (元)陳澔集說 清光緒十二年(1886)湖北官書處刻本 十冊

620000－1102－0000355　773
禮記十卷　(元)陳澔集說　清光緒十六年(1890)蘭州刻本　五册　存五卷(一至五)

620000－1102－0000356　107
禮記十卷　(元)陳澔集說　清刻本　十册

620000－1102－0000357　706
禮記十卷　(元)陳澔集說　清末聚奎堂刻本　十册

620000－1102－0000358　106
禮記十卷　(元)陳澔集說　清乾隆五十七年(1792)刻本　十册

620000－1102－0000359　121
禮記十卷　(元)陳澔集說　清同治十年(1871)刻本　十册

620000－1102－0000360　700
禮記十卷　(元)陳澔集說　清晚期刻本　五册　存五卷(五至九)

620000－1102－0000361　414
禮記體註四卷　(清)范翔參訂　(清)吳有文校　清道光二十年(1840)刻本　一册

620000－1102－0000362　269
禮記心典傳本三卷　(清)胡瑤光輯　清光緒刻本　四册

620000－1102－0000363　722
禮記心典傳本三卷　(清)胡瑤光輯　清刻本　四册

620000－1102－0000364　715
禮記易讀二卷輯論一卷　(清)志遠堂主人輯　清光緒二十一年(1895)刻本　一册

620000－1102－0000365　96
禮記增訂旁訓六卷　(清)徐立綱撰　清刻本　六册

620000－1102－0000366　223
歷代名臣言行錄二十四卷　(清)朱桓輯　清光緒十七年(1891)鉛印本　十二册

620000－1102－0000367　216
歷代年號記略一卷　(清)□□撰　清同治十年(1871)刻本　一册

620000－1102－0000368　756
歷代地理志韻編今釋二十卷皇朝輿地韻編二卷圖一卷　(清)李兆洛輯　清同治九年(1870)合肥李鴻章刻本　五册　存十五卷(一至二、八下至九、十三至二十,皇朝輿地韻編二卷,圖一卷)

620000－1102－0000369　743
歷代名臣言行錄二十四卷　(清)朱桓輯　清光緒元年(1875)刻本　二十四册　缺六卷(十二下、二十至二十四)

620000－1102－0000370　745
歷代名臣言行錄二十四卷　(清)朱桓輯　清同治四年(1865)刻本　三十四册　缺二卷(十二下、二十下)

620000－1102－0000371　749
歷代名儒傳八卷名臣傳三十五卷續編五卷循吏傳八卷　(清)朱軾　(清)蔡世遠輯　清同治三年(1864)刻本　十三册　存三十二卷(名儒傳三至八,名臣傳八至二十二、三十一至三十五,續編一,循吏傳一至二、六至八)

620000－1102－0000372　69
歷代史論十二卷宋史論三卷元史論一卷(明)張溥撰　**左傳史論二卷**　(清)高士奇撰　**明史論四卷**　(清)谷應泰撰　清光緒五年(1879)石印本　十二册

620000－1102－0000373　353
隸辨八卷　(清)顧藹吉撰　清同治十二年(1873)漁古山房刻本　八册

620000－1102－0000374　322
良言瑣記十七卷　(清)鐵珊纂　清光緒五年(1879)刻本　三册

620000－1102－0000375　727
聊齋志異新評十六卷　(清)蒲松齡撰　(清)王士禛　(清)但明倫評　清光緒九年(1883)埽葉山房刻朱墨套印本　七册　存七卷(八、十至十一、十三至十六)

620000－1102－0000376　670
列女傳八卷　(漢)劉向輯　(清)梁端校注　清宣統二年(1910)上海會文堂書局石印本　一册　存二卷(三至四)

620000－1102－0000377　886
臨文便覽一卷　(清)張仰山輯　清光緒元年(1875)刻本　一册

620000－1102－0000378　137
靈樞經九卷　(清)張志聰集注　(清)張文啓參訂　(清)張兆璜校正　清刻本　十二册

620000－1102－0000379　274
六書分類十二卷首一卷　(清)傅世垚輯　清乾隆三十年(1765)刻本　十三册

620000－1102－0000380　769
龍威祕書十集一百七十七種三百二十五卷　(清)馬俊良輯　清乾隆五十九年(1794)石門馬氏大酉山房刻本　十册　存十種五十二卷(麗體金膏六卷;板橋雜記一至三;揚州鼓吹詞序一卷;匡廬紀遊一卷;遊雁蕩記一卷;甌江逸志一卷;推易始末一至四;竟山樂錄一至四;李氏學樂錄一至二;說文解字繫傳一至四、十三至二十一、二十六至四十,附錄一)

620000－1102－0000381　28
隴政私議一卷　(清)高增融撰　清宣統三年(1911)鉛印本　一册

620000－1102－0000382　1038
蘆浦筆記十卷　(宋)劉昌詩撰　清嘉慶三年(1798)長塘鮑氏刻知不足齋叢書本　一册

620000－1102－0000383　796
論書偶存一卷　(清)李西郕撰　清咸豐九年(1859)刻本　一册

620000－1102－0000384　373
論語集註本義匯參二十卷首一卷　(清)王步青輯　(清)王士龕編　清刻本　四册　缺八卷(十三至二十)

620000－1102－0000385　660
論語十卷　(宋)朱熹注　清刻本　三册　存四卷(三至六)

620000－1102－0000386　819
洛學編五卷　(清)湯斌輯　清同治九年(1870)湯定祥刻本　一册

620000－1102－0000387　593
呂祖年譜海山奇遇七卷呂純陽先生編年詩集十卷　(清)火西月編　清刻本　四册　存十四卷(呂祖年譜海山奇遇四至七、呂純陽先生編年詩集十卷)

620000－1102－0000388　666
律賦選青四卷　(清)任聘三纂注　(清)方汝帶評點　**唐二十四詩品一卷**　(唐)司空圖撰　**二十四畫品一卷**　(清)黄鉞撰　**二十四書品一卷**　(清)楊景曾撰　清嘉慶二十一年(1816)刻本　四册

620000－1102－0000389　653
律例便覽八卷圖一卷處分則例圖要六卷　(清)蔡嵩年　(清)蔡逢年輯　清咸豐九年(1859)刻同治四年(1865)增修本　六册

620000－1102－0000390　1107
脈訣難經合編八卷校正瀕湖脈學一卷奇經八脈考一卷　(晉)王叔和撰　(明)張世賢注　(明)李時珍輯　清光緒三十一年(1905)上海日新書莊石印本　五册

620000－1102－0000391　1008
孟子集註本義匯參十四卷　(清)王步青輯　清刻本　六册　存八卷(七至十四)

620000－1102－0000392　324
孟子七卷　(宋)朱熹注　清石印本　七册

620000－1102－0000393　958
孟子十四卷音義兩卷　(漢)趙岐注　清刻本　四册

620000－1102－0000394　954
孟子字義疏證三卷　(清)戴震撰　清刻本　一册

620000－1102－0000395　1063
秘傳花鏡六卷圖一卷　(清)陳淏輯　清刻本　一册　存四卷(一至三、圖一卷)

620000－1102－0000396　169
秘書廿一種九十四卷　（清）汪士漢輯　清嘉慶九年（1804）新安汪氏刻本　四册　存二十一卷（劍俠傳四卷、楚史檮杌一卷、晉史乘一卷、中華古今注三卷、古今注三卷、三墳一卷、風俗通義四卷、列仙傳二卷、集異記一卷、續齊諧記一卷）

620000－1102－0000397　1042
秘書廿一種九十四卷　（清）汪士漢輯　清嘉慶九年（1804）新安汪氏刻本　四册　存二十八卷（博物志十卷、續博物志十卷、高士傳三卷、劍俠傳四卷、桂海虞衡志一卷）

620000－1102－0000398　1054
秘書廿一種九十四卷　（清）汪士漢輯　清刻本　四册　存二十七卷（博物志十卷、續博物志十卷、竹書紀年二卷、桂海虞衡志一卷、博異記一卷、高士傳三卷）

620000－1102－0000399　682
明史三百三十二卷目錄四卷　（清）張廷玉等修　清末刻本　三十册　存一百二十五卷（一百七十五至二百九十九）

620000－1102－0000400　1057
命宅選擇全書二卷　（清）朱孚一録　清光緒十六年（1890）抄本　二册

620000－1102－0000401　962
牧令全書四種欽頒州縣事宜一卷　（清）徐棟輯　（清）丁日昌選評　清光緒二十二年（1896）上海圖書集成印書局鉛印本　四册

620000－1102－0000402　71
牧令書二十三卷　（清）徐棟撰　清道光二十八年（1848）刻本　十七册

620000－1102－0000403　788
南華真經十卷　（晉）郭象注　清嘉慶九年（1804）姑蘇聚文堂刻本　五册

620000－1102－0000404　543
南雅堂醫書全集七十種五十二卷　（清）陳念祖撰　清石印本　十二册

620000－1102－0000405　542
南雅堂醫書全集四十八種五十卷　（清）陳念祖撰　清光緒三十一年（1905）南雅堂石印本　六册

620000－1102－0000406　12
擬漢樂府八卷附録一卷緒論一卷補遺一卷　（明）胡纘宗撰　（明）谷繼宗輯　明嘉靖十八年（1539）楊祜李人龍刻本　二册

620000－1102－0000407　222
廿二史策案十二卷　（清）王鎏輯　清同治八年（1869）刻本　八册

620000－1102－0000408　146
廿一史約編八卷首一卷　（清）鄭元慶輯　清雍正刻本　四册

620000－1102－0000409　21
鳥鼠山人後集二卷　（明）胡纘宗撰　明嘉靖刻本　二册

620000－1102－0000410　20
鳥鼠山人小集十六卷　（明）胡纘宗撰　明刻本　六册

620000－1102－0000411　949
女科要旨四卷　（清）陳念祖撰　清光緒二十一年（1895）刻本　二册

620000－1102－0000412　691
歐洲列國戰事本末二十二卷　王樹枏撰　清光緒二十八年（1902）中衛縣署刻本　一册　存四卷（五至八）

620000－1102－0000413　1157
佩文韻府一百六卷拾遺一百六卷　（清）張玉書等編　清石印本　二十册　缺十四卷（佩文韻府一至六、二十至二十二、六十至六十二、一百一至一百二）

620000－1102－0000414　1149
佩文齋書畫譜一百卷　（清）孫岳頒等纂　清光緒九年（1883）上海同文書局石印本　十六册

620000－1102－0000415　568

批點春秋綱目左傳句解彙雋六卷 （清）韓菼重訂 清刻本 一册 存一卷（六）

620000－1102－0000416 77

駢體文鈔三十一卷 （清）李兆洛輯 清同治六年（1867）婁江徐氏刻本 八册

620000－1102－0000417 567

平善富貴論一卷 （清）齊廷相撰 清道光二十九年（1849）刻本 一册

620000－1102－0000418 621

平仄易記一卷 （清）□□撰 清咸豐元年（1851）刻本 一册

620000－1102－0000419 574

洴澼百金方十四卷 （清）惠麓酒民編次 （清）玉卮居士重訂 清道光刻本 六册

620000－1102－0000420 249

評點春秋綱目左傳句解彙雋六卷 （清）韓菼考訂 清刻本 六册 存二卷（四至五）

620000－1102－0000421 179

評點春秋綱目左傳句解彙雋六卷 （清）韓菼考訂 清刻本 六册

620000－1102－0000422 170

評點春秋綱目左傳句解彙雋六卷 （清）韓菼考訂 清同治九年（1870）刻本 五册 存五卷（一至五）

620000－1102－0000423 605

評論出像水滸傳二十卷七十回 （明）施耐庵撰 （清）金人瑞評 清順治刻本 五册 存五卷（一至五）

620000－1102－0000424 1124

憑山閣增輯留青新集三十卷 （清）陳枚訂 （清）陳德裕增輯 清刻本 一册 存一卷（六）

620000－1102－0000425 252

憑山閣增輯留青新集三十卷 （清）陳枚訂 （清）陳德裕增輯 清刻本 二十四册

620000－1102－0000426 611

菩薩戒本經箋要一卷 （北涼）曇無讖譯 （明）釋智旭箋 清光緒六年（1880）金陵刻經處刻本 一册

620000－1102－0000427 609

菩薩戒本經一卷 （北涼）曇無讖譯 清同治九年（1870）金陵刻經處刻本 一册

620000－1102－0000428 1116

蒲編堂訓蒙草一卷 （清）路德撰 清道光二十四年（1844）刻本 一册

620000－1102－0000429 616

普天忠憤全集十四卷首一卷 （清）孔廣德編 清光緒二十一年（1895）上海宏章書局石印本 十二册

620000－1102－0000430 166

七經精義四十卷 （清）黄淦纂 清光緒五年（1879）刻本 十四册

620000－1102－0000431 355

棲雲筆記四卷 （清）劉一明撰 清嘉慶二十年（1815）刻本 四册

620000－1102－0000432 524

奇門遁甲大全三十卷諸葛武侯行兵遁甲金函玉鏡六卷 （明）劉伯溫校訂 清末刻本 八册 存十五卷（一至三、十五至十八、二十一至二十四、二十七至三十）

620000－1102－0000433 504

奇門遁甲大全三十卷諸葛武侯行兵遁甲金函玉鏡六卷 （明）劉伯溫校訂 清末刻本 八册 存十八卷（一至五、十三至十五、二十五至三十，諸葛武侯行兵遁甲金函玉鏡一、四至六）

620000－1102－0000434 701

奇門遁甲秘笈大全三十卷 （明）劉伯溫校訂 清末抄本 十册 存十八卷（七至八、十三至二十四、二十六至二十九）

620000－1102－0000435 779

千金裘二集二十六卷 （清）蔣義彬 （清）徐元麟纂 清道光二十年（1840）寶仁堂刻本 四册

620000－1102－0000436 144

千金裘二十七卷 (清)蔣義彬纂 清道光十二年(1832)刻本 四冊

620000－1102－0000437 639
前漢書一百二十卷 (漢)班固撰 (唐)顔師古注 清末刻本 三十三冊 缺一卷(十九)

620000－1102－0000438 62
前漢書一百二十卷 (漢)班固撰 (唐)顔師古注 清同治十年(1871)刻本 三十二冊

620000－1102－0000439 697
前漢書一百卷 (漢)班固撰 (唐)顔師古注 清光緒十四年(1888)上海圖書集成局鉛印本 六冊 存二十卷(一至二十)

620000－1102－0000440 711
欽定春秋傳説彙纂三十八卷首二卷 (清)王掞等纂 清康熙刻本 十冊 存三十四卷(一至十七、二十一至二十四、二十八至三十八,首二卷)

620000－1102－0000441 590
欽定春秋傳説彙纂三十八卷首二卷 (清)王掞等纂 清刻本 一冊 存三卷(十八至二十)

620000－1102－0000442 1071
欽定春秋傳説彙纂三十八卷首二卷 (清)王掞等纂 清石印本 二冊

620000－1102－0000443 579
欽定大清會典一百卷 (清)允祹等纂 清末刻本 十九冊 存九十五卷(一至五十七、六十三至一百)

620000－1102－0000444 582
欽定大清會典一百卷 (清)允祹等纂 清末刻本 十冊 存六十卷(一至三十七、七十八至一百)

620000－1102－0000445 66
欽定禮記義疏八十二卷首一卷 (清)鄂爾泰纂 清刻本 六十四冊

620000－1102－0000446 65
欽定禮記義疏八十二卷首一卷 (清)鄂爾泰纂 清刻本 八十冊

620000－1102－0000447 284
欽定六部處分則例五十二卷 (清)文孚等纂 清道光二十八年(1848)刻本 二十四冊

620000－1102－0000448 707
欽定詩經傳説彙纂二十一卷首二卷詩序二卷 (清)王鴻緒等纂 清末刻本 三冊 存三卷(十八至十九、詩序下)

620000－1102－0000449 224
欽定詩經傳説彙纂二十一卷首二卷詩序二卷 (清)王鴻緒等纂 清雍正刻本 二十一冊

620000－1102－0000450 156
欽定詩經傳説彙纂二十一卷首二卷詩序二卷 (清)王鴻緒等纂 清雍正五年(1727)刻本 二十四冊

620000－1102－0000451 688
欽定書經傳説彙纂二十一卷首二卷書序一卷 (清)王頊齡等纂 清雍正甘肅刻本 八冊 存十三卷(十至二十一、書序一卷)

620000－1102－0000452 225
欽定書經傳説彙纂二十一卷首二卷書序一卷 (清)王頊齡等纂 清雍正刻本 十八冊 缺一卷(十)

620000－1102－0000453 5
欽定書經傳説彙纂二十一卷首二卷書序一卷 (清)王頊齡等纂 清雍正刻本 十六冊

620000－1102－0000454 148
欽定四庫全書簡明目錄二十卷 (清)紀昀等編 清刻本 十二冊

620000－1102－0000455 889
欽定四庫全書簡明目錄二十卷四庫未收書目提要目錄五卷書目峇問一卷 (清)紀昀等撰 (清)張之洞答問 清光緒十五年(1889)石印本 六冊

620000－1102－0000456 1064
欽定儀禮義疏四十八卷首二卷 (清)允祿纂 清光緒石印本 二冊 存二十六卷(十二

至三十七）

620000－1102－0000457　1067
欽定周官義疏四十八卷首一卷　（清）允禄纂　清光緒石印本　一册　存十二卷（十二至二十三）

620000－1102－0000458　702
求己録三卷　陶葆廉輯　清光緒二十二年（1896）刻本　三册

620000－1102－0000459　704
求己録三卷　陶葆廉輯　清末蘭州官書局鉛印本　二册　存二卷（上、下）

620000－1102－0000460　797
求闕齋語摘録一卷　（清）曾國藩撰　清刻本　一册

620000－1102－0000461　731
求雨經一卷　（清）紀大奎撰　清光緒四年（1878）平涼縣禮房木活字印本　一册

620000－1102－0000462　761
求雨經一卷　（清）紀大奎撰　清同治三年（1864）刻本　一册

620000－1102－0000463　39
全本禮記體註十卷　（清）范翔定　（清）徐瑄補輯　清光緒八年（1882）刻本　十册

620000－1102－0000464　713
拳案三種五卷　（清）勞乃宣撰　清光緒二十八年（1902）刻本　一册

620000－1102－0000465　694
勸產要言一卷勸厚殮一卷　（清）靜齋撰　清光緒四年（1878）刻本　一册

620000－1102－0000466　708
勸戒近録九編合刻五十四卷　（清）梁恭辰撰　清光緒十四年（1888）刻本　十七册　缺九卷（九録一至六、續録四至六）

620000－1102－0000467　347
勸戒九録六卷　（清）梁恭辰撰　清光緒刻本　二册

620000－1102－0000468　693
勸學篇二卷　（清）張之洞撰　清光緒刻本　一册　存一卷（下）

620000－1102－0000469　627
人範六卷　（清）蔣元輯　清光緒十六年（1890）守拙軒刻本　二册

620000－1102－0000470　330
人範六卷　（清）蔣元輯　清光緒十六年（1890）守拙軒刻本　二册

620000－1102－0000471　329
人範六卷　（清）蔣元輯　清光緒十六年（1890）守拙軒刻本　二册

620000－1102－0000472　346
人譜類記二卷　（明）劉宗周撰　（清）洪正治編　清宣統元年（1909）甘肅官報書局鉛印本　二册

620000－1102－0000473　326
仁在堂時藝核不分卷　（清）路德輯　清道光二十二年（1842）來鹿堂刻本　四册

620000－1102－0000474　327
仁在堂時藝綜不分卷　（清）路德輯　清道光二十年（1840）刻本　二册

620000－1102－0000475　268
日講四書解義二十六卷　（清）喇沙里　（清）陳廷敬等撰　清光緒十八年（1892）蘭州刻本　十二册

620000－1102－0000476　267
日講四書解義二十六卷　（清）喇沙里　（清）陳廷敬等撰　清光緒十八年（1892）蘭州刻本　十六册

620000－1102－0000477　266
日講四書解義二十六卷　（清）喇沙里　（清）陳廷敬等撰　清刻本　十六册

620000－1102－0000478　664
日講四書解義二十六卷　（清）喇沙里　（清）陳廷敬等撰　清末刻本　十五册　存十九卷（七至二十五）

620000－1102－0000479 654
日用必需一卷 (清)習淨錄 清道光三十年(1850)抄本 一册

620000－1102－0000480 635
如面譚二集十八卷 (明)鍾惺輯 明刻本 三册 存八卷(五至十二)

620000－1102－0000481 944
如面譚十二卷 (明)鍾惺輯 (清)虞世英校訂 清刻本 一册 存四卷(一至四)

620000－1102－0000482 630
儒門法語一卷 (清)彭定求撰 (清)湯金釗輯要 清光緒十八年(1892)刻本 一册

620000－1102－0000483 344
入幕須知八卷 (清)張翰伯輯 清光緒刻本 六册

620000－1102－0000484 51
三槐堂四書體註合講十九卷 (清)翁復編 清刻本 六册

620000－1102－0000485 157
三禮約編喈鳳十卷 (清)汪基撰 清善成堂刻本 六册

620000－1102－0000486 778
三蘇文集四十卷 (宋)蘇洵等撰 清光緒二十八年(1902)文運書局刻本 九册 存三十六卷(一至三十六)

620000－1102－0000487 982
三元秘授六卷 (明)張溥撰 清百忍堂刻三色套印本 二册 存四卷(三至六)

620000－1102－0000488 390
三元秘授六卷 (明)張溥撰 清嘉慶四年(1799)刻三色套印本 六册

620000－1102－0000489 1155
痧喉正義一卷 (清)張振鋆輯 清光緒刻本 一册

620000－1102－0000490 932
山海經十八卷 (晉)郭璞傳 (清)郝懿行箋 清刻本 三册 存九卷(二至五、十四至十八)

620000－1102－0000491 210
山海經十八卷 (晉)郭璞傳 清刻本 二册

620000－1102－0000492 910
善女人傳二卷 (清)彭紹升撰 清同治十一年(1872)刻本 二册

620000－1102－0000493 924
善女人傳二卷 (清)彭紹升撰 清同治十一年(1872)刻本 一册

620000－1102－0000494 100
善女人傳二卷 (清)彭紹升撰 清同治十一年(1872)刻本 一册

620000－1102－0000495 763
傷寒輯要十六卷存耕堂醫案一卷 (清)林玉友輯 清乾隆刻本 二册 存二卷(一、五)

620000－1102－0000496 194
傷寒論後條辨十五卷 (清)程應旄注 清刻本 八册

620000－1102－0000497 739
尚書離句六卷 (清)錢在培撰 清刻本 四册

620000－1102－0000498 735
尚書離句六卷 (清)錢在培撰 清刻本 二册

620000－1102－0000499 936
邵康節先生神數一卷 (宋)邵康節撰 (清)□□抄 清末抄本 一册

620000－1102－0000500 945
邵康節先生心易梅花數一卷 (宋)邵康節撰 (清)□□抄 清末抄本 一册

620000－1102－0000501 741
邵子神數十二集目錄三卷 (宋)邵康節撰 (清)□□抄 清抄本 十五册

620000－1102－0000502 770
神效集二卷 (清)張鵬飛撰 清光緒十九年(1893)刻本 一册 存一卷(上)

620000－1102－0000503　776

聲調譜一卷　(清)吴鎮編　清乾隆刻本　一册

620000－1102－0000504　692

聖門樂誌一卷　(清)孔尚任纂　(清)孔繼汾録　清光緒十三年(1887)刻本　一册

620000－1102－0000505　365

聖廟祀典圖考三卷聖蹟圖一卷　(清)顧沅撰　清光緒上海同文書局石印本　四册

620000－1102－0000506　70

聖武記十四卷　(清)魏源撰　清道光二十六年(1846)刻本　十二册

620000－1102－0000507　768

聖武記十四卷　(清)魏源撰　清光緒二十四年(1898)湖南書局刻本　七册

620000－1102－0000508　814

尸子二卷存疑一卷　(清)汪繼培輯　清光緒三年(1877)浙江書局刻本　一册

620000－1102－0000509　815

尸子二卷存疑一卷　(清)汪繼培輯　清光緒三年(1877)浙江書局刻本　一册

620000－1102－0000510　992

詩經八卷　(宋)朱熹集傳　清光緒十六年(1890)蘭州刻本　一册　存二卷(一至二)

620000－1102－0000511　807

詩經八卷　(宋)朱熹集傳　清同治十年(1871)刻本　一册　存二卷(一至二)

620000－1102－0000512　159

詩經喈鳳詳解八卷　(清)陳抒孝輯　(清)汪基增訂　清光緒二年(1876)刻本　五册　存七卷(一至七)

620000－1102－0000513　831

詩經旁訓辨體合訂四卷　(清)徐立綱輯　清刻本　一册

620000－1102－0000514　412

詩經融註大全體要八卷　(清)沈世楷輯　(清)高朝瓔定　清光緒八年(1882)刻本　四册

620000－1102－0000515　1114

詩經體註圖考八卷　(清)沈世楷輯　(清)高朝瓔定　清道光二十年(1840)刻本　四册

620000－1102－0000516　1088

詩經增訂旁訓四卷　(清)張大受增訂　清康熙刻本　一册　存一卷(一)

620000－1102－0000517　233

詩文集略一卷　(清)陳增撰　(清)秦惟嶽評選　清道光刻本　一册

620000－1102－0000518　191

詩學圓機活法大成二十四卷　(明)王世貞校正　(清)蔣先庚重訂　清道光文錦堂刻本　十六册

620000－1102－0000519　1138

詩韻合璧五卷　(清)湯文潞輯　清鉛印本　一册　存一卷(三)

620000－1102－0000520　955

詩韻集成十卷　(清)余照輯　清刻本　一册

620000－1102－0000521　331

詩韻全璧五卷　(清)湯文潞輯　清光緒元年至三十四年(1875－1908)錦章書局石印本　六册

620000－1102－0000522　506

十朝東華錄附同治朝六百二十五卷　王先謙編　清光緒二十五年(1899)石印本　七十七册　缺七十六卷(順治朝十二至二十二,康熙朝七十一至九十,乾隆朝六十九至九十,同治朝二十一至三十八、四十八至五十二)

620000－1102－0000523　1073

十三經不二字一卷　(清)李鴻藻輯　清咸豐五年(1855)刻本　一册

620000－1102－0000524　997

十三經策案二十二卷三通集要策母三卷　(清)王謨輯　(清)喻祥麟編　清刻本　二册　存五卷(十三經策案十五至十六、二十一至二十二,三通集要策母上)

620000－1102－0000525　186
十三經集字摹本不分卷　(清)彭玉雯纂　(清)萬青銓校　清道光刻本　八册

620000－1102－0000526　1046
十三經集字摹本不分卷　(清)彭玉雯纂　(清)萬青銓校　清咸豐二年(1852)梓潼會刻本　八册

620000－1102－0000527　1076
十三經集字摹本四卷　(清)彭玉雯纂　(清)萬青銓校　清道光刻本　七册

620000－1102－0000528　1062
十三經集字摹本四卷　(清)彭玉雯纂　(清)萬青銓校　清同治八年(1869)刻本　一册　存一卷(一)

620000－1102－0000529　1051
十三經旁訓讀本七十九卷　(清)周樽輯　清刻本　十册　存五種三十五卷(儀禮一至十七、周禮一至六、穀梁一至四、公羊一至四、爾雅一至四)

620000－1102－0000530　767
十三經註疏三百三十三卷　(明)□□輯　明崇禎十二年(1639)汲古閣刻本　七十二册　存九種二百三十二卷(爾雅十一卷、周禮四十二卷、左傳六十卷、公羊二十八卷、穀梁二十卷、毛詩二十卷、儀禮十七卷、尚書二十卷、孟子十四卷)

620000－1102－0000531　411
十杉亭帖體詩鈔五卷續編二卷　(清)吳楷撰　清道光十年(1830)刻本　四册

620000－1102－0000532　853
石刻鋪敘二卷　(宋)曾宏父纂　(清)何焯評　清刻本　一册

620000－1102－0000533　775
時甲奇門十八卷　(□)□□撰　清抄本　九册　存六卷(陰遁一上下、二上、三上下、七下、八上下,陽遁一下)

620000－1102－0000534　256
時務通攷三十一卷　(清)王奇英纂　清光緒二十三年(1897)石印本　二十四册

620000－1102－0000535　354
時藝階不分卷　(清)路德輯　清道光二十四年(1844)刻本　六册

620000－1102－0000536　48
史記集解一百卷　(漢)司馬遷撰　(南朝宋)裴駰集解　清同治五年(1866)刻本　二十册

620000－1102－0000537　340
史記菁華錄六卷　(漢)司馬遷撰　(清)姚苧田選　清道光四年(1824)朱墨套印刻本　六册

620000－1102－0000538　172
史記選六卷　(清)儲欣評述　清雍正元年(1723)刻本　三册

620000－1102－0000539　808
史記一百三十卷　(漢)司馬遷撰　(南朝宋)裴駰集解　(唐)司馬貞索隱　(唐)張守節正義　(明)陳子龍　(明)徐孚遠評　明崇禎刻本　十二册　存五十七卷(一至十六、六十至一百)

620000－1102－0000540　30
史記一百三十卷　(漢)司馬遷撰　(南朝宋)裴駰集解　(唐)司馬貞索隱　(唐)張守節正義　(明)陳子龍　(明)徐孚遠評　清同治十一年(1872)刻本　三十册

620000－1102－0000541　764
史通削繁四卷　(清)紀昀撰　清光緒二十一年(1895)寶善書局石印本　一册

620000－1102－0000542　919
史緯三百三十卷首一卷　(清)陳允錫删　(清)羅大春補　清同治九年(1870)溫陵輔仁堂刻本　一百二十二册　存二百四十二卷(一至二十三、四十六至五十一、六十八至八十六、一百至一百一、一百十一至二百三十三、二百三十九至二百八十四、三百八至三百三十)

620000－1102－0000543　1
史學提要四卷　(宋)黄繼善編　清道光二十八年(1848)刻本　二册

620000－1102－0000544　821
示我周行六卷續集一卷　(清)鶴和堂輯　清刻本　二册　存四卷(一至四)

620000－1102－0000545　806
世説新語補二十卷　(明)何良俊增補　(明)王世貞删定　(明)張文柱校注　清刻本　五册　存十卷(十一至二十)

620000－1102－0000546　251
事類賦三十卷　(宋)吴淑撰注　清光緒刻本　六册

620000－1102－0000547　935
事類賦三十卷　(宋)吴淑撰注　清刻本　六册

620000－1102－0000548　975
事類賦三十卷　(宋)吴淑撰注　清刻本　五册　缺五卷(十五至十九)

620000－1102－0000549　1005
事類賦三十卷　(宋)吴淑撰注　清刻本　四册

620000－1102－0000550　826
事類賦三十卷　(宋)吴淑撰注　(明)華麟祥校　清乾隆二十九年(1764)劍光閣刻本　四册

620000－1102－0000551　998
事類賦三十卷廣事類賦四十卷　(宋)吴淑撰注　(明)華麟祥校　(清)華希閔增廣　清刻本　七册　存三十三卷(事類賦三十卷、廣事類賦十至十二)

620000－1102－0000552　959
事類統編九十三卷首一卷　(清)王鳳喈撰注　清道光刻本　三册　存五卷(二十七至三十一)

620000－1102－0000553　1145
試帖雲璈□□卷　(清)高敏鑒定　(清)舒孔安輯　清末刻本　一册　存二卷(三至四)

620000－1102－0000554　395
適情雅趣十卷　(清)□□撰　清康熙刻本　五册

620000－1102－0000555　888
適軒尺牘八卷　(清)徐菊生撰　清光緒十一年(1885)刻本　三册　缺一卷(七)

620000－1102－0000556　306
適軒尺牘八卷　(清)徐菊生撰　清光緒元年(1875)刻本　四册

620000－1102－0000557　375
守樸堂課幼文稿不分卷　(清)張協曾撰　清刻本　五册

620000－1102－0000558　928
壽世青編八卷　(明)李中梓撰　(清)尤乘輯　清光緒三十一年(1905)善成堂刻士才三書本　一册　存二卷(七至八)

620000－1102－0000559　847
書法要訣四卷　(清)馮盡善輯　清乾隆稿本　一册　存三卷(一至三)

620000－1102－0000560　1101
書經精華六卷　(清)薛嘉穎輯　清道光七年(1827)刻本　一册　存三卷(一至三)

620000－1102－0000561　201
書經精華六卷　(清)薛嘉穎輯　清道光七年(1827)刻本　四册

620000－1102－0000562　183
書經六卷　(宋)蔡沈集傳　清道光刻本　四册

620000－1102－0000563　1097
書經六卷　(宋)蔡沈集傳　清慎詒堂刻本　二册　存三卷(一至二、四)

620000－1102－0000564　744
書經六卷　(宋)蔡沈集傳　清宣統元年(1909)上海掃葉山房石印本　四册

620000－1102－0000565　319

書經體注大全合參六卷 （宋）蔡沈集傳 （清）張聖度訂 （清）錢希祥參 清刻本 二冊

620000－1102－0000566 215
書經體註大全合參六卷 （宋）蔡沈集傳 （清）張聖度訂 （清）錢希祥參 清光緒刻本 四冊

620000－1102－0000567 105
書經體註大全合參六卷 （宋）蔡沈集傳 （清）張聖度訂 （清）錢希祥參 清刻本 四冊

620000－1102－0000568 260
蜀典十二卷 （清）張澍輯 清光緒刻本 四冊

620000－1102－0000569 933
蜀典十二卷 （清）張澍輯 清光緒尊經書院刻本 四冊

620000－1102－0000570 824
漱芳軒合纂禮記體註四卷 （清）范翔參訂 清道光二十年（1840）刻本 一冊 存二卷（一、三）

620000－1102－0000571 718
漱芳軒合纂禮記體註四卷 （清）范翔參訂 清光緒四年（1878）刻本 四冊

620000－1102－0000572 856
漱芳軒合纂禮記體註四卷 （清）范翔參訂 清康熙五十二年（1713）刻本 一冊 存一卷（一）

620000－1102－0000573 1080
漱芳軒合纂禮記體註四卷 （清）范翔參訂 清刻本 二冊 存二卷（三至四）

620000－1102－0000574 719
漱芳軒合纂禮記體註四卷 （清）范翔參訂 清晚期刻本 一冊 存一卷（二）

620000－1102－0000575 908
漱芳軒合纂四書體註十九卷 （清）范翔參訂 清道光十九年（1839）刻本 六冊

620000－1102－0000576 828
漱芳軒合纂四書體註十九卷 （清）范翔參訂 清光緒十五年（1889）致盛堂刻本 十二冊

620000－1102－0000577 408
漱芳軒合纂四書體註十九卷 （清）范翔參訂 清刻本 五冊 缺二卷（大學一卷、中庸一卷）

620000－1102－0000578 798
漱芳軒合纂四書體註十九卷 （清）范翔參訂 清刻本 五冊 存十四卷（大學一卷、中庸一卷、論語六至十、孟子一至七）

620000－1102－0000579 382
漱芳軒合纂四書體註十九卷 （清）范翔參訂 清刻本 六冊

620000－1102－0000580 9
漱芳軒合纂四書體註十九卷 （清）范翔參訂 清刻本 六冊

620000－1102－0000581 312
漱芳軒合纂四書體註十九卷 （清）范翔參訂 清光緒十五年（1889）刻本 六冊

620000－1102－0000582 38
漱芳軒合纂四書體註十九卷 （清）范翔參訂 清雍正二年（1724）墨繡堂刻本 七冊

620000－1102－0000583 1142
水法捷要一卷 （□）□□撰 清末抄本 一冊

620000－1102－0000584 53
水經四十卷 （漢）桑欽撰 （北魏）酈道元注 清乾隆刻本 一冊 存二十三卷（一至二十三）

620000－1102－0000585 291
水經注不分卷 （北魏）酈道元注 （清）戴震校訂 清乾隆刻本 十一冊

620000－1102－0000586 840
水鏡集四卷 （清）范騋撰 清刻本 一冊 存一卷（二）

620000－1102－0000587 67

說文解字三十二卷 (漢)許慎撰 (清)段玉裁注 清光緒三年(1877)刻本 十六册

620000－1102－0000588 1074
朔方備乘六十八卷首十二卷 (清)何秋濤撰 清光緒石印本 七册 缺七卷(六十二至六十八)

620000－1102－0000589 866
思辨錄疑義一卷 (清)劉蓉撰 清光緒三年(1877)思賢講舍刻本 一册

620000－1102－0000590 289
斯文精萃不分卷 (清)尹繼善輯 清乾隆七年(1742)刻本 十六册

620000－1102－0000591 1002
四書撮言三十七卷 (清)胡蓉芝輯 清刻本 一册 存七卷(論語十四至二十)

620000－1102－0000592 892
四書大全四十二卷 (明)胡廣輯 (清)汪份輯 (清)馮嵩訂 清康熙四十二年(1703)致和堂刻本 二十四册 缺十卷(孟子五至十四)

620000－1102－0000593 906
四書大全四十一卷 (清)陸隴其輯 清三魚堂刻本 三十册 缺二卷(大學或問一、論語十一)

620000－1102－0000594 981
四書大全摘要二十卷 (清)李武纂 清刻本 二十四册

620000－1102－0000595 389
四書大全摘要二十卷 (清)李武纂 清同治刻本 三册

620000－1102－0000596 314
四書讀本辨義十九卷 (清)劉慶觀撰 清青藜閣刻本 六册

620000－1102－0000597 1015
四書反身錄八卷 (清)李顒撰 清光緒十一年(1885)刻本 四册 存六卷(大學、中庸、論語上下、孟子上下)

620000－1102－0000598 316
四書反身錄八卷反身續錄一卷 (清)李顒撰 (清)王心敬錄 清嘉慶十五年(1810)刻本 四册

620000－1102－0000599 1010
四書反身錄十四卷 (清)李顒撰 清同治六年(1867)刻本 四册 存十二卷(大學一卷、中庸一卷、論語十卷)

620000－1102－0000600 995
四書會要錄三十卷 (清)黄瑞輯 (清)談仕麟參 清康熙五十九年(1720)刻本 十三册 存二十二卷(大學一至二,中庸三至四,論語一至二、八至十,孟子一至十三)

620000－1102－0000601 1025
四書集註本義匯參不分卷 (清)王步青輯 清末石印本 七册

620000－1102－0000602 1033
四書集註本義匯參不分卷 (清)王步青輯 清末石印本 四册

620000－1102－0000603 1055
四書講義大全二十六卷 (清)史廷輝輯 清初刻本 八册 存十七卷(大學四卷、中庸一至四、上論一至五、孟子九至十二)

620000－1102－0000604 1065
四書經史摘證七卷 (清)宋繼種輯 清光緒十八年(1892)刻本 二册

620000－1102－0000605 391
四書經註集證十九卷 (宋)朱熹注 (清)吴昌宗輯 清抄本 二册

620000－1102－0000606 1028
四書經註集證十九卷 (宋)朱熹注 (清)吴昌宗輯 清嘉慶三年(1798)江都汪廷機刻本 八册 缺七卷(孟子七卷)

620000－1102－0000607 1041
四書經註集證十九卷 (宋)朱熹注 (清)吴昌宗輯 清嘉慶三年(1798)江都汪廷機刻本 八册 存十卷(大學一卷、中庸一卷、論語

一至八）

620000－1102－0000608　193
四書經註集證十九卷　（宋）朱熹注　（清）吳昌宗輯　清嘉慶三年（1798）刻本　十六册

620000－1102－0000609　189
四書經註集證十九卷　（宋）朱熹注　（清）吳昌宗輯　清嘉慶三年（1798）刻本　十六册

620000－1102－0000610　991
四書考輯要二十卷　（清）陳弘謀輯　清乾隆三十六年（1771）培遠堂刻本　十册

620000－1102－0000611　978
四書人物類典串珠四十卷　（清）臧志仁輯　清嘉慶十八年（1813）刻本　十一册　缺一卷（二十六）

620000－1102－0000612　795
四書人物類典串珠四十卷　（清）臧志仁輯　清嘉慶四年（1799）上元臧氏刻本　一册　存一卷（一）

620000－1102－0000613　850
四書人物類典串珠四十卷　（清）臧志仁輯　清刻本　五册　缺十七卷（一至十七）

620000－1102－0000614　804
四書人物類典串珠四十卷　（清）臧志仁輯　清刻本　七册　存十六卷（二至十七）

620000－1102－0000615　1012
四書十九卷　（宋）朱熹集注　清同治十年（1871）刻本　五册　缺五卷（論語一至五）

620000－1102－0000616　865
四書十九卷　（宋）朱熹集注　清同治十三年（1874）刻本　六册

620000－1102－0000617　860
四書十九卷　（宋）朱熹集注　清同治十三年（1874）蘭州府署刻本　六册

620000－1102－0000618　315
四書十九卷　（宋）朱熹集注　清同治四年（1865）忠恕堂刻本　十册

620000－1102－0000619　282
四書釋文十九卷字辨一卷疑字辨一卷句辨詳訂一卷　（宋）朱熹注　（清）王賡言識　清道光二年（1822）諸城王氏塾刻本　六册

620000－1102－0000620　1029
四書疏註撮言大全三十七卷　（清）胡蓉芝輯　清刻本　二册　存五卷（大學一卷、中庸二卷、孟子十三至十四）

620000－1102－0000621　1087
四書疏註撮言大全三十七卷　（清）胡蓉芝輯　清末汪氏臨川書屋刻本　二册　存九卷（大學一卷、中庸二卷、論語八至十三）

620000－1102－0000622　1003
四書述要十九卷　（清）楊玉緒撰　清刻本　十二册

620000－1102－0000623　42
四書題鏡不分卷　（清）汪鯉翔纂　清乾隆九年（1744）刻本　十五册

620000－1102－0000624　290
四書味根録三十七卷　（清）金澂撰　清道光二十二年（1842）刻本　十六册

620000－1102－0000625　950
四書味根録三十七卷　（清）金澂輯　清印本　一册　存四卷（孟子一至四）

620000－1102－0000626　292
四書一貫講十九卷　（清）顧天健撰　清乾隆二十八年（1763）啓俊堂刻本　十六册

620000－1102－0000627　313
四書翼註論文三十八卷　（清）張甄陶撰　清嘉慶十五年（1810）刻本　十二册

620000－1102－0000628　887
四書翼註論文三十八卷　（清）張甄陶撰　清刻本　六册　存十二卷（下論六至十，上孟一至三、下孟一至四）

620000－1102－0000629　278
四書翼註論文三十八卷　（清）張甄陶撰　清乾隆五十三年（1788）敦化堂刻本　六册

620000－1102－0000630　317
四書引左彙解十卷　(清)蕭榕年輯　清乾隆三十九年(1774)謙牧堂刻本　四册

620000－1102－0000631　927
四書章句本義匯參不分卷　(清)王步青輯　(清)王士鼇編　清光緒十二年(1886)鉛印本　一册

620000－1102－0000632　835
四書章句本義匯參不分卷　(清)王步青輯　(清)王士鼇編　清光緒十七年(1891)廣百宋齋鉛印本　二册

620000－1102－0000633　342
四書章句本義匯參不分卷　(清)王步青輯　(清)王士鼇編　清光緒十三年(1887)鉛印本　十二册

620000－1102－0000634　1060
四書章句集註十九卷　(宋)朱熹集注　清刻本　二册　存十卷(論語一至十)

620000－1102－0000635　1056
四書正韻平仄合參一卷　(清)李若浩撰　(清)許魚門增訂　清末抄本　一册

620000－1102－0000636　1083
四書朱子本義匯參四十七卷　(清)王步青輯　(清)王士鼇編　清光緒十七年(1891)廣百宋齋鉛印本　一册　存四卷(大學四卷)

620000－1102－0000637　923
四書朱子本義匯參四十七卷　(清)王步青輯　(清)王士鼇編　清刻本　十六册　存二十二卷(大學一至三,中庸六卷,論語一至二、十五至二十,孟子一至五)

620000－1102－0000638　891
四書朱子本義匯參四十七卷　(清)王步青輯　(清)王士鼇編　清刻本　十六册　缺十三卷(論語一至十二、首一卷)

620000－1102－0000639　900
四書朱子本義匯參四十七卷　(清)王步青輯　(清)王士鼇編　清刻本　十册　存十九卷(大學四卷、中庸七卷、論語十三至二十)

620000－1102－0000640　902
四書朱子本義匯參四十七卷　(清)王步青輯　(清)王士鼇編　清刻本　四十册

620000－1102－0000641　947
四書朱子本義匯參四十七卷　(清)王步青輯　(清)王士鼇編　清刻本　六册　存十三卷(論語十五至二十,孟子一至六、首一卷)

620000－1102－0000642　895
四書朱子本義匯參四十七卷　(清)王步青輯　(清)王士鼇編　清末刻本　二十二册　缺五卷(論語一至四、首一卷)

620000－1102－0000643　898
四書朱子本義匯參四十七卷　(清)王步青輯　(清)王士鼇編　清乾隆十年(1745)敦復堂刻本　十七册　存二十三卷(論語三至十四,孟子三至四、六至十四)

620000－1102－0000644　903
四書朱子本義匯參四十七卷　(清)王步青輯　(清)王士鼇編　清乾隆十年(1745)敦復堂刻本　二十册　缺二十一卷(大學三,中庸六卷、首一卷,論語一至十、首一卷,孟子三至四)

620000－1102－0000645　849
四書朱子本義匯參四十七卷　(清)王步青輯　(清)王士鼇編　清乾隆十年(1745)敦復堂刻文會堂重印本　二十四册　缺七卷(孟子八至十四)

620000－1102－0000646　1043
四書字詁七十八卷　(清)段諤廷撰　(清)黄本驥編　清咸豐七年(1857)刻本　十册　存四十二卷(一至二十、三十七至五十八)

620000－1102－0000647　1115
四書左國彙纂四卷　(清)高其名　(清)鄭師成纂　清刻本　一册　存一卷(一)

620000－1102－0000648　419
四書左國彙纂四卷　(清)高其名　(清)鄭師

成纂　清乾隆本立堂刻本　六册

620000－1102－0000649　418
四書左國彙纂四卷　（清）高其名　（清）鄭師成纂　清乾隆本立堂刻本　四册

620000－1102－0000650　417
四書左國彙纂四卷　（清）高其名　（清）鄭師成纂　清乾隆本立堂刻本　六册

620000－1102－0000651　271
四書左國彙纂四卷　（清）高其名　（清）鄭師成纂　清乾隆刻本　四册

620000－1102－0000652　1139
四書左國彙纂四卷　（清）高其名　（清）鄭師成纂　清乾隆三十五年（1770）百尺樓刻本　七册

620000－1102－0000653　270
四書左國輯要四卷　（清）高其名　（清）鄭師成纂　清乾隆刻本　四册

620000－1102－0000654　738
四言史略一卷　（清）□□撰　清嘉慶抄本　一册

620000－1102－0000655　1011
四音釋義十二卷　（清）鄭長庚輯　清嘉慶二十五年（1820）刻本　十二册

620000－1102－0000656　101
松花庵全集十二卷　（清）吳鎮撰　清宣統二年（1910）刻本　十册　缺二卷（二、七）

620000－1102－0000657　110
松花庵詩草四卷　（清）吳鎮撰　清同治刻本　二册

620000－1102－0000658　294
松花庵詩文集十二卷　（清）吳鎮撰　清乾隆五十五年（1790）蘭山書院刻本　十二册

620000－1102－0000659　257
松花庵遊草一卷　（清）吳鎮撰　清乾隆刻本　一册

620000－1102－0000660　34
松花道人四書詩一卷　（清）吳鎮撰　清乾隆刻本　一册

620000－1102－0000661　158
松石齋集四種六卷　（清）唐璉撰　**國朝畫後續集一卷**　（清）王光晟輯　清道光十二年至咸豐六年（1832－1856）刻本　六册　存六卷（證道錄一卷、信手拈來二卷、書畫瑣言一卷、松石齋集序一卷，國朝畫後續集一卷）

620000－1102－0000662　40
松陽講義十二卷　（清）陸隴其撰　清康熙刻本　六册

620000－1102－0000663　320
嵩厓尊生書十五卷　（清）景日昣撰　清刻本　一册　存二卷（十四至十五）

620000－1102－0000664　238
宋論十五卷　（清）王夫之撰　清光緒石印本　二册　存二卷（一至二）

620000－1102－0000665　868
宋論十五卷　（清）王夫之撰　清末上海漢讀樓石印本　一册　存一卷（七）

620000－1102－0000666　1098
宋論十五卷　（清）王夫之撰　清石印本　一册　存二卷（一至二）

620000－1102－0000667　994
宋邵康節先生一撮金易數一卷　（宋）邵雍撰　（清）蘊山氏訂　清末抄本　一册

620000－1102－0000668　747
宋王忠文公文集五十卷目錄四卷　（宋）王十朋撰　（清）唐傳鉎重編　清雍正六年（1728）唐傳鉎刻本　二十四册

620000－1102－0000669　276
宋張宣公全集六十一卷　（宋）張栻撰　清道光刻本　十二册

620000－1102－0000670　544
隨園三十種二百五十六卷　（清）袁枚撰　清刻本　二十八册　存一百十二卷（飲水詞鈔二卷、箏船詞一卷、捧月樓詞二卷、綠秋草堂詞一卷、玉山堂詞一卷、崇睦山房詞一卷、小倉山房文集三十五卷、小倉山房外集八卷、湄君詩集二卷、紅豆村人詩稿十四卷、碧腴齋詩存八卷、續同人集十七卷、袁家三妹合稿四卷、隨園八十壽言六卷、小倉山房尺牘十卷)

620000－1102－0000671　535
隨園三十種二百五十六卷　(清)袁枚撰　清刻本　六冊　存十六卷(袁家三妹合稿四卷、南園詩選二卷、捧月樓詞二卷、飲水詞鈔二卷、湄君詩集二卷、箏船詞一卷、綠秋草堂詞一卷、筱雲詩集二卷)

620000－1102－0000672　516
隨園三十種二百五十六卷　(清)袁枚撰　清同治五年(1866)三讓睦記刻本　五十八冊　缺二種(崇睦山房詞、碧梧山館詞)

620000－1102－0000673　553
隨園三十種二百五十六卷　(清)袁枚撰　清咸豐八年(1858)刻本　十七冊　存一百四十八卷(小倉山房尺牘十卷,隨園詩話十六卷、補遺十卷,紅豆村人詩稿十四卷,新齊諧二十四卷、續十卷,袁太史稿一卷,隨園八十壽言六卷,小倉山房外集八卷,小倉山房詩集三十七卷、補遺二卷,南苑詩選二卷,繡餘吟稿一卷,吟書閣遺稿一卷,樓居小草一卷,素文女子遺稿一卷,筱雲詩集二卷,捧月樓詞二卷)

620000－1102－0000674　309
隨園詩話十六卷補遺十卷　(清)袁枚撰　清道光二十四年(1844)刻本　八冊

620000－1102－0000675　564
隨園詩話十六卷補遺十卷　(清)袁枚撰　清刻本　四冊　存八卷(隨園詩話一至八)

620000－1102－0000676　561
隨園隨筆二十八卷　(清)袁枚撰　清刻本　一冊　存三卷(八至十)

620000－1102－0000677　308
隨園同人尺牘四卷　(清)尹繼善等書　清刻本　四冊

620000－1102－0000678　1013
遂生編福幼編合編二卷　(清)莊一夔撰　清光緒三年(1877)刻本　一冊

620000－1102－0000679　1016
遂生編福幼編合編二卷　(清)莊一夔撰　清光緒三年(1877)刻本　一冊

620000－1102－0000680　1017
遂生編福幼編合編二卷　(清)莊一夔撰　清光緒三年(1877)刻本　一冊

620000－1102－0000681　1018
遂生編福幼編合編二卷　(清)莊一夔撰　清光緒三年(1877)刻本　一冊

620000－1102－0000682　1024
遂生編一卷福幼編一卷　(清)莊一夔撰　清道光十五年(1835)刻本　一冊

620000－1102－0000683　1006
遂生編一卷福幼編一卷　(清)莊一夔撰　清嘉慶十八年(1813)刻本　一冊

620000－1102－0000684　1035
遂生編一卷福幼編一卷　(清)莊一夔撰　清刻本　一冊

620000－1102－0000685　1052
遂生福幼達生合編三卷　(清)莊一夔撰　清咸豐七年(1857)肖城九曜坊聚德堂刻本　一冊

620000－1102－0000686　964
遂生福幼合編二卷　(清)莊一夔撰　清道光十二年(1832)陝西大荔容忍堂刻本　一冊

620000－1102－0000687　1034
遂生福幼合編二卷　(清)莊一夔撰　清光緒七年(1881)刻本　一冊

620000－1102－0000688　147
孫子十家註十三卷　(清)孫武撰　清光緒刻本　一冊

620000－1102－0000689　1084
太上玄靈北斗本命延生真經一卷　(清)□□編　清刻本　一冊

620000－1102－0000690　716
壇經一卷　(唐)釋法海錄　清同治十一年(1872)如皋刻經處刻本　一册

620000－1102－0000691　113
唐陸宣公集二十二卷　(唐)陸贄撰　清咸豐元年(1851)刻朱墨套印本　四册

620000－1102－0000692　619
唐人試律説一卷　(清)紀昀撰　清刻本　一册

620000－1102－0000693　1136
唐宋八家鈔八卷　(清)高嵣評　清乾隆五十三年(1788)刻本　一册　存一卷(八)

620000－1102－0000694　23
唐雅八卷　(明)胡纘宗編　明嘉靖二十八年(1549)刻本　四册

620000－1102－0000695　171
桃花泉弈譜二卷　(清)范世勳撰　清刻本　一册　存一卷(下)

620000－1102－0000696　173
桃花泉弈譜二卷　(清)范世勳撰　清同治十二年(1873)敦仁堂刻本　二册

620000－1102－0000697　383
桃花扇傳奇四卷　(清)孔尚任撰　清刻本　四册

620000－1102－0000698　732
天寶陰符經三卷　(□)□□撰　清末抄本　一册

620000－1102－0000699　733
天寶陰符經三卷　(□)□□撰　清末刻本　一册

620000－1102－0000700　602
天下才子必讀書十五卷末一卷　(清)金人瑞評　清敦化堂刻本　三册　存六卷(一至二、十三至十五,末一卷)

620000－1102－0000701　748
天下郡國利病書一百二十卷　(清)顧炎武輯　清道光十一年(1831)敷文閣刻光緒五年(1879)蜀南桐華書屋薛氏家塾補刻本　五十二册　存一百十六卷(一至十五、十八至五十七、六十至一百二十)

620000－1102－0000702　726
天子肆獻祼饋食禮纂四卷　(清)任啓運纂　清光緒十四年(1888)刻本　一册　存三卷(一至三)

620000－1102－0000703　737
通鑑紀事本末二百三十九卷　(宋)袁樞編　(明)張溥論正　清末石印本　十册　存一百五卷(七十二至一百二十一、一百三十四至一百五十四、一百八十三至二百十六)

620000－1102－0000704　730
同仁堂藥目一卷　(清)樂鳳鳴編　清光緒二十八年(1902)京都同仁堂刻本　一册

620000－1102－0000705　196
推拿廣意三卷　(清)熊應雄輯　清刻本　一册

620000－1102－0000706　1082
外科秘訣二卷　(清)宋寶田記　清抄本　二册

620000－1102－0000707　966
外科驗方新編一卷　(清)趙月芝編　清光緒二十七年(1901)刻本　一册

620000－1102－0000708　80
萬國通鑑四卷　(美國)謝衛樓輯　清光緒刻本　六册

620000－1102－0000709　283
王文成公全書三十八卷　(明)王守仁撰　(明)徐愛輯　清刻本　二十四册

620000－1102－0000710　73
王先生十七史蒙求十六卷　(宋)王令撰　**李氏蒙求補注三卷**　(清)金三俊輯　清道光二十八年(1848)刻本　六册

620000－1102－0000711　359
圍棋近譜一卷　(清)金楙志輯　清康熙刻本　一册

620000－1102－0000712　54
尉繚子二卷　(戰國)尉繚撰　清光緒十九年(1893)上海鴻文書局石印本　一册　存一卷(上)

620000－1102－0000713　197
溫病條辨六卷首一卷　(清)吴瑭著　清光緒十九年(1893)鉛印本　四册

620000－1102－0000714　333
瘟疫論二卷　(明)吴有性撰　清抄本　二册

620000－1102－0000715　14
瘟疫論二卷　(明)吴有性撰　清刻本　一册

620000－1102－0000716　1045
瘟疫條辨摘要一卷　(清)陳良佐　(清)楊璿撰　(清)吕田集録　(清)吕慎儉編次　清末刻本　一册

620000－1102－0000717　957
文筆金丹讀本後集不分卷　(清)席樹馨輯　清同治十三年(1874)刻本　二册

620000－1102－0000718　350
文筆金丹讀本前集不分卷　(清)席樹馨輯　清同治十三年(1874)刻本　二册

620000－1102－0000719　250
文廟通考六卷　(清)牛樹梅撰　清同治刻本　二册

620000－1102－0000720　1140
文獻通考詳節二十四卷　(元)馬端臨撰　(清)嚴虞惇節録　清光緒二十八年(1902)上海祥記書莊石印本　二册　存十六卷(一至十、十九至二十四)

620000－1102－0000721　281
文獻通考詳節二十四卷　(元)馬端臨撰　(清)嚴虞惇節録　清乾隆二十九年(1764)刻本　十二册

620000－1102－0000722　371
文心雕龍十卷　(南朝梁)劉勰撰　(清)黄叔琳輯注　清乾隆六年(1741)養素堂刻本　三册　存八卷(一至二、五至十)

620000－1102－0000723　99
文選六十卷　(南朝梁)蕭統輯　(唐)李善注　清末刻本　二十四册

620000－1102－0000724　953
文選六十卷　(南朝梁)蕭統輯　(唐)李善注　清乾隆刻本　四册　存二十三卷(九至三十一)

620000－1102－0000725　848
文選五卷考異一卷　(南朝梁)蕭統撰　(唐)李善注　(清)胡克家校　清光緒十四年(1888)同文書局石印本　六册

620000－1102－0000726　1105
文選摘抄二卷　(清)沈郗林訂　清刻本　一册　存一卷(下)

620000－1102－0000727　800
文苑集成三十三卷　(清)□□撰　清刻本　十一册　存二十六卷(大學一至三,中庸一至六,上論一至二、下論一至六,上孟四至六、下孟一至六)

620000－1102－0000728　830
文苑集成續編七卷　(清)□□輯　清刻本　二册

620000－1102－0000729　948
文中子中説十卷　(隋)王通撰　(宋)阮逸注　清嘉慶九年(1804)姑蘇聚文堂刻本　一册

620000－1102－0000730　1117
吴氏説鈴攬勝二十五種□□卷　(清)吴震方輯　清乾隆五十九年(1794)石門馬氏大西山房刻本　一册　存三卷(金鰲退食筆記二卷、京東考古録一卷)

620000－1102－0000731　108
吴氏醫學述第三種本草從新六卷　(清)吴儀洛輯　清宏道堂刻本　四册

620000－1102－0000732　304
五代史七十四卷　(宋)歐陽修撰　清光緒十七年(1891)陝甘味經書院刻本　十六册

620000－1102－0000733　82

五代史七十四卷 (宋)歐陽修撰 清光緒元年(1875)刻本 十二冊

620000－1102－0000734 1094
五方元音二卷 (清)樊騰鳳撰 (清)年希堯補 清光緒七年(1881)泰山堂刻本 一冊

620000－1102－0000735 820
五經集解三十三卷 (清)馮世瀛輯 清同治八年(1869)刻本 十一冊 存十一卷(十二至十三、十八、二十五至三十、三十二至三十三)

620000－1102－0000736 1089
五經類編二十八卷 (清)周世樟輯 清刻本 十二冊

620000－1102－0000737 986
五經類編二十八卷 (清)周世樟輯 清孝思堂刻本 六冊 存十五卷(一至十五)

620000－1102－0000738 600
五經旁訓五種二十一卷 (清)徐立綱撰 清末刻本 六冊 存十一卷(春秋四卷、書經四卷、詩經二至四)

620000－1102－0000739 1022
五經體註大全五種七十二卷 (清)高朝瓔注 清道光二十年(1840)刻本 五冊 存十八卷(周易一至四、書經一至六、詩經一至八)

620000－1102－0000740 1151
五經文字三卷疑一卷新加九經字樣一卷疑一卷 (唐)張參撰 (唐)唐玄度補撰 (清)孔繼涵考疑 清乾隆刻本 一冊

620000－1102－0000741 47
五體書豳風七月詩一卷 (清)李朝棟纂 清同治九年(1870)刻本 一冊

620000－1102－0000742 68
五知齋琴譜八卷 (清)周魯封纂 清乾隆刻本 六冊

620000－1102－0000743 262
五種遺規序七卷 (清)陳弘謀輯 清光緒刻本 十冊

620000－1102－0000744 1078
武侯五星神課一卷 (清)子讓氏抄錄 清光緒三十年(1904)抄本 一冊

620000－1102－0000745 1085
務本堂四書遵註合講十九卷 (清)翁復編 清刻本 六冊

620000－1102－0000746 781
西歸直指四卷首一卷 (清)周夢顏輯 清光緒十二年(1886)金陵刻經處刻本 一冊

620000－1102－0000747 413
西疆交涉志要六卷 鍾鏞撰 清宣統元年(1909)鉛印本 一冊 存三卷(四至六)

620000－1102－0000748 235
西學大成十二卷 (清)王西清 (清)盧梯君輯 清光緒石印本 十二冊

620000－1102－0000749 834
西學通攷三十六卷 (清)胡兆鸞輯 清光緒二十三年(1897)長沙刻本 四冊

620000－1102－0000750 1153
西學通攷三十六卷 (清)胡兆鸞輯 清光緒二十三年(1897)長沙刻本 六冊

620000－1102－0000751 969
西遊原旨二十四卷一百回 (明)吳承恩撰 (清)劉一明解 清刻本 十二冊 存十二卷(七至十二、十九至二十四)

620000－1102－0000752 973
西遊原旨二十四卷一百回 (明)吳承恩撰 (清)劉一明解 清刻本 六冊 存六卷(七至十二)

620000－1102－0000753 230
西招圖略一卷附錄一卷 (清)松筠撰 清同治八年(1869)刻本 二冊

620000－1102－0000754 780
習是編二卷 (清)屈成霖輯 清光緒二年(1876)刻本 四冊

620000－1102－0000755 343
洗冤錄歌訣一卷 (宋)宋慈撰 (清)許槤編

清宣統元年(1909)甘肅官報書局鉛印本　一冊

620000－1102－0000756　363
洗冤錄詳義四卷首一卷　(宋)宋慈撰　(清)許槤編校　清鉛印本　四冊

620000－1102－0000757　823
仙姑曹真人傳授接命金丹秘訣一卷　(□)□□撰　清抄本　一冊

620000－1102－0000758　17
仙機武庫不分卷　(明)陸玄宇輯　明崇禎二年(1629)西陵碧雲書屋刻本　六冊

620000－1102－0000759　357
相地指迷十卷　(清)蔣大鴻撰　清來鹿堂刻本　二冊

620000－1102－0000760　202
鄉黨類纂三卷　(清)譚孝達輯　清咸豐刻本　三冊

620000－1102－0000761　361
鄉黨圖考十卷　(清)江永編　清刻本　四冊

620000－1102－0000762　362
鄉黨圖考十卷　(清)江永編　清乾隆五十二年(1787)致和堂刻本　四冊

620000－1102－0000763　862
詳註嚶求集二卷　(清)繆艮撰　(清)倪照注　(清)楊殿奎校　清末文盛書局石印本　一冊

620000－1102－0000764　122
翛然樓詩約鈔一卷　(清)林棠撰　清石印本　一冊

620000－1102－0000765　548
小倉山房四六八卷　(清)袁枚撰　清道光刻本　一冊　存四卷(一至四)

620000－1102－0000766　550
小倉山房外集八卷　(清)袁枚撰　清刻本　一冊　存三卷(二至四)

620000－1102－0000767　563
小倉山房文集三十五卷　(清)袁枚撰　清刻本　一冊　存二卷(十七至十八)

620000－1102－0000768　565
小倉山房續餘文集□□卷　(清)袁枚撰　清刻本　四冊　存十一卷(二十五至三十五)

620000－1102－0000769　1061
小兒書二種二卷　(清)管春洲撰　清光緒元年(1875)刻本　一冊

620000－1102－0000770　1048
小兒語一卷女小兒語一卷　(明)呂得勝撰　(明)呂坤續　清光緒七年(1881)刻本　一冊

620000－1102－0000771　972
小題文府續集不分卷　(清)佚名輯　清石印本　四冊

620000－1102－0000772　367
小學鉤沈十九卷　(清)任大椿撰　(清)王念孫校正　清刻本　四冊

620000－1102－0000773　328
小學集註六卷　(明)陳選注　清嘉慶十七年(1812)刻本　五冊

620000－1102－0000774　789
小學集註六卷孝經集註一卷忠經集註一卷　(明)陳選等注　清光緒元年(1875)刻本　一冊

620000－1102－0000775　376
小學六卷　(清)高愈注　清道光二十九年(1849)刻本　四冊

620000－1102－0000776　1130
小學六卷　(清)高愈注　清刻本　四冊

620000－1102－0000777　1032
小學六卷　(清)高愈注　清咸豐二年(1852)刻本　二冊

620000－1102－0000778　360
小學體註淩雲解六卷　(明)陳選評　(清)沈士衡重訂　清刻本　四冊

620000－1102－0000779　918

新編日用涓吉奇門五總龜四卷 (明)池紀撰 清刻本 二冊

620000－1102－0000780 1053

新編野叟曝言□□卷 (清)□□注 清末刻本 十冊 存十卷(十一至二十)

620000－1102－0000781 384

新訂詩經附考備旨八卷圖說一卷 (清)陳百先輯 清雍正刻本 五冊

620000－1102－0000782 1030

新輯尺牘合璧四卷 (清)許思湄撰 (清)婁世瑞注 (清)寄虹軒主人輯 清光緒二十年(1894)上海煥文局石印本 二冊

620000－1102－0000783 364

新鐫神峰張先生通考辟謬命理正宗大全六卷 (明)張楠輯 清光緒刻本 六冊

620000－1102－0000784 1093

新刊三十六虎靈符神咒秘書一卷 (唐)袁天罡注 清刻本 一冊

620000－1102－0000785 1104

新刊醫林狀元壽世保元十卷 (明)龔廷賢編 (清)周亮登校 清刻本 一冊 存一卷(八)

620000－1102－0000786 980

新刊趙田了凡袁先生編纂古本歷史大方綱鑑補三十九卷 (明)袁黄撰 清光緒刻本 九冊 存二十五卷(三至八、十二至十四、十八至二十、二十四至三十、三十四至三十九)

620000－1102－0000787 1131

新刊纂圖類方元亨療馬集六卷 (明)喻仁 (明)喻傑撰 清末刻本 一冊 存一卷(四)

620000－1102－0000788 922

新刻重校增補圓機活法詩學全書二十四卷 (明)王世貞輯 清刻本 十二冊 存十六卷(一至十六)

620000－1102－0000789 288

新刻重校增補圓機活法詩學全書二十四卷新刊校正增補圓機詩韻活法全書十四卷 (明)王世貞輯 (明)楊淙參閱 清嘉慶六年(1801)刻本 二十冊

620000－1102－0000790 977

新刻重校增補圓機韻學活法全書十四卷 (明)王世貞輯 清刻本 六冊

620000－1102－0000791 1111

新刻校正增補圓機活法詩學全書二十四卷 (明)李衡輯 清刻本 四冊 存八卷(十七至二十四)

620000－1102－0000792 1137

新刻書經備旨善本輯要六卷 (清)汪右衡鑒定 (清)馬大猷輯 清刻本 六冊

620000－1102－0000793 990

新書十卷 (漢)賈誼撰 (清)盧文弨 (清)趙曦明校 清光緒元年(1875)浙江書局刻本 二冊

620000－1102－0000794 142

新增博覧花樣集錦四卷 (清)張鵬飛輯 清光緒十年(1884)刻本 四冊

620000－1102－0000795 1128

新增說文韻府群玉二十卷 (元)陰時夫輯 (元)陰中夫注 (明)王元貞校正 清文光堂刻本 十冊 存十卷(十一至二十)

620000－1102－0000796 25

新增說文韻府群玉十卷 (元)陰時夫輯 (元)陰中夫注 (明)王元貞校正 清刻本 十冊

620000－1102－0000797 782

新纂門目五臣音注揚子法言十卷 (漢)揚雄撰 (晉)李軌 (唐)柳宗元注 清嘉慶九年(1804)聚文堂刻本 一冊

620000－1102－0000798 1141

星平指南四卷 (清)釋通靈撰 清道光三十年(1850)刻本 一冊 存一卷(一)

620000－1102－0000799 636

行文寶笈二卷 (清)顧紹鼎輯 清末石印本 一冊 存一卷(下)

620000－1102－0000800　878
性理會通七十卷　(明)田藝蘅等撰　清初刻本　十册　存四十三卷(四至二十九、三十一至四十二、六十六至七十)

620000－1102－0000801　914
性理論新編一卷　(清)許虞龍編定　清咸豐二年(1852)刻本　一册　存四十六篇(一至四十六)

620000－1102－0000802　305
性學舉隅一卷　(美國)丁韙良撰　清光緒三十年(1904)鉛印本　一册

620000－1102－0000803　988
修真寶筏一卷　(清)退安老上人撰　(清)華邨子校正　清刻本　一册

620000－1102－0000804　1143
續富國策四卷　(清)陳熾輯　清光緒二十二年(1896)刻本　四册

620000－1102－0000805　1148
續富國策四卷　(清)陳熾輯　清光緒二十四年(1898)石印本　三册　存三卷(一至二、四)

620000－1102－0000806　1121
續古文辭類纂三十四卷　王先謙纂　清末刻本　二册　存八卷(十至十三、十八至二十一)

620000－1102－0000807　358
續心影集四卷　(清)李士麟輯　清光緒二年(1876)蘭州郡署刻本　四册

620000－1102－0000808　539
續新齊諧十卷　(清)袁枚撰　清刻本　一册　存三卷(四至六)

620000－1102－0000809　59
續夷堅志二卷　(金)元好問撰　清嘉慶三年(1798)刻本　二册

620000－1102－0000810　1112
續原教論二卷　(明)沈士榮撰　清光緒元年(1875)金陵刻經處刻本　一册

620000－1102－0000811　1113
續資治通鑑綱目二十七卷　(明)陳仁錫評閱　清刻本　一册　存一卷(十八)

620000－1102－0000812　55
續資治通鑑綱目二十七卷　(明)陳仁錫評閱　清刻本　二十八册

620000－1102－0000813　930
宣宗成皇帝黜異端以崇正學韻文一卷　(清)宣宗旻寧撰　**大清律例一卷**　(清)□□撰　**恪靖伯禁種罌粟四字諭一卷**　(清)左宗棠撰　清光緒三年(1877)刻本　一册

620000－1102－0000814　24
玄玄棋經六卷　(明)晏天章撰　明刻本　六册

620000－1102－0000815　1118
薛文清公讀書全録類編二十卷　(明)薛瑄撰　清刻本　一册　存三卷(十一至十三)

620000－1102－0000816　339
學案初模續編不分卷　(清)伊里布編　清光緒二十五年(1899)秦中書局刻本　十册

620000－1102－0000817　338
學案初模續編不分卷　(清)伊里布編　清光緒七年(1881)刻本　十册

620000－1102－0000818　318
學源堂易經體註大全合參四卷　(宋)朱熹注　(清)李兆賢輯　清刻本　二册

620000－1102－0000819　784
學治臆説二卷續説一卷説贅一卷佐治藥言一卷續佐治藥言一卷　(清)汪輝祖撰　**牧令須知七卷**　(清)剛毅撰　清光緒二十二年(1896)甘肅藩署刻本　四册

620000－1102－0000820　387
訓蒙草註釋一卷　(清)路德注　清道光二十九年(1849)刻本　一册

620000－1102－0000821　785
訓俗遺規四卷　(清)陳弘謀輯　清乾隆三十七年(1772)刻本　二册　存二卷(一至二)

620000－1102－0000822　864
訓學良規一卷　(清)□□撰　清光緒十一年(1885)甘肅蘭山書院刻本　一册

620000－1102－0000823　380
胭脂牡丹六卷　(清)□□撰　清咸豐五年(1855)達道堂刻本　二册

620000－1102－0000824　1108
嚴陵張九儀增釋地理琢玉斧巒頭歌括一卷　(清)張九儀增釋　(清)袁士麟參訂　清末刻本　一册

620000－1102－0000825　407
楊忠愍公集四卷　(明)楊繼盛撰　(清)楊摠福校　清道光二十三年(1843)刻本　四册

620000－1102－0000826　839
楊忠愍公集四卷　(明)楊繼盛撰　(清)魏先燾　(清)周漢校　清光緒九年(1883)甘肅藩署刻本　四册

620000－1102－0000827　877
楊忠愍公集四卷　(明)楊繼盛撰　(清)魏先燾　(清)周漢校　清光緒九年(1883)甘肅藩署刻本　四册

620000－1102－0000828　406
楊忠愍公集四卷　(明)楊繼盛撰　(清)魏先燾　(清)周漢校　清光緒九年(1883)甘肅藩署刻本　四册

620000－1102－0000829　405
楊忠愍公集四卷　(明)楊繼盛撰　(清)魏先燾　(清)周漢校　清光緒九年(1883)甘肅藩署刻本　四册

620000－1102－0000830　404
楊忠愍公集四卷　(明)楊繼盛撰　(清)魏先燾　(清)周漢校　清光緒九年(1883)甘肅藩署刻本　四册

620000－1102－0000831　832
楊忠愍公集四卷　(明)楊繼盛撰　(清)楊摠福校　清刻本　四册

620000－1102－0000832　228
楊忠愍公全集四卷　(明)楊繼盛撰　(清)毛奇齡鑒定　章鈺重訂　清嘉慶刻本　四册

620000－1102－0000833　1133
養蒙針度五卷　(清)潘子聲撰　(清)孫蒼璧　陳樹芝校刊　清光緒十七年(1891)刻本　一册

620000－1102－0000834　1125
養蒙針度五卷　(清)潘子聲撰　(清)孫蒼璧　陳樹芝校刊　清末刻本　一册

620000－1102－0000835　1147
養蒙針度五卷　(清)潘子聲撰　(清)孫蒼璧　陳樹芝校刊　清末善成堂刻本　一册

620000－1102－0000836　838
一乘決疑論一卷　(清)彭際清述　清同治八年(1869)如皋刻經處刻本　一册

620000－1102－0000837　802
一乘決疑論一卷　(清)彭際清述　清同治八年(1869)如皋刻經處刻本　一册

620000－1102－0000838　791
一乘決疑論一卷　(清)彭際清述　清同治八年(1869)如皋刻經處刻本　一册

620000－1102－0000839　803
一乘決疑論一卷　(清)彭際清述　清同治八年(1869)如皋刻經處刻本　一册

620000－1102－0000840　818
一乘決疑論一卷　(清)彭際清述　清同治八年(1869)如皋刻經處刻本　一册

620000－1102－0000841　894
一乘決疑論一卷　(清)彭際清述　清同治八年(1869)如皋刻經處刻本　一册

620000－1102－0000842　190
一乘決疑論一卷　(清)彭際清述　清同治八年(1869)如皋刻經處刻本　一册

620000－1102－0000843　399
一乘決疑論一卷　(清)彭際清述　清同治八年(1869)如皋刻經處刻本　八册

620000－1102－0000844　925
依樣葫蘆四卷　(清)徐昂發撰　清末刻本　一册

620000－1102－0000845　1027
醫方捷徑指南全書二卷　(明)王宗顯輯　(明)錢允治校　清末刻本　一册　存一卷(上)

620000－1102－0000846　87
亦耕草堂詩鈔四卷　(清)焦繼華撰　清光緒二十八年(1902)刻本　四册

620000－1102－0000847　1095
亦有秋齋詞鈔二卷　(清)鈕福疇撰　清道光刻本　一册

620000－1102－0000848　181
易傳燈四卷　(宋)徐總幹撰　(清)李調元校　清乾隆三十七年(1772)刻本　一册

620000－1102－0000849　941
易經大全會解四卷　(清)來爾繩纂　(清)朱采治等編訂　清末成文堂刻本　四册

620000－1102－0000850　1007
易經來註圖解十五卷首一卷末一卷　(明)來知德撰　(清)符永培重刊　清雍正七年(1729)世興堂刻本　一册　存一卷(首一卷)

620000－1102－0000851　1109
易經體註大全合參四卷　(清)李兆賢緝　清光緒十八年(1892)刻本　四册

620000－1102－0000852　1120
易經增訂旁訓三卷　(□)□□撰　清末刻本　一册

620000－1102－0000853　356
易林補遺四卷　(清)張世寶撰　清乾隆三十七年(1772)刻本　四册

620000－1102－0000854　934
易爻近徵二卷　(清)宋柏撰　清咸豐五年(1855)刻本　一册

620000－1102－0000855　103
奕理指歸圖二卷　(清)施襄夏撰　清刻本　二册

620000－1102－0000856　372
藝林瑤圃不分卷　(唐)韓愈等撰　(清)席樹馨輯　清光緒二年(1876)刻本　三册

620000－1102－0000857　41
音學五書五種三十八卷　(清)顧炎武撰　清光緒十一年(1885)四明觀稼樓刻本　十二册

620000－1102－0000858　993
陰陽宅奇法一卷　(清)吳翰臣錄　清末抄本　一册

620000－1102－0000859　519
引痘略一卷　(清)邱熺輯　清光緒六年(1880)甘涼道署刻本　一册

620000－1102－0000860　1152
英神山人藥方一卷　(□)□□撰　清末濟生社刻本　一册

620000－1102－0000861　1068
瀛環志略十卷　(清)徐繼畬撰　清光緒二十一年(1895)上海寶文局石印本　三册

620000－1102－0000862　325
瀛環志略十卷　(清)徐繼畬撰　清光緒二十一年(1895)上海寶文局石印本　四册

620000－1102－0000863　97
瀛環志略十卷　(清)徐繼畬撰　清同治十二年(1873)刻本　六册

620000－1102－0000864　386
雍音四卷　(明)胡纘宗輯　明嘉靖二十七年(1548)清渭草堂刻本　四册

620000－1102－0000865　33
永順堂合纂四書體注十九卷　(清)范翔參訂　清刻本　十册

620000－1102－0000866　841
有正味齋詞集八卷有正味齋詞續集二卷　(清)吳錫麒撰　清刻本　二册　存四卷(一至四)

620000－1102－0000867　226

有正味齋駢文箋注合纂二十四卷 (清)吳錫麒撰　清光緒石印本　四冊

620000－1102－0000868　1081
有正味齋駢文十六卷 (清)吳錫麒撰　(清)葉聯芬箋注　清刻本　三冊　存六卷(十一至十六)

620000－1102－0000869　1014
庾子山集十六卷總釋一卷 (北周)庾信撰　(清)倪璠注　清康熙刻本　七冊　缺七卷(一至二、五至六、十至十二)

620000－1102－0000870　26
庾子山全集十卷 (北周)庾信撰　清康熙二十六年(1687)刻本　八冊

620000－1102－0000871　352
玉谿生詩詳註八卷 (唐)李商隱撰　(清)馮浩注　清刻本　四冊

620000－1102－0000872　307
玉餘尺牘附編八卷 (清)莊士敏撰　清光緒大亭山館刻本　二冊

620000－1102－0000873　265
御批歷代通鑑輯覽一百二十卷 (清)傅恆等纂　清同治刻本　五十六冊

620000－1102－0000874　846
御批歷代通鑑輯覽一百二十卷 (清)傅恆等纂　清光緒二十九年(1903)上海廣益書室刻本　二十三冊　缺七卷(一百十四至一百二十)

620000－1102－0000875　855
御批歷代通鑑輯覽一百二十卷 (清)傅恆等纂　清光緒三十一年(1905)上海商務印書館鉛印本　二十八冊　缺三十五卷(十六至二十一、六十四至九十二)

620000－1102－0000876　1031
御批歷代通鑑輯覽一百二十卷 (清)傅恆等纂　清乾隆刻本　九冊　存三十一卷(六十七至九十、一百十四至一百二十)

620000－1102－0000877　95
御批歷代通鑑輯覽一百二十卷 (清)傅恆等纂　清光緒五年(1879)刻朱墨套印本　五十八冊

620000－1102－0000878　1019
御批歷代通鑑輯覽一百二十卷 (清)傅恆等纂　清刻本　一冊　存五卷(六十一至六十五)

620000－1102－0000879　1119
御批歷代通鑑輯覽一百二十卷 (清)傅恆等纂　清刻本　一冊　存二卷(四十一至四十二)

620000－1102－0000880　61
御批歷代通鑑輯覽一百二十卷 (清)傅恆等纂　清同治十三年(1874)刻本　六十四冊

620000－1102－0000881　1020
御題三希堂續刻法帖不分卷 (清)蔣溥等纂　清宣統元年(1909)刻本　一冊　存一冊(四)

620000－1102－0000882　398
御選唐宋詩醇四十七卷目錄二卷 (清)高宗弘曆選　清光緒七年(1881)浙江書局刻本　二十冊　缺二卷(四十六至四十七)

620000－1102－0000883　36
御選唐宋文醇五十八卷 (清)高宗弘曆輯　清乾隆刻本　二十四冊

620000－1102－0000884　1110
御撰資治通鑑綱目三編二十卷 (清)張廷玉等編　清光緒二十五年(1899)刻本　一冊　存十卷(一至十)

620000－1102－0000885　84
御撰資治通鑑綱目三編二十卷 (清)張廷玉等編　清光緒刻本　四冊

620000－1102－0000886　907
御撰資治通鑑綱目三編二十卷 (清)張廷玉等編　清刻本　五冊

620000－1102－0000887　247
御撰資治通鑑綱目三編二十卷 (清)張廷玉

等編　清刻本　四册

620000－1102－0000888　81

御撰資治通鑑綱目三編二十卷　(清)張廷玉等編　清刻本　六册

620000－1102－0000889　79

御撰資治通鑑綱目三編二十卷　(清)張廷玉等編　清刻本　六册

620000－1102－0000890　833

御撰資治通鑑綱目三編二十卷　(清)張廷玉等編　清乾隆刻本　五册

620000－1102－0000891　45

御撰資治通鑑綱目三編二十卷　(清)張廷玉等編　清乾隆刻本　三册

620000－1102－0000892　231

御纂春秋直解十二卷　(清)傅恒等纂　清乾隆刻本　一册　存二卷(一至二)

620000－1102－0000893　1009

御纂詩義折中二十卷　(清)陳兆崙等纂修　清末刻本　八册　存十五卷(五至十七、十九至二十)

620000－1102－0000894　410

御纂性理精義十二卷首一卷　(清)李光地等纂修　清康熙五十六年(1717)刻本　六册

620000－1102－0000895　287

御纂性理精義十二卷首一卷　(清)李光地等纂修　清刻本　四册

620000－1102－0000896　285

御纂性理精義十二卷首一卷　(清)李光地等纂修　清刻本　八册

620000－1102－0000897　286

御纂性理精義十二卷首一卷　(清)李光地等纂修　清刻本　六册

620000－1102－0000898　232

御纂性理精義十二卷首一卷　(清)李光地等纂修　清乾隆元年(1736)刻本　六册

620000－1102－0000899　1079

御纂醫宗金鑑九十卷首一卷　(清)吳謙等纂　清刻本　一册　存二卷(六十二至六十三)

620000－1102－0000900　890

御纂醫宗金鑑九十卷首一卷　(清)吳謙等纂　清刻本　三十九册　缺十七卷(一至七、四十八至五十六、六十二)

620000－1102－0000901　1044

御纂醫宗金鑑九十卷首一卷　(清)吳謙等纂　清刻本　四册　存十卷(十至十八、三十三)

620000－1102－0000902　1047

御纂醫宗金鑑九十卷首一卷　(清)吳謙等纂　清刻本　一册　存一卷(四十六)

620000－1102－0000903　116

御纂醫宗金鑑九十卷首一卷　(清)吳謙等纂　清乾隆四年(1739)刻本　六十册　存七十六卷(一至七十五、首一卷)

620000－1102－0000904　277

御纂周易折中二十二卷首一卷　(清)李光地等纂　清康熙五十四年(1715)内府刻本　十二册

620000－1102－0000905　1146

御纂周易折中二十二卷首一卷　(清)李光地等纂　清乾隆刻本　二册　存三卷(一至三)

620000－1102－0000906　971

御纂朱子全書六十六卷　(宋)朱熹撰　清乾隆刻本　十一册　存二十三卷(一至二十三)

620000－1102－0000907　1026

淵鑒齋御纂朱子全書六十六卷　(清)李光地等輯　清刻本　二十册　存四十三卷(二十四至六十六)

620000－1102－0000908　219

淵鑑類函四百五十卷目錄四卷　(清)張英等纂　清康熙刻本　一百五十八册

620000－1102－0000909　901

元史二百十卷　(明)宋濂等撰　明嘉靖刻萬曆至清康熙遞修本　二十九册　存一百八卷

(四十八至六十四、六十七至八十三、九十至一百六十三)

620000－1102－0000910　6
元史二百十卷　(明)宋濂等撰　明刻本　十九冊　存九十四卷(一至四十七、五十一至九十七)

620000－1102－0000911　897
元史二百十卷　(明)宋濂等撰　清同治十三年(1874)江蘇書局刻本　十一冊　存四十七卷(一至四十七)

620000－1102－0000912　154
願學編二卷　(明)胡纘宗撰　明嘉靖刻本　二冊

620000－1102－0000913　1086
閱微草堂筆記五種二十四卷　(清)紀昀撰　清刻本　一冊　存二卷(姑妄聽之三至四)

620000－1102－0000914　10
韻史一卷　(清)吳鎮編　清乾隆刻本　一冊

620000－1102－0000915　893
雜證要法三卷　(清)慶恕撰　清光緒二十九年(1903)刻本　一冊

620000－1102－0000916　1092
在官法戒錄四卷　(清)陳弘謀輯　清道光六年(1826)刻本　一冊

620000－1102－0000917　938
在家律要廣集十二卷　(清)陳熙願輯　清刻本　三冊　存十卷(一至十)

620000－1102－0000918　1021
曾文正公年譜十二卷　(清)李瀚章輯　清石印本　一冊　存五卷(八至十二)

620000－1102－0000919　790
曾文正公全集十六種一百八十五卷首一卷　(清)曾國藩撰　清光緒十四年(1888)鴻文書局鉛印本　三十七冊　缺三十八卷(十八家詩鈔二十八卷、鳴原堂論文二卷、詩集四卷、文集四卷)

620000－1102－0000920　607
曾文正公全集十六種一百八十五卷首一卷　(清)曾國藩撰　清同治至光緒傳忠書局刻本　九十三冊　缺四十四卷(奏稿一至二,雜鈔一至十,詩鈔二十三至二十八,書札十六至十七,雜著二,家書一至二、四至六,讀書錄十卷,日記類鈔二卷,孟子要略五卷、附錄一卷)

620000－1102－0000921　610
曾文正公全集十六種一百八十五卷首一卷　(清)曾國藩撰　清同治至光緒傳忠書局刻本　十冊　存二十四卷(曾文正公年譜十二卷、求闕齋日記類鈔二卷、求闕齋讀書錄十卷)

620000－1102－0000922　98
增補地理直指原真大全六卷首一卷　(清)釋如玉撰　清康熙刻本　六冊

620000－1102－0000923　940
增補事類統編九十三卷　(清)黃葆真增輯　清光緒十年(1884)刻本　四十五冊　缺四卷(四十八至五十一)

620000－1102－0000924　211
增補事類統編九十三卷　(清)黃葆真增輯　清光緒石印本　十二冊

620000－1102－0000925　810
增補事類統編九十三卷　(清)黃葆真增輯　清刻本　五冊　存十一卷(三十二至四十二)

620000－1102－0000926　956
增補事類統編九十三卷首一卷　(清)黃葆真增輯　清敦好堂刻本　八冊　存二十二卷(二十二至二十六、四十六至六十二)

620000－1102－0000927　220
增補四書精繡圖像人物備考十二卷　(明)陳仁錫增訂　清乾隆六年(1741)致和堂刻本　六冊

620000－1102－0000928　227
增補幼學瓊林四卷　(清)鄒聖脈增　清嘉慶刻本　四冊

620000－1102－0000929　960
增訂本草備要四卷　(清)汪昂輯　清乾隆四

十八年(1783)金相堂刻本　一册　存二卷(一至二)

620000－1102－0000930　1001
增訂丹桂籍十二卷　(明)顏正輯　清道光刻本　六冊　存六卷(七至十二)

620000－1102－0000931　415
增訂畊餘瑣錄十二卷　(清)馮世瀛輯　清刻本　六冊

620000－1102－0000932　632
增訂漢魏叢書九十六種四百七十四卷　(清)王謨輯　清宣統三年(1911)上海大通書局石印本　一冊　存二十四卷(元經薛氏傳十卷、群輔錄一卷、英雄記一卷、高士傳一卷、蓮社高賢傳一卷、神仙傳十卷)

620000－1102－0000933　762
增訂龍門四書圖像人物備考十二卷圖一卷　(明)薛應旂撰　(明)陳仁錫增定　清康熙五十六年(1717)古吳三樂齋刻本　七冊

620000－1102－0000934　875
增訂四書大全摘要二十卷　(清)李武纂輯　(清)黃際飛鑒定　(清)李克嗣等校字　清刻本　二十四冊

620000－1102－0000935　032
增訂四書通典人物備考十二卷　(明)薛應旂輯　(明)陳仁錫增訂　清刻本　十冊

620000－1102－0000936　1150
增訂五經備旨四十五卷　(清)鄒聖脈纂輯　(清)鄒廷猷編次　清末石印本　二冊　存八卷(書經備旨一至四、詩經備旨五至八)

620000－1102－0000937　416
增訂小學體註說約大全淩雲解六卷　(清)沈士衡輯　清刻本　一冊　存三卷(小學集注一卷、忠經集註一卷、孝經集注一卷)

620000－1102－0000938　836
增訂陽宅井明四卷　(清)鄧遂識撰　清刻本　三冊

620000－1102－0000939　511
增廣大題文府初二集合編不分卷　(清)□□輯　清光緒十三年(1887)石印本　六冊　存論語、孟子

620000－1102－0000940　1090
增廣賦海大全三十卷　(清)張承臚輯　清末石印本　一冊　存三卷(二十一至二十三)

620000－1102－0000941　967
增廣古今人物論三十六卷續十二卷　(元)胡一桂撰　(明)鄭賢輯　清光緒二十八年(1902)富文書局石印本　十一冊

620000－1102－0000942　858
增廣試帖玉芙蓉五卷韻目一卷類目一卷續集二卷韻目一卷類目一卷　(清)鴻寶齋主人輯　清光緒十九年(1893)上海鴻寶齋石印本　一冊　存二卷(韻目一卷、類目一卷)

620000－1102－0000943　1058
增廣四書題鏡味根錄三十七卷四書宗旨一卷　(清)金澂　(清)汪鯉翔纂　清光緒十七年(1891)石印本　七冊　存三十一卷(大學一、中庸一至二、論語一至十四、孟子一至十四)

620000－1102－0000944　845
增廣小題味新一卷　(清)李翥雲輯　清光緒十九年(1893)上海寶文閣石印本　一冊

620000－1102－0000945　861
增廣智囊補二十八卷　(明)馮夢龍輯　清末進步書局石印本　三冊　存十一卷(十四至二十四)

620000－1102－0000946　15
增廣註釋音辯唐柳先生集四十三卷別集二卷外集二卷附錄一卷　(唐)柳宗元撰　明正統十三年(1448)善敬堂刻萬曆三年(1575)補刻　六冊　存十七卷(三至六、九至十六,別集二卷,外集二卷,附錄一卷)

620000－1102－0000947　873
增廣字學舉隅四卷　(清)鐵珊輯　(清)王寶鏞書　清同治十三年(1874)蘭州郡署刻本　四冊

620000－1102－0000948　880
增廣字學舉隅四卷　(清)鐵珊輯　(清)王寶鏞書　清同治十三年(1874)蘭州郡署刻本　四册

620000－1102－0000949　884
增廣字學舉隅四卷　(清)鐵珊輯　(清)王寶鏞書　清同治十三年(1874)蘭州郡署刻本　四册

620000－1102－0000950　885
增廣字學舉隅四卷　(清)鐵珊輯　(清)王寶鏞書　清同治十三年(1874)蘭州郡署刻本　四册

620000－1102－0000951　332
增廣字學舉隅四卷　(清)鐵珊輯　(清)王寶鏞書　清同治十三年(1874)蘭州郡署刻本　四册

620000－1102－0000952　236
增批東萊博議四卷　(宋)吕祖謙撰　(清)孫執升等評　(清)馮泰松等校　清光緒刻本　四册

620000－1102－0000953　1135
增批東萊博議四卷虚字註釋六卷　(宋)吕祖謙撰　(清)何稷垌重校　(清)馮泰松重刊　清光緒二十四年(1898)刻本　二册

620000－1102－0000954　1004
增批歷代通鑑輯覽一百二十卷　(清)楊述曾等纂　清石印本　一册　存三卷(三十八至四十)

620000－1102－0000955　863
增評補像全圖金玉緣不分卷一百二十回首一卷　(清)曹雪撰　(清)高鶚續　清光緒三十四年(1908)求不負齋石印本　十六册

620000－1102－0000956　019
增修安樂銘一卷　(清)鐵珊輯　清光緒八年(1882)刻本　一册

620000－1102－0000957　852
增註賦學正鵠十一卷　(清)李元度撰　清光緒十年(1884)刻本　四册

620000－1102－0000958　854
增註四六類腋十九卷　(清)葉祺昌撰　清光緒十六年(1890)上海石印本　一册

620000－1102－0000959　979
趙註孫子四卷　(明)趙本學注　(明)梁見孟校　清光緒三十一年(1905)北洋陸軍學堂印書局鉛印本　三册　存三卷(一至三)

620000－1102－0000960　78
折獄龜鑑八卷　(宋)鄭克撰　清道光十五年(1835)刻本　二册

620000－1102－0000961　185
診家正眼八卷　(明)李中梓撰　明刻本　二册

620000－1102－0000962　1132
正蒙四書辨句一卷　(□)□□撰　清末刻本　一册

620000－1102－0000963　939
正字通十二集三十六卷首一卷總目一卷舊本首一卷　(明)張自烈撰　(清)廖文英輯　清康熙十年(1671)弘文書院刻本　四十册

620000－1102－0000964　213
鄭氏古文尚書十卷　(宋)王應麟撰　(清)李調元校　清道光刻本　一册

620000－1102－0000965　793
支那通史四卷　(日本)那珂通世編　清光緒二十五年(1899)東文學社石印本　五册

620000－1102－0000966　152
知不足齋叢書三十集一百九十六種八百二十卷　(清)鮑廷博輯　(清)鮑志祖續輯　清乾隆至道光長塘鮑氏刻本　二百二十三册　缺二集(十、二十五)

620000－1102－0000967　844
直隸運售各省官刻書籍總目一卷　(清)畿輔通志局編　清光緒七年(1881)畿輔通志局刻本　一册

620000－1102－0000968　883

治癲狗咬方一卷　(清)河南省和春送藥局　清光緒十一年(1885)刻本　一冊

620000－1102－0000969　1040
治痘管見賦一卷治痘諸方一卷用藥金針一卷　(清)張振濯撰　清咸豐九年(1859)抄本　一冊

620000－1102－0000970　787
中庸直指一卷　(明)釋德清述　清光緒十年(1884)金陵刻經處刻本　一冊

620000－1102－0000971　794
中庸直指一卷　(明)釋德清述　清光緒十年(1884)金陵刻經處刻本　一冊

620000－1102－0000972　1123
中庸直指一卷　(明)釋德清述　清光緒十年(1884)金陵刻經處刻本　一冊

620000－1102－0000973　989
忠經集註一卷孝經集註一卷小學集註六卷　(清)陸庸承等輯　清刻本　五冊

620000－1102－0000974　160
忠武祠墓志七卷首一卷末一卷　(清)李復心輯　清嘉慶八年至道光七年(1803－1827)刻本　四冊

620000－1102－0000975　212
忠武祠墓志七卷首一卷末一卷　(清)李復心輯　清同治五年(1866)刻本　四冊

620000－1102－0000976　351
鐘鼎字源五卷附錄一卷　(清)汪立名輯　清光緒二年(1876)洞庭秦氏麟慶堂刻本　二冊

620000－1102－0000977　870
州縣提綱四卷　(宋)陳襄撰　清刻本　一冊

620000－1102－0000978　896
周官精義十二卷　(清)連斗山編　清嘉慶二年(1797)刻本　六冊

620000－1102－0000979　241
周官精義十二卷　(清)連斗山編　清嘉慶二年(1797)刻本　六冊

620000－1102－0000980　240
周官精義十二卷　(清)連斗山編　清嘉慶二年(1797)刻本　四冊

620000－1102－0000981　184
周官精義註釋十二卷　(清)連斗山編　清嘉慶二年(1797)刻本　六冊

620000－1102－0000982　150
周禮便讀六卷　(清)王一清考訂　清道光刻本　二冊

620000－1102－0000983　926
周禮精華六卷　(清)陳龍標輯　清道光十二年(1832)姑蘇步月樓刻本　四冊

620000－1102－0000984　205
周禮精華六卷　(清)陳龍標輯　清道光十二年(1832)刻本　六冊

620000－1102－0000985　204
周禮精華六卷　(清)陳龍標輯　清嘉慶十三年(1808)刻本　六冊

620000－1102－0000986　816
周禮精華六卷　(清)陳龍標輯　清末古香閣刻本　六冊

620000－1102－0000987　115
周禮折衷六卷　(漢)鄭玄注　(唐)賈公彥疏　清康熙六十年(1721)刻本　六冊

620000－1102－0000988　799
周禮政要二卷　(清)孫詒讓撰　清光緒二十九年(1903)刻本　三冊

620000－1102－0000989　8
周禮註釋十二卷　(清)鮑梁輯　清刻本　六冊

620000－1102－0000990　859
周禮註疏刪翼三十卷　(明)王志長輯　明崇禎十二年(1639)天德堂刻本　二十冊

620000－1102－0000991　94
周禮註疏刪翼三十卷　(明)王志長輯　清刻本　十冊　存十四卷(一至十四)

620000－1102－0000992　323
周易詁要四卷　(清)龍萬育輯　清道光四年(1824)刻本　三冊

620000－1102－0000993　946
周易四卷筮儀一卷圖説一卷卦歌一卷　(宋)朱熹本義　清光緒十六年(1890)蘭州刻本　一冊　缺三卷(二至四)

620000－1102－0000994　377
朱眘甫先生遺集四種六卷　(清)朱文炑撰　清光緒十五年(1889)甘肅藩署刻本　三冊

620000－1102－0000995　218
朱子年譜一卷　(清)鄭士範編　清光緒六年(1880)刻本　一冊

620000－1102－0000996　1077
朱子爲學次第考二卷　(清)童能靈撰　清光緒十九年(1893)劉氏傳經堂刻本　一冊

620000－1102－0000997　857
朱子語類五十二卷　(宋)朱熹撰　(清)周在延重校　清康熙十七年(1678)金陵四留堂刻本　十二冊　缺八卷(三十三至三十五、四十八至五十二)

620000－1102－0000998　163
朱子原訂近思錄十四卷　(清)江永集注　清嘉慶十九年(1814)刻本　四冊

620000－1102－0000999　369
諸葛武侯行兵遁甲金函玉鏡六卷　(三國蜀)諸葛亮撰　清刻朱墨套印本　二冊　存四卷(一至四)

620000－1102－0001000　76
竹書紀年二卷　(清)陳詩注　清嘉慶十年(1805)刻本　二冊

620000－1102－0001001　1129
鑄史駢言十二卷　(清)孫玉田編　清石印本　一冊　存六卷(七至十二)

620000－1102－0001002　502
專治時疫白喉捷要合編一卷　(清)黄炳乾撰　清光緒刻本　一冊　殘存十一葉

620000－1102－0001003　503
專治時疫白喉捷要合編一卷　(清)黄炳乾撰　清光緒刻本　一冊

620000－1102－0001004　811
專治時疫白喉捷要合編一卷　(清)黄炳乾撰　清光緒五年(1879)刻本　一冊

620000－1102－0001005　192
莊子集解八卷　王先謙輯　清宣統元年(1909)上海埽葉山房石印本　四冊

620000－1102－0001006　921
莊子内篇註四卷　(明)釋德清注　清光緒十四年(1888)金陵刻經處刻本　一冊　存二卷(一至二)

620000－1102－0001007　1075
莊子十卷　(晉)郭象注　(唐)陸德明音義　清刻本　三冊　存七卷(四至十)

620000－1102－0001008　300
壯悔堂全集十六卷　(清)侯方域撰　清宣統二年(1910)上海埽葉山房石印本　六冊

620000－1102－0001009　720
資治通鑑二百九十四卷　(宋)司馬光撰　(明)陳仁錫評閱　明刻本　二十九冊　存一百十五卷(六十八至九十三、一百十九至一百五十四、一百八十四至二百十四、二百十八至二百三十九)

620000－1102－0001010　829
資治通鑑綱目前編二十五卷正編五十九卷續編二十七卷　(宋)朱熹編　(明)陳仁錫評閱　清光緒二年(1876)述荊堂刊西京清麓叢書本　六冊　存十二卷(正編三十六至四十七)

620000－1102－0001011　44
資治通鑑綱目前編二十五卷正編五十九卷續編二十七卷　(宋)朱熹編　(明)陳仁錫評閱　清康熙四十年(1701)刻本　一百十冊　缺八卷(正編十三至二十)

620000－1102－0001012　742
資治通鑑綱目前編二十五卷正編五十九卷續

編二十七卷　(宋)朱熹編　(明)陳仁錫評閱　清同治三年(1864)刻本　一百二十冊　存八十四卷(資治通鑑綱目前編二十五卷、正編五十九卷)

620000－1102－0001013　786
資治通鑑綱目前編二十五卷正編五十九卷續編二十七卷　(宋)朱熹編　(明)陳仁錫評閱　清中晚期刻本　五冊　存四卷(正編四十四至四十七)

620000－1102－0001014　57
資治通鑑綱目正編五十九卷　(明)陳仁錫評　清刻本　四十九冊

620000－1102－0001015　311
資治新書初集十四卷首一卷二集二十卷　(清)李漁輯　(清)沈心友訂　清光緒二十年(1894)上海圖書集成印書局鉛印本　十二冊

620000－1102－0001016　310
資治新書初集十四卷首一卷二集二十卷　(清)李漁輯　(清)沈心友訂　清光緒二十年(1894)上海圖書集成印書局鉛印本　十二冊

620000－1102－0001017　825
資治新書初集十四卷首一卷二集二十卷　(清)李漁輯　(清)沈心友訂　清光緒二十年(1894)圖書集成印書局鉛印本　十一冊　缺二卷(二集六至七)

620000－1102－0001018　876
資治新書初集十四卷首一卷二集二十卷　(清)李漁輯　(清)沈心友訂　清光緒二十年(1894)圖書集成印書局鉛印本　十一冊　缺三卷(二集八至十)

620000－1102－0001019　952
資治新書初集十四卷首一卷二集二十卷　(清)李漁輯　(清)沈心友訂　清光緒二十年(1894)圖書集成印書局鉛印本　十二冊

620000－1102－0001020　869
資治新書初集十四卷首一卷二集二十卷　(清)李漁輯　(清)沈心友訂　清末輔仁堂刻本　七冊　缺十一卷(初集三至六,二集五至七、十五至十八)

620000－1102－0001021　1156
子史輯要詩賦題解四卷續編四卷　(清)胡本淵輯　清刻本　一冊　存二卷(子史輯要詩賦題解一至二)

620000－1102－0001022　874
子史精華一百六十卷　(清)張廷玉等編　清光緒二十二年(1896)上海寶文書局石印本　八冊

620000－1102－0001023　178
子史精華一百六十卷　(清)張廷玉等編　清光緒十三年(1887)刻本　十冊

620000－1102－0001024　879
子史精華一百六十卷　(清)張廷玉等編　清光緒十五年(1889)蜚英館石印本　八冊

620000－1102－0001025　177
子史精華一百六十卷　(清)張廷玉等編　清雍正五年(1727)刻本　四十八冊

620000－1102－0001026　937
子史精華一百六十卷　(清)張廷玉等編　清雍正五年(1727)刻本　十八冊　存六十五卷(一至二十二、六十二至七十九、一百三十六至一百六十)

620000－1102－0001027　1049
子史精華一百六十卷　(清)張廷玉等編　清致和堂刻本　十二冊　存三十七卷(一百一至一百三十七)

620000－1102－0001028　1100
自知錄二卷　(明)釋袾宏撰　清光緒二十五年(1899)金陵刻經處刻本　一冊

620000－1102－0001029　90
字典考證十二集三十六卷　(清)王引之撰　清光緒二年(1876)刻本　六冊

620000－1102－0001030　827
字彙十二卷首一卷末一卷韻法直圖一卷韻法橫圖一卷　(明)梅膺祚撰　清道光十二年(1832)刻本　八冊　存八卷(子、丑、寅、卯、辰、巳,首一卷,韻法直圖一卷)

620000－1102－0001031　931
字彙十二卷首一卷末一卷韻法直圖一卷韻法橫圖一卷醒誤一卷辨似一卷　(明)梅膺祚撰　清刻本　三冊　存五卷(巳、酉,首一卷,醒誤一卷,辨似一卷)

620000－1102－0001032　246
字彙十四卷首一卷末一卷　(明)梅膺祚撰　清嘉慶四年(1799)刻本　十四冊

620000－1102－0001033　912
字彙四卷　(明)梅膺祚撰　清刻本　四冊

620000－1102－0001034　974
字學舉隅一卷　(清)黃本驥輯　(清)龍啟瑞增輯　清宣統元年(1909)上海埽葉山房石印本　一冊

620000－1102－0001035　976
左氏春秋紀事本末十四卷首一卷　(清)熊心霖撰　清乾隆心松書屋刻本　十冊

620000－1102－0001036　1144
左文襄公祭文不分卷　(清)□□輯　清刻本　四冊

620000－1102－0001037　963
左文襄公全集十二種一百二十三卷首一卷　(清)左宗棠撰　清光緒刻本　七十三冊　存七十四卷(奏稿四、十三至六十,書牘二至二十六)

620000－1102－0001038　965
左文正公奏稿六十四卷　(清)左宗棠撰　清光緒刻本　一冊　存一卷(十四)

620000－1102－0001039　1126
左傳易讀六卷　(清)司徒修輯　清刻本　一冊　存一卷(二)

620000－1102－0001040　272
左傳易讀六卷　(清)司徒修輯　清咸豐十一年(1861)刻本　三冊

620000－1102－0001041　985
左傳翼三十八卷　(清)周大璋輯評　清遂初堂刻本　四冊　存八卷(三十一至三十八)

620000－1102－0001042　127
[道光]敦煌縣志七卷首一卷　(清)蘇履吉修　(清)曾誠纂　清道光十一年(1831)刻本　三冊　存五卷(一、五至七,首一卷)

620000－1102－0001043　140
[道光]甘肅鄉試闈墨四卷　(清)□□撰　清光緒刻本　一冊　存一卷(光緒甲午科)

620000－1102－0001044　64
[道光]皋蘭縣續志十二卷　(清)黃璟修　(清)秦維嶽纂　(清)陸芝田　(清)張廷選續纂　清道光二十七年(1847)刻本　四冊

620000－1102－0001045　124
[道光]蘭州府志十二卷首一卷　(清)陳士楨修　(清)涂鴻儀纂　清道光十三年(1833)刻本　八冊

620000－1102－0001046　123
[道光]蘭州府志十二卷首一卷　(清)陳士楨修　(清)涂鴻儀纂　清道光十三年(1833)刻本　八冊

620000－1102－0001047　141
[道光]鎮原縣志二十二卷首一卷　(清)李從圖纂修　清道光二十七年(1847)刻本　四冊　存八卷(一至八)

620000－1102－0001048　139
[光緒]甘肅鄉試闈墨四卷　(清)□□撰　清光緒刻本　一冊　存一卷(光緒甲午科)

620000－1102－0001049　2
[光緒]甘肅新通志一百卷首五卷　(清)升允等修　(清)安維峻纂　清宣統元年(1909)刻本　七十八冊　存一百三卷(一、三至八十六、八十八至一百,首五卷)

620000－1102－0001050　88
[光緒]重修皋蘭縣志三十卷首一卷　(清)張國常撰　清光緒三十三年(1907)石印本　十一冊

620000－1102－0001051　131
[光緒]靖邊志稿四卷　(清)丁錫奎修

(清)白翰章纂　清光緒二十五年(1899)刻本　二册　存二卷(一、四)

620000－1102－0001052　91
[嘉慶]乾隆府廳州縣圖志五十卷　(清)洪亮吉撰　清乾隆五十三年至嘉慶八年(1788－1803)刻本　六册　存二十三卷(一至二十三)

620000－1102－0001053　792
[康熙]西藏誌不分卷　(清)允禮纂修　**藏程紀略不分卷**　(清)焦應旂撰　清乾隆五十七年(1792)和寧刻本　一册

620000－1102－0001054　118
[乾隆]甘州府志十六卷首一卷末一卷　(清)鍾賡起纂修　清乾隆四十四年(1779)刻本　五册　存八卷(十至十六、末一卷)

620000－1102－0001055　7
[乾隆]皋蘭縣志二十卷　(清)吴鼎新修　(清)黄建中纂　清乾隆四十三年(1778)刻本　四册

620000－1102－0001056　624
[乾隆]皋蘭縣志二十卷　(清)吴鼎新修　(清)黄建中纂　清乾隆四十三年(1778)刻本　一册　存八卷(五至十二)

620000－1102－0001057　128
[乾隆]涇州誌二卷圖一卷　(清)張廷福修　(清)李瑾纂　清乾隆十九年(1754)刻本　一册　存一卷(下)

620000－1102－0001058　126
[乾隆]寧夏府志二十二卷首一卷　(清)張金城修　(清)楊浣雨纂　清乾隆四十五年(1780)刻本　八册　存十三卷(一至十二、首一卷)

620000－1102－0001059　125
[乾隆]西寧府新志四十卷　(清)楊應琚纂修　清乾隆十二年(1747)刻本　十二册

620000－1102－0001060　135
[同治]崆峒山志二卷　(清)張伯魁纂修　清同治十一年(1872)刻本　一册　存一卷(上)

620000－1102－0001061　143
[同治]崆峒山志二卷　(清)張伯魁纂修　清同治十一年(1872)刻本　二册

620000－1102－0001062　130
[同治]崆峒山志二卷　(清)張伯魁纂修　清同治十一年(1872)刻本　一册　存一卷(上)

620000－1102－0001063　129
[宣統]新疆山脉志六卷　王樹枏撰　清宣統元年(1909)石印本　一册　存一卷(一)

620000－1102－0001064　138
[宣統]新疆圖志一百十六卷　袁大化修　王樹枏纂　清宣統三年(1911)鉛印本　一册　存一卷(四十八)

甘肅省定西市安定區圖書館古籍普查登記目録

全國古籍普查登記目録

國家圖書館出版社
National Library of China Publishing House

《甘肅省定西市安定區圖書館古籍普查登記目録》

編委會

主　編： 歐海龍

副主編： 朱汪濤　張淑紅

編　委： 王慧娟

620000－1128－0000001　子/雜家/雜纂 7
八銘堂塾鈔初集不分卷　（清）吴懋政輯　（清）李文山注　清道光八年（1828）刻本　四册

620000－1128－0000002　集/總集/通代 36
八銘堂塾鈔初集不分卷　（清）吴懋政輯　清文發堂刻朱墨套印本　四册

620000－1128－0000003　子/雜家/雜纂 8
八銘堂塾鈔二集不分卷　（清）吴懋政輯　（清）李文山注　清嘉慶十八年（1813）刻本　四册

620000－1128－0000004　集/總集/通代 38
八銘堂塾鈔二集不分卷　（清）吴懋政輯　清刻朱墨套印本　四册

620000－1128－0000005　集/總集/通代 37
八銘堂塾鈔二集不分卷　（清）吴懋政輯　（清）李元慶重校　清咸豐七年（1857）刻本　五册

620000－1128－0000006　集/總集/通代 121
八銘堂塾鈔二集六卷　（清）吴懋政輯　清刻本　四册

620000－1128－0000007　子/醫家/本草 5
本草綱目五十二卷　（明）李時珍撰　（清）張鶴翥校訂　清刻本　二十三册　缺二十卷（十五至二十五、二十九至三十三、四十七至五十）

620000－1128－0000008　子/醫家/本草 3
本草萬方鍼線八卷　（清）蔡烈先輯　清道光六年（1826）英德堂刻本　二册

620000－1128－0000009　集/總集/通代 98
本朝試賦麗則四卷　（清）李光理輯評　（清）許士發等箋注　清乾隆三十三年（1768）金陵三多齋刻本　七册

620000－1128－0000010　集/總集/通代 172
本朝新賦詳註四卷　（清）張世燾　（清）彭克惠輯　清嘉慶七年（1802）文光堂刻本　一册　存二卷（一至二）

620000－1128－0000011　集/總集/通代 96
本朝應制琳琅集十卷首一卷　（清）鄒一桂選評　清乾隆十九年（1754）京都瑠璃廠鴻遠堂刻本　八册

620000－1128－0000012　子/天文算法/算書 3
筆算數學不分卷二十四章　（美國）狄考文輯　（清）鄒立文述　清光緒三十一年（1905）鉛印本　三册

620000－1128－0000013　經/四書 89
策府統宗六十五卷　（清）劉昌齡輯　清光緒十七年（1891）鴻寶齋石印本　十册　存二十三卷（一至二十、三十八至四十）

620000－1128－0000014　史/雜史 9
策學備纂三十二卷　（清）吴熲炎輯　清光緒石印本　十八册　存十二卷（二、十至十四、二十七至三十二）

620000－1128－0000015　經/群經總義 30
策學淵萃四十六卷　（□）□□輯　清光緒十四年（1888）上海石印本　四册

620000－1128－0000016　經/群經總義 29
策學淵萃四十六卷　（□）□□輯　清光緒十一年（1885）上海同文書局石印本　四册

620000－1128－0000017　經/書 23
策學總纂大成四十六卷　（清）蔡壽祺輯　清刻本　一册　存一卷（三）

620000－1128－0000018　子/天文算法/算書 13
測地膚言不分卷　（清）陶保廉撰　清光緒三十年（1904）刻本　一册

620000－1128－0000019　子/天文算法/算書 13.1
測地膚言不分卷　（清）陶保廉撰　清光緒三十年（1904）刻本　一册

620000－1128－0000020　集/總集/斷代 21
陳大士先生傳稿不分卷　（明）陳際泰撰　（清）殷光緒輯　清刻本　二册

620000－1128－0000021　子/儒家 53
陳文恭公五種遺規摘鈔五種十二卷　(清)陳弘謀輯　清末埽葉山房石印本　七册　缺二卷(訓俗三至四)

620000－1128－0000022　集/總集/通代 160
樫華館試帖彙鈔輯注十卷　(清)路德撰　(清)喬邦憲編注　清道光十四年(1834)刻本　七册　存六卷(一至二、五至八)

620000－1128－0000023　史/編年 12
尺木堂綱鑑易知錄九十二卷　(清)吳乘權等輯　清光緒二十六年(1900)上海圖書集成印書局鉛印本　八册　存五十三卷(一至五十三)

620000－1128－0000024　集/總集/通代 226
尺木堂古文易知錄十二卷　(清)周之炯　(清)周之燦輯　(清)吳乘權參訂　清刻本　二册　存三卷(一、五至六)

620000－1128－0000025　集/總集/通代 149
重編留青新集二十四卷　(清)馮善長輯　清光緒三十四年(1908)上海廣益書局鉛印本　八册　存十三卷(一至四、七至十五)

620000－1128－0000026　集/總集/通代 100
重編留青新集二十四卷　(清)馮善長輯　清光緒十六年(1890)上海鉛印本　十六册

620000－1128－0000027　經/群經總義 1
重訂七經精義七種三十九卷　(清)黃淦撰　清嘉慶十三年(1808)刻本　十六册　缺一種六卷(書經四卷、書經首一卷、書經末一卷)

620000－1128－0000028　經/詩 30
重訂詩經衍義合參集註八卷　(清)江環輯　清刻本　一册　存二卷(四至五)

620000－1128－0000029　史/編年 11
重訂王鳳洲先生綱鑑會纂四十六卷　(明)王世貞纂　(明)陳仁錫訂　(明)周用才校　清光緒五年(1879)恒言書房刻本　二十八册

620000－1128－0000030　史/編年 39
重訂王鳳洲先生綱鑑會纂四十六卷續二十三卷　(明)王世貞纂　(明)陳仁錫訂　(明)呂一經校　**御撰資治通鑑綱目三編四卷**　(清)張廷玉輯　清光緒二十八年(1902)上海文林書局石印本　十二册

620000－1128－0000031　史/編年 10
重訂王鳳洲先生會纂綱鑑四十六卷　(明)王世貞纂　(明)陳仁錫訂　(明)呂一經校　清刻本　十册　存十九卷(三至四、七至八、二十四至二十七、三十至三十一、三十六至四十一、四十四至四十六)

620000－1128－0000032　史/編年 37
重訂王鳳洲先生會纂綱鑑續二十三卷　(明)王世貞纂　(明)陳仁錫訂　(明)呂一經校　清刻本　十一册

620000－1128－0000033　子/農家類 4
重訂增補陶朱公致富全書四卷　(明)陳繼儒輯　(清)石巖逸叟增定　清乾隆四十四年(1779)刻本　三册　存三卷(一至三)

620000－1128－0000034　集/總集/通代 251
重鐫少嵒賦草四卷　(清)夏思沺撰　(清)姜兆蘭注　清刻本　三册　存三卷(二至四)

620000－1128－0000035　子/醫家/外科 2
重刊補註洗冤錄集證五卷續增洗冤錄辨正三卷　(清)王又槐增輯　(清)李觀瀾補輯　(清)阮其新補注　(清)張錫蕃重訂　(清)瞿中溶等辨正　清光緒三十二年(1906)上海通時書局石印本　四册　缺一卷(重刊補註洗冤錄集證五)

620000－1128－0000036　子/法家 1
重刊補註洗冤錄集證五卷續增洗冤錄辨正三卷　(清)王又槐增輯　(清)李觀瀾補輯　(清)阮其新補注　(清)張錫蕃重訂　(清)瞿中溶等辨正　清同治十一年(1872)刻四色套印本　六册

620000－1128－0000037　子/儒家 3
初學小題問可集不分卷　(清)陳善評　清道光六年(1826)大有堂刻本　一册

620000－1128－0000038　經/四書 8
鋤經堂四書聯珠十九卷　(清)章守待纂

（清）章祖武編　清道光十四年（1834）崇文堂刻本　五冊　缺五卷（論語一至五）

620000－1128－0000039　集/楚辭 2
楚辭燈四卷　（清）林雲銘撰　清康熙三十六年（1697）挹奎樓刻本　二冊　存二卷（一至二）

620000－1128－0000040　集/總集/通代 221
春明盍簪集試帖六卷　（□）□□輯　清咸豐二年（1852）刻同治元年（1862）增刻本　二冊　存四卷（一至二、五至六）

620000－1128－0000041　經/春秋 44
春秋公羊傳十二卷春秋穀梁傳十二卷　（明）閔齊伋裁注　清味經堂刻本　八冊

620000－1128－0000042　經/春秋 27－28
春秋集註三十卷　（宋）胡安國傳　（宋）林堯叟音注　清刻本　七冊　缺五卷（三至七）

620000－1128－0000043　經/春秋 30
春秋三傳十六卷首一卷釋文音義一卷　（晉）杜預等注　（唐）陸德明音義　清同治十年（1871）刻本　十四冊

620000－1128－0000044　經/春秋 3
春秋三傳十六卷首一卷釋文音義一卷　（晉）杜預等注　（唐）陸德明音義　清同治十年（1871）刻本　十三冊

620000－1128－0000045　經/春秋 4
春秋三傳十六卷首一卷釋文音義一卷　（晉）杜預等注　（唐）陸德明音義　清同治十年（1871）刻本　八冊　缺六卷（三至四、七至八、十五至十六）

620000－1128－0000046　經/春秋 6
春秋三傳體註十二卷　（清）車廷雅輯　清刻本　十一冊　存八卷（二、四至五、七至十一）

620000－1128－0000047　經/春秋 13
春秋左傳十八卷　（晉）杜預注　（唐）陸德明音義　（宋）林堯叟注　（明）孫鑛等評　清刻本　四冊　存九卷（一至九）

620000－1128－0000048　經/春秋 1
春秋左傳五十卷綱目一卷圖說一卷提要一卷　（晉）杜預注　（唐）陸德明音義　（宋）林堯叟注　（明）孫鑛等評　清芥子園刻本　十六冊

620000－1128－0000049　經/春秋 32
春秋左傳五十卷綱目一卷圖說一卷提要一卷　（晉）杜預注　（唐）陸德明音義　（宋）林堯叟注　（明）孫鑛等評　清刻本　十二冊

620000－1128－0000050　經/春秋 7－46
春秋左傳五十卷綱目一卷圖說一卷提要一卷　（晉）杜預注　（唐）陸德明音義　（宋）林堯叟注　（明）孫鑛等評　清刻本　十二冊

620000－1128－0000051　經/春秋 29
春秋左傳五十卷綱目一卷圖說一卷提要一卷　（晉）杜預注　（唐）陸德明音義　（宋）林堯叟注　（明）孫鑛等評　清書業堂刻本　十六冊

620000－1128－0000052　集/詞 2
詞律二十卷　（清）萬樹撰　清康熙二十六年（1687）萬氏堆絮園刻本　八冊　存十三卷（一至六、十一至十六、二十）

620000－1128－0000053　經/禮 20
從宜家禮九卷　（清）黃宜中輯　清乾隆刻本　四冊

620000－1128－0000054　子/儒家 24.2
從政遺規二卷　（清）陳弘謀輯　清道光二年（1822）刻本　二冊

620000－1128－0000055　史/史評 21
存我軒偶録一卷　（清）陸鍾渭撰　清光緒二十七年（1901）文彙書局刻本　一冊

620000－1128－0000056　集/總集/通代 74
搭題芝蘭一卷　（清）史鑑輯　清道光三十年（1850）刻本　一冊

620000－1128－0000057　集/總集/通代 75
搭題芝蘭一卷　（清）史鑑輯　清同治十二年（1873）刻本　一冊

620000－1128－0000058　子/醫家/婦科 3

達生篇一卷 （清）亟齋居士撰 清咸豐六年（1856）刻本 一冊

620000－1128－0000059 史/地理/方志22
大成通志十八卷首二卷 （清）楊慶輯 清康熙八年（1669）楊氏理齋刻本 一冊 存一卷（十七）

620000－1128－0000060 史/政書/法令2
大清律例重訂輯註通纂四十卷 （清）姚潤纂 清嘉慶十二年（1807）同文堂刻本 六冊 存七卷（一至二、四至八）

620000－1128－0000061 史/政書/法令9.11
大清律例集註三十三卷 （清）萬維翰輯 （清）王又槐增訂 清刻本 十五冊 缺二卷（十三至十四）

620000－1128－0000062 史/政書/法令3
大清律例增修統纂集成四十卷檢尸圖格二卷 （清）姚潤纂 （清）胡仰山增修 清道光二十年（1840）刻本 十七冊 存十七卷（一至七、二十四至二十六、二十九至三十五）

620000－1128－0000063 子/天文算法/算書6
代數通藝錄十六卷札記二卷 （清）方愷撰 清光緒二十六年（1900）海昌陳氏刻本 四冊 存九卷（六至十三、札記二）

620000－1128－0000064 集/別集74－2
澹慮軒存稿一卷 （清）程鶴輪撰 **損齋吟草一卷** （清）程履益撰 清同治刻本 二冊

620000－1128－0000065 集/別集74－1
澹慮軒存稿一卷 （清）程鶴輪撰 **損齋吟草一卷** （清）程履益撰 清同治刻本 二冊

620000－1128－0000066 子/道家4
道德真經註四卷 （宋）吴澄撰 清嘉慶八年（1803）刻本 二冊

620000－1128－0000067 史/地理8
地理初桄一卷 （美國）卜舫濟譯 清光緒二十八年（1902）鉛印本 一冊

620000－1128－0000068 史/地理11
地學歌略一卷 葉瀚 葉瀾撰 清光緒二十五年（1899）甘肅學署刻本 一冊

620000－1128－0000069 史/政書/典禮/專志6
丁酉直省鄉墨知言不分卷 （清）王焯甫 郭家聲評選 清光緒二十三年（1897）圖書集成局鉛印本 四冊

620000－1128－0000070 史/編年28
鼎鍥趙田了凡袁先生編纂古本歷史大方綱鑑補三十九卷首一卷 （明）袁黄纂 清怡古堂刻本 三十五冊

620000－1128－0000071 史/紀傳27
東華錄一百二十卷 王先謙編 清末石印本 五十九冊 缺二卷（順治七、康熙一）

620000－1128－0000072 史/史評17
東萊博議四卷 （宋）吕祖謙撰 清光緒二十四年（1898）煥文書局石印本 一冊 存二卷（一至二）

620000－1128－0000073 史/史評12
東萊博議四卷 （宋）吕祖謙撰 清光緒二十四年（1898）上海文富樓石印本 二冊

620000－1128－0000074 史/史評13
東萊博議四卷 （宋）吕祖謙撰 清光緒三十年（1904）上海書局石印本 四冊

620000－1128－0000075 史/史評16
東萊博議四卷 （宋）吕祖謙撰 清光緒三十一年（1905）上海文盛堂石印本 一冊 存二卷（一至二）

620000－1128－0000076 子/小說/長篇11
東周列國全志二十三卷一百八回 （明）馮夢龍撰 （清）蔡昇評 清光緒十三年（1887）善成堂刻本 十一冊

620000－1128－0000077 子/小說14
東周列國全志二十三卷一百八回 （明）馮夢龍撰 （清）蔡昇評 清刻本 二十四冊

620000－1128－0000078 集/別集5
讀杜心解六卷首二卷 （清）浦起龍撰 清雍

正二年(1724)浦氏寧我齋刻本　六冊　缺三卷(四至六)

620000－1128－0000079　集/別集 1
杜詩詳註二十五卷首一卷附編二卷　(清)仇兆鰲撰　清康熙刻本　二十四冊

620000－1128－0000080　子/宗教/佛教 42
峩眉山觀音大士救劫鸞諭一卷　(清)任玉貞口傳　清光緒十年(1884)刻本　一冊

620000－1128－0000081　子/儒家 46
恩綸必誦一卷　(清)向葵輯　清光緒十三年(1887)實善堂刻本　一冊

620000－1128－0000082　經/小學/訓詁 1
爾雅註疏十一卷　(晉)郭璞注　(宋)邢昺疏　清嘉慶七年(1802)刻本　六冊

620000－1128－0000083　經/小學/訓詁 4
爾雅註疏十一卷　(晉)郭璞注　(宋)邢昺疏　清嘉慶七年(1802)刻本　三冊　存三卷(一、四至五)

620000－1128－0000084　經/小學/訓詁 2
爾雅註疏十一卷　(晉)郭璞注　(宋)邢昺疏　清咸豐四年(1854)刻本　四冊

620000－1128－0000085　子/儒家 66
二論漸通四卷　(清)屈養氣撰　清道光九年(1829)崇文堂刻本　三冊

620000－1128－0000086　子/儒家 51
法言翊聖續編四卷　(□)□□輯　清咸豐七年(1857)西邑輔相壇刻本　四冊

620000－1128－0000087　經/四書 95
分法小題拆字新本不分卷　(清)張錚評定　(清)陳方平增選　清嘉慶十一年(1806)刻本　四冊

620000－1128－0000088　集/總集/通代 15
分類尺牘備覽正集八卷續集八卷　(清)□□輯　清光緒三十年(1904)上海廣益書局石印本　七冊　缺二卷(續集七至八)

620000－1128－0000089　集/總集/通代 48
分類代言四卷　(清)爾爾埜人撰　清文茂堂刻本　四冊

620000－1128－0000090　經/小學/韻書 26
分類詩腋八卷　(清)李楨輯　清刻本　四冊

620000－1128－0000091　集/總集/通代 21
分類詳註飲香尺牘四卷首一卷　(清)飲香居士輯　(清)慵隱子箋　清刻本　一冊　存一卷(一)

620000－1128－0000092　史/政書/通制 7
福惠全書三十二卷　(清)黃六鴻撰　清刻本　十二冊

620000－1128－0000093　集/總集/通代 33
賦海大觀三十二卷　(清)鴻寶齋主人輯　清末石印本　二十一冊　缺四卷(一至四)

620000－1128－0000094　集/總集/通代 99
賦學正鵠集釋十卷　(清)李元度輯注　清光緒十七年(1891)益元書局刻本　六冊　存六卷(一至四、八至九)

620000－1128－0000095　集/總集/通代 152
賦學指南十卷二集六卷　(清)余丙照輯　(清)余榮耀等注　清咸豐四年(1854)刻本　三冊

620000－1128－0000096　史/地理 6
改正世界地理學六卷首一卷　(日本)矢津昌永撰　吳啟孫編譯　清末甘肅官書局刻本　一冊

620000－1128－0000097　史/地理/總志 9
甘肅師範學堂輿地課藝二卷　(清)易抱一輯　清光緒三十年(1904)石印本　二冊

620000－1128－0000098　史/紀傳 15
綱鑑擇言十卷　(清)司徒修輯　(清)李嘉樹補注　清光緒二十四年(1898)刻本　八冊

620000－1128－0000099　史/編年 16－50－52
綱鑑擇言十卷　(清)司徒修輯　(清)李嘉樹補注　清光緒二十四年(1898)刻本　四冊　存四卷(一、五、九至十)

620000－1128－0000100　史/編年 19

綱鑑擇言十卷　（清）司徒修輯　（清）李嘉樹補注　清光緒二十四年(1898)刻本　六冊

620000－1128－0000101　史/編年 44
綱鑑擇語十卷　（清）司徒修輯　清咸豐三年(1853)刻本　二冊　存二卷(一、六)

620000－1128－0000102　經/群經總義 15
皋蘭課業經訓約編不分卷　（清）盛元珍輯　清乾隆刻本　十二冊

620000－1128－0000103　子/叢書/一般叢書 7
皋蘭課業經訓約編不分卷　（清）盛元珍輯　清乾隆刻本　十五冊

620000－1128－0000104　子/叢書/一般叢書 8
皋蘭課業經訓約編不分卷　（清）盛元珍輯　清乾隆刻本　六冊

620000－1128－0000105　集/總集/通代 184
皋蘭課業詩賦約編不分卷　（清）盛元珍輯　清乾隆刻本　六冊

620000－1128－0000106　集/總集/通代 203
庚辰集五卷　（清）紀昀輯　清刻本　五冊

620000－1128－0000107　集/總集/通代 204
庚辰集五卷　（清）紀昀輯　清刻本　五冊

620000－1128－0000108　集/總集/通代 203.1
庚辰集五卷　（清）紀昀輯　清刻本　三冊　存三卷(一、三至四)

620000－1128－0000109　集/總集/通代 203.2
庚辰集五卷　（清）紀昀輯　清刻本　一冊　存二卷(一、三)

620000－1128－0000110　子/雜家/雜編 2
更豈有此理四卷　（□）□□撰　清嘉慶十九年(1814)醒目齋刻本　二冊

620000－1128－0000111　子/雜品 1
古事比五十二卷目錄六卷　（清）方中德輯　清光緒三十一年(1905)上海點石齋石印本　六冊

620000－1128－0000112　集/總集/斷代 2
古唐詩合解十二卷　（清）王堯衢注　（清）李模　（清）李恒校　清道光十二年(1832)刻本　四冊

620000－1128－0000113　集/總集/斷代 10
古唐詩合解十二卷　（清）王堯衢注　（清）李模　（清）李恒校　清刻本　五冊　存五卷(一至二、四至六)

620000－1128－0000114　集/總集/斷代 13
古唐詩合解十二卷　（清）王堯衢注　（清）李模　（清）李恒校　清刻本　四冊

620000－1128－0000115　集/總集/斷代 12
古唐詩合解十二卷　（清）王堯衢注　（清）李模　（清）李恒校　清刻本　五冊

620000－1128－0000116　集/總集/斷代 11
古唐詩合解十二卷　（清）王堯衢注　（清）李模　（清）李恒校　清三樂堂刻本　六冊

620000－1128－0000117　集/總集/斷代 17
古唐詩合解十六卷　（清）王堯衢注　（清）李模　（清）李桓校　清道光二十年(1840)刻本　六冊

620000－1128－0000118　集/總集/通代 44
古文筆法八卷首一卷　（清）李扶九輯　清光緒二十九年(1903)石印本　四冊

620000－1128－0000119　集/總集/通代 195
古文筆法八卷首一卷　（清）李扶九輯　清光緒二十九年(1903)石印本　四冊

620000－1128－0000120　集/總集/通代 55
古文辭類纂七十四卷　（清）姚鼐輯　清光緒三十三年(1907)上海商務印書館鉛印本　八冊

620000－1128－0000121　集/總集/通代 91
古文辭類纂七十四卷　（清）姚鼐輯　清光緒三十三年(1907)上海商務印書館鉛印本　八冊

620000－1128－0000122　集/總集/通代

93－1

古文辭類纂十五卷續十卷　(清)姚鼐輯　王先謙續輯　清光緒二十年(1894)上海圖書集成印書局鉛印本　七冊　存十八卷(一至四、八至十三,續一至四、七至十)

620000－1128－0000123　集/總集/通代 92

古文辭類纂十五卷續十卷　(清)姚鼐輯　王先謙續輯　清光緒二十年(1894)上海圖書集成印書局鉛印本　九冊　缺三卷(續三至五)

620000－1128－0000124　集/總集/通代 187

古文喈鳳新編八卷　(清)汪基輯　清刻本　七冊　缺一卷(八)

620000－1128－0000125　集/總集/通代 189

古文喈鳳新編八卷　(清)汪基輯　清刻本　四冊　存四卷(一至四)

620000－1128－0000126　集/總集/通代 190

古文喈鳳新編八卷　(清)汪基輯　清道光二年(1822)文賢堂刻本　四冊　存四卷(一至四)

620000－1128－0000127　集/總集/通代 232

古文喈鳳新編八卷　(清)汪基輯　清宏德堂刻本　八冊

620000－1128－0000128　集/總集/通代 230

古文喈鳳新編八卷　(清)汪基輯　清宏德堂刻本　八冊

620000－1128－0000129　集/總集/通代 231

古文喈鳳新編八卷　(清)汪基輯　清刻本　八冊

620000－1128－0000130　集/總集/通代 88

古文賞心集新編八卷　(清)張錚評注　清雍正七年(1729)古吳煥文堂刻本　八冊

620000－1128－0000131　集/詩文評 14

古文釋義新編八卷　(清)余誠評注　清刻本　五冊　缺三卷(一至三)

620000－1128－0000132　集/詩文評 13

古文析義六卷　(清)林雲銘評注　清刻本　六冊

620000－1128－0000133　集/總集/通代 86

古文析義六卷　(清)林雲銘評注　清乾隆五十五年(1790)大成堂刻本　六冊

620000－1128－0000134　集/總集/通代 41

古文雅正十四卷三通序一卷　(清)蔡世遠輯　清嘉慶九年(1804)康倫鈞刻本　六冊

620000－1128－0000135　集/總集/通代 40

古文雅正十四卷三通序一卷　(清)蔡世遠輯　清嘉慶九年(1804)康倫鈞刻本　三冊　存十卷(一至十)

620000－1128－0000136　集/總集/通代 126

關中書院賦課一卷　(清)路德輯評　清道光二十一年(1841)刻本　一冊

620000－1128－0000137　集/總集/斷代 20

關中書院詩課一卷　(清)路德輯評　清道光十八年(1838)刻本　二冊

620000－1128－0000138　集/總集/通代 70

管注秋水軒尺牘四卷　(清)許思湄撰　(清)婁世瑞注　(清)管斯駿補注　清光緒十一年(1885)刻朱墨套印本　四冊

620000－1128－0000139　子/法家 2

管子二十四卷　(唐)房玄齡注　(明)劉績補注　清光緒二十九年(1903)新政書局石印本　四冊

620000－1128－0000140　子/小說 14

貫華堂第六才子書西廂記八卷　(元)王德信撰　(清)金人瑞批　清初刻本　四冊　缺二卷(四、八)

620000－1128－0000141　史/政書/專志 16

光緒己丑恩科直省闈墨一卷　(清)傅鍾麟評選　清光緒上海書局石印本　一冊

620000－1128－0000142　史/政書/典禮/專志 14

光緒甲午科直省鄉墨不分卷　(清)李夢瑩評選　(清)王毓蘭等撰　清光緒二十一年(1895)上海文盛堂石印本　二冊

620000－1128－0000143　子/類書 3
廣博物志五十卷　(明)董斯張纂　(明)楊鶴訂　明萬曆高暉堂刻清乾隆二十六年(1761)重印本　二十四冊　缺十一卷(十六至二十六)

620000－1128－0000144　史/政書/專志 25
廣東鄉試同門錄一卷(光緒十七年)　(清)□□錄　清光緒羊城西湖街富文齋刻本　一冊

620000－1128－0000145　集/總集/通代 87
廣事類賦四十卷　(清)華希閔撰　清刻本　八冊

620000－1128－0000146　史/地理 5
廣輿記二十四卷　(明)陸應陽輯　(清)蔡方炳增輯　清刻本　十冊　存十四卷(二至五、十二至十三、十七至二十四)

620000－1128－0000147　史/政書/通制 18
廣治平略正集三十六卷續集八卷　(清)蔡方炳撰　清光緒十六年(1890)上海廣百宋齋鉛印本　六冊

620000－1128－0000148　史/政書/專志 27
癸卯恩科足本直省闈藝大全十卷　(清)惜分陰齋主人輯　(清)梁庭華等撰　清光緒三十年(1904)上海書局石印本　十冊

620000－1128－0000149　史/政書/專志 7
癸卯恩科足本直省闈藝大全十卷　(清)惜分陰齋主人輯　(清)梁庭華等撰　清光緒三十年(1904)上海書局石印本　四冊　存四卷(一至二、九至十)

620000－1128－0000150　史/政書/專志 26
癸卯恩科足本直省闈藝大全十卷　(清)惜分陰齋主人輯　(清)梁庭華等撰　清光緒石印本　十冊

620000－1128－0000151　史/政書/典禮/專志 23－24
癸卯恩科足本直省闈藝大全十卷甲辰恩科會試闈墨二卷　(清)惜分陰齋主人輯　(清)梁庭華等撰　清光緒三十年(1904)上海書局石印本　十二冊

620000－1128－0000152　史/政書/專志 22
國朝安定縣鄉會闈藝不分卷　(清)王作樞輯　(清)孫昭等撰　清光緒八年(1882)刻本　四冊

620000－1128－0000153　集/總集/通代 247
國朝名文續編不分卷　(清)陳詩輯　清刻本　三冊

620000－1128－0000154　史/傳記/總傳 4
國朝先正事略六十卷中興名臣事略八卷　(清)李元度纂　(清)金正敏重校　清光緒二十九年(1903)上海務本山房印書局石印本　十二冊

620000－1128－0000155　集/總集/通代 246
國朝小題文觀成集二卷　(清)周鼎輯　清刻本　一冊

620000－1128－0000156　史/雜史 8
國史經籍志五卷　(明)焦竑輯　(明)徐象橒校刊　明萬曆徐象橒曼山館刻本　六冊

620000－1128－0000157　子/宗教/佛教 43
憨山老人夢遊集四十卷　(明)釋德清撰　(明)釋福善錄　(明)釋通炯輯　(明)劉起相重校　清順治十七年(1660)毛氏刻康熙二十六年(1687)重印本　八冊　存十六卷(一至十六)

620000－1128－0000158　子/兵家 2－2
涵青精舍武經體註大全彙解三卷　(清)張道升　(清)仇廷桂輯　清初刻本　四冊

620000－1128－0000159　集/總集/通代 110
翰海十二卷　(明)沈佳允輯　清光緒二年(1876)上海申報館鉛印申報館叢書本　八冊

620000－1128－0000160　經/小學/字書 18－1
和文奇字解二卷　(清)陶珉編譯　清光緒三十二年(1906)蘭州官書局鉛印本　二冊

620000－1128－0000161　經/小學/字書 18－2

和文奇字解二卷 （清）陶珉編譯　清光緒三十二年（1906）蘭州官書局鉛印本　二冊

620000－1128－0000162　集/别集 11
胡文忠公遺集十卷首一卷 （清）胡林翼撰 （清）閻敬銘等輯　清同治三年（1864）武昌節署刻本　五冊　缺六卷（一至三、六至八）

620000－1128－0000163　集/總集/通代 214
胡曾二公要略三卷 （清）張瑛輯　清光緒十三年（1887）上海暢懷書屋銅版影印本　一冊

620000－1128－0000164　史/奏議 2
湖北按察使唐公奏稿一卷 （清）唐樹義撰 （清）唐炯輯　清咸豐四年（1854）刻本　一冊

620000－1128－0000165　集/詞/總集 1
槐蔭堂第六才子書八卷 （元）王德信撰 （清）金人瑞批　清刻本　四冊　存四卷（五至八）

620000－1128－0000166　史/政書/通制 16
皇朝經世文新編三十二卷　麥仲華輯　清光緒二十七年（1901）上海書局石印本　六冊　存十五卷（七至十三、二十至二十一、二十七至三十二）

620000－1128－0000167　史/政書/通制 17
皇朝經世文續新編三十卷目録一卷 （清）儲桂山輯　清光緒二十八年（1902）義記書局石印本　十一冊　缺一卷（七）

620000－1128－0000168　子/醫家/方論 10
黄帝素問宣明論方十五卷 （金）劉守真撰 （明）吴勉學校　清刻本　一冊　缺八卷（一至八）

620000－1128－0000169　史/政書/專志 12
會試闈墨一卷 （清）□□輯 （清）周藴良等撰　清光緒二十九年（1903）上海書局石印本　一冊

620000－1128－0000170　史/政書/典禮/專志 20
會試硃卷一卷 （清）□□輯 （清）馬疏等撰　清嘉慶二十五年（1820）刻本　一冊

620000－1128－0000171　子/醫家/方論 5
急救應驗良方一卷 （清）費友棠輯　清光緒十四年（1888）刻本　一冊

620000－1128－0000172　史/政書/專志 11
急悃齋評選癸卯鄉墨一卷 （清）熊元鍔等撰　常堉璋輯　清光緒刻本　一冊

620000－1128－0000173　子/醫家/方論 1
集選奇效簡便良方四卷 （清）丁堯臣輯　清光緒十八年（1892）秦州同仁局刻本　四冊

620000－1128－0000174　集/别集 16
紀曉嵐詩註釋四卷 （清）紀昀撰 （清）郭斌評注　清道光二十四年（1844）刻本　四冊

620000－1128－0000175　子/儒家 28
寄傲山房塾課新增幼學故事瓊林四卷首一卷 （明）程登吉撰 （清）鄒聖脈增補　清光緒十九年（1893）刻本　四冊

620000－1128－0000176　子/儒家 54
寄傲山房塾課新增幼學故事瓊林四卷首一卷 （明）程登吉撰 （清）鄒聖脈增補　清光緒十九年（1893）刻本　四冊

620000－1128－0000177　子/儒家 65
寄傲山房塾課新增幼學故事瓊林四卷首一卷 （明）程登吉撰 （清）鄒聖脈增補　清光緒十三年（1887）刻本　四冊

620000－1128－0000178　子/儒家 57
寄傲山房塾課新增幼學故事瓊林四卷首一卷 （明）程登吉撰 （清）鄒聖脈增補　清刻本　四冊

620000－1128－0000179　集/總集/通代 10
江湖尺牘分韻撮要合集八卷 （清）虞世英 （清）溫儀鳳輯　清末刻本　二冊

620000－1128－0000180　史/政書/專志 13
江西闈墨一卷 （清）□□輯　清光緒二十八年（1902）上海書局石印本　一冊

620000－1128－0000181　集/總集/通代 174
校訂批選七家詩註七卷 （清）張熙宇輯評　清光緒十五年（1889）海清樓刻本　二冊

620000－1128－0000182　子/儒家 24

教女遺規三卷　(清)陳弘謀輯　清道光二年(1822)刻本　一册

620000－1128－0000183　子/醫家/內科 11

較正醫林狀元壽世保元十卷　(明)龔廷賢輯　(清)周亮登校　清同治六年(1867)順慶海清樓刻本　十册

620000－1128－0000184　集/總集/通代 241

今文達中集不分卷　(清)王罕皆評選　清刻本　二册

620000－1128－0000185　集/總集/通代 127

今文化成集不分卷　(清)許泰交評選　清乾隆元年(1736)天德堂刻本　一册

620000－1128－0000186　集/總集/通代 249

近科房行書菁華七卷　(清)殷兆燕　(清)紀昀評選　(清)沈德潛等撰　清乾隆三十九年(1774)刻本(卷三至六補配)　三册　存六卷(一至六)

620000－1128－0000187　史/雜史 16

近科全題新策法程不分卷　(清)劉坦之評點　清咸豐八年(1858)刻本　二册

620000－1128－0000188　史/史評 22

近世社會主義不分卷四編　(日本)福井準造撰　趙必振譯　清光緒二十八年(1902)上海廣智書局鉛印本　二册

620000－1128－0000189　經/群經總義 22

經文囊括十卷　(□)□□輯　(清)謝階樹等撰　清道光二十九年(1849)刻本　五册

620000－1128－0000190　經/群經總義 14

經義類考二十卷　(清)郭槱撰　清刻本　一册　存一卷(九)

620000－1128－0000191　經/四書 85

經畬堂自定全稿五卷　(清)儲在文撰　清刻本　一册　存二卷(一至二)

620000－1128－0000192　經/群經總義 27

經餘必讀八卷　(清)雷琳　(清)錢樹棠　(清)錢樹立輯　清嘉慶八年(1803)刻本　四册

620000－1128－0000193　經/群經總義 18

經餘必讀八卷　(清)雷琳　(清)錢樹棠　(清)錢樹立輯　清嘉慶十年(1805)刻本　四册

620000－1128－0000194　經/群經總義 19

經餘必讀八卷　(清)雷琳　(清)錢樹棠　(清)錢樹立輯　清嘉慶十一年(1806)咸裕堂刻本　四册

620000－1128－0000195　經/群經總義 26

經餘必讀續編八卷　(清)雷琳　(清)錢樹棠　(清)錢樹立輯　清嘉慶十一年(1806)經餘堂刻本　四册

620000－1128－0000196　經/群經總義 28

經餘必讀續編八卷　(清)雷琳　(清)錢樹棠　(清)錢樹立輯　清嘉慶十一年(1806)經餘堂刻本　四册

620000－1128－0000197　經/總集/通代 50

精選空策二卷　(清)王芳州輯　清同治十二年(1873)刻本　一册

620000－1128－0000198　集/別集 34

精選三山文稿合編不分卷　(清)陳兆崙等撰　清光緒刻本　八册

620000－1128－0000199　集/總集/通代 28

精選直省課藝大全不分卷　(□)□□輯　(清)丁守存等撰　清光緒十一年(1885)其永寶齋鉛印本　四十九册

620000－1128－0000200　子/醫家/診法 4

景岳全書六十四卷　(明)張介賓撰　(清)賈棠訂　清初刻本　十三册　存二十一卷(一、十至十一、十四至十五、十七至二十一、二十六至二十七、三十一至三十五、五十二、五十九至六十一)

620000－1128－0000201　子/醫家/診法 5

景岳全書十二種二十四集六十四卷　(明)張介賓撰　(清)魯超訂　清寅畏堂刻本　四册　存二十卷(一至十、十六至二十五)

620000－1128－0000202　子/宗教/道教 8
敬惜字紙錄一卷　(□)□□輯　清同治九年(1870)山陰傅秉均刻本　一冊

620000－1128－0000203　子/宗教/道教 6
敬竈全書一卷　(□)□□輯　清光緒十八年(1892)刻本　一冊

620000－1128－0000204　子/雜家 5
靖獻遺言八卷　(日本)淺見安正輯　清光緒三十四年(1908)甘肅官報書局鉛印本　一冊

620000－1128－0000205　子/雜家/雜品 2
舉業瑣言一卷　(清)汪志伊撰　清刻本　一冊

620000－1128－0000206　經/小學/字書 8
康熙字典十二集三十六卷總目一卷檢字一卷辨似一卷等韻一卷補遺一卷備考一卷　(清)張玉書等纂　清光緒十三年(1887)上海點石齋石印本　六冊

620000－1128－0000207　經/小學/字書 11
康熙字典十二集三十六卷總目一卷檢字一卷辨似一卷等韻一卷補遺一卷備考一卷　(清)張玉書等纂　清刻本　六冊　存六卷(寅一至三、卯一至三)

620000－1128－0000208　經/小學/字書 7
康熙字典十二集三十六卷總目一卷檢字一卷辨似一卷等韻一卷補遺一卷備考一卷考證十二卷　(清)張玉書等纂　(清)王引之考證　清刻本　十二冊　存十一卷(戌集一至三、亥集一至三,補遺一卷,備考一卷,考證一至三)

620000－1128－0000209　集/總集/通代 134
考卷約選三集不分卷　(清)李錫瓚輯　(清)張進等撰　清嘉慶二十二年(1817)寶寧堂刻本　一冊

620000－1128－0000210　集/總集/通代 166
課童二十藝句解一卷　(清)邢曰玫撰　清刻本　一冊

620000－1128－0000211　集/總集/通代 165
課童二十藝句解一卷　(清)邢曰玫撰　清刻本　一冊

620000－1128－0000212　集/總集/通代 167
課童二十藝句解一卷　(清)邢曰玫撰　清秦州刻本　一冊

620000－1128－0000213　集/總集/通代 184.1
蘭山課業風騷補編不分卷　(清)周樽評選　清乾隆五十七年(1792)刻本　二冊

620000－1128－0000214　集/總集/通代 184.2
蘭山課業松厓詩錄二卷　(清)吳鎮撰　(清)楊芳燦選　清乾隆五十七年(1792)蘭山書院刻本　二冊

620000－1128－0000215　集/別集 24
蘭山課業松厓詩錄二卷　(清)吳鎮撰　(清)楊芳燦選　清乾隆五十七年(1792)蘭山書院刻本　二冊　存一卷(一)

620000－1128－0000216　集/別集 79
蘭山課業松厓詩錄二卷　(清)吳鎮撰　(清)楊芳燦選　清乾隆五十七年(1792)蘭山書院刻本　二冊

620000－1128－0000217　集/地方藝文 17
蘭山詩草一卷　(清)吳鎮撰　(清)楊芳燦選　清乾隆五十五年(1790)刻本　一冊

620000－1128－0000218　集/總集/通代 202
蘭雪齋藏稿合選不分卷　(清)陳儀撰　(清)周永年訂　清乾隆四十九年(1784)刻本　一冊

620000－1128－0000219　子/醫家/醫經 2
類經三十二卷圖翼十一卷附翼四卷　(明)張介賓撰　清刻本　八冊　存十六卷(七至二十二)

620000－1128－0000220　子/醫家/醫經 1
類經三十二卷圖翼十一卷附翼四卷　(明)張介賓撰　清刻本　八冊　缺三十二卷(類經三十二卷)

620000－1128－0000221　子/類書 16

類林新咏三十六卷　(清)姚之駰撰　清康熙刻本　十二册

620000－1128－0000222　子/類書4

類腋五十五卷補遺一卷　(清)姚培謙輯　(清)張隆孫補輯　清乾隆三十年(1765)寶寧堂刻本　十六册

620000－1128－0000223　史/政書/法令15

釐正昏禮示諭一卷　(清)禮部頒定　清光緒刻本　一册

620000－1128－0000224　集/别集77

李義山詩集十六卷　(唐)李商隱撰　(清)姚培謙注　清乾隆五年(1740)松桂讀書堂刻本　六册

620000－1128－0000225　經/禮4

禮記十卷　(元)陳澔集説　清京都文錦堂刻本　十册

620000－1128－0000226　經/禮13

禮記十卷　(元)陳澔集説　清刻本　五册　存五卷(一至五)

620000－1128－0000227　經/禮5

禮記十卷　(元)陳澔集説　清同治十年(1871)刻本　十册

620000－1128－0000228　經/禮11

禮記十卷　(元)陳澔集説　清同治十年(1871)刻本　十册

620000－1128－0000229　經/禮15

禮記心典傳本三卷　(清)胡瑤光輯　清刻本　四册

620000－1128－0000230　子/醫家/方論7

立齋外科發揮八卷　(明)薛己撰　清刻本　二册

620000－1128－0000231　子/小説/傳奇4

笠翁傳奇十種二十卷　(清)李漁撰　清刻本　二十册

620000－1128－0000232　史/史評3

歷代史論二十二卷　(明)張溥等撰　清光緒刻朱墨套印本　八册　存十三卷(一至四、八至十四、十九至二十)

620000－1128－0000233　子/小説/長篇小説7

聊齋志異新評十六卷　(清)蒲松齡撰　(清)王士禛評　(清)但明倫新評　清刻本(卷一至二配道光刻何守奇批點本)　七册　缺二卷(三至四)

620000－1128－0000234　史/政書/通制5

列國政要一百三十二卷首一卷　(清)戴鴻慈　(清)端方輯　清光緒三十三年(1907)石印本　三十二册

620000－1128－0000235　子/醫家/方論4

臨證指南醫案十卷　(清)葉桂撰　(清)華南田等校　清道光十一年(1831)刻本　二十册

620000－1128－0000236　史/政書/典禮/專志28

劉爾炘光緒己丑會試硃卷一卷　劉爾炘撰　清光緒刻本　一册

620000－1128－0000237　集/别集6

劉黄崗先生傳文不分卷　(清)劉子壯撰　(清)汪思迴　(清)朱模編次　清雍正十年(1732)致和堂刻本　二册

620000－1128－0000238　經/禮6

六官駢萃四卷　(清)張蔚春輯　(清)張烺春音釋　清嘉慶九年(1804)六筍齋刻本　四册

620000－1128－0000239　經/小學/字書28

六書通十卷　(明)閔齊伋輯　(清)畢弘述篆訂　清光緒二十一年(1895)上海鴻寶齋石印本　五册

620000－1128－0000240　集/總集/通代256

龍門必躍前編一卷　(清)王贊申評選　清大道堂刻本　一册

620000－1128－0000241　史/儒家4

龍文鞭影二卷　(明)蕭良有撰　(清)楊臣諍增訂　清刻本　二册

620000－1128－0000242　子/儒家6

龍文鞭影二卷　(明)蕭良有撰　(清)楊臣諍

增訂　清同治十二年(1873)刻本　二册

620000－1128－0000243　子/儒家5
龍文鞭影四卷　(明)蕭良有撰　(清)楊臣諍增訂　清光緒二十一年(1895)刻本　四册

620000－1128－0000244　集/地方藝文14－1
隴右軼餘集二種二卷　劉爾炘輯　清宣統元年(1909)隴右樂善書局刻本　一册

620000－1128－0000245　集/别集2
吕東萊先生遺集二十卷首一卷　(宋)吕祖謙撰　(清)王崇炳輯　(清)陳思臚校梓　清雍正敬勝堂刻本　八册

620000－1128－0000246　子/雜著/雜纂4
吕子呻吟語節鈔六卷　(明)吕坤撰　(清)陳弘謀節抄　清同治十年(1871)刻本　二册

620000－1128－0000247　史/政書/法令12
律例便覽八卷處分則例圖要六卷　(清)蔡嵩年　(清)蔡逢年編　清光緒十四年(1888)江蘇書局刻本　六册

620000－1128－0000248　子/宗教/總類1
馬太福音一卷　(□)□□撰　(□)□□譯　清光緒九年(1883)福州美華書局鉛印本　一册

620000－1128－0000249　經/四書76
孟子文椒六卷　(清)桂香齋主人輯　清同治十二年(1873)篤慶堂刻本　三册

620000－1128－0000250　集/總集/通代25
孟子文椒六卷　(清)桂香齋主人輯　清同治十二年(1873)篤慶堂刻本　六册

620000－1128－0000251　子/宗教/佛教17
妙法連華經七卷　(後秦)釋鳩摩羅什譯　清同治十年(1871)金陵刻經處刻本　三册

620000－1128－0000252　史/紀傳37
明史擥要八卷　(清)姚培謙　(清)張景星輯　清道光三十年(1850)文經堂刻本　四册

620000－1128－0000253　史/紀傳36
明史擥要八卷　(清)姚培謙　(清)張景星輯　清乾隆二十四年(1759)刻本　四册

620000－1128－0000254　集/總集/通代169
明文才調集不分卷國朝文才調集不分卷　(清)許振禕輯　清光緒十七年(1891)大梁東河行署刻本　八册

620000－1128－0000255　集/總集/通代215
明文明二集四卷　(清)路德輯　清咸豐二年(1852)刻本　一册　存二卷(一至二)

620000－1128－0000256　子/相命1
命學指南二卷　(清)周松筠輯　清凌雲堂刻本　一册

620000－1128－0000257　集/總集/通代125
摩兜堅齋汲古集聯三續不分卷　(清)白遇道纂　清光緒三十三年(1907)鉛印本　一册

620000－1128－0000258　集/地方藝文18
摩兜堅齋汲古集聯一卷續一卷再續一卷三續一卷四續一卷　(清)白遇道纂　清光緒三十二年至宣統元年(1906－1909)鉛印本　五册

620000－1128－0000259　集/總集/通代101
目耕齋初集一卷二集一卷三集一卷　(清)徐楷評　(清)沈叔眉選　清光緒十五年(1889)石印本　三册

620000－1128－0000260　集/總集/通代31
慕陶山房制藝不分卷　(清)王作樞撰　清光緒十六年(1890)王黼堂刻本　二册

620000－1128－0000261　子/道家1
南華真經解三卷　(清)宣穎撰　清刻本　四册　存二卷(二至三)

620000－1128－0000262　史/紀傳30
廿一史約編八卷首一卷　(清)鄭元慶撰　清刻本　四册　存四卷(匏、土、革、木)

620000－1128－0000263　子/宗教/佛教12
念佛百問一卷　(清)釋悟開撰　清同治五年(1866)王蔭福刻本　一册

620000－1128－0000264　子/兵家2－1
寧致堂武經體註大全會解七卷　(清)夏振翼　(清)湯綱輯　清四德堂刻本　二册　存二卷(一、三)

620000－1128－0000265　子/醫家/婦科1
女科二卷　(清)傅山撰　清咸豐五年(1855)官彤紳刻本　二册

620000－1128－0000266　集/別集20
歐陽文忠公全集一百五十三卷目録一卷附録五卷　(宋)歐陽修撰　清乾隆十一年(1746)刻本　三十册

620000－1128－0000267　子/兵家3
礮準算法圖解二卷　(清)鄧鈞撰　清光緒石印本　四册

620000－1128－0000268　子/天文算法/算數14
平三角舉要五卷　(清)梅文鼎撰　(清)梅穀成等校　清光緒十四年(1888)陝西求友齋刻本　二册

620000－1128－0000269　史/政書/軍政1
洴澼百金方十四卷　(清)惠麓酒民編　清刻本　七册　缺一卷(十三)

620000－1128－0000270　經/春秋31
評點春秋綱目左傳句解彙雋六卷　(清)韓菼重訂　清刻本　六册

620000－1128－0000271　經/春秋34
評點春秋綱目左傳句解彙雋六卷　(清)韓菼重訂　清刻本　六册

620000－1128－0000272　經/春秋41
評點春秋綱目左傳句解彙雋六卷　(清)韓菼重訂　清刻本　五册　缺一卷(五)

620000－1128－0000273　經/春秋42
評點春秋綱目左傳句解彙雋六卷　(清)韓菼重訂　清刻本　二册　存二卷(四、六)

620000－1128－0000274　經/春秋34
評點春秋綱目左傳句解彙雋六卷　(清)韓菼重訂　清刻本　六册

620000－1128－0000275　史/政書/專志2
評選直省闈藝大全八卷　(清)□□輯　清光緒三十年(1904)上海久敬齋石印本　七册　缺一卷(二)

620000－1128－0000276　集/總集/通代105
憑山閣增輯留青新集三十卷　(清)陳枚輯　(清)陳德裕增輯　清積秀堂刻本　十七册　存十六卷(一至十一、十三至十五、二十二至二十三)

620000－1128－0000277　集/總集/通代11
普通官商學界尺牘一卷　汪厚昌輯　清宣統元年(1909)新聞學社石印本　一册

620000－1128－0000278　史/政書/通制19
普通學問答二卷　(清)王繼香選譯　清光緒二十七年(1901)石印本　一册

620000－1128－0000279　經/群經總義3
七經精義七種三十九卷　(清)黄淦撰　清刻本　十四册　缺一種六卷(書經四卷、書經首一卷、書經末一卷)

620000－1128－0000280　經/群經總義2
七經精義七種三十九卷　(清)黄淦撰　清刻本　十一册　缺一種六卷(書經四卷、書經首一卷、書經末一卷)

620000－1128－0000281　集/總集/斷代22
戚价人先生傳文定本一卷　(清)戚藩撰　(清)汪思迴　(清)戴逢旦編定　清乾隆三年(1738)古吳致和堂刻本　一册

620000－1128－0000282　子/雜家/雜品8
棲雲筆記四卷　(清)劉一明撰　清嘉慶二十年(1815)馬陽健刻本　四册

620000－1128－0000283　子/雜家/雜編1
豈有此理四卷　(□)□□撰　清刻本　二册

620000－1128－0000284　子/類書14
千金裘二十七卷　(清)蔣義彬纂　清道光三年(1823)刻本　四册

620000－1128－0000285　子/醫家/方論12
千金翼方三十卷　(唐)孫思邈撰　(明)王肯堂重校　清刻本　二册　存三卷(十五至十六、十九)

620000－1128－0000286　經/四書83
巧搭醇英不分卷　(清)李錫瓚輯　清道光刻

本　四册

620000－1128－0000287　集/總集/通代79
巧搭分品一卷　（清）史鑑撰　清道光二十八年(1848)刻本　一册

620000－1128－0000288　集/總集/通代80
巧搭分品一卷　（清）史鑑撰　清道光二十九年(1849)刻本　一册

620000－1128－0000289　集/總集/通代78
巧搭分品一卷　（清）史鑑撰　清道光二十六年(1846)刻本　一册

620000－1128－0000290　集/總集/通代82
巧搭利試一卷　（清）王青藜評選　清道光二十九年(1849)刻本　一册

620000－1128－0000291　史/證書類/軍政4
欽定戶部軍需則例九卷續纂一卷兵部軍需則例五卷工部軍需則例一卷　（清）阿桂等纂　清刻本　四册　缺一卷(工部軍需則例一卷)

620000－1128－0000292　史/政書/通制1
欽定六部處分則例五十二卷　（清）文孚等纂　清刻本　十二册　存二十八卷(十三至四十)

620000－1128－0000293　經/詩24
欽定詩經傳説彙纂二十一卷首二卷詩序二卷　（清）王鴻緒等纂　清道光十八年(1838)刻本　二十四册

620000－1128－0000294　經/詩33
欽定詩經傳説彙纂二十一卷首二卷詩序二卷　（清）王鴻緒等纂　清道光十八年(1838)刻本　六册　存六卷(一至四、首二卷)

620000－1128－0000295　經/詩34
欽定詩經傳説彙纂二十一卷首二卷詩序二卷　（清）王鴻緒等纂　清刻本　十九册　缺四卷(六、十一至十二,詩序一)

620000－1128－0000296　經/書17
欽定書經傳説彙纂二十一卷首二卷書序一卷　（清）王頊齡等纂　清道光十八年(1838)刻本　二十册

620000－1128－0000297　史/目録3
欽定四庫全書簡明目録二十卷四庫未收書目提要五卷　（清）紀昀等纂　清光緒十五年(1889)上洋積山書局石印本　四册

620000－1128－0000298　子/術數/陰陽五行1
欽定協紀辨方書三十六卷　（清）允祿等纂　清刻本　十六册

620000－1128－0000299　集/總集/通代106
卿雲集三卷　（清）王澧香評選　清刻本　四册

620000－1128－0000300　史/史評8
求己録三卷　陶葆廉輯　清光緒刻本　三册

620000－1128－0000301　經/禮8
全本禮記體註十卷　（清）范翔定　（清）徐瑄補輯　清刻本　五册　存五卷(六至十)

620000－1128－0000302　史/政書/邦計5
勸民團禦賊築堡説一卷　（清）□□撰　清同治二年(1863)刻本　一册

620000－1128－0000303　子/雜家/雜學雜説10
人譜類記二卷　（明）劉宗周撰　（清）洪正治校編　清光緒刻宣統元年(1909)陝甘督署重印本　二册

620000－1128－0000304　史/政書/專志15
壬辰會墨一卷　（清）□□輯　（清）劉可毅等撰　清光緒著易堂書局鉛印本　一册

620000－1128－0000305　集/總集/通代106、140
仁在堂全集十一集不分卷續刻三集不分卷　（清）路德輯　清道光刻本　二十六册　缺一集(八)

620000－1128－0000306　集/總集/斷代23
日損益齋古今體詩十八卷　（清）馬疏撰　清咸豐八年(1858)刻本　五册　存十三卷(一至十三)

620000－1128－0000307　集/總集/通代138

日損益齋古今體詩十八卷　(清)馬疏撰　清咸豐八年(1858)刻本　五册　存十七卷(一至七、九至十八)

620000－1128－0000308　集/總集/通代138.1
日損益齋古今體詩十八卷　(清)馬疏撰　清咸豐八年(1858)刻本　二册　存七卷(一至七)

620000－1128－0000309　集/總集/斷代25
日損益齋古文八卷　(清)馬疏撰　清咸豐七年(1857)刻本　二册　存四卷(一至二、七至八)

620000－1128－0000310　集/總集/斷代26.1
日損益齋古文八卷　(清)馬疏撰　清咸豐七年(1857)刻本　一册　存二卷(七至八)

620000－1128－0000311　集/總集/斷代24
日損益齋時藝全稿不分卷　(清)馬疏撰　清咸豐七年(1857)刻本　一册

620000－1128－0000312　集/總集/斷代27.1
日損益齋試帖四卷　(清)馬疏撰　清咸豐八年(1858)刻本　一册　存二卷(三至四)

620000－1128－0000313　經/春秋10
如酉所刻諸名家評點春秋綱目左傳句解六卷　(明)張溥等評　(清)韓菼重訂　清刻本(卷二、卷六配清刻本)　六册

620000－1128－0000314　子/儒家19
儒林宗派十六卷　(清)萬斯同撰　清宣統三年(1911)上海國學扶輪社鉛印張氏適園叢書本　二册

620000－1128－0000315　子/術數/陰陽五行6－子/宗教/佛教1
入地眼全書十卷　(宋)釋靜道撰　(清)萬樹華編次　清光緒五年(1879)刻本　六册

620000－1128－0000316　子/農家1
三農紀二十四卷　(清)張宗法撰　清刻本　十册

620000－1128－0000317　史/政書/通制5
三通警策甲編三卷　(清)胡重輯　清刻本　一册　存二卷(一至二)

620000－1128－0000318　子/儒家9
三字經註解備要二卷　(宋)王應麟撰　(清)賀興思注　清大德堂刻本　一册

620000－1128－0000319　子/儒家7
三字經註解備要二卷　(宋)王應麟撰　(清)賀興思注　清大德堂刻本　二册

620000－1128－0000320　史/地理/總志10
山海經十八卷　(晉)郭璞注　(明)蔣應鎬繪　明末刻本　一册

620000－1128－0000321　子/醫家/診法12
删註脈訣規正二卷　(清)沈鏡撰　清刻本　一册　存一卷(上)

620000－1128－0000322　史/政書/專志19
陝甘鄉試同年齒錄一卷(同治九年並補行六年)　(清)□□錄　清同治九年(1870)刻本　一册

620000－1128－0000323　子/醫家/内科9
傷寒來蘇全集八卷　(清)柯琴撰　(清)馬中驊校　清刻本　八册

620000－1128－0000324　經/書11
尚書離句六卷　(清)錢在培輯解　清嘉慶七年(1802)刻本　四册

620000－1128－0000325　經/書9
尚書離句六卷　(清)錢在培輯解　清刻本　四册

620000－1128－0000326　經/書10
尚書離句六卷　(清)錢在培輯解　清刻本　一册

620000－1128－0000327　經/書12
尚書離句六卷　(清)錢在培輯解　清刻本　四册

620000－1128－0000328　經/書13
尚書離句六卷　(清)錢在培輯解　清刻本　三册

620000－1128－0000329　集/總集/通代 240
少岳賦草四卷　(清)夏思沺撰　清道光二十二年(1842)刻本　一册　存二卷(一至二)

620000－1128－0000330　子/雜纂 2
呻吟語六卷　(明)呂坤撰　清刻本　三册　存三卷(二至三、五)

620000－1128－0000331　子/自著叢書 2
審巖全集九種二十三卷　(清)楊于果撰　(清)楊繼曾輯　清道光二十四年至二十五年(1844－1845)非能園刻本　九册　存五種十九卷(詩一、文一至二、井田一至二、史漢一至十、翰墨一至四)

620000－1128－0000332　集/别集 8
愼盦文鈔二卷　(清)左宗植撰　清光緒元年(1875)刻本　二册

620000－1128－0000333　史/政書/通制 8
盛世危言五卷　鄭觀應輯　清末刻本　五册

620000－1128－0000334　子/宗教/佛教 36
聖功始基一卷　(清)真陽子輯　清光緒二十八年(1902)刻本　一册

620000－1128－0000335　史/政書/軍政 2
聖武記十四卷　(清)魏源撰　清光緒二十五年(1899)正記書局石印本　六册

620000－1128－0000336　經/詩 7
詩經八卷　(宋)朱熹集傳　清刻本　三册　存四卷(一、三至五)

620000－1128－0000337　經/詩 28
詩經八卷　(宋)朱熹集傳　清刻本　一册　存一卷(三)

620000－1128－0000338　經/詩 29
詩經八卷　(宋)朱熹集傳　清刻本　一册　存四卷(五至八)

620000－1128－0000339　經/詩 15
詩經八卷　(宋)朱熹集傳　清恕堂刻本　四册

620000－1128－0000340　經/詩 18
詩經八卷　(宋)朱熹集傳　清宣統三年(1911)上海章福記石印本　四册

620000－1128－0000341　經/詩 20
詩經嗜鳯詳解八卷　(清)陳抒孝輯　(清)汪基增訂　清刻本　四册

620000－1128－0000342　經/詩 26
詩經嗜鳯詳解八卷　(清)陳抒孝輯　(清)汪基增訂　清三多齋刻本　二册　存四卷(一至四)

620000－1128－0000343　經/詩 27
詩經題要□□卷　(清)徐瑄輯　清刻本　一册　存一卷(二)

620000－1128－0000344　經/詩 3
詩經體註大全合參八卷　(清)沈世楷輯　清光緒三十三年(1907)刻本　四册

620000－1128－0000345　經/詩 2
詩經體註大全合參八卷　(清)沈世楷輯　清刻本　七册

620000－1128－0000346　經/詩 6
詩經體註大全合參八卷　(清)沈世楷輯　清刻本　四册

620000－1128－0000347　經/詩 11
詩經體註大全合參八卷　(清)沈世楷輯　清刻本　四册

620000－1128－0000348　經/詩 13
詩經體註大全合參八卷　(清)沈世楷輯　清刻本　三册　存五卷(一至五)

620000－1128－0000349　經/詩 8
詩經體註大全合參八卷　(清)沈世楷輯　清刻本　四册

620000－1128－0000350　經/詩 10
詩經體註大全合參八卷　(清)沈世楷輯　清刻本　四册

620000－1128－0000351　經/詩 4
詩經體註大全合參八卷　(清)沈世楷輯　清刻本　四册

620000－1128－0000352　經/詩 1

詩經體註大全合參八卷 (清)沈世楷輯 清刻本 四冊

620000－1128－0000353 經/詩9
詩經體註大全合參八卷 (清)沈世楷輯 清刻本(卷六至八配清刻本) 四冊

620000－1128－0000354 經/詩14
詩經體註大全合參八卷 (清)沈世楷輯 清刻本(卷一配清刻本) 四冊 缺一卷(五)

620000－1128－0000355 經/詩12
詩經體註大全合參八卷 (清)沈世楷輯 清刻本(卷一至二配清刻本) 四冊

620000－1128－0000356 集/總集/通代89
詩學含英十四卷 (清)劉文蔚輯 清刻本 四冊

620000－1128－0000357 集/詩文評6
詩學舉隅一卷 (清)□□輯 清光緒十年(1884)求古書院刻本 一冊

620000－1128－0000358 經/小學/韻書15
詩韻含英十八卷 (清)劉文蔚輯 清光緒三年(1877)刻本 二冊

620000－1128－0000359 經/小學/韻書11
詩韻合璧五卷 (清)湯文潞輯 清光緒六年(1880)刻本 四冊 缺一卷(五)

620000－1128－0000360 經/小學/韻書14
詩韻合璧五卷 (清)湯文潞輯 清光緒六年(1880)刻本 五冊

620000－1128－0000361 經/小學/韻書20
詩韻合璧五卷檢韻十二卷月令萃編二十四卷 (清)湯文璐輯 (清)森玉主人增輯 清光緒十四年(1888)上海鴻文書局石印本 六冊

620000－1128－0000362 經/小學/字書9
詩韻合講二卷 (清)鮑西坪輯 清道光二十三年(1843)刻本 二冊

620000－1128－0000363 經/小學/韻書12
詩韻集成十卷 (清)余照輯 清光緒元年(1875)刻本 四冊

620000－1128－0000364 經/小學/韻書4
詩韻集成十卷 (清)余照輯 清刻本 一冊 存六卷(五至十)

620000－1128－0000365 經/小學/韻書24
詩韻集成十卷 (清)余照輯 清刻本 四冊

620000－1128－0000366 經/小學/韻書13
詩韻集成十卷 (清)余照輯 清末刻本 四冊

620000－1128－0000367 經/小學/韻書10
詩韻集成十卷 (清)余照輯 清同治十三年(1874)刻本 二冊

620000－1128－0000368 經/小學/韻書19
詩韻集成十卷 (清)余照輯 清咸豐十年(1860)刻本 二冊 存四卷(一至四)

620000－1128－0000369 經/小學/韻書16
詩韻全璧五卷 (清)湯文璐輯 (清)暢懷書屋主人增輯 清光緒十七年(1891)上海鴻寶齋石印本 五冊

620000－1128－0000370 經/小學/韻書5
詩韻題解合璧十卷 (清)甘蘭友輯 清六也樓刻本 二冊

620000－1128－0000371 史/政書/通制4
十科策略箋釋八卷 (明)劉定之撰 (清)劉作樑注 清乾隆二十一年(1756)古吳三樂齋刻本 六冊

620000－1128－0000372 子/藝術/書畫1
十三經集字摹本不分卷 (清)彭玉雯纂 (清)萬青銓校 清刻本 八冊

620000－1128－0000373 子/藝術15
十竹齋書畫譜八卷 (清)胡正言輯 清刻彩色套印本 十四冊

620000－1128－0000374 史/政書/通制2
時事新編初集六卷 (清)陳耀卿輯 清光緒鉛印本 六冊

620000－1128－0000375 子/雜家/雜纂5
時藝階四卷 (清)路德輯 清道光十九年(1839)刻仁在堂全集本 八冊

620000－1128－0000376　集/總集/通代 176
時藝階四卷　(清)路德輯　清道光十九年(1839)文筠堂刻仁在堂全集本　五冊　存三卷(一至三)

620000－1128－0000377　集/總集/通代 177
時藝階四卷　(清)路德輯　清道光十九年(1839)文筠堂刻仁在堂全集本　一冊　存一卷(一)

620000－1128－0000378　集/總集/通代 178
時藝引不分卷　(清)路德輯　清道光二十年(1840)來鹿堂刻仁在堂全集本　三冊

620000－1128－0000379　史/紀傳 33
史記菁華錄六卷　(清)姚祖恩輯　清光緒十八年(1892)上海書局石印本　六冊

620000－1128－0000380　史/紀傳 34
史記菁華錄六卷　(清)姚祖恩輯　清光緒十三年(1887)上海蜚英館石印本　六冊

620000－1128－0000381　史/紀傳 40
史記菁華錄六卷　(清)姚祖恩輯　清同治十二年(1873)刻本　四冊　存四卷(一至四)

620000－1128－0000382　史/紀傳 41
史記論文一百三十卷　(清)吳見思評　清刻本　五冊　存二十五卷(七十三至九十七)

620000－1128－0000383　史/紀傳 31
史記選六卷　(清)儲欣評　(清)吳振乾等校訂　清乾隆十年(1745)刻本　四冊

620000－1128－0000384　史/紀傳 28
史記一百三十卷　(漢)司馬遷撰　(明)陳仁錫評　明崇禎金陵聚奎樓刻本　二十四冊　存八十六卷(一至八十六)

620000－1128－0000385　史/紀傳 29
史記一百三十卷　(漢)司馬遷撰　(南朝宋)裴駰集解　(唐)司馬貞索隱　(唐)張守節正義　清初刻本　十九冊　存六十三卷(本紀一至十二,表一至十,書一至三,世家四至八、十三至三十,列傳一至十五)

620000－1128－0000386　史/史評 4
史論正鵠三集八卷　(清)王樹敏評　清光緒二十七年(1901)久敬齋石印本　一冊　存一卷(一)

620000－1128－0000387　史/紀傳 35
史略提綱白文六卷　(清)羅繡文輯　清咸豐二年(1852)刻本　一冊

620000－1128－0000388　集/總集/通代 161
試律青雲集四卷　(清)楊逢春輯　(清)沈品華等注　清道光九年(1829)刻本　四冊

620000－1128－0000389　集/總集/通代 223
試律青雲集四卷　(清)楊逢春輯　(清)沈品華等注　清道光五年(1825)刻本　一冊　存一卷(一)

620000－1128－0000390　經/書 16
書經六卷　(宋)蔡沈集傳　清刻本　四冊　缺一卷(二)

620000－1128－0000391　經/書 4
書經六卷　(宋)蔡沈集傳　清同治十年(1871)刻本　五冊

620000－1128－0000392　經/書 15
書經六卷　(宋)蔡沈集傳　清同治十年(1871)刻本　四冊　缺一卷(四)

620000－1128－0000393　經/書 3
書經體註大全合參六卷　(清)張聖度訂　(清)錢希祥參　清光緒二十年(1894)刻本　四冊　存四卷(一至四)

620000－1128－0000394　經/書 7
書經體註大全合參六卷　(清)張聖度訂　(清)錢希祥參　清光緒九年(1883)刻本　四冊

620000－1128－0000395　經/書 1
書經體註大全合參六卷　(清)張聖度訂　(清)錢希祥參　清刻本　四冊

620000－1128－0000396　經/書 3
書經體註大全合參六卷　(清)張聖度訂　(清)錢希祥參　清刻本　三冊　缺一卷(一)

620000－1128－0000397　經/書 6

書經體註大全合參六卷　(清)張聖度訂　(清)錢希祥參　清刻本　四冊

620000－1128－0000398　經/書 15
書經體註大全合參六卷　(清)張聖度訂　(清)錢希祥參　清刻本　四冊

620000－1128－0000399　經/書 19
書經體註大全合參六卷　(清)張聖度訂　(清)錢希祥參　清刻本　四冊　缺二卷(一、四)

620000－1128－0000400　經/書 5
書經體註大全合參六卷　(清)張聖度訂　(清)錢希祥參　清文誠堂刻本　四冊

620000－1128－0000401　史/目錄 2
書目答問不分卷　(清)張之洞撰　清光緒貴陽刻本　二冊

620000－1128－0000402　史/目錄 3.1
書目答問不分卷　(清)張之洞撰　清光緒十五年(1889)上洋積山書局石印本　二冊

620000－1128－0000403　子/本草 1
淑景堂改訂註釋寒熱溫平藥性賦七卷　(清)李文錦撰　清乾隆三十年(1765)三多齋刻本　二冊

620000－1128－0000404　子/雜家/雜學雜說 8
述記四卷　(清)任兆麟撰　清刻本　四冊

620000－1128－0000405　經/禮 9
漱芳軒合纂禮記體註四卷　(清)范翔纂訂　清光緒二年(1876)刻本　四冊

620000－1128－0000406　經/禮 10
漱芳軒合纂禮記體註四卷　(清)范翔纂訂　清光緒十八年(1892)刻本　四冊

620000－1128－0000407　經/禮 12
漱芳軒合纂禮記體註四卷　(清)范翔纂訂　清光緒十四年(1888)刻本　四冊

620000－1128－0000408　史/編年 42
司馬溫公稽古錄二十卷　(宋)司馬光撰　清同治十一年(1872)湖北崇文書局刻本　四冊

620000－1128－0000409　史/史評 7
司馬溫公通鑑論不分卷　(宋)司馬光撰　清光緒二十八年(1902)刻本　二冊

620000－1128－0000410　集/總集/通代 137
斯文精萃不分卷　(清)尹繼善輯　清刻本　二十冊

620000－1128－0000411　子/小說/長篇小說 32
四大奇書第一種六十卷一百二十回首一卷　(明)羅本撰　(清)毛宗崗原評　(清)杭永年評定　清雍正刻本　十八冊　缺十六卷(一至二、六至八、十四至十六、二十二至二十三、三十七至三十九、四十二至四十四)

620000－1128－0000412　經/禮 17
四禮翼不分卷　(明)吕坤撰　清同治十二年(1873)西安藩署刻本　一冊

620000－1128－0000413　經/小學/韻書 30
四聲便覽四卷　(清)佘六師輯　清同治十二年(1873)漢南桂林堂刻本　四冊

620000－1128－0000414　經/四書 1
四書襯十九卷　(清)駱培撰　清乾隆十年(1745)坦吉堂刻本　六冊

620000－1128－0000415　經/四書 5
四書典制類聯音註三十三卷　(清)閻其淵輯　清刻本　六冊　缺十八卷(一至十八)

620000－1128－0000416　經/四書 44
四書典制類聯音註三十三卷　(清)閻其淵輯　清刻本　八冊

620000－1128－0000417　經/四書 69
四書典制新穎三十五卷　(清)黄濟川輯　清刻本　二冊　存十四卷(一至四、十四至二十三)

620000－1128－0000418　經/四書 47
四書典制新穎三十五卷　(清)黄濟川輯　清同治十二年(1873)刻本　五冊

620000－1128－0000419　經/四書 30
四書反身錄六卷續補一卷　(清)李顒述

(清)王心敬錄　清康熙三十一年(1692)李彦瑁肇慶府署刻本　四册

620000－1128－0000420　經/四書3
四書反身錄十四卷　(清)李顒述　(清)王心敬錄　清光緒八年(1882)盩厔縣署刻本　四册

620000－1128－0000421　經/四書9
四書會要錄三十卷　(清)黄瑞撰　(清)談仕麟參訂　清康熙五十九年(1720)古吴三樂齋刻本　十八册

620000－1128－0000422　經/四書55
四書集益六卷　(清)于光華輯　(清)王澍等撰　清嘉慶四年(1799)刻本　六册

620000－1128－0000423　經/四書38
四書考輯要二十卷　(清)陳弘謀輯　清乾隆三十六年(1771)吴門穆大展局刻本　一册　存三卷(四至六)

620000－1128－0000424　經/四書12
四書類典賦二十四卷　(清)甘紱撰　清乾隆四十一年(1776)刻本　二十册　存十五卷(五至六、八至九、十四至二十四)

620000－1128－0000425　經/四書21
四書人物類典串珠四十卷　(清)臧志仁輯　清刻本　二册　存二十二卷(十九至四十)

620000－1128－0000426　經/四書43
四書人物類典串珠四十卷　(清)臧志仁輯　清刻本　六册

620000－1128－0000427　經/四書36
四書人物類典串珠四十卷　(清)臧志仁輯　清刻本　八册　缺二卷(一至二)

620000－1128－0000428　經/四書46
四書人物類典串珠四十卷　(清)臧志仁輯　清刻本　八册

620000－1128－0000429　經/四書45
四書人物類典串珠四十卷　(清)臧志仁輯　清刻本　八册　存二十二卷(二至十三、十六至十七、二十至二十四、二十六至二十八)

620000－1128－0000430　經/四書49
四書人物類典串珠四十卷　(清)臧志仁輯　清刻本　八册

620000－1128－0000431　經/四書50
四書十九卷　(宋)朱熹集注　清刻本　六册

620000－1128－0000432　經/四書18
四書十九卷　(宋)朱熹集注　清同治十年(1871)刻本　六册

620000－1128－0000433　經/四書72
四書十九卷　(宋)朱熹集注　清同治十年(1871)刻本　十二册

620000－1128－0000434　經/四書63
四書十九卷　(宋)朱熹集注　清同治十年(1871)刻本　十二册

620000－1128－0000435　經/四書34
四書述要十九卷　(清)楊玉緒撰　清道光二十九年(1849)刻本　一册　存七卷(大學一、中庸一、論語一至五)

620000－1128－0000436　經/四書22
四書述要十九卷　(清)楊玉緒撰　清光緒十九年(1893)刻本　十册　缺二卷(孟子三、七)

620000－1128－0000437　經/四書31
四書述要十九卷　(清)楊玉緒撰　清光緒十九年(1893)刻本　九册　缺二卷(孟子六至七)

620000－1128－0000438　經/四書22
四書述要十九卷　(清)楊玉緒撰　清刻本　七册　缺九卷(大學一,論語四至七,孟子一、三、六至七)

620000－1128－0000439　經/四書25
四書述要十九卷　(清)楊玉緒撰　清刻本　二册　存八卷(論語一至五、孟子一至三)

620000－1128－0000440　經/四書32
四書述要十九卷　(清)楊玉緒撰　清刻本　六册　存九卷(大學一,中庸一,論語四至五,孟子一至二、四、六至七)

620000－1128－0000441　經/四書27
四書題鏡不分卷　(清)汪鯉翔纂　清嘉慶十四年(1809)刻本　十二册

620000－1128－0000442　經/四書48
四書題鏡不分卷　(清)汪鯉翔纂　清刻本　六册

620000－1128－0000443　經/四書19
四書題鏡不分卷　(清)汪鯉翔纂　清乾隆九年(1744)刻本　四册

620000－1128－0000444　經/四書6
四書題鏡三十六卷　(清)汪鯉翔纂　清刻本　十二册

620000－1128－0000445　經/四書11
四書題鏡三十六卷總論一卷　(清)汪鯉翔纂　清嘉慶九年(1804)刻本　六册　缺八卷(孟子七至十四)

620000－1128－0000446　經/四書7
四書題鏡三十六卷總論一卷　(清)汪鯉翔纂　清三多齋刻本　十六册

620000－1128－0000447　經/四書41
四書味根録三十七卷首二卷　(清)金澂輯　清光緒刻本　五册　存七卷(大學一、中庸一至二、論語七至十)

620000－1128－0000448　經/四書86
四書五經義策論初編一卷　(清)韓韋選　清光緒二十七年(1901)文彙書局刻本　一册

620000－1128－0000449　經/四書28
四書章句集註十九卷　(宋)朱熹撰　清居易堂刻本　六册

620000－1128－0000450　經/四書16
四書朱子本義匯參四十三卷　(清)王步青輯　清刻本　五册　存十卷(大學二至三、中庸三至六、論語三至六)

620000－1128－0000451　經/四書87
四書朱子本義匯參四十三卷　(清)王步青輯　清刻本　五册　存九卷(大學一,中庸一至二,論語一至二、七至十)

620000－1128－0000452　經/四書2
四書諸儒輯要四十卷　(清)李沛霖參訂　清刻本　十六册　存二十二卷(大學三,中庸一至三,論語一至六、十六至十七,孟子一至六、十四、十八至二十)

620000－1128－0000453　經/四書61
四知堂四書翼註論文二十六卷　(清)張甄陶撰　(清)屠繼序校　清刻本　九册

620000－1128－0000454　集/别集31
松花菴全集十一種十二卷　(清)吳鎮撰　清宣統二年(1910)刻本　十二册

620000－1128－0000455　集/别集3
松厓試帖一卷　(清)吳鎮撰　(清)楊芳燦選　清嘉慶十六年(1811)吳承禧刻本　一册

620000－1128－0000456　子/長篇小説6
淞隱漫録十二卷　(清)王韜撰　清光緒二十九年(1903)上海點石齋石印本　六册

620000－1128－0000457　經/群經總義5
宋本十三經注疏附校勘記十三種七十四卷　(清)□□輯　(清)阮元輯校　清光緒三十年(1904)點石齋印書局石印本　三十二册

620000－1128－0000458　子/雜著/雜纂6
宋大家蘇文定公文抄二十卷　(宋)蘇轍撰　(明)茅坤選評　明末刻本　六册

620000－1128－0000459　經/四書37
宋元四書五經義四卷　(清)學翼齋主人輯　(清)博古齋主人重訂　清光緒二十七年(1901)木活字印本　四册

620000－1128－0000460　子/天文算法類/算書15
算盤註講一卷　(□)□□撰　清光緒十七年(1891)刻本　一册

620000－1128－0000461　集/别集類17
隨園隨筆二十八卷　(清)袁枚撰　清刻本　六册

620000－1128－0000462　經/春秋11
太史張天如詳節春秋綱目句解左傳彙雋六卷

（明）張溥撰　（清）韓菼重訂　清刻本　五冊　缺一卷（一）

620000－1128－0000463　經/春秋 23
太史張天如詳節春秋綱目句解左傳彙雋六卷　（明）張溥撰　（清）韓菼重訂　清刻本　一冊　存一卷（四）

620000－1128－0000464　史/政書/詔令奏議 1
唐陸宣公奏議讀本四卷首一卷　（唐）陸贄撰　（清）汪銘謙輯　（清）馬傳庚評點　清光緒二十六年（1900）石印本　一冊　存二卷（一至二）

620000－1128－0000465　集/總集/通代 43－1
唐詩三百首六卷　（清）孫洙輯　（清）章燮注　清道光二十六年（1846）刻本（卷三至五配清刻本）　四冊　缺二卷（二、六）

620000－1128－0000466　集/總集/斷代 5.1
唐詩三百首註疏六卷續選一卷　（清）孫洙輯　（清）章燮注　（清）于慶元續輯　清光緒二十年（1894）梓潼書局刻本　一冊　存一卷（續選一卷）

620000－1128－0000467　集/總集/通代 43－2
唐詩三百首註疏六卷續選一卷　（清）孫洙輯　（清）章燮注　（清）于慶元續輯　清光緒二十年（1894）梓潼書局刻本　三冊　缺三卷（四至六）

620000－1128－0000468　集/詩文評 11
唐宋八家鈔八卷　（清）高嵣集評　清道光十五年（1835）刻本　八冊

620000－1128－0000469　集/總集/通代 156
唐宋八家文讀本三十卷　（清）沈德潛評　清光緒三十四年（1908）埽葉山房石印本　四冊

620000－1128－0000470　集/總集/通代 200
唐宋八家文讀本三十卷　（清）沈德潛評　清刻本　九冊　缺四卷（六至九）

620000－1128－0000471　史/政書/軍政 3
陶廬叢稿二十三種一百四十三卷　王樹枏撰　清光緒二十八年（1902）中衛縣署刻本　八冊　存二種二十七卷（歐洲族類源流略一至五、歐洲列國戰事本末一至二十二）

620000－1128－0000472　集/地方藝文 16
鐵堂詩草二卷　（清）許珌撰　清道光十六年（1836）澄邑韋莊鎮繩武堂抄本　一冊

620000－1128－0000473　史/編年 29
通鑑擥要前編二卷首一卷正編十九卷續編八卷　（清）姚培謙　（清）張景星輯　清道光三十年（1850）京都琉璃廠刻本　二十冊

620000－1128－0000474　子/醫家/診法 14
圖註八十一難經辨真四卷　（明）張世賢注　清刻本　二冊

620000－1128－0000475　子/醫家/方論 13
外科精要三卷　（宋）陳自明編　（明）薛己注　（明）吳玄有校　清刻薛氏醫按本　一冊

620000－1128－0000476　子/醫家/方論 14
外科心法七卷　（明）薛己撰　（明）吳玄有校　清刻薛氏醫按本　一冊　存二卷（三至四）

620000－1128－0000477　集/總集/通代 198
晚邨先生八家古文精選八卷　（清）呂留良選　（清）呂葆中批點　清刻本　四冊

620000－1128－0000478　集/總集/斷代 16
晚唐詩鈔二十六卷　（清）查克弘　（清）凌紹乾選　（清）楊兆璘校　清康熙四十二年（1703）查克弘刻本　六冊

620000－1128－0000479　史/政書/法令 6
萬國公法四卷　（英國）羅柏村著　（英國）傅蘭雅　（清）汪振聲譯　清光緒二十四年（1898）上海新學書會石印本　四冊

620000－1128－0000480　史/政書/典禮/專志 17
萬國近政考略十六卷　（清）鄒弢輯　清光緒二十七年（1901）三借廬鉛印本　四冊

620000－1128－0000481　子/醫家/兒科 2

萬氏家傳痘疹心法十九卷 （明）萬全撰 （清）張伯琮校定 清忠信堂刻本 四册 缺三卷（十三至十五）

620000－1128－0000482 經/群經總義 33－史/史評 18
王船山先生經史論八種七十三卷 （清）王夫之撰 清光緒二十七年（1901）簡青書局石印本 八册 缺三種二十九卷（讀通鑑論二十二至三十、詩廣傳一至五、宋論一至十五）

620000－1128－0000483 集/總集/通代 58
望雲山館精選名文一卷 （清）馬錫康輯 清光緒十七年（1891）馬氏稿本 一册

620000－1128－0000484 史/政書/邦計 1
危言四卷 湯壽潛撰 清光緒二十一年（1895）石印本 二册

620000－1128－0000485 子/醫家/診法 3
溫疫論補註二卷 （明）吳有性撰 （清）鄭重光注 清光緒三十三年（1907）掃葉山房石印本 一册

620000－1128－0000486 子/醫家/診法 9
瘟疫條辨摘要一卷 （清）陳良佐 （清）楊璿撰 （清）呂田集錄 （清）呂慎儉等編 清道光四年（1824）刻本 一册

620000－1128－0000487 集/別集 7
文通十卷 （清）馬建忠撰 清光緒三十年（1904）中國商務印書館鉛印本 二册

620000－1128－0000488 史/政書/通制 3
文獻通考詳節二十四卷 （元）馬端臨撰 （清）嚴虞惇節錄 清刻本 一册 存二卷（十一至十二）

620000－1128－0000489 集/總集/通代 62
文選六十卷 （南朝梁）蕭統輯 （唐）李善注 （清）錢士謐校 清刻本 十二册

620000－1128－0000490 集/總集/通代 61
文選六十卷 （南朝梁）蕭統輯 （唐）李善注 （清）何焯評 （清）葉樹藩參訂 清刻本 八册

620000－1128－0000491 集/總集/通代 64
文選六十卷 （南朝梁）蕭統輯 （唐）李善注 清刻本 六册 存三十卷（三十一至六十）

620000－1128－0000492 集/總集/通代 65
文選六十卷 （南朝梁）蕭統輯 （唐）李善注 （清）何焯評 （清）葉樹藩參訂 清刻朱墨套印本 十六册 存三十一卷（二十三至五十三）

620000－1128－0000493 集/總集/通代 90
文選六十卷 （南朝梁）蕭統輯 （唐）李善注 （清）何焯評 （清）葉樹藩參訂 清刻朱墨套印本 十七册

620000－1128－0000494 集/總集/通代 63
文選六十卷 （南朝梁）蕭統輯 （唐）李善注 清乾隆二十六年（1761）刻本 十五册

620000－1128－0000495 集/總集/通代 108
文選六十卷 （南朝梁）蕭統輯 （唐）李善注 （清）何焯評 （清）葉樹藩參訂 清晚期刻本 十二册

620000－1128－0000496 集/詩文評 12
文章練要十卷 （清）王源評 清三與堂刻本 六册 缺三卷（四至六）

620000－1128－0000497 集/別集 81
我法集註釋四卷 （清）紀昀撰 （清）紀樹馨編 （清）魏景文注 清嘉慶九年（1804）文錦堂刻本 二册

620000－1128－0000498 史/政書/典禮 6
吾學錄初編二卷 （清）黄本驥輯 （清）左宗棠節錄 清光緒六年（1880）酒泉營次刻本 二册

620000－1128－0000499 經/叢編 4
五經讀本五種二十一卷 （清）徐立綱撰 清乾隆四十七年（1782）吳郡張氏刻本 六册 缺一種六卷（禮記一至六）

620000－1128－0000500 經/群經總義 31
五經綱領一卷 （清）劉青樸撰 清刻本 一册

620000－1128－0000501　經/群經總義 6
五經體註大全五種七十二卷　(清)□□輯　清道光至同治間刻本　九册　缺一種四卷(書經三至六)

620000－1128－0000502　經/群經總義 11
五經味根録五種四十二卷　(清)闞蔚煌輯　清光緒上海中西書局石印本　十六册

620000－1128－0000503　經/群經總義 8－9
五經文府五種不分卷　(清)□□輯　清光緒十四年(1888)鴻寶齋石印本　二十册

620000－1128－0000504　經/群經總義 12
五經文漪□□卷　(清)□□輯　清刻本　二册　存二卷(禮記一、春秋一)

620000－1128－0000505　史/紀傳 31
西漢文選四卷　(清)儲欣評　(清)吴振乾等校訂　清乾隆十年(1745)刻本　四册

620000－1128－0000506　子/天文算法/算書 16
西學大成十二卷　(清)王西清輯　清光緒上海醉六堂書坊石印本　二册　存二卷(子至丑)

620000－1128－0000507　子/天文算法/算書 10
西洋算法大全四卷　(清)程禄輯　清刻本　二册

620000－1128－0000508　子/小説/長篇小説 20
西遊真詮四卷一百回　(清)陳士斌　(清)金人瑞等評　清刻本　六册

620000－1128－0000509　子/法家 4
洗冤録集證彙纂五卷　(清)王又槐增輯　(清)李觀瀾補輯　清道光五年(1825)刻本　四册

620000－1128－0000510　史/政書/專志 9
鄉墨鴻裁不分卷　(清)□□輯　(清)高寶鑾等撰　清光緒鉛印本　二册

620000－1128－0000511　集/總集/通代 135
詳註分韻試帖青雲集四卷　(清)楊逢春　(清)蕭應櫆輯　(清)沈品華等注　清道光十五年(1835)恒言堂刻本　一册　存一卷(一)

620000－1128－0000512　集/總集/通代 85
詳註確辨初學玉壺氷不分卷　(清)吴肖元評選　清道光二十九年(1849)刻本　二册

620000－1128－0000513　集/總集/地方文藝 5
詳註新賦湧雲八卷　(清)吴肖元評選　清刻本　八册

620000－1128－0000514　經/總集/通代 66
小東山草堂駢體文鈔十卷　(清)張泰青撰　清道光刻本　四册

620000－1128－0000515　經/四書 90
小題觀海不分卷　(□)□□輯　清光緒十六年(1890)上海點石齋石印本　十九册

620000－1128－0000516　經/四書 88
小題味新不分卷　(清)李翥雲輯　清光緒二十二年(1896)寶文書局石印本　九册

620000－1128－0000517　集/總集/通代 111
小題文苑不分卷　(□)□□撰　清光緒二十一年(1895)文盛堂書局石印本　八册

620000－1128－0000518　集/總集/通代 68
小題正鵠全集四卷訓蒙草一卷養正草一卷　(清)李元度輯　清光緒八年(1882)善成堂記刻本　三册　存二卷(一至二)

620000－1128－0000519　經/總集/通代 56
小題正鵠全集四卷訓蒙草一卷養正草一卷　(清)李元度輯　清光緒刻本　八册　存四卷(小題正鵠全集四卷)

620000－1128－0000520　集/總集/通代 205
小題正鵠全集四卷訓蒙草一卷養正草一卷　(清)李元度輯　清刻本　九册　存三卷(一至三)

620000－1128－0000521　集/總集/通代 124
小題芝蘭一卷　(清)史鑑輯　清道光二十七年(1847)刻本　一册

620000－1128－0000522　集/總集/通代 77

小題芝蘭一卷　(清)史鑑輯　清刻本　一冊

620000－1128－0000523　子/儒家 50
小學六卷　(清)高愈纂注　清道光八年(1828)刻本　四冊

620000－1128－0000524　子/儒家 26
小學六卷　(清)高愈纂注　清光緒三十四年(1908)秦州協濟書局刻本　四冊

620000－1128－0000525　子/儒家 17
小學六卷　(清)高愈纂注　清刻本　二冊　存三卷(一至二、五)

620000－1128－0000526　子/儒家 42
小學六卷孝經一卷　(明)陳選集注　清同治十年(1871)刻本　六冊　存六卷(小學六卷)

620000－1128－0000527　子/儒家 44
小學六卷孝經一卷　(明)陳選集注　清同治十年(1871)刻本　二冊　存六卷(小學六卷)

620000－1128－0000528　經/孝經 1
小學六卷孝經一卷　(明)陳選集注　清同治十年(1871)刻本　一冊　存六卷(小學六卷)

620000－1128－0000529　子/儒家 15
小學六卷孝經一卷　(明)陳選集注　清同治十年(1871)刻本　一冊　存四卷(小學一至四)

620000－1128－0000530　經/孝經 2
小學六卷孝經一卷　(明)陳選集注　清同治十年(1871)刻本　一冊　存一卷(孝經一卷)

620000－1128－0000531　子/儒家 14
小學體註大成六卷　(清)沈若愚等輯　清刻本　二冊

620000－1128－0000532　經/孝經 3
孝經一卷　(清)史致儼書　清道光七年(1827)刻本　一冊

620000－1128－0000533　集/詩文評 15
謝疊山先生評注四種合刻四種十六卷　(宋)謝枋得撰　清光緒八年(1882)京都豫章別業刻本　四冊

620000－1128－0000534　史/史評 20
心聲齋策論精選五卷　(清)心聲齋主輯　清光緒二十八年(1902)文明學社鉛印本　二冊

620000－1128－0000535　集/別集 56、58
新編分類飲冰室文集全編二十卷　梁啟超撰　清光緒二十八年至二十九年(1902－1903)上海廣益書局石印本　二十冊

620000－1128－0000536　集/總集/通代 157
新編詩句題解續集二卷　(清)東閣主人輯　清末上海鴻寶齋石印本　一冊　存一卷(一)

620000－1128－0000537　子/類書 5－15
新編事文類聚翰墨大全十五集二百八卷　(元)劉應李輯　明初刻本　十五冊　存一百三卷(甲一至十二、乙一至十八、丙一至十四、丁一至十一、己一至五、庚一至七、辛一至十六、後乙一至四、後丁八至十四、後戊一至九)

620000－1128－0000538　經/四書 79
新訂四書補註備旨十卷　(明)鄧林撰　(清)杜定基增訂　清刻本　四冊　缺二卷(孟子三至四)

620000－1128－0000539　經/詩 31
新鐫江晉雲先生詩經衍義集註八卷　(清)江環輯　清刻本　二冊　缺三卷(三至五)

620000－1128－0000540　子/陰陽五行 3
新鐫神峯張先生通考闢謬命理正宗大全六卷　(明)張楠撰　清同治十一年(1872)刻本　六冊

620000－1128－0000541　經/書 22
新鐫周易補註備旨一見能解六卷　(明)黃淳耀撰　(清)嚴而寬增補　清刻本　一冊　存二卷(五至六)

620000－1128－0000542　子/醫家/醫經 3
新刊黃帝内經靈樞二十四卷　(唐)王冰注　(宋)林億等校正　(宋)史崧音釋　明萬曆十二年(1584)繡谷書林周氏刻本　二冊

620000－1128－0000543　經/小學/韻書 7.22
新刊校正增補圓機詩韻活法全書十四卷

（明）王世貞增校　（清）鬱岡山房校訂　清刻本　十四冊

620000－1128－0000544　子/宗教/佛教 37
新刊金剛經心經一卷　（□）□□注　清道光二十三年(1843)刻本　一冊

620000－1128－0000545　集/總集/通代 147
新科大易文選一卷　（清）周豐舉評選　清刻本　一冊

620000－1128－0000546　史/政書/專志 4
新科考卷文瑞不分卷　（清）胡先琅評選　清嘉慶二年(1797)三多齋刻本　二冊　存論語

620000－1128－0000547　集/總集/通代 23
新科墨商二編不分卷　（清）□□輯　（清）汪立權等撰　清道光刻本　四冊

620000－1128－0000548　集/總集/通代 150
新刻尺牘如意四卷　（清）汪舒訂　清道光十四年(1834)集義堂刻本　四冊

620000－1128－0000549　集/總集/通代 76
新刻重校增補圓機活法詩學全書二十四卷新刊校正增補圓機詩韻活法全書十四卷　（明）王世貞增校　（清）蔣先庚重訂　（清）鬱岡山房校訂　清刻本　二十三冊　缺一卷(詩韻活法全書十四)

620000－1128－0000550　史/政書/法令 14
新刻法家驚天雷六卷首二卷　（□）□□撰　清光緒刻本　二冊

620000－1128－0000551　子/小說/長篇小說 2
新刻劍嘯閣批評西漢演義傳八卷東漢演義傳十卷　（明）甄偉　（明）謝詔撰　（明）鍾惺評　清同治五年(1866)刻本　十四冊

620000－1128－0000552　子/醫家/獸醫 2
新刻繡像療牛馬經六卷　（明）喻仁　（明）喻傑撰　清刻本　三冊　存三卷(一至三)

620000－1128－0000553　子/醫家/獸醫 5
新刻繡像療牛馬經五卷　（明）喻仁　（明）喻傑撰　清刻本　四冊

620000－1128－0000554　子/醫家/獸醫 6
新刻繡像療牛馬經五卷　（明）喻仁　（明）喻傑撰　清刻本　一冊　存一卷(一)

620000－1128－0000555　子/一般叢書 5－4
新民叢報彙編不分卷(清光緒三十二年丙午)　梁啟超編　清光緒三十三年(1907)普新瑞記書局石印本　九冊

620000－1128－0000556　子/一般叢書 6－1
新民叢報彙編不分卷(清光緒三十年甲辰)　梁啟超編　清宣統元年(1909)普新瑞記書局石印本　八冊

620000－1128－0000557　子/一般叢書 6－2
新民叢報彙編不分卷(清光緒三十一年乙巳)　梁啟超編　清宣統元年(1909)普新瑞記書局石印本　七冊

620000－1128－0000558　史/史評 5
新選五朝論四卷　（清）□□輯　清光緒二十四年(1898)九經堂刻本　四冊

620000－1128－0000559　子/雜家/雜考 1
新學僞經考十四卷　康有爲撰　梁啟超等校　清光緒十七年(1891)廣州康氏萬木草堂刻本　六冊

620000－1128－0000560　經/詩 21
新增詩經補註附考備旨八卷　（清）鄒聖脈輯　（清）鄒廷猷編　清刻本　六冊

620000－1128－0000561　經/小學/韻書 2
新增說文韻府群玉二十卷　（元）陰時夫輯　（元）陰中夫注　（明）王元貞校正　清康熙五十五年(1716)文盛堂天德堂刻本　二十冊

620000－1128－0000562　經/小學/韻書 6
新增說文韻府群玉二十卷　（元）陰時夫輯　（元）陰中夫注　（明）王元貞校正　清康熙五十五年(1716)文盛堂天德堂刻本　十九冊　缺一卷(九)

620000－1128－0000563　子/儒家 2
新增詳批課幼指南一卷　（清）彭信古輯　清刻本　一冊

620000－1128－0000564　史/政書/典禮21
新政應試必讀六種六卷　（清）顧厚焜鑒定（清）□□輯　清光緒二十九年（1903）石印本　十二册

620000－1128－0000565　史/政書/專志19
新政應試必讀六種六卷　（清）顧厚焜鑒定（清）□□輯　清光緒二十七年（1901）刻本　六册

620000－1128－0000566　子/儒家1
性理大全會通七十卷續編四十二卷　（明）鍾人傑輯　清刻本　三十七册　缺十八卷（性理大全會通一至三、九至二十三）

620000－1128－0000567　子/叢書/自著叢書1
續富國策四卷　（清）陳熾撰　清光緒刻本　四册

620000－1128－0000568　集/總集/通代116
續古文辭類纂三十四卷　王先謙輯　清光緒三十三年（1907）上海商務印書館鉛印本　四册

620000－1128－0000569　子/儒家49
續龍文鞭影三卷　（清）賀鳴鸞撰　（清）賀緒蕃注　清刻本　二册

620000－1128－0000570　子/宗教類/道教1
璇璣圖覽□□卷　（□）□□撰　清光緒二十六年（1900）刻本　二册　存二卷（一、三）

620000－1128－0000571　子/醫家/醫學叢書2
薛氏醫案二十四種一百七卷　（明）薛己等撰（明）吳琯輯　清刻本　二十九册　缺五種十四卷（十四經發揮一至三、難經本義一至二、本草發揮一至四、平治會萃一至三、女科撮要一至二）

620000－1128－0000572　集/别集30
薛文清公全集八種五十七卷　（明）薛瑄撰（明）張鼎等輯　明萬曆至清乾隆刻清匯印本　二十六册　缺九卷（文集十三至十四、二十一至二十二，讀書續錄八至十二）

620000－1128－0000573　集/總集/通代45
學達觀齋制藝不分卷　（清）楊彥修撰　清光緒十二年（1886）刻本　四册

620000－1128－0000574　集/總集/通代46
學達觀齋制藝不分卷　（清）楊彥修撰　清光緒十二年（1886）刻本　四册

620000－1128－0000575　子/天文算法類/算書5
學計韻言一卷　（清）江衡撰　清光緒三十二年（1906）隴右樂善書局刻本　一册

620000－1128－0000576　子/算數1
學算筆談十二卷　（清）華蘅芳撰　清光緒刻本　二册　缺四卷（一至四）

620000－1128－0000577　子/算數4
學算筆談十二卷　（清）華蘅芳撰　清光緒石印行素軒算稿本　三册　存九卷（一至九）

620000－1128－0000578　集/總集/通代182
學文字法家訓讀本一卷　（清）徐陶璋撰　清忠恕堂刻本　一册

620000－1128－0000579　子/儒家24.3
訓俗遺規五卷　（清）陳弘謀輯　（清）華希閔重編　清道光二年（1822）刻本　五册

620000－1128－0000580　子/儒家62
訓學良規一卷　（清）寡未生輯　清光緒十一年（1885）刻本　一册

620000－1128－0000581　集/總集/通代18
胭脂牡丹六卷　（清）韓鄂輯　清咸豐六年（1856）刻本　四册　缺一卷（六）

620000－1128－0000582　史/地理類/總志14
驗礦砂要法一卷　（清）施德明譯　清光緒二十六年（1900）上海廣學會鉛印本　一册

620000－1128－0000583　集/别集9
楊忠愍公集四卷　（明）楊繼盛撰　清光緒九年（1883）甘肅藩署刻本　四册

620000－1128－0000584　子/儒家24.1
養正遺規二卷補編一卷　（清）陳弘謀輯　清道光二年（1822）刻本　二册

620000－1128－0000585　集/總集/通代 109
搖曳多姿蕊葩首集不分卷　(清)徐建評選　(清)馮際颺等撰　清道光十五年(1835)刻本　四册

620000－1128－0000586　子/醫家/内科 1
醫聖張仲景傷寒雜病論淑景堂僦解十六卷　(清)李文錦撰　清乾隆三多齋刻本　三册　存八卷(一至五、七至九)

620000－1128－0000587　子/醫家/内科 4
醫聖張仲景傷寒雜病論淑景堂僦解十四卷　(清)李文錦撰　清乾隆三多齋刻本　六册

620000－1128－0000588　經/易 14
易經精華六卷首一卷末一卷　(清)薛嘉穎撰　清道光七年(1827)刻本　四册

620000－1128－0000589　經/易 13
易經體註大全合參四卷　(清)李兆賢輯　清道光八年(1828)文發堂刻本　二册

620000－1128－0000590　經/易 20
易經體註大全合參四卷　(清)李兆賢輯　清光緒十八年(1892)刻本　三册

620000－1128－0000591　經/易 10
易經體註大全合參四卷　(清)李兆賢輯　清刻本　四册

620000－1128－0000592　經/易 11
易經體註大全合參四卷　(清)李兆賢輯　清刻本　四册

620000－1128－0000593　經/易 12
易經體註大全合參四卷　(清)李兆賢輯　清刻本　四册

620000－1128－0000594　經/易 15
易經體註大全合參四卷　(清)李兆賢輯　清刻本　三册　缺一卷(三)

620000－1128－0000595　經/易 16
易經體註大全合參四卷　(清)李兆賢輯　清刻本　四册

620000－1128－0000596　經/易 17
易經體註大全合參四卷　(清)李兆賢輯　清刻本　四册

620000－1128－0000597　集/别集 57
飲冰室壬寅文集十八卷　梁啟超撰　清光緒二十九年(1903)上海維新學社石印本　二十册

620000－1128－0000598　經/群經總義 17
英德堂五經備旨五種四十五卷　(清)鄒聖脈輯　(清)鄒可庭編　清嘉慶刻本　十五册　缺二卷(禮記三至四)

620000－1128－0000599　經/群經總義 13
應制五經題解□□卷　(清)劉廷琨纂　清積秀堂刻本　二册　存三卷(周易一至二、禮記一)

620000－1128－0000600　子/儒家 20
輶軒語一卷　(清)張之洞撰　清光緒五年(1879)貴陽刻本　一册

620000－1128－0000601　集/别集 73
友竹山房詩草七卷補遺一卷　(清)蘇履吉撰　清道光十三年(1833)刻本　八册

620000－1128－0000602　集/總集/通代 151
雨亭尺牘六卷　(清)林欽潤撰　清刻本　四册　存四卷(三至六)

620000－1128－0000603　子/宗教/總類 2
玉歷鈔傳警世一卷　(□)□□撰　(清)周棟臣書　清同治七年(1868)許一純刻本　一册

620000－1128－0000604　史/編年 31
御批歷代通鑑輯覽一百二十卷　(清)楊述曾等纂　清光緒二十五年(1899)美華賓記石印本　十九册　缺五卷(七十三至七十七)

620000－1128－0000605　史/編年 14
御批歷代通鑑輯覽一百二十卷　(清)楊述曾等纂　清光緒二十五年(1899)上海順成書局石印本　二十一册

620000－1128－0000606　史/編年 30
御批歷代通鑑輯覽一百二十卷　(清)楊述曾等纂　清光緒上海圖書集成局鉛印本　三十二册

620000－1128－0000607　史/編年 7
御批歷代通鑑輯覽一百二十卷　(清)楊述曾等纂　清末鉛印本　二十八冊　存六十卷(一至六十)

620000－1128－0000608　史/編年 1
御批續資治通鑑綱目二十七卷　(明)商輅等撰　清刻本　四冊　存六卷(一至四、二十六至二十七)

620000－1128－0000609　史/編年 32
御批續資治通鑑綱目二十七卷　(明)商輅等撰　清乾隆閔鶚元刻本　十六冊　存二十二卷(四至二十五)

620000－1128－0000610　集/總集/通代 207
御選唐宋詩醇四十七卷目錄二卷　(清)高宗弘曆選　清刻本　七冊　存十三卷(九、二十一至二十三、三十八至三十九、四十一至四十七)

620000－1128－0000611　集/總集/通代 69
御選唐宋詩醇四十七卷目錄二卷　(清)高宗弘曆選　清乾隆二十五年(1760)刻本　二十二冊

620000－1128－0000612　集/總集/通代 201
御製詩初集四十四卷目錄四卷二集九十卷目錄十卷　(清)高宗弘曆撰　清刻本　八冊　存二十一卷(初集一至二,二集四十至四十七、五十至五十八、八十七至八十八)

620000－1128－0000613　子/天文算法/算書 8
御製數理精蘊上編五卷下編四十卷表八卷　(清)梅穀成等撰　清光緒三十二年(1906)上海通時書局石印本　二十二冊　缺七卷(下編一至七)

620000－1128－0000614　史/編年 21
御撰資治通鑑綱目三編二十卷　(清)張廷玉等纂　清刻本　六冊

620000－1128－0000615　史/編年 47
御撰資治通鑑綱目三編二十卷　(清)張廷玉等纂　清刻本　四冊

620000－1128－0000616　史/編年 40
御撰資治通鑑綱目三編二十卷　(清)張廷玉等纂　清刻本　六冊

620000－1128－0000617　經/詩 25
御纂詩義折中二十卷　(清)陳兆崙等纂　清刻本　三冊　存三卷(一至三)

620000－1128－0000618　子/儒家 22
御纂性理精義十二卷　(清)李光地等纂　清刻本　四冊　缺二卷(一至二)

620000－1128－0000619　子/醫家/內科 14
御纂醫宗金鑑七十四卷首一卷　(清)吳謙等纂　清刻本　六冊　存二十六卷(一、七至十七、三十四至三十八、六十三至七十,首一卷)

620000－1128－0000620　經/易 3－4
御纂周易折中二十二卷首一卷　(清)李光地等纂　清刻本　十冊

620000－1128－0000621　經/易 1－2
御纂周易折中二十二卷首一卷　(清)李光地等纂　清刻本　十冊

620000－1128－0000622　集/別集 23
淵鑒齋御纂朱子全書六十六卷　(清)李光地等纂　清刻本　三十七冊　缺九卷(三十二至三十五、四十至四十一、五十四至五十六)

620000－1128－0000623　子/類書類 9
淵鑑類函四百五十卷目錄四卷　(清)張英　(清)王士禛等纂　清光緒十三年(1887)上海同文書局石印本　四十八冊

620000－1128－0000624　子/醫家/獸醫 4
元亨療牛集二卷　(明)喻仁　(明)喻傑撰　清刻本　二冊

620000－1128－0000625　子/醫家/獸醫 1
元亨療牛集二卷　(明)喻仁　(明)喻傑撰　清刻本　二冊

620000－1128－0000626　子/儒家 21
原富五卷　(英國)斯密亞丹撰　嚴復譯　清光緒二十八年(1902)南洋公學譯書院鉛印本　二冊

620000－1128－0000627　集/總集/通代 30
雲林別墅新輯酬世錦囊書啟合編初集八卷二集七卷三集二卷四集二卷　(清)鄒景揚輯　清光緒二十六年(1900)上海鍊石齋書局石印本　六冊　存八卷(雲林別墅新輯酬世錦囊書啟合編初集八卷)

620000－1128－0000628　集/總集/通代 104
雲林別墅新輯酧世錦囊書啟合編初集八卷二集七卷三集二卷四集二卷　(清)鄒景揚輯　清刻本　四冊　存十一卷(雲林別墅新輯酧世錦囊書啟合編初集一至四、二集七卷)

620000－1128－0000629　集/別集 76
韞山堂時文全集三卷　(清)管世銘撰　清石印本　三冊

620000－1128－0000630　集/總集/通代 239
韞山堂時文全集三卷　(清)管世銘撰　(清)成格校　清同治六年(1867)刻本　二冊　存二卷(一、三)

620000－1128－0000631　經/小學/韻書 21
韻字探驪五卷　(清)徐錫齡輯　清刻本　七冊　存三卷(三至五)

620000－1128－0000632　集/總集 261
簪花集五經會課藝五卷　(清)□□輯　清刻本　四冊　缺一卷(一)

620000－1128－0000633　經/春秋 16
增補春秋左傳易讀六卷　(清)司徒修輯　清宏道堂刻本　六冊

620000－1128－0000634　經/春秋 9
增補春秋左傳易讀六卷　(清)司徒修輯　清刻本　四冊　存四卷(一至四)

620000－1128－0000635　史/編年 24
增補綱鑑輯要四十卷首一卷　(明)袁黃纂　清光緒二十八年(1902)玉尺山房刻本　二十冊

620000－1128－0000636　經/四書 4
增補四書精繡圖像人物備考十二卷圖一卷　(明)薛應旂輯　(明)陳仁錫增訂　清乾隆刻本　八冊　存十卷(一至十)

620000－1128－0000637　經/四書 33
增補四書精繡圖像人物備考十二卷圖一卷　(明)薛應旂輯　(明)陳仁錫增訂　清雍正四年(1726)古吳維新堂刻本　六冊　缺三卷(三至五)

620000－1128－0000638　集/詩文評 3
增補蘇批孟子二卷年譜一卷　(宋)蘇洵撰　(清)趙大浣增補　清刻朱墨套印本　二冊

620000－1128－0000639　集/總集/斷代/09
增補唐人試帖四種十卷　(清)毛奇齡　(清)王錫輯　(清)談起行增　清乾隆古吳三多齋刻本　五冊

620000－1128－0000640　子/雜家/雜學雜說 12
增補一夕話六卷　(清)咄咄夫輯　清同治元年(1862)三餘堂刻本　四冊

620000－1128－0000641　子/醫家/內科 15
增補醫林狀元壽世保元十卷　(明)龔廷賢編　(清)周亮登校　清宣統三年(1911)上海江東書局石印本　三冊　缺四卷(三至四、七至八)

620000－1128－0000642　經/小學/字書 34
增補字彙十二卷　(明)梅膺祚輯　(明)張自烈增補　清刻本　九冊　缺三卷(丑、戌、亥)

620000－1128－0000643　經/春秋 15
增補左繡匯參三十卷首一卷　(清)周正思纂　(清)馮李驊　(清)陸浩評輯　清刻本　十二冊

620000－1128－0000644　經/春秋 26
增補左繡匯參三十卷首一卷　(清)周正思纂　(清)馮李驊　(清)陸浩評輯　清刻本　一冊　存二卷(一、首一卷)

620000－1128－0000645　史/編年 22
增定課兒鑑略妥註善本五卷　(明)李廷機撰　(明)張瑞圖校正　(清)鄒聖脈增訂　清同文堂刻本　二冊

620000－1128－0000646　子/醫家/本草6
增訂本草備要四卷　(清)汪昂輯　清刻本　三冊　缺一卷(一)

620000－1128－0000647　子/類書11
增訂二論詳解四卷　(清)劉忠輯　清宏道堂刻本　四冊

620000－1128－0000648　史/雜史12
增訂二論詳解四卷　(清)劉忠輯　清嘉慶十六年(1811)集元樓刻本　四冊

620000－1128－0000649　史/雜史14
增訂二論詳解四卷　(清)劉忠輯　清刻本　一冊　存二卷(一至二)

620000－1128－0000650　子/宗教類/道教5
增訂敬信錄二卷　(清)周鼎臣輯　清光緒三十二年(1906)刻本　一冊

620000－1128－0000651　史/政書/邦計2
增訂盛世危言正續編九卷　鄭觀應撰　清末鉛印本　八冊

620000－1128－0000652　經/四書10
增訂四書通典人物備考十二卷圖說一卷　(明)薛應旂輯　(明)陳仁錫增訂　清刻本　十二冊

620000－1128－0000653　經/四書26
增訂四書通典人物備考十二卷圖說一卷　(明)薛應旂輯　(明)陳仁錫增訂　清乾隆二十九年(1764)三樂齋刻本　一冊　存三卷(一至三)

620000－1128－0000654　經/四書54
增訂四書通典人物備考十二卷圖說一卷　(明)薛應旂輯　(明)陳仁錫增訂　清乾隆二十九年(1764)三樂齋刻本　四冊　缺三卷(四、九至十)

620000－1128－0000655　子/醫家/本草4
增訂童氏本草備要不分卷　(清)汪昂輯　清光緒三十四年(1908)醫學會石印本　二冊

620000－1128－0000656　經/群經總義10
增訂五經備旨十九種五十六卷　(清)鄒聖脈輯　(清)吉本齋增訂　清光緒十八年(1892)上海鴻寶齋書局石印本　十一冊　缺四卷(禮記一至四)

620000－1128－0000657　子/儒家13
增訂小學體註六卷　(清)范翔　(清)沈士衡輯　清味經堂刻本　五冊

620000－1128－0000658　集/總集/通代14
增廣尺牘句解初集三卷二集三卷三集二卷　(清)桃花館主編　清光緒久敬齋石印本　八冊

620000－1128－0000659　集/總集/通代34
增廣賦海統編三十卷　(清)二雲樓主人輯　清光緒二十三年(1897)石印本　十六冊

620000－1128－0000660　子/雜家/雜學6
增廣古今人物論三十六卷續十二卷　(元)胡一桂撰　(明)鄭賢輯　清光緒二十八年(1902)富文書局石印本　五冊　存十七卷(一至十一、十七至二十,續一至二)

620000－1128－0000661　集/總集/通代118
增廣詩句題解彙編四卷姓氏考一卷　(清)同文書局輯　清光緒十七年(1891)上海鴻寶齋石印本　三冊

620000－1128－0000662　經/小學/韻書27
增廣詩韻全璧五卷　(清)鴻寶齋主人增輯　清光緒上洋鴻寶齋石印本　六冊

620000－1128－0000663　集/總集/通代35
增廣試貼詩海三十二卷首一卷　(清)經訓堂主人選輯　清光緒二十年(1894)上海蜚英書局石印本　八冊

620000－1128－0000664　經/四書51
增廣四書題鏡味根錄三十七卷四書宗旨一卷　(清)金澂　(清)汪鯉翔纂　清光緒二十一年(1895)上海寶文書局石印本　八冊

620000－1128－0000665　史/史評9
增批東萊博議四卷　(宋)呂祖謙撰　(清)孫執升評選　清光緒二十八年(1902)刻本　四冊

620000－1128－0000666　史/史評 11
增批東萊博議四卷　(宋)呂祖謙撰　(清)孫執升評選　(清)張明德評定　清光緒二十二年(1896)金陵式善書屋刻本　四冊

620000－1128－0000667　史/編年 23
增評加批歷史綱鑑補三十九卷首一卷　(明)王世貞　(明)袁黄纂　清光緒二十八年(1902)上海富強齋石印本　十六冊

620000－1128－0000668　經/四書 29
增刪四書朱子大全精言四十一卷　(清)周大璋重訂　清刻本　四冊　存十卷(論語十一至二十)

620000－1128－0000669　經/小學/韻書 8
增刪韻府群玉定本二十卷　(元)陰時夫輯　(元)陰中夫注　(清)徐可先訂正　清康熙刻本　二十冊

620000－1128－0000670　集/總集/通代 227
增註賦學指南二集六卷　(清)余丙照輯　(清)余榮耀等注　清同治七年(1868)書業堂刻本　二冊

620000－1128－0000671　經/小學/韻書 1
增註韻蘭賦鈔初集二卷　(清)王家相輯　清刻本　六冊

620000－1128－0000672　史/編年 1－2
戰國策三十三卷　(宋)鮑彪校注　(元)吳師道重校　清乾隆二十七年(1762)刻本　八冊　存十卷(一至十)

620000－1128－0000673　史/雜史 7
戰國策選不分卷　(清)儲欣選評　清乾隆十年(1745)刻本　八冊

620000－1128－0000674　經/四書 20
張九達先生四書尊註會意解三十六卷　(清)張庸德補輯　清刻本　五冊　缺十二卷(一至二、十三至十六、二十三至二十八)

620000－1128－0000675　集/總集/通代 52
張南城課兒草一卷　(清)張江撰　清晚期刻本　一冊

620000－1128－0000676　經/小學/韻書 29
趙氏聲調譜三卷談龍錄一卷　(清)趙執信撰　清光緒刻本　一冊

620000－1128－0000677　集/總集/通代 12
枕善堂尺牘一隅二十卷　(清)陳大溶撰　清刻本　四冊　缺九卷(三至十一)

620000－1128－0000678　子/醫家/診法 10
診家正眼二卷　(明)李中梓撰　(清)尤乘增補　清光緒三十一年(1905)善成堂刻士材三書本　二冊

620000－1128－0000679　子/叢書/一般叢書 1
指南針十種十二卷　(清)劉一明撰　清嘉慶七年至十六年(1802－1811)蘭州榆中刻本　十一冊

620000－1128－0000680　集/總集/通代 24－27
制藝鎔裁初集八卷　(清)桂香齋主人輯　清光緒五年(1879)刻本　十九冊

620000－1128－0000681　史/史評 6
中國魂二卷　梁啟超輯　清光緒二十九年(1903)上海廣智書局鉛印本　二冊

620000－1128－0000682　史/政書/邦計 4
中外經世策論合纂六十三卷　(清)聽秋舊廬主人輯　清光緒二十八年(1902)石印本　十一冊　缺六卷(五十三至五十八)

620000－1128－0000683　集/總集/斷代 1
中晚唐詩叩彈集十二卷續集三卷　(清)杜詔　(清)杜庭珠輯　清康熙四十三年(1704)采山亭刻本　四冊

620000－1128－0000684　子/醫家/兒科 1
種痘新書十二卷　(清)張琰輯　清刻本　一冊　存三卷(一至三)

620000－1128－0000685　子/醫家/方論 3
種福堂公選良方兼刻古吳名醫精論四卷　(清)葉桂撰　(清)華南田校　清道光九年(1829)刻本　四冊

620000－1128－0000686　經/禮 3

周官精義十二卷 （清）連斗山輯 清嘉慶二年（1797）致和堂刻本 六册

620000－1128－0000687 經/禮 2
周官精義十二卷 （清）連斗山輯 清嘉慶二年（1797）致和堂刻本 三册

620000－1128－0000688 經/禮 1
周禮精華六卷 （清）陳龍標輯 清道光十二年（1832）刻本 四册

620000－1128－0000689 經/禮 21
周禮政要二卷 （清）孫詒讓撰 清光緒三十一年（1905）甘肅高等學堂刻本 二册

620000－1128－0000690 經/周禮 23
周禮政要二卷 （清）孫詒讓撰 清光緒三十一年（1905）甘肅高等學堂刻本 一册 存一卷（一）

620000－1128－0000691 經/禮 18
周禮註疏刪翼三十卷 （明）王志長輯 清乾隆六十年（1795）刻本 十二册 缺九卷（十五、十八至二十三、二十六至二十七）

620000－1128－0000692 經/易 18
周易本義正解二十二卷首一卷 （清）丁鼎時 （清）吳瑞麟纂 清康熙賜書堂刻本 十一册 存十一卷（一至十一）

620000－1128－0000693 經/易 19
周易靈解衷旨大全十二卷 （清）陳枚 （清）汪士魁輯 清雍正七年（1729）贈言堂刻本 四册 存五卷（一、三、六至八）

620000－1128－0000694 經/易 9
周易四卷 （宋）朱熹注 清刻本 二册 存二卷（一至二）

620000－1128－0000695 經/易 7
周易四卷 （宋）朱熹注 清慶春堂刻本 四册

620000－1128－0000696 經/易 5
周易四卷 （宋）朱熹注 清同治十年（1871）刻本 二册

620000－1128－0000697 經/易 8
周易詳說十五卷首一卷 （清）鄧尚謙撰 清道光二年（1822）刻本 三册 存三卷（六、十一，首一卷）

620000－1128－0000698 子/雜纂 3
朱子原訂近思錄十四卷 （宋）朱熹 （宋）呂祖謙撰 （清）江永集注 （清）王鼎校次 清同治三年（1864）望三益齋刻本 二册 存九卷（三至十一）

620000－1128－0000699 集/總集/通代 208
硃批七家詩註七卷 （清）張熙宇輯評 清同治六年（1867）刻本 四册

620000－1128－0000700 集/總集/通代 211
硃套七家詩註七卷 （清）張熙宇輯評 清咸豐四年（1854）刻朱墨套印本 二册

620000－1128－0000701 集/別集/漢魏六朝別集 22
諸葛忠武侯全集二十卷首三卷 （清）胡昇猷輯 清光緒十四年（1888）岐山縣署刻本 八册 存十三卷（十一至二十、首三卷）

620000－1128－0000702 子/醫家/內科 7－8
注解傷寒論十卷傷寒明理論四卷 （金）成無己撰 清光緒二十二年（1896）湖南書局刻本 六册

620000－1128－0000703 集/總集/通代 117
註釋九家詩十一卷續一卷 （清）李錫瓚注 清嘉慶十七年（1812）刻本 三册

620000－1128－0000704 集/總集/通代 224
註釋雲樣集八卷 （清）高陳謨輯 清嘉慶四年（1799）刻本 二册 存二卷（一至二）

620000－1128－0000705 子/道家 3
莊子因六卷 （清）林雲銘撰 清康熙五十五年（1716）刻本 六册

620000－1128－0000706 史/詔令奏議/奏議 1
狀元策不分卷 （清）□□輯 清道光十三年（1833）刻本 十册

620000－1128－0000707 史/編年 2－3－4

資治通鑑綱目五十九卷前編二十五卷續編二十七卷　(宋)朱熹　(明)商輅等撰　(明)陳仁錫評　明崇禎三年(1630)刻本　一百十五冊　缺二卷(續編二十一、二十七)

620000－1128－0000708　史/政書/通制 15.1
資治新書十四卷首一卷二集二十卷　(清)李漁輯　清光緒二十年(1894)上海圖書集成印書局鉛印本　一冊　存四卷(資治新書三至六)

620000－1128－0000709　史/政書/通制 15
資治新書十四卷首一卷二集二十卷　(清)李漁輯　清光緒二十年(1894)上海圖書集成印書局鉛印本　十二冊

620000－1128－0000710　子/類書 10
子史輯要詩賦題解四卷續編四卷　(清)胡本淵輯　清六經堂刻本　四冊

620000－1128－0000711　子/類書 1
子史精華一百六十卷　(清)允祿等纂　清刻本　四十八冊

620000－1128－0000712　子/類書 2
子史精華一百六十卷　(清)允祿等纂　清刻本　三十六冊　存一百十五卷(二十四至一百三十八)

620000－1128－0000713　經/四書 78
字典四書讀本十九卷　(宋)朱熹注　(清)□□補注　清光緒九年(1883)刻本　六冊

620000－1128－0000714　經/小學/字書 13
字彙十二卷首一卷末一卷　(明)梅膺祚撰　清大雅堂刻本　十一冊　缺一卷(子)

620000－1128－0000715　經/小學/字書 23
字彙十二卷首一卷末一卷　(明)梅膺祚撰　清刻本　十二冊

620000－1128－0000716　經/小學/字書 17
字彙十二卷首一卷末一卷　(明)梅膺祚撰　清刻本　七冊　存七卷(子、寅、巳至申、亥)

620000－1128－0000717　經/小學/字書 18
字彙十二卷首一卷末一卷　(明)梅膺祚撰　清刻本　九冊　缺三卷(寅、酉至戌)

620000－1128－0000718　經/小學/字書 19
字彙十二卷首一卷末一卷　(明)梅膺祚撰　清刻本　十一冊　缺三卷(丑、首一卷、末一卷)

620000－1128－0000719　經/小學 38
字學舉隅一卷　(清)黄本驥輯　(清)龍啟瑞增輯　清道光二十八年(1848)刻本　一冊

620000－1128－0000720　經/小學 15
字學舉隅一卷　(清)黄本驥輯　(清)龍啟瑞增輯　清光緒十四年(1888)刻本　一冊

620000－1128－0000721　經/小學 33
字學舉隅一卷　(清)黄本驥輯　(清)龍啟瑞增輯　清光緒十四年(1888)刻本　一冊

620000－1128－0000722　集/總集/通代 29
尊經書院課藝不分卷　(清)薛時雨評　清刻本　四冊

620000－1128－0000723　經/春秋 14
左氏條貫十八卷　(清)曹基輯　清致和堂刻本　六冊　缺四卷(三至六)

620000－1128－0000724　經/春秋 24
左繡三十卷首一卷　(清)馮李驊　(清)陸浩評輯　清道光二十二年(1842)刻本　一冊　存二卷(一、首一卷)

620000－1128－0000725　經/春秋 2
左繡三十卷首一卷　(清)馮李驊　(清)陸浩評輯　清刻本　六冊

620000－1128－0000726　經/春秋 5
左繡三十卷首一卷　(清)馮李驊　(清)陸浩評輯　清刻本　四冊　存十卷(六至八、十二至十八)

620000－1128－0000727　經/春秋 45
左繡三十卷首一卷　(清)馮李驊　(清)陸浩評輯　清刻本　九冊　存十八卷(二至六、九至十七、二十二至二十三、二十八至二十九)

620000－1128－0000728　經/春秋 37
左傳選十四卷　(清)儲欣評　清刻本　八冊

620000－1128－0000729　經/春秋 8
左傳易讀六卷　(清)司徒修輯　清刻本　二冊　存二卷(三至四)

620000－1128－0000730　史/地理/方志 20
[康熙]安定縣志八卷　(清)張爾介纂修　清康熙十九年(1680)刻本　一冊

620000－1128－0000731　史/地理/方志 10
[康熙]重纂靖遠衛志六卷續增靖遠縣志一卷　(清)馬文麟等修　(清)李一鵬纂　(清)李林續纂　清康熙四十八年(1709)刻乾隆四十年(1775)續刻本　七冊

620000－1128－0000732　史/地理/方志 22
[康熙]鞏昌府志二十八卷　(明)楊恩纂　(清)紀元續纂　清康熙二十七年(1688)刻本　一冊　存四卷(十一至十四)

620000－1128－0000733　史/地理/方志 17
[康熙]金縣誌二卷　(清)耿喻修　(清)郭殿邦纂　清康熙二十六年(1687)刻本　一冊

620000－1128－0000734　史/地理/方志 24
[康熙]汝陽縣志十卷　(清)邱天英修　(清)李根茂纂　清康熙二十九年(1690)刻本　一冊　存一卷(九上)

620000－1128－0000735　史/地理/方志 19
[乾隆]直隸階州志二卷　(清)林忠纂　(清)毛琪麟補輯　(清)葛時政重訂　清乾隆元年(1736)刻本　二冊

620000－1128－0000736　史/地理/方志 6
[宣統]甘肅新通志一百卷首五卷　(清)升允等修　(清)安維峻等纂　清宣統元年(1909)刻本　七十八冊　缺一卷(八十八)

620000－1128－0000737　史/地理/方志 7
[宣統]甘肅新通志一百卷首五卷　(清)升允等修　(清)安維峻等纂　清宣統元年(1909)刻本　七十七冊　缺二卷(三、七十五)

甘肅省平涼市莊浪縣圖書館古籍普查登記目録

全國古籍普查登記目録

國家圖書館出版社
National Library of China Publishing House

《甘肅省平凉市莊浪縣圖書館古籍普查登記目録》

編委會

主　編：張　麗

副主編：石雲昌　羅潤太

編　委：丁琴娥　董引兄　張創娟　曹馨欣

620000－1121－0000001　1/234
八銘堂塾鈔二集不分卷　(清)吳懋政編　清刻本　四冊

620000－1121－0000002　3/063
八字覺原一卷　(清)滄洲子注　清刻本　一冊

620000－1121－0000003　2/012
北齊書五十卷　(唐)李百藥撰　明萬曆十六年(1588)南京國子監刻本　七冊

620000－1121－0000004　4/024
本朝試賦麗則四卷　(清)李光理等輯評　清乾隆三十四年(1769)刻本　六冊

620000－1121－0000005　3/021
筆算數學三卷　(美國)狄考文輯　清鉛印本　三冊　存十八章(七至二十四)

620000－1121－0000006　3/070
殘唐五代傳□□卷　(明)羅貫中輯　清刻本　一冊　存一卷(下)

620000－1121－0000007　1/232
唱經堂才子書彙稿十種十五卷　(清)金人瑞撰　清乾隆九年(1744)傳萬堂刻本　一冊　存一卷(杜詩解一)

620000－1121－0000008　2/003
陳書三十六卷　(唐)姚思廉撰　明萬曆十六年(1588)刻本　三冊

620000－1121－0000009　4/084
陳太僕課孫草不分卷　(清)陳兆崙撰　清光緒四年(1878)端本堂刻本　一冊

620000－1121－0000010　4/152
樫華館試帖彙鈔輯注十卷　(清)路德撰　清道光十四年(1834)刻本　四冊

620000－1121－0000011　4/029
樫華館試帖彙鈔輯注十卷　(清)路德撰　清刻本　五冊　存五卷(一至五)

620000－1121－0000012　2/018－2
尺木堂綱鑑易知錄一百七卷　(清)吳乘權等輯　清刻本　十二冊　存二十九卷(二至四、六至十三、十七至十九、二十四至二十六、四十四至四十五、五十六至五十九、六十二至六十七)

620000－1121－0000013　2/018－1
尺木堂綱鑑易知錄一百七卷　(清)吳乘權等輯　清刻本　十冊　存三十七卷(四至九、十七至十八、二十二至二十三、二十六至二十七、三十至三十八、四十五至四十八、五十六至五十七、六十二至六十四、六十七至六十八、七十一至七十二、七十八至七十九、八十二)

620000－1121－0000014　2/018
尺木堂綱鑑易知錄一百七卷　(清)吳乘權等輯　清刻本　六冊

620000－1121－0000015　3/008
重訂廣事類賦四十卷　(清)華希閔撰　清道光十九年(1839)劍光閣刻本　四冊　存十三卷(一至十三)

620000－1121－0000016　1/042
重訂詩經衍義合參集註八卷　(宋)朱熹注　(清)江晉雲輯　清道光八年(1828)刻本　十四冊

620000－1121－0000017　2/040
重訂王鳳洲先生綱鑑會纂四十六卷　(明)王世貞編　(明)陳仁錫重訂　清刻本　七冊　存十二卷(一至五、八至十一、十三、十八至十九)

620000－1121－0000018　2/023
重訂王鳳洲先生綱鑑會纂四十六卷　(明)王世貞輯　清刻本　十一冊

620000－1121－0000019　2/016
重訂王鳳洲先生綱鑑會纂四十六卷續二十三卷御纂資治通鑒綱目四卷　(明)王世貞輯　清刻本　十二冊

620000－1121－0000020　2/019－1
重訂王鳳洲先生綱鑑會纂四十六卷續二十三卷御纂資治通鑒綱目四卷　(明)王世貞輯　清刻本　二十一冊　存三十四卷(七至十七、

十九至四十一)

620000－1121－0000021　1/150
重訂小學集註六卷　(明)陳選集注　清末宏道堂刻本　一冊　存一卷(忠經一)

620000－1121－0000022　1/143
重訂小學集註六卷　(明)陳選集注　清末宏道堂刻本　二冊

620000－1121－0000023　2/087
重鐫朱青巖先生擬編明紀輯略十六卷　(清)朱璘撰　清康熙刻本　六冊　存六卷(九至十一、十三至十四、十六)

620000－1121－0000024　2/038
重刊史鑑節要便讀六卷　(清)鮑東里輯　清同治刻本　三冊

620000－1121－0000025　2/038－1
重刊史鑑節要便讀六卷　(清)鮑東里輯　清同治元年(1862)刻本　二冊

620000－1121－0000026　1/239
重刻文昌四字孝經不分卷　(□)□□撰　清光緒二年(1876)寶善堂刻本　一冊

620000－1121－0000027　4/021
重刻昭明文選六十卷　(南朝梁)蕭統輯　(唐)李善注　清乾隆三十七年(1772)刻本　十六冊

620000－1121－0000028　4/026
崇儒堂重訂古文釋義新編八卷　(清)余誠評注　清道光二十三年(1843)崇順堂刻本　四冊

620000－1121－0000029　4/054
崇儒堂重訂古文釋義新編八卷　(清)余誠評注　清道光二十三年(1843)崇順堂刻本　四冊

620000－1121－0000030　1/099
崇順堂合纂四書體註十九卷　(宋)朱熹集注　(清)范翔參訂　清道光刻本　六冊　存六卷(中庸一、論語六、孟子一至四)

620000－1121－0000031　1/099－2
崇順堂合纂四書體註十九卷　(宋)朱熹集注　(清)范翔參訂　清道光刻本　五冊　存五卷(論語一、六,孟子一、四、六)

620000－1121－0000032　1/146
初等小學讀本四卷　丁福保撰　清光緒三十一年(1905)紫陽書堂石印本　一冊

620000－1121－0000033　2/097
瘡瘍經驗全書十三卷　(宋)竇傑輯撰　清刻本　一冊　存一卷(四)

620000－1121－0000034　1/154
春秋筆削微旨二十六卷　(清)劉紹攽撰　清刻本　五冊　存二十一卷(六至二十六)

620000－1121－0000035　1/008
春秋公羊傳註疏二十八卷　(漢)何休注　(唐)陸德明音義　清康熙五十二年(1713)刻本　十四冊

620000－1121－0000036　1/033
春秋穀梁傳註疏二十卷　(晉)范甯集解　(唐)陸德明音義　(唐)楊士勛疏　明崇禎八年(1635)汲古閣刻本　五冊

620000－1121－0000037　1/171
春秋經傳集解三十卷　(晉)杜預注　(唐)陸德明音義　清嘉慶七年(1802)刻本　二冊　存三卷(一至三)

620000－1121－0000038　1/162
春秋經傳集解三十卷　(晉)杜預注　(唐)陸德明音義　清康熙五十九年(1720)刻本　六冊　存十三卷(四至七、十三至十四、十六至十九、二十二至二十四)

620000－1121－0000039　1/168－1
春秋旁訓辨體合訂四卷　(清)徐立綱輯　清刻本　二冊　存二卷(一至二)

620000－1121－0000040　1/168
春秋旁訓辨體合訂四卷　(清)徐立綱輯　清刻本　二冊

620000－1121－0000041　1/151－1
春秋三傳十六卷首一卷　(晉)杜預等注

(唐)陸德明音義　清同治十年(1871)刻本　六册

620000－1121－0000042　1/151－3
春秋三傳十六卷首一卷　(晉)杜預等注　(唐)陸德明音義　清同治十年(1871)刻本　九册　存十三卷(一至六、八至十四)

620000－1121－0000043　1/151－4
春秋三傳十六卷首一卷　(晉)杜預等注　(唐)陸德明音義　清同治十年(1871)刻本　三册　存六卷(一至六)

620000－1121－0000044　1/151
春秋三傳十六卷首一卷　(晉)杜預等注　(唐)陸德明音義　清同治十年(1871)刻本　十二册

620000－1121－0000045　1/151－2
春秋三傳十六卷首一卷　(晉)杜預等注　(唐)陸德明音義　清同治十年(1871)刻本　十二册

620000－1121－0000046　1/170
春秋三十卷　(宋)胡安國傳　清乾隆五十七年(1792)刻本　一册　存三卷(一至三)

620000－1121－0000047　1/156－2
春秋體註四卷　(宋)胡安國傳　(清)范翔參訂　清刻本　三册　存三卷(二至四)

620000－1121－0000048　1/156－1
春秋體註四卷　(宋)胡安國傳　(清)范翔參訂　清乾隆四十年(1775)刻本　二册　存二卷(二、四)

620000－1121－0000049　1/156
春秋體註四卷　(宋)胡安國傳　(清)范翔參訂　清乾隆四十年(1775)刻本　四册

620000－1121－0000050　1/156－3
春秋體註四卷　(宋)胡安國傳　(清)范翔參訂　清乾隆五十四年(1789)三多齋刻本　一册　存一卷(一)

620000－1121－0000051　1/153
春秋通論六卷　(清)劉紹攽撰　清乾隆十九年(1754)刻本　二册

620000－1121－0000052　1/159
春秋左傳杜林合注五十卷　(晉)杜預注　(宋)林堯叟補注　清康熙刻本　六册　存二十卷(十至二十九)

620000－1121－0000053　1/159－1
春秋左傳五十卷　(晉)杜預注　(宋)林堯叟補注　清康熙刻本　九册　存三十三卷(五至八、十五至十七、二十五至五十)

620000－1121－0000054　1/163
春秋左傳五十卷　(晉)杜預注　(宋)林堯叟補注　清刻本　一册　存七卷(一至七)

620000－1121－0000055　3/051
大乘經一卷　(□)王永抄　抄本　一册

620000－1121－0000056　3/052
大六壬課經集六卷　(清)郭載騋輯　清刻本　一册　存一卷(三)

620000－1121－0000057　2/053
大清律箋釋合鈔三十卷首一卷　(清)錢之青校　清康熙刻本　六册　存二十卷(一、六至二十四)

620000－1121－0000058　2/019
大清律例集解四十卷　(清)沈之奇注　(清)姚潤輯　(清)胡熙增輯　清刻本　二十三册

620000－1121－0000059　2/077
大清律例集解四十卷　(清)沈之奇注　(清)胡肇楷　(清)周孟鄰增輯　清刻本　十一册　存十七卷(十二至十七、二十一至二十六、三十六至四十)

620000－1121－0000060　2/076－1
大清律例集解四十卷　(清)沈之奇注　(清)姚潤輯　(清)胡熙增輯　清刻本　一册　存二卷(八至九)

620000－1121－0000061　2/076
大清律例集解四十卷　(清)沈之奇注　(清)姚潤輯　(清)胡熙增輯　清咸豐刻本　一册　存六卷(十至十一、二十八至三十、四十)

620000－1121－0000062　2/052
大清律例四十七卷　(清)徐本修　(清)唐紹祖等纂　清刻本　四冊　存六卷(五、三十五至三十六、四十一、四十三至四十四)

620000－1121－0000063　2/052－1
大清律例四十七卷　(清)徐本修　(清)唐紹祖等纂　清乾隆五年(1740)刻本　二十冊　存二十三卷(一至三、七、二十三至二十四、二十六至二十七、二十九至三十、三十三、三十六至四十七)

620000－1121－0000064　2/068
大清律例通纂四十卷　(清)胡肇楷　(清)周孟鄰編　清刻本　二冊　存四卷(二十六、三十五至三十七)

620000－1121－0000065　2/078
大清律續纂條例二卷　(清)弘晝纂　清刻本　二冊

620000－1121－0000066　1/227
大學衍義約旨二卷　(清)慶恕輯　清光緒二十五年(1899)刻本　一冊　存一卷(一)

620000－1121－0000067　1/185
道德經釋義二卷　(唐)純陽真人注　清嘉慶刻本　二冊

620000－1121－0000068　3/041
德音堂琴譜十卷　(清)郭裕齋輯　清康熙刻本　四冊　存七卷(四至十)

620000－1121－0000069　4/037
第五才子書水滸傳七十五卷　(明)施耐庵撰　(清)金人瑞評　清刻本　十冊　存十卷(一、三至六、八至十二)

620000－1121－0000070　1/190
東萊博議四卷　(宋)呂祖謙撰　(清)何稷堈評定　清光緒二十年(1894)蒲圻但氏刻本　四冊

620000－1121－0000071　1/190－3
東萊博議四卷　(宋)呂祖謙撰　(清)何稷堈評定　清光緒二十年(1894)蒲圻但氏刻本　一冊　存一卷(三)

620000－1121－0000072　4/012
東坡全集八十四卷目錄二卷　(宋)蘇軾撰　清道光十二年(1832)刻本　四十六冊

620000－1121－0000073　4/063
東坡詩鈔一卷　(宋)蘇軾撰　清刻本　一冊

620000－1121－0000074　4/072
東坡先生詩集三十二卷　(宋)蘇軾撰　清初刻本　三冊　存七卷(十五至十九、二十二至二十三)

620000－1121－0000075　4/083
東周列國全志二十三卷一百八回　(清)蔡昇評點　清刻本　十三冊　存七十五回(一至十三、二十至二十六、三十五至五十九、六十七至八十三、九十至九十八、一百五至一百八)

620000－1121－0000076　4/082－4
東周列國全志二十三卷一百八回　(清)蔡昇評點　清末寶樹堂刻本　二冊　存三卷(一、六至七)

620000－1121－0000077　4/082－3
東周列國全志二十三卷一百八回　(清)蔡昇評點　清末敬業堂光霽堂刻本　三冊　存二卷(三至四)

620000－1121－0000078　3/016
東周列國全志二十三卷一百八回　(清)蔡昇評點　清末刻本　十一冊　存二十一卷(一至七、十至二十三)

620000－1121－0000079　3/028
東周列國全志二十三卷一百八回　(清)蔡昇評點　清末刻本　一冊　存一卷(一)

620000－1121－0000080　4/082－1
東周列國全志二十三卷一百八回　(清)蔡昇評點　清末刻本　十一冊　存二十卷(二至二十一)

620000－1121－0000081　4/082
東周列國全志二十三卷一百八回　(清)蔡昇

評點　清末刻本　二十二冊　存二十二卷(一至四、六至二十三)

620000－1121－0000082　4/082－2
東周列國全志二十三卷一百八回　(清)蔡界評點　清末三多齋刻本　一冊　存一卷(一)

620000－1121－0000083　4/097
讀杜心解六卷首二卷　(清)浦起龍撰　清雍正二年(1724)刻本　六冊

620000－1121－0000084　4/019
讀杜心解六卷首二卷　(清)浦起龍撰　清雍正二年(1724)刻本　十八冊

620000－1121－0000085　2/065
讀史論略三卷　(清)杜詔撰　清光緒刻本　一冊　存一卷(下)

620000－1121－0000086　4/143
讀書作文譜十二卷父師善誘法二卷　(清)唐彪輯撰　清嘉慶八年(1803)刻本　一冊　存二卷(六至七)

620000－1121－0000087　4/129
杜詩分類全集五卷　(清)張縉彥　(清)谷應泰輯定　(清)高士　(清)汪淇校閱　清康熙五十五年(1716)榮觀堂刻本　二冊　存二卷(一至二)

620000－1121－0000088　4/127
對雪亭詩鈔二卷　(清)張洲撰　(清)劉臻筠評選　清嘉慶二年(1797)刻本　二冊

620000－1121－0000089　4/127－1
對雪亭詩鈔二卷　(清)張洲撰　(清)劉臻筠評選　清刻本　一冊

620000－1121－0000090　4/126
對雪亭文集十卷詩鈔二卷　(清)張洲撰　清刻本　一冊

620000－1121－0000091　3/092
堊室錄感一卷　(清)李顒撰　清刻本　一冊

620000－1121－0000092　4/085
爾雅會編音註難字辨考二卷　(清)顧澍撰　清嘉慶十三年(1808)貯經樓刻本　一冊

620000－1121－0000093　1/241
爾雅註疏十一卷　(晉)郭璞注　(宋)邢昺疏　清道光二十九年(1849)汲古閣刻本　五冊　存八卷(四至十一)

620000－1121－0000094　1/241－3
爾雅註疏十一卷　(晉)郭璞撰　(宋)邢昺疏　清嘉慶七年(1802)刻本　四冊

620000－1121－0000095　1/241－2
爾雅註疏十一卷　(晉)郭璞撰　(宋)邢昺疏　清嘉慶七年(1802)刻本　四冊

620000－1121－0000096　1/241－1
爾雅註疏十一卷　(晉)郭璞撰　(宋)邢昺疏　清乾隆四十三年(1778)刻本　四冊

620000－1121－0000097　3/005
二集文林智珠六卷試律金針二百五十三首　(□)□□撰　清道光二十九年(1849)耘經堂刻本　十三冊

620000－1121－0000098　1/160
二刻春秋心典傳本十二卷　(清)胡瑤光等纂輯　**春秋傳本十二卷**　(宋)胡安國傳纂　清康熙三十年(1691)刻本　四冊

620000－1121－0000099　4/036
二曲全集二十六卷歷年紀略一卷　(清)李顒輯　清康熙二十六年(1687)刻本　九冊

620000－1121－0000100　4/141
二曲全集二十六卷歷年紀略一卷　(清)李顒輯　清同治刻本　二冊　存七卷(十一至十七)

620000－1121－0000101　2/102－1
樊山公牘三卷　樊增祥撰　清光緒二十年(1894)刻本　三冊

620000－1121－0000102　2/102
樊山批判十四卷　樊增祥撰　清光緒二十三年(1897)渭南縣署刻本　七冊

620000－1121－0000103　4/131
分輯詩韻五卷　(清)李漁撰　清康熙四十九年(1710)刻本　一冊

620000－1121－0000104　4/006
分類詩腋八卷　(清)李楨編　清嘉慶二十二年(1817)刻本　八册

620000－1121－0000105　4/091
分類詩腋八卷　(清)李楨編　清致和堂刻本　一册　存一卷(二)

620000－1121－0000106　1/209
分韻撮要字彙四卷　(清)溫儀鳳輯　清刻本　一册　存二卷(三至四)

620000－1121－0000107　1/076
附釋音禮記注疏六十三卷　(漢)鄭玄注　(唐)孔穎達疏　清乾隆刻本　二册　存四卷(十四至十七)

620000－1121－0000108　4/011
改亭詩集六卷文集十六卷　(清)計東撰　清刻本　六册

620000－1121－0000109　2/080
甘肅闈墨一卷(光緒十五年恩科)　(清)□□輯　清光緒十五年(1889)衡鑒堂刻本　一册

620000－1121－0000110　2/093－1
甘肅鄉試硃卷一卷　(清)黄璋撰　清光緒十七年(1891)刻本　一册

620000－1121－0000111　2/093－2
甘肅鄉試硃卷一卷　(清)屈葆才撰　清光緒五年(1879)刻本　一册

620000－1121－0000112　2/093－3
甘肅鄉試硃卷一卷(光緒二十七年補行二十六年恩正併科)　(清)張文源撰　清光緒二十七年(1901)刻本　一册

620000－1121－0000113　4/042
甘肅忠義録一百三十一卷　(清)楊昌濬修　(清)張國常纂　(清)胡孚駿續纂　清光緒十六年(1890)刻本　二册　存七卷(五至六、十八至二十二)

620000－1121－0000114　2/101
綱鑑□□卷　(明)王世貞編　明抄本　一册

620000－1121－0000115　2/023－4
綱鑑會纂三十九卷首一卷　(明)王世貞纂　清光緒□□堂刻本　五册

620000－1121－0000116　2/023－5
綱鑑會纂三十九卷首一卷　(明)王世貞纂　清刻本　二册　存二卷(一、首一卷)

620000－1121－0000117　2/023－3
綱鑑會纂三十九卷首一卷　(明)王世貞編　清刻本　二册　存三卷(四至五、七)

620000－1121－0000118　2/023－1
綱鑑會纂三十九卷首一卷　(明)王世貞編　清刻本　二十九册

620000－1121－0000119　2/108
綱鑑要略一卷　(清)竹山居士輯　清光緒二十九年(1903)刻本　一册

620000－1121－0000120　2/024－3
綱鑑擇語十卷　(清)司徒修輯　清道光十六年(1836)刻本　二册　存二卷(七至八)

620000－1121－0000121　2/024－2
綱鑑擇語十卷　(清)司徒修輯　清道光十六年(1836)刻本　六册　存七卷(二至八)

620000－1121－0000122　2/024
綱鑑擇語十卷　(清)司徒修輯　清道光十六年(1836)刻本　八册

620000－1121－0000123　2/024－4
綱鑑擇語十卷　(清)司徒修輯　清光緒二十九年(1903)上海書局石印本　一册

620000－1121－0000124　2/024－1
綱鑑擇語十卷　(清)司徒修輯　清咸豐三年(1853)刻本　六册　存八卷(一至三、五至七、九至十)

620000－1121－0000125　2/025
綱鑑正史約三十六卷　(明)顧錫疇編　(清)陳弘謀增訂　清乾隆二年(1737)刻本　十四册　存三十卷(一至九、十三至二十二、二十四至二十八、三十一至三十六)

620000－1121－0000126　3/006
高厚蒙求初集一卷二集一卷三集四卷四集三

卷五集一卷　(清)徐朝俊撰　清嘉慶十二年(1807)雲間徐氏刻本　六冊

620000－1121－0000127　3/109
高王觀世音經一卷高王觀音經感應一卷　(□)□□撰　清光緒十五年(1889)秦州同仁局刻本　一冊

620000－1121－0000128　4/165
臯蘭課業經訓約編不分卷　(清)盛元珍輯注　清刻本　一冊

620000－1121－0000129　1/077
臯蘭課業經訓約編不分卷　(清)盛元珍輯注　清乾隆刻本　三冊

620000－1121－0000130　4/043
臯蘭課業經訓約編不分卷　(清)盛元珍輯注　清乾隆四十二年(1777)刻本　三冊

620000－1121－0000131　3/127
臯蘭課業詩賦約編不分卷　(清)葉□□輯　清刻本　一冊

620000－1121－0000132　4/115
臯蘭課業詩賦約編不分卷　(清)葉□□輯　清乾隆六年(1741)刻本　一冊

620000－1121－0000133　4/125
庚辰集五卷唐人試律説一卷　(清)紀昀輯　清嘉慶八年(1803)刻本　二冊

620000－1121－0000134　4/018
庚辰集五卷唐人試律説一卷　(清)紀昀輯　清刻本　六冊

620000－1121－0000135　1/197
公穀□□卷　(清)王源評　(清)程茂參正　清刻本　三冊　存三卷(一至三)

620000－1121－0000136　1/198
公穀選二卷國語選八卷戰國策選四卷　(清)儲欣評　清乾隆三十八年(1773)同文堂刻本　一冊　存六卷(國語選三至八)

620000－1121－0000137　4/094
古唐詩合解十六卷　(清)王堯衢注　清光緒恒德堂刻本　一冊　存二卷(唐詩一至二)

620000－1121－0000138　4/092
古唐詩合解十六卷　(清)王堯衢注　清光緒刻本　五冊　存十一卷(唐詩一至十一)

620000－1121－0000139　4/147
古唐詩合解十六卷　(清)王堯衢注　清刻本　一冊　存四卷(古詩一至四)

620000－1121－0000140　4/094－1
古唐詩合解十六卷　(清)王堯衢注　清末刻本　一冊　存二卷(唐詩三至四)

620000－1121－0000141　4/094－3
古唐詩合解十六卷　(清)王堯衢注　清末刻本　三冊　存七卷(古詩一至二、唐詩八至十二)

620000－1121－0000142　4/094－2
古唐詩合解十六卷　(清)王堯衢注　清末刻本　一冊　存二卷(古詩一至二)

620000－1121－0000143　4/005
古唐詩合解十六卷　(清)王堯衢注　清乾隆二十六年(1761)刻本　四冊

620000－1121－0000144　4/109
古唐詩合解十六卷　(清)王堯衢注　清雍正十年(1732)刻本　五冊　存十二卷(唐詩一至十二)

620000－1121－0000145　4/004－1
古唐詩合解十六卷　(清)王堯衢注　清雍正十年(1732)刻本　六冊　存十二卷(唐詩一至十二)

620000－1121－0000146　4/004
古唐詩合解十六卷　(清)王堯衢注　清雍正十年(1732)刻本　六冊　存十二卷(唐詩一至十二)

620000－1121－0000147　3/014
古文筆法百篇二十卷　(清)李扶九編　清光緒刻本　一冊　存四卷(一至四)

620000－1121－0000148　4/045
古文輯註八卷　(清)朱良玉撰　清刻本　二冊　存二卷(四、六)

620000－1121－0000149　4/057－2
古文喈鳳新編八卷　(清)汪基輯　清大盛堂刻本　七册　存七卷(一至四、六至八)

620000－1121－0000150　4/057－1
古文喈鳳新編八卷　(清)汪基輯　清大盛堂刻本　四册

620000－1121－0000151　2/104－4
古文喈鳳新編八卷　(清)汪基輯　清宏德堂刻本　七册　存七卷(一至二、四至八)

620000－1121－0000152　2/104－6
古文喈鳳新編八卷　(清)汪基輯　清刻本　一册　存一卷(五)

620000－1121－0000153　2/104
古文喈鳳新編八卷　(清)汪基輯　清善成堂刻本　四册

620000－1121－0000154　2/104－3
古文喈鳳新編八卷　(清)汪基輯　清文誠堂刻本　七册

620000－1121－0000155　2/104－2
古文喈鳳新編八卷　(清)汪基輯　清文誠堂刻本　八册

620000－1121－0000156　2/104－1
古文喈鳳新編八卷　(清)汪基輯　清雍正十二年(1734)宏德堂刻本　八册

620000－1121－0000157　2/104－5
古文喈鳳新編八卷　(清)汪基輯　清雍正十一年(1733)永順堂刻本　六册　存六卷(一、三至五、七至八)

620000－1121－0000158　1/195
古文啓蒙初編□□卷　(清)邢淳参訂　清刻本　一册　存一卷(六)

620000－1121－0000159　4/046
古文賞心集新編八卷　(清)張錞評注　清雍正七年(1729)古吳煥文堂刻本　三册　存三卷(六至八)

620000－1121－0000160　4/055
古文釋義新編八卷　(清)余誠評注　清嘉慶十三年(1808)文會堂刻本　八册　存七卷(二至八)

620000－1121－0000161　4/053
古文釋義新編八卷　(清)余誠評注　清末松盛堂刻本　八册

620000－1121－0000162　4/053
古文釋義新編八卷　(清)余誠評注　清末松盛堂刻本　八册

620000－1121－0000163　4/074
古文釋義新編八卷　(清)余誠評注　清乾隆五十一年(1786)文會堂刻本　九册

620000－1121－0000164　4/053－1
古文析義六卷二編八卷　(清)林雲銘評注　清刻本　三册　存三卷(古文析義二至四)

620000－1121－0000165　1/193
古文詳註引蒙集六卷　(清)汪份鑒定　(清)周熾評注　清乾隆五年(1740)古吳煥文堂刻本　二册　存二卷(一至二)

620000－1121－0000166　4/033
關中兩朝文鈔二十二卷　(清)李元春選　清道光刻本　六册　存六卷(七、十五至十九)

620000－1121－0000167　4/068
管注秋水軒尺牘四卷　(清)許思湄撰　(清)婁世瑞注　(清)管斯駿補注　清光緒刻本　一册　存一卷(二)

620000－1121－0000168　3/043
管注秋水軒尺牘四卷　(清)許思湄撰　(清)婁世瑞注　(清)管斯駿補注　清光緒三十四年(1908)朝記書莊刻本　一册

620000－1121－0000169　3/003
廣事類賦四十卷　(清)華希閔撰　清刻本　十一册

620000－1121－0000170　2/058
國史本傳一卷　(清)□□編　清光緒五年(1879)長洲黃氏刻本　一册

620000－1121－0000171　1/032
國語二十一卷考異四卷劄記一卷　(三國吳)

韋昭注　**戰國策三十三卷劄記三卷**　（漢）高誘注　清光緒二年（1876）尊經書院刻本　十冊

620000－1121－0000172　2/055
漢晉史日記摘錄二卷　（清）謝國翰等撰　清光緒三十一年（1905）甘肅高等學堂刻本　一冊

620000－1121－0000173　2/066
漢書一百二十卷　（漢）班固撰　明刻本　一冊　存七卷（五十三至五十五、七十至七十三）

620000－1121－0000174　4/162
何有錄一卷　（清）劉愚撰　清刻本　一冊

620000－1121－0000175　1/102－1
恒言堂四書旁訓體註□□卷　（清）范翔參訂　清康熙三十一年（1692）刻本　四冊　存三卷（大學一、中庸一、孟子一）

620000－1121－0000176　4/075
鴻雪集四卷　（清）張和撰　清咸豐三年（1853）紹香堂刻本　一冊

620000－1121－0000177　2/009
後漢書一百二十卷　（南朝宋）范曄撰　（唐）李賢注　清同治十年（1871）刻本　十四冊　存五十七卷（六十四至一百二十）

620000－1121－0000178　4/110
花外集一卷　（宋）王沂孫撰　清刻本　一冊

620000－1121－0000179　4/100
槐軒解湯海若先生纂輯名家詩二卷　（清）夏世欽編　清光緒七年（1881）刻本　四冊

620000－1121－0000180　2/039
皇朝經世文編一百二十卷　（清）賀長齡輯　清光緒二十九年（1903）石印本　十二冊　存六十三卷（一至九、三十至四十六、五十至六十九、八十四至八十七、九十四至一百一、一百十六至一百二十）

620000－1121－0000181　3/048
皇經五方雲篆□□卷　（□）□□撰　清同治七年（1868）刻本　一冊

620000－1121－0000182　3/100
黃帝内經素問二十四卷　（唐）王冰注　（宋）林億等校　清光緒三年（1877）浙江書局刻本　一冊　存一卷（四）

620000－1121－0000183　4/153
黃眉故事十卷　（明）鄧志謨編　清乾隆七年（1742）刻本　二冊

620000－1121－0000184　2/093
會試硃卷不分卷　（清）安維峻撰　清光緒六年（1880）刻本　一冊

620000－1121－0000185　2/094
會試硃卷不分卷　（清）李謙撰　清嘉慶二十五年（1820）刻本　一冊

620000－1121－0000186　4/108－2
彙纂詩法度鍼十卷首一卷　（清）徐文弼輯　清乾隆三十六年（1771）謙牧堂刻本　二冊

620000－1121－0000187　4/108－1
彙纂詩法度鍼十卷首一卷　（清）徐文弼輯　清乾隆三十六年（1771）謙牧堂刻本　五冊　存九卷（一至六、九至十，首一卷）

620000－1121－0000188　4/108
彙纂詩法度鍼十卷首一卷　（清）徐文弼輯　清乾隆四十二年（1777）刻本　五冊

620000－1121－0000189　1/118
集賢堂增補四書大全彙正參解四十二卷　（清）張玲　（清）仇兆鰲纂　清集賢堂刻本　一冊　存二卷（論語一至二）

620000－1121－0000190　1/058
寄傲山房塾課纂輯書經備旨蔡註捷錄七卷　（清）鄒聖脈輯　（清）鄒廷猷編　清刻本　四冊

620000－1121－0000191　4/059
箋註繪像第六才子西廂釋解八卷末一卷　（元）王實甫撰　（清）金人瑞評　清刻本　一冊　存三卷（一至三）

620000－1121－0000192　1/237

簡摩集五卷　(清)司徒修輯　清道光九年(1829)刻本　一册　存二卷(二至三)

620000－1121－0000193　1/236－1
簡摩集五卷　(清)司徒修輯　清道光九年(1829)刻本　一册　存二卷(二至三)

620000－1121－0000194　1/236
簡摩集五卷　(清)司徒修輯　清道光十二年(1832)刻本　一册　存一卷(五)

620000－1121－0000195　4/113
簡摩集五卷　(清)司徒修輯　清康熙十二年(1673)來鹿堂刻本　一册　存一卷(五)

620000－1121－0000196　3/117－1
見龍樓新較算法全書四卷　(□)□□撰　清末刻本　一册　存三卷(一至三)

620000－1121－0000197　3/117
見龍樓新較算法全書四卷　(□)□□撰　清末刻本　一册

620000－1121－0000198　2/064
將略要論不分卷　(清)劉璞撰　清光緒十九年(1893)刻本　一册

620000－1121－0000199　2/081
焦山志二十六卷首一卷　(清)吳雲輯　清同治四年(1865)刻本　三册　存十一卷(一、七至十一、二十三至二十六,首一卷)

620000－1121－0000200　3/105－4
較正醫林狀元壽世保元十卷　(明)龔廷賢編　清刻本　一册　存一卷(辛八)

620000－1121－0000201　3/105－3
較正醫林狀元壽世保元十卷　(明)龔廷賢編　清刻本　二册　存二卷(乙二、辛八)

620000－1121－0000202　3/105－2
較正醫林狀元壽世保元十卷　(明)龔廷賢編　清刻本　二册　存二卷(辛八、壬九)

620000－1121－0000203　3/105－1
較正醫林狀元壽世保元十卷　(明)龔廷賢編　清刻本　三册　存三卷(乙二、辛八、壬九)

620000－1121－0000204　3/067
今古奇觀四十卷　(明)抱甕老人選　清刻本　二册　存六卷(二十五至二十七、三十三至三十五)

620000－1121－0000205　1/191
金剛般若波羅蜜經一卷　(後秦)釋鳩摩羅什譯　清咸豐八年(1858)刻本　一册

620000－1121－0000206　3/093
金剛經傳燈真解二卷　(□)無量度世古佛撰　清宣統元年(1909)刻本　一册　存一卷(上)

620000－1121－0000207　2/007
金史一百三十五卷目錄二卷　(元)脱脱等撰　明嘉靖八年(1529)南京國子監刻明清遞修本　十一册　存七十二卷(三十三至五十二、五十九至七十、九十四至一百三十三)

620000－1121－0000208　4/023
近科試策法程一卷　(清)劉垣之批點　(清)沈海撰　清乾隆二十九年(1764)刻本　四册

620000－1121－0000209　3/059
近思錄集解十四卷　(宋)朱熹輯　(宋)葉采集解　清刻本　四册　存十三卷(一至十三)

620000－1121－0000210　2/001
晉書一百三十卷音義三卷　(唐)房玄齡等撰　(唐)何超音義　明萬曆十年(1582)刻本　二十五册

620000－1121－0000211　2/061－1
經籍舉要不分卷　(清)龍啟瑞撰　清光緒八年(1882)刻本　一册

620000－1121－0000212　2/061
經籍舉要不分卷　(清)龍啟瑞撰　清光緒八年(1882)刻本　一册

620000－1121－0000213　4/099
經史百家雜鈔二十六卷　(清)曾國藩纂　清刻本　十六册　存十六卷(十一至二十六)

620000－1121－0000214　4/008
經餘必讀八卷　(清)雷琳等輯　清嘉慶八年

(1803)刻本　八冊

620000－1121－0000215　4/056
經餘必讀八卷　(清)雷琳等輯　清嘉慶八年(1803)致和堂刻本　四冊

620000－1121－0000216　1/235
精選八家時文八卷　(清)白劍湖輯　清咸豐元年(1851)刻本　四冊

620000－1121－0000217　4/060
敬軒薛先生文集二十四卷　(明)薛瑄撰　(明)張鼎輯　清刻本　一冊　存二卷(五至六)

620000－1121－0000218　1/115
康熙字典點畫校正四書集註真本□□卷　(清)□□撰　清道光二十八年(1848)刻本　一冊　存一卷(大學一)

620000－1121－0000219　1/030
康熙字典十二集三十六卷檢字辨似一卷等韻一卷補遺一卷備考一卷　(清)張玉書等纂　清刻本　十二冊

620000－1121－0000220　1/233
康熙字典十二集三十六卷檢字辨似一卷等韻一卷補遺一卷備考一卷　(清)張玉書等纂　清刻本　三冊　存十一卷(子至寅、辰至亥)

620000－1121－0000221　3/124
可儀堂一百二十名家制義一百二十卷　(清)俞長城輯　清康熙三十八年(1699)可儀堂刻本　五冊　存八卷(四至五、八至十一、二十七至二十八)

620000－1121－0000222　3/060
刻天仙正理直論增註二卷　(明)伍守陽撰　清刻本　一冊

620000－1121－0000223　2/059
崆峒山志二卷　(清)張伯魁纂修　清同治十一年(1872)太和宮刻本　二冊

620000－1121－0000224　1/029
困學紀聞集證二十卷　(宋)王應麟撰　(清)萬希槐集證　清嘉慶八年(1803)刻本　十六冊

620000－1121－0000225　4/114
來紫堂合集三卷　(清)李天秀撰　(清)李祖望輯　清咸豐二年(1852)刻本　一冊　存一卷(三)

620000－1121－0000226　3/122
類林輯要五卷　(清)趙青藜纂注　清乾隆三十四年(1769)刻本　四冊　存四卷(一至四)

620000－1121－0000227　4/111
類林新咏三十六卷　(清)姚之駰輯　清康熙四十六年(1707)刻本　十四冊　存三十一卷(一至二十五、三十一至三十六)

620000－1121－0000228　1/065
禮記十卷　(元)陳澔集說　清康熙十六年(1677)三多齋刻本　四冊

620000－1121－0000229　1/064－8
禮記十卷　(元)陳澔集說　清三多齋刻本　五冊　存五卷(一、六、八至十)

620000－1121－0000230　1/064－1
禮記十卷　(元)陳澔集說　清同治十年(1871)刻本　八冊　存八卷(二至九)

620000－1121－0000231　1/064－2
禮記十卷　(元)陳澔集說　清同治十年(1871)刻本　十冊

620000－1121－0000232　1/064－3
禮記十卷　(元)陳澔集說　清同治十年(1871)刻本　十冊

620000－1121－0000233　1/064－4
禮記十卷　(元)陳澔集說　清同治十年(1871)刻本　三冊　存三卷(四、七、十)

620000－1121－0000234　1/064
禮記十卷　(元)陳澔集說　清同治十年(1871)刻本　九冊　存九卷(二至十)

620000－1121－0000235　1/064－5
禮記十卷　(元)陳澔集說　清致和堂刻本　五冊　存五卷(一至五)

620000－1121－0000236　1/064－6
禮記十卷　(元)陳澔集說　清致和堂刻本　十冊

620000－1121－0000237　1/064－7
禮記十卷　(元)陳澔集說　清致和堂刻本　六冊　存六卷(一至五、九)

620000－1121－0000238　1/069－1
禮記體註大全合參四卷　(清)范翔鑒定　(清)徐旦參訂　清光霽堂刻本　三冊　存二卷(二至三)

620000－1121－0000239　1/069
禮記體註大全合參四卷　(清)范翔鑒定　(清)徐旦參訂　清光霽堂刻本　四冊

620000－1121－0000240　1/073
禮記體註大全合參四卷　(清)范翔鑒定　(清)徐旦參訂　清雍正三年(1725)刻本　二冊　存二卷(一至二)

620000－1121－0000241　1/078
禮記心典傳本三卷　(清)胡瑤光輯　清善成堂刻本　三冊

620000－1121－0000242　1/061－2
禮記易讀二卷　(清)志遠堂主人輯　清光緒九年(1883)文林堂刻本　四冊

620000－1121－0000243　1/061
禮記易讀二卷　(清)志遠堂主人輯　清同治六年(1867)榮茂堂刻本　四冊

620000－1121－0000244　1/061－1
禮記易讀二卷　(清)志遠堂主人輯　清咸豐二年(1852)菁華堂刻本　四冊

620000－1121－0000245　2/020
歷朝綱鑑會纂三十九卷首一卷　(明)王世貞編　清刻本　二十冊　缺一卷(十八)

620000－1121－0000246　2/072
歷代名臣言行錄二十四卷　(清)朱桓編輯　清光緒石印本　一冊　存四卷(四至七)

620000－1121－0000247　4/031
歷代名稿彙選不分卷　(清)□□撰　清光緒刻本　十六冊

620000－1121－0000248　3/087
憐香伴傳奇二卷　(清)李漁編　(清)玄洲逸叟評　清刻本　二冊

620000－1121－0000249　3/026－5
聊齋志異新評十六卷　(清)蒲松齡撰　(清)王士禛評　(清)但明倫新評　清道光二十二年(1842)刻本　五冊　存五卷(七至八、十三至十五)

620000－1121－0000250　3/026－4
聊齋志異新評十六卷　(清)蒲松齡撰　(清)王士禛評　(清)但明倫新評　清道光二十二年(1842)刻本　九冊　存九卷(一至三、七至八、十一至十三、十六)

620000－1121－0000251　3/026－2
聊齋志異新評十六卷　(清)蒲松齡撰　(清)王士禛評　(清)但明倫新評　清光緒石印本　一冊　存一卷(九)

620000－1121－0000252　3/026
聊齋志異新評十六卷　(清)蒲松齡撰　(清)王士禛評　(清)但明倫新評　清刻本　十冊　存十卷(三至五、七、九、十一、十三至十六)

620000－1121－0000253　3/026－1
聊齋志異新評十六卷　(清)蒲松齡撰　(清)王士禛評　(清)但明倫新評　清刻本　七冊

620000－1121－0000254　2/006
遼史一百十六卷　(元)脱脱等撰　明初刻遞修本　八冊

620000－1121－0000255　4/087
列聖要言不分卷　(清)□□撰　清光緒十九年(1893)刻本　一冊

620000－1121－0000256　3/072
龍圖公案八卷　(□)□□撰　清刻本　一冊　存三卷(三至五)

620000－1121－0000257　3/125
龍文鞭影四卷　(明)蕭良有撰　(清)楊臣諍增訂　(清)李恩綬校補　清同治十三年

(1874)鐵筆齋刻本　四册

620000－1121－0000258　4/089
隴右校士錄不分卷　(清)胡景桂鑒定　清光緒刻本　三册

620000－1121－0000259　4/148
隴右校士錄不分卷　(清)胡景桂鑒定　清刻本　一册

620000－1121－0000260　1/152
陸氏三傳釋文音義十六卷　(唐)陸德明撰　清光緒十六年(1890)蘭州刻本　二册

620000－1121－0000261　1/152－1
陸氏三傳釋文音義十六卷　(唐)陸德明撰　清光緒十六年(1890)蘭州刻本　二册

620000－1121－0000262　1/152－4
陸氏三傳釋文音義十六卷　(唐)陸德明撰　清同治十年(1871)刻本　一册

620000－1121－0000263　1/152－2
陸氏三傳釋文音義十六卷　(唐)陸德明撰　清同治十年(1871)刻本　二册

620000－1121－0000264　1/152－3
陸氏三傳釋文音義十六卷　(唐)陸德明撰　清同治十年(1871)刻本　二册

620000－1121－0000265　4/027
欒城集四十八卷　(宋)蘇轍撰　清道光十二年(1832)刻本　十八册

620000－1121－0000266　1/090－2
論語集註本義匯參二十卷　(清)王步青輯　(清)王士鼇編　清刻本　一册　存四卷(七至十)

620000－1121－0000267　1/212－1
呂叔簡先生四禮翼不分卷　(明)呂坤撰　清光緒十七年(1891)刻本　一册

620000－1121－0000268　4/077
呂祖編年詩集九卷呂氏詩鈔一卷　(唐)呂嵒撰　(清)火西月重編　清道光二十六年(1846)空青洞天刻本　三册　存三卷(一、三、七)

620000－1121－0000269　1/023
孟子集註本義匯參十四卷　(清)王步青輯　(清)王士鼇編　清刻本　六册

620000－1121－0000270　2/079
孟子年譜二卷　(清)曹之升編　清嘉慶十一年(1806)刻本　一册　存一卷(下)

620000－1121－0000271　2/051
明臣奏議十二卷首一卷　(清)孫桐生輯　清光緒十七年(1891)刻本　七册　缺一卷(十二)

620000－1121－0000272　2/015
明史三百三十二卷　(清)張廷玉等撰　清乾隆四年(1739)刻本　八十九册

620000－1121－0000273　4/140
明文大小題商不分卷　(清)黄際飛　(清)汪易齋編　清康熙四十五年(1706)刻本　一册

620000－1121－0000274　4/030
明文明不分卷　(清)路德輯評　清刻本　四册

620000－1121－0000275　4/142
明文小題貫一卷　(清)樓渢輯　清刻本　一册

620000－1121－0000276　4/076
奈何天傳奇二卷　(清)李漁撰　清刻本　一册　存一卷(下)

620000－1121－0000277　3/020
南華真經解三卷　(清)宣穎撰　清刻本　一册

620000－1121－0000278　2/056
南齊書五十九卷　(南朝梁)蕭子顯撰　明萬曆十七年(1589)刻本　八册　缺六卷(五十四至五十九)

620000－1121－0000279　2/010
南史八十卷　(唐)李延壽撰　清光緒六年(1880)四川尊經書局刻本　十六册

620000－1121－0000280　2/060
廿一史約編八卷首一卷　(清)鄭元慶輯　清

魚計亭刻本　一册

620000－1121－0000281　4/080－2
鳥鼠山人小集十六卷後集二卷　(明)胡纘宗撰　明嘉靖刻本　五册　存十二卷(一至四、九至十六)

620000－1121－0000282　4/080－3
鳥鼠山人小集十六卷後集二卷　(明)胡纘宗撰　明嘉靖刻清順治十三年(1656)周盛時修補本　一册　存一卷(鳥鼠山人小集二)

620000－1121－0000283　4/080
鳥鼠山人小集十六卷後集二卷　(明)胡纘宗撰　明嘉靖刻清順治十三年(1656)周盛時補修本　六册　存十二卷(一至二、五至十二、十五至十六)

620000－1121－0000284　4/080－1
鳥鼠山人小集十六卷後集二卷　(明)胡纘宗撰　明刻本　二册

620000－1121－0000285　3/095
鳥鼠山人小集十六卷近取編二卷　(明)胡纘宗撰　清刻本　一册

620000－1121－0000286　4/121
鳥鼠山人小集十六卷可泉擬涯翁擬古樂府二卷　(明)胡纘宗撰　明嘉靖三十六年(1557)刻本　一册

620000－1121－0000287　4/122
鳥鼠山人小集十六卷擬漢樂府八卷　(明)胡纘宗撰　明嘉靖十八年(1539)刻本　一册

620000－1121－0000288　4/123
鳥鼠山人小集十六卷唐雅八卷　(明)胡纘宗撰　明嘉靖二十八年(1549)文斗山堂刻本　一册　存四卷(唐雅五至八)

620000－1121－0000289　4/128
鳥鼠山人小集十六卷雍音四卷　(明)胡纘宗撰　明嘉靖二十七年(1548)刻本　一册　存一卷(雍音三)

620000－1121－0000290　4/124
鳥鼠山人小集十六卷雍音四卷　(明)胡纘宗撰　明嘉靖二十七年(1548)清渭草堂刻本　二册　存三卷(雍音一、三至四)

620000－1121－0000291　3/096
鳥鼠山人小集十六卷願學編二卷　(明)胡纘宗撰　清鳥鼠山房刻本　一册

620000－1121－0000292　3/035
寧致堂增訂武經體註二卷　(清)夏振翼纂訂　清刻本　一册　存一卷(二)

620000－1121－0000293　4/149
歐洲列國戰事本末二十二卷　王樹枏撰　清光緒二十八年(1902)中衛縣署刻本　二册

620000－1121－0000294　1/186
佩文詩韻廣註五卷　(清)□□撰　清刻本　一册

620000－1121－0000295　4/069
佩文詩韻廣註五卷　(清)□□撰　清刻本　一册　存二卷(一至二)

620000－1121－0000296　4/131－2
佩文詩韻廣註五卷　(清)□□撰　清同治元年(1862)文林堂刻本　一册

620000－1121－0000297　1/186－1
佩文詩韻九卷　(清)姚詩雅輯　清刻本　四册　存七卷(三至九)

620000－1121－0000298　2/075
彭剛直公奏稿八卷　(清)彭玉麟撰　清光緒十七年(1891)刻本　一册　存二卷(一至二)

620000－1121－0000299　3/026－6
批點聊齋志異十六卷　(清)蒲松齡撰　(清)王士禛評　(清)何守奇批點　清道光十五年(1835)刻本　五册　存九卷(一、四至五、九至十四)

620000－1121－0000300　3/026－3
批點聊齋志異十六卷　(清)蒲松齡撰　(清)王士禛評　(清)何守奇批點　清刻本　十册　存十卷(二至五、八至九、十一至十四)

620000－1121－0000301　3/013
評論出像水滸傳七十五卷　(明)施耐庵撰

（清）王望如評　清順治十四年（1657）醉畊堂刻本　七冊

620000－1121－0000302　4/137
憑山閣增輯留青新集三十卷　（清）陳枚選（清）陳德裕增輯　清刻本　六冊

620000－1121－0000303　4/039
憑山閣增輯留青新集三十卷　（清）陳枚輯（清）陳德裕增輯　清同治積秀堂刻本　十五冊　存十四卷（一至七、九至十五）

620000－1121－0000304　3/085
蘋洲漁笛譜二卷　（宋）周密撰　清刻本　一冊

620000－1121－0000305　4/117
七家詩選箋註七卷　（清）王廷紹等撰　（清）張熙宇輯評　清道光十二年（1832）刻本　一冊　存二卷（一至二）

620000－1121－0000306　4/028
七家詩選七卷　（清）張熙宇輯評　（清）張昶注　清道光二十六年（1846）刻本　五冊

620000－1121－0000307　4/144
七家詩選七卷　（清）張熙宇輯評　（清）張昶注　清道光刻朱墨套印本　三冊　存五卷（三至七）

620000－1121－0000308　4/166
七家詩選七卷　（清）張熙宇輯評　（清）張昶注　清同治十三年（1874）永順堂朱墨套印本　四冊　存四卷（一至四）

620000－1121－0000309　4/049
七十家賦鈔六卷　（清）張惠言輯　清光緒四年（1878）宏達堂刻本　四冊　存四卷（一至二、四至五）

620000－1121－0000310　2/008
前漢書一百卷　（漢）班固撰　（唐）顏師古注　清同治十年（1871）成都書局刻本　三十二冊

620000－1121－0000311　4/169
鍥旁註事類捷錄十五卷　（明）鄧志謨撰　清康熙三十九年（1700）聚錦堂刻本　五冊　存十卷（一至二、五至十、十四至十五）

620000－1121－0000312　1/120
欽定本朝四書文不分卷　（清）方苞等纂　清刻本　一冊

620000－1121－0000313　1/161
欽定春秋傳說彙纂三十八卷首二卷　（清）王掞等纂　清康熙六十年（1721）刻本　一冊　存三卷（三十六至三十八）

620000－1121－0000314　1/244
欽定化治四書文不分卷　（清）方苞等輯　清刻本　四冊

620000－1121－0000315　1/110
欽定化治四書文不分卷　（清）方苞等輯　清乾隆四年（1739）刻本　九冊

620000－1121－0000316　1/007
欽定禮記義疏八十二卷首一卷　（清）允祿等纂　清刻本　二十九冊　缺二十八卷（一至二十三、四十至四十四）

620000－1121－0000317　1/079
欽定禮記義疏八十二卷首一卷　（清）允祿等纂　清刻本　三冊　存四卷（四十四至四十七）

620000－1121－0000318　1/127
欽定隆萬四書文不分卷　（清）方苞等輯　清光緒二年（1876）崇文書局刻本　二冊

620000－1121－0000319　1/111
欽定隆萬四書文不分卷　（清）方苞等輯　清刻本　四冊

620000－1121－0000320　1/244－1
欽定啟禎四書文不分卷　（清）方苞等輯　清刻本　一冊

620000－1121－0000321　1/039
欽定詩經傳說彙纂二十一卷首二卷詩序二卷　（清）王鴻緒等纂　清刻本　三冊　存三卷（三、五、十三）

620000－1121－0000322　1/038

欽定詩經傳説彙纂二十一卷首二卷詩序二卷　（清）王鴻緒等纂　清雍正五年（1727）刻本　二十二册　缺二卷（詩序二卷）

620000－1121－0000323　1/046
欽定書經傳説彙纂二十一卷首二卷書序一卷　（清）王頊齡等纂　清刻本　一册　存一卷（四）

620000－1121－0000324　1/005
欽定書經傳説彙纂二十一卷首二卷書序一卷　（清）王頊齡等纂　清刻本　十二册　存十一卷（五至十、十七至二十一）

620000－1121－0000325　1/020
欽定儀禮義疏四十八卷首二卷　（清）允祿等纂　清道光十八年（1838）刻本　三十册

620000－1121－0000326　3/055
欽定中學堂章程不分卷　（清）□□撰　清光緒二十八年（1902）四川學務處刻本　四册

620000－1121－0000327　1/015
欽定周官義疏四十八卷首一卷　（清）允祿等纂　清道光十八年（1838）刻本　三十册

620000－1121－0000328　2/095
欽命四書經義題二卷　（清）張文源撰　清光緒二十八年（1902）刻本　二册

620000－1121－0000329　2/094－1
欽命四書詩題不分卷　（清）李含菁撰　清光緒十五年（1889）刻本　二册

620000－1121－0000330　3/042
琴譜全鈔不分卷　（明）劉伯溫撰　清刻本　一册

620000－1121－0000331　4/168
青照堂叢書經傳摭餘三卷　（清）劉際清（清）李元春編　清刻本　一册

620000－1121－0000332　4/116
邱邦士文鈔二卷　（清）邱維屏撰　清刻本　一册

620000－1121－0000333　1/066
全本禮記體註大全合參十卷　（清）范翔訂（清）徐瑄補輯　清刻本　十册

620000－1121－0000334　3/086
日湖漁唱一卷　（宋）陳允平撰　清光緒刻本　一册

620000－1121－0000335　1/101
日講四書解義二十六卷　（清）喇沙里等纂　清光緒十八年（1892）蘭州刻本　六册

620000－1121－0000336　1/101－1
日講四書解義二十六卷　（清）喇沙里等纂　清光緒十八年（1892）蘭州刻本　十册　存十八卷（一至七、十至十二、十九至二十六）

620000－1121－0000337　4/007
榕村詩選八卷首一卷　（清）李光地撰　清雍正八年（1730）刻本　八册

620000－1121－0000338　3/039
如意寶珠二卷　（明）張三丰撰　（明）張世華編注　清道光刻本　一册

620000－1121－0000339　3/022
三十六虎經不分卷　（□）□□撰　清大德堂刻本　一册

620000－1121－0000340　4/015
三蘇全集二百五卷　（清）弓翊清等編　清刻本　二十册　存六十一卷（一至六十一）

620000－1121－0000341　3/058
山海經十八卷　（晉）郭璞撰　清刻本　三册　存十六卷（三至十八）

620000－1121－0000342　3/057
山海經釋義十八卷圖一卷　（晉）郭璞撰　（明）王崇慶釋義　清刻本　二册

620000－1121－0000343　2/045
刪除律例不分卷　沈家本等編　清光緒三十一年（1905）成都官報書局鉛印本　二册

620000－1121－0000344　2/096
陝甘鄉試同年齒錄不分卷　（清）□□輯　清咸豐八年（1858）刻本　一册

620000－1121－0000345　2/093－4

陝甘鄉試硃卷一卷　(清)李時升撰　清咸豐九年(1859)刻本　二冊

620000－1121－0000346　2/093－7
陝西鄉試硃卷二卷(道光己亥科)　(清)趙貢玉撰　清道光十九年(1839)刻本　一冊

620000－1121－0000347　2/093－5
陝西鄉試硃卷一卷　(清)李宜謙撰　清道光十四年(1834)刻本　二冊

620000－1121－0000348　2/093－6
陝西鄉試硃卷一卷　(清)馬尚德撰　清嘉慶二十四年(1819)刻本　二冊

620000－1121－0000349　2/070
上諭奏摺不分卷　(清)張百熙撰　清光緒二十八年(1902)四川學務處刻本　一冊

620000－1121－0000350　1/085
尚書離句六卷　(清)錢在培輯注　清刻本　三冊　存五卷(二至六)

620000－1121－0000351　1/085－1
尚書離句六卷　(清)錢在培輯注　清刻本　三冊　存五卷(二至六)

620000－1121－0000352　1/085－4
尚書離句六卷　(清)錢在培輯注　清雍正八年(1730)刻本　五冊

620000－1121－0000353　1/085－3
尚書離句六卷　(清)錢在培輯注　清雍正八年(1730)刻本　二冊

620000－1121－0000354　1/085－2
尚書離句六卷　(清)錢在培輯注　清雍正八年(1730)中闞義興堂刻本　四冊

620000－1121－0000355　4/120
紹聞堂增訂古文覺斯讀本十卷　(清)過珙選評　清康熙四十一年(1702)刻本　八冊　存七卷(一、三、五至八、十)

620000－1121－0000356　3/111
呻吟語六卷　(明)呂坤撰　(清)陳弘謀節抄　清同治十年(1871)刻本　二冊

620000－1121－0000357　3/111－1
呻吟語六卷　(明)呂坤撰　(清)陳弘謀節抄　清同治十年(1871)刻本　二冊

620000－1121－0000358　4/044
審巖詩集一卷　(清)楊于果撰　清道光二十五年(1845)刻本　一冊

620000－1121－0000359　4/044－1
審巖詩集一卷　(清)楊于果撰　清道光二十五年(1845)刻本　二冊

620000－1121－0000360　2/099
聖諭廣訓一卷　(清)聖祖玄燁諭　(清)世宗胤禛訓　清雍正二年(1724)刻本　二冊

620000－1121－0000361　2/091
聖諭十六條附律易解一卷　(清)聖祖玄燁撰　(清)夏炘注　清同治七年(1868)刻本　四冊

620000－1121－0000362　3/080
聖祖仁皇帝庭訓格言一卷　(清)世宗胤禛輯　清末刻本　一冊

620000－1121－0000363　3/084
師友贈言一卷　(清)朱守訓編輯　清同治四年(1865)成都刻本　一冊

620000－1121－0000364　4/154
詩觸五卷漁洋詩話二卷說詩晬語二卷　(清)朱琰輯　清嘉慶三年(1798)刻本　三冊　存五卷(詩觸一至二、漁洋詩話二、說詩晬語二卷)

620000－1121－0000365　1/037
詩傳大全二十卷　(明)胡廣等輯　明刻本　一冊

620000－1121－0000366　4/058
詩法入門四卷首一卷　(清)游藝輯　清乾隆二十三年(1758)大盛堂刻本　三冊

620000－1121－0000367　1/039－1
詩經八卷　(宋)朱熹集傳　清刻本　二冊　存五卷(四至八)

620000－1121－0000368　1/013
詩經讀本四卷　(宋)朱熹撰　清孝思堂刻本

二冊

620000－1121－0000369　1/006
詩經喈鳳詳解八卷　(清)陳抒孝撰　(清)汪基增訂　清雍正十一年(1733)三多齋刻本　三冊

620000－1121－0000370　1/034
詩經體注大全八卷　(清)高朝瓔定　(清)沈世楷輯　清光緒七年(1881)刻本　四冊

620000－1121－0000371　1/009－1
詩經體注大全八卷　(清)高朝瓔定　(清)沈世楷輯　清康熙三十年(1691)刻本　八冊

620000－1121－0000372　1/009
詩經體注大全合參八卷　(清)高朝瓔定　(清)沈世楷輯　清嘉慶十六年(1811)刻本　四冊

620000－1121－0000373　1/043
詩經體注大全合參八卷　(清)高朝瓔定　(清)沈世楷輯　清康熙五十年(1711)刻本　四冊

620000－1121－0000374　1/040
詩經體注大全合參八卷　(清)高朝瓔定　(清)沈世楷輯　清康熙五十年(1711)學源堂朱墨套印本　二冊

620000－1121－0000375　1/010
詩經體注大全合參八卷　(清)高朝瓔定　(清)沈世楷輯　清康熙五十五年(1716)刻本　五冊

620000－1121－0000376　1/043－1
詩經體注大全合參八卷　(清)高朝瓔定　(清)沈世楷輯　清刻本　三冊　存六卷(三至八)

620000－1121－0000377　1/036－2
詩經體注大全合參八卷　(清)高朝瓔定　(清)沈世楷輯　清刻本　四冊

620000－1121－0000378　1/056
詩經體注大全合參六卷　(清)高朝瓔定　(清)沈世楷輯　清刻本　五冊

620000－1121－0000379　1/036
詩經體注大全合叅八卷　(清)高朝瓔定　(清)沈世楷輯　清刻本　四冊

620000－1121－0000380　1/036－1
詩經體注大全合叅八卷　(清)高朝瓔定　(清)沈世楷輯　清晚期刻本　三冊

620000－1121－0000381　1/041
詩經體註大全合叅八卷　(清)高朝瓔定　(清)沈世楷輯　清光緒九年(1883)刻本　五冊　存七卷(一至三、五至八)

620000－1121－0000382　1/009－2
詩經體註大全合叅八卷　(清)高朝瓔定　(清)沈世楷輯　清嘉慶十六年(1811)乾元堂刻本　四冊

620000－1121－0000383　1/014
詩經小序備覽八卷　(宋)朱熹集傳　(清)蘇萬方輯　清咸豐六年(1856)稻香齋刻本　四冊

620000－1121－0000384　1/011
詩經衍義圖考大全合纂八卷　(清)李年家纂　清康熙七年(1668)刻本　四冊

620000－1121－0000385　1/044
詩經正韻四卷　(清)侯德馨輯　清乾隆二十八年(1763)刻本　一冊

620000－1121－0000386　4/133
詩料備覽十四卷　(清)劉文蔚輯　清刻本　一冊　存四卷(四至七)

620000－1121－0000387　1/242
詩品三卷　(南朝梁)鍾嶸撰　清乾隆二十五年(1760)刻本　一冊　存二卷(一至二)

620000－1121－0000388　4/038
詩學含英十四卷　(清)劉文蔚輯　清末刻本　二冊

620000－1121－0000389　4/159
詩苑璠璵不分卷　(清)劉雪岸選　清刻本　一冊

620000－1121－0000390　4/145

詩韻含英十八卷　(清)劉文蔚輯　清刻本　一册　存三卷(四至六)

620000－1121－0000391　4/107－7
詩韻集成十卷　(清)余照輯　**詞林典腋一卷**　(清)□□輯　清道光二十二年(1842)令德堂刻本　二册

620000－1121－0000392　1/187－4
詩韻集成十卷　(清)余照輯　**詞林典腋一卷**　(清)□□輯　清道光十六年(1836)寶仁堂刻本　三册

620000－1121－0000393　4/107－2
詩韻集成十卷　(清)余照輯　**詞林典腋一卷**　(清)□□輯　清光緒六年(1880)學源堂刻本　一册

620000－1121－0000394　4/107－6
詩韻集成十卷　(清)余照輯　**詞林典腋一卷**　(清)□□輯　清光緒十年(1884)經畬齋刻本　二册

620000－1121－0000395　4/098
詩韻集成十卷　(清)余照輯　**詞林典腋一卷**　(清)□□輯　清海清樓刻本　六册

620000－1121－0000396　1/187－1
詩韻集成十卷　(清)余照輯　**詞林典腋一卷**　(清)□□輯　清刻本　三册　存八卷(三至十)

620000－1121－0000397　4/107－4
詩韻集成十卷　(清)余照輯　**詞林典腋一卷**　(清)□□輯　清刻本　二册

620000－1121－0000398　4/107－5
詩韻集成十卷　(清)余照輯　**詞林典腋一卷**　(清)□□輯　清刻本　二册

620000－1121－0000399　4/107－8
詩韻集成十卷　(清)余照輯　**詞林典腋一卷**　(清)□□輯　清刻本　一册　存六卷(五至十)

620000－1121－0000400　4/107－9
詩韻集成十卷　(清)余照輯　**詞林典腋一卷**　(清)□□輯　清刻本　一册　存三卷(八至十)

620000－1121－0000401　4/107
詩韻集成十卷　(清)余照輯　**詞林典腋一卷**　(清)□□輯　清同治十年(1871)六也樓刻本　二册

620000－1121－0000402　1/187
詩韻集成十卷　(清)余照輯　**詞林典腋一卷**　(清)□□輯　清咸豐十年(1860)奎光堂刻本　一册

620000－1121－0000403　4/107－1
詩韻集成十卷　(清)余照輯　**詞林典腋一卷**　(清)□□輯　清咸豐十年(1860)奎光堂刻本　一册

620000－1121－0000404　4/107－3
詩韻集成十卷　(清)余照輯　**詞林典腋一卷**　(清)□□輯　清咸豐十年(1860)永富堂刻本　二册

620000－1121－0000405　4/131－1
詩韻題解合璧十卷　(清)甘蘭友輯　清道光元年(1821)致盛堂刻本　三册　存四卷(一至四)

620000－1121－0000406　4/131－3
詩韻正解□□卷　(清)連成章撰　清道光十九年(1839)刻本　一册

620000－1121－0000407　1/226
十三經集字摹本四卷　(清)彭玉雯輯　清道光二十九年(1849)刻本　一册

620000－1121－0000408　1/004
十三經類語十四卷　(明)羅萬藻輯　(明)魯重民纂注　清康熙五十五年(1716)刻本　八册

620000－1121－0000409　4/155
石樓詩話二卷　(清)孫煦撰　清道光刻本　一册

620000－1121－0000410　2/054
史漢箋論十卷　(清)楊于果撰　清道光二十

五年(1845)刻本　三冊　存八卷(一至八)

620000－1121－0000411　2/084
史記論文一百三十卷　(漢)司馬遷撰　(清)吳見思評點　(清)吳興祚參訂　清康熙刻本　一冊　存三卷(四至六)

620000－1121－0000412　2/046
史記一百三十卷　(漢)司馬遷撰　(南朝宋)裴駰集解　清刻本　五冊　存三十卷(二至四、五十七至六十六、九十七至一百三、一百九至一百十八)

620000－1121－0000413　3/045
士材三書四種八卷壽世青編二卷　(明)李中梓撰　(清)尤乘增輯　清刻本　四冊　存五卷(本草通元三至四、病機沙篆五至六、診家正眼一)

620000－1121－0000414　3/083
士子反求鑑四卷　(清)周遠鴻輯　清道光五年(1825)慎餘堂刻本　一冊

620000－1121－0000415　4/048
世恩堂文鈔不分卷　(清)張慶綰撰　清道光二十五年(1845)楊繼曾刻本　一冊

620000－1121－0000416　3/009
事類賦補遺十四卷　(清)張均輯　清嘉慶十六年(1811)刻本　八冊　缺一卷(十四)

620000－1121－0000417　4/150
事類賦三十卷　(宋)吳淑撰注　清刻本　四冊　存二十卷(六至十、十六至三十)

620000－1121－0000418　4/088
試策便覽十六卷　(清)王統　(清)王誥纂　清咸豐九年(1859)刻本　三冊　存五卷(四至八)

620000－1121－0000419　4/013
試律清華二集七卷　(清)蔣義彬撰　清道光二十二年(1842)刻本　八冊

620000－1121－0000420　4/167
試帖最豁解二卷　(清)王澤注撰　清嘉慶元年(1796)大盛堂刻本　一冊　存一卷(一)

620000－1121－0000421　1/231
嗳經日記一卷　劉爾炘撰　清光緒三十三年(1907)刻本　一冊

620000－1121－0000422　1/231－2
嗳經日記一卷　劉爾炘撰　清刻本　二冊

620000－1121－0000423　1/231－1
嗳經日記一卷春秋大旨提綱表四卷　劉爾炘撰　清光緒三十四年(1908)甘肅高等學堂刻本　三冊

620000－1121－0000424　1/059
書經六卷　(宋)蔡沈集傳　清刻本　四冊

620000－1121－0000425　1/086
書經六卷　(宋)蔡沈集傳　清同治十年(1871)刻本　四冊

620000－1121－0000426　1/048
書經旁訓辨體合訂四卷　(清)徐立綱輯　清刻本　二冊

620000－1121－0000427　1/057
書經體註大全合參六卷　(宋)蔡沈集傳　(清)范翔鑒定　(清)錢希祥纂輯　清道光七年(1827)崇德堂刻本　四冊

620000－1121－0000428　1/057
書經體註大全合參六卷　(宋)蔡沈集傳　(清)范翔鑒定　(清)錢希祥纂輯　清道光七年(1827)刻本　四冊

620000－1121－0000429　1/002
書經體註大全合參六卷　(宋)蔡沈集傳　(清)范翔鑒定　(清)錢希祥纂輯　清光緒二十年(1894)刻本　四冊

620000－1121－0000430　1/052
書經體註大全合參六卷　(宋)蔡沈集傳　(清)范翔鑒定　(清)錢希祥纂輯　清光緒九年(1883)恒言堂刻本　三冊　存四卷(一、四至六)

620000－1121－0000431　1/055
書經體註大全合參六卷　(宋)蔡沈集傳　(清)范翔鑒定　(清)錢希祥纂輯　清光緒十

年(1884)經畬齋刻本　四冊　存三卷(一至三)

620000－1121－0000432　1/055
書經體註大全合參六卷　(宋)蔡沈集傳　(清)范翔鑒定　(清)錢希祥纂輯　清光緒十年(1884)刻本　四冊　存三卷(一至三)

620000－1121－0000433　1/053
書經體註大全合參六卷　(宋)蔡沈集傳　(清)范翔鑒定　(清)錢希祥纂輯　清刻本　四冊　存四卷(一至三、六)

620000－1121－0000434　1/051
書經體註大全合參六卷　(宋)蔡沈集傳　(清)范翔鑒定　(清)錢希祥纂輯　清刻本　四冊

620000－1121－0000435　1/051－1
書經體註大全合參六卷　(宋)蔡沈集傳　(清)范翔鑒定　(清)錢希祥纂輯　清刻本　一冊　存二卷(二至三)

620000－1121－0000436　1001－1
書經體註大全合參六卷　(宋)蔡沈集傳　(清)范翔鑒定　(清)錢希祥纂輯　清刻本　四冊

620000－1121－0000437　1/001
書經體註大全合參六卷　(宋)蔡沈集傳　(清)范翔鑒定　(清)錢希祥纂輯　清刻本　四冊

620000－1121－0000438　1/054
書經體註大全合參六卷　(宋)蔡沈集傳　(清)范翔鑒定　(清)錢希祥纂輯　清奎光堂刻本　六冊

620000－1121－0000439　1/001
書經體註大全合參六卷　(宋)蔡沈集傳　(清)范翔鑒定　(清)錢希祥纂輯　清乾隆二十四年(1759)刻本　四冊

620000－1121－0000440　1/049
書經體註大全合參六卷　(宋)蔡沈集傳　(清)范翔鑒定　(清)錢希祥纂輯　清乾隆四十四年(1779)刻本　一冊　存一卷(一)

620000－1121－0000441　1001－1
書經體註大全合參六卷　(宋)蔡沈集傳　(清)范翔鑒定　(清)錢希祥纂輯　清雍正三年(1725)刻本　四冊

620000－1121－0000442　1/184－1
書經體註大全合參六卷　(宋)蔡沈集傳　(清)范翔鑒定　(清)錢希祥纂輯　清雍正三年(1725)刻本　三冊

620000－1121－0000443　1/055－1
書經體註六卷　(宋)蔡沈集傳　清刻本　一冊　存二卷(五至六)

620000－1121－0000444　1/070
漱芳軒合纂禮記體註四卷　(清)范翔參訂　清光緒二年(1876)刻本　四冊

620000－1121－0000445　1/072
漱芳軒合纂禮記體註四卷　(清)范翔參訂　清光緒二年(1876)刻本　一冊　存一卷(一)

620000－1121－0000446　1/071
漱芳軒合纂禮記體註四卷　(清)范翔參訂　清光緒十四年(1888)刻本　三冊　存三卷(一、三至四)

620000－1121－0000447　1/068
漱芳軒合纂禮記體註四卷　(清)范翔參訂　清康熙五十二年(1713)刻本　四冊

620000－1121－0000448　1/068－1
漱芳軒合纂禮記體註四卷　(清)范翔參訂　清康熙五十二年(1713)刻本　四冊

620000－1121－0000449　1/075－1
漱芳軒合纂禮記體註四卷　(清)范翔參訂　清刻本　二冊　存二卷(二至三)

620000－1121－0000450　1/067
漱芳軒合纂禮記體註四卷　(清)范翔參訂　清刻本　三冊　存三卷(二至四)

620000－1121－0000451　1/075
漱芳軒合纂禮記體註四卷　(清)范翔參訂　清乾隆刻本　三冊　存三卷(二至四)

620000－1121－0000452　1/074
漱芳軒合纂禮記體註四卷　（清）范翔參訂　清乾隆三十九年（1774）刻本　一册　存二卷（一至二）

620000－1121－0000453　1/062
說文解字十五卷　（漢）許慎撰　（宋）徐鉉等校　清刻本　五册　存五卷（一至五）

620000－1121－0000454　4/132
司空詩品註釋一卷　（唐）司空圖撰　清同治九年（1870）寶文書局刻本　一册

620000－1121－0000455　2/089
四川派赴東瀛閲操日記二卷　（清）丁鴻臣撰　清末刻本　二册

620000－1121－0000456　3/015
四大奇書第一種六十卷一百二十回　（明）羅本撰　（清）毛宗崗評　清道光二年（1822）刻本　五册　存二十卷（一至四、三十六至五十一）

620000－1121－0000457　3/015－2
四大奇書第一種六十卷一百二十回　（明）羅本撰　（清）毛宗崗評　清刻本　六册　存八卷（十一至十二、四十三至四十八）

620000－1121－0000458　3/015－4
四大奇書第一種六十卷一百二十回　（明）羅本撰　（清）毛宗崗評　清刻本　一册　存六卷（三十五至四十）

620000－1121－0000459　3/015－1
四大奇書第一種六十卷一百二十回　（明）羅本撰　（清）毛宗崗評　清刻本　六册　存六卷（一至四、六、八）

620000－1121－0000460　3/015－3
四大奇書第一種六十卷一百二十回　（明）羅本撰　（清）毛宗崗評　清刻本　五册　存五卷（十四至十八）

620000－1121－0000461　1/212
四禮翼不分卷　（明）呂坤撰　清同治十二年（1873）西安刻本　一册

620000－1121－0000462　1/027
四書闡注十九卷　（清）浦泰輯　清刻本　九册

620000－1121－0000463　1/096－2
四書大全四十二卷　（明）胡廣等輯　清三槐堂刻本　二册　存二卷（論語六、孟子四）

620000－1121－0000464　1/126
四書反身錄八卷　（清）李顒口述　（清）王心敬錄　清刻本　二册　存三卷（論語二、孟子一至二）

620000－1121－0000465　1/126－1
四書反身錄四卷二孟續補一卷　（清）李顒口述　（清）王心敬錄　清康熙二十五年（1686）思硯齋刻本　二册

620000－1121－0000466　1/107
四書合參析疑□□卷　（清）張權時輯　清康熙刻本　十册　存七卷（孟子一至七）

620000－1121－0000467　1/094
四書集註十九卷　（宋）朱熹撰　清康熙刻本　七册　存九卷（論語四至七、十三，孟子三至六）

620000－1121－0000468　1/219
四書講義四卷　（清）安維峻撰　清宣統刻本　四册

620000－1121－0000469　1/116
四書精本□□卷　（□）□□撰　清刻本　四册

620000－1121－0000470　4/034－1
四書課童詩一卷　（清）吳鎮撰　清道光七年（1827）蘭山書院刻本　一册

620000－1121－0000471　4/034
四書課童詩一卷　（清）吳鎮撰　清光緒四年（1878）蘭山書院刻本　一册

620000－1121－0000472　1/104
四書類典賦二十四卷　（清）甘紱撰　清乾隆四十一年（1776）刻本　五册　存十卷（十二至二十一）

620000－1121－0000473　1/091－3
四書旁訓貫解十九卷　(宋)朱熹注　(清)朱良玉纂　清刻本　一册　存二卷(孟子二至三)

620000－1121－0000474　1/091－2
四書旁訓貫解十九卷　(宋)朱熹注　(清)朱良玉纂　清乾隆四十一年(1776)刻本　一册　存二卷(大學一、中庸一)

620000－1121－0000475　1/091－1
四書旁訓貫解十九卷　(宋)朱熹注　(清)朱良玉纂　清乾隆四十一年(1776)刻本　六册　存六卷(大學一、論語一至五)

620000－1121－0000476　1/123
四書人物類典串珠四十卷　(清)臧志仁輯　清嘉慶十七年(1812)周錫堂刻本　十一册　存三十六卷(一至十四、十九至四十)

620000－1121－0000477　1/123－1
四書人物類典串珠四十卷　(清)臧志仁輯　清嘉慶十七年(1812)周錫堂刻本　一册　存八卷(五至十二)

620000－1121－0000478　1/024
四書人物類典串珠四十卷　(清)臧志仁輯　清嘉慶四年(1799)恒盛堂刻本　七册

620000－1121－0000479　1/121
四書人物文鑑十卷　(明)陳□□評訂　明唾玉山房刻本　四册　存十卷(大學一、中庸二、論語三至十)

620000－1121－0000480　1/093
四書十九卷　(宋)朱熹集注　清雍正刻本　十一册　缺一卷(大學一)

620000－1121－0000481　1/092
四書疏註撮言大全三十七卷　(清)胡蓉芝輯　清刻本　六册　存二十八卷(大學一、中庸一、論語一至十四、孟子一至十二)

620000－1121－0000482　1/098
四書述要旁訓十九卷　(清)楊玉緒撰　清光緒十九年(1893)刻本　七册　存十三卷(大學一卷、論語一至五、孟子一至七)

620000－1121－0000483　1/098－1
四書述要旁訓十九卷　(清)楊玉緒撰　清永順堂刻本　七册

620000－1121－0000484　1/097－1
四書述要十九卷　(清)楊玉緒撰　清刻本　六册

620000－1121－0000485　1/097
四書述要十九卷　(清)楊玉緒撰　清刻本　四册　缺一卷(中庸一)

620000－1121－0000486　1/021
四書題鏡不分卷　(清)汪鯉翔纂　清道光三年(1823)刻本　四册

620000－1121－0000487　1/113
四書題鏡不分卷　(清)汪鯉翔纂　清刻本　八册

620000－1121－0000488　1/105
四書醒言六卷　(明)余文□撰　(清)蔣先庚訂　清乾隆刻本　二册　存三卷(中庸一至二、論語四)

620000－1121－0000489　1/026
四書翼註論文三十八卷　(清)張甄陶撰　清刻本　五册　存二十四卷(十三至三十六)

620000－1121－0000490　1/095
四書章句集註二十六卷　(宋)朱熹撰　清刻本　六册　存十九卷(大學一、中庸一、論語一至十、孟子一至七)

620000－1121－0000491　1/246
四書朱子本義匯參四十七卷　(清)王步青輯　清刻本　四册　存五卷(大學一至三、中庸一至二)

620000－1121－0000492　1/090－1
四書朱子本義匯參四十七卷　(清)王步青輯　清乾隆刻本　四册　存十四卷(大學一至二、中庸一至六、論語一至六)

620000－1121－0000493　1/090
四書朱子本義匯參四十七卷　(清)王步青輯

清乾隆十年(1745)刻本　二十八冊　存三十九卷(大學一至三、首一卷;中庸一至五、首一卷;論語二至二十;孟子一至七、九至十,首一卷)

620000－1121－0000494　1/023－1
四書朱子大全經傳蘊萃四十卷　(清)朱良玉纂輯　清刻本　六冊　存六卷(孟子一至六)

620000－1121－0000495　1/025
四書朱子大全經傳蘊萃四十卷　(清)朱良玉纂輯　清乾隆十四年(1749)刻本　十三冊

620000－1121－0000496　1/125
四書朱子大全經傳蘊萃四十卷　(清)朱良玉纂輯　清乾隆十四年(1749)三多齋刻本　十一冊　存二十一卷(大學一至二,中庸一至二、四,論語一至五、十六至二十,孟子一至六)

620000－1121－0000497　1/022
四書註疏撮言大全十八卷　(宋)朱熹撰　清刻本　十冊　存十二卷(三至十四)

620000－1121－0000498　1/200
四音釋義十二卷　(清)鄭長庚輯　清道光二十九年(1849)刻本　二冊　存一卷(子集)

620000－1121－0000499　3/038－1
四字孝經帖一卷　(清)黄國瑾臨　清光緒三十一年(1905)刻本　一冊

620000－1121－0000500　3/038
四字孝經帖一卷　(清)黄國瑾臨　清光緒三十一年(1905)刻本　一冊

620000－1121－0000501　1/028
松陽講義十二卷　(清)陸隴其撰　清康熙二十九年(1690)刻本　六冊

620000－1121－0000502　1/199
松陽講義十二卷　(清)陸隴其撰　清康熙刻本　一冊　存二卷(一至二)

620000－1121－0000503　2/013
宋史四百九十六卷目録三卷　(元)脱脱等撰　明成化七年至十六年(1471－1480)朱英刻明清遞修本　六十冊

620000－1121－0000504　4/003
宋四名家詩選六卷　(清)周之鱗　(清)柴升選　清刻本　八冊　缺一卷(三)

620000－1121－0000505　4/050
蘇長公密語十六卷　(宋)蘇軾撰　(明)李一公選　清刻本　一冊　存一卷(十二)

620000－1121－0000506　2/004
隋書八十五卷　(唐)魏徵等撰　明萬曆二十二年至清順治十五年(1594－1658)刻本　十冊

620000－1121－0000507　3/047
隨方一得草四卷　(清)易抱一撰　清光緒三十年(1904)刻本　一冊　存三卷(二至四)

620000－1121－0000508　4/064
太上感應篇圖説十二卷　(清)朱日豐輯　清末刻本　一冊

620000－1121－0000509　3/027
太上感應篇圖説十二卷　(清)朱日豐輯　清同治刻本　一冊

620000－1121－0000510　4/095
唐二十四詩品一卷　(唐)司空圖撰　清刻本　一冊

620000－1121－0000511　4/158
唐人試律説一卷　(清)紀昀編　清乾隆二十七年(1762)刻本　一冊

620000－1121－0000512　4/160
唐詩箋要後集八卷　(清)吳瑞榮輯　清乾隆二十四年(1759)刻本　二冊

620000－1121－0000513　4/051－1
唐詩三百首六卷　(清)孫洙編　(清)章燮注　清道光二十一年(1841)崇順堂刻本　二冊

620000－1121－0000514　4/051
唐詩三百首六卷　(清)孫洙編　(清)章燮注　清刻本　九冊

620000－1121－0000515　4/139

唐詩選彙解六卷首一卷 (明)李攀龍編選 (明)鍾惺批點 (清)徐震增補 清盛芸閣刻本 四冊 存五卷(一至二、五至六,首一卷)

620000－1121－0000516 4/157
唐詩應試註釋七卷 (清)臧岳編 清乾隆刻本 一冊 存三卷(一至三)

620000－1121－0000517 4/093
唐詩直解□□卷 (清)李攀龍編 (清)葉義昂注 清刻本 三冊

620000－1121－0000518 2/005
唐書二百二十五卷 (宋)宋祁等撰 明萬曆十六年(1588)刻本 二十四冊

620000－1121－0000519 4/130
唐宋八家鈔八卷 (清)高嵣集評 清道光二十二年(1842)刻本 十冊

620000－1121－0000520 4/073
唐宋八家文讀本三十卷 (清)沈德潛輯 清刻本 一冊 存三卷(八至十)

620000－1121－0000521 4/123－1
唐雅八卷 (明)胡纘宗輯 明嘉靖二十七年(1548)文斗山堂刻本 三冊 存六卷(一至二、五至八)

620000－1121－0000522 1/106
陶石簣先生四書要達二十七卷 (明)陶望齡撰 (清)徐燦輯 清康熙本立堂刻本 十五冊 存二十四卷(一至二十四)

620000－1121－0000523 1/112
提督江南通省學政渝東簡謙居先生鑒定四書彙解四十卷 (清)史以徵輯 清乾隆刻本 十七冊 存三十二卷(三至十四、十七至二十、二十三至三十、三十三至四十)

620000－1121－0000524 4/161
天崇讀本百篇不分卷 (清)吳懋政輯 清刻本 一冊

620000－1121－0000525 2/042
天下郡國利病書一百二十卷 (清)顧炎武撰 清刻本 九冊 存二十卷(九十七至一百四、一百九至一百二十)

620000－1121－0000526 2/031
通鑑摘錄十四卷 (清)春帆輯 清光緒七年(1881)刻本 六冊 存十卷(一至十)

620000－1121－0000527 3/129
圖注八十一難經辨真四卷 (明)張世賢注 清刻本 一冊 存二卷(三至四)

620000－1121－0000528 3/049
萬佛緣關聖降乩救劫妙經一卷 (□)□□撰 清光緒六年(1880)宋毓秀刻本 一冊

620000－1121－0000529 2/023－2
王鳳洲先生綱鑑正史全編二十四卷 (明)王世貞撰 (明)張睿卿輯 (明)陳仁錫評 清刻本 二冊 存三卷(一至二、七)

620000－1121－0000530 4/040
味蘭軒百篇賦鈔四卷 (清)張世燾 (清)彭克惠輯 清乾隆三十八年(1773)刻本 三冊 存三卷(一至三)

620000－1121－0000531 4/020
味蘭軒百篇賦鈔四卷 (清)張世燾 (清)彭克惠輯 清乾隆三十八年(1773)刻本 十二冊

620000－1121－0000532 4/118
魏伯子文鈔九卷 (清)魏祥撰 清刻本 一冊 存一卷(一)

620000－1121－0000533 3/126
文昌帝君陰隲文勸戒編四卷 (清)洪德元輯注 清道光二十五年(1845)刻本 一冊

620000－1121－0000534 3/126－1
文昌帝君陰隲文勸戒編四卷 (清)洪德元輯注 清道光刻本 一冊

620000－1121－0000535 2/027
文光堂增定課兒鑑略妥註善本五卷 (明)李廷機撰 (明)張瑞圖校正 (清)鄒聖脈訂 清道光二十年(1840)刻本 一冊 存一卷(一)

620000－1121－0000536 3/098

文林智珠五卷 （清）趙玉書撰 清刻本 三冊 存二卷(下論三、上孟五)

620000－1121－0000537 4/062
文選六十卷 （南朝梁）蕭統輯 （唐）李善注 清乾隆二十四年(1759)刻本 一冊 存三卷(四十三至四十五)

620000－1121－0000538 4/032－3
文選六十卷 （南朝梁）蕭統輯 （唐）李善注 清乾隆二十四年(1759)刻本 十三冊 存四十三卷(一至四、十三至三十四、四十二至五十一、五十四至六十)

620000－1121－0000539 4/032
文選六十卷 （南朝梁）蕭統輯 （唐）李善注 清乾隆二十四年(1759)刻本 十六冊 存五十九卷(一至十一、十三至六十)

620000－1121－0000540 4/032－2
文選六十卷 （南朝梁）蕭統輯 （唐）李善注 清乾隆刻本 四冊 存十四卷(十四至二十七)

620000－1121－0000541 4/032－1
文選六十卷 （南朝梁）蕭統輯 （唐）李善注 清乾隆刻本 十二冊

620000－1121－0000542 4/047
聞式堂古文選釋八卷 （清）臧岳編輯 清乾隆三年(1738)古吳三樂齋刻本 七冊 缺一卷(三)

620000－1121－0000543 2/085
吾學錄初編二卷 （清）吳榮光 （清）黄本驥編 （清）左宗棠節選 清光緒六年(1880)酒泉營次刻本 二冊

620000－1121－0000544 3/078
五朝小說四百六十四種四百八十卷 （明）□□輯 清刻本 一冊 存六種六卷(靈應錄一、壠上記一、鬼塜志一、博異志一、會真記一、黑心符一)

620000－1121－0000545 1/224
五方元音二卷 （清）樊騰鳳撰 （清）年希堯增補 清末刻本 一冊 存一卷(下)

620000－1121－0000546 1/003
五經類編二十八卷 （清）周世樟輯 清嘉慶十五年(1810)刻本 十二冊 存十七卷(一至十三、二十三至二十六)

620000－1121－0000547 1/003－1
五經類編二十八卷 （清）周世樟輯 清刻本 六冊

620000－1121－0000548 1/060
五經類編二十八卷 （清）周世樟輯 清刻本 十一冊 存二十五卷(一至十七、二十一至二十八)

620000－1121－0000549 1/060－1
五經類編二十八卷 （清）周世樟輯 清刻本 四冊 存十二卷(二至五、十八至二十三、二十七至二十八)

620000－1121－0000550 4/035
五言排律依永集八卷 （清）張九鉞注 清乾隆二十六年(1761)文陞齋刻本 四冊

620000－1121－0000551 3/082
武經七書講義全彙合參十卷 （清）朱墉輯撰 （清）王安邦參補 清康熙大盛堂刻本 一冊 存一卷(二)

620000－1121－0000552 3/037
武經七書全解七卷 （清）丁洪章輯 清刻本 一冊 存一卷(二)

620000－1121－0000553 3/024
悟真篇三註三卷外集一卷 （宋）張伯端撰 清道光三十年(1850)刻本 一冊

620000－1121－0000554 3/130
婺學治事文編五卷 湯壽潛點定 清光緒二十四年(1898)石印本 二冊 存二卷(一至二)

620000－1121－0000555 3/012
西湖二集三十四卷 （明）周楫撰 清刻本 一冊 存五卷(八至十、十七至十八)

620000－1121－0000556 4/151

西漚全集十卷外集八卷 （清）李惺撰 （清）童棫等編 清同治七年（1868）刻本 一冊 存二卷（西漚全集一至二）

620000－1121－0000557 3/011
西遊真詮四卷一百回 （清）陳士斌撰 （清）澹漪子評 清末善成堂刻本 五冊 存一卷（一）

620000－1121－0000558 3/011－1
西遊真詮四卷一百回 （清）陳士斌撰 （清）澹漪子評 清中晚期文成堂刻本 二冊 存一卷（一）

620000－1121－0000559 3/104
西招圖略一卷 （清）松筠撰 清道光二十七年（1847）刻本 一冊

620000－1121－0000560 3/115
先正讀書訣一卷 （清）周永年輯 清光緒四年（1878）刻本 一冊

620000－1121－0000561 3/123
象吉備要通書二十九卷 （清）魏鑑編 清刻本 一冊 存五卷（六至十）

620000－1121－0000562 1/149－6
小學集註六卷 （清）高愈注 清光緒刻本 一冊 存二卷（一至二）

620000－1121－0000563 1/149－2
小學集註六卷 （明）陳選集注 清光緒元年（1875）刻本 二冊

620000－1121－0000564 1/149－1
小學集註六卷 （明）陳選集注 清刻本 三冊

620000－1121－0000565 1/149
小學集註六卷 （明）陳選集注 清同治十年（1871）刻本 二冊

620000－1121－0000566 1/149－3
小學集註六卷 （明）陳選集注 清同治十年（1871）刻本 三冊 存五卷（一至五）

620000－1121－0000567 1/149－4
小學集註六卷 （明）陳選集注 清同治十年（1871）刻本 二冊

620000－1121－0000568 1/149－7
小學集註六卷孝經一卷 （明）陳選集注 清光緒三十二年（1906）鴻寶齋石印本 三冊

620000－1121－0000569 1/148
小學纂註六卷 （明）陳選集注 （清）高愈纂注 （清）王炳瀛参訂 清道光十四年（1834）文林堂刻本 四冊

620000－1121－0000570 1/203
孝經集註一卷 （明）陳選集注 清同治十年（1871）刻本 一冊

620000－1121－0000571 3/061
新編日用涓吉奇門五總龜四卷 （明）池紀撰 清經元堂刻本 二冊

620000－1121－0000572 4/090
新編小野催曉夢四卷二十回 （清）雲間嗤嗤道人撰 （清）白雲道人評 清刻本 一冊 存一卷（二）

620000－1121－0000573 3/019
新訂崇正闢謬通書十四卷 （清）李奉來輯 清光緒二年（1876）刻本 三冊 存六卷（五至十）

620000－1121－0000574 3/017
新訂崇正闢謬通書十四卷 （清）李奉來輯 清光緒二十年（1894）刻本 二冊 存三卷（一至二、八）

620000－1121－0000575 3/046
新訂崇正闢謬通書十四卷 （清）李奉來輯 清光緒刻本 一冊 存二卷（八至九）

620000－1121－0000576 3/046－1
新訂崇正闢謬通書十四卷 （清）李奉來輯 清光緒刻本 一冊 存一卷（十四）

620000－1121－0000577 1/108
新訂四書補註備旨十卷 （明）鄧林撰 （清）杜定基增訂 清光緒十年（1884）刻本 五冊 存八卷（一至八）

620000－1121－0000578 3/114－1

新訂王氏羅經透解二卷　（清）王道亨輯　清道光三年（1823）刻本　一冊

620000－1121－0000579　3/114
新訂王氏羅經透解二卷　（清）王道亨輯　清道光三年（1823）刻本　二冊

620000－1121－0000580　3/119
新鐫東西晉演義十二卷　（明）楊爾曾撰　清刻本　一冊　存二卷（六至七）

620000－1121－0000581　4/103
新鐫韓祖成仙寶傳八卷二十四回　（清）□□撰　清道光元年（1821）刻本　一冊　存一卷（一）

620000－1121－0000582　1/204
新鐫校正女孝經□□卷　（唐）鄭氏撰　（清）吳隆元校正　清光緒十三年（1887）全義堂刻本　一冊

620000－1121－0000583　3/118
新鐫校正指明算法二卷　（清）王相晉訂　清道光二年（1822）宏德堂刻本　一冊　存一卷（上）

620000－1121－0000584　3/107
新鐫曆法總覽合節鰲頭通書大全十卷　（明）熊宗立撰　清刻本　一冊　存二卷（一至二）

620000－1121－0000585　2/062
新鐫全補標題音註歷朝捷錄四卷　（明）顧充撰　清刻本　一冊　存一卷（三）

620000－1121－0000586　3/065
新鐫全像武穆精忠傳八卷　（明）李贄評　清刻本　四冊　存四卷（一、四至五、七）

620000－1121－0000587　1/180
新鐫增補周易備旨一見能解六卷　（明）黃淳耀撰　（清）嚴而寬增補　清刻本　一冊　存二卷（五至六）

620000－1121－0000588　3/050
新刊校正增釋合併麻衣先生人相編五卷　（明）陸位崇編　清刻本　一冊　存二卷（四至五）

620000－1121－0000589　3/105
新刊醫林狀元壽世保元十卷　（明）龔廷賢編　清刻本　六冊　存六卷（二、四至五、八至十）

620000－1121－0000590　4/105
新刻按鑑編纂開闢衍繹通俗志傳六卷八十回　（明）周游撰　（明）王黌注　清道光刻本　三冊　存三卷（二、四、六）

620000－1121－0000591　3/075－2
新刻法筆驚天雷六卷　（清）□□撰　清光緒二十年（1894）宏道堂刻本　一冊　存三卷（一至三）

620000－1121－0000592　3/075
新刻法筆驚天雷六卷　（清）□□撰　清光緒二十年（1894）刻本　一冊

620000－1121－0000593　3/075－1
新刻法筆驚天雷六卷　（清）□□撰　清同治六年（1867）刻本　一冊

620000－1121－0000594　3/076
新刻粉粧樓傳記十卷八十回　（清）竹溪山人撰　清大文堂刻本　三冊　存四卷（五至六、九至十）

620000－1121－0000595　4/096
新刻封神演義八卷一百回　（明）許仲琳撰　清刻本　三冊　存六卷（三至八）

620000－1121－0000596　4/096－2
新刻封神演義八卷一百回　（明）許仲琳撰　清刻本　二冊　存四卷（三至四、七至八）

620000－1121－0000597　4/096－1
新刻封神演義八卷一百回　（明）許仲琳撰　清刻本　三冊　存三卷（三至四、八）

620000－1121－0000598　2/086
新刻劍嘯閣批評東漢演義傳十卷　（明）謝詔撰　（明）鍾惺評　清刻本　五冊　存八卷（一至六、九至十）

620000－1121－0000599　4/101
新刻劍嘯閣批評東漢演義傳十卷　（明）謝詔

撰　(明)鍾惺評　清刻本　二册　存五卷(四至五、八至十)

620000－1121－0000600　4/106
新刻劍嘯閣批評西漢演義傳八卷　(明)甄偉撰　(明)鍾惺評　清善成堂刻本　四册　存六卷(一至二、五至八)

620000－1121－0000601　1/050
新刻書經備旨善本輯要六卷　(清)馬大猷輯　清嘉慶二十四年(1819)刻本　一册　存二卷(一至二)

620000－1121－0000602　3/073
新刻天花藏批評玉嬌梨四卷二十回　(清)荻岸散人撰　清刻本　一册　存一卷(四)

620000－1121－0000603　3/074－1
新刻增刪二度梅奇説六卷二十回　(清)惜陰堂主人撰　清刻本　一册　存四卷(三至六)

620000－1121－0000604　3/074
新刻增刪二度梅奇説六卷二十回　(清)惜陰堂主人撰　清乾隆四十七年(1782)刻本　二册

620000－1121－0000605　3/004
新增幼學故事瓊林四卷　(清)鄒聖脈增補　清乾隆二十五年(1760)刻本　四册

620000－1121－0000606　3/081－1
新增幼學瓊林故事四卷　(清)鄒聖脈增補　清光緒十三年(1887)刻本　四册

620000－1121－0000607　3/081
新增幼學瓊林故事四卷　(清)鄒聖脈增補　清乾隆二十五年(1760)刻本　一册

620000－1121－0000608　2/103
新纂氏族箋釋八卷　(清)熊峻運撰　清刻本　三册　存四卷(二、六至八)

620000－1121－0000609　4/163
醒予山房文存十二卷　(清)劉愚撰　清同治元年(1862)刻本　六册

620000－1121－0000610　3/032
性理大全會通七十卷性理會通四十二卷　(明)胡廣等編　(明)鍾人傑訂　清聚錦堂刻本　八册　存十九卷(性理大全會通十四至三十二)

620000－1121－0000611　3/025－4
性理論新編不分卷　(清)□□撰　清刻本　一册

620000－1121－0000612　4/022
性理體注標題講義八卷　(清)許鏘增輯　清增美堂刻本　五册

620000－1121－0000613　4/022
性理體注標題講義八卷　(清)許鏘增輯　清增美堂刻本　五册

620000－1121－0000614　3/025－2
性理體注標題講義八卷　(清)許鏘增輯　清致和堂刻本　五册

620000－1121－0000615　3/025－2
性理體注標題講義八卷　(清)許鏘增輯　清致和堂刻本　五册

620000－1121－0000616　3/025－3
性理體註標題講義八卷　(清)許鏘增輯　清刻本　三册　存六卷(三至八)

620000－1121－0000617　3/025
性理體註標題講義八卷　(清)許鏘增輯　清文會堂刻本　二册

620000－1121－0000618　3/025－1
性理體註標題講義八卷　(清)許鏘增輯　清致和堂刻本　四册

620000－1121－0000619　3/025－1
性理體註標題講義八卷　(清)許鏘增輯　清致和堂刻本　四册

620000－1121－0000620　4/164
續何有錄一卷　(清)劉愚撰　清刻本　一册

620000－1121－0000621　3/069
續四才子四卷十八回　(清)步月主人撰　清道光十一年(1831)會賢堂刻本　一册　存二卷(一至二)

620000－1121－0000622　3/094
選擇集要七卷　(清)□□輯抄　清抄本　一册

620000－1121－0000623　3/023
學詩初例五卷首一卷　(清)袁愚山輯　清乾隆二十二年(1757)致和堂刻本　三册　存三卷(一至二、四)

620000－1121－0000624　1/206
學庸便童錄二卷　(清)王化興輯　清道光八年(1828)刻本　一册

620000－1121－0000625　1/222
學庸便童錄二卷　(清)王化興輯　清道光八年(1828)刻本　三册

620000－1121－0000626　1/114
學源堂合訂四書發註十九卷　(清)朱奇生纂輯　清刻本　三册　存五卷(論語一至三、孟子六至七)

620000－1121－0000627　1/099－1
學源堂合纂四書體註□□卷　(清)范翔參訂　清康熙刻本　五册

620000－1121－0000628　1/099－3
學源堂合纂四書體註□□卷　(清)范翔參訂　清乾隆刻本　三册　存五卷(一至五)

620000－1121－0000629　1/100－2
學源堂四書體註合講十九卷　(清)翁復編　清道光刻本　七册　存十一卷(論語一至十、孟子七)

620000－1121－0000630　1/100－1
學源堂四書體註合講十九卷　(清)翁復編　清道光刻本　十册　存十七卷(論語一至十、孟子一至七)

620000－1121－0000631　1/100
學源堂四書體註合講十九卷　(清)翁復編　清道光刻本　九册

620000－1121－0000632　2/098
雪帆先君子行實錄不分卷　(清)汪士鏞編撰　清刻本　一册

620000－1121－0000633　4/086
訓俗遺規四卷　(清)陳弘謀編　清光緒十九年(1893)刻本　一册　存一卷(一)

620000－1121－0000634　1/102
延古齋四書旁訓體註□□卷　(清)范翔參訂　清康熙三十一年(1692)刻本　五册　存八卷(大學一、中庸一、論語四至九)

620000－1121－0000635　4/078
楊忠愍公集四卷　(明)楊繼盛撰　清光緒刻本　二册　存三卷(一至二、四)

620000－1121－0000636　1/183
易經大全會解四卷　(清)來爾繩纂　清光緒二年(1876)刻本　三册

620000－1121－0000637　1/184－4
易經大全會解四卷　(清)來爾繩纂　清刻本(致和堂)　二册　存二卷(一至二)

620000－1121－0000638　1/181
易經來註圖解十五卷首一卷末一卷　(明)來知德撰　清嘉慶寧遠堂刻本　八册

620000－1121－0000639　1/184－5
易經體註大全合參四卷　(清)李兆賢輯　(清)范翔鑒定　清光緒十八年(1892)刻本　三册

620000－1121－0000640　1/183－1
易經體註大全合參四卷　(清)李兆賢輯　(清)范翔鑒定　清康熙刻本　四册

620000－1121－0000641　1/184－3
易經體註大全合參四卷　(清)李兆賢輯　(清)范翔鑒定　清刻本　三册　存二卷(一至二)

620000－1121－0000642　1/184－2
易經體註一卷　(清)范翔撰　(清)來爾繩輯　清末刻本　一册

620000－1121－0000643　1/175
易學啟蒙四卷首一卷　(宋)朱熹撰　清刻本　二册　存二卷(一、首一卷)

620000－1121－0000644　1/225

易藝舉隅六卷 （清）陳本淦纂 清道光十九年（1839）刻本 三冊 存三卷（一、五至六）

620000－1121－0000645 3/068
義俠好逑傳四卷十八回 （清）名教中人撰 （清）游方外客評 清善成堂刻本 一冊 存二卷（一至二）

620000－1121－0000646 3/053
陰符經類解不分卷 （明）朱權述 清刻本 一冊

620000－1121－0000647 4/041
瀛海探驪集八卷 （清）朱娫之輯 （清）馮泉等注 清嘉慶十九年（1814）集錦堂刻本 四冊 存四卷（一至四）

620000－1121－0000648 2/092
應試程式不分卷 （□）□□撰 清同治刻本 一冊

620000－1121－0000649 4/005－1
應試唐詩說詳八卷 （清）蘇寧亭注疏 清乾隆二十六年（1761）刻本 二冊

620000－1121－0000650 1/205
咏孝類編四卷 （清）夏中言輯 清刻本 一冊 存一卷（四）

620000－1121－0000651 4/156
漁洋詩話三卷 （清）王士禛撰 清嘉慶三年（1798）刻本 一冊 存一卷（下）

620000－1121－0000652 1/214
御案詩經備旨八卷 （清）鄒聖脈纂 （清）鄒廷猷編 清刻本 一冊 存一卷（七）

620000－1121－0000653 1/012
御案詩經備旨八卷 （清）鄒聖脈纂 （清）鄒廷猷編 清乾隆二十八年（1763）刻本 六冊

620000－1121－0000654 2/028
御批歷代通鑑輯覽一百二十卷 （清）傅恒等撰 清光緒三十年（1904）寶善書局石印本 九冊 存五十三卷（九至二十二、三十五至四十、四十七至五十二、五十九至七十二、七十八至八十八、一百一至一百二）

620000－1121－0000655 4/002
御選唐宋詩醇四十七卷目錄二卷 （清）高宗弘曆輯 清光緒三年（1877）刻本 二十冊 缺二卷（目錄二卷）

620000－1121－0000656 4/001
御選唐宋詩醇四十七卷目錄二卷 （清）高宗弘曆輯 清乾隆二十五年（1760）刻本 二十冊 存三十八卷（一至二十二、三十二至四十七）

620000－1121－0000657 4/061
御製詩初集四十四卷目錄四卷 （清）高宗弘曆撰 清乾隆十四年至嘉慶五年（1749－1800）内府刻本 十三冊 存二十五卷（十七至十八、二十一至四十二，目錄一）

620000－1121－0000658 4/065
御製詩二集九十卷總目十卷 （清）高宗弘曆撰 清乾隆二十四年（1759）内府刻本 二十五冊 存五十七卷（十四至二十四、三十一至三十三、三十六至四十四、五十二至六十七、七十一至七十四、七十八至八十、八十三至八十八，總目一至五）

620000－1121－0000659 1/202
御註孝經一卷 （清）世祖福臨定 清咸豐八年（1858）西安忠興堂書坊刻本 一冊

620000－1121－0000660 2/021
御撰資治通鑑綱目三編二十卷 （清）張廷玉等撰 清光緒十五年（1889）善成堂刻本 三冊 存十五卷（一至十、十六至二十）

620000－1121－0000661 2/026
御撰資治通鑑綱目三編二十卷 （清）張廷玉等撰 清刻本 一冊 存四卷（七至十）

620000－1121－0000662 1/161－1
御纂春秋直解十二卷 （清）傅恒等纂 清乾隆二十三年（1758）寶善堂刻本 四冊 存七卷（一至七）

620000－1121－0000663 4/009
御纂詩義折中二十卷 （清）高宗弘曆撰 （清）傅恒等纂 清道光十八年（1838）刻本

十二册

620000－1121－0000664　1/174
御纂周易折中二十二卷首一卷　（清）李光地等纂　清康熙五十四年（1715）内府刻本　九册　存十八卷（一、四至七、九至二十一）

620000－1121－0000665　1/174－1
御纂周易折中二十二卷首一卷　（清）李光地等纂　清刻本　十九册　存二十卷（二至二十一）

620000－1121－0000666　2/014
元史二百十卷　（明）宋濂　（明）王禕等撰　明萬曆三十年（1602）刻本　十册

620000－1121－0000667　2/014－1
元史二百十卷　（明）宋濂　（明）王禕等撰　清順治十五年（1658）刻本　三十六册

620000－1121－0000668　2/029
袁王綱鑑合編三十九卷　（明）袁黄輯　（明）王世貞編　清光緒三十年（1904）上海商務印書館石印本　十二册　存三十卷（一、五至二十、二十四至三十、三十四至三十九）

620000－1121－0000669　3/071
原本海公大紅袍全傳六十卷　（清）李春芳撰　清刻本　三册　存二十卷（三十八至五十七）

620000－1121－0000670　3/031
原本直指算法統宗十二卷　（明）程大位撰　清刻本　二册　存三卷（六、十一至十二）

620000－1121－0000671　1/122
雲錦四書人物備考十二卷　（明）陳仁錫纂　清嘉慶三年（1798）刻本　八册　存九卷（一至三、六至七、九至十二）

620000－1121－0000672　4/102
雲林别墅繪像妥註第六才子書六卷首一卷　（元）王實甫撰　（清）金人瑞評　（清）鄒聖脈注　清刻本　三册　存四卷（三至六）

620000－1121－0000673　4/016
雲樣集八卷　（清）高陳謨編　清嘉慶二年（1797）刻本　四册

620000－1121－0000674　1/240
韻辨附文五卷　（清）沈兆霖撰　清道光二十三年（1843）刻本　三册

620000－1121－0000675　1/243－2
韻法直圖一卷　（明）梅膺祚撰　清抄本　一册

620000－1121－0000676　3/040
則克録三卷圖一卷　（德國）湯若望撰　（明）焦勖纂　清來鹿堂刻本　一册　存二卷（二至三）

620000－1121－0000677　1/157－1
增補春秋左傳易讀六卷　（清）司徒修輯　清咸豐六年（1856）福興堂刻本　六册

620000－1121－0000678　1/157
增補春秋左傳易讀六卷　（清）司徒修輯　清咸豐六年（1856）福興堂刻本　六册

620000－1121－0000679　3/108
增補斗首河洛理氣鰲頭通書大全□□卷　（明）熊宗立輯　清乾隆五十一年（1786）宏道堂刻本　七册　存七卷（一、四至九）

620000－1121－0000680　2/022
增補綱鑑輯要四十卷首一卷　（明）袁黄纂　清光緒刻本　三十六册　存三十七卷（一至八、十至十六、十八至三十五、三十七至四十）

620000－1121－0000681　3/007
增補事類統編九十三卷首一卷　（清）黄葆真增輯　清刻本　十一册

620000－1121－0000682　1/124
增補四書人物備考十二卷　（明）薛方山輯　（明）陳仁錫增訂　清乾隆六年（1741）刻本　六册

620000－1121－0000683　3/036
增補武經集註大全七卷首一卷　（清）彭繼耀纂　清刻本　一册　存一卷（三）

620000－1121－0000684　1/230
增補字學舉隅不分卷　（清）黄本驥　（清）龍

啟瑞撰　清光緒二十六年(1900)永盛堂刻本　一冊

620000－1121－0000685　1/158－2
增補左繡三十卷首一卷　(清)馮李驊　(清)陸浩評輯　清刻本　一冊　存二卷(二至三)

620000－1121－0000686　1/158－1
增補左繡三十卷首一卷　(清)馮李驊　(清)陸浩評輯　清刻本　一冊　存二卷(二至三)

620000－1121－0000687　1/158
增補左繡三十卷首一卷　(清)馮李驊　(清)陸浩評輯　清刻本　十一冊　存二十七卷(二至十二、十五至三十)

620000－1121－0000688　1/128
增訂二論詳解四卷　(清)劉忠輯　清光緒六年(1880)永發堂刻本　一冊

620000－1121－0000689　1/145－2
增訂二論詳解四卷　(清)劉忠輯　清宣統元年(1909)上海鍊石齋書局石印本　一冊　存一卷(四)

620000－1121－0000690　3/066
增訂繪圖精忠説岳全傳八卷　(清)□□撰　清光緒石印本　一冊　存二卷(三至四)

620000－1121－0000691　1/190－1
增批東萊博議四卷　(宋)吕祖謙撰　(清)孫執升　(清)張明德評選　(清)何稷堈　(清)馮泰松重刊　清刻本　四冊

620000－1121－0000692　1/190－2
增批東萊博議四卷虚字注釋六卷　(宋)吕祖謙撰　(清)孫執升　(清)張明德評選　(清)張文炳點定　清光緒二十八年(1902)新昌支孫合族刻本　三冊　存三卷(二至四)

620000－1121－0000693　2/071
增評加批歷史綱鑑補三十九卷　(明)袁黄輯　(明)王世貞編　清光緒二十八年(1902)石印本　一冊　存二卷(一至二)

620000－1121－0000694　1/179
增删卜易六卷　(清)丁耀亢撰　(清)李文輝增删　清嘉慶十七年(1812)天德堂刻本　二冊　存三卷(一至三)

620000－1121－0000695　1/177
增删卜易六卷　(清)丁耀亢撰　(清)李文輝增删　清嘉慶十七年(1812)天德堂刻本　三冊

620000－1121－0000696　1/103
增删四書朱子大全精言四十一卷　(清)周大璋纂　清刻本　八冊　存十卷(論語十一至二十)

620000－1121－0000697　2/044
戰國策十卷　(宋)鮑彪校注　(元)吴師道重校　清乾隆二十七年(1762)刻本　四冊　存四卷(一、三至五)

620000－1121－0000698　1/109
張九達先生四書尊註會意解三十六卷　(清)張九達輯　(清)張庸德補輯　清康熙詒清堂刻本　十一冊　存二十二卷(九至十二、十五至十六、十九至二十二、二十五至三十六)

620000－1121－0000699　1/188
張三丰先生全集八卷　(明)張君竇撰　(清)李西月重編　清刻本　一冊　存一卷(一)

620000－1121－0000700　4/079
趙浚谷詩集六卷　(明)趙時春撰　明嘉靖刻本　一冊　存一卷(五)

620000－1121－0000701　1/096－3
殖學齋編訂四書大全二十卷　(清)王文烜錄　清雍正十一年(1733)刻本　一冊　存二卷(孟子一至二)

620000－1121－0000702　4/017
中晚唐詩叩彈集十二卷續集三卷　(清)杜詔　(清)杜庭珠撰　清康熙四十三年(1704)采山亭刻本　六冊

620000－1121－0000703　1/091
忠信堂四書旁訓貫解十九卷　(宋)朱熹注　(清)朱良玉輯　清乾隆四十一年(1776)忠信

堂刻本　十八册

620000－1121－0000704　1/082
周官精義十二卷　(清)連斗山輯　清嘉慶二年(1797)致和堂刻本　六册

620000－1121－0000705　1/018－1
周官精義十二卷　(清)連斗山輯　清嘉慶二年(1797)致和堂刻本　十二册

620000－1121－0000706　1/082－1
周官精義十二卷　(清)連斗山輯　清嘉慶十八年(1813)經餘堂刻本　六册

620000－1121－0000707　1/018
周官精義十二卷　(清)連斗山輯　清乾隆四十一年(1776)刻本　六册

620000－1121－0000708　1/016
周禮節訓六卷　(清)黄叔琳撰　(清)姚培謙重訂　清刻本　二册

620000－1121－0000709　1/019－1
周禮精華六卷　(清)陳龍標輯　清道光十二年(1832)刻本　六册

620000－1121－0000710　1/019
周禮精華六卷　(清)陳龍標輯　清道光十二年(1832)刻本　六册

620000－1121－0000711　1/081
周禮精華六卷　(清)陳龍標輯　清道光五年(1825)務本堂刻本　三册　存三卷(一至三)

620000－1121－0000712　1/223
周禮精華六卷　(清)陳龍標輯　清嘉慶刻本　二册　存二卷(五至六)

620000－1121－0000713　1/216
周禮政要二卷　(清)孫詒讓撰　清光緒三十一年(1905)甘肅高等學堂刻本　一册　存一卷(一)

620000－1121－0000714　1/017－1
周禮註疏删翼三十卷　(明)王志長撰　明崇禎十二年(1639)刻本　八册

620000－1121－0000715　1/017
周禮註疏删翼三十卷　(明)王志長撰　明崇禎十二年(1639)刻本　二十册

620000－1121－0000716　1/080
周禮註疏删翼三十卷　(明)王志長撰　清乾隆六十年(1795)刻本　四册　存五卷(一至五)

620000－1121－0000717　2/002
周書五十卷　(唐)令狐德棻等撰　明萬曆十六年(1588)刻本　六册

620000－1121－0000718　1/178
周易參同契分章註解三卷　(漢)魏伯陽撰　(元)陳致虚注　清道光三十年(1850)刻本　一册

620000－1121－0000719　1/176
周易四卷　(宋)朱熹注　清末刻本　二册

620000－1121－0000720　1/182
周易四卷　(宋)朱熹注　清同治十年(1871)刻本　二册

620000－1121－0000721　1/137
朱子四書或問小註三十六卷　(宋)朱熹撰　(清)徐方廣增注　清康熙四十七年(1708)刻本　十二册

620000－1121－0000722　3/059－1
朱子原訂近思録十四卷　(宋)朱熹撰　(清)江永集注　清咸豐二年(1852)刻本　二册

620000－1121－0000723　2/032
諸史間論十五卷　(清)李元春撰　清道光二十五年(1845)刻本　七册

620000－1121－0000724　3/116
諸子彙函二十六卷　(明)歸有光輯　(明)文震孟訂　明刻本　三册　存四卷(七至八、十、十三)

620000－1121－0000725　4/025
註釋館課我法詩箋四卷　(清)紀昀撰　(清)郭斌注　清嘉慶九年(1804)刻本　四册

620000－1121－0000726　2/037
鑄史駢言十二卷　(清)孫玉田撰　清光緒二

年(1876)刻本　四冊

620000－1121－0000727　3/018
莊子南華真經四卷　(戰國)莊周撰　(晉)郭象注　明刻朱墨套印本　四冊

620000－1121－0000728　3/018－1
莊子南華真經四卷音義一卷　(戰國)莊周撰　(晉)郭象注　清嘉慶十一年(1806)文盛堂刻本　二冊　存二卷(一至二)

620000－1121－0000729　2/017
資治通鑑綱目正編五十九卷　(宋)朱熹撰　(明)陳仁錫評　明刻本　四十冊　存四十七卷(六至四十四、五十二至五十九)

620000－1121－0000730　2/026－1
資治通鑑綱目正編五十九卷　(宋)朱熹撰　(明)陳仁錫評　清刻本　二冊　存二卷(二至三)

620000－1121－0000731　3/001
字彙十二卷　(明)梅膺祚撰　清嘉慶四年(1799)刻本　十三冊

620000－1121－0000732　3/010－1
字彙十二卷　(明)梅膺祚撰　清刻本　十五冊

620000－1121－0000733　3/010
字彙十二卷　(明)梅膺祚撰　清刻本　十冊　缺一卷(亥)

620000－1121－0000734　3/002
字彙十二卷　(明)梅膺祚撰　清乾隆三十二年(1767)三樂齋刻本　十四冊

620000－1121－0000735　3/010－2
字彙十二卷首一卷末一卷韻法直圖一卷橫圖一卷　(明)梅膺祚撰　清大盛堂刻本　十三冊

620000－1121－0000736　3/010－4
字彙十二卷首一卷末一卷韻法直圖一卷橫圖一卷　(明)梅膺祚撰　清古吳文會堂刻本　六冊　存七卷(子、寅、巳至未,韻法直圖一卷,橫圖一卷)

620000－1121－0000737　3/010－3
字彙十二卷首一卷末一卷韻法直圖一卷橫圖一卷　(明)梅膺祚撰　清金陵致和堂刻本　十三冊

620000－1121－0000738　3/010－6
字彙十二卷首一卷末一卷韻法直圖一卷橫圖一卷　(明)梅膺祚撰　清刻本　一冊　存一卷(卯集)

620000－1121－0000739　1/243
字彙十二卷首一卷末一卷韻法直圖一卷橫圖一卷　(明)梅膺祚撰　清刻本　一冊　存三卷(末一卷、韻法直圖一卷、橫圖一卷)

620000－1121－0000740　3/010－5
字彙十二卷首一卷末一卷韻法直圖一卷橫圖一卷　(明)梅膺祚撰　清刻本　九冊　存八卷(子、寅至辰、午、申、亥,末一卷)

620000－1121－0000741　1/220－1
字略正譌不分卷　(清)伍澤梁撰　清道光二十三年(1843)刻本　一冊

620000－1121－0000742　1/196－1
字學舉隅不分卷　(清)黄本驥輯　清光緒二年(1876)刻本　一冊

620000－1121－0000743　1/196
字學舉隅不分卷　(清)黄本驥輯　清同治九年(1870)刻本　一冊

620000－1121－0000744　3/097
奏定學堂章程不分卷　(清)張百熙等編　清刻本　一冊

620000－1121－0000745　1/096－1
纂補四書大全二十卷　(清)劉嗣固纂補　清康熙四十九年(1710)刻本　十七冊　存十六卷(大學一、中庸二至三、論語六至十三、孟子十六至二十)

620000－1121－0000746　1/096
纂補四書大全二十卷　(清)劉嗣固纂補　清康熙四十九年(1710)刻本　十八冊　存十八卷(大學一,中庸三,論語四至六、八至十三,

孟子十四至二十）

620000－1121－0000747　2/105
左文襄公批札七卷　(清)左宗棠撰　清光緒刻本　四册　存四卷(二、五至七)

620000－1121－0000748　2/107
左文襄公謝摺二卷　(清)左宗棠撰　清光緒刻本　一册　存一卷(一)

620000－1121－0000749　2/106
左文襄公咨札一卷　(清)左宗棠撰　清光緒刻本　一册

620000－1121－0000750　1/159－2
左繡三十卷首一卷　(清)馮李驊　(清)陸浩輯　清華川書屋刻本　二册　存五卷(一至三、十二至十三)

620000－1121－0000751　1/031
左繡三十卷首一卷　(清)馮李驊　(清)陸浩輯　清刻本　四册

620000－1121－0000752　1/157－6
左傳易讀六卷　(清)司徒修輯　清道光二十九年(1849)刻本　五册　存五卷(一、三至六)

620000－1121－0000753　1/157－5
左傳易讀六卷　(清)司徒修輯　清道光二十九年(1849)刻本　五册　存五卷(一、三至六)

620000－1121－0000754　1/157－7
左傳易讀六卷　(清)司徒修輯　清道光二十年(1840)刻本　二册　存二卷(一至二)

620000－1121－0000755　1/157－2
左傳易讀六卷　(清)司徒修輯　清道光五年(1825)刻本　五册　存五卷(一至二、四至六)

620000－1121－0000756　1/157－3
左傳易讀六卷　(清)司徒修輯　清道光五年(1825)刻本　一册

620000－1121－0000757　1/157－4
左傳易讀六卷　(清)司徒修輯　清咸豐刻本　五册　存五卷(二至六)

620000－1121－0000758　2/048
[乾隆]雅州府志十六卷　(清)曹掄彬修　(清)曹掄翰纂　清光緒十三年(1887)補刻本　九册　存十二卷(一至七、十至十四)

甘肅省臨夏市圖書館古籍普查登記目録

全國古籍普查登記目録

國家圖書館出版社
National Library of China Publishing House

《甘肅省臨夏市圖書館古籍普查登記目録》

編委會

620000－1106－0000001　593

百家姓考略一卷　（清）王相撰　清末刻本　一冊

620000－1106－0000002　409

百末詞五卷詞餘一卷　（清）尤侗撰　**性理吟一卷**　（宋）朱熹撰　**後性理吟一卷**　（清）尤侗撰　清刻西堂全集本　一冊

620000－1106－0000003　420

保赤良方四卷首一卷　（清）寄湘漁父輯　清光緒九年（1883）刻本　一冊

620000－1106－0000004　106

北齊書五十卷　（唐）李百藥撰　清光緒十四年（1888）上海圖書集成印書局鉛印本　六冊

620000－1106－0000005　442

北史一百卷　（唐）李延壽撰　明萬曆二十年（1592）刻明清遞修本　一冊　存三卷（六十七至六十九）

620000－1106－0000006　352

北史一百卷　（唐）李延壽撰　清光緒十年（1884）上海同文書局石印本　二十四冊

620000－1106－0000007　329

北史一百卷　（唐）李延壽撰　清光緒十四年（1888）上海圖書集成印書局鉛印本　十六冊

620000－1106－0000008　382

本草綱目五十二卷　（明）李時珍撰　明崇禎刻本　三冊　存四卷（三十二至三十三、三十五、五十一）

620000－1106－0000009　584

筆算數學三卷　（美國）狄考文輯　（清）鄒立文述　清光緒刻本　一冊　存一卷（二）

620000－1106－0000010　259

駁案新編三十二卷續編七卷　（清）全士潮等纂　清刻本　十三冊

620000－1106－0000011　370

策府統宗六十五卷目錄一卷　（清）劉昌齡輯　清光緒二十三年（1897）慎記莊石印本　三冊　存十一卷（二十六至三十一、三十六至三十九，目錄一卷）

620000－1106－0000012　482

昌黎先生詩集注十一卷年譜一卷　（唐）韓愈撰　（清）朱彝尊　（清）何焯評　（清）顧嗣立刪補　清道光十六年（1836）吳氏膺德堂刻朱墨套印本　一冊　存三卷（五至七）

620000－1106－0000013　33

陳書三十六卷　（唐）姚思廉撰　清光緒十四年（1888）上海圖書集成印書局鉛印本　四冊

620000－1106－0000014　89

尺木堂綱鑑易知錄九十二卷　（清）吳乘權　（清）周之炯　（清）周之燦輯　清光緒刻本　四十冊

620000－1106－0000015　556

尺木堂綱鑑易知錄九十二卷　（清）吳乘權　（清）周之炯　（清）周之燦輯　清刻本　二十三冊　存四十四卷（二十至二十五、二十八至五十三、六十七至六十八、七十至七十九）

620000－1106－0000016　533

尺木堂綱鑑易知錄九十二卷明鑑易知錄十五卷　（清）吳乘權　（清）周之炯　（清）周之燦輯　清同治九年（1870）歸安毛潾刻本　二十八冊　存六十二卷（綱鑑易知錄一至七、十至十二、五十三至九十二，明鑑易知錄一至九、十三至十五）

620000－1106－0000017　30

重訂廣事類賦四十卷　（清）華希閔撰　（清）華希閎重訂　清道光十九年（1839）刻本　七冊　存十六卷（一至六、二十五至二十八、三十五至四十）

620000－1106－0000018　449

重訂綴白裘七集四卷　（清）錢德蒼輯　清乾隆四十六年（1781）刻本　一冊　存一卷（一）

620000－1106－0000019　216

重廣補注黄帝内經素問二十四卷黄帝素問靈樞經十二卷　（唐）王冰注　清光緒刻本　五冊　存十三卷（黄帝内經素問四至十五、黄帝素問靈樞經一）

620000－1106－0000020　307

重鐫官板地理天機會元正篇體用括要十二集三十五卷　(唐)卜則巍撰　(明)顧乃德集　(明)徐之鏌重編　清光緒六年(1880)刻本　十八冊　存三十卷(一至二十六、二十九至三十二)

620000－1106－0000021　41

重刊補註洗冤錄集證五卷　(宋)宋慈撰　(清)王又槐增　(清)李觀瀾補　清同治四年(1865)粵東省署刻四色套印本　五冊

620000－1106－0000022　68

重刊道藏輯要二百八十卷　(清)彭定求輯　(清)閻永和增輯　清光緒二十三年(1897)四川成都二仙庵刻本　二百三十八冊

620000－1106－0000023　336

重栞宋本十三經注疏十三種四百十六卷校勘記四百十六卷識語四卷　(清)□□輯　(清)阮元等校勘　清光緒十三年(1887)脈望仙館石印本　三十二冊

620000－1106－0000024　642

重栞宋本十三經注疏十三種四百十六卷校勘記四百十六卷識語四卷　(清)□□輯　(清)阮元等校勘　清嘉慶二十年(1815)江西南昌府學刻重栞宋本十三經注疏本　七十四冊　存二百七十八卷(爾雅一至十、校勘記一至十,儀禮一至五十、校勘記一至五十,毛詩一至七十、校勘記一至七十,孝經一至九、校勘記一至九)

620000－1106－0000025　405

重校十三經不貳字一卷　(清)李鴻藻輯　清光緒二十二年(1896)校經山房石印本　一冊

620000－1106－0000026　653

仇滄柱先生增補詩經備旨十二卷　(清)梁惠疇輯　(清)祁文友　(清)伊源進增定　清刻本　一冊　存一卷(十二)

620000－1106－0000027　515

川楚善後籌備事例一卷　(清)戶部纂　清嘉慶刻本　一冊

620000－1106－0000028　197

船山史論四種五十二卷　(清)王夫之撰　清光緒二十六年(1900)刻本　二十四冊

620000－1106－0000029　60

春秋大事表五十卷輿圖一卷附錄一卷　(清)顧棟高輯　清光緒十四年(1888)陝西求友齋刻本　十二冊　存三十八卷(十三至五十)

620000－1106－0000030　59

春秋穀梁註疏二十卷　(晉)范甯集解　(唐)楊士勛疏　明崇禎八年(1635)汲古閣刻十三經註疏本　六冊

620000－1106－0000031　206

春秋三傳十六卷首一卷　(晉)杜預等注　(唐)陸德明音義　清光緒十六年(1890)蘭州刻本　十二冊

620000－1106－0000032　510

春秋三傳十六卷首一卷　(晉)杜預等注　(唐)陸德明音義　清光緒十六年(1890)蘭州刻本　三冊　存四卷(一至二、九至十)

620000－1106－0000033　66

春秋三傳十六卷首一卷釋文音義一卷　(晉)杜預等注　(唐)陸德明音義　清同治十年(1871)刻本　十四冊

620000－1106－0000034　171

春秋三傳十六卷首一卷釋文音義一卷　(晉)杜預等注　(唐)陸德明音義　清同治十年(1871)刻本　十二冊　存十五卷(一至六、八至九、十一至十六,釋文音義一卷)

620000－1106－0000035　297

春秋三傳十六卷首一卷釋文音義一卷　(晉)杜預等注　(唐)陸德明音義　清同治十年(1871)刻本　八冊　存十一卷(一至九、首一卷,釋文音義一卷)

620000－1106－0000036　301

春秋三傳十六卷首一卷釋文音義一卷　(晉)杜預等注　(唐)陸德明音義　清同治十年(1871)刻本　十四冊

620000－1106－0000037　302
春秋三傳十六卷首一卷釋文音義一卷　(晉)杜預等注　(唐)陸德明音義　清同治十年(1871)刻本　十四册

620000－1106－0000038　303
春秋三傳十六卷首一卷釋文音義一卷　(晉)杜預等注　(唐)陸德明音義　清同治十年(1871)刻本　八册　存十二卷(一至八、十一至十三,釋文音義一卷)

620000－1106－0000039　304
春秋三傳十六卷首一卷釋文音義一卷　(晉)杜預等注　(唐)陸德明音義　清同治十年(1871)刻本　二册　存三卷(七、十二至十三)

620000－1106－0000040　484
春秋體註四卷　(宋)胡安國傳　(清)范翔參訂　清末刻本　一册　存一卷(四)

620000－1106－0000041　572
春秋左傳五十卷　(晉)杜預注　(唐)陸德明音義　(宋)林堯叟補注　(明)鍾惺等評點　清末刻本　三册　存十四卷(三十四至四十七)

620000－1106－0000042　19
春秋左傳註疏六十卷　(晉)杜預注　(唐)陸德明音義　(唐)孔穎達疏　清刻本　二十四册

620000－1106－0000043　502
搭題芝蘭一卷　(清)史鑑輯　清道光三十年(1850)刻本　一册

620000－1106－0000044　587
大板日用時行雜字一卷　(清)□□輯　清道光二十四年(1844)刻本　一册

620000－1106－0000045　488
大道堂合纂四書體註十九卷　(宋)朱熹注　(清)范翔參訂　清刻本　九册　存十五卷(中庸一,論語一至五、八至十,孟子一至四、六至七)

620000－1106－0000046　563
大方廣佛華嚴經八十卷　(唐)釋實叉難陀譯　明永樂十七年(1419)刻本　一册　存一卷(六十四)

620000－1106－0000047　369
大佛頂首楞嚴經正脈疏四十卷　(明)釋真鑑撰　清光緒二十二年(1896)金陵刻經處刻本　十四册

620000－1106－0000048　155
大清律例彙輯便覽四十卷　(清)刑部律例館纂　清光緒刻本　六册　存七卷(一至七)

620000－1106－0000049　156
大清律例彙輯便覽四十卷三流道里表一卷五軍道里表一卷　(清)刑部編　清同治十一年(1872)湖北讞局刻本　二十一册　存二十八卷(一至十七、二十三、二十六、二十九至三十二、三十五至三十七,三流道里表一卷,五軍道里表一卷)

620000－1106－0000050　147
大清律例統纂集成四十卷　(清)姚潤纂　(清)王梧巢增修　清道光刻本　二十五册

620000－1106－0000051　589
大題文府六卷　(清)□□輯　清末石印本　二册　存二卷(論語一、孟子二)

620000－1106－0000052　507
登瀛社稿續刊一卷　(清)□□輯　(清)馮光過等撰　清同治九年(1870)京都琉璃廠刻本　一册

620000－1106－0000053　113
地理全志一卷　(英國)慕維廉撰　清光緒九年(1883)上海美華書館鉛印本　一册

620000－1106－0000054　509
東萊博議四卷　(宋)呂祖謙撰　(清)孫執升評選　清光緒二十二年(1896)宏道堂刻本　一册

620000－1106－0000055　425
東萊博議四卷增補虛字注釋一卷　(宋)呂祖

謙撰　清光緒二十七年(1901)浙江書局刻本　四册

620000－1106－0000056　214
東坡集四十卷　(宋)蘇軾撰　清刻本　五册　存九卷(十六至十八、二十一至二十六)

620000－1106－0000057　441
東洋史要二卷　(日本)桑原騭藏著　樊炳清譯　清末味經官書局鉛印本　四册

620000－1106－0000058　555
痘疹定論四卷　(清)朱純嘏輯　清刻本　一册　存一卷(三)

620000－1106－0000059　481
讀杜心解六卷首二卷　(清)浦起龍撰　清雍正二年(1724)浦氏寧我齋刻本　一册　存一卷(一之三至六)

620000－1106－0000060　378
讀史方輿紀要一百三十卷方輿全圖總説五卷　(清)顧祖禹撰　清光緒二十七年(1901)石印本　二十四册　缺三十二卷(三十四至六十五)

620000－1106－0000061　468
讀史方輿紀要一百三十卷輿圖要覽四卷　(清)顧祖禹撰　清末刻本　三册　存三卷(讀史方輿紀要二至四)

620000－1106－0000062　134
讀易集説不分卷　(清)朱勳輯　清嘉慶二十二年(1817)刻本　十二册

620000－1106－0000063　96
爾雅疏十卷校勘記十卷　(宋)邢昺疏　清嘉慶二十年(1815)江西南昌府學刻重栞宋本十三經注疏本　五册

620000－1106－0000064　640
法門疏抄二卷　(清)釋昌德輯　清同治十三年(1874)刻本　二册

620000－1106－0000065　459
樊山集二十八卷公牘二卷　樊增祥撰　清光緒十九年(1893)渭南縣署刻本　一册　存四卷(二十五至二十八)

620000－1106－0000066　368
梵網經菩薩戒本疏十卷　(唐)釋法藏撰　清光緒二十五年(1899)金陵刻經處刻本　二册

620000－1106－0000067　390
分類時務通纂三百卷　(清)陳昌紳輯　清光緒二十八年(1902)上海文瀾書局石印本　四十七册　缺十卷(六至十五)

620000－1106－0000068　489
汾湖草堂詩草二卷　(清)周開錫撰　(清)周開銘輯　清光緒刻本　一册　存一卷(一)

620000－1106－0000069　615
佛説四分戒本一卷　(後秦)釋佛陀耶舍譯　(唐)釋道宣刪定　清刻本　一册

620000－1106－0000070　21
附釋音春秋左傳注疏六十卷校勘記六十卷　(晉)杜預注　(唐)孔穎達疏　(唐)陸德明音義　(清)阮元等校　清嘉慶二十年(1815)江西南昌府學刻重栞宋本十三經注疏本　三十册

620000－1106－0000071　51
附釋音春秋左傳注疏六十卷校勘記六十卷　(晉)杜預注　(唐)孔穎達疏　(唐)陸德明音義　(清)阮元等校　清刻本　二十五册　缺八卷(五十三至六十)

620000－1106－0000072　28
附釋音禮記注疏六十三卷校勘記六十三卷　(漢)鄭玄注　(唐)孔穎達疏　(唐)陸德明音義　(清)阮元等校　清嘉慶二十年(1815)江西南昌府學刻重栞宋本十三經注疏本　二十六册

620000－1106－0000073　29
附釋音禮記注疏六十三卷校勘記六十三卷　(漢)鄭玄注　(唐)孔穎達疏　(唐)陸德明音義　(清)阮元等校　清嘉慶二十年(1815)江西南昌府學刻重栞宋本十三經注疏本　三十二册

620000－1106－0000074　48
附釋音毛詩注疏七十卷校勘記七十卷　(漢)毛亨傳　(漢)鄭玄箋　(唐)孔穎達疏　(清)阮元等校　清刻本　二十一册

620000－1106－0000075　32
附釋音尚書注疏二十卷校勘記二十卷　(漢)孔安國傳　(唐)孔穎達疏　(唐)陸德明音義　(清)阮元等校　清嘉慶二十年(1815)江西南昌府學刻重栞宋本十三經注疏本　二册　存八卷(三至六、校勘記三至六)

620000－1106－0000076　88
附釋音周禮注疏四十二卷校勘記四十二卷　(漢)鄭玄注　(唐)賈公彦疏　(唐)陸德明音義　(清)阮元等校　清嘉慶二十年(1815)江西南昌府學刻重栞宋本十三經注疏本　十二册　存二十四卷(一至十二、校勘記一至十二)

620000－1106－0000077　100
附釋音周禮注疏四十二卷校勘記四十二卷　(漢)鄭玄注　(唐)賈公彦疏　(唐)陸德明音義　(清)阮元等校　清嘉慶二十年(1815)江西南昌府學刻重栞宋本十三經注疏本　十三册　存六十八卷(一至五、八至十、十四至十八、二十二至四十二,校勘記一至五、八至十、十四至十八、二十二至四十二)

620000－1106－0000078　601
賦海大觀三十二卷　(清)鴻寶齋主人輯　清末石印本　一册　存一卷(二十二)

620000－1106－0000079　550
感應篇直講一卷　(清)□□撰　清光緒十四年(1888)京都刻本　一册

620000－1106－0000080　182
綱鑑會纂三十九卷首一卷　(明)王世貞輯　清刻本　四十册

620000－1106－0000081　603
綱鑑會纂三十九卷首一卷　(明)王世貞輯　清刻本　十一册　存十三卷(十八至二十、二十三至二十五、二十七、三十四至三十九)

620000－1106－0000082　424
綱鑑要略一卷　(清)竹山居士輯　清光緒二十九年(1903)刻本　一册

620000－1106－0000083　597
綱鑑易知錄九十二卷　(清)吳乘權　(清)周之炯　(清)周之燦輯　清刻本　一册　存四卷(六至九)

620000－1106－0000084　608
綱鑑擇語十卷　(清)司徒修選輯　清道光十六年(1836)宏道堂刻本　一册　存二卷(一至二)

620000－1106－0000085　609
綱鑑擇語十卷　(清)司徒修選輯　清道光十六年(1836)宏道堂刻本　一册　存二卷(一至二)

620000－1106－0000086　8
皋蘭課業經訓約編不分卷　(清)盛元珍輯注　清刻本　四册

620000－1106－0000087　6
皋蘭課業詩賦約編不分卷　(清)盛元珍輯注　清刻本　六册

620000－1106－0000088　244
格物入門七卷　(美國)丁韙良撰　清同治七年(1868)刻本　七册

620000－1106－0000089　245
格物探原六卷　(英國)韋廉臣撰　清光緒六年(1880)木活字印本　四册

620000－1106－0000090　558
格致須知初集七種八卷二集八種八卷　(英國)傅蘭雅撰　清光緒八年至十五年(1882－1889)刻本　十六册

620000－1106－0000091　490
庚辰集五卷唐人試律說一卷　(清)紀昀輯　清刻本　五册　缺一卷(唐人試律說一卷)

620000－1106－0000092　13
古詩箋三十二卷　(清)王士禛選　(清)聞人倓注　清乾隆三十一年(1766)芷蘭堂刻本

十册　存十五卷(七言一至十五)

620000－1106－0000093　595
古事比五十二卷　(清)方中德輯　清光緒三十年(1904)上海宏文閣石印本　一冊　存六卷(一至六)

620000－1106－0000094　166
古唐詩合解十二卷　(清)王堯衢注　(清)李模　(清)李桓校　清刻本　五冊

620000－1106－0000095　491
古唐詩合解十二卷　(清)王堯衢注　(清)李模　(清)李桓校　清刻本　一冊　存三卷(十至十二)

620000－1106－0000096　125
古文辭類纂七十五卷　(清)姚鼐輯　清同治八年(1869)問竹軒刻本　十六冊　存七十一卷(一至十五、二十至七十五)

620000－1106－0000097　616
古文釋義新編八卷　(清)余誠評注　清嘉慶十三年(1808)文會堂刻本　七冊　存七卷(一至三、五至八)

620000－1106－0000098　131
古文雅正十四卷三通序一卷　(清)蔡世遠輯　清嘉慶九年(1804)刻本　六冊

620000－1106－0000099　418
古鹽補留堂精校新增繪圖幼學故事瓊林四卷首一卷　(明)程登吉撰　(清)鄒聖脈增補　清光緒三十四年(1908)上海簡青齋石印本　一冊　存一卷(首一卷)

620000－1106－0000100　344
關聖帝君聖蹟圖誌全集五卷　(清)盧湛輯　清刻本　三冊

620000－1106－0000101　464
關中書院詩課一卷　(清)路德評選　清光緒十五年(1889)刻本　一冊

620000－1106－0000102　377
館課詩賦偶存一卷　(清)白遇道撰　清光緒刻本　一冊

620000－1106－0000103　165
廣事類賦四十卷　(清)華希閔撰　(清)鄒兆升參　清刻本　九冊　缺四卷(二十至二十三)

620000－1106－0000104　31
廣治平略三十六卷　(清)蔡方炳撰　清刻本　六冊

620000－1106－0000105　393
國朝文匯甲前集二十卷甲集六十卷乙集七十卷丙集三十卷丁集二十卷　(清)沈粹芬等輯　清宣統元年(1909)上海國學扶輪社石印本　九十冊　缺二十卷(甲集四十一至六十)

620000－1106－0000106　194
國朝先正事略六十卷　(清)李元度纂　清刻本　六冊　存十一卷(二至十、十六至十七)

620000－1106－0000107　412
寒松堂全集十二卷年譜一卷　(清)魏象樞撰　清嘉慶十六年(1811)魏煜刻本　五冊　存五卷(八至十二)

620000－1106－0000108　236
韓非子二十卷識誤三卷　(戰國)韓非撰　(清)顧廣圻識　清光緒元年(1875)浙江書局刻本　五冊　缺三卷(識誤三卷)

620000－1106－0000109　574
河州倪氏家譜四卷　(清)□□撰　清光緒刻本　四冊

620000－1106－0000110　564
核訂現行刑律不分卷　沈家本等纂　清宣統鉛印本　一冊　存一冊(四)

620000－1106－0000111　91
紅樓夢□□卷一百二十回　(清)曹霑撰　(清)高鶚續撰　清末刻本　四冊　存二十八回(九十三至一百二十)

620000－1106－0000112　37
後漢書一百二十卷　(南朝宋)范曄撰　(唐)李賢注　明崇禎十六年(1643)毛氏汲古閣刻本　十二冊　存五十四卷(三十七至九十)

620000－1106－0000113　333
後漢書一百二十卷　（南朝宋）范曄撰　（唐）李賢注　清光緒三十一年（1905）上海久敬齋石印本　八册

620000－1106－0000114　342
後漢書一百二十卷　（南朝宋）范曄撰　（唐）李賢注　清光緒十年（1884）上海同文書局石印本　二十八册

620000－1106－0000115　319
後漢書一百二十卷　（南朝宋）范曄撰　（唐）李賢注　清光緒十四年（1888）上海圖書集成印書局鉛印本　十二册

620000－1106－0000116　38
後漢書一百二十卷　（南朝宋）范曄撰　（唐）李賢注　（明）高啟愚等修　明嘉靖九年（1530）南京國子監刻明清遞修本　三十二册

620000－1106－0000117　527
淮南子二十一卷　（漢）劉安撰　（漢）高誘注　清刻本　二册　存七卷（十五至二十一）

620000－1106－0000118　547
桓侯桃園明聖牗民真經一卷　（□）□□撰　清光緒十四年（1888）李士儒等刻本　一册

620000－1106－0000119　67
皇朝經世文編補一百二十卷　（清）賀長齡輯　（清）張鵬飛評　清道光二十九年（1849）刻本　九十册　存一百五卷（一至九十一、一百七至一百二十）

620000－1106－0000120　311
皇朝經世文編一百二十卷　（清）賀長齡輯　清光緒十四年（1888）刻本　二十册　存三十卷（一、三至四、十一至十二、十八、二十一、五十八、六十六至六十七、六十九至七十五、七十九至八十二、八十五、八十八、九十至九十四、九十七至九十八）

620000－1106－0000121　220
皇朝經世文編一百二十卷　（清）賀長齡輯　清光緒十四年（1888）上海廣百宋齋石印本　六册

620000－1106－0000122　81
皇朝經世文編一百二十卷　（清）賀長齡輯　清刻本　八十六册　存一百八卷（一至十三、十五至二十、二十三至五十六、五十八至六十九、七十一至七十三、七十五至九十一、九十六至一百十一、一百十三至一百十五、一百十七至一百二十）

620000－1106－0000123　287
皇朝經世文編一百二十卷　（清）賀長齡輯　清末鉛印本　二十册　存一百三卷（四至九、十五至十九、二十五至五十二、五十七至一百二十）

620000－1106－0000124　310
皇朝經世文三編八十卷　（清）陳忠倚輯　清光緒二十七年（1901）上海書局石印本　十六册

620000－1106－0000125　291
皇朝經世文新編二十一卷　麥仲華輯　清光緒二十七年（1901）上海日新社石印本　十七册　存十六卷（一至三、九至二十一）

620000－1106－0000126　3
皇朝經世文續編一百二十卷　（清）葛士濬輯　清光緒十四年（1888）圖書集成局鉛印本　三十二册

620000－1106－0000127　298
皇朝經世文續編一百二十卷　（清）葛士濬輯　清末鉛印本　九册　存四十八卷（三十四至三十九、四十五至八十六）

620000－1106－0000128　294
皇朝通典一百卷　（清）嵇璜等纂修　清光緒二十八年（1902）上海鴻寶書局石印九通本　八册

620000－1106－0000129　181
皇朝通志一百二十六卷　（清）嵇璜等纂修　清光緒二十八年（1902）上海鴻寶書局石印九通本　八册

620000－1106－0000130　355
皇朝文獻通考三百卷　（清）嵇璜等纂修　清

光緒二十八年(1902)上海鴻寶書局石印九通本　三十二冊

620000－1106－0000131　466
彙纂詩法度鍼十卷　(清)徐文弼輯　清刻本　四冊　存六卷(三至五、八至十)

620000－1106－0000132　652
繪圖增像第五才子書水滸全傳八卷七十回　(明)施耐庵撰　(清)金人瑞評釋　清末石印本　一冊　存一卷(八)

620000－1106－0000133　158
稽古録二十卷　(宋)司馬光撰　清光緒九年(1883)解梁書院刻本　四冊

620000－1106－0000134　431
寄傲山房塾課新增幼學故事瓊林四卷　(明)程登吉輯　(清)鄒聖脈增補　清末刻本　一冊　存一卷(二)

620000－1106－0000135　443
寄傲山房塾課新增幼學故事瓊林四卷　(明)程登吉輯　(清)鄒聖脈增補　清末刻本　二冊　存二卷(二、四)

620000－1106－0000136　446
寄傲山房塾課新增幼學故事瓊林四卷　(明)程登吉輯　(清)鄒聖脈增補　清末刻本　一冊　存一卷(四)

620000－1106－0000137　447
寄傲山房塾課新增幼學故事瓊林四卷　(明)程登吉輯　(清)鄒聖脈增補　清末刻本　二冊　存二卷(二、四)

620000－1106－0000138　592
寄傲山房塾課纂輯春秋十二卷　(清)鄒聖脈輯　(清)鄒可庭編　清光緒八年(1882)湖南寶芸堂刻本　二冊　存三卷(二、六至七)

620000－1106－0000139　643
寄嶽雲齋試體詩選詳註四卷　(清)聶銑敏撰　(清)張學蘇箋　清刻本　一冊　存一卷(四)

620000－1106－0000140　143
家寶全集初集八卷二集八卷三集八卷四集八卷首一卷　(清)石成金輯　清刻本　三十二冊

620000－1106－0000141　95
監本附音春秋公羊注疏二十八卷校勘記二十八卷　(漢)何休注　(唐)徐彦疏　(清)阮元校勘　清嘉慶二十年(1815)刻本　十二冊

620000－1106－0000142　189
監本附音春秋公羊注疏二十八卷校勘記二十八卷　(漢)何休注　(唐)徐彦疏　(清)阮元校勘　清嘉慶二十年(1815)刻本　十冊

620000－1106－0000143　122
監本附音春秋穀梁注疏二十卷　(晉)范甯集解　(唐)楊士勛疏　(唐)陸德明釋文　清嘉慶二十年(1815)刻本　六冊

620000－1106－0000144　554
江邨銷夏録三卷　(清)高士奇輯　清末石印本　三冊

620000－1106－0000145　471
教務紀略四卷首一卷　李剛己撰　魏家驊修訂　清光緒鉛印本　一冊　存一卷(四)

620000－1106－0000146　372
教諭語一卷　(清)謝金鑾撰　清光緒十年(1884)刻本　一冊

620000－1106－0000147　655
教諭語一卷　(清)謝金鑾撰　清嘉慶二十年(1815)解梁書院刻本　一冊

620000－1106－0000148　358
較正醫林狀元壽世保元十集十卷　(明)龔廷賢編　(清)周亮登校　清同治四年(1865)刻本　七冊　缺三卷(二至三、七)

620000－1106－0000149　622
戒菴詩草六卷　(清)張晉著　(清)孫枝蔚評　清刻本　一冊　存三卷(四至六)

620000－1106－0000150　351
金史一百三十五卷　(元)脱脱等撰　清光緒十年(1884)上海同文書局石印本　二十四冊

620000－1106－0000151　346
金史一百三十五卷　(元)脱脱等撰　清光緒十四年(1888)上海圖書集成印書局鉛印本　十六册

620000－1106－0000152　324
金史一百三十五卷　(元)脱脱等撰　清光緒鉛印本　十六册

620000－1106－0000153　582
近思録集解十四卷　(宋)朱熹輯　(宋)葉采集解　清刻本　三册　存九卷(三至七、十一至十四)

620000－1106－0000154　321
晉書一百三十卷音義三卷　(唐)房玄齡等撰　(唐)何超音義　清光緒十四年(1888)上海圖書集成印書局鉛印本　十六册

620000－1106－0000155　164
經史百家簡編二卷　(清)曾國藩纂　(清)曾國荃訂　清同治十三年(1874)傳忠書局刻本　二册

620000－1106－0000156　124
經史百家雜鈔二十六卷　(清)曾國藩纂　(清)李鴻章校刊　清光緒二十年(1894)金城刻本　二十四册

620000－1106－0000157　203
經史百家雜鈔二十六卷　(清)曾國藩撰　(清)李鴻章校刊　清光緒二十年(1894)金城刻本　九册　存十八卷(一、四至五、十至十一、十四至二十六)

620000－1106－0000158　227
經史百家雜鈔二十六卷　(清)曾國藩撰　(清)李鴻章校刊　清刻本　十七册　存十七卷(六至十四、十六至二十一、二十五至二十六)

620000－1106－0000159　58
經餘必讀八卷　(清)錢樹棠　(清)雷琳等輯　清嘉慶八年(1803)刻本　四册

620000－1106－0000160　61
經餘必讀八卷　(清)錢樹棠　(清)雷琳等輯　清嘉慶十年(1805)刻本　四册

620000－1106－0000161　240
經餘必讀八卷　(清)錢樹棠　(清)雷琳等輯　清嘉慶十年(1805)刻本　四册

620000－1106－0000162　63
經餘必讀續編八卷　(清)錢樹棠　(清)雷琳等輯　清嘉慶十一年(1806)經餘堂刻本　四册

620000－1106－0000163　566
精選黄眉故事十卷　(明)鄧志謨輯　清康熙刻本　二册　存二卷(六、十)

620000－1106－0000164　448
景岳全書六十四卷　(明)張介賓著　清刻本　一册　存五卷(三十至三十四)

620000－1106－0000165　627
景岳全書六十四卷　(明)張介賓著　清刻本　一册　存一卷(六十四)

620000－1106－0000166　540
九數通考十一卷首一卷末一卷　(清)屈曾發輯　清光緒二十三年(1897)味經刊書處刻本　五册　缺二卷(五、末一卷)

620000－1106－0000167　647
救劫回生四卷　(□)□□輯　清同治西涼兼善堂刻本　一册　存一卷(四)

620000－1106－0000168　340
舊唐書二百卷　(五代)劉昫等撰　清光緒十年(1884)上海同文書局石印本　三十四册　存一百三十三卷(一至五十、八十六至一百五十、一百八十三至二百)

620000－1106－0000169　312
舊唐書二百卷　(五代)劉昫等撰　清光緒十四年(1888)上海圖書集成印書局鉛印本　二十三册　存一百五十二卷(一至一百五十二)

620000－1106－0000170　114
舊唐書二百卷　(五代)劉昫等撰　清同治十

一年(1872)浙江書局刻本　二十冊

620000－1106－0000171　76
舊五代史一百五十卷目錄二卷　(宋)薛居正等撰　清末刻本　十六冊

620000－1106－0000172　354
舊五代史一百五十卷目錄二卷附考證　(宋)薛居正等撰　清光緒十年(1884)上海同文書局石印本　二十四冊

620000－1106－0000173　315
舊五代史一百五十卷目錄二卷附考證　(宋)薛居正等撰　清光緒十四年(1888)上海圖書集成印書局鉛印本　十二冊

620000－1106－0000174　476
覺世經直解二卷　(□)□□撰　清刻本　一冊

620000－1106－0000175　24
康熙字典十二集三十六卷總目一卷檢字一卷辨似一卷等韻一卷補遺一卷備考一卷　(清)張玉書等纂　清道光刻本　二十七冊　存八集(子至卯、申至亥)

620000－1106－0000176　567
康熙字典十二集三十六卷總目一卷檢字一卷辨似一卷等韻一卷補遺一卷備考一卷　(清)張玉書等纂　清刻本　十冊　存十卷(丑下、卯上、未上、戌上中下、亥中下,等韻一卷,備考一卷)

620000－1106－0000177　559
孔氏家語十卷　(三國魏)王肅注　清末刻本　一冊　存五卷(六至十)

620000－1106－0000178　174
孔子集語十七卷　(清)孫星衍撰　清光緒三年(1877)浙江書局刻本　四冊

620000－1106－0000179　541
來瞿唐先生易註十五卷首一卷末一卷　(明)來知德撰　清刻本　一冊　存三卷(十至十二)

620000－1106－0000180　480
蘭山課業經訓約編不分卷　(清)盛元珍輯　清乾隆刻本　四冊

620000－1106－0000181　518
蘭山課業經訓約編不分卷　(清)盛元珍輯　清乾隆刻本　一冊　存公羊、穀梁

620000－1106－0000182　552
李長吉歌詩四卷首一卷外集一卷　(唐)李賀撰　(清)王琦輯注　清宣統元年(1909)掃葉山房石印本　一冊　存二卷(一、首一卷)

620000－1106－0000183　417
李氏五種合刊五種二十八卷　(清)李兆洛撰　清光緒二十四年(1898)掃葉山房石印本　八冊

620000－1106－0000184　433
李氏五種合刊五種二十八卷　(清)李兆洛撰　清光緒十八年(1892)金陵書局刻本　十六冊　缺二卷(沿革圖一、輿圖一)

620000－1106－0000185　435
李氏五種合刊五種二十八卷　(清)李兆洛撰　清光緒十八年(1892)金陵書局刻本　十八冊　缺三卷(沿革圖一、輿圖一、紀元編末一)

620000－1106－0000186　394
李文忠公奏議二十卷　(清)李鴻章撰　(清)章洪鈞　(清)吳汝綸輯　清末石印本　十七冊　缺三卷(五、十六、十九)

620000－1106－0000187　498
禮記十卷　(元)陳澔集注　清光緒十六年(1890)蘭州刻本　七冊　存八卷(一、四至十)

620000－1106－0000188　74
禮記十卷　(元)陳澔集注　清江南李光明莊刻本　十冊

620000－1106－0000189　580
禮記十卷　(元)陳澔集注　清刻本　二冊　存二卷(六、八)

620000－1106－0000190　1
禮記十卷　(元)陳澔集注　清同治十年

(1871)刻本　十冊

620000－1106－0000191　209
禮記十卷　(元)陳澔集注　清同治十年(1871)刻本　十冊

620000－1106－0000192　257
禮記十卷　(元)陳澔集注　清同治十年(1871)刻本　十冊

620000－1106－0000193　258
禮記十卷　(元)陳澔集注　清同治十年(1871)刻本　九冊　存九卷(一至四、六至十)

620000－1106－0000194　261
禮記十卷　(元)陳澔集注　清同治十年(1871)刻本　六冊　存六卷(二至三、六、八至十)

620000－1106－0000195　531
禮記十卷　(元)陳澔集注　清同治十年(1871)刻本　三冊　存三卷(一至二、五)

620000－1106－0000196　571
禮記心典傳本三卷　(清)胡瑤光輯　清刻本　五冊　存二卷(一、三)

620000－1106－0000197　22
禮記註疏六十三卷　(漢)鄭玄注　(唐)孔穎達疏　清刻本　十二冊　存二十九卷(一至二十九)

620000－1106－0000198　330
歷代帝王法帖釋文十卷　(清)徐朝弼撰　清嘉慶十七年(1812)刻本　一冊

620000－1106－0000199　517
歷代畫史彙傳七十二卷　(清)彭蘊璨輯　清末刻本　十二冊　存二十七卷(八至十九、二十三至三十四、三十八至四十)

620000－1106－0000200　190
歷代名臣言行錄二十四卷　(清)朱桓輯　(清)許時庚重校　清光緒二十六年(1900)湖南書局刻本　七冊　存十三卷(一至二、十至十八、二十一至二十二)

620000－1106－0000201　207
歷代名臣言行錄二十四卷　(清)朱桓輯　(清)許時庚重校　清光緒二十六年(1900)湖南書局刻本　三十二冊

620000－1106－0000202　184
歷代名臣言行錄二十四卷　(清)朱桓輯　(清)許時庚重校　清光緒十七年(1891)上海廣百宋齋鉛印本　十二冊

620000－1106－0000203　576
歷代名臣言行錄二十四卷　(清)朱桓輯　清末刻本　十二冊　存六卷(十七至二十二)

620000－1106－0000204　460
歷代名臣言行錄二十四卷　(清)朱桓輯　清末上海鴻章書局石印本　十六冊

620000－1106－0000205　610
歷代名臣言行錄二十四卷　(清)朱桓輯　清末石印本　一冊　存三卷(十二至十四)

620000－1106－0000206　136
歷代名臣傳三十五卷首一卷續編五卷名儒傳八卷循吏傳八卷　(清)朱軾　(清)蔡世遠輯　清刻本　十冊　存二十四卷(歷代名臣傳七至二十一,續編五卷,循吏傳一至二、七至八)

620000－1106－0000207　473
歷代名將事略二卷　(清)陳光憲輯　清光緒北洋陸軍教練處木活字印本　一冊　存一卷(一)

620000－1106－0000208　338
歷代詠史樂府二十卷　(清)董元憲撰　清刻本　六冊

620000－1106－0000209　317
梁書五十六卷　(唐)姚思廉撰　清光緒十四年(1888)上海圖書集成印書局鉛印本　四冊

620000－1106－0000210　110
兩般秋雨盦隨筆八卷　(清)梁紹壬纂　清崇儒堂刻本　八冊

620000－1106－0000211　373

兩般秋雨盦隨筆八卷 (清)梁紹壬纂 清大文堂刻本 八册

620000－1106－0000212 381
聊齋志異十六卷 (清)蒲松齡撰 (清)王士禛評 清乾隆五十年(1785)杭州陳氏刻本 十一册 存十一卷(一至八、十、十四至十五)

620000－1106－0000213 322
遼史一百十六卷 (元)脱脱等修 清光緒三十四年(1908)鉛印本 八册

620000－1106－0000214 350
遼史一百十六卷 (元)脱脱等修 清光緒十年(1884)上海同文書局石印本 八册

620000－1106－0000215 144
列國政要一百三十二卷 (清)戴鴻慈 (清)端方輯 清光緒三十三年(1907)上海商務印書館石印本 十六册 存六十四卷(五十二至八十九、九十五至一百二十)

620000－1106－0000216 115
劉果敏公榮哀録一卷 (清)□□輯 清末刻本 一册

620000－1106－0000217 628
劉果敏公奏稿八卷 (清)劉典撰 清光緒刻本 四册 存四卷(二至三、七至八)

620000－1106－0000218 285
龍文鞭影二卷 (明)蕭良有撰 (清)楊臣諍增訂 清同治十二年(1873)刻本 一册 存一卷(上)

620000－1106－0000219 292
陸象山先生文集三十六卷附一卷 (宋)陸九淵撰 (清)李紱編校 (清)周毓齡重校 清道光三年(1823)槐堂書屋刻本 六册 存二十四卷(一至二十三、附一卷)

620000－1106－0000220 117
鹿洲全集八種四十三卷 (清)藍鼎元撰 (清)曠敏本評 清同治四年(1865)廣東緯文堂刻本 五册 存三種十卷(初集二至三、十八至二十,東征集一至三,公案一至二)

620000－1106－0000221 208
論語十卷 (宋)朱熹集注 清光緒五年(1879)山西濬文書局刻本 二册

620000－1106－0000222 276
論語十卷 (宋)朱熹集注 清末刻四書集註本 二册

620000－1106－0000223 278
論語十卷 (宋)朱熹集注 清末刻四書集註本 二册

620000－1106－0000224 661
論語十卷 (宋)朱熹集注 清末刻四書集註本 一册 存五卷(一至五)

620000－1106－0000225 662
論語十卷 (宋)朱熹集注 清末刻四書集註本 二册

620000－1106－0000226 12
論語注疏解經二十卷校勘記二十卷 (三國魏)何晏集解 (宋)邢昺疏 (清)阮元校勘 清嘉慶二十年(1815)江西南昌府學刻重栞宋本十三經注疏本 四册 存十六卷(一至三、八至二十)

620000－1106－0000227 14
論語註疏解經二十卷 (三國魏)何晏集解 (宋)邢昺疏 明崇禎十年(1637)古虞毛氏汲古閣刻十三經註疏本 四册

620000－1106－0000228 389
落花酬唱集初編不分卷 (清)沈宗疇輯 清光緒刻本 六册

620000－1106－0000229 477
呂子呻吟語節鈔六卷 (明)呂坤撰 (清)陳弘謀節鈔 清同治十年(1871)刻本 一册 存三卷(一至三)

620000－1106－0000230 262
孟子七卷 (宋)朱熹集注 清光緒五年(1879)山西濬文書局刻本 三册

620000－1106－0000231 263
孟子七卷 (宋)朱熹集注 清末刻四書集註

本　三冊

620000－1106－0000232　267
孟子七卷　(宋)朱熹集注　清末刻四書集註本　三冊　缺一卷(三)

620000－1106－0000233　268
孟子七卷　(宋)朱熹集注　清末刻四書集註本　二冊　缺二卷(四至五)

620000－1106－0000234　269
孟子七卷　(宋)朱熹集注　清末刻四書集註本　二冊　缺二卷(四至五)

620000－1106－0000235　270
孟子七卷　(宋)朱熹集注　清末刻四書集註本　一冊　缺三卷(一至三)

620000－1106－0000236　504
孟子要略五卷附錄一卷　(宋)朱熹撰　(清)劉傳瑩輯　(清)曾國藩按　清同治十三年(1874)傳忠書局刻曾文正公全集本　一冊　缺一卷(附錄一卷)

620000－1106－0000237　16
孟子注疏解經十四卷校勘記十四卷　(漢)趙岐注　(宋)孫奭疏　(清)阮元校勘　清嘉慶二十年(1815)江西南昌府學刻重栞宋本十三經注疏本　八冊

620000－1106－0000238　17
孟子注疏解經十四卷校勘記十四卷　(漢)趙岐注　(宋)孫奭疏　(清)阮元校勘　清嘉慶二十年(1815)江西南昌府學刻重栞宋本十三經註疏本　八冊

620000－1106－0000239　185
孟子註疏解經十四卷　(漢)趙岐注　(宋)孫奭疏　明崇禎六年(1633)古虞毛氏汲古閣刻十三經註疏本　六冊

620000－1106－0000240　408
秘書廿一種二十一種九十四卷　(清)汪士漢輯　清嘉慶九年(1804)新安汪氏刻本　七冊　存十四種四十九卷(拾遺記一至十、山海經五至十八、高士傳一至三、劍俠傳一至四、楚史檮杌一、晉史乘一、竹書紀年一至二、中華古今注一至三、風俗通義四、列仙傳一至二、集異記一、續齊諧記一、博異記一至三、古今注一至三)

620000－1106－0000241　513
妙法蓮華經大成九卷音義九卷懸談一卷科文一卷　(清)釋大義輯　清康熙刻本　八冊　缺四卷(妙法蓮華經大成一至四)

620000－1106－0000242　371
妙法蓮華經通義二十卷　(明)釋德清述　清光緒三十四年(1908)金陵刻經處刻本　五冊

620000－1106－0000243　463
岷峩覽勝編不分卷　(清)夏子鐊輯　清同治刻本　四冊

620000－1106－0000244　406
名賢手札八卷　(清)郭慶藩輯　清光緒三十四年(1908)上洋海左書局石印本　一冊　存二卷(一至二)

620000－1106－0000245　83
明季南略十八卷北略二十四卷　(清)計六奇輯　清道光琉璃廠半松居士木活字印本　二十四冊

620000－1106－0000246　217
明史藁三百十卷目錄三卷　(清)萬斯同撰　(清)王鴻緒刪改　清雍正敬慎堂刻本　六冊　存三十七卷(列傳九十二至一百二十八)

620000－1106－0000247　349
明史三百三十二卷目錄四卷　(清)張廷玉等撰　清光緒十年(1884)上海同文書局石印本　五十六冊　存一百五十四卷(四十七至九十、一百七十二至二百十七、二百六十九至三百三十二)

620000－1106－0000248　314
明史三百三十二卷目錄四卷　(清)張廷玉等撰　清光緒十四年(1888)上海圖書集成印書局鉛印本　四十冊

620000－1106－0000249　659

明史三百三十二卷目錄四卷　(清)張廷玉等撰　清光緒十四年(1888)上海圖書集成印書局鉛印本　九册　存七十六卷(二十五至三十一、三十七至四十二、五十二至八十一、一百二十四至一百三十五、一百六十一至一百七十二、二百八十九至二百九十七)

620000－1106－0000250　599

目耕齋初集一卷　(清)沈叔眉輯　清末石印本　一册

620000－1106－0000251　456

牧齋全集三種一百六十三卷　(清)錢謙益撰　清宣統二年(1910)邃漢齋鉛印本　二册　存十一卷(初學集二十七至三十、四十至四十六)

620000－1106－0000252　395

拿破崙本紀四卷四十二章　(英國)洛加德著　林紓　魏易譯　清光緒三十一年(1905)京師學務處官書局鉛印本　四册

620000－1106－0000253　465

南北七名家制藝七卷　(清)□□輯　清光緒七年(1881)刻本　二册　存四卷(丁守存一、薛春黎一、秦煥一、汪鳴鑾一)

620000－1106－0000254　149

南華真經解六卷　(清)宣穎撰　清刻本　一册　存一卷(六)

620000－1106－0000255　347

南齊書五十九卷　(南朝梁)蕭子顯撰　清光緒十年(1884)上海同文書局石印本　七册　存三十六卷(一至十九、二十八至四十四)

620000－1106－0000256　328

南齊書五十九卷　(南朝梁)蕭子顯撰　清光緒十四年(1888)上海圖書集成印書局鉛印本　六册

620000－1106－0000257　335

南史八十卷　(唐)李延壽撰　清光緒十年(1884)上海同文書局石印本　二十册

620000－1106－0000258　326

南史八十卷　(唐)李延壽撰　清光緒十四年(1888)上海圖書集成印書局鉛印本　十二册

620000－1106－0000259　27

牛氏家言二卷附一卷　(清)牛作麟輯　清道光三十年(1850)刻同治五年(1866)增刻本　一册

620000－1106－0000260　618

評點春秋綱目左傳句解彙雋六卷　(清)韓菼重訂　清刻本　三册　存三卷(四至六)

620000－1106－0000261　620

評點春秋綱目左傳句解彙雋六卷　(清)韓菼重訂　清刻本　一册　存一卷(五)

620000－1106－0000262　621

評點春秋綱目左傳句解彙雋六卷　(清)韓菼重訂　清刻本　一册　存二卷(一至二)

620000－1106－0000263　235

憑山閣增定留青全集二十四卷　(清)陳枚輯　(清)李汾參訂　清刻本　三十六册　存二十二卷(一至四、六至十五、十七至二十四)

620000－1106－0000264　187

憑山閣增輯留青新集三十卷　(清)陳枚輯　(清)陳德裕增輯　清刻本　十五册　存二十卷(一至七、十至十一、十三至二十三)

620000－1106－0000265　645

普通尺牘全璧八卷　(清)西湖俠漢編　清光緒石印本　一册　存一卷(七)

620000－1106－0000266　634

七家詩詳註七卷　(清)張熙宇評選　(清)石暉甲箋注　清末刻本　一册　存一卷(二)

620000－1106－0000267　641

七家詩選七卷　(清)張熙宇輯評　清末刻朱墨套印本　二册　存三卷(五至七)

620000－1106－0000268　211

前漢書一百卷　(漢)班固撰　(唐)顔師古注　明崇禎十五年(1642)毛氏汲古閣刻本　八册　存十九卷(帝紀一至十三、年表一至六)

620000－1106－0000269　39

前漢書一百卷　（漢）班固撰　（唐）顔師古注　明嘉靖八年至九年（1529－1530）南京國子監刻明清遞修本　二十四册

620000－1106－0000270　339
前漢書一百卷　（漢）班固撰　（唐）顔師古注　清光緒十年（1884）上海同文書局石印本　三十二册

620000－1106－0000271　325
前漢書一百卷　（漢）班固撰　（唐）顔師古注　清光緒十四年（1888）上海圖書集成印書局鉛印本　二十册

620000－1106－0000272　636
前漢書一百卷　（漢）班固撰　（唐）顔師古注　清光緒十四年（1888）上海圖書集成印書局鉛印本　八册　存二十八卷（一至二十四、二十八至三十一）

620000－1106－0000273　36
前漢書一百卷　（漢）班固撰　（唐）顔師古注　清刻本　三十八册

620000－1106－0000274　474
欽頒州縣事宜一卷　（清）田文鏡　（清）李衛輯　清刻本　一册

620000－1106－0000275　45
欽定大清會典八十卷事例九百二十卷目錄八卷圖例一百三十二卷目錄二卷　（清）托津　（清）曹振鏞等纂　（清）慶桂等圖　清嘉慶二十三年（1818）刻本　二百五十九册　缺五卷（事例一百七十三至一百七十七）

620000－1106－0000276　226
欽定禮部則例二百二卷　（清）特登額　（清）長秀等纂修　清道光刻本　六册　存四十四卷（一至四十四）

620000－1106－0000277　108
欽定禮記義疏八十二卷首一卷　（清）允祿等纂　清刻本　四十册

620000－1106－0000278　176
欽定詩經傳説彙纂二十一卷首二卷詩序二卷　（清）王鴻緒等撰　清刻本　十二册

620000－1106－0000279　177
欽定詩經傳説彙纂二十一卷首二卷詩序二卷　（清）王鴻緒等撰　清刻本　十七册　存二十卷（一至十八、首二卷）

620000－1106－0000280　179
欽定詩經傳説彙纂二十一卷首二卷詩序二卷　（清）王鴻緒等撰　清刻本　十二册　存十二卷（一至十、首二卷）

620000－1106－0000281　107
欽定書經傳説彙纂二十一卷首二卷書序一卷　（清）王頊齡等纂　清刻本　十册　存十一卷（一至九、首二卷）

620000－1106－0000282　180
欽定書經傳説彙纂二十一卷首二卷書序一卷　（清）王頊齡等纂　清刻本　十册　存二十卷（一至十八、首二卷）

620000－1106－0000283　360
欽定書經傳説彙纂二十一卷首二卷書序一卷　（清）王頊齡等纂　清刻本　八册　存十二卷（十一至二十一、書序一卷）

620000－1106－0000284　387
欽定四書文選不分卷　（清）方苞等輯校　清刻本　四册

620000－1106－0000285　40
欽定中樞政考四十卷　（清）保寧等纂　清刻本　四十册

620000－1106－0000286　121
欽定周官義疏四十八卷首一卷　（清）允祿等纂　清刻本　六册　存八卷（一至七、首一卷）

620000－1106－0000287　127
欽定周官義疏四十八卷首一卷　（清）允祿等纂　清刻本　二十四册

620000－1106－0000288　266
欽取朝考卷不分卷　（清）□□輯　清光緒刻本　二册

620000－1106－0000289　630
清真指南十卷　(清)馬注撰　清光緒十一年(1885)成都寳真堂刻本　二册　存二卷(一、三)

620000－1106－0000290　639
清真指南十卷　(清)馬注撰　清刻本　一册　存一卷(三)

620000－1106－0000291　249
求己録三卷　陶葆廉撰　清光緒刻本　四册

620000－1106－0000292　416
求是齋雜存一卷　(清)□□撰　清末刻本　四册

620000－1106－0000293　87
求志居集十二卷　(清)陳世鎔撰　清道光二十五年(1845)刻本　四册

620000－1106－0000294　139
全五代詩一百卷補遺一卷　(清)李調元輯　清乾隆綿州李氏萬卷樓刻函海道光五年(1825)補刻本　十册　存三十九卷(三至十五、五十一至七十、七十九至八十四)

620000－1106－0000295　411
勸學邇言一卷　劉爾炘撰　清光緒三十一年(1905)太和縣刻本　一册

620000－1106－0000296　280
勸學篇二卷　(清)張之洞撰　清光緒二十四年(1898)兩湖書院刻本　一册

620000－1106－0000297　284
勸學篇二卷　(清)張之洞撰　清光緒二十四年(1898)兩湖書院刻本　一册

620000－1106－0000298　54
日講四書解義二十六卷　(清)庫勒納等撰　清光緒十八年(1892)蘭州刻本　八册　存十二卷(一至十二)

620000－1106－0000299　202
日講四書解義二十六卷　(清)庫勒納等撰　清光緒十八年(1892)蘭州刻本　七册　存十卷(四至五、八、十三至十七、二十三至二十四)

620000－1106－0000300　454
三國志六十五卷　(晉)陳壽撰　(南朝宋)裴松之注　清光緒三十一年(1905)上海久敬齋石印本　四册

620000－1106－0000301　228
三壇傳戒儀範四卷　(清)釋讀體撰　清同治三年(1864)刻本　三册　存三卷(一至三)

620000－1106－0000302　479
三壇傳戒正範四卷　(清)釋讀體撰　清同治十二年(1873)江北刻經處刻本　二册　存二卷(三至四)

620000－1106－0000303　598
三字經註解備要一卷　(宋)王應麟撰　(清)賀興思注　清同治十三年(1874)刻本　一册

620000－1106－0000304　614
沙彌律儀要略一卷　(明)釋袾宏輯　清刻本　一册

620000－1106－0000305　656
山海經十八卷　(晉)郭璞注　清光緒三年(1877)浙江書局刻本　三册

620000－1106－0000306　126
山曉閣選古文全集三十二卷　(清)孫琮選評　清道光遺經堂刻本　三十二册

620000－1106－0000307　130
上諭内閣一百五十九卷首一卷　(清)世宗胤禛撰　(清)允禄　(清)弘晝纂　清刻本　十八册

620000－1106－0000308　560
尚書離句六卷　(清)錢在培輯解　清嘉慶二十四年(1819)三成堂刻本　二册　缺二卷(三至四)

620000－1106－0000309　11
尚書註疏二十卷　(漢)孔安國傳　(唐)陸德明音義　(唐)孔穎達疏　明崇禎五年(1632)毛氏汲古閣刻十三經註疏本　八册　存十七卷(一至三、七至二十)

620000－1106－0000310　585
舌鑑辨正二卷　(清)梁玉瑜傳　(清)陶保廉錄　清光緒刻本　二冊

620000－1106－0000311　551
赦罪免劫經一卷　(□)□□撰　清光緒十三年(1887)刻本　一冊

620000－1106－0000312　470
聲調譜一卷八病說一卷　(清)吳鎮撰　清乾隆蘭山書院刻松花菴全集本　一冊

620000－1106－0000313　496
聲律啟蒙撮要二卷　(清)車萬育撰　(清)夏大觀箋　(清)聶銑敏重訂　清光緒九年(1883)刻本　一冊

620000－1106－0000314　497
聲律啟蒙撮要二卷　(清)車萬育撰　(清)夏大觀箋　(清)聶銑敏重訂　清光緒九年(1883)刻本　一冊

620000－1106－0000315　242
尸子二卷附存疑一卷　(清)汪繼培輯　清光緒三年(1877)浙江書局刻二十二子本　一冊

620000－1106－0000316　162
施註蘇詩四十二卷總目二卷年譜一卷王註正譌一卷續補遺二卷　(宋)蘇軾撰　(宋)施元之等注　(清)邵長蘅等刪訂　(清)馮景補注　清康熙三十八年(1699)宋犖刻本　六冊　存十四卷(十三至十七、二十四至二十六,總目二卷,年譜一卷,王註正譌一卷,續補遺二卷)

620000－1106－0000317　142
詩八卷　(宋)朱熹集傳　清善成堂刻本　一冊　存二卷(一至二)

620000－1106－0000318　272
詩經八卷　(宋)朱熹集傳　清光緒十六年(1890)蘭州刻本　四冊　存四卷(一、三、五至六)

620000－1106－0000319　290
詩經八卷　(宋)朱熹集傳　清嘉慶十九年(1814)刻本　二冊　存四卷(一至二、四至五)

620000－1106－0000320　274
詩經八卷　(宋)朱熹集傳　清刻本　一冊　存一卷(六)

620000－1106－0000321　528
詩經八卷　(宋)朱熹集傳　清刻本　三冊　存五卷(三、五至八)

620000－1106－0000322　532
詩經八卷　(宋)朱熹集傳　清刻本　二冊　存二卷(二、四)

620000－1106－0000323　271
詩經八卷　(宋)朱熹集傳　清同治十年(1871)刻本　四冊　存四卷(一、三至四、六)

620000－1106－0000324　299
詩經體註大全合參八卷　(清)沈世楷輯　清光緒九年(1883)刻本　四冊　存六卷(一至六)

620000－1106－0000325　305
詩經小序備覽八卷圖考一卷　(宋)朱熹集傳　(清)蘇萬芳輯校　清咸豐六年(1856)盩厔稻香齋刻本　四冊

620000－1106－0000326　607
詩韻集成十卷　(清)余照輯　清刻本　二冊　存五卷(三至七)

620000－1106－0000327　605
詩韻集成十卷　(清)余照輯　清同治十年(1871)刻本　二冊

620000－1106－0000328　133
十三經集字摹本不分卷　(清)彭玉雯纂　(清)萬青銓校　清刻本　十五冊

620000－1106－0000329　383
時務通攷三十一卷　(清)杞廬主人輯　清光緒二十三年(1897)上海點石齋石印本　二十四冊

620000－1106－0000330　385
時務通攷續編三十一卷　(清)點石齋主人輯

清光緒二十七年(1901)上海點石齋石印本　十四册　缺四卷(一至二、九至十)

620000－1106－0000331　413
時疫白喉捷要合編一卷　(清)黄炳乾撰　清光緒五年(1879)刻本　一册

620000－1106－0000332　657
史記一百三十卷　(漢)司馬遷撰　(南朝宋)裴駰集解　(唐)司馬貞索隱　(唐)張守節正義　清光緒鉛印本　九册　存一百四卷(五至十、三十三至一百三十)

620000－1106－0000333　223
史記一百三十卷　(漢)司馬遷撰　(南朝宋)裴駰集解　(唐)司馬貞索隱　(唐)張守節正義　清光緒三十一年(1905)上海久敬齋石印本　八册

620000－1106－0000334　658
史記一百三十卷　(漢)司馬遷撰　(南朝宋)裴駰集解　(唐)司馬貞索隱　(唐)張守節正義　清光緒十年(1884)上海同文書局石印本　二十六册

620000－1106－0000335　427
史鑑節要便讀六卷　(清)鮑東里輯　清光緒二十六年(1900)復邠學舍刻本　一册　存三卷(一至三)

620000－1106－0000336　514
事類賦三十卷　(宋)吴淑撰注　(明)華麟祥校刊　清末刻本　一册　存七卷(八至十四)

620000－1106－0000337　386
試貼三萬選十卷類目一卷韻目一卷　(清)鄧雲航輯　清光緒上洋袖海山房書局石印本　十二册

620000－1106－0000338　146
適軒尺牘八卷　(清)徐菊生撰　清光緒元年(1875)刻本　二册　存五卷(一至五)

620000－1106－0000339　478
書經六卷　(宋)蔡沈集傳　清道光二十六年(1846)刻本　一册　存一卷(一)

620000－1106－0000340　215
書經六卷　(宋)蔡沈集傳　清光緒十六年(1890)蘭州刻本　四册

620000－1106－0000341　247
書經六卷　(宋)蔡沈集傳　清光緒十六年(1890)蘭州刻本　四册

620000－1106－0000342　109
書經六卷　(宋)蔡沈集傳　清光緒五年(1879)山西濬文書局刻本　四册

620000－1106－0000343　99
書經六卷　(宋)蔡沈集傳　清同治十年(1871)刻本　四册　存四卷(一至四)

620000－1106－0000344　248
書經六卷　(宋)蔡沈集傳　清同治十年(1871)刻本　三册　缺一卷(三)

620000－1106－0000345　250
書經六卷　(宋)蔡沈集傳　清同治十年(1871)刻本　三册　存四卷(二至五)

620000－1106－0000346　225
書經體註大全合參六卷　(清)錢希祥輯　清道光十三年(1833)刻本　四册

620000－1106－0000347　295
書經體註大全合參六卷　(清)張聖度訂　(清)錢希祥參　清光緒九年(1883)刻本　四册

620000－1106－0000348　486
書經體註大全合參六卷　(清)錢希祥輯　清刻本　一册　存一卷(四)

620000－1106－0000349　213
述記不分卷　(清)任兆麟撰　清嘉慶十五年(1810)遂古堂刻本　五册

620000－1106－0000350　288
潄芳軒合纂禮記體註四卷　(清)徐旦纂輯　(清)范翔參訂　清光緒十四年(1888)刻本　三册　缺一卷(二)

620000－1106－0000351　116
潄芳軒合纂禮記體註四卷　(清)徐旦纂輯

(清)范翔參訂　清刻本　四冊

620000－1106－0000352　334
雙桂堂易説二種十二卷　(清)紀大奎撰　清道光二十八年(1848)刻本　五冊

620000－1106－0000353　384
説郛一百二十卷　(明)陶宗儀輯　(明)陶珽重校　清順治三年(1646)宛委山堂刻本　六冊　存六卷(三十九、四十一、一百二、一百五至一百七)

620000－1106－0000354　361
説帖不分卷　(清)□□輯　清末抄本　六冊

620000－1106－0000355　539
説文解字三十卷六書音均表二卷汲古閣説文訂一卷　(清)段玉裁注　清同治十一年(1872)湖北崇文書局刻本　四十冊　存七卷(一至三上下、九上、十二至十四上下)

620000－1106－0000356　196
説文解字注三十卷汲古閣説文訂一卷部目分韻一卷今韻古分十七部表五卷　(清)段玉裁注　清刻本　八冊　存十二卷(四至十一上下、十二上、十四上、十五上,汲古閣説文訂一卷)

620000－1106－0000357　282
四此堂稿十卷　(清)魏際瑞撰　清刻本　二冊　存五卷(一至二、六至八)

620000－1106－0000358　273
四篇要道補註便蒙淺説四卷　(清)張中譯解　清同治十一年(1872)錦城王占超刻本　一冊

620000－1106－0000359　415
四篇要道補註便蒙淺説四卷　(清)張中譯解　清同治十一年(1872)錦城王占超刻本　一冊

620000－1106－0000360　494
四生合編五卷附小兒臍風驚風經驗良方一卷　(清)□□輯　清光緒七年(1881)刻本　一冊

620000－1106－0000361　42
四書典腋十八卷　(清)松軒主人輯　清道光二年(1822)刻本　二冊　存六卷(一至六)

620000－1106－0000362　499
四書典制新穎三十五卷　(清)黄濟川輯　清光緒十三年(1887)刻本　三冊　缺九卷(五至十二、二十一)

620000－1106－0000363　624
四書貫解十九卷　(清)朱良玉輯　清刻本　六冊　缺八卷(大學一、論語六至十、孟子六至七)

620000－1106－0000364　523
四書貫解十九卷　(清)朱良玉輯　清慎怡堂刻本　六冊　缺五卷(論語八至十、孟子六至七)

620000－1106－0000365　129
四書會解二十七卷　(清)綦澧輯　清光緒九年(1883)刻本　十八冊　缺七卷(孟子八至十四)

620000－1106－0000366　49
四書或問語類集解釋註大全四十一卷　(清)朱良玉輯　清刻本　三十九冊

620000－1106－0000367　545
四書集註十九卷　(宋)朱熹集注　清光緒商務印書館鉛印本　五冊　缺五卷(論語一至五)

620000－1106－0000368　529
四書集註十九卷　(宋)朱熹集注　清末刻本　四冊　存五卷(孟子二至五、七)

620000－1106－0000369　359
四書經註集證十九卷　(清)吳昌宗撰　清嘉慶二十一年(1816)刻本　六冊　存六卷(大學一,論語四至五,孟子二、五至六)

620000－1106－0000370　635
四書人物類典串珠四十卷　(清)臧志仁輯　清刻本　四冊　存二十卷(三至五、十七至三十三)

620000－1106－0000371　281
四書十九卷　(宋)朱熹集注　清光緒十六年(1890)蘭州刻本　一冊　存二卷(大學一、中庸一)

620000－1106－0000372　524
四書十九卷　(宋)朱熹集注　清光緒五年(1879)山西濬文書局刻本　二冊　存七卷(大學一、中庸一、論語六至十)

620000－1106－0000373　279
四書十九卷　(宋)朱熹集注　清同治十年(1871)刻本　一冊　存二卷(大學一、中庸一)

620000－1106－0000374　521
四書述要十九卷　(清)楊玉緒撰　清刻本　一冊　存二卷(論語六至七)

620000－1106－0000375　649
四書題鏡不分卷　(清)汪鯉翔纂　清刻本　三冊

620000－1106－0000376　275
四書朱子本義匯參四十三卷　(清)王步青輯　清刻本　十二冊　存十九卷(論語一至十一,孟子一至四、八至十一)

620000－1106－0000377　492
四書朱子本義匯參四十三卷　(清)王步青輯　清刻本　五冊　存十四卷(中庸四至六、論語十四至二十、孟子十一至十四)

620000－1106－0000378　493
四書朱子本義匯參四十三卷　(清)王步青輯　清刻本　二十四冊　存三十三卷(論語二至二十、孟子一至十四)

620000－1106－0000379　253
四音釋義十二卷　(清)鄭長庚輯　清嘉慶二十五年(1820)刻本　十二冊

620000－1106－0000380　111
四音釋義十二卷　(清)鄭長庚輯　清同治七年(1868)刻本　十一冊

620000－1106－0000381　526
松花菴全集十二卷　(清)吳鎮撰　清宣統二年(1910)狄道刻本　三冊　存三卷(五至六、十一)

620000－1106－0000382　364
宋史四百九十六卷　(元)脱脱等撰　清光緒十年(1884)上海同文書局石印二十四史本　八十六冊

620000－1106－0000383　309
宋史四百九十六卷　(元)脱脱等撰　清光緒十四年(1888)上海圖書集成印書局鉛印二十四史本　五十九冊　缺八十二卷(一百三十八至二百十九)

620000－1106－0000384　440
宋史四百九十六卷　(元)脱脱等撰　宋元刻明嘉靖南京國子監補刻二十一史明清遞修本　一冊　存七卷(五十二至五十八)

620000－1106－0000385　535
宋書一百卷　(南朝梁)沈約撰　明崇禎七年(1634)毛氏汲古閣刻十七史本　一冊　存四卷(三十九至四十二)

620000－1106－0000386　353
宋書一百卷　(南朝梁)沈約撰　清光緒十年(1884)上海同文書局石印二十四史本　十二冊　缺五十卷(二十二至七十一)

620000－1106－0000387　112
宋書一百卷　(南朝梁)沈約撰　清光緒十四年(1888)上海圖書集成印書局鉛印二十四史本　十二冊

620000－1106－0000388　318
隋書八十五卷　(唐)魏徵等撰　清光緒十四年(1888)上海圖書集成印書局鉛印二十四史本　十二冊

620000－1106－0000389　255
隨園詩話十六卷補遺十卷　(清)袁枚撰　清道光四年(1824)刻本　十冊

620000－1106－0000390　86
孫子十家注十三卷　(三國魏)曹操等注

(清)孫星衍　(清)吳人驥校　清末刻本　五冊　缺一卷(一)

620000－1106－0000391　148
胎產秘書三卷　(清)□□撰　清刻本　一冊　存一卷(三)

620000－1106－0000392　495
太上感應寶卷一卷　(清)□□撰　清光緒二十八年(1902)刻本　一冊

620000－1106－0000393　549
太上感應篇一卷　(□)□□注　清光緒十九年(1893)天馬山人刻本　一冊

620000－1106－0000394　246
太上感應篇增訂圖說十二卷　(清)朱日豐輯　(清)鐵珊增訂　清同治十三年(1874)蘭州官署刻本　六冊　存六卷(一至六)

620000－1106－0000395　25
太上靈寶朝天謝罪大懺十卷音釋一卷　(宋)□□撰　清康熙三十一年(1692)龍門洞刻本　十一冊

620000－1106－0000396　392
泰西新史攬要二十三卷附記一卷　(英國)馬懇西著　(英國)李提摩太譯　蔡爾康述　清光緒美華書館鉛印本　七冊　缺四卷(十至十三)

620000－1106－0000397　414
唐陸宣公集二十二卷　(唐)陸贄撰　(清)年羹堯重訂　清光緒石印本　一冊　存十卷(十三至二十二)

620000－1106－0000398　4
唐陸宣公集二十二卷　(唐)陸贄撰　清刻本　四冊　存十卷(十三至二十二)

620000－1106－0000399　561
唐人五言長律清麗集六卷　(清)徐曰璉　(清)沈士駿輯　清刻本　一冊　存一卷(六)

620000－1106－0000400　82
唐詩貫珠箋釋六十卷　(清)胡以梅輯注　清刻本　十二冊

620000－1106－0000401　625
唐詩三百首六卷　(清)孫洙編　(清)李盤根注　清刻本　一冊　存二卷(三、六)

620000－1106－0000402　343
唐書二百二十五卷釋音二十五卷　(宋)歐陽修等撰　(宋)董衝釋音　清光緒十年(1884)上海同文書局石印本　二十六冊　存一百四十五卷(三十六至六十三、九十八至一百七十一、二百八至二百二十五,釋音二十五卷)

620000－1106－0000403　363
唐書二百二十五卷釋音二十五卷　(宋)歐陽修等撰　(宋)董衝釋音　清光緒十四年(1888)上海圖書集成印書局鉛印本　十九冊　存一百七十五卷(一至六十五、一百四十一至二百二十五,釋音二十五卷)

620000－1106－0000404　85
唐書二百二十五卷釋音二十五卷　(宋)歐陽修等撰　(宋)董衝釋音　元刻明萬曆四年(1576)南京國子監補刻明清遞修本　十二冊　存七十九卷(七十六至一百五十四)

620000－1106－0000405　90
唐宋八大家類選十四卷　(清)儲欣評　清嘉慶九年(1804)大德堂刻本　五冊　缺二卷(七至八)

620000－1106－0000406　362
唐宋八大家類選十四卷　(清)儲欣評　清刻本　七冊

620000－1106－0000407　308
唐宋八家文讀本三十卷　(清)沈德潛評　清刻本　九冊　缺五卷(十至十四)

620000－1106－0000408　145
天方性理圖傳五卷首一卷　(清)劉智纂述　清同治十年(1871)刻本　一冊　存一卷(首一卷)

620000－1106－0000409　167
天下郡國利病書一百二十卷　(清)顧炎武撰　清末刻本　十四冊　存三十一卷(四十三至四十四、五十三至五十七、九十三至一百

二、一百四至一百八、一百十二至一百二十)

620000－1106－0000410　154

通典二百卷　(唐)杜佑撰　清乾隆十二年(1747)武英殿刻三通本　十三册　存七十四卷(十九至二十五、四十六至五十、六十八至八十八、九十五至一百十七、一百三十四至一百四十七、一百六十七至一百七十)

620000－1106－0000411　43

通行章程四卷　(清)刑部編　清光緒刻本　四册

620000－1106－0000412　157

萬年書不分卷　(清)□□撰　清末刻本　二册

620000－1106－0000413　505

衛道編二卷　(清)劉紹攽撰　清光緒元年(1875)刻本　一册　存一卷(一)

620000－1106－0000414　356

魏書一百十四卷　(北齊)魏收撰　清光緒十年(1884)上海同文書局石印本　二十二册

620000－1106－0000415　320

魏書一百十四卷　(北齊)魏收撰　清光緒十四年(1888)上海圖書集成印書局鉛印本　八册　存六十六卷(一至六十六)

620000－1106－0000416　644

溫病條辨六卷首一卷　(清)吳瑭撰　清刻本　一册　存二卷(一至二)

620000－1106－0000417　26

瘟疫論二卷　(明)吳有性撰　清同治元年(1862)刻本　一册

620000－1106－0000418　34

文獻通考三百四十八卷　(元)馬端臨撰　清光緒木活字印本　一百十八册　存三百四十四卷(一至二十一、二十四至一百二十一、一百二十四至三百四十八)

620000－1106－0000419　591

文獻通考三百四十八卷　(元)馬端臨撰　清末石印本　一册　存一卷(十二)

620000－1106－0000420　224

文獻通考正續合纂四十四卷　(元)馬端臨撰　(明)郎星等纂　(明)王圻續纂　清刻本　十九册　存三十一卷(正一至十七、二十至二十二,續九至十一、十五至二十二)

620000－1106－0000421　135

文選六十卷　(南朝梁)蕭統輯　清光緒元年(1875)刻本　九册　缺六卷(十九至二十四)

620000－1106－0000422　237

文中子中說十卷　(隋)王通撰　(宋)阮逸注　清光緒二年(1876)浙江書局刻本　二册

620000－1106－0000423　238

文子纘義十二卷　(元)杜道堅撰　清光緒三年(1877)浙江書局刻本　二册

620000－1106－0000424　348

五代史七十四卷　(宋)歐陽修撰　清光緒十年(1884)上海同文書局石印本　十册

620000－1106－0000425　62

五經分類輯要二十八卷　(清)周世樟輯　清文元堂刻本　十二册　缺一卷(二十八)

620000－1106－0000426　365

五經類編二十八卷　(清)周世樟輯　清刻本　二册　存五卷(十至十四)

620000－1106－0000427　92

五經類編二十八卷　(清)周世樟輯　清乾隆三十七年(1772)古吳博雅堂刻本　五册　存十三卷(一至十三)

620000－1106－0000428　201

五種遺規五種十六卷　(清)陳弘謀輯　清光緒十九年(1893)刻本　十五册　缺一卷(訓俗一)

620000－1106－0000429　265

五種遺規五種十六卷　(清)陳弘謀輯　清刻本　八册　存四種十卷(教女一至三、從政一至二、訓俗一至四、養政補編一)

620000－1106－0000430　629

五洲圖考六卷　(清)龔柴　(清)許彬編譯

清光緒二十八年(1902)上海徐家匯印書館鉛印本　三册　缺二卷(五至六)

620000－1106－0000431　575
西堂詩集十二種三十卷　(清)尤侗撰　清末刻本　三册　存三種七卷(于京集一至五、哀絃集一、擬明史樂府一)

620000－1106－0000432　638
西學輯存八種八卷　(清)王韜輯　清光緒二十三年(1897)可閲山房刻本　六册　缺二卷(重學淺説一、華英通商事略一)

620000－1106－0000433　534
西學啟蒙十六種一百九十六卷　(英國)艾約瑟譯　(英國)赫德輯　清光緒十二年(1886)總税務司署刻本　六册　存三十五卷(格致一至三、富國一、地學一至八、辯學一、化學一至二十二)

620000－1106－0000434　437
惜陰軒叢書三十四種續編一種三百六十六卷　(清)李錫齡輯　清道光二十六年(1846)宏道書院刻咸豐八年(1858)續刻本　六十九册　存十七種一百八十二卷(戰國策一至十,雲南機務抄黄一,東西洋考一至十二,會稽三賦注一至四,授經圖一至二十,京畿金石考一至二,雍州金石記一至十、餘一,北溪字義一至二、補遺一、講義一,正蒙會稿一至四,宋四子抄釋一至二十一,六如畫譜一至三,新增格古要論一至十三,事物紀原一至十,古文周易參同契注一至八,楚辭補註一至十七,古文苑一至二十一,吕涇野經説一至二十一)

620000－1106－0000435　422
咸豐戊午科陝甘闈墨一卷　(清)□□輯　(清)康楷等撰　清刻本　一册

620000－1106－0000436　71
鄉黨圖考十卷　(清)江永撰　清乾隆五十二年(1787)致和堂刻本　四册

620000－1106－0000437　277
湘學報類編不分卷　(清)湘督學使署編　清光緒二十四年(1898)湘督學使署刻本　五册

620000－1106－0000438　646
小倉山房詩集三十八卷　(清)袁枚撰　清刻本　二册　存六卷(十七至十九、三十至三十二)

620000－1106－0000439　568
小題神品□□卷使蜀稿一卷使滇稿一卷　(清)葛峻起撰　清刻本　一册

620000－1106－0000440　461
小題易讀一卷搭題易讀一卷　(清)史鑑輯　清刻本　二册

620000－1106－0000441　388
小題芝蘭一卷　(清)史鑑輯　清刻本　一册

620000－1106－0000442　512
小學集註六卷　(明)陳選集注　清刻本　一册　存二卷(一至二)

620000－1106－0000443　520
小學六卷　(明)陳選集注　清刻本　一册　存二卷(五至六)

620000－1106－0000444　501
小學六卷　(明)陳選集注　清同治十年(1871)刻本　一册　存四卷(一至四)

620000－1106－0000445　485
小學韻語一卷　(清)羅澤南撰　清光緒三十年(1904)鳳翔周正誼堂刻本　一册

620000－1106－0000446　94
孝經注疏九卷校勘記九卷　(唐)玄宗李隆基注　(清)阮元校　清嘉慶二十年(1815)江西南昌府學刻重栞宋本十三經注疏本　二册

620000－1106－0000447　600
新訂四書補註備旨十卷　(明)鄧林撰　(清)杜定基增訂　清刻本　一册　存二卷(孟子一至二)

620000－1106－0000448　623
新訂王氏羅經透解二卷　(清)王道亨輯　清道光三年(1823)四合堂刻本　二册　存一卷(一)

620000－1106－0000449　374

新鐫京板工師雕鏤正式魯班經匠家鏡二卷附一卷　(明)午榮輯　清同治五年(1866)致盛堂刻本　一冊　存一卷(一)

620000－1106－0000450　72
新鐫歷朝捷錄大全四卷　(明)鍾惺輯　(明)陳繼儒彙參　清初書林刻本　八冊

620000－1106－0000451　289
新鐫曆法便覽象吉備要通書大全二十九卷　(清)魏鑑纂　清道光十二年(1832)刻本　七冊　缺五卷(十一、十四至十七)

620000－1106－0000452　546
新鐫血盆經懺註解二卷　(清)樂山居士等編　清光緒二十九年(1903)蘭州刻本　一冊

620000－1106－0000453　511
新鐫陰陽旗一卷　(□)□□撰　清光緒三年(1877)刻本　一冊

620000－1106－0000454　191
新刊校正圓機活法詩學全書二十四卷增補詩韻全書十四卷　(明)王世貞增校　(清)蔣先庚重訂　清刻本　十冊　存三十三卷(活法詩學全書三至六、十至二十四,增補詩韻全書十四卷)

620000－1106－0000455　543
新刊瑯琊王鳳洲先生編纂古本歷史大方綱鑑補□□卷　(明)王世貞纂　清刻本　三十冊　存三十六卷(一至二、四、六至十九、二十二至三十四、三十七至四十二)

620000－1106－0000456　544
新刊瑯琊王鳳洲先生編纂古本歷史大方綱鑑補三十九卷　(明)王世貞纂　清刻本　四冊　存四卷(二、二十六、二十八、三十四)

620000－1106－0000457　55
新刊趙田了凡袁先生編纂古本歷史大方綱鑑補三十九卷首一卷　(明)袁黃纂　清光緒六年(1880)星沙式讓堂刻本　三十四冊　缺二卷(三十七至三十八)

620000－1106－0000458　241
新書十卷　(漢)賈誼撰　清光緒元年(1875)浙江書局刻本　二冊

620000－1106－0000459　522
新增詩經補註附考備旨八卷　(清)鄒聖脈輯　(清)鄒廷猷編　清刻本　一冊　存一卷(四)

620000－1106－0000460　141
新增說文韻府群玉二十卷　(元)陰時夫輯　(元)陰中夫注　清刻本　十二冊　存十五卷(一至十五)

620000－1106－0000461　152
新增四書備旨靈捷解八卷　(清)張素存撰　(清)鄒蒼崖增補　清光緒文秀堂刻本　六冊

620000－1106－0000462　451
新纂氏族箋釋八卷　(清)熊峻運撰　清文善堂刻本　四冊

620000－1106－0000463　178
刑案匯覽六十卷首一卷末一卷續增十六卷拾遺備考一卷　(清)祝慶祺編　(清)鮑書芸糸定　清道光二十四年(1844)金谷園刻本　三十六冊　存二十六卷(一至十四、十八至二十三、四十五至五十)

620000－1106－0000464　93
刑案匯覽六十卷首一卷末一卷續增十六卷拾遺備考一卷　(清)祝慶祺編　(清)鮑書芸糸定　清咸豐二年(1852)刻本　三十八冊　存四十卷(一至二十二、二十七、四十至四十六,首一卷,續增一至九)

620000－1106－0000465　619
性命雙脩萬神圭旨四卷　(清)□□撰　清刻本　二冊　存二卷(一、三)

620000－1106－0000466　198
姓氏族譜合編十卷　(清)李魁第輯　清光緒刻本　十冊

620000－1106－0000467　407
修設瑜伽集要施食壇儀一卷　(明)釋袾宏補注　清嘉慶十二年至十六年(1807－1811)武

威清應寺刻本　一册

620000－1106－0000468　221
續古文辭類纂三十四卷　王先謙纂　清末刻本　四册　存十一卷(十三至二十三)

620000－1106－0000469　20
續資治通鑑綱目二十七卷　(明)商輅等纂　(明)陳仁錫評　清刻本　十八册　存十八卷(一至十八)

620000－1106－0000470　53
續資治通鑑綱目二十七卷　(明)商輅等纂　(明)陳仁錫評　清刻本　六册　存六卷(七至十二)

620000－1106－0000471　432
學案初模續編不分卷　(清)伊里布輯　清刻本　九册

620000－1106－0000472　434
學案初模續編不分卷　(清)伊里布輯　清刻本　四册

620000－1106－0000473　475
學錄襍稿一卷　(清)□□輯　清光緒抄本　一册

620000－1106－0000474　428
訓士錄一卷　(清)張岳崧撰　清道光二年(1822)刻本　一册

620000－1106－0000475　604
雅俗通用釋門疏式十卷　(明)釋如德輯　清光緒九年(1883)王延福抄本　九册　存九卷(一至三、五至十)

620000－1106－0000476　173
晏子春秋七卷音義二卷校勘二卷　(春秋)晏嬰撰　(清)孫星衍音義　(清)黄以周校勘　清光緒元年(1875)浙江書局刻本　四册

620000－1106－0000477　439
驗方新編十六卷　(清)鮑相璈輯　清刻本　五册　存七卷(一、四至八、十)

620000－1106－0000478　444
驗方新編十六卷　(清)鮑相璈輯　清刻本　一册　存一卷(五)

620000－1106－0000479　445
驗方新編十六卷痧症全書三卷　(清)鮑相璈輯　清刻本　二册　存四卷(驗方新編八、痧症全書三卷)

620000－1106－0000480　457
楊椒山公家訓一卷　(明)楊繼盛撰　清光緒十五年(1889)刻本　一册

620000－1106－0000481　400
楊增新稟帖不分卷　楊增新撰　清末蘭州官書局鉛印本　二册

620000－1106－0000482　169
養素堂文集三十五卷首一卷　(清)張澍撰　清道光刻本　六册　存二十卷(十六至三十五)

620000－1106－0000483　581
養雲山館試帖四卷　(清)許球撰　(清)王榮紱注　清刻本　三册　存三卷(二至四)

620000－1106－0000484　391
藥方抄一卷　(清)□□抄　清末抄本　一册

620000－1106－0000485　626
醫學集成四卷　(清)劉仕廉輯　清同治十二年(1873)刻本　一册　存一卷(二)

620000－1106－0000486　421
怡草堂評選小題能與集合選讀本二卷　(清)曾習孔　(清)黎旭評　清道光十二年(1832)藜照書屋刻本　一册

620000－1106－0000487　606
儀禮經傳通解續二十九卷　(宋)黄榦撰　清刻本　七册　存十五卷(二至十六)

620000－1106－0000488　153
儀禮註疏十七卷　(漢)鄭玄注　(唐)陸德明音義　(唐)賈公彦疏　明崇禎九年(1636)汲古閣刻本　十二册

620000－1106－0000489　293
易經精華六卷末一卷　(清)薛嘉穎撰　清光緒十六年(1890)宏道堂刻四經精華本　三册

缺一卷(三)

620000－1106－0000490　376

易翼貫解七卷　(清)佘德楷輯　清光緒刻本　四冊

620000－1106－0000491　632

應試唐詩類釋十九卷　(清)臧岳輯　清乾隆刻本　七冊　缺一卷(十五)

620000－1106－0000492　438

庸庵全集六種二十一卷　(清)薛福成撰　清光緒二十三年(1897)上海醉六堂石印本　六冊　存十卷(文編一至四、續編一至二、外編一至四)

620000－1106－0000493　239

庸庵文外編四卷　(清)薛福成撰　清光緒十九年(1893)無錫薛氏刻庸庵全集本　四冊

620000－1106－0000494　150

庾子山集十六卷總釋一卷年譜一卷　(北周)庾信撰　(清)倪璠注　清刻本　十二冊

620000－1106－0000495　192

玉函山房輯佚書五百九十三種七百一十卷目耕帖三十一卷　(清)馬國翰輯　清光緒九年(1883)長沙瑯嬛館刻十年(1884)章邱李氏重印本　四十冊　存二百五十九種

620000－1106－0000496　613

玉清無極總真文昌大洞仙經三卷　(□)□□撰　清光緒三十年(1904)江永昌募刻本　三冊

620000－1106－0000497　264

御定全唐詩錄一百卷　(清)徐倬　(清)徐元正輯　清康熙刻本　二十七冊　存八十一卷(一、九至十九、二十三至三十二、三十六至四十七、五十四至一百)

620000－1106－0000498　188

御批歷代通鑑輯覽一百二十卷　(清)楊述曾等纂　清光緒二十年(1894)湖南書局刻本　三十九冊　存八十三卷(一至十六、二十至二十七、三十二至四十、四十九至八十、一百一至一百七、一百十至一百二十)

620000－1106－0000499　5

御批歷代通鑑輯覽一百二十卷　(清)楊述曾等纂　清光緒二十四年(1898)湖北書局刻本　五十八冊

620000－1106－0000500　612

御批歷代通鑑輯覽一百二十卷　(清)楊述曾等纂　清刻本　六冊　存十一卷(四至五、十五至十六、五十八至六十、六十六至六十七、一百十六至一百十七)

620000－1106－0000501　186

御批歷代通鑑輯覽一百二十卷　(清)楊述曾等纂　清同治十三年(1874)湖南書局刻本　六十冊

620000－1106－0000502　633

御批增補了凡綱鑑四十卷　(明)袁黄纂　清末石印本　五冊　存四卷(五、七至八、十)

620000－1106－0000503　160

御製詩初集四十四卷目錄四卷二集九十卷目錄十卷　(清)高宗弘曆撰　(清)蔣溥等編　清刻本　三十四冊　存六十九卷(初集三十二至四十四,二集五至六、十四至十六、二十至五十九、七十五至七十七、八十一至八十八)

620000－1106－0000504　631

御撰資治通鑑綱目三編二十卷　(清)張廷玉等撰　清刻本　二冊　存九卷(一至九)

620000－1106－0000505　97

御纂詩義折中二十卷　(清)陳兆崙等纂　清刻本　五冊　存十卷(一至十)

620000－1106－0000506　101

御纂詩義折中二十卷　(清)陳兆崙等纂　清刻本　八冊

620000－1106－0000507　296

御纂醫宗金鑑九十卷首一卷　(清)吳謙等纂　清刻本　七冊　存十卷(一至二、四至十,首一卷)

620000－1106－0000508　300

御纂醫宗金鑑九十卷首一卷　(清)吳謙等纂　清刻本　十册　存二十一卷(三十六至四十、四十四至四十九、五十三至六十二)

620000－1106－0000509　472

御纂醫宗金鑑九十卷首一卷　(清)吳謙等纂　清刻本　一册　存二卷(九至十)

620000－1106－0000510　516

御纂醫宗金鑑九十卷首一卷　(清)吳謙等纂　清刻本　六册　存十六卷(外科一至十六)

620000－1106－0000511　65

御纂周易述義十卷　(清)傅恆等纂　清刻本　二册　存六卷(五至十)

620000－1106－0000512　120

御纂周易折中二十二卷首一卷　(清)李光地等纂　清刻本　十册

620000－1106－0000513　104

諭旨録十卷　(清)岳鍾琪等輯　清刻本　九册　存九卷(一至九)

620000－1106－0000514　69

淵鑑類函四百五十卷目録四卷　(清)張英　(清)王士禛等纂　清康熙五十八年至雍正四年(1719－1726)刻本　二十四册　存七十一卷(二十三至二十五、五十七至六十七、一百七十至一百八十、一百八十六至一百八十八、一百九十四至一百九十六、一百九十九至二百、二百十七至二百十九、二百四十六至二百四十九、二百六十四至二百六十九、三百四十至三百四十二、三百四十四至三百四十九、三百六十七至三百七十、四百二十五至四百二十九、四百四十一至四百四十七)

620000－1106－0000515　70

淵鑑類函四百五十卷目録四卷　(清)張英　(清)王士禛等纂　清康熙五十八年至雍正四年(1719－1726)刻本　六十四册　存一百五十卷(四十至五十六、五十九至六十、一百八十一至二百十六、二百二十至二百二十九、二百七十七至三百十五、三百八十三至四百二十八)

620000－1106－0000516　2

元詩選初集一百十四卷首一卷二集一百三卷三集一百三卷　(清)顧嗣立輯　清康熙三十三年至五十九年(1694－1720)顧氏秀野草堂刻本　十三册　存十三卷(初集六、九、十五,二集三至六、九、十一至十四,三集一)

620000－1106－0000517　341

元史二百十卷　(明)宋濂等撰　清光緒十年(1884)上海同文書局石印本　五十一册

620000－1106－0000518　313

元史二百十卷　(明)宋濂等撰　清光緒十四年(1888)上海圖書集成印書局鉛印本　十二册　存九十五卷(一至九十五)

620000－1106－0000519　345

元史二百十卷　(明)宋濂等撰　清光緒十四年(1888)上海圖書集成印書局鉛印本　七册　存四十九卷(五十五至一百三)

620000－1106－0000520　396

袁王綱鑑合編三十九卷　(明)袁黄輯　(明)王世貞編　清末鉛印本　二册　存六卷(十四至十六、二十一至二十三)

620000－1106－0000521　399

袁文箋正十六卷　(清)袁枚撰　(清)石韞玉箋　清刻本　三册　存七卷(二至六、九至十)

620000－1106－0000522　487

韻辨附文五卷　(清)沈兆霖輯　清道光二十三年(1843)刻本　一册　存一卷(一)

620000－1106－0000523　404

韻字略十二卷　(清)毛謨輯　清刻本　一册　存六卷(午至亥)

620000－1106－0000524　654

在官法戒録四卷　(清)陳弘謀輯　清刻本　一册　存二卷(三至四)

620000－1106－0000525　617

曾文正公家書十卷　(清)曾國藩撰　清末鉛

印本　三冊　存三卷(四至六)

620000－1106－0000526　367

曾文正公全集十六種一百八十五卷首一卷　(清)曾國藩撰　清同治十三年至光緒三年(1874－1877)傳忠書局刻曾文正公全集本　八十二冊　存一百卷(詩鈔一至六、十至十三、十五至二十一、二十五至二十八,年譜一至十二,奏稿一至六、八至二十四、二十八至三十,雜著一至二,批牘二至六,書札一至三十三;首一卷)

620000－1106－0000527　7

曾文正公手書日記不分卷　(清)曾國藩撰　清宣統元年(1909)上海中國圖書公司影印本　二十一冊

620000－1106－0000528　594

增補詩句題解彙編二十二卷　(清)陳劍芝等輯　(清)朱春舫增輯　清刻本　三冊　存三卷(九、十八至十九)

620000－1106－0000529　596

增補事類統編九十三卷首一卷　(清)黄葆真增輯　清末石印本　一冊　存八卷(四十三至五十)

620000－1106－0000530　469

增補左繡匯參三十卷首一卷　(清)周正思纂　(清)馮李驊　(清)陸浩評輯　清刻本　三冊　存十卷(十四至十九、二十三至二十六)

620000－1106－0000531　401

增補左傳易讀六卷　(清)司徒修輯　清刻本　六冊

620000－1106－0000532　573

增補左傳易讀六卷　(清)司徒修輯　清刻本　五冊　存五卷(二至六)

620000－1106－0000533　379

增廣大題文府初二集合編不分卷　(清)□□輯　清光緒十七年(1891)上海鴻寶齋石印本　十冊　缺二集大學、中庸

620000－1106－0000534　588

增廣大題文府初二集合編不分卷　(清)□□輯　清末石印本　一冊　存二集論語

620000－1106－0000535　429

增廣詩韻全璧五卷　(清)湯文璐輯　(清)惜陰館主人增輯　清光緒十九年(1893)上海點石齋石印本　六冊

620000－1106－0000536　467

增廣詩韻全璧五卷檢韻一卷　(清)湯文璐輯　清末石印本　一冊　存一卷(檢韻一卷)

620000－1106－0000537　651

增像第六才子書六卷　(元)王實甫撰　(清)金人瑞評　清光緒二十七年(1901)上海書局石印本　二冊

620000－1106－0000538　204

戰國策十卷　(漢)劉向輯　(宋)鮑彪校注　(元)吴師道重校　清乾隆二十七年(1762)刻本　八冊

620000－1106－0000539　398

正字通十二卷首一卷　(明)張自烈輯　清刻本　二十五冊　存九卷(子中、丑至卯、辰中、巳至午上中、未至申)

620000－1106－0000540　586

周東山先生五經解五種十卷　(清)周封魯輯　清同治九年(1870)刻本　四冊　存四卷(春秋上、下,易經下,詩經上)

620000－1106－0000541　98

周禮註疏四十二卷　(漢)鄭玄注　(唐)陸德明音義　(唐)賈公彥疏　明崇禎元年(1628)毛氏汲古閣刻十三經註疏本　八冊　存二十二卷(二十一至四十二)

620000－1106－0000542　159

周書五十卷　(唐)令狐德棻等撰　明崇禎五年(1632)毛氏汲古閣刻十七史本　六冊

620000－1106－0000543　105

周書五十卷　(唐)令狐德棻等撰　清光緒十四年(1888)上海圖書集成印書局鉛印二十四史本　三冊　存三十八卷(十三至五十)

620000－1106－0000544　175
周易兼義九卷音義一卷注疏校勘記九卷釋文校勘記一卷　（三國魏）王弼注　（唐）陸德明音義　（唐）孔穎達正義　（清）阮元校　清嘉慶二十年（1815）江西南昌府學刻重栞宋本十三經注疏道光六年（1826）重校本　八冊

620000－1106－0000545　251
周易四卷　（宋）朱熹注　清光緒十六年（1890）蘭州刻本　二冊

620000－1106－0000546　252
周易四卷　（宋）朱熹注　清同治十年（1871）刻本　二冊

620000－1106－0000547　254
周易四卷　（宋）朱熹注　清同治十年（1871）刻本　一冊　存一卷（一）

620000－1106－0000548　243
竹書紀年統箋十二卷前編一卷雜述一卷　（南朝梁）沈約注　（清）徐文靖統箋　（清）馬陽　（清）崔萬烜校訂　清光緒三年（1877）浙江書局刻本　三冊　存八卷（五至十二）

620000－1106－0000549　15
註釋典制文琳四集不分卷　（清）諸立德等輯　（清）周瀛橋等注　清刻本　六冊　缺一集（三）

620000－1106－0000550　611
篆瀍偏旁正譌歌一卷　（明）李登訂　（清）胡正言篆　清嘉慶二十三年（1818）聚文堂刻本　一冊

620000－1106－0000551　23
資治通鑑綱目五十九卷首一卷　（宋）朱熹撰　（明）汪克寬等考證　明萬曆二十八年（1600）朱燮元刻資治通鑑綱目全書本　六十九冊

620000－1106－0000552　57
資治通鑑綱目五十九卷首一卷　（宋）朱熹撰　（明）陳仁錫評　清刻本　六十六冊　存五十七卷（三至五十九）

620000－1106－0000553　577
資治通鑑綱目五十九卷首一卷前編二十五卷續編二十七卷　（宋）朱熹等撰　（明）陳仁錫評　清康熙四十年（1701）王公行刻本　一冊　存一卷（首一卷）

620000－1106－0000554　537
資治通鑑綱目五十九卷首一卷前編二十五卷續編二十七卷　（宋）朱熹等撰　（明）陳仁錫評　清刻本　十六冊　存十四卷（資治通鑑綱目七、十一、二十三至二十四、二十六至二十八、三十三，續編二、六、九至十一、十六）

620000－1106－0000555　538
資治通鑑綱目五十九卷首一卷前編二十五卷續編二十七卷　（宋）朱熹等撰　（明）陳仁錫評　清刻本　三十冊　存二十四卷（資治通鑑綱目二十九至三十二，續編一至三、十一至二十七）

620000－1106－0000556　380
資治新書初集十四卷首一卷二集二十卷　（清）李漁輯　（清）沈心友訂　清光緒二十年（1894）上海圖書集成印書局鉛印本　十二冊

620000－1106－0000557　436
資治新書初集十四卷首一卷二集二十卷　（清）李漁輯　（清）沈心友訂　清光緒二十年（1894）上海圖書集成印書局鉛印本　十二冊

620000－1106－0000558　650
資治新書初集十四卷首一卷二集二十卷　（清）李漁輯　（清）沈心友訂　清光緒二十年（1894）上海圖書集成印書局鉛印本　二冊　存五卷（二集一至二、八至十）

620000－1106－0000559　375
子史輯要詩賦題解四卷續編四卷夏小正四卷　（清）胡本淵輯　（清）任兆麟注　清文秀堂刻本　五冊

620000－1106－0000560　458
子史精華一百六十卷　（清）允祿等纂　清刻本　四冊　存十六卷（十七至二十七、一百三十五至一百三十九）

620000－1106－0000561　229

自西徂東五卷　(德國)花之安撰　清光緒十年(1884)花之安刻本　三册　存三卷(一至二、五)

620000－1106－0000562　397

字彙十二卷首一卷末一卷　(明)梅膺祚撰　清初刻本　十四册　缺二卷(首一卷、末一卷)

620000－1106－0000563　402

字彙十二卷首一卷末一卷　(明)梅膺祚撰　清刻本　一册　存一卷(四)

620000－1106－0000564　403

字彙十二卷首一卷末一卷　(明)梅膺祚撰　清刻本　十三册

620000－1106－0000565　548

纂補四書大全二十卷　(清)劉翩固纂補　清致和堂刻本　七册　存八卷(一、四、十一至十六)

620000－1106－0000566　570

最上一乘慧命經不分卷　(清)柳華陽撰注　清光緒二十一年(1895)刻本　一册

620000－1106－0000567　542

最上一乘慧命經不分卷　(清)柳華陽撰注　清刻本　一册

620000－1106－0000568　525

最上一乘慧命經不分卷　(清)柳華陽撰注　清同治七年(1868)刻本　一册

620000－1106－0000569　283

左文襄公年譜十卷　(清)羅正鈞纂　清光緒二十三年(1897)湘陰左氏刻本　二册　存二卷(一、三)

620000－1106－0000570　562

左繡三十卷首一卷　(清)馮李驊　(清)陸浩評輯　清刻本　二册　存四卷(二十至二十一、二十六至二十七)

620000－1106－0000571　210

左繡三十卷首一卷　(清)馮李驊　(清)陸浩評輯　清乾隆四十四年(1779)刻本　十二册

620000－1106－0000572　306

左傳翼三十八卷　(清)周大璋輯評　清刻本　八册　存十八卷(二十一至三十八)

620000－1106－0000573　9

[乾隆]鳳翔縣志八卷首一卷　(清)羅鰲修　(清)周方炯等纂　清乾隆三十二年(1767)刻本　八册

甘肅省定西市通渭縣圖書館古籍普查登記目録

全國古籍普查登記目録

國家圖書館出版社
National Library of China Publishing House

#《甘肅省定西市通渭縣圖書館古籍普查登記目録》

編委會

主　編： 王維平

副主編： 魏麗霞　王麗霞

620000－1129－0000001　002697－2
八銘塾鈔初集不分卷二集不分卷　(清)吳懋政輯　清道光十四年(1834)刻本　六册

620000－1129－0000002　002697－3
八銘塾鈔初集不分卷二集不分卷　(清)吳懋政輯　清經文堂刻本　三册

620000－1129－0000003　003096
八銘塾鈔初集不分卷二集不分卷　(清)吳懋政輯　清令德堂刻本　二册　存初集上孟、下孟,二集上孟、下孟

620000－1129－0000004　002697－1
八銘塾鈔初集不分卷二集不分卷　(清)吳懋政輯　清咸豐七年(1857)刻本　九册

620000－1129－0000005　002845
冰言補一卷　(清)李惺撰　清同治六年(1867)劉鴻典刻本　一册

620000－1129－0000006　002803
蠶桑簡編一卷附錄一卷　(清)楊名颺編　**伊尹救旱區田編一卷**　(清)□□抄錄　清道光十六年(1836)略陽官署刻本　一册

620000－1129－0000007　002462
策學總纂大全二十一卷目錄一卷　(清)□□纂　**五經彙典文括二十一卷**　(清)潘肇鏞纂　清光緒十四年(1888)刻本　一册　存一卷(目錄一卷)

620000－1129－0000008　002696、002972
插花窗詩草六卷賦草二卷詩草補遺一卷　(清)楊昌光撰　清嘉慶十七年(1812)刻本　三册　缺一卷(賦草二)

620000－1129－0000009　002499
陳伯玉文集三卷詩集二卷附錄一卷　(唐)陳伯玉撰　(清)柯道麟校　清道光二十二年(1842)鐵筆齋刻本　四册

620000－1129－0000010　002808
陳清端公文集八卷　(清)陳璸撰　清刻本　三册　存六卷(三至八)

620000－1129－0000011　003076
檉華館試帖彙鈔輯注十卷　(清)路德撰　清刻本　五册　存五卷(六至十)

620000－1129－0000012　002616
程墨所見集不分卷　(清)王步青輯　清雍正文盛堂刻本　二十一册

620000－1129－0000013　003000
程氏家塾讀書分年日程三卷綱領一卷　(元)程端禮述　清光緒十八年(1892)蘭州督學節署刻本　一册　存三卷(一至二、綱領一卷)

620000－1129－0000014　002712、002736
尺木堂綱鑑易知錄九十二卷　(清)周之炯　(清)吳乘權　(清)周之燦輯　清光緒二十七年(1901)上海商務印書館尺木堂鉛印本　十一册　存七十一卷(一至三十九、四十一至六十六、八十七至九十二)

620000－1129－0000015　002897
尺木堂綱鑑易知錄九十二卷　(清)周之炯　(清)吳乘權　(清)周之燦輯　清刻本　六册　存七十九卷(十四至九十二)

620000－1129－0000016　003085
尺木堂明鑑易知錄十五卷　(清)朱國標鈔　(清)吳乘權等輯　清同治二年(1863)經綸堂刻本　七册

620000－1129－0000017　002718
重編留青新集二十四卷　(清)馮善長輯　清末鉛印本　一册　存四卷(十七至二十)

620000－1129－0000018　002710
重訂事類賦三十卷重訂廣事類賦四十卷　(宋)吳淑撰注　(明)華麟祥校刊　(清)華希閔增廣　清道光六年(1826)劍光閣刻本　十一册　存四十七卷(事類賦一至八、十三至十七,廣事類賦三至二十四、二十九至四十)

620000－1129－0000019　002452
重訂王鳳洲先生會纂綱鑑四十六卷續宋元二十三卷　(明)王世貞纂　(明)陳仁錫訂　(明)呂一經校　清刻本　三十册　存五十九卷(十一至四十六、續宋元二十三卷)

620000－1129－0000020　002546
重訂文選集評十五卷首一卷末一卷　（清）于光華輯　清刻本　十册　存十五卷（一至十二、十四至十五，末一卷）

620000－1129－0000021　002728
重刊補註洗冤錄集證五卷附刊一卷　（清）王又槐增輯　（清）李觀瀾補輯　（清）阮其新補注　清道光二十二年（1842）刻朱墨套印本　八册

620000－1129－0000022　001821－001840
重刊宋本十三經注疏附校勘記四百十六卷（清）阮元輯校　清嘉慶二十年（1815）刻道光六年（1826）重修本　一百五十五册　缺七十三卷（毛詩二十一至七十、孝經一至三、論語一至二十）

620000－1129－0000023　002850
初刊秦氏選擇醒迷全書六卷　（清）秦玉田輯　清咸豐十一年（1861）紅藥山房刻本　十册

620000－1129－0000024　002500
春秋公羊傳註疏二十八卷　（漢）何休注（唐）陸德明音義　（唐）徐彦疏　明崇禎七年（1634）毛氏汲古閣刻本　十二册

620000－1129－0000025　002692－6
春秋經傳集解三十卷附考證　（晉）杜預注（唐）陸德明音義　清仿宋相臺岳氏荊谿家塾本刻本　十六册

620000－1129－0000026　002692
春秋經傳集解三十卷附考證　（晉）杜預注（唐）陸德明音義　清仿宋相臺岳氏荊谿家塾本刻本　二册　存五卷（一至五）

620000－1129－0000027　002440－1
春秋旁訓辨體合訂四卷　（清）徐立綱輯　清嘉慶十三年（1808）匠門書屋敷文閣刻本　二册

620000－1129－0000028　002482－2
春秋旁訓欽尊御案四傳合訂四卷　（清）□□輯　清懋德堂刻本　二册

620000－1129－0000029　002692－1
春秋三傳十六卷首一卷釋文音義十六卷（晉）杜預等注　（唐）陸德明音義　清同治十年（1871）刻本　十三册

620000－1129－0000030　002692－4
春秋三傳十六卷首一卷釋文音義十六卷（晉）杜預等注　（唐）陸德明音義　清同治十年（1871）刻本　十四册　缺十卷（釋文音義一至十）

620000－1129－0000031　002692－5
春秋三傳十六卷首一卷釋文音義十六卷（晉）杜預等注　（唐）陸德明音義　清同治十年（1871）刻本　八册　存十一卷（春秋三傳五至十四、首一卷）

620000－1129－0000032　002692－2
春秋三傳十六卷首一卷釋文音義十六卷（晉）杜預等注　（唐）陸德明音義　清同治十年（1871）刻本　十四册

620000－1129－0000033　002692－3
春秋三傳十六卷首一卷釋文音義十六卷（晉）杜預等注　（唐）陸德明音義　清同治十年（1871）刻本　十三册

620000－1129－0000034　002756－3、002643、002566
春秋左傳十八卷　（晉）杜預注　（宋）林堯叟補注　（唐）陸德明音義　（明）鍾惺等評　清致和堂刻本　六册　存六卷（二、六至八、十六至十七）

620000－1129－0000035　002756－2
春秋左傳十八卷提要一卷圖說一卷　（晉）杜預注　（宋）林堯叟補注　（唐）陸德明音義（明）鍾惺等評　清致和堂刻本　七册　存十五卷（一至九、十三至十八）

620000－1129－0000036　002756－3
春秋左傳五十卷　（晉）杜預注　（宋）林堯叟補注　（唐）陸德明音義　（明）鍾惺等評　清刻本　十一册　存四十六卷（二至二十六、二十九至三十七、三十九至五十）

620000－1129－0000037　002508、002576
春秋左傳五十卷提要一卷圖說一卷　(晉)杜預注　(宋)林堯叟補注　(唐)陸德明音義　(明)鍾惺等評　清光霽堂刻本　十四冊

620000－1129－0000038　002481
春秋左傳註疏六十卷　(晉)杜預注　(唐)孔穎達疏　清四友堂刻本　二十四冊

620000－1129－0000039　002501
從政觀法錄三十卷　(清)朱方增輯　清道光十年(1830)刻本　六冊

620000－1129－0000040　003093
達生遂生福幼合編不分卷　(清)莊一夔等撰　(清)危瑄璋輯　清同治十三年(1874)江西南城危省南堂刻本　一冊

620000－1129－0000041　002422
大成通志十八卷首二卷　(清)楊慶撰　清康熙四十七年(1708)刻嘉慶二十五年(1820)增補本　十九冊

620000－1129－0000042　002721
大明一統志九十卷　(明)李賢等纂修　明萬曆萬壽堂刻本　二十五冊　存六十一卷(三十至九十)

620000－1129－0000043　003023
大清光緒十五年歲次己丑時憲書不分卷　(清)欽天監編　清光緒刻本　一冊

620000－1129－0000044　002704
大清律例增修統纂集成四十卷督捕則例附纂二卷　(清)姚潤纂輯　(清)沈之奇撰　(清)周廷杰　(清)胡熙增輯　清刻本　二十三冊　存四十一卷(二至四十、督捕則例附纂二卷)

620000－1129－0000045　002797
大學古本質言不分卷　(清)劉沅撰　清同治十三年(1874)致福樓刻光緒三十一年(1905)重印本　一冊

620000－1129－0000046　002874
道光己酉科省直鄉墨英華一卷　(清)徐資乾輯　清道光三十年(1850)刻本　一冊

620000－1129－0000047　002709
得一錄八卷首一卷　(清)孫念劬輯　清刻本　八冊

620000－1129－0000048　002755－1
地球韻言四卷　(清)張士瀛撰　清光緒二十七年(1901)信義書局刻本　二冊

620000－1129－0000049　002755－2
地球韻言四卷　(清)張士瀛撰　清光緒二十七年(1901)信義書局刻本　一冊　存二卷(一至二)

620000－1129－0000050　002755－3
地球韻言四卷　(清)張士瀛撰　清光緒二十四年(1898)同文書局刻本　一冊

620000－1129－0000051　002755－4
地球韻言四卷　(清)張士瀛撰　清光緒二十四年(1898)同文書局刻本　一冊

620000－1129－0000052　002438
典故列女傳四卷　(明)解縉撰　清嘉慶十年(1805)聚文堂刻本　四冊

620000－1129－0000053　002792、002646
典故列女傳四卷　(明)解縉撰　清刻本　三冊　存三卷(一中、下,三至四)

620000－1129－0000054　002533、002583
鼎鍥趙田了凡袁先生編纂古本歷史大方綱鑑補三十九卷首一卷　(明)袁黄編纂　清康熙三十七年(1698)燕詒齋刻本　十九冊　存三十卷(一至十、二十一至三十九,首一卷)

620000－1129－0000055　002738
鼎鋟鍾伯敬訂正資治綱鑑正史大全七十四卷皇明紀要三卷　(明)鍾惺訂正　明崇禎刻本　四冊　存十七卷(五十六至七十二)

620000－1129－0000056　002542
東郭鄒先生文集十二卷首一卷　(明)鄒守益撰　(明)劉佃選　(明)董燧編　(明)周怡等續編　清刻本　十冊

620000－1129－0000057　002846、002812

東漢文二十卷　(明)張采輯　(明)張運泰　(明)余元熹彙評　清晚期刻本　六冊　存五卷(十六至二十)

620000－1129－0000058　002770
東周列國全志二十三卷一百八回　(清)蔡奡評點　清刻本　一冊　存一卷(一)

620000－1129－0000059　002757
讀法圖存四卷　(清)邵繩清繪編　清道光十六年(1836)虞山邵氏刻本　四冊

620000－1129－0000060　002436
讀史方輿紀要一百三十卷輿圖要覽四卷　(清)顧祖禹撰　(清)彭元瑞校定　(清)龍萬育校刊　清嘉慶十九年(1814)敷文閣刻本　六十冊

620000－1129－0000061　003010、003008、003030
讀書作文譜十二卷父師善誘法二卷　(清)唐彪撰　(清)唐正心等校　清刻本　四冊　存十一卷(二至十二)

620000－1129－0000062　002507
杜工部集二十卷注杜詩略例一卷詩話一卷唱酬題詠一卷附錄一卷目錄一卷　(唐)杜甫撰　(清)錢謙益注　(清)季振宜校　清康熙六年(1667)静思堂刻本　八冊

620000－1129－0000063　002956
爾雅註疏十一卷　(晉)郭璞注　(宋)邢昺疏　清刻本　三冊　存七卷(一至五、七至八)

620000－1129－0000064　002687－1
二曲集二十六卷首一卷歷年紀略一卷　(清)李顒撰　(清)牛樹梅校刊　清同治五年(1866)牛氏刻本　八冊

620000－1129－0000065　002687－2
二曲集二十六卷首一卷歷年紀略一卷　(清)李顒撰　(清)牛樹梅校刊　清同治五年(1866)牛氏刻本　七冊　缺五卷(一至五)

620000－1129－0000066　002687－3
二曲集二十六卷首一卷歷年紀略一卷　(清)李顒撰　(清)牛樹梅校刊　清同治五年(1866)牛氏刻本　六冊　缺十卷(一至十)

620000－1129－0000067　002021－2036、2678
二十四史二十四種三千一百九十五卷　(漢)司馬遷等　清同治至光緒五省官書局刻光緒五年(1879)湖北書局彙印本　五百三十七冊　缺二十卷(前漢書十六至十八,舊唐書一至三、一百五十至一百五十三,宋史二百七至二百十一、二百九十二至二百九十六)

620000－1129－0000068　002773
樊山批判十五卷　樊增祥撰　清刻本　六冊

620000－1129－0000069　002849
訪樂堂詩一卷　(清)胡薇元撰　清光緒二十七年(1901)憶秋唫館刻本　一冊

620000－1129－0000070　002957
分輯詩韻五卷　(清)李漁輯　清白下聚文堂刻本　一冊　存三卷(三至五)

620000－1129－0000071　002671、002679
分類文腋八卷　(清)李楨選　(清)李煒批注　清嘉慶刻本　二冊　存四卷(三至六)

620000－1129－0000072　002623、002694
福惠全書三十二卷　(清)黃六鴻輯　清康熙三十八年(1699)種書堂刻本　十五冊

620000－1129－0000073　002667
附釋音春秋左傳注疏六十卷　(晉)杜預注　(唐)陸德明音義　(唐)孔穎達疏　清光緒十三年(1887)望仙館石印本　一冊　存十五卷(一至十五)

620000－1129－0000074　002867
賦則四卷首一卷　(清)鮑桂星評選　清道光十四年(1834)來鹿堂刻本　二冊

620000－1129－0000075　002604、002727
感應金鑑不分卷　(清)郝玉麟等原刻　清道光三十年(1850)四川督署存惺書屋刻本　二冊

620000－1129－0000076　003095
綱鑑要略不分卷　(清)竹山居士纂　清光緒二十一年(1895)全義堂刻本　一冊

620000 - 1129 - 0000077　002518

綱鑑易知録九十二卷　(清)吳乘權　(清)周之炯　(清)周之燦輯　清康熙五十年(1711)尺木堂刻本　六冊　存十三卷(一至十三)

620000 - 1129 - 0000078　003090

皋蘭課業經訓約編不分卷　(清)盛元珍輯注　清乾隆四十二年(1777)刻本　七冊

620000 - 1129 - 0000079　003089

皋蘭課業三通序一卷　(唐)杜佑等撰　清嘉慶刻本　一冊

620000 - 1129 - 0000080　002582

高厚蒙求五集不分卷　(清)徐朝俊纂　清嘉慶十二年至道光九年(1807 - 1829)雲間徐氏刻道光十四年(1834)重修本　六冊

620000 - 1129 - 0000081　002478

岣嶁鑑撮四卷首一卷　(清)曠敏本輯　清嘉慶二十三年(1818)刻本　四冊

620000 - 1129 - 0000082　003075

古今長者錄八卷筆疇一卷讀書簡要一卷　(明)丁蓮侶撰　(清)曾洲校刻　清同治元年(1862)牛樹梅抄本　一冊

620000 - 1129 - 0000083　002691 - 6

古唐詩合解十二卷　(清)王堯衢注　(清)李模　(清)李桓校　清寶寧堂刻本　一冊　存二卷(唐詩一至二)

620000 - 1129 - 0000084　002691 - 5

古唐詩合解十二卷　(清)王堯衢注　(清)李模　(清)李桓校　清令德堂刻本　三冊　存十一卷(唐詩一至三、五至十二)

620000 - 1129 - 0000085　002691 - 3

古唐詩合解十二卷　(清)王堯衢注　(清)李模　(清)李桓校　清三多齋刻本　二冊　存八卷(唐詩一至四、九至十二)

620000 - 1129 - 0000086　002691 - 1

古唐詩合解十二卷　(清)王堯衢注　(清)李模　(清)李桓校　清文林堂刻本　三冊　存七卷(唐詩一至四、十至十二)

620000 - 1129 - 0000087　002691 - 2

古唐詩合解十二卷　(清)王堯衢注　(清)李模　(清)李桓校　清文林堂刻本　一冊　存四卷(唐詩一至四)

620000 - 1129 - 0000088　002691 - 4

古唐詩合解四卷　(清)王堯衢注　(清)李模　(清)李桓校　清刻本　一冊

620000 - 1129 - 0000089　002800、002804 - 3

古文喈鳳新編八卷　(清)汪基輯　清晚期刻本　三冊　存三卷(三至四、八)

620000 - 1129 - 0000090　002800002804 - 1

古文喈鳳新編八卷　(清)汪基輯　清雍正十一年(1733)宏德堂刻本　四冊

620000 - 1129 - 0000091　002800002804 - 2

古文喈鳳新編八卷　(清)汪基輯　清雍正十一年(1733)宏德堂刻本　七冊　存七卷(一至五、七至八)

620000 - 1129 - 0000092　002752

古文釋義新編八卷　(清)余誠評注　清乾隆四十九年(1784)刻本　四冊　存四卷(一至四)

620000 - 1129 - 0000093　002751

古文析義二編八卷　(清)林雲銘評注　清康熙刻本　七冊　存七卷(二至八)

620000 - 1129 - 0000094　002512

關聖帝君全書十四卷　(清)張鎮輯　(清)甘雨施增輯　清道光八年(1828)刻本　十冊

620000 - 1129 - 0000095　002965

關中書院課士賦一卷　(清)劉源灝輯　清道光二十一年(1841)刻本　一冊

620000 - 1129 - 0000096　003082

關中書院課士詩一卷　(清)路德輯　清道光二十一年(1841)刻本　一冊

620000 - 1129 - 0000097　002661 - 2

貫華堂第六才子書西廂記八卷才子西廂醉心篇一卷　(元)王德信撰　(清)金人瑞批點　清刻本　五冊　存五卷(四至八)

620000－1129－0000098　002661－1
貫華堂第六才子書西廂記八卷才子西廂醉心篇一卷　（元）王德信撰　（清）金人瑞批點　清刻本　四冊　存五卷（四至八）

620000－1129－0000099　002745
光武山一卷賀氏罵殿一卷打鑾駕一卷　（□）□□　清西安府城刻本　一冊

620000－1129－0000100　002724
光緒壬寅補行庚子辛丑恩正併科鄉墨一卷　（清）急惆齋主人輯　（清）劉焜等撰　清光緒二十八年（1902）精宏書局鉛印本　一冊

620000－1129－0000101　002459
光緒十八年會試同年齒錄不分卷　（清）□□輯　清光緒十八年（1892）刻本　四冊

620000－1129－0000102　002537
廣事類賦四十卷　（清）華希閔撰　清康熙劍光閣刻本　八冊

620000－1129－0000103　002624
國朝分法春華不分卷　（清）濮嶙峻評選　清嘉慶二年（1797）懷德堂刻本　八冊

620000－1129－0000104　002682、002880
國朝律賦新機初集一卷二集一卷續集一卷餘集四卷　（清）孫理評輯　（清）胡金栻　（清）胡玉樹箋注　清嘉慶十一年（1806）半帆居刻本　五冊　缺一卷（國朝律賦新機初集一卷）

620000－1129－0000105　002492
國朝柔遠記十八卷附編二卷　（清）王之春編　清光緒十七年（1891）廣雅書局刻本　六冊

620000－1129－0000106　002772
國朝先正事略六十卷　（清）李元度纂　清光緒二十五年（1899）上海圖書集成印書局鉛印本　三冊　存二十二卷（一至四、二十六至四十三）

620000－1129－0000107　002447
函海一百五十二種八百五十六卷　（清）李調元輯　清乾隆李氏萬卷樓刻道光五年（1825）李朝夔補刻本　一百五十五冊　缺二十八卷（全五代詩七十九至九十、補刻全五代詩一至十、童山詩集一至六）

620000－1129－0000108　002871
函樓詩鈔八卷　（清）易佩紳撰　清光緒八年（1882）刻本　二冊

620000－1129－0000109　002581
漢魏名文乘六十一種一百十三卷　（明）張運泰　（明）余元熹彙評　明末刻本　四冊　存四卷（一、四、六、十四）

620000－1129－0000110　002738、002785、002782、002624、002747、002784、002977
行機註釋集八集不分卷　（清）□□撰　清刻本　十冊

620000－1129－0000111　002986
合刻註釋張子房解學士千家詩講讀一卷　（明）湯顯祖注　清同治七年（1868）全義堂刻本　一冊

620000－1129－0000112　002796
侯鯖集十卷　（清）李友棠撰　清乾隆靜香閣刻本　四冊

620000－1129－0000113　002642
胡文忠公遺集八十六卷　（清）胡林翼撰　（清）鄭敦謹　（清）曾國荃輯　（清）胡鳳丹重編　清刻本　一冊　存三卷（一至三）

620000－1129－0000114　002619、002647
胡文忠公遺集八十六卷首一卷　（清）胡林翼撰　（清）鄭敦謹　（清）曾國荃輯　清光緒十四年（1888）上海著易堂鉛印本　五冊　存六十一卷（一至五十一、七十八至八十六，首一卷）

620000－1129－0000115　002787
淮南子二十一卷　（漢）劉安撰　（漢）高誘注　清刻本　三冊　存九卷（十三至二十一）

620000－1129－0000116　002818
槐軒雜著不分卷　（清）劉沅撰　清光緒二十七年（1901）刻本　二冊

620000－1129－0000117　002466、002631
皇朝經世文編補一百二十卷序一卷姓名總目二卷　(清)賀長齡輯　(清)張鵬飛評　(清)李懷庚編　(清)汪彥昌校　清咸豐元年(1851)來鹿堂刻本　一百冊

620000－1129－0000118　002676
皇朝經世文統編一百二十卷　(清)邵之棠輯　清石印本　三十八冊　存七十六卷(二十八至九十、九十五至一百七)

620000－1129－0000119　002898
皇極經世緒言九卷首二卷　(宋)邵雍撰　(明)黃畿注　(清)劉斯組述　清嘉慶四年(1799)刻本　一冊　存一卷(首上)

620000－1129－0000120　002439
皇清經解一千四百八卷　(清)阮元輯　清道光九年(1829)學海堂刻咸豐十年(1860)補刻本　四十冊　存一百三十六卷(二百九十三至三百二十九、五百四十八至五百八十、八百七至八百四十五、一千一百三至一千一百二十九)

620000－1129－0000121　003079
皇清陝西歷科進士錄三卷補一卷　(清)王承烈等編　清道光刻光緒抄補本　一冊

620000－1129－0000122　002675
黃詩全集五十八卷　(宋)黃庭堅撰　(宋)任淵注　清光緒二年(1876)刻本　二十冊

620000－1129－0000123　002459
會試第一房同門硃卷(道光辛丑恩科)不分卷會試同年齒錄(辛丑恩科)不分卷　(清)□□輯　清道光二十一年(1841)琉璃廠橋西路南精華齋刻本　五冊

620000－1129－0000124　002662
繪風亭評第七才子書琵琶記六卷　(元)高明撰　(清)陳方平輯　清映秀堂刻本　五冊　存五卷(一至四、六)

620000－1129－0000125　002882
積古齋鐘鼎彝器款識十卷　(清)阮元編　清刻本　一冊　存三卷(二至四)

620000－1129－0000126　002534
蕺山先生人譜一卷人譜類記二卷　(明)劉宗周撰　(清)洪正治校編　清道光八年(1828)教忠堂刻本　二冊

620000－1129－0000127　002788
紀曉嵐詩註釋四卷　(清)紀昀撰　(清)郭斌評注　清道光二十四年(1844)崇順堂刻本　二冊　存二卷(二、四)

620000－1129－0000128　003036
寄傲山房塾課新增幼學故事瓊林四卷　(明)程登吉撰　(清)鄒聖脈增補　清乾隆二十五年(1760)福德堂刻本　二冊

620000－1129－0000129　003036
寄傲山房塾課新增幼學故事瓊林四卷　(明)程登吉撰　(清)鄒聖脈增補　清乾隆二十五年(1760)恆言堂刻本　一冊　存二卷(一至二)

620000－1129－0000130　003036
寄傲山房塾課新增幼學故事瓊林四卷　(明)程登吉撰　(清)鄒聖脈增補　清咸豐十年(1860)大德堂刻本　一冊　存二卷(一至二)

620000－1129－0000131　003094
濟世道源二卷　題(唐)呂嵒注　清刻本　一冊　存一卷(下)

620000－1129－0000132　002744－2
見龍樓新較算法全書四卷　(□)□□輯　清光緒十年(1884)大德堂刻本　二冊　存二卷(一、三)

620000－1129－0000133　002531、002748
鑑行集三十五卷　(清)唐天培輯　(清)張文珍　(清)張瑞珍參訂　清同治十三年(1874)江南會館刻本　十六冊

620000－1129－0000134　002867
椒園詩鈔一卷課幼六韻詩一卷　(清)李兆甲撰　(清)楊芳燦選　清道光十年(1830)靜虛齋刻本　一冊

620000－1129－0000135　002485

校訂定盦全集十卷　(清)龔自珍撰　清宣統二年(1910)鉛印本　八冊

620000－1129－0000136　002973
截搭魁首一卷　(清)趙汝鈺　(清)侯桐等撰　清光緒十四年(1888)刻本　一冊

620000－1129－0000137　002465
錦字箋四卷　(清)黄澐纂　清康熙二十八年(1689)嵩山書屋刻本　四冊

620000－1129－0000138　002767－1
錦字箋四卷　(清)黄澐纂　清刻本　四冊

620000－1129－0000139　002767－2
錦字箋四卷　(清)黄澐纂　清刻本　一冊　存二卷(一至二)

620000－1129－0000140　003007
經場捷訣七種十八卷　(清)吕國鈞撰　清石印本　三冊　存十卷(春秋四卷、書經二卷、詩經二卷、文選二卷)

620000－1129－0000141　002486
經訓約編不分卷　(清)盛元珍輯注　清乾隆四十二年(1777)刻本　十二冊

620000－1129－0000142　002742
經餘必讀續編八卷　(清)雷琳　(清)錢樹棠輯　清嘉慶十五年(1810)刻本　五冊

620000－1129－0000143　002878
爵秩全覽不分卷　(清)内務府編　清道光二十五年(1845)刻本　二冊

620000－1129－0000144　002728
覺世金鑑二卷　(□)□□編　清刻本　一冊　存一卷(下)

620000－1129－0000145　002541－1
康熙字典十二集三十六卷總目一卷檢字一卷辨似一卷等韻一卷備考一卷補遺一卷　(清)張玉書等纂　清道光七年(1827)刻本　四十冊

620000－1129－0000146　002541－2
康熙字典十二集三十六卷總目一卷檢字一卷辨似一卷等韻一卷備考一卷補遺一卷　(清)張玉書等纂　清康熙五十五年(1716)刻本　三十八冊　缺一卷(子上)

620000－1129－0000147　002541－3
康熙字典十二集三十六卷總目一卷檢字一卷辨似一卷等韻一卷備考一卷補遺一卷　(清)張玉書等纂　清刻本　七冊　存七卷(子上、寅中、卯中、未上、酉上、戌中下)

620000－1129－0000148　002899
康熙字典十二卷檢字一卷等韻一卷備考補遺一卷　(清)張玉書等纂　清宣統元年(1909)章福記書局石印本　六冊

620000－1129－0000149　002745
來瞿唐先生易註十五卷首一卷末一卷　(明)來知德撰　清嘉慶寧遠堂刻本　九冊　缺三卷(一至二、末一卷)

620000－1129－0000150　002971
類腋五十五卷　(清)姚培謙　(清)張卿雲輯　清刻本　一冊　存二卷(物十二至十三)

620000－1129－0000151　003083
類腋五十五卷　(清)姚培謙　(清)張卿雲輯　清乾隆七年(1742)賓寧堂刻本　四冊　存四十六卷(天一至八、物一至七、地一至十六、人一至十五)

620000－1129－0000152　002516
梨洲遺著彙刊三種二十七卷首一卷　(清)黄宗羲撰　薛鳳昌編　清宣統二年至民國四年(1910－1915)上海時中書局鉛印本　十冊

620000－1129－0000153　002521
李見菴先生四書辨誤五十條二卷錦官錄雜著十一卷　(清)李錫書撰　清道光七年(1827)刻同治六年(1867)印本　二冊

620000－1129－0000154　002471
李氏蒙求八卷　(唐)李翰撰　(清)楊迦懌集注　清道光十四年(1834)宜壽堂刻本　八冊

620000－1129－0000155　002700
李太白全集十六卷　(唐)李白撰　(清)李調元　(清)鄧在珩編訂　(清)蒲中蘭校　清道

光十八年(1838)彰明縣學署刻本　六册　存十二卷(一至十二)

620000－1129－0000156　2417
李徵君二曲全集二十六卷　(清)李顒撰　清嘉慶十五年(1810)蘭山書院刻本　八册

620000－1129－0000157　002565
禮記精義六卷首一卷　(清)黄淦撰　清刻本　一册　存三卷(四至六)

620000－1129－0000158　002440－2
禮記旁訓辨體合訂六卷　(清)徐立綱輯　清嘉慶十三年(1808)敷文閣刻本　五册

620000－1129－0000159　002482－1
禮記旁訓辨體合訂六卷　(清)徐立綱輯　清懋德堂刻本　六册

620000－1129－0000160　002564－1
禮記十卷　(元)陳澔集說　清同治十年(1871)刻本　十册

620000－1129－0000161　002564－2
禮記十卷　(元)陳澔集說　清同治十年(1871)刻本　十册

620000－1129－0000162　002575、002576、002580
禮記十卷　(元)陳澔集說　清同治十年(1871)刻本　七册　存七卷(一至二、四至五、八至十)

620000－1129－0000163　002576、002580
禮記十卷　(元)陳澔集說　清同治十年(1871)刻本　九册　存九卷(一至五、七至十)

620000－1129－0000164　002570
禮記心典傳本三卷　(清)胡瑤光輯　清刻本　一册　存一卷(一)

620000－1129－0000165　002574
禮記易讀四卷　(清)□□纂　清光緒文盛堂刻本　一册　存一卷(一)

620000－1129－0000166　002571
禮記約編十卷　(清)汪基抄　(清)江永纂　清刻本　一册　存三卷(五至七)

620000－1129－0000167　002440－3
禮記註疏六十三卷　(漢)鄭玄注　(唐)孔穎達疏　清嘉慶十八年(1813)四友堂刻本　二十四册

620000－1129－0000168　002761
笠翁一家言全集五十三卷　(清)李漁撰　(清)沈心友　(清)李將舒訂　清康熙十一年(1672)翼聖堂刻本　六册

620000－1129－0000169　002698
歷代名臣傳三十五卷　(清)張江撰　(清)朱軾　(清)蔡世遠考訂　清同治三年(1864)刻本　十六册

620000－1129－0000170　002509、002650
歷代通鑑纂要九十二卷　(明)李東陽等纂　明正德十四年(1519)建陽慎獨齋刻隆慶元年(1567)崇正學院重修本　四十册

620000－1129－0000171　002789
歷代循吏傳八卷　(清)張福昶纂　(清)朱軾　(清)蔡世遠訂　清同治三年(1864)刻本　四册

620000－1129－0000172　002846
歷代輿地沿革險要圖說一卷　楊守敬　饒敦秩撰　清光緒二十四年(1898)石印本　一册

620000－1129－0000173　002805、002984
歷史一千題鼓吹三種二十三卷　(清)南洋編譯社輯　(清)南洋編譯圖書局校訂　清光緒三十年(1904)上海六藝書局鉛印本　五册

620000－1129－0000174　002421
練兵實紀九卷雜集六卷　(明)戚繼光撰　清道光十四年(1834)來鹿堂刻本　六册　存六卷(練兵實紀一至六)

620000－1129－0000175　002458
列國政要一百三十二卷　(清)戴鴻慈　(清)端方輯　清光緒三十三年(1907)上海商務印書館石印本　二十四册　存一百十二卷(二十一至一百三十二)

620000－1129－0000176　002617、002810

林文忠公政書三集三十七卷　(清)林則徐撰　清刻本　十册

620000－1129－0000177　002467
臨文便覽不分卷　(清)張仰山編　清光緒二年(1876)京都松林齋刻本　二册

620000－1129－0000178　002809
六事箴言不分卷　(清)葉玉屏輯　清咸豐二年(1852)綠筠書屋刻本　二册

620000－1129－0000179　002777
陸象山先生文集三十六卷　(宋)陸九淵撰
少湖徐先生學則辯一卷　(明)徐階撰　清雍正二年(1724)刻本　十册　缺一卷(三十三)

620000－1129－0000180　002733
倫風十六卷　(清)向廷賡撰　清道光二十六年(1846)川省刻本　四册

620000－1129－0000181　002763
論語集註本義匯參二十卷首一卷　(清)王步青輯　(清)王士鼇編　清敦復堂刻本　一册　存二卷(七至八)

620000－1129－0000182　002673
論語集註本義匯參二十卷首一卷　(清)王步青輯　清刻本　一册　存二卷(七至八)

620000－1129－0000183　002639－2
論語十卷　(宋)朱熹注　清刻本　二册

620000－1129－0000184　002613、002659
論語註疏解經二十卷　(三國魏)何晏注　(宋)邢昺疏　明崇禎十年(1637)毛氏汲古閣刻十三經註疏本　五册

620000－1129－0000185　002727
呂氏春秋二十六卷　(漢)高誘注　(清)畢沅校　清光緒元年(1875)浙江書局刻本　六册

620000－1129－0000186　002865
呂子呻吟語節鈔六卷　(明)呂坤撰　(清)陳弘謀節鈔　清同治十年(1871)刻本　二册

620000－1129－0000187　002466
馬致齋先生傳一卷　(清)牛樹梅等撰　清道光二十六年(1846)刻本　一册

620000－1129－0000188　002790
毛詩二十卷　(漢)毛亨傳　(漢)鄭玄箋　清刻本　一册　存七卷(九至十五)

620000－1129－0000189　002460
毛詩註疏二十卷　(漢)毛亨傳　(漢)鄭玄箋　(唐)孔穎達疏　清刻本　十二册　存十二卷(十三至二十四)

620000－1129－0000190　002873
蒙學中國歷史教科書一卷　(清)文明書局編譯　清光緒二十五年(1899)刻本　一册

620000－1129－0000191　002827－1
孟子集註七卷　(宋)朱熹集注　清刻本　三册　缺一卷(三)

620000－1129－0000192　002827－2
孟子集註七卷　(宋)朱熹集注　清刻本　一册　存二卷(六至七)

620000－1129－0000193　002827－3
孟子集註七卷　(宋)朱熹集注　清刻本　一册　存二卷(六至七)

620000－1129－0000194　002826
孟子七卷　(宋)朱熹集注　清初刻本　三册

620000－1129－0000195　002783
明臣奏議十二卷首一卷　(清)孫桐生輯　清光緒十七年(1891)四影閣刻本　六册

620000－1129－0000196　002557、002558、002559
明通鑑九十卷首一卷前編四卷附編六卷　(清)夏燮撰　清同治十二年(1873)刻本　三十九册　缺四卷(二十八至三十一)

620000－1129－0000197　002985
目耕齋初集一卷　(清)沈叔眉選　(清)徐楷評　清光緒十八年(1892)善成堂刻本　一册

620000－1129－0000198　002639
目耕齋二刻一卷　(清)沈叔眉選　(清)徐楷評　清光緒十八年(1892)善成堂刻本　一册

620000－1129－0000199　002876
目耕齋小題不分卷　(清)沈叔眉選　(清)徐

楷評　清光緒十八年(1892)善成堂刻本　二冊

620000－1129－0000200　002725、002862

牧令書輯要十卷　(清)徐棟編　(清)丁日昌重編　清同治八年(1869)崇文書局刻本　十冊

620000－1129－0000201　002445、002446

南軒文集四十四卷論孟集解七卷　(宋)張栻撰　清道光二十五年(1845)綿邑洗墨池刻本　十二冊

620000－1129－0000202　002538

廿一史約編八卷首一卷　(清)鄭元慶述　清晚期刻本　四冊　存四卷(五至八)

620000－1129－0000203　002753、002605

鳥鼠山人小集十六卷後集二卷　(明)胡纘宗撰　(明)歸仁編　明嘉靖刻清順治遞修本　八冊

620000－1129－0000204　001621－1820

佩文韻府一百六卷拾遺一百六卷　(清)張玉書等纂　清康熙五十九年(1720)刻本　二百冊

620000－1129－0000205　002756－1、003032

評點春秋綱目左傳句解彙雋六卷　(清)韓菼重訂　清光緒五年(1879)永順堂刻本　三冊　存四卷(一至四)

620000－1129－0000206　003097

評點春秋綱目左傳句解彙雋六卷　(清)韓菼重訂　清會友堂刻本　一冊　存一卷(一)

620000－1129－0000207　002663

評註才子古文二十六卷　(清)金人瑞選　(清)王之績評注　清光裕堂刻本　九冊　存二十五卷(大家二至十七、歷朝一至九)

620000－1129－0000208　002765

七家詩選七卷　(清)張熙宇評選　清朱墨套印本　一冊　存三卷(桐雲閣一、西漚一、簡學齋一)

620000－1129－0000209　002683

前漢書一百二十卷　(漢)班固撰　(唐)顔師古注　明崇禎十五年(1642)毛氏汲古閣刻本　二十八冊

620000－1129－0000210　002625

前漢書一百二十卷　(漢)班固撰　(唐)顔師古注　清光緒二十五年(1899)慎記書莊石印本　十二冊

620000－1129－0000211　002674、002748、002747、002999

鍥旁註事類捷錄十五卷　(明)鄧志謨輯　清刻本　四冊　存十三卷(三至十五)

620000－1129－0000212　002626－2

欽定春秋傳說彙纂三十八卷首二卷　(清)王掞等纂　清光緒二十年(1894)上海書局石印本　二冊

620000－1129－0000213　002781

欽定春秋傳說彙纂三十八卷首二卷　(清)王掞等纂　清同治十年(1871)湖北崇文書局刻本　十二冊　存二十卷(十至十二、十五至二十九,首二卷)

620000－1129－0000214　000001－001620

欽定古今圖書集成一萬卷目錄三十二卷　(清)陳夢雷　(清)蔣廷錫等編　清光緒十年(1884)圖書集成印書局鉛印本　一千六百二十冊　缺五十卷(方輿彙編職方典八十三至九十、六百五十一至六百六十三,明倫彙編閨媛典十二至二十一,博物彙編藝術典一百七十七至一百八十二,理學彙編文學典一至十三)

620000－1129－0000215　002638、002853、002854

欽定戶部軍需則例九卷欽定戶部軍需則例續纂一卷欽定兵部軍需則例五卷欽定工部軍需則例一卷　(清)阿桂等纂　清乾隆刻本　四冊

620000－1129－0000216　002655－1

欽定科場條例六十卷首一卷　(清)耆英等修　(清)麟桂等纂　清道光刻本　二十冊

620000－1129－0000217　002655－2

欽定科場條例六十卷首一卷　(清)杜受田等修　(清)齡椿等纂　清咸豐刻本　四册　存七卷(一至六、首一卷)

620000－1129－0000218　002497、002618、002654

欽定禮部則例一百九十四卷首一卷　(清)王杰等纂　清乾隆六十年(1795)刻本　二十六册

620000－1129－0000219　002626

欽定禮記義疏八十二卷首一卷　(清)允祿等纂　清光緒二十年(1894)上海書局石印本　六册

620000－1129－0000220　002454

欽定啟禎四書文不分卷　(清)方苞選　(清)陳際泰等撰　清刻本　十册

620000－1129－0000221　002627

欽定三國志六十五卷　(晉)陳壽撰　(南朝宋)裴松之注　清光緒二十五年(1899)慎記書莊石印本　四册

620000－1129－0000222　002780

欽定詩經傳說彙纂二十一卷首二卷詩序二卷　(清)王鴻緒等纂　清刻本　八册　存九卷(六至八、十一至十二、十四至十六、十八)

620000－1129－0000223　002657

欽定詩經傳說彙纂二十一卷首二卷詩序二卷　(清)王鴻緒等纂　清末刻本　四册　存四卷(九、十二、十七、十九)

620000－1129－0000224　002530

欽定書經傳說彙纂二十一卷首二卷書序一卷　(清)王頊齡等纂　清雍正八年(1730)刻本　四册　缺十八卷(四至二十一)

620000－1129－0000225　002496

欽定四書文選不分卷　(清)弘晝監理　(清)方苞校閲　清刻本　二十册

620000－1129－0000226　002626

欽定周官義疏四十八卷首一卷　(清)允祿等纂　清光緒二十年(1894)上海書局石印本　四册　存四十一卷(一至四十、首一卷)

620000－1129－0000227　002739

欽定周官義疏四十八卷首一卷　(清)允祿等纂　清刻本　一册　存二卷(二十六至二十七)

620000－1129－0000228　002776

秦安巨氏譜書六卷　(清)巨國桂撰　清光緒三十四年(1908)慕研齋刻本　四册

620000－1129－0000229　002975

仇滄柱先生增補詩經備旨十二卷　(清)仇兆鰲增補　(清)祁文友　(清)伊源進增訂　清刻本　一册　存四卷(三至六)

620000－1129－0000230　002585

全本禮記體註大全合參十卷　(元)陳澔集說　(清)范翔定　(清)徐瑄補輯　清乾隆三十一年(1766)味經堂刻本　三册　存三卷(一至二、四)

620000－1129－0000231　002514

全本禮記體註十卷　(元)陳澔集說　(清)范翔定　(清)徐瑄補輯　清乾隆三十一年(1766)三襄堂刻本　五册　存五卷(一至五)

620000－1129－0000232　002428

全蜀秇文志六十四卷　(明)楊慎輯　(清)譚言藹重校　清嘉慶二十二年(1817)犍爲張氏小書樓刻本　二十册

620000－1129－0000233　002453、002515

全唐詩九百卷目錄十二卷　(清)曹寅　(清)彭定求等編　清康熙四十四年至四十六年(1705－1707)揚州詩局刻本　一百四册　缺一百十四卷(二十七至二十九、一百三十六至一百四十六、三百二十至三百三十五、三百四十六至三百五十三、三百八十二至四百十四、四百二十四至四百二十八、四百三十四至四百四十三、四百七十三至四百七十九、六百七十四至六百九十四)

620000－1129－0000234　002875－2

勸戒奪命錄四卷　(清)春溪居士原輯　(清)

怡雲居士重校　清道光十八年(1838)文郁齋刻本　一冊

620000－1129－0000235　002750
人譜類記二卷蕺山先生人譜一卷　(明)劉宗周撰　(清)洪正治校編　清光緒刻宣統元年(1909)陝甘督署印本　二冊

620000－1129－0000236　002788
人生必讀書十二卷　(清)唐彪輯　清道光十年(1830)刻本　五冊　缺一卷(十二)

620000－1129－0000237　002794
壬午科至庚子科十科會墨文的一卷續編一卷　(清)梁恩照輯　(清)趙霖續輯　清道光二十一年(1841)刻本　一冊

620000－1129－0000238　002549
三禮便讀九卷　(清)王一清訂　清乾隆四十一年(1776)本立堂刻本　四冊

620000－1129－0000239　002563
三省邊防備覽十八卷　(清)嚴如熤輯　清道光十年(1830)來鹿堂刻本　十冊

620000－1129－0000240　002463、002472
三蘇全集二百四卷目錄四卷　(宋)蘇洵等撰　清道光十二年(1832)眉州三蘇祠刻本　八十冊

620000－1129－0000241　002864
三通序不分卷　(唐)杜佑等撰　(清)康綸鈞輯　清嘉慶九年(1804)刻本　一冊

620000－1129－0000242　002502
尚書註疏二十卷　(漢)孔安國傳　(唐)陸德明音義　(唐)孔穎達疏　明崇禎五年(1632)毛氏汲古閣刻本　六冊　存十卷(十一至二十)

620000－1129－0000243　002760
陝甘試牘一卷　(清)金國均輯　(清)王之英等撰　清道光二十五年(1845)刻本　一冊

620000－1129－0000244　002762
呻吟語六卷　(明)呂坤撰　(清)劉言謹等校　清同治七年(1868)篤實堂刻本　六冊

620000－1129－0000245　002480
呻吟語六卷附錄一卷實政錄七卷　(明)呂坤撰　清道光七年(1827)開封府署刻本　六冊

620000－1129－0000246　002524
審巖文集七種二十三卷　(清)楊于果等撰　(清)楊燾元輯　清道光二十五年(1845)非能園刻本　十冊

620000－1129－0000247　002877
省齋全集十二卷　(清)牛樹梅撰　清同治十三年(1874)刻本　五冊　缺二卷(十一至十二)

620000－1129－0000248　003006－2
盛世危言十四卷　鄭觀應撰　清光緒二十四年(1898)石印本　二冊　存三卷(一至三)

620000－1129－0000249　003006－1
盛世危言五卷　鄭觀應輯　清光緒二十一年(1895)上海古香閣刻本　二冊　存二卷(一、四)

620000－1129－0000250　002765－1
詩經八卷　(宋)朱熹集傳　清全義堂刻本　二冊　存三卷(三至五)

620000－1129－0000251　002765－2
詩經八卷　(宋)朱熹集傳　清石印本　一冊　存三卷(六至八)

620000－1129－0000252　002775－1
詩經八卷　(宋)朱熹集傳　清同治十年(1871)刻本　四冊

620000－1129－0000253　002775－2
詩經八卷　(宋)朱熹集傳　清同治十年(1871)刻本　四冊

620000－1129－0000254　002775－3
詩經八卷　(宋)朱熹集傳　清同治十年(1871)刻本　三冊　存六卷(三至八)

620000－1129－0000255　002774、002790－2
詩經融註大全體要八卷　(清)沈世楷輯　清刻本　四冊　存六卷(一至六)

620000－1129－0000256　003078

詩經體註大全合參八卷　(清)沈世楷輯　清康熙五十年(1711)學源堂刻本　四冊

620000－1129－0000257　002790－1
詩經體註大全合參八卷　(清)沈世楷輯　清奎光堂刻本　三冊　存六卷(一至二、五至八)

620000－1129－0000258　003064
詩經體註大全六卷　(清)沈世楷輯　清康熙崇文堂刻本　三冊　存四卷(一至二、五至六)

620000－1129－0000259　003004
詩韻含英十八卷　(清)劉文蔚輯　清刻本　一冊　存十卷(九至十八)

620000－1129－0000260　002978
詩韻集成十卷　(清)余照輯　清刻本　一冊　存六卷(五至十)

620000－1129－0000261　002805
詩韻集成十卷　(清)余照輯　清刻本　一冊　存三卷(八至十)

620000－1129－0000262　002864
詩韻集成十卷　(清)余照輯　清咸豐十年(1860)永富堂刻本　四冊

620000－1129－0000263　002820
石墨鐫華八卷　(明)趙崡撰　明萬曆四十六年(1618)刻清重修本　二冊　存四卷(一至四)

620000－1129－0000264　002669、002861、002885
石渠閣新鐫周易幼學能解六卷　(明)黃淳耀撰　(清)壽國　(清)蔣先庚參補　清乾隆五十六年(1791)桂林堂刻本　四冊　存四卷(二至五)

620000－1129－0000265　002821
拾餘四種不分卷　(清)劉沅撰　清道光二十五年(1845)刻本　二冊

620000－1129－0000266　002470
時務通考三十一卷總目一卷　(清)杞廬主人編　清光緒二十三年(1897)上海點石齋石印本　二十四冊

620000－1129－0000267　002470
時務通考續編三十一卷　(清)點石齋主人編　清光緒二十七年(1901)點石齋石印本　十六冊

620000－1129－0000268　002767
時藝階不分卷　(清)路德輯　清道光十九年(1839)刻本　一冊

620000－1129－0000269　003026
時齋詩集又續一卷　(清)李元春撰　清末刻本　一冊

620000－1129－0000270　002699、002896
時齋文集初刻十卷詩集四卷　(清)李元春撰　清刻本　十冊

620000－1129－0000271　002714
史存三十卷　(清)劉沅輯　清道光二十七年(1847)刻本　十六冊

620000－1129－0000272　002771、002806
史記附考證一百三十卷　(漢)司馬遷撰　(南朝宋)裴駰集解　(唐)司馬貞索隱　(唐)張守節正義　清光緒二十五年(1899)慎記書莊石印本　五冊　缺七十卷(六十一至一百三十)

620000－1129－0000273　002490
史記菁華錄六卷　(清)姚祖恩輯　清光緒八年(1882)扶荔山房刻本　六冊

620000－1129－0000274　002520
史論正鵠初集四卷二集四卷三集四卷四集四卷　(清)王樹敏評　清光緒二十四年(1898)刻本　十四冊

620000－1129－0000275　002715－1
史外八卷　(清)汪有典撰　清同治九年(1870)牛樹梅刻本　八冊

620000－1129－0000276　002715－2
史外八卷　(清)汪有典撰　清同治九年(1870)牛樹梅刻本　三冊　存三卷(三至四、

八）

620000－1129－0000277　002870
式敬編五卷　（清）楊景仁輯　清光緒十四年（1888）四川臬署刻本　二冊

620000－1129－0000278　002553
事類賦三十卷　（宋）吳淑撰　（明）華麟祥校刊　清光緒刻本　四冊

620000－1129－0000279　002620
試帖玉芙蓉集四卷　（清）同文書局主人撰　清光緒十一年（1885）同文書局石印本　八冊

620000－1129－0000280　002706－1
書經六卷　（宋）蔡沈集傳　清同治十年（1871）刻本　四冊

620000－1129－0000281　002706－2
書經六卷　（宋）蔡沈集傳　清同治十年（1871）刻本　四冊

620000－1129－0000282　003103
書經六卷禹貢節要便蒙總歌二卷　（宋）蔡沈集傳　（□）□□輯　清刻本　三冊　存三卷（書經四至五、禹貢節要便蒙總歌二）

620000－1129－0000283　002809
書經體註大全合參六卷　（清）張聖度訂（清）錢希祥參　清刻本　二冊　存三卷（三至五）

620000－1129－0000284　003077
書經體註大全合參六卷　（清）張聖度訂（清）錢希祥參　清刻本　一冊　存二卷（二至三）

620000－1129－0000285　002832
書經體註大全合參六卷　（清）張聖度訂（清）錢希祥參　清末民國初石印本　四冊　存五卷（二至六）

620000－1129－0000286　002801
書經體註大全合參六卷　（清）張聖度訂（清）錢希祥參　清乾隆二十年（1755）味經堂刻本　四冊

620000－1129－0000287　003091
書經體註大全合參六卷　（清）張聖度訂（清）錢希祥參　清雍正三年（1725）宏道堂刻本　四冊

620000－1129－0000288　003102
書經體註大全合參六卷　（清）張聖度訂（清）錢希祥參　清雍正三年（1725）刻本　二冊　存三卷（一至三）

620000－1129－0000289　003101
書經體註大全合參六卷　（清）張聖度訂（清）錢希祥參　清雍正三年（1725）永順堂刻本　四冊

620000－1129－0000290　002898
書經體註大全合參六卷　（清）張聖度訂（清）錢希祥參　清雍正三年（1725）芸生堂刻本　四冊

620000－1129－0000291　002547
書經體註六卷圖一卷　（宋）蔡沈集傳　清刻本　二冊　存三卷（四至六）

620000－1129－0000292　002868
書經體註六卷圖一卷　（宋）蔡沈集傳　清刻本　三冊　存三卷（四至六）

620000－1129－0000293　002652
書經音釋六卷首一卷　（宋）蔡沈集傳　（元）鄒季友音釋　清同治五年（1866）望三益齋刻本　四冊　存五卷（一至四、首一卷）

620000－1129－0000294　002706
書經增訂旁訓四卷　（宋）蔡沈撰　清匠門書屋文會堂刻本　三冊

620000－1129－0000295　002863
書林揚觶二卷　（清）方東樹撰　清同治十年（1871）望三益齋刻本　二冊

620000－1129－0000296　002493、002648
塾課文鈔不分卷　（清）王步青評述　（清）于光華編　清心簡齋刻本　二十二冊　存八集（一上、二下、三至八）

620000－1129－0000297　002519
蜀典十二卷　（清）張澍輯　清道光十四年

(1834)安懷堂刻本　六册

620000－1129－0000298　002703
蜀水攷四卷　(清)陳登龍述　(清)朱錫穀補注　(清)陳一津分疏　清刻本　一册　存二卷(三至四)

620000－1129－0000299　002551
漱芳軒合纂禮記體註四卷　(清)范翔參訂　(清)朱光斗等校　清道光三年(1823)致盛堂刻本　四册

620000－1129－0000300　002572、002685
漱芳軒合纂禮記體註四卷　(清)范翔參訂　清光緒十八年(1892)刻本　四册

620000－1129－0000301　002572
漱芳軒合纂禮記體註四卷　(清)范翔參訂　清光緒十八年(1892)刻本　四册

620000－1129－0000302　002525
漱芳軒合纂禮記體註四卷　(清)范翔參訂　(清)朱光斗等校　清康熙五十二年(1713)刻本　四册

620000－1129－0000303　002572
漱芳軒合纂禮記體註四卷　(清)范翔參訂　(清)朱光斗等校　清康熙五十二年(1713)同德堂刻本　四册

620000－1129－0000304　002564、002573、002685
漱芳軒合纂禮記體註四卷　(清)范翔參訂　(清)朱光斗等校　清康熙五十二年(1713)文成堂刻本　三册　存三卷(一、三至四)

620000－1129－0000305　002639－1
漱芳軒合纂四書體註旁訓十九卷　(清)范翔參訂　清明經堂刻本　一册　存五卷(論語一至五)

620000－1129－0000306　002786
漱芳軒合纂四書體註十九卷　(清)范翔參訂　(清)沈世椙等校　清宏道堂刻本　四册　存十二卷(大學一、中庸一、論語一至五、孟子一至五)

620000－1129－0000307　002800
司鐸必覽不分卷　(清)樊愛山撰　清道光二十四年(1844)尋樂書屋刻本　一册

620000－1129－0000308　002431
司馬溫公文集八十二卷　(宋)司馬光撰　(清)張伯行重訂　清康熙四十八年(1709)刻本　二十四册

620000－1129－0000309　002759
四川官運鹽案類編二十七卷首一卷續編十五卷壬午綱四卷　(清)唐炯輯　清光緒七年(1881)成都總局刻本　十四册

620000－1129－0000310　003092
四聲便覽不分卷　(清)余六師編　清道光二十三年(1843)興盛堂刻本　一册

620000－1129－0000311　002522
四書大成直講十卷參定受業姓氏一卷朱子年譜一卷　(清)李錫書纂　清道光十一年(1831)校經堂刻本　十册

620000－1129－0000312　002730、002731－1
四書大全摘要二十卷　(清)李武纂　清煥文堂刻本　十二册　存十五卷(大學一,中庸一至二,論語一至五、九,孟子一至六)

620000－1129－0000313　002479
四書典制類聯音註三十三卷　(清)閻其淵輯　清嘉慶元年(1796)蕭山縣署刻本　十六册

620000－1129－0000314　002853－1
四書貫解旁訓大全十九卷　(清)朱良玉纂輯　清同治八年(1869)致盛堂刻本　八册　存十三卷(大學一、中庸一、論語一至四、孟子一至七)

620000－1129－0000315　002853－2
四書貫解旁訓大全十九卷　(清)朱良玉纂輯　清同治八年(1869)致盛堂刻本　二册　存七卷(大學一,中庸一,論語四,孟子一至二、四至五)

620000－1129－0000316　002854、002785
四書或問語類大全合訂四十一卷　(清)黃越

撰　清康熙三十七年(1698)刻本　十六册　存二十八卷(大學一至三,中庸一,論語三至四、七至十二、十四至十九,孟子一至三、五至六、九至十三)

620000－1129－0000317　002639－4、002852
四書集益六卷　(清)于光華編　清嘉慶四年(1799)英德堂刻本　六册

620000－1129－0000318　002830、002832
四書經註集證十九卷　(宋)朱熹集注　清嘉慶三年(1798)江都汪氏刻本　十三册　存十八卷(大學一、論語一至十、孟子一至七)

620000－1129－0000319　002830
四書經註集證十九卷　(宋)朱熹集注　清嘉慶三年(1798)江都汪氏刻本　三册　存三卷(孟子五至七)

620000－1129－0000320　003081
四書人物類典串珠四十卷　(清)臧志仁編輯　清刻本　一册　存十二卷(二十一至二十五、三十四至四十)

620000－1129－0000321　002707
四書審問錄二十九卷　(清)胡承福撰　(清)胡恆齡訂　清雍正八年(1730)振秀堂刻本　七册　存二十四卷(大學一至二,中庸一至三,論語一至六、八至十,孟子五至十四)

620000－1129－0000322　003036
四書十九卷　(宋)朱熹集注　清同治十年(1871)刻本　一册　存二卷(大學一卷、中庸一卷)

620000－1129－0000323　002705－1
四書述要十九卷　(清)楊玉緒撰　清光緒十九年(1893)五車樓刻本　六册

620000－1129－0000324　002639－3、002705
四書述要十九卷　(清)楊玉緒撰　清光緒十年(1884)刻本　六册　存十八卷(大學一、中庸一、論語一至十、孟子二至七)

620000－1129－0000325　003088
四書述要十九卷　(清)楊玉緒撰　清光緒十年(1884)刻本　七册

620000－1129－0000326　002705－2
四書述要十九卷　(清)楊玉緒撰　清奎光堂刻本　三册　缺七卷(孟子七卷)

620000－1129－0000327　002705－3
四書述要十九卷　(清)楊玉緒撰　清奎光堂刻本　一册　存二卷(大學一卷、中庸一卷)

620000－1129－0000328　002705－4
四書述要十九卷　(清)楊玉緒撰　清文賢堂刻本　一册　存二卷(大學一卷、中庸一卷)

620000－1129－0000329　002666
四書味根錄三十七卷　(清)金澂輯　清刻本　二册　存八卷(論語十五至二十、孟子十三至十四)

620000－1129－0000330　002430
四書朱子本義匯參四十六卷　(清)王步青輯　清乾隆十年(1745)敦復堂刻本　三十册

620000－1129－0000331　002550、002632、002633、003011、002774
四書諸儒輯要四十卷　(清)李沛霖參訂　(清)李學曾較　(清)李夢雷較　清乾隆五年(1740)三樂齋刻本　十册　存三十九卷(大學一至三、中庸一至三、論語二至二十、孟子一至十四)

620000－1129－0000332　002749－1
訟過齋日記六卷　(清)毛輝鳳撰　(清)饒拱辰編訂　(清)牛樹梅評校　清同治十一年(1872)求仁堂刻本　二册

620000－1129－0000333　002749－2
訟過齋日記六卷　(清)毛輝鳳撰　(清)饒拱辰編訂　(清)牛樹梅評校　清同治十一年(1872)求仁堂刻本　二册

620000－1129－0000334　002544
隨園三十六種二百六十七卷　(清)袁枚撰　清光緒十九年(1893)倉山舊主鉛印本　三册　存二十六卷(湘痕閣詩稿一至二、詞稿一,瑤華閣詩草一、詞鈔一、補遺一,女弟子詩選

一至六，飲水詞鈔一至二，七家詞鈔一至十，瑣記一至二）

620000－1129－0000335　002858

太上感應篇直講全集二卷　（清）德明額撰　清刻本　一冊　存一卷（下）

620000－1129－0000336　002856

太上感應篇註案二卷　（清）何輔龍撰　清道光二十四年（1844）省城科甲巷按刑廳對門唐集成堂刻本　二冊

620000－1129－0000337　002484、002686、002801

太史升菴全集八十一卷目錄二卷　（明）楊慎撰　（明）楊有仁錄　清乾隆六十年（1795）眷拙山房刻本　二十冊

620000－1129－0000338　002634

太史升菴遺集二十六卷　（明）楊慎撰　（明）楊金吾　（明）楊宗吾輯　清道光二十四年（1844）影明刻本　四冊

620000－1129－0000339　002886

太史張天如詳節春秋綱目句解左傳彙雋六卷　（明）張溥撰　清晚期刻本　四冊　存四卷（二至五）

620000－1129－0000340　002418

唐眉山先生文集十卷　（宋）唐庚撰　清道光二十一年（1841）丹稜學署刻　四冊

620000－1129－0000341　002771

唐詩三百首上下卷　（清）孫洙編　清刻本　一冊　存一卷（上）

620000－1129－0000342　002775

唐詩三百首續選不分卷　（清）于慶元編　清刻本　一冊

620000－1129－0000343　002775

唐詩三百首註疏四卷　（清）孫洙編　（清）章燮注　（清）孫孝根校正　清道光二十七年（1847）刻本　二冊　存二卷（一、四）

620000－1129－0000344　002746

唐宋八家鈔八卷　（清）高嵣評　清光緒二十六年（1900）成都書局刻本　四冊

620000－1129－0000345　002753

唐宋八家鈔八卷　（清）高嵣評　清刻本　四冊　存四卷（二至三、七至八）

620000－1129－0000346　002769

唐宋八家文讀本三十卷　（清）沈德潛評　清末石印本　三冊　存十一卷（九至十九）

620000－1129－0000347　002532

天下郡國利病書一百二十卷　（清）顧炎武輯　（清）龍萬育訂　清道光敷文閣刻本　五十九冊　存九十八卷（一至十九、二十四至二十九、四十三至五十二、五十五至九十六、一百至一百二十）

620000－1129－0000348　002942

亭林詩集五卷文集六卷餘集一卷佚詩一卷　（清）顧炎武撰　清光緒四年（1878）上海掃葉山房刻本　三冊　存八卷（亭林詩集五卷、文集五至六、餘集一卷）

620000－1129－0000349　002432、002475

通典二百卷　（唐）杜佑撰　清咸豐九年（1859）崇仁謝氏刻本　四十八冊　缺六卷（一百八十八至一百九十三）

620000－1129－0000350　002239－2416

通志二百卷　（宋）鄭樵撰　清咸豐九年（1859）崇仁謝氏刻本　一百七十八冊

620000－1129－0000351　002974

同治元年壬戌科補行辛酉選拔貢同年全錄一卷　（清）禮部編　清同治刻本　一冊

620000－1129－0000352　002794

桐窻殘筆二卷　（清）李元春撰　（清）李來瀚等錄　清刻本　二冊

620000－1129－0000353　002793

桐窻散存二卷　（清）李元春撰　（清）李來南校　清刻本　二冊

620000－1129－0000354　2791

桐窻餘藁四卷　（清）李元春撰　清刻本　五冊

620000－1129－0000355　002791－2
桐窻餘藁四卷　（清）李元春撰　清刻本　一冊　存一卷（一）

620000－1129－0000356　002795
桐閣拾遺二卷　（清）李元春撰　（清）高鳴謙等校　清刻本　二冊

620000－1129－0000357　002872
童蒙金鏡一卷　（清）鄭際昌撰　（清）謝恆祚評選　清乾隆五十四年（1789）樹本堂刻本　一冊

620000－1129－0000358　002997
童蒙金鏡一卷　（清）鄭際昌撰　（清）謝鶴亭評選　清永富堂刻本　一冊

620000－1129－0000359　002457
王鳳洲先生綱鑑正約會纂五十三卷　（明）顧錫疇編　**御撰資治通鑑綱目三編二十卷**　（清）張廷玉等編　清道光二十五年至咸豐五年（1845－1855）牛樹梅抄本　四十四冊

620000－1129－0000360　002443
王陽明先生文鈔二十卷　（明）王守仁撰　（清）張問達輯　清康熙二十八年（1689）致和堂刻本　十二冊

620000－1129－0000361　002511
文昌帝君全書二十八卷　（清）劉體恕輯　（清）甘雨施增輯　清道光八年（1828）刻本　十冊

620000－1129－0000362　002483－1
文廟通錄七卷　（清）唐學全輯　清道光二年（1822）刻本　四冊

620000－1129－0000363　002483－2
文廟通錄七卷　（清）唐學全輯　清道光二年（1822）刻本　四冊

620000－1129－0000364　002432
文獻通考三百四十八卷　（元）馬端臨撰　清咸豐九年（1859）崇仁謝氏刻本　一百二十九冊

620000－1129－0000365　002621
文獻通考詳節二十四卷　（元）馬端臨撰　（清）嚴虞惇節錄　清光緒五年（1879）八杉齋刻本　十二冊

620000－1129－0000366　002506
文選補遺四十卷首一卷　（元）陳仁子輯　（元）譚紹烈纂　清道光二十五年（1845）琅嬛館刻本　十六冊　存四十卷（一至三十九、首一卷）

620000－1129－0000367　002701
文選六十卷　（南朝梁）蕭統選　（唐）李善注　明汲古閣刻本　三冊　存十五卷（三十一至三十五、四十六至五十五）

620000－1129－0000368　002747、002561
文選六十卷　（南朝梁）蕭統選　（唐）李善注　（元）張伯顏重刊　清光緒十一年（1885）刻本　三十冊

620000－1129－0000369　002527
文選六十卷　（南朝梁）蕭統選　（唐）李善注　清刻本　六冊　存三十一卷（一至十七、三十七至五十）

620000－1129－0000370　002562、002498
文選六十卷考異十卷　（南朝梁）蕭統選　（唐）李善注　（清）胡克家考異　清末上海鴻文書局石印本　九冊　存六十三卷（一至三十八、四十六至六十，考異十卷）

620000－1129－0000371　002875
文章軌範七卷　（宋）謝枋得批　（明）戴許光重訂　清同治五年（1866）望三益齋刻本　一冊

620000－1129－0000372　002489
聞善錄四卷　（清）牛樹梅撰　清同治三年（1864）古柏書屋刻本　四冊

620000－1129－0000373　002729、003055
吾學錄初編二十四卷　（清）吳榮光述　（清）黄本驥輯　清道光二十九年（1849）吳氏筠清館刻本　六冊

620000－1129－0000374　002552

吳詩集覽二十卷　(清)吳偉業撰　(清)靳榮藩輯　清刻本　十册　存十一卷(七、十至十一、十三至二十)

620000－1129－0000375　002629
五經揭要二十五卷　(清)周蕙田輯　清乾隆五十四年(1789)刻本　六册

620000－1129－0000376　003086
五經揭要二十五卷　(清)周蕙田輯　清乾隆五十四年(1789)刻本　十二册

620000－1129－0000377　002628
五經揭要二十五卷　(清)周蕙田輯　清晚期刻本　十一册　存二十四卷(周易一至三、書經一至六、詩經一至四、禮記二至六、春秋一至六)

620000－1129－0000378　002743
五經類編二十八卷　(清)周世樟輯　清乾隆四十四年(1779)刻本　十册　存二十三卷(一至十、十三至二十一、二十五至二十八)

620000－1129－0000379　002801、002842
五知齋琴譜八卷　(清)周魯封輯　清乾隆十一年(1746)懷德堂刻本　六册

620000－1129－0000380　002811
五洲輿掌蹏筌□□卷　(清)詹鴻章編　清光緒三十年(1904)儒林堂刻本　三册　存五卷(三至七)

620000－1129－0000381　002734
西堂全集六十一卷　(清)尤侗撰　清康熙二十三年(1684)刻本　十二册　存三十六卷(雜俎一集四至八,二集八卷,三集一至三、七至八,剩藁二,秋夢錄一卷,小草一卷,論語詩一卷,右北平集一卷,述祖集一卷,于京集五卷,哀絃集一,百末詞六卷)

620000－1129－0000382　002420
西藏圖考八卷首一卷　(清)黄沛翹輯　清光緒十二年(1886)李培榮刻本　四册

620000－1129－0000383　002554、002555、002556、002567、002569、002584
相臺五經五種九十六卷附考證　(宋)岳珂編　清光緒十年(1884)柚香閣刻本　四十册　缺一卷(周易略例一)

620000－1129－0000384　002478
鄉黨圖考十卷　(清)江永撰　清乾隆二十一年(1756)文裕堂刻本　四册

620000－1129－0000385　002783
小題別體一卷　(清)李揆一輯　清光緒十六年(1890)恒言堂刻本　一册

620000－1129－0000386　002635
小學六卷　(明)陳選集注　(清)高愈纂注　(清)王炳瀛参訂　清同治四年(1865)錦江書院刻本　二册

620000－1129－0000387　002636、002637、002645
小學詳解四卷　(明)陳仁錫撰　清嘉慶十九年(1814)廣順堂刻本　四册

620000－1129－0000388　002865
辛酉科選十八省拔貢同年全錄一卷　(清)禮部編　清咸豐十一年(1861)刻本　一册

620000－1129－0000389　003025
新輯四書五經義讀本一卷　(宋)蘇軾等撰　(清)張之洞輯　清光緒二十二年(1896)協濟堂刻本　一册

620000－1129－0000390　002782
新鐫神峯張先生通考闢謬命理正宗大全六卷　(明)張楠撰　清乾元堂刻本　五册　存五卷(一至三、五至六)

620000－1129－0000391　002819
新鐫分類評註文武合編百子金丹十卷　(明)郭偉選注　(明)郭中吉編次　清刻本　二册　存三卷(一至三)

620000－1129－0000392　002548
新鐫批評出像通俗奇俠禪真逸史八卷　(明)清溪道人編　(明)空谷先生評　清初刻本　六册　存四卷(五至八)

620000－1129－0000393　002448
新科試策程不分卷　(□)□□編　清刻本

五冊

620000－1129－0000394　002536
新刻重校增補圓機活法詩學全書二十四卷新刊核正增補圓機韻學活法全書十四卷　(明)王世貞校正　(明)楊淙參閲　(清)蔣先庚重訂　明末文盛堂刻本　十二冊　存十七卷(活法詩學全書一至七、韻學活法全書五至十四)

620000－1129－0000395　002748
新刻時用通俗雲箋二卷　(明)李贇纂注　清初刻本　一冊

620000－1129－0000396　002868
新刻書經備旨善本輯要六卷　(清)馬大猷輯　清經元堂刻本　五冊

620000－1129－0000397　002889
新刻萬應犯書全部一卷　(清)周萬國撰　清忠信堂刻本　一冊

620000－1129－0000398　002494
新刻增訂太史仇滄柱先生家傳周易備旨四卷　(清)黄國鼎　(清)梁惠疇撰　(清)汪士魁輯　清乾隆五十五年(1790)文成堂刻本　四冊

620000－1129－0000399　002860
新書十卷　(漢)賈誼撰　(清)盧文弨校　清光緒元年(1875)浙江書局刻本　二冊

620000－1129－0000400　002793
新選五朝論四卷　(清)吴□□輯　清光緒二十四年(1898)九經堂刻本　一冊

620000－1129－0000401　002513
新增説文韻府群玉二十卷　(元)陰時夫輯　(元)陰中夫注　(明)王元貞校正　明萬曆十八年(1590)文光堂刻本　二十冊

620000－1129－0000402　002869－1
星軺日記不分卷　(清)沈炳垣撰　清光緒十一年(1885)蜀南道刻本　一冊

620000－1129－0000403　002869－2
星軺日記不分卷　(清)沈炳垣撰　清光緒十一年(1885)蜀南道刻本　一冊

620000－1129－0000404　002797
性理集解四卷　(明)韓邦奇撰　明嘉靖十五年(1536)刻本　三冊　存三卷(二至四)

620000－1129－0000405　002808
興賢學倉志二卷　(清)趙祥修　(清)張鵬飛撰　清道光二十五年(1845)刻本　一冊　存一卷(下)

620000－1129－0000406　002690
修真九要一卷　(清)劉一明撰　清嘉慶三年(1798)刻本　一冊

620000－1129－0000407　002651
敘樂園全集五種七十七卷　(清)李德揚輯　清道光十三年至二十六年(1833－1846)敘樂園飽經堂刻本　九冊

620000－1129－0000408　002543
續古文辭類纂十卷　王先謙纂　清光緒二十年(1894)上海圖書集成印書局鉛印本　四冊

620000－1129－0000409　002649
續增科場條例不分卷　(清)□□輯　清晚期刻本　八冊　存道光十四年至二十九年

620000－1129－0000410　002866
續佐治藥言一卷　(清)汪輝祖撰　清光緒二十二年(1896)甘肅藩署刻本　一冊

620000－1129－0000411　002803
學源堂古文十二卷　(清)吳楚材　(清)吳調侯録　清道光三十年(1850)永順堂刻本　七冊

620000－1129－0000412　002858、002831
學源堂合訂四書發註十九卷　(清)朱奇生輯　清宏道堂刻本　三冊　存六卷(大學一、中庸一、孟子四至七)

620000－1129－0000413　002851
學源堂四書體註合講十九卷　(清)翁復輯　清雍正八年(1730)學源堂刻本　五冊　缺三卷(孟子一至三)

620000－1129－0000414　002822

學治臆説二卷 (清)汪輝祖撰 清光緒二十二年(1896)甘肅藩署刻本 二册

620000－1129－0000415 002600
荀子二十卷校勘補遺二十卷 (唐)楊倞注 (清)盧文弨校 (清)謝墉補校 清光緒二年(1876)浙江書局刻本 六册

620000－1129－0000416 002505、002518
遜志齋集二十四卷年譜一卷外紀一卷 (明)方孝孺撰 (明)張紹謙纂 (清)陳初田重梓 清道光二十六年(1846)廣元縣衙刻本 十六册

620000－1129－0000417 002726
晏子春秋七卷校勘二卷音義二卷 (清)黄以周校 (清)孫星衍音義 清光緒元年(1875)浙江書局刻本 四册

620000－1129－0000418 002739－1
楊忠愍公集四卷 (明)楊繼盛撰 (清)魏光燾 (清)周漢校刊 清宣統元年(1909)臨洮刻本 四册

620000－1129－0000419 002739－2
楊忠愍公集四卷 (明)楊繼盛撰 (清)毛奇齡鑒定 清益善堂刻本 三册

620000－1129－0000420 002539
姚鏡塘先生全集十卷 (清)姚學塽撰 清道光七年(1827)竹素齋刻本 六册

620000－1129－0000421 2807002819
怡雲山館詩存八卷 (清)楊柄鋥撰 清光緒九年(1883)刻本 四册

620000－1129－0000422 2859
儀禮易讀十七卷 (清)馬駉輯 清乾隆三十八年(1773)浙江山陰縣學刻本 四册

620000－1129－0000423 003099
易經文選一卷 (清)王毓等撰 清刻本 一册

620000－1129－0000424 003098
應試唐詩類譯十九卷 (清)臧岳輯 清刻本 一册 存四卷(八至十一)

620000－1129－0000425 002476
漁洋山人詩集二十二卷 (清)王士禛撰 清康熙八年(1669)沂詠堂刻本 四册

620000－1129－0000426 002813
玉搔頭傳奇二卷 (清)李漁編 (清)睡鄉祭酒評 清康熙四十三年(1704)刻本 二册

620000－1129－0000427 002525、002566、002567、002577
御批歷代通鑑輯覽一百二十卷 (清)傅恒等纂 清光緒二十四年(1898)湖北書局石印本 五十七册 存一百十四卷(一至三十七、四十四至一百二十)

620000－1129－0000428 002719－1
御批歷代通鑑輯覽一百二十卷 (清)傅恒等纂 清光緒九年(1883)同文書局石印本 十六册

620000－1129－0000429 002719－2
御批歷代通鑑輯覽一百二十卷 (清)傅恒等纂 清光緒三十年(1904)上海錦章書局石印本 四十册

620000－1129－0000430 002998、002930
御批歷代通鑑輯覽一百二十卷 (清)傅恒等纂 清末商務印書館鉛印本 四十册

620000－1129－0000431 002719－3、002670、002916、002921、002760
御批歷代通鑑輯覽一百二十卷 (清)傅恒等纂 清石印本 九册 存四十一卷(六至十一、二十六至二十九、三十四至三十八、五十九至六十二、七十一至七十八、八十三至八十六、九十九至一百二、一百十五至一百二十)

620000－1129－0000432 002720
御批增補了凡綱鑑四十卷首一卷 (明)袁黃纂 清光緒二十七年(1901)上海經藝齋刻本 十册

620000－1129－0000433 002778、002779、002798、002938、002814、002815、002816
御選唐宋詩醇四十七卷目錄二卷 (清)高宗弘曆選 清光緒三年(1877)公益會刻本 十

九冊　存四十六卷(一至五、九至四十七,目録二卷)

620000－1129－0000434　002690

御選唐宋詩醇四十七卷目録二卷　(清)高宗弘曆選　清刻本　十九冊　缺二卷(目録二卷)

620000－1129－0000435　002509

御撰資治通鑑綱目三編二十卷　(清)張廷玉等編　清乾隆十一年(1746)刻本　四冊

620000－1129－0000436　002897

御撰資治通鑑綱目三編二十卷　(清)張廷玉等編　清乾隆十一年(1746)刻本　六冊

620000－1129－0000437　002703

御纂詩義折中二十卷　(清)陳兆崙等纂　清刻本　八冊

620000－1129－0000438　002811

御纂性理精義十二卷　(清)李光地等纂　清雍正刻本　三冊　存六卷(五至十)

620000－1129－0000439　003087

御纂周易折中二十二卷首一卷　(清)李光地等撰　清乾隆刻本　一冊　存二卷(七至八)

620000－1129－0000440　002823

禦寇要覽六卷　(清)東灘居士輯　(清)帽山寓公參訂　清咸豐十一年(1861)滋蘭別墅刻本　二冊

620000－1129－0000441　002523

淵鑒齋御纂朱子全書六十六卷　(清)李光地等纂　清刻本　十九冊　存三十二卷(十八至三十五、五十三至六十六)

620000－1129－0000442　002318

元張文忠公忠告全書四卷　(元)張養浩撰　清道光三十年(1850)會文齋刻本　一冊

620000－1129－0000443　002526

袁文箋正十六卷補注一卷　(清)袁枚撰　(清)石韞玉箋　清嘉慶十七年(1812)汗青簃刻本　八冊

620000－1129－0000444　002758

岳忠武王文集八卷首一卷末一卷　(宋)岳飛撰　(清)黄邦寧纂　(清)郝延年修　清道光二十四年(1844)潘泰行刻本　四冊

620000－1129－0000445　002545

越縵堂集十卷　(清)李慈銘撰　清光緒十六年(1890)刻本　六冊

620000－1129－0000446　002882

韞山堂時文初集二集三集不分卷　(清)管世銘撰　(清)成格覆校　清光緒六年(1880)湖南書局刻本　三冊

620000－1129－0000447　003080

雜卦傳一卷　(清)李南暉注　清末王景曾抄本　一冊

620000－1129－0000448　002829

增補四書精繡圖像人物備考十二卷　(明)薛應旂輯　(明)陳仁錫增訂　清嘉慶三年(1798)致和堂刻本　七冊　存十卷(大學一、中庸二、論語一至四、孟子一至四)

620000－1129－0000449　2643002884

增補左傳易讀六卷　(清)司徒修輯　清咸豐六年(1856)落野堂刻本　四冊　存四卷(一、三至四、六)

620000－1129－0000450　002419

增訂暗室燈四卷　(清)王崇實撰　清道光十九年(1839)成都明古齋刻本　四冊

620000－1129－0000451　002568

增訂本草備要六卷醫方集解六卷　(清)汪昂撰　清刻本　一冊　存八卷(增訂本草備要三至四、醫方集解六卷)

620000－1129－0000452　002822

增訂二論詳解四卷　(清)劉忠輯　清福德堂刻本　一冊　存一卷(一)

620000－1129－0000453　002488

增廣尚友録統編二十二卷　(清)應祖錫輯　清光緒二十八年(1902)鴻寶齋石印本　十二冊

620000－1129－0000454　002875

增廣願體集四卷誌後一卷附錄一卷　(清)史典輯　(清)李仲麟重輯　清道光二十三年(1843)刻本　二冊

620000－1129－0000455　002816
增批寄嶽雲齋試體詩選四卷　(清)聶銑敏撰　(清)朱兆鳳評　(清)張學蘇注　清同治六年(1867)榮茂堂刻本　一冊　存一卷(一)

620000－1129－0000456　003084
增像第六才子書四卷　(元)王實甫撰　清石印本　四冊

620000－1129－0000457　002722
戰國策三十三卷札記三卷　(漢)高誘注　(清)黄丕烈校　清嘉慶八年(1803)吳門黄氏讀未見書齋影宋刻本　七冊　缺四卷(一至四)

620000－1129－0000458　002612、002708
張九達先生四書尊註會意解三十六卷　(清)張九達輯　(清)張庸德補輯　清康熙四十二年(1703)刻本　十冊

620000－1129－0000459　002683
張太史塾課八卷　(清)張江撰　清刻本　一冊　存三卷(一至三)

620000－1129－0000460　002695
折獄龜鑑八卷首一卷　(宋)鄭克輯　(清)許槤重輯　(清)張鵬飛重刊　清道光十七年(1837)來鹿堂刻本　八冊

620000－1129－0000461　002423
治平略增定全書三十三卷　(明)朱健撰　(明)朱徽撰　(清)張鵬飛重刊　清道光二十九年(1849)來鹿堂刻本　十六冊

620000－1129－0000462　002828－1
中庸衍義十七卷　(明)夏良勝撰　(清)曾國藩等校刊　清同治十年(1871)刻本　八冊

620000－1129－0000463　002828－2
中庸衍義十七卷　(明)夏良勝撰　(清)曾國藩等校刊　清同治十年(1871)刻本　一冊　存二卷(四至五)

620000－1129－0000464　002744－1
周官精義十二卷　(清)連斗山輯　清嘉慶二年(1797)致和堂刻本　八冊

620000－1129－0000465　002744－3002946
周官精義十二卷　(清)連斗山輯　清嘉慶二年(1797)致和堂刻本　三冊　存六卷(五至十)

620000－1129－0000466　002477
周禮精華六卷　(清)陳龍標輯　清道光十二年(1832)姑蘇步月樓刻本　六冊

620000－1129－0000467　002656
周禮精華六卷　(清)陳龍標輯　清道光十二年(1832)姑蘇步月樓刻本　六冊

620000－1129－0000468　002535
周禮易讀六卷　(清)司徒修選訂　清咸豐六年(1856)學德堂刻本　四冊

620000－1129－0000469　002495
周禮註疏四十二卷　(漢)鄭玄注　(唐)賈公彥疏　清四友堂刻本　十八冊

620000－1129－0000470　002474
朱子講學輯要編十卷　(清)龍炳垣輯　(清)牛樹梅校正　清同治六年(1867)友書堂刻本　六冊

620000－1129－0000471　002784
諸葛忠武侯故事五卷補遺一卷文集四卷首一卷附錄二卷　(清)張澍輯　清道光元年(1821)刻本　四冊

620000－1129－0000472　002724
諸經緒說八卷　(清)李元春撰　清刻本　四冊

620000－1129－0000473　002622
諸史間論十五卷　(清)李元春撰　清道光十八年(1838)刻本　八冊

620000－1129－0000474　002441－002442
資治通鑑綱目正編五十九卷續編二十七卷　(明)陳仁錫評閱　清刻本　一百六冊　存六十七卷(正編二十至五十九、續編二十七卷)

620000－1129－0000475　002817
子問二卷　(清)劉沅撰　清咸豐二年(1852)豫誠堂刻本　二冊

620000－1129－0000476　003100
字彙十二卷集首一卷韻法直圖一卷　(明)梅膺祚撰　清刻本　九冊　缺三卷(子、午至未)

620000－1129－0000477　002540
纂輯傳家寶訓十卷首一卷　(清)石成金　(清)高國士輯　清嘉慶七年(1802)刻本　十冊

620000－1129－0000478　002449
左氏節萃十卷　(清)凌璿玉撰　清乾隆二十六年(1761)金閶書業堂刻本　八冊

620000－1129－0000479　002741
左繡三十卷　(清)馮李驊　(清)陸浩評輯　清華川書屋刻本　十六冊

620000－1129－0000480　002862
[道光]補輯石砫廳新志十二卷　(清)王槐齡纂修　清道光二十三年(1843)刻本　二冊

620000－1129－0000481　002904
[道光]通渭縣志十卷首一卷補遺一卷　(清)景兆靈撰　清道光稿本　十冊　存十卷(一至五、七至十,補遺一卷)

620000－1129－0000482　005433
[光緒]重修通渭縣新志十二卷首一卷補遺一卷　(清)高蔚霞修　(清)苟廷誠纂　清光緒十九年(1893)刻本　四冊

620000－1129－0000483　0001－0004
[光緒]重修通渭縣新志十二卷首一卷補遺一卷　(清)高蔚霞修　(清)苟廷誠纂　清光緒十九年(1893)刻本　四冊

620000－1129－0000484　002438
[光緒]重纂秦州直隸州新志二十四卷首一卷　(清)余澤春修　(清)王權纂　清光緒十五年(1889)隴南書院刻本　二十冊

620000－1129－0000485　002433
[光緒]重纂秦州直隸州新志二十四卷首一卷　(清)余澤春修　(清)王權纂　清光緒十五年(1889)隴南書院刻本　二十冊

620000－1129－0000486　002740
[光緒]大甯縣志八卷首一卷　(清)高維嶽修　(清)魏遠猷等纂　清光緒十一年(1885)刻本　八冊

620000－1129－0000487　002877
[光緒]靖邊志稿四卷　(清)丁錫奎修　(清)白翰章纂　清光緒二十五年(1899)刻本　一冊　存一卷(四)

620000－1129－0000488　002812
[光緒]文縣志八卷首一卷末一卷　(清)長贇修　(清)劉健等纂　清光緒二年(1876)刻本　一冊　存二卷(五至六)

620000－1129－0000489　002806－1
[光緒庚子恩科並庚子正科]四川鄉試闈墨一卷　樓藜然等撰　清光緒二十八年(1902)衡文堂刻本　一冊

620000－1129－0000490　002806－2
[光緒庚子恩科並庚子正科]四川鄉試闈墨一卷　樓藜然等撰　清光緒二十八年(1902)衡文堂刻本　一冊

620000－1129－0000491　002806－3
[光緒庚子恩科並庚子正科]四川鄉試闈墨一卷　樓藜然等撰　清光緒二十八年(1902)衡文堂刻本　一冊

620000－1129－0000492　002677
[嘉慶]四川通志二百四卷首二十二卷　(清)常明等修　(清)楊芳燦等纂　清嘉慶二十一年(1816)刻本　一百五十七冊　存二百二十卷(一至一百十五、一百二十二至二百四,首二十二卷)

620000－1129－0000493　002716
[乾隆]吉安府志七十四卷首一卷　(清)盧崧修　(清)朱承煦纂　清乾隆四十一年(1776)刻本　十冊　存十九卷(十五至十六、二十八至三十二、三十八至三十九、四十一至四十

六、五十六、六十三至六十四、七十一)

620000－1129－0000494　002802

[乾隆]直隸秦州新志十二卷首一卷末一卷

(清)費廷珍修　(清)胡釴等纂　(清)陶奕曾補輯　清乾隆二十九年(1764)刻本　三册

存二卷(十、十二)

甘肅省武威市民勤縣文化館古籍普查登記目録

全國古籍普查登記目録

國家圖書館出版社
National Library of China Publishing House

《甘肅省武威市民勤縣文化館古籍普查登記目録》

編委會

主　編：樊澤民　王玉鳳

編　委：石　榮　孔彩霞　張小軍　楊立中　邸士智　甘　平
朱麗榮　許　文　曾秀英　曾　梅

620000－1114－0000001　012
寶命真詮四卷末一卷　(清)吴楚撰　清乾隆五十三年(1788)刻本　八册

620000－1114－0000002　184
北史一百卷　(唐)李延壽撰　明萬曆刻明清遞修本　十二册　存三十八卷(三至十二、十七至三十一、三十五至四十、四十三至四十五、五十至五十三)

620000－1114－0000003　047
兵書廿一種四十九卷　(清)□□輯　清光緒石印本　十六册

620000－1114－0000004　288
卜筮正宗十四卷　(清)王維德輯　清末刻本　四册

620000－1114－0000005　014
臣鑑録二十卷　(清)蔣伊輯　清刻本　十册

620000－1114－0000006　323
陳檢討集二十卷　(清)陳維崧撰　(清)程師恭注　清刻本　三册　存八卷(三至七、十一至十三)

620000－1114－0000007　231
池北偶談二十六卷　(清)王士禛撰　清刻本　一册　存三卷(十四至十六)

620000－1114－0000008　042
尺木堂綱鑑易知録九十二卷　(清)吴乘權　(清)周之炯　(清)周之燦輯　清刻本　三十六册　缺十三卷(五十四至六十六)

620000－1114－0000009　051
尺木堂綱鑑易知録九十二卷　(清)吴乘權　(清)周之炯　(清)周之燦輯　清刻本　十册　存二十三卷(十六至二十二、二十五至二十六、五十五至六十八)

620000－1114－0000010　052
尺木堂綱鑑易知録九十二卷　(清)吴乘權　(清)周之炯　(清)周之燦輯　清刻本　二十四册　存五十一卷(十四至五十一、八十至九十二)

620000－1114－0000011　020
重訂批點春秋左傳詳節句解六卷首一卷　(宋)朱申注　(明)孫鑛批點　(明)顧梧芳校正　清乾隆三十八年(1773)刻本　六册

620000－1114－0000012　054
重訂事類賦三十卷　(宋)吴淑撰注　清光緒三年(1877)刻本　五册

620000－1114－0000013　065
重訂王鳳洲先生綱鑑會纂二十三卷　(明)王世貞纂　清末石印本　四册

620000－1114－0000014　064
重訂王鳳洲先生綱鑑會纂四十六卷　(明)王世貞纂　清光緒十八年(1892)上海點石齋石印本　十册

620000－1114－0000015　318
重訂文選集評十五卷首一卷末一卷　(清)于光華編次　清乾隆刻本　十三册　存十卷(一至八、十,首一卷)

620000－1114－0000016　120
重廣補註黄帝内經素問二十四卷黄帝素問靈樞經十二卷遺篇一卷　(唐)王冰注　清光緒十年(1884)刻本　十册

620000－1114－0000017　287
重鐫官板陽宅大全十卷　(明)一壑居士輯　清同治八年(1869)刻本　三册　存七卷(一至五、九至十)

620000－1114－0000018　255
重刊補註洗冤録集證四卷附檢骨補遺考證一卷　(宋)宋慈撰　(清)王又槐增輯　(清)阮其新補注　(清)李觀瀾補輯　清光緒七年(1881)刻本　四册

620000－1114－0000019　256
重刊補註洗冤録集證五卷附檢骨圖格一卷　(宋)宋慈撰　(清)王又槐增輯　(清)阮其新補注　(清)李觀瀾補輯　清刻本　四册

620000－1114－0000020　234
重刊巢氏諸病源候總論五十卷　(隋)巢元方

撰　清刻本　一冊　存六卷(二至七)

620000－1114－0000021　171
春秋大事表五十卷春秋輿圖一卷附録一卷　(清)顧棟高輯　清光緒十四年(1888)陝西求友齋刻本　二十四冊

620000－1114－0000022　329
春秋經傳集解三十卷　(晉)杜預注　(宋)林堯叟補注　(唐)陸德明音義　(清)馮李驊增訂　清刻本　二冊　存四卷(二十七至三十)

620000－1114－0000023　208
春秋經傳集解三十卷春秋名號歸一圖二卷　(晉)杜預注　(五代)馮繼先撰圖　清同治刻本　十六冊

620000－1114－0000024　199
春秋三傳十六卷首一卷釋文音義十六卷　(晉)杜預等注　(唐)陸德明音義　清同治十年(1871)刻本　十冊　存十三卷(春秋三傳五至十六、首一卷)

620000－1114－0000025　200
春秋三傳十六卷首一卷釋文音義十六卷　(晉)杜預等注　(唐)陸德明音義　清同治十年(1871)刻本　九冊　缺二十二卷(三至四、七至九、十四,釋文音義十六卷)

620000－1114－0000026　201
春秋三傳十六卷首一卷釋文音義十六卷　(晉)杜預等注　(唐)陸德明音義　清同治十年(1871)刻本　九冊　缺三卷(春秋三傳七至八、十四)

620000－1114－0000027　202
春秋三傳十六卷首一卷釋文音義十六卷　(晉)杜預等注　(唐)陸德明音義　清同治十年(1871)刻本　五冊　存二十一卷(一至四、首一卷、釋文音義十六卷)

620000－1114－0000028　203
春秋三傳十六卷首一卷釋文音義十六卷　(晉)杜預等注　(唐)陸德明音義　清同治十年(1871)刻本　十四冊

620000－1114－0000029　267
春秋三十卷　(宋)胡安國傳　清三樂齋刻本　四冊

620000－1114－0000030　082
翠薇山房數學十二種三十八卷　(清)張作楠撰　清光緒刻本　二十四冊

620000－1114－0000031　115
大還閣琴譜六卷萬峰閣指法閟牋一卷谿山琴況一卷　(清)徐谼纂　(清)夏溥校　清康熙刻本　六冊

620000－1114－0000032　058
大清會典四卷　(清)允祹等纂　清同治十一年(1872)崇文書局刻本　四冊

620000－1114－0000033　095
大清律例歌訣三卷　(清)程夢元編　清光緒刻本　一冊

620000－1114－0000034　133
大清中外壹統輿圖三十一卷首一卷　(清)鄒世詒等編　清同治二年(1863)刻本　三十一冊

620000－1114－0000035　289
地理辨正五卷　(清)蔣平階補傳　(清)姜垚辨正　(清)無心道人增補　清道光可久堂刻本　二冊　存三卷(一至三)

620000－1114－0000036　084
地理五訣八卷　(清)趙廷棟撰　清末刻本　四冊

620000－1114－0000037　068
東坡先生全集七十五卷　(宋)蘇軾撰　明萬曆寶翰樓刻本　四十冊

620000－1114－0000038　006
東書堂重修宣和博古圖録三十卷　(宋)王黼撰　明萬曆刻清重印本　十八冊

620000－1114－0000039　092
讀律心得三卷　(清)劉衡輯　清道光刻本　一冊

620000－1114－0000040　090

讀書堂杜工部詩集註解二十卷文集註解二卷 (清)張溍撰 清道光二十一年(1841)刻本 十二册

620000－1114－0000041 215
讀通鑑論十六卷宋論十五卷 (清)王夫之撰 清光緒上海商務印書館鉛印本 五册 存十五卷(讀通鑑論一至六、八至十六)

620000－1114－0000042 214
讀通鑑論十六卷宋論十五卷 (清)王夫之撰 清光緒上海商務印書館鉛印本 五册 存十卷(讀通鑑論一至六、九至十二)

620000－1114－0000043 216
讀通鑑論十六卷宋論十五卷 (清)王夫之撰 清光緒上海商務印書館鉛印本 三册 存十一卷(九至十、十三至十四,宋論一至七)

620000－1114－0000044 227
杜詩五律三卷七律一卷 (清)張檏卿抄 清光緒抄本 三册

620000－1114－0000045 237
對山印稿八卷 (清)楊燮篆 (清)楊森輯 清道光鈐印本 八册

620000－1114－0000046 155
爾雅郭注佚存補訂二十卷 王樹枏撰 清光緒十八年(1892)文莫室刻本 六册

620000－1114－0000047 059
二曲集二十八卷首一卷 (清)李顒撰 清光緒九年(1883)刻本 八册

620000－1114－0000048 230
二如亭群芳譜三十卷首一卷 (明)王象晉纂輯 明刻本 一册 存一卷(三)

620000－1114－0000049 229
二如亭群芳譜三十卷首一卷 (明)王象晉纂輯 明刻本 二册 存二卷(二至三)

620000－1114－0000050 173
二十四史二十四種三千二百五十一卷 (□)□□輯 清同治至光緒五省官書局刻本 三百七十五册 缺一千十七卷(漢書一百卷,三國志六十五卷,南齊書五十九卷,魏書一百十四卷,宋書四十一至一百,隋書八十五卷,舊唐書一至三、九十一至一百三、一百二十一至一百三十五、一百六十九至一百七十四,宋史七十三至八十九、二百二十七至二百三十一、二百三十四、二百三十七至二百四十、二百七十五至二百七十七,金史一百三十五卷,明史三百三十二卷)

620000－1114－0000051 293
樊山集二十八卷 樊增祥撰 清光緒十九年(1893)渭南縣署刻本 六册 存二十四卷(一至二十四)

620000－1114－0000052 225
費氏古易訂文十二卷 王樹枏撰 清光緒十七年(1891)刻本 三册 存六卷(一至六)

620000－1114－0000053 270
分類賦學三十卷 (清)張維城輯 清刻本 二册 存八卷(二十三至三十)

620000－1114－0000054 025
分類詳註飲香尺牘四卷 (清)飲香居士編 (清)慵隱子注 清乾隆五十二年(1787)刻本 四册

620000－1114－0000055 026
分類詳註飲香尺牘四卷首一卷 (清)飲香居士編 (清)慵隱子注 清嘉慶大文堂刻本 二册

620000－1114－0000056 253
富國策三卷 (美國)丁韙良撰 汪鳳藻譯 清光緒八年(1882)鉛印本 三册

620000－1114－0000057 018
綱鑑正史約三十六卷 (明)顧錫疇編 (清)陳弘謀增訂 清乾隆二年(1737)刻本 二十一册 存三十二卷(一至二十八、三十一至三十三、三十六)

620000－1114－0000058 217
古經解彙函十六種一百二十七卷小學彙函十四種一百五十三卷續附十種四十卷 (清)鍾謙鈞輯 清光緒十四年(1888)上海蜚英館石

印本　十五冊　缺八十六卷(匡謬正俗八卷、急就篇四卷、說文解字十五卷、說文繫傳四十三卷、說文韻譜六卷、玉篇一至十)

620000－1114－0000059　291
古文辭類纂七十四卷　(清)姚鼐纂　清同治刻本　十二冊

620000－1114－0000060　028
古文喈鳳新編八卷　(清)汪基輯　清刻本　八冊

620000－1114－0000061　029
古文喈鳳新編八卷　(清)汪基輯　清刻本　八冊

620000－1114－0000062　030
古文喈鳳新編八卷　(清)汪基輯　清刻本　二冊　存二卷(四、六)

620000－1114－0000063　235
古文析義二編八卷　(清)林雲銘評註　清康熙刻本　七冊　存七卷(一至二、四至八)

620000－1114－0000064　040
古文淵鑒六十四卷　(清)徐乾學等纂　清康熙二十四年(1685)刻五色套印本　二十四冊

620000－1114－0000065　041
古文淵鑒六十四卷　(清)徐乾學等纂　清康熙二十四年(1685)刻五色套印本　六冊　存十五卷(五十至六十四)

620000－1114－0000066　053
廣廣事類賦三十二卷　(清)吳世旃撰注　清光緒三年(1877)刻本　六冊

620000－1114－0000067　156
廣雅補疏四卷　王樹枏撰　清光緒十六年(1890)文莫室刻本　一冊

620000－1114－0000068　073
廣雅疏證十卷博雅音十卷　(清)王念孫撰　清光緒五年(1879)淮南書局刻本　八冊

620000－1114－0000069　071
歸田瑣記八卷　(清)梁章鉅撰　清道光二十五年(1845)刻本　四冊

620000－1114－0000070　242
國朝畫徵録三卷　(清)張庚撰　清乾隆刻本　二冊

620000－1114－0000071　009
過伯齡先生四子譜二卷　(清)過文年撰　清乾隆五十一年(1786)刻本　二冊

620000－1114－0000072　193
漢書一百卷　(漢)班固撰　(唐)顏師古注　清光緒十三年(1887)金陵書局刻本　二十六冊

620000－1114－0000073　195
後漢書一百二十卷　(南朝宋)范曄撰　(唐)李賢注　清同治十年(1871)成都書局刻本　十四冊　存七十二卷(一至七十二)

620000－1114－0000074　263
宦鄉要則八卷　(清)張鑒瀛輯　清光緒二十五年(1899)上海經香閣書局石印本　四冊

620000－1114－0000075　243
皇朝經世文編一百二十卷　(清)賀長齡輯　清光緒十三年(1887)上海點石齋石印本　十二冊

620000－1114－0000076　244
皇朝經世文編一百二十卷　(清)賀長齡輯　清刻本　六十冊　存九十卷(三十至五十一、五十三至一百二十)

620000－1114－0000077　247
皇朝經世文新增續編一百二十卷　(清)葛士濬輯　清光緒鉛印本　二冊　存十二卷(十七至二十二、三十四至三十九)

620000－1114－0000078　246
皇朝經世文續編一百二十卷　(清)葛士濬輯　清光緒十四年(1888)刻本　二十冊　存六十五卷(一至六十五)

620000－1114－0000079　245
皇朝經世文續編一百二十卷　(清)葛士濬輯　清光緒十四年(1888)圖書集成局鉛印本　三十二冊

620000－1114－0000080　223
皇朝文獻通考三百卷　(清)嵇璜等纂　清光緒八年(1882)浙江書局刻本　一百五十九册

620000－1114－0000081　283
皇清經解一千四百八卷首一卷　(清)阮元輯　清道光九年(1829)學海堂刻咸豐十一年(1861)補刻本　三百十册　存一千一百五十三卷(十一至六百八十七、七百四十九至七百九十四、八百四十六至八百七十四、九百四十八至一千一百二、一千一百四十至一千三百八十四,首一卷)

620000－1114－0000082　295
黄帝内經素問靈樞經合類九卷　(明)王九達編注　明崇禎刻本　四册　存四卷(一至四)

620000－1114－0000083　286
紀録彙編一百二十三種二百十六卷　(明)沈節甫輯　清刻本　三十二册　存一百二十四卷(五至十、十九至二十二、二十七至七十、七十七至九十七、一百四至一百五十二)

620000－1114－0000084　226
寄傲山房塾課新增幼學故事瓊林四卷首一卷　(明)程登吉撰　(清)鄒聖脈增補　清乾隆刻本　四册

620000－1114－0000085　297
寄嶽雲齋試體詩選詳註四卷　(清)聶銑敏撰　(清)張學蘇箋　清嘉慶刻本　三册　存三卷(一至二、四)

620000－1114－0000086　316
家寶全集三十二卷　(清)石成金輯　清刻本　二十册　存二十卷(初集二至三、五至六、八,三集一至七,四集一至八)

620000－1114－0000087　278
兼山堂奕譜不分卷　(清)徐星友撰　清康熙刻本　二册

620000－1114－0000088　239
堅瓠集六十六卷　(清)褚人穫撰　清刻本　七册　存五集十四卷(七集一至四、八集三至四、秘集五至六、餘集一至四、續集三至四)

620000－1114－0000089　045
芥子園畫傳二集八卷首一卷　(清)王槩等撰　清嘉慶芥子園刻本　三册　存七卷(梅二卷、蘭二卷、菊二卷,首一卷)

620000－1114－0000090　046
芥子園畫傳三集四卷末一卷　(清)王槩等撰　清嘉慶同文堂刻本　一册

620000－1114－0000091　258
金石三例十五卷　(清)盧見曾輯　清乾隆二十年(1755)盧氏刻本　二册

620000－1114－0000092　191
金史一百三十五卷　(元)脱脱等撰　明嘉靖八年(1529)南京國子監刻明清遞修本　四册　存二十九卷(七十一至七十八、八十七至九十三、一百一至一百七、一百二十一至一百二十七)

620000－1114－0000093　066
金軺籌筆四卷　(清)□□撰　清光緒刻本　四册

620000－1114－0000094　013
居官寡過録四卷　(清)胡衍虞撰　清乾隆四十年(1775)刻本　四册

620000－1114－0000095　010
居易堂圍棋新譜六卷首一卷　(清)沈賦彙選　清康熙五十五年(1716)刻本　六册

620000－1114－0000096　032
康熙字典十二集三十六卷總目一卷檢字一卷辨似一卷備考一卷補遺一卷等韻一卷　(清)張玉書等纂　清道光七年(1827)刻本　三十九册　缺一卷(寅集中)

620000－1114－0000097　033
康熙字典十二集三十六卷總目一卷檢字一卷辨似一卷備考一卷補遺一卷等韻一卷　(清)張玉書等纂　清道光七年(1827)刻本　四十册

620000－1114－0000098　154
孔子家語十卷　(三國魏)王肅注　清同治十

二年(1873)刻本　二册

620000－1114－0000099　250

禮記旁訓辨體合訂六卷　(清)徐立綱輯　清刻本　六册

620000－1114－0000100　302

禮記十卷　(元)陳澔集說　清同治十年(1871)刻本　十册

620000－1114－0000101　307

禮記心典傳本三卷　(清)胡瑤光纂　清刻本　一册　存一卷(一)

620000－1114－0000102　308

禮記心典傳本三卷　(清)胡瑤光纂　清刻本　一册　存一卷(一)

620000－1114－0000103　304

禮記易讀四卷　(□)□□撰　清刻本　四册

620000－1114－0000104　305

禮記易讀四卷　(□)□□撰　清刻本　一册　存一卷(三)

620000－1114－0000105　274

歷代畫史彙傳七十二卷　(清)邱步洲輯　清刻本　七册　存十九卷(五十四至七十二)

620000－1114－0000106　279

隸辨八卷　(清)顧藹吉撰　清刻本　七册　存七卷(二至八)

620000－1114－0000107　078

兩般秋雨盦隨筆八卷　(清)梁紹壬纂　清道光十七年(1837)錢塘汪氏振綺堂刻本　七册　存七卷(一至六、八)

620000－1114－0000108　176

遼史一百十六卷　(元)脱脱等撰　明嘉靖八年(1529)南京國子監刻明清遞修本　三册　存四十一卷(一至十四、四十二至四十六、九十五至一百十六)

620000－1114－0000109　091

六如居士全集七卷　(明)唐寅撰　(清)唐仲冕編　清光緒十一年(1885)鎮江文成堂刻本　二册

620000－1114－0000110　019

六書通十卷　(明)閔齊伋撰　(清)畢弘述篆訂　清刻本　八册

620000－1114－0000111　142

明史三百三十二卷　(清)張廷玉等纂修　清光緒三年(1877)湖北崇文書局刻本　六十九册　存二百七十七卷(一至三十五、五十一至五十五、六十一至六十九、七十四至八十一、八十五至一百三十四、一百四十一至二百三十三、二百五十六至三百三十二)

620000－1114－0000112　298

莫如樓時義合稿四卷　(清)□□輯　清嘉慶二十四年(1819)刻本　六册

620000－1114－0000113　069

墨香居畫識十卷　(清)馮金伯撰　清乾隆至嘉慶刻本　四册

620000－1114－0000114　213

南豐劉簾舫先生政書三種六卷行狀一卷　(清)劉衡撰　清道光十九年(1839)刻本　四册

620000－1114－0000115　180

南史八十卷　(唐)李延壽撰　明萬曆刻本　九册　存三十四卷(四十七至八十)

620000－1114－0000116　027

廿一史約編八卷首一卷　(清)鄭元慶撰　清刻本　八册

620000－1114－0000117　085

凝香室鴻雪因緣圖記三集六卷　(清)麟慶撰　清道光二十七年(1847)刻本　六册

620000－1114－0000118　306

批點禮記易讀旁訓四卷　(□)□□撰　清同治六年(1867)刻本　一册　存一卷(一)

620000－1114－0000119　070

品花寶鑑不分卷六十回　(清)陳森撰　清光緒三十四年(1908)刻本　二十册

620000－1114－0000120　076

前漢書一百二十卷　(漢)班固撰　(唐)顔師

古注　清光緒二十八年(1902)石印本　三冊　存二十八卷(一至二十、六十四至七十一)

620000－1114－0000121　075
前漢書一百二十卷　(漢)班固撰　(唐)顔師古注　清光緒二十八年(1902)石印本　十冊　存六十九卷(一至三十、五十三至八十一、九十一至一百)

620000－1114－0000122　196
前漢書一百卷　(漢)班固撰　(唐)顔師古注　清同治十年(1871)成都書局刻本　十六冊　存四十一卷(一至十九、六十七至八十八)

620000－1114－0000123　129
欽定春秋傳説彙纂三十八卷首二卷　(清)王掞等纂　清康熙刻本　二十冊

620000－1114－0000124　324
欽定春秋左傳讀本三十卷　(清)英和輯　清同治八年(1869)江蘇書局刻本　十冊

620000－1114－0000125　056
欽定古今圖書集成總目四十卷　(清)蔣廷錫等輯　清光緒十年(1884)上海同文書局石印本　二十冊

620000－1114－0000126　172
欽定科場條例五十四卷　(清)羅正墀等纂　清刻本　五冊　存十八卷(十五至二十二、二十六至三十五)

620000－1114－0000127　128
欽定禮記義疏八十二卷首一卷　(清)允祿等纂　清刻本　四十八冊

620000－1114－0000128　168
欽定詩經傳説彙纂二十一卷首二卷詩序二卷　(清)王鴻緒等纂　清雍正五年(1727)刻本　二十五冊　缺一卷(三)

620000－1114－0000129　126
欽定詩經傳説彙纂二十一卷首二卷詩序二卷　(清)王鴻緒等纂　清雍正五年(1727)刻本　二十四冊

620000－1114－0000130　167
欽定詩經傳説彙纂二十一卷首二卷詩序二卷　(清)王鴻緒等纂　清雍正五年(1727)刻本　十七冊　缺七卷(一至二、四至五、十二,詩序二卷)

620000－1114－0000131　170
欽定書經傳説彙纂二十一卷首二卷書序一卷　(清)王頊齡等纂　清刻本　十七冊　存十七卷(四至十三、十六至二十一,書序一卷)

620000－1114－0000132　127
欽定書經傳説彙纂二十一卷首二卷書序一卷　(清)王頊齡等纂　清雍正八年(1730)刻本　四冊　存四卷(一、三,首二卷)

620000－1114－0000133　169
欽定書經傳説彙纂二十一卷首二卷書序一卷　(清)王頊齡等纂　清雍正八年(1730)刻本　二十二冊　存二十二卷(一至十八、二十至二十一,首上,書序一卷)

620000－1114－0000134　121
欽定四庫全書簡明目錄二十卷　(清)紀昀等纂　清刻本　六冊　存十卷(十一至二十)

620000－1114－0000135　122
欽定四庫全書總目二百卷首一卷　(清)紀昀等纂　清同治七年(1868)廣東書局刻本　八十三冊　存一百五十六卷(四十五至二百)

620000－1114－0000136　022
欽定協紀辨方書三十六卷　(清)允祿等纂　清乾隆刻本　二十四冊

620000－1114－0000137　153
欽定續通志六百四十卷　(清)嵇璜等纂　清光緒十二年(1886)浙江書局刻本　一百九十八冊　存六百十四卷(一至三百三十三、三百三十六至三百六十三、三百六十七至六百十九)

620000－1114－0000138　219
欽定續文獻通考二百五十卷　(清)嵇璜等纂　清光緒十三年(1887)浙江書局刻本　一百十八冊　存二百四十四卷(一至一百六十二、一百六十七至二百二十八、二百三十一至二

百五十）

620000－1114－0000139　130
欽定儀禮義疏四十八卷首二卷　（清）允祿等纂　清刻本　三十冊

620000－1114－0000140　131
欽定周官義疏四十八卷首一卷　（清）允祿等纂　清刻本　二十四冊

620000－1114－0000141　001
琴譜合璧不分卷　（明）楊掄輯　明萬曆刻本　五冊

620000－1114－0000142　277
曲江書屋新訂批註左傳快讀十八卷　（清）李紹崧輯　清刻本　四冊　存四卷（十四至十五、十七至十八）

620000－1114－0000143　303
全本禮記體註十卷　（清）徐瑄輯　（清）范翔鑒定　清刻本　七冊　存七卷（三至四、六至十）

620000－1114－0000144　261
任兆麟述記三卷　（清）任兆麟撰　（清）尤興讓編　清遂古堂石印本　三冊

620000－1114－0000145　021
日講四書解義二十六卷　（清）喇沙里　（清）陳廷敬撰　清康熙十六年（1677）刻本　八冊

620000－1114－0000146　081
日知錄集釋三十二卷栞誤二卷續栞誤二卷　（清）顧炎武撰　（清）黃汝成集釋　清同治十一年（1872）湖北崇文書局刻本　十六冊

620000－1114－0000147　136
入幕須知五種九卷贅言十則一卷　（清）張廷驤輯　清光緒刻本　六冊

620000－1114－0000148　137
入幕須知五種九卷贅言十則一卷　（清）張廷驤輯　清光緒刻本　五冊

620000－1114－0000149　284
三才略不分卷　（清）蔣德鈞輯　清光緒五年（1879）刻本　一冊

620000－1114－0000150　116
尚論張仲景傷寒論重編三百九十七法後四卷　（清）喻昌撰　清乾隆刻本　二冊

620000－1114－0000151　118
尚論張仲景傷寒論重編三百九十七法三卷首一卷　（清）喻昌撰　清刻本　二冊

620000－1114－0000152　074
神機妙算鐵板數不分卷　（宋）邵雍撰　清刻本　十三冊

620000－1114－0000153　233
慎疾芻言一卷　（清）徐大椿撰　清刻本　一冊

620000－1114－0000154　327
詩經八卷　（宋）朱熹集傳　清同治十年（1871）刻本　二冊　存二卷（一、四）

620000－1114－0000155　328
詩經八卷　（宋）朱熹集傳　清同治十年（1871）刻本　四冊　存四卷（一、三至四、六）

620000－1114－0000156　326
詩經八卷　（宋）朱熹集傳　清同治十三年（1874）刻本　四冊　存四卷（一、三、五至六）

620000－1114－0000157　241
詩經精華十卷　（清）薛嘉穎輯　清道光七年（1827）刻本　四冊

620000－1114－0000158　265
詩韻集成十卷　（清）余照輯　清道光十八年（1838）元茂堂刻本　四冊

620000－1114－0000159　264
詩韻集成十卷　（清）余照輯　清光緒十年（1884）刻本　二冊　存五卷（一至二、五至七）

620000－1114－0000160　266
詩韻集成十卷　（清）余照輯　清刻本　二冊

620000－1114－0000161　098
十三經註疏附考證三百四十八卷　（□）□□輯　清乾隆四年（1739）武英殿刻本　九十九冊　缺二種三十六卷（尚書十九卷、儀禮十七

卷）

620000－1114－0000162　134
十子全書一百二十九卷　(清)王子興輯　清嘉慶九年(1804)刻本　三十四册

620000－1114－0000163　236
時藝竅十七卷　(清)路德輯　清光緒刻本　十二册

620000－1114－0000164　119
時藝向十二卷時藝開十二卷　(清)路德輯　清光緒刻本　十二册

620000－1114－0000165　138
史記論文一百三十卷　(清)吳見思撰　清康熙刻本　十二册　存六十卷(一至六十)

620000－1114－0000166　140
史記論文一百三十卷　(清)吳見思撰　清刻本　十七册　存九十三卷(三十三至一百十六、一百二十二至一百三十)

620000－1114－0000167　139
史記論文一百三十卷　(清)吳見思撰　清刻本　八册　存四十五卷(六十四至七十六、八十四至九十二、九十九至一百二十一)

620000－1114－0000168　141
史記論文一百三十卷　(清)吳見思撰　清刻本　十三册　存七十八卷(五至六、九至二十七、三十二至四十九、五十九至七十八、九十至一百三、一百十八至一百二十二)

620000－1114－0000169　178
史記一百三十卷　(漢)司馬遷撰　(南朝宋)裴駰集解　(唐)司馬貞索隱　(唐)張守節正義　清乾隆刻本　四册　存十六卷(十九至三十四)

620000－1114－0000170　321
史事論二十四卷　(清)雷瑨輯　清光緒石印本　三册　存九卷(甲編六至十、丙編一至二、丁編三至四)

620000－1114－0000171　113
士禮居黃氏叢書二十種一百九十五卷　(清)黃丕烈輯　清光緒十三年(1887)上海蜚英館石印本　十五册　存四種一百四卷(傷寒總病論六卷,輿地廣記三十八卷、札記二卷,戰國策三十三卷、札記三卷,國語二十一卷、札記一卷)

620000－1114－0000172　296
世本五卷　(漢)宋衷注　(清)張澍補　清道光二酉堂叢書本　一册　存一卷(五)

620000－1114－0000173　282
適軒尺牘八卷　(清)徐菊生撰　清刻本　二册　存三卷(六至八)

620000－1114－0000174　257
書經六卷　(宋)蔡沈集傳　清慎詒堂刻本　二册　存二卷(一、四)

620000－1114－0000175　093
蜀僚問答二卷　(清)劉衡撰　清道光刻本　一册

620000－1114－0000176　309
潄芳軒合纂禮記體註四卷　(清)范翔参訂　清光緒刻本　二册　存二卷(一、三)

620000－1114－0000177　310
潄芳軒合纂禮記體註四卷　(清)范翔参訂　清刻本　一册　存一卷(三)

620000－1114－0000178　285
説文解字三十二卷　(清)段玉裁注　清刻本　二册　存二卷(十三至十四)

620000－1114－0000179　007
説文解字十五卷　(漢)許慎撰　(宋)徐鉉校定　清刻本　八册

620000－1114－0000180　269
四聲便覽不分卷　(清)余六師編　清刻本　一册

620000－1114－0000181　268
四聲便覽四卷　(清)余六師編　清同治十三年(1874)刻本　二册

620000－1114－0000182　204
四書大註匯參合講題鏡合纂七卷　(清)□□

輯　清刻本　十六冊

620000－1114－0000183　299
四書人物類典串珠四十卷　(清)臧志仁編　清刻本　三冊　存十卷(三至十二)

620000－1114－0000184　300
四書人物類典串珠四十卷　(清)臧志仁編　清刻本　二冊　存六卷(十三至十八)

620000－1114－0000185　232
四書題鏡三十七卷　(清)汪鯉翔撰　清乾隆刻本　五冊　存九卷(中庸一卷、孟子七至十四)

620000－1114－0000186　259
四書體註旁訓十九卷　(清)范翔参訂　清道光十九年(1839)刻本　六冊

620000－1114－0000187　301
四書翼註論文三十八卷　(清)張甄陶撰　清嘉慶刻本　九冊　存二十卷(一至七、十八至二十、二十九至三十八)

620000－1114－0000188　271
四書翼註論文三十六卷　(清)張甄陶撰　清刻本　七冊　存十四卷(中庸下,論語五至十,上孟一至三、下孟一至四)

620000－1114－0000189　211
四書章句集註十九卷　(宋)朱熹撰　清愷元堂朱墨套印本　五冊　缺二卷(大學一卷、中庸一卷)

620000－1114－0000190　109
四書章句集註十九卷　(宋)朱熹撰　清益興堂刻本　六冊

620000－1114－0000191　162
四書章句集註十九卷　(宋)朱熹撰　清益興堂刻本　五冊　缺二卷(大學一卷、中庸一卷)

620000－1114－0000192　163
四書章句集註十九卷　(宋)朱熹撰　清益興堂刻本　五冊　缺二卷(大學一卷、中庸一卷)

620000－1114－0000193　164
四書章句集註十九卷　(宋)朱熹撰　清益興堂刻本　六冊

620000－1114－0000194　165
四書章句集註十九卷　(宋)朱熹撰　清益興堂刻本　六冊

620000－1114－0000195　325
四書左國彙纂四卷　(清)高其名　(清)鄭師成纂　清乾隆三十五年(1770)本立堂刻本　六冊

620000－1114－0000196　174
宋史四百九十六卷　(元)脱脱等撰　明萬曆刻本　四冊　存十八卷(二百九十八至三百一、三百二十八至三百四十一)

620000－1114－0000197　072
蘇文忠公詩集五十卷目録二卷　(宋)蘇軾撰　(清)紀昀評點　清道光十四年(1834)朱墨套印本　十二冊

620000－1114－0000198　319
隨園全集二百八十八卷　(清)袁枚撰　清光緒石印本　四十五冊　存三十一種一百八十三卷(小倉山房文集一至三、八至三十五,詩集三十七卷、補遺二卷,外集六卷、補遺二卷,袁太史藁一至三,尺牘十卷、牘外餘言一卷,詩話十六卷、補遺十卷,隨筆一至四,續同人集二至四,女弟子詩六卷,隨園八十壽言六卷,紅豆村人藁十四卷,繡餘吟藁一卷,盈書閣遺藁一卷,樓居小草一卷,素文女子遺藁一卷,南園詩選二卷,湄君詩集二卷,筱雲詩集二卷,捧月樓詞選二卷,飲水詞鈔二卷,箏船詞選一卷,緑秋草堂詞選一卷,玉山堂詞選一卷,崇睦山房詞選一卷,過雲精舍詞選二卷,湘痕閣詩藁二卷、詞藁一卷,瑶華閣詩草一卷、詞草一卷、補遺一卷,碧梧山館詞選二卷,閩南雜詠一卷,隨園瑣記二卷,談瀛錄一卷)

620000－1114－0000199　097
唐類函二百卷目録二卷　(明)俞安期輯　(明)徐顯卿校訂　明萬曆刻本　四十冊

620000－1114－0000200　152

通志二百卷　(宋)鄭樵撰　清咸豐九年(1859)崇仁謝氏刻本　一百六十冊

620000－1114－0000201　240

脫影奇觀三卷鏡影燈說一卷　(英國)德貞撰　清同治刻本　四冊

620000－1114－0000202　055

王陽明先生全集十六卷　(明)王守仁撰　清道光六年(1826)刻本　十六冊

620000－1114－0000203　023

味蘭軒百篇賦鈔四卷　(清)張世燾　(清)彭克惠輯　清乾隆三十八年(1773)刻本　四冊

620000－1114－0000204　221

文獻通考三百四十八卷　(元)馬端臨撰　清咸豐九年(1859)崇仁謝氏刻本　一百二十冊

620000－1114－0000205　220

文獻通考纂二十四卷　(元)馬端臨撰　(明)胡震亨輯　清刻本　四冊

620000－1114－0000206　281

吾學錄初編二十四卷　(清)吳榮光述　清光緒七年(1881)刻本　四冊　存十六卷(五至八、十三至二十四)

620000－1114－0000207　011

五知齋琴譜八卷　(清)徐祺編輯　(清)周魯封修訂　清乾隆十一年(1746)刻本　八冊

620000－1114－0000208　143

五種遺規十六卷　(清)陳弘謀輯　清道光二年(1822)刻本　八冊

620000－1114－0000209　224

西清古鑑四十卷錢錄十六卷　(清)梁詩正等編　清末石印本　七冊　存十四卷(西清古鑑三至十六)

620000－1114－0000210　094

洗冤錄歌訣不分卷　(□)□□撰　清末刻本　一冊

620000－1114－0000211　003

鄉黨應酬六卷　(清)鄧炳震輯　清光緒十一年(1885)刻本　六冊

620000－1114－0000212　061

小倉山房尺牘八卷　(清)袁枚撰　清刻本　八冊

620000－1114－0000213　050

心政錄奏疏三卷檄示八卷　(清)雅爾圖撰　清乾隆刻本　十一冊

620000－1114－0000214　114

新訂崇正闢謬通書十四卷　(清)李奉來編　清光緒十六年(1890)刻本　四冊

620000－1114－0000215　260

新鐫校正詳注分類百子金丹全書十卷　(明)郭偉注　清光緒九年(1883)上海書局石印本　五冊

620000－1114－0000216　132

新刻格古論要五卷　(明)曹昭撰　清刻本　四冊

620000－1114－0000217　320

新刻批點四書讀本十九卷　(宋)朱熹集注　清光緒二年(1876)愷元堂朱墨套印本　一冊　存二卷(大學一卷、中庸一卷)

620000－1114－0000218　123

刑案匯覽續編三十二卷　(清)吳潮　(清)何錫儼輯　清光緒十三年(1887)刻本　三十二冊

620000－1114－0000219　124

刑案匯覽續編三十二卷　(清)吳潮　(清)何錫儼輯　清光緒十三年(1887)刻本　二十三冊　存二十三卷(二至八、十七至三十二)

620000－1114－0000220　251

續心影集四卷　(清)李士麟輯　清光緒二年(1876)蘭州郡署刻本　四冊

620000－1114－0000221　038

續資治通鑑綱目二十七卷　(明)陳仁錫評　清嘉慶十三年(1808)刻本　二冊　存一卷(一)

620000－1114－0000222　079

學案初模不分卷　(清)伊里布輯　清光緒七年(1881)甘肅臬署刻本　二十冊

620000－1114－0000223　080
學案初模續編不分卷　(清)伊里布輯　清光緒七年(1881)甘肅臬署刻本　三十冊

620000－1114－0000224　062
壓線編六卷　(清)繆艮撰　(清)趙古農選　清道光二十七年(1847)刻本　六冊

620000－1114－0000225　083
陽宅三要四卷　(清)趙廷棟撰　清末刻本　二冊

620000－1114－0000226　276
楊忠愍公家訓一卷　(明)楊繼盛撰　清嘉慶十三年(1808)刻本　一冊

620000－1114－0000227　273
楊忠愍公全集四卷　(明)楊繼盛撰　清光緒九年(1883)甘肅藩署刻本　四冊

620000－1114－0000228　275
楊忠愍公全集四卷　(明)楊繼盛撰　清康熙三十七年(1698)刻本　四冊

620000－1114－0000229　254
儀禮圖六卷　(清)張惠言撰　清同治九年(1870)崇文書局刻本　三冊

620000－1114－0000230　004
亦政堂重考古玉圖二卷　(元)朱德潤撰　明萬曆刻清乾隆黄晟槐蔭草堂重印本　一冊

620000－1114－0000231　002
亦政堂重修考古圖十卷　(宋)呂大臨撰　明萬曆刻清乾隆黄晟槐蔭草堂重印本　五冊

620000－1114－0000232　252
易經體註大全合參四卷　(清)李兆賢輯　(清)范翔鑒定　清刻本　四冊

620000－1114－0000233　290
弈理指歸圖三卷　(清)施襄夏撰　(清)錢長澤繪　清光緒七年(1881)刻本　三冊

620000－1114－0000234　060
音註小倉山房尺牘八卷　(清)袁枚撰　(清)胡光斗注　清光緒十一年(1885)著易堂鉛印本　四冊

620000－1114－0000235　077
陰陽鏡十六卷　(清)湯承蕡緝　清同治元年(1862)刻本　十六冊

620000－1114－0000236　135
陰陽五要奇書五種二十九卷八宅明鏡二卷　(明)蔣之棟輯　(清)顧鶴庭重輯　清乾隆五十五年(1790)姑蘇顧氏樂真堂刻本　八冊

620000－1114－0000237　087
印文詳解不分卷　(清)劉維坊纂　清道光鈐印本　四冊

620000－1114－0000238　005
楹聯叢話十二卷續話四卷　(清)梁章鉅輯　清道光二十年至二十三年(1840－1843)刻本　六冊

620000－1114－0000239　210
瀛環志略十卷　(清)徐繼畬撰　清道光三十年(1850)刻本　十二冊

620000－1114－0000240　218
玉海二百卷詞學指南四卷附刻十三種　(宋)王應麟撰　**校補玉海瑣記二卷**　(清)張大昌撰　清光緒九年(1883)浙江書局刻本　一百十九冊　缺五卷(玉海二十至二十一,周易鄭康成注一卷、詩考一卷、踐阼篇集解一卷)

620000－1114－0000241　205
御定駢字類編二百四十卷　(清)沈宗敬編　清光緒十三年(1887)石印本　四十八冊

620000－1114－0000242　144
御批歷代通鑑輯覽一百二十卷　(清)楊述曾等纂　清同治十三年(1874)湖南書局刻本　二十四冊　存四十八卷(一至十二、二十五至三十六、四十九至六十、七十三至八十四)

620000－1114－0000243　145
御批歷代通鑑輯覽一百二十卷　(清)楊述曾等纂　清光緒二十八年(1902)上海文林書局

石印本　十五冊　存八十八卷(一至六、十五至二十一、二十八至九十、一百一至一百四、一百十三至一百二十)

620000－1114－0000244　147
御批歷代通鑑輯覽一百二十卷　(清)楊述曾等纂　清光緒二十九年(1903)石印本　二十冊

620000－1114－0000245　148
御批歷代通鑑輯覽一百二十卷　(清)楊述曾等纂　清光緒三十年(1904)上海通元書局石印本　二十四冊

620000－1114－0000246　151
御批歷代通鑑輯覽一百二十卷　(清)楊述曾等纂　清光緒十三年(1887)上海同文書局石印本　二十冊

620000－1114－0000247　312
御批歷代通鑑輯覽一百二十卷　(清)楊述曾等纂　清光緒石印本　一冊　存六卷(六至十一)

620000－1114－0000248　149
御批歷代通鑑輯覽一百二十卷　(清)楊述曾等纂　清末鉛印本　三十八冊　存一百十四卷(一至七、十二至六十五、六十八至一百二十)

620000－1114－0000249　150
御批歷代通鑑輯覽一百二十卷　(清)楊述曾等纂　清末鉛印本　二十五冊　存七十三卷(一至七、十二至十四、二十四至二十六、三十三至三十八、四十二至四十四、四十八至六十、六十四至七十八、八十二至八十四、八十八至九十六、九十九至一百三、一百十至一百十五)

620000－1114－0000250　322
御製詩二集九十卷目錄十卷　(清)高宗弘曆撰　(清)蔣溥等編　清乾隆二十四年(1759)武英殿刻本　五冊　存十一卷(三十一至四十一)

620000－1114－0000251　248
御製數理精蘊五十三卷　(清)梅瑴成等纂　清光緒八年(1882)刻本　四十冊

620000－1114－0000252　035
御撰資治通鑑綱目三編二十卷　(清)張廷玉等纂　清乾隆刻本　六冊

620000－1114－0000253　036
御撰資治通鑑綱目三編二十卷　(清)張廷玉等纂　清乾隆刻本　六冊

620000－1114－0000254　146
御撰資治通鑑綱目三編六卷　(清)張廷玉等纂　清光緒石印本　一冊　存二卷(一至二)

620000－1114－0000255　311
御撰資治通鑑綱目三編六卷　(清)張廷玉等纂　清光緒石印本　一冊　存三卷(一至三)

620000－1114－0000256　063
御撰資治通鑑綱目三編四卷　(清)張廷玉等纂　清光緒十三年(1887)上海點石齋石印本　二冊

620000－1114－0000257　317
御纂五經五種一百九十二卷　(清)李光地輯　清光緒二十年(1894)上洋鴻寶齋石印本　十四冊　存一百六十三卷(書經一至二十一、首二卷,詩經一至二十一、首二卷,春秋一至三十八、首二卷,禮記一至七十六、首一卷)

620000－1114－0000258　057
御纂周易述義十卷　(清)傅恆等纂　清刻本　四冊

620000－1114－0000259　125
御纂周易折中二十二卷首一卷　(清)李光地等纂　清晚期刻本　十二冊

620000－1114－0000260　117
寓意草一卷　(清)喻昌撰　清刻本　二冊

620000－1114－0000261　185
元史二百十卷　(明)宋濂等撰　明刻明清遞修本　十七冊　存五十九卷(四十八至六十四、六十七至七十二、一百十四至一百三十七、一百四十七至一百五十八)

620000－1114－0000262　166

曾文正公全集一百八十五卷首一卷　(清)曾國藩撰　清同治至光緒傳忠書局刻本　一百四十四册

620000－1114－0000263　331

增補春秋左傳易讀六卷　(清)司徒修輯　清光緒二十年(1894)文淵書坊刻本　六册

620000－1114－0000264　333

增補春秋左傳易讀六卷　(清)司徒修輯　清刻本　二册　存二卷(四、六)

620000－1114－0000265　280

增補古文合評十二卷　(清)王步青輯　(清)徐東升等編　清春暉堂刻本　四册　存四卷(八、十至十二)

620000－1114－0000266　043

增補精繡圖像四書人物備考十二卷　(明)陳仁錫增定　清刻本　四册　存八卷(一至八)

620000－1114－0000267　086

增訂格物入門七卷　(美國)丁韙良撰　清光緒十五年(1889)鉛印本　七册

620000－1114－0000268　096

增廣賦海統編三十卷　(清)二雲樓主人輯　清光緒二十三年(1897)石印本　十三册　存二十一卷(一至四、七至九、十二至二十五)

620000－1114－0000269　089

增删卜易六卷　(清)野鶴老人撰　清同治九年(1870)刻本　六册

620000－1114－0000270　158

戰國策三十三卷札記三卷國語二十一卷　(漢)高誘等注　(清)黄丕烈校　清嘉慶八年(1803)刻本　六册

620000－1114－0000271　249

張九達先生四書尊註會意解三十六卷　(清)張九達編　(清)張庸德增補　清康熙刻本　二十册

620000－1114－0000272　048

忠武祠墓志七卷首一卷末一卷　(清)虚白道人輯　清道光刻本　四册

620000－1114－0000273　049

忠武祠墓志七卷首一卷末一卷　(清)虚白道人輯　清同治五年(1866)刻本　四册

620000－1114－0000274　334

周禮精華六卷　(清)陳龍標輯　清道光十二年(1832)姑蘇步月樓刻本　四册

620000－1114－0000275　336

周禮精華六卷　(清)陳龍標輯　清嘉慶二十二年(1817)刻本　三册　存三卷(一、四至五)

620000－1114－0000276　262

周禮精華六卷　(清)陳龍標輯　清嘉慶二十一年(1816)刻本　五册　存五卷(一至五)

620000－1114－0000277　335

周禮精華六卷　(清)陳龍標輯　清嘉慶刻本　六册

620000－1114－0000278　337

周禮折衷六卷　(漢)鄭玄注　(唐)賈公彦疏　(清)胡興重訂　清刻本　一册　存一卷(四)

620000－1114－0000279　024

朱子家禮八卷首一卷　(明)丘濬輯　**四禮初稿四卷**　(明)宋纁輯　**四禮約言四卷**　(明)吕維祺撰　清乾隆三十八年(1773)刻本　八册

620000－1114－0000280　228

祝由科諸符秘六卷　(□)□□撰　清抄本　八册

620000－1114－0000281　034

資治通鑑綱目五十九卷　(宋)朱熹撰　(宋)趙師淵纂　(明)陳仁錫評　清刻本　二十四册　存十六卷(十三至十八、三十八至四十七)

620000－1114－0000282　037

資治通鑑綱目五十九卷　(明)陳仁錫評　清末刻本　五十七册　存二十五卷(二至八、三

十四至四十二、五十一至五十九）

620000－1114－0000283　314
子史精華一百六十卷　（清）允祿等纂　清刻本　三十二冊　存七十四卷（八十七至一百六十）

620000－1114－0000284　315
子史精華一百六十卷　（清）允祿等纂　清刻本　三十六冊　存一百二十六卷（三至九、十三至三十六、四十一至五十、五十五至六十八、七十二至八十七、九十八至一百二十五、一百三十至一百五十六）

620000－1114－0000285　044
自遠堂琴譜十二卷　（清）吳灴輯　清嘉慶刻本　十二冊

620000－1114－0000286　238
字典四書十九卷　（宋）朱熹注　（清）義興堂主人校正　清光緒六年（1880）義興書局刻本　六冊

620000－1114－0000287　088
醉愛居印賞二卷　（清）王睿章篆　（清）徐逵照考訂　清乾隆鈐印本　四冊

620000－1114－0000288　008
左恪靖侯奏稿初編三十八卷續編七十六卷（清）左宗棠撰　清光緒刻本　三十二冊　缺四十卷（續編三十七至七十六）

620000－1114－0000289　330
左傳易讀六卷　（清）司徒修輯　清道光善成堂刻本　二冊　存二卷（一、五）

620000－1114－0000290　332
左傳易讀六卷　（清）司徒修輯　清咸豐刻本　六冊

620000－1114－0000291　209
左傳易讀六卷　（清）司徒修輯　清咸豐六年（1856）刻本　十二冊

620000－1114－0000292　015
［康熙］鄞縣誌二十四卷首一卷　（清）汪源澤修　（清）聞性道纂　清康熙二十五年（1686）刻本　二十二冊　缺二卷（十至十一）

620000－1114－0000293　016
［乾隆］甘肅通志五十卷首一卷　（清）許容修　（清）李迪纂　清乾隆元年（1736）刻本　三冊　存三卷（四至六）

620000－1114－0000294　017
［乾隆］河南府志一百十六卷首四卷　（清）施誠修　（清）童鈺　（清）裴希純纂　清乾隆四十四年（1779）刻本　五冊　存二十二卷（一至六、二十一至三十二，首四卷）

甘肅省定西市臨洮縣圖書館古籍普查登記目録

全國古籍普查登記目録

國家圖書館出版社
National Library of China Publishing House

古籍普查登記目錄

甘肅省[illegible]

全國古籍普查登記目錄

《甘肅省定西市臨洮縣圖書館古籍普查登記目録》

編委會

主　編： 楊小峰

副主編： 毛　麗

編　委： 張彩雲　鄭　潔

620000－1131－0000001　經/41－1
八銘堂塾鈔初集不分卷　(清)吳懋政編　清咸豐七年(1857)刻本　二冊

620000－1131－0000002　經/41－2
八銘堂塾鈔二集不分卷　(清)吳懋政編　清嘉慶十年(1805)刻本　二冊

620000－1131－0000003　經/41－3
八銘堂塾鈔二集不分卷　(清)吳懋政編　清咸豐七年(1857)刻本　三冊

620000－1131－0000004　子/17
補注洗冤錄集證四卷檢骨圖格一卷　(宋)宋慈撰　(清)王又槐集證　(清)阮其新補注
作吏要言一卷　(清)葉鎮撰　(清)朱椿增補　清道光刻三色套印本　四冊

620000－1131－0000005　子/157
策府統宗六十五卷　(清)劉昌齡輯　清光緒鉛印本　十八冊　存五十九卷(七至六十五)

620000－1131－0000006　子/134
禪源諸詮集都序四卷　(唐)釋宗密撰　清光緒十四年(1888)刻本　一冊

620000－1131－0000007　類書/32
重訂廣事類賦四十卷　(清)華希閔撰　清刻本　六冊　存十六卷(十三至二十八)

620000－1131－0000008　史/169
重訂普法戰紀四卷　(清)李光廷纂　清光緒二十四年(1898)鉛印本　四冊

620000－1131－0000009　史/169－1
重訂普法戰紀四卷　(清)李光廷纂　清光緒二十四年(1898)鉛印本　四冊

620000－1131－0000010　史/169－2
重訂普法戰紀四卷　(清)李光廷纂　清光緒二十四年(1898)鉛印本　四冊

620000－1131－0000011　史/169－3
重訂普法戰紀四卷　(清)李光廷纂　清光緒二十四年(1898)鉛印本　四冊

620000－1131－0000012　史/169－4
重訂普法戰紀四卷　(清)李光廷纂　清光緒二十四年(1898)鉛印本　四冊

620000－1131－0000013　史/169－5
重訂普法戰紀四卷　(清)李光廷纂　清光緒二十四年(1898)鉛印本　三冊　缺一卷(四)

620000－1131－0000014　類書/83
重訂事類賦三十卷　(宋)吳淑撰　(明)華麟祥校　清道光二十二年(1842)刻本　四冊

620000－1131－0000015　類書/32－1
重訂事類賦三十卷　(宋)吳淑撰　清刻本　六冊　存十八卷(八至九、十一、十四至十五、十八至三十)

620000－1131－0000016　史/1
重訂王鳳洲先生綱鑑會纂四十六卷宋元綱鑑二十三卷首一卷　(明)王世貞纂　清刻本　三十五冊　存六十八卷(重訂王鳳洲先生綱鑑會纂一至三十五、三十八至四十六,宋元綱鑑二十三卷、首一卷)

620000－1131－0000017　集/186
重訂文選集評十五卷首一卷　(清)于光華編　清同治九年(1870)刻本　三冊　存三卷(五至七)

620000－1131－0000018　經/103
重刊宋本十三經注疏附校勘記四百十六卷　(清)阮元校　清同治十年(1871)廣東書局刻本　七十冊　存七種一百九十八卷(論語二十卷,孟子十四卷,禮記一至二十八、三十二至六十三,周易十三卷,周禮四十二卷,尚書十九卷,毛詩三十卷)

620000－1131－0000019　子/71
重刊武經七書彙解七卷首一卷末一卷　(清)朱墉輯　清光緒三年(1877)古經閣書房刻本　九冊　存八卷(一至四、六至七,首一卷,末一卷)

620000－1131－0000020　子/31
重刻古今歷驗良方不分卷　(清)范偉亭鑑定　清咸豐五年(1855)刻本　五冊　存愈病方、驅邪方、奪紀方、轉移方、自召方下、思省方下、昌後方

620000－1131－0000021　史/146
疇人傳四十六卷續編六卷三編七卷　(清)阮元撰　(清)羅士琳續撰　(清)諸可寶再續　清光緒二十二年(1896)上海璣衡堂石印本　六冊

620000－1131－0000022　集/21
船山詩草二十卷　(清)張問陶撰　清嘉慶二十年(1815)刻本　四冊　存十七卷(一至十七)

620000－1131－0000023　史/82
春秋大事表五十卷春秋輿圖一卷附錄一卷　(清)顧棟高撰　清光緒十四年(1888)陝西求友齋刻本　二十四冊

620000－1131－0000024　經/52
春秋三傳十六卷首一卷釋文音義十六卷　(晉)杜預等注　(唐)陸德明音義　清同治十年(1871)刻本　十四冊

620000－1131－0000025　經/84
春秋左傳註疏六十卷　(晉)杜預注　(唐)孔穎達疏　明末毛氏汲古閣刻本　十冊　存二十一卷(二十至四十)

620000－1131－0000026　子/117
大乘起信論裂網疏六卷　(明)釋智旭述　清末金陵書局刻本　一冊

620000－1131－0000027　子/133
大方便佛報恩經七卷　(□)□□譯　清同治十年(1871)刻本　二冊

620000－1131－0000028　史/191
大清宣統四年歲次壬子時憲書一卷　(清)欽天監編　清宣統三年(1911)朱墨套印本　一冊

620000－1131－0000029　經/56
大學古本質言一卷　(清)劉沅撰　清同治十三年(1874)致福樓刻光緒三十一年(1905)重印本　一冊

620000－1131－0000030　集/181
鼎鍥幼幼集成八卷　(清)陳復正輯　清光緒刻本　五冊　存五卷(二至六)

620000－1131－0000031　史77－2
鼎鍥趙田了凡袁先生編纂古本歷史大方綱鑑補三十九卷　(明)袁黃纂　清刻本　十八冊　存二十八卷(二至十七、二十二至二十七、二十九至三十三、三十五)

620000－1131－0000032　史/77－1
鼎鍥趙田了凡袁先生編纂古本歷史大方綱鑑補三十九卷首一卷　(明)袁黃纂　清刻本　二十二冊　存三十六卷(一、三、六至三十九)

620000－1131－0000033　子/125
東萊博議四卷　(宋)呂祖謙撰　清末刻本　四冊

620000－1131－0000034　子/150
東萊博議四卷首一卷　(宋)呂祖謙撰　清光緒二十四年(1898)上海書局石印本　二冊

620000－1131－0000035　集/4
東周列國全志二十三卷　(清)蔡奡評點　清光緒刻本　二十四冊

620000－1131－0000036　史/86
讀史大略六十卷　(清)沙張白撰　**小沙子史略一卷**　(清)沙晉撰　清光緒二十九年(1903)石印本　六冊

620000－1131－0000037　史/67
讀史大略六十卷首一卷　(清)沙張白撰　**小沙子史略一卷**　(清)沙晉撰　清咸豐七年(1857)刻本　八冊

620000－1131－0000038　史/102
讀史方輿紀要一百三十卷輿圖要覽四卷　(清)顧祖禹撰　(清)彭元瑞校定　清嘉慶龍萬育刻光緒五年(1879)桐華書屋修補本　七十冊

620000－1131－0000039　史/35
讀通鑑論三十卷宋論十五卷　(清)王夫之撰　清光緒二十七年(1901)簡青書局石印本　四冊

620000－1131－0000040　集/5

杜工部集二十卷 （清）錢謙益注　清康熙刻本　七册　存十二卷（二至三、六至七、九至十二、十七至二十）

620000－1131－0000041　經/28
爾雅註疏十一卷 （晉）郭璞注　（宋）邢昺疏　**孝經正義九卷** （宋）邢昺校　明崇禎汲古閣刻本　五册

620000－1131－0000042　子/192
二如亭群芳譜三十卷 （明）王象晉纂輯　清初刻本　一册　存一卷（三）

620000－1131－0000043　史/164
二十四史論新編二十三卷 （清）朱鈞編輯　清光緒二十八年（1902）上海書局石印本　八册

620000－1131－0000044　史/164－1
二十四史論新編二十三卷 （清）朱鈞編輯　清光緒二十八年（1902）上海書局石印本　八册

620000－1131－0000045　集/76
分類詩腋八卷 （清）李楨編　（清）黃永綸鑑定　清刻本　四册

620000－1131－0000046　集/93
賦學正鵠十卷 （清）李元度輯　清光緒刻本　四册　存七卷（一至五、九至十）

620000－1131－0000047　史/188
綱鑑擇語十卷 （清）司徒修輯　清咸豐光霽堂朱墨套印本　三册　存六卷（三至六、九至十）

620000－1131－0000048　類書/85
格致精華錄四卷德國議院章程一卷合盟紀事本末一卷 （清）江標輯　清光緒二十二年（1896）石印本　二册

620000－1131－0000049　經/120
古文喈鳳新編八卷 （清）汪基輯　清刻本　四册　存四卷（二至四、七）

620000－1131－0000050　集/69
關中書院詩課一卷 （清）□□輯　清道光二十八年（1848）刻本　二册

620000－1131－0000051　子/111
廣廣事類賦三十二卷 （清）吳世旃撰　清道光三十年（1850）刻本　六册

620000－1131－0000052　史/143
國朝先正事略六十卷 （清）李元度纂　清光緒二十五年（1899）鉛印本　八册

620000－1131－0000053　史/66
國朝先正事略六十卷 （清）李元度撰　清光緒十五年（1889）上海廣百宋齋刻本　十二册

620000－1131－0000054　史/144
國朝先正事略六十卷首一卷 （清）李元度纂　（清）康錫勲校　清光緒二十七年（1901）詞源閣石印本　八册

620000－1131－0000055　子/24
赫胥黎天演論二卷 嚴復譯　清光緒二十一年（1895）味經刊書處刻本　二册

620000－1131－0000056　子/24－1
赫胥黎天演論二卷 嚴復譯　清光緒二十一年（1895）味經刊書處刻本　二册

620000－1131－0000057　子/24－2
赫胥黎天演論二卷 嚴復譯　清光緒二十一年（1895）味經刊書處刻本　二册

620000－1131－0000058　集/156
鴻雪因緣圖記一集二卷二集二卷三集二卷 （清）麟慶撰　清光緒二十二年（1896）上海點石齋石印本　六册

620000－1131－0000059　集/190
黌宫禮樂圖譜二卷 （清）錢崑秀輯　清道光二十三年（1843）刻本　一册　存一卷（上）

620000－1131－0000060　子/136
皇朝經世文編一百二十卷 （清）賀長齡輯　清光緒二十四年（1898）上海宏文閣石印本　十八册　存九十一卷（一至四十九、七十九至一百二十）

620000－1131－0000061　子/137
皇朝經世文續編一百二十卷 （清）葛士濬輯

清光緒二十七年(1901)上海久敬齋鉛印本　二十四册

620000－1131－0000062　史/141

皇朝輿地通考二十三卷　(清)通文主人輯　清光緒二十九年(1903)石印本　十五册　存十卷(十至十四、十六、二十至二十三)

620000－1131－0000063　子/54

彙鈔鄉會元燈八竅八卷　(清)萬寶書編輯　清光緒五年(1879)古槐書屋刻本　二册

620000－1131－0000064　子/95

江浙四名家時文鈔四種四卷　(清)□□輯　清光緒四年(1878)磨鐵山房刻本　四册

620000－1131－0000065　子/33

近思録十四卷校勘記一卷　(宋)朱熹　(宋)呂祖謙輯　(清)江永集注　清光緒二十七年(1901)上海文瑞樓石印本　四册

620000－1131－0000066　經/166

經文戛造不分卷　(清)藜光閣主人輯　清光緒十三年(1887)上海大同書局石印本　四册　存易經、禮記、書經

620000－1131－0000067　子/183

精選試貼一卷　(清)□□輯　清抄本　一册

620000－1131－0000068　史/68

精選新科直省闈墨必讀不分卷　(清)□□輯　清末鉛印本　三册

620000－1131－0000069　史/68－1

精選新科直省闈墨必讀不分卷　(清)□□輯　清末鉛印本　三册

620000－1131－0000070　史/68－2

精選新科直省闈墨必讀不分卷　(清)□□輯　清末鉛印本　三册

620000－1131－0000071　史/68－3

精選新科直省闈墨必讀不分卷　(清)□□輯　清末鉛印本　三册

620000－1131－0000072　史/68－4

精選新科直省闈墨必讀不分卷　(清)□□輯　清末鉛印本　三册

620000－1131－0000073　史/68－5

精選新科直省闈墨必讀不分卷　(清)□□輯　清末鉛印本　三册

620000－1131－0000074　史/68－6

精選新科直省闈墨必讀不分卷　(清)□□輯　清末鉛印本　三册

620000－1131－0000075　史/68－7

精選新科直省闈墨必讀不分卷　(清)□□輯　清末鉛印本　三册

620000－1131－0000076　史/68－8

精選新科直省闈墨必讀不分卷　(清)□□輯　清末鉛印本　三册

620000－1131－0000077　史/68－9

精選新科直省闈墨必讀不分卷　(清)□□輯　清末鉛印本　三册

620000－1131－0000078　史/68－10

精選新科直省闈墨必讀不分卷　(清)□□輯　清末鉛印本　三册

620000－1131－0000079　史/68－11

精選新科直省闈墨必讀不分卷　(清)□□輯　清末鉛印本　三册

620000－1131－0000080　史/68－12

精選新科直省闈墨必讀不分卷　(清)□□輯　清末鉛印本　三册

620000－1131－0000081　史/68－13

精選新科直省闈墨必讀不分卷　(清)□□輯　清末鉛印本　三册

620000－1131－0000082　史/68－14

精選新科直省闈墨必讀不分卷　(清)□□輯　清末鉛印本　三册

620000－1131－0000083　子/129

徑中徑又徑四卷　(清)張師誠輯　清同治七年(1868)刻本　二册

620000－1131－0000084　史/39

九通提要十二卷　(清)柴紹炳纂　清光緒二十八年(1902)鴻寶齋石印本　六册

620000－1131－0000085　經/61－3
康熙字典十二集三十六卷總目一卷檢字一卷辨似一卷等韻一卷補遺一卷備考一卷　(清)張玉書　(清)陳廷敬等編　清道光七年(1827)刻本　二十六冊　缺二集(戌至亥)

620000－1131－0000086　經/61－4
康熙字典十二集三十六卷總目一卷檢字一卷辨似一卷等韻一卷補遺一卷備考一卷　(清)張玉書　(清)陳廷敬等編　清光緒二十年(1894)點石齋石印本　五冊　缺五卷(亥集三卷、補遺一卷、備考一卷)

620000－1131－0000087　經/61－1
康熙字典十二集三十六卷總目一卷檢字一卷辨似一卷等韻一卷補遺一卷備考一卷　(清)張玉書　(清)陳廷敬等編　清光緒三十四年(1908)育文書局石印本　六冊

620000－1131－0000088　經/61－2
康熙字典十二集三十六卷總目一卷檢字一卷辨似一卷等韻一卷補遺一卷備考一卷　(清)張玉書　(清)陳廷敬等編　清光緒十年(1884)上海同文書局石印本　六冊

620000－1131－0000089　子/159
考卷味蔬初集二卷二集二卷　(清)黄潤昌輯　清同治九年(1870)刻本　四冊

620000－1131－0000090　子/100
老子道德經解二卷首一卷　(明)釋德清撰　清光緒十二年(1886)金陵刻經處刻本　二冊

620000－1131－0000091　經/109
禮記精義鈔略十卷　(□)□□輯　清道光二十七年(1847)刻本　十冊

620000－1131－0000092　經/22
禮記省度四卷　(清)彭頤纂　清晚期朱墨套印本　四冊

620000－1131－0000093　經/89
禮記十卷　(元)陳澔集說　清光緒十六年(1890)刻本　十冊

620000－1131－0000094　經/42
禮記十卷　(元)陳澔集說　清同治十年(1871)刻本　十冊

620000－1131－0000095　經/42－1
禮記十卷　(元)陳澔集說　清同治十年(1871)刻本　十冊

620000－1131－0000096　集/187
梁昭明文選十二卷　(南朝梁)蕭統輯　(明)張鳳翼纂注　清刻本　五冊　存四卷(三至四、七、十)

620000－1131－0000097　子/20
聊齋志異新評十六卷　(清)蒲松齡撰　(清)王士禛評　(清)呂湛恩注　清光緒十三年(1887)善成堂刻本　八冊

620000－1131－0000098　子/80
靈峰蕅益大師選定淨土十要十卷　(明)釋蕅益選　清光緒二十年(1894)廣靈藏經禪院刻本　三冊　存九卷(一至九)

620000－1131－0000099　子/135－1
六妙法門一卷　(隋)釋智顗撰　清光緒十八年(1892)金陵刻經處刻本　一冊

620000－1131－0000100　子/112
陸操新義四卷　(德國)康貝撰　(清)李丹崖譯　清光緒十年(1884)刻本　二冊

620000－1131－0000101　子/193
南華真經解六卷　(清)宣穎撰　清刻本　二冊　存二卷(二至三)

620000－1131－0000102　史/165
廿二史攷異二十三卷　(清)錢大昕撰　清光緒上海鴻寶齋石印本　六冊

620000－1131－0000103　史/165－1
廿二史攷異二十三卷　(清)錢大昕撰　清光緒上海鴻寶齋石印本　六冊

620000－1131－0000104　史/179
廿二史劄記三十六卷補遺一卷　(清)趙翼撰　清刻本　一冊　存十卷(二十八至三十六、補遺一卷)

620000－1131－0000105　史/172

廿四史策要十一卷　(清)王鎏撰　清光緒十四年(1888)石印本　二册

620000－1131－0000106　史/172－1
廿四史策要十一卷　(清)王鎏撰　清光緒十四年(1888)石印本　二册

620000－1131－0000107　史/172－2
廿四史策要十一卷　(清)王鎏撰　清光緒十四年(1888)石印本　二册

620000－1131－0000108　史/172－3
廿四史策要十一卷　(清)王鎏撰　清光緒十四年(1888)石印本　一册　存六卷(六至十一)

620000－1131－0000109　史/171
廿四史約編八卷首一卷　(清)鄭元慶編　清光緒二十五年(1899)上海書局石印本　八册

620000－1131－0000110　史/171－1
廿四史約編八卷首一卷　(清)鄭元慶編　清光緒二十五年(1899)上海書局石印本　八册

620000－1131－0000111　集/16
廿一史彈詞註十一卷　(明)楊慎撰　(清)張三異增定　(清)張仲璜注　清道光十二年(1832)楊浚刻本　八册

620000－1131－0000112　子/132
念佛百問一卷　(清)釋悟開撰　清同治五年(1866)刻本　一册

620000－1131－0000113　子/194
牛痘新法全書四種一卷　(清)邱浩川輯　清光緒二十一年(1895)宏道堂刻本　一册

620000－1131－0000114　經/30
批點春秋綱目左傳句解彙雋六卷　(清)韓菼輯　清刻本　五册　存五卷(一至三、五至六)

620000－1131－0000115　子/45
憑山閣增輯留青新集九十三卷　(清)陳枚選　清刻本　十四册　存十八卷(一至十一、十四至十五、十七、二十四、二十六、二十八至二十九)

620000－1131－0000116　史/75
前漢書校勘札記一百卷　(□)□□撰　清光緒二十三年(1897)陝甘味經刊書處刻本　六册

620000－1131－0000117　史/154
欽定四庫全書總目提要二百卷　(清)紀昀等編　清末石印本　十六册　存九十三卷(一百八至二百)

620000－1131－0000118　子/55
茹古軒元家衣鉢隨鈔不分卷　(清)硯山居士纂輯　清光緒刻本　二册

620000－1131－0000119　史/60
三才略三卷　(清)蔣德鈞輯　清光緒二十四年(1898)刻本　一册

620000－1131－0000120　集/7
三餘齋文稿一卷　(清)江得符撰　清乾隆刻本　一册

620000－1131－0000121　子/72
神訓四篇二卷　(清)□□輯　清光緒五年(1879)奎元堂刻本　二册

620000－1131－0000122　子/72－1
神訓四篇二卷　(清)□□輯　清光緒五年(1879)奎元堂刻本　二册

620000－1131－0000123　子/48
聖門禮誌一卷　(清)孔令貽輯　清光緒十三年(1887)刻本　一册

620000－1131－0000124　子/49
聖門樂誌一卷　(清)孔尚任纂　清光緒十三年(1887)刻本　一册

620000－1131－0000125　經/124
詩經八卷　(宋)朱熹集傳　清同治十年(1871)刻本　四册

620000－1131－0000126　經/124－1
詩經八卷　(宋)朱熹集傳　清同治十年(1871)刻本　三册　缺二卷(一至二)

620000－1131－0000127　經/107
詩經精義彙鈔四卷首一卷　(□)□□輯　清

道光十八年(1838)刻本　六冊

620000－1131－0000128　經/116
十三經不二字一卷　(清)李鴻藻撰　清道光二十九年(1849)刻本　一冊

620000－1131－0000129　子/74
時文備格八卷　(清)□□輯　清抄本　七冊

620000－1131－0000130　新學/174
時務新論一卷　鄭觀應等撰　清光緒二十四年(1898)石印本　一冊

620000－1131－0000131　集/130
時藝引不分卷　(清)路德輯　清道光仁在堂刻本　二冊

620000－1131－0000132　史/148
史記菁華錄六卷　(清)姚苧田選評　清光緒二十二年(1896)上海圖書局石印本　六冊

620000－1131－0000133　史/163－1
史鑑綱目新論十卷　(清)譚奇編　清光緒二十七年(1901)詞源閣石印本　八冊

620000－1131－0000134　史/163－2
史鑑綱目新論十卷　(清)譚奇編　清光緒二十七年(1901)詞源閣石印本　八冊

620000－1131－0000135　史/163－3
史鑑綱目新論十卷　(清)譚奇編　清光緒二十七年(1901)詞源閣石印本　七冊　缺二卷(一至二)

620000－1131－0000136　史/163
史鑑綱目新論十卷　(清)譚奇編　清光緒二十七年(1901)詞源閣石印本　八冊

620000－1131－0000137　史/173
史學新論二卷史學論一卷勸學論一卷　(清)□□輯　清光緒二十八年(1902)石印本　二冊

620000－1131－0000138　子/44
事類賦補遺十四卷　(清)張均編撰　清嘉慶十六年(1811)刻本　四冊

620000－1131－0000139　類書/57
試策便覽十六卷　(清)王統　(清)王誥纂　清同治七年(1868)刻本　四冊　存十二卷(一至九、十四至十六)

620000－1131－0000140　子/160
試律大成十卷類目一卷韻目一卷　(清)吟香室主人選輯　清光緒十五年(1889)上海秀文書局石印本　十二冊

620000－1131－0000141　子/63
釋鑑稽古略續集三卷　(明)釋大聞編　清末刻本　一冊

620000－1131－0000142　子/62
釋氏稽古略四卷　(元)釋覺岸編　清末刻本　四冊

620000－1131－0000143　經/108
書經精義彙鈔六卷　(□)□□輯　清道光二十年(1840)刻本　六冊

620000－1131－0000144　經/123
書經六卷　(宋)蔡沈集傳　清同治十年(1871)刻本　四冊

620000－1131－0000145　經/123－1
書經六卷　(宋)蔡沈集傳　清同治十年(1871)刻本　四冊

620000－1131－0000146　史/38
蜀典十二卷　(清)張澍輯　清道光十四年(1834)刻本　六冊

620000－1131－0000147　子/185
漱芳軒合纂四書體註十九卷　(宋)朱熹注　(清)范翔訂　清末刻本　八冊　存十七卷(論語一至十、孟子一至七)

620000－1131－0000148　經/13
説文解字十五卷　(漢)許慎撰　(宋)徐鉉校　清同治十年(1871)刻本　四冊

620000－1131－0000149　經/171
四書典林三十卷　(清)江永編　清光緒二十三年(1897)慎記書局石印本　三冊

620000－1131－0000150　經/171－1
四書典林三十卷　(清)江永編　清光緒二十

三年(1897)慎記書局石印本　三冊

620000－1131－0000151　經/171－2
四書典林三十卷　(清)江永編　清光緒二十三年(1897)慎記書局石印本　三冊

620000－1131－0000152　經/171－3
四書典林三十卷　(清)江永編　清光緒二十三年(1897)慎記書局石印本　二冊　存十九卷(一至十九)

620000－1131－0000153　經/171－4
四書典林三十卷　(清)江永編　清光緒二十三年(1897)慎記書局石印本　二冊　存十九卷(一至十九)

620000－1131－0000154　經/170
四書古人典林十二卷　(清)江永編　清光緒二十三年(1897)慎記書局石印本　一冊

620000－1131－0000155　經/170－1
四書古人典林十二卷　(清)江永編　清光緒二十三年(1897)慎記書局石印本　一冊

620000－1131－0000156　經/170－2
四書古人典林十二卷　(清)江永編　清光緒二十三年(1897)慎記書局石印本　一冊

620000－1131－0000157　經/170－3
四書古人典林十二卷　(清)江永編　清光緒二十三年(1897)慎記書局石印本　一冊

620000－1131－0000158　經/170－4
四書古人典林十二卷　(清)江永編　清光緒二十三年(1897)慎記書局石印本　一冊

620000－1131－0000159　類書/27
四書人物類典串珠四十卷　(清)臧志仁輯　清嘉慶四年(1799)永順堂刻本　四冊

620000－1131－0000160　經/51
四書味根錄三十九卷　(清)金澂輯　清光緒七年(1881)玉尺山房刻本　十二冊

620000－1131－0000161　經/161
四書五經義初集二卷　(□)□□輯　清光緒二十七年(1901)愛蓮堂刻本　一冊

620000－1131－0000162　經/161－1
四書五經義初集二卷　(□)□□輯　清光緒二十七年(1901)愛蓮堂刻本　一冊

620000－1131－0000163　經/161－2
四書五經義初集二卷　(□)□□輯　清光緒二十七年(1901)愛蓮堂刻本　一冊

620000－1131－0000164　集/6
松花菴全集十二種十五卷　(清)吳鎮撰　清乾隆五十五年(1790)蘭山書院刻本　十一冊　缺一種一卷(逸草一卷)

620000－1131－0000165　子/25
松石齋集七種八卷國朝畫後續集一卷　(清)唐璉撰　清咸豐六年(1856)刻本　五冊　存四種四卷(松石集序一卷、書畫瑣言一卷、松石齋印譜一卷、信手拈來下)

620000－1131－0000166　集/189
松厓詩錄二卷　(清)吳鎮撰　清乾隆五十七年(1792)蘭山書院刻本　一冊　存一卷(下)

620000－1131－0000167　集/115
宋元明詩約鈔三百首一卷　(清)朱梓　(清)冷昌言輯　清光緒李光明莊刻本　一冊

620000－1131－0000168　集/109
隨園詩話十六卷補遺十卷　(清)袁枚撰　清光緒八年(1882)刻本　二冊　存九卷(一至四、補遺六至十)

620000－1131－0000169　集/19
唐陸宣公集二十四卷　(唐)陸贄撰　(清)王汝驤校　清刻本　二冊　存七卷(九至十二、十八至二十)

620000－1131－0000170　史2
天下郡國利病書一百二十卷　(清)顧炎武輯　清光緒五年(1879)蜀南桐華書屋刻本　五十冊

620000－1131－0000171　史/37
通鑑論四卷　(宋)司馬光撰　清光緒二十七年(1901)上海千頃堂石印本　一冊

620000－1131－0000172　經/118

銅板五經備旨九十六卷　(清)鄒聖脈纂輯　清末刻本　二十二册　存八十一卷(詩經一至八,春秋一至五十,易經一至七,書經一至三、六至七,禮記一至十一)

620000－1131－0000173　子/158
萬國分類時務大成四十卷首一卷　(清)錢豐輯　清光緒二十三年(1897)石印本　十册　存二十卷(二十一至四十)

620000－1131－0000174　集/142
文選六十卷　(南朝梁)蕭統撰　(唐)李善注　清光緒二十四年(1898)上海古香閣石印本　六册

620000－1131－0000175　集/59
文選六十卷　(南朝梁)蕭統撰　(唐)李善注　(清)葉樹藩參訂　清光緒元年(1875)刻本　十二册

620000－1131－0000176　集/98
吾學錄初編二卷　(清)吳榮光撰　清光緒六年(1880)刻本　二册

620000－1131－0000177　集/98－1
吾學錄初編二卷　(清)吳榮光撰　清光緒六年(1880)刻本　二册

620000－1131－0000178　史/178
五代史七十四卷　(宋)歐陽修撰　清末大同書局刻本　五册　存三十一卷(四十四至七十四)

620000－1131－0000179　史/87
五代史校勘札記七十四卷　(清)劉光蕡撰　清光緒十七年(1891)陝甘味經刊書處刻本　四册

620000－1131－0000180　經/114
五經揭要二十五卷　(清)周蕙田輯　清刻本　五册　缺六卷(書經一至六)

620000－1131－0000181　經/153
五經文府二十卷　(□)□□輯　清光緒十五年(1889)鴻寶齋石印本　二十册

620000－1131－0000182　史/101
西游錄一卷　(元)耶律楚材撰　(元)盛如梓删略　清光緒二十一年(1895)陝西味經售書處刻本　一册

620000－1131－0000183　史/162
熙朝紀政八卷　(清)王慶雲述　清光緒二十八年(1902)石印本　四册

620000－1131－0000184　史/162－1
熙朝紀政八卷　(清)王慶雲述　清光緒二十八年(1902)石印本　四册

620000－1131－0000185　史/162－2
熙朝紀政八卷　(清)王慶雲述　清光緒二十八年(1902)石印本　四册

620000－1131－0000186　史/162－3
熙朝紀政八卷　(清)王慶雲述　清光緒二十八年(1902)石印本　三册　缺二卷(七至八)

620000－1131－0000187　史/46
咸同以來中俄交涉記三卷　(清)江標譯　清光緒二十一年(1895)味經堂售書處刻本　一册

620000－1131－0000188　史/46－1
咸同以來中俄交涉記三卷　(清)江標譯　清光緒二十一年(1895)味經堂售書處刻本　一册

620000－1131－0000189　史/46－2
咸同以來中俄交涉記三卷　(清)江標譯　清光緒二十一年(1895)味經堂售書處刻本　一册

620000－1131－0000190　集/88
象山先生文集三十六卷學則辨一卷　(宋)陸九淵撰　(清)李紱點次　清末江左書林石印本　八册

620000－1131－0000191　集/182
小倉山房尺牘十卷　(清)袁枚撰　清光緒刻本　四册　存八卷(一至二、五至十)

620000－1131－0000192　集/43
小倉山房詩集三十七卷續集二卷　(清)袁枚撰　清刻本　十册　存三十五卷(一至三十

五)

620000－1131－0000193　子/99
校邠廬抗議二卷　(清)馮桂芬撰　清光緒十七年(1891)刻本　二册

620000－1131－0000194　子/167－1
新輯尺牘合璧四卷　(清)許思湄撰　(清)婁世瑞注　(清)寄虹軒主人輯　清光緒三十一年(1905)上海書局石印本　四册

620000－1131－0000195　集/139
新選策論經義必讀不分卷　(清)□□輯　清末鉛印本　四册

620000－1131－0000196　類叢/58
新選中外時務策對二卷　(清)□□輯　清光緒二十四年(1898)石印本　二册

620000－1131－0000197　經/155
新增大題文府不分卷　(清)□□輯　清光緒石印本　六册　缺論語

620000－1131－0000198　子/91
信好錄四卷　(清)賀瑞麟輯　清光緒十六年(1890)柏經正堂刻本　三册

620000－1131－0000199　子/23
惺菴印譜一卷　(清)葉嘉穎篆　清康熙五十八年(1719)鈐印本　一册

620000－1131－0000200　子/135
修行止觀坐禪法要二卷　(隋)釋智顗撰　清光緒二十九年(1903)金陵刻經處刻本　一册

620000－1131－0000201　子/64
血證論八卷　唐宗海撰　清光緒三十四年(1908)千頃堂書局石印本　二册

620000－1131－0000202　史/26
楊忠愍公集四卷　(明)楊繼盛撰　(清)魏光燾校刊　清光緒九年(1883)甘肅藩署刻本　三册　存三卷(一至二、四)

620000－1131－0000203　經/127
易翼貫解七卷　(清)佘德楷輯　清光緒十八年(1892)刻本　四册

620000－1131－0000204　子/167
應試策論大觀正集六卷續集四卷　(清)□□輯　清光緒二十八年(1902)上海書局石印本　六册　缺一卷(續集四)

620000－1131－0000205　史/29
庸書内篇二卷外篇二卷　(清)陳熾撰　清光緒雲潭抄本　四册

620000－1131－0000206　子/126
永嘉先生八面鋒十三卷　(宋)陳傅良撰　清光緒刻本　四册

620000－1131－0000207　子/126－1
永嘉先生八面鋒十三卷　(宋)陳傅良撰　清光緒刻本　四册

620000－1131－0000208　子/126－2
永嘉先生八面鋒十三卷　(宋)陳傅良撰　清光緒刻本　四册

620000－1131－0000209　子/126－3
永嘉先生八面鋒十三卷　(宋)陳傅良撰　清光緒刻本　四册

620000－1131－0000210　集/151
有正味齋駢體文二十四卷首一卷　(清)吳錫麒撰　(清)王廣業箋　(清)葉聯芬注　清光緒十五年(1889)上海蜚英館石印本　四册

620000－1131－0000211　史/73
御批歷代通鑑輯覽一百二十卷　(清)楊述曾等纂　清光緒刻本　十六册　存四十卷(四十、四十二、五十六至六十一、六十六至七十三、七十六至七十七、九十至九十四、九十七至九十八、一百至一百三、一百十至一百二十)

620000－1131－0000212　集/180
御選唐宋詩醇四十七卷　(清)高宗弘曆選　清乾隆十五年(1750)刻本　六册　存十九卷(二十四至三十九、四十五至四十七)

620000－1131－0000213　子/119
御製曆象考成後編十卷　(清)欽天監編　清光緒二十二年(1896)上海書局石印本　十册

620000－1131－0000214　子/138
御製勸善要言一卷　(清)世祖福臨撰　清末刻本　一册

620000－1131－0000215　子/138－1
御製勸善要言一卷　(清)世祖福臨撰　清末刻本　一册

620000－1131－0000216　子/138－2
御製勸善要言一卷　(清)世祖福臨撰　清末刻本　一册

620000－1131－0000217　史 78－3－1
御撰資治通鑑綱目三編二十卷　(清)張廷玉等纂　清刻本　四册

620000－1131－0000218　史 78－1－1
御撰資治通鑑綱目三編二十卷　(清)張廷玉等纂　清末刻本　三册

620000－1131－0000219　史/78－2
御撰資治通鑑綱目三編二十卷　(清)張廷玉等纂　清乾隆十一年(1746)刻本　三册　存十五卷(一至十五)

620000－1131－0000220　史/78－1
御撰資治通鑑綱目三編二十卷末一卷　(清)張廷玉等纂　清光緒二十八年(1902)刻本　二册

620000－1131－0000221　經/90
御纂五經一百九十二卷　(清)李光地等纂　清光緒三十年(1904)上海育文書局石印本　十六册

620000－1131－0000222　集/152
袁文箋正十六卷　(清)袁枚撰　(清)石韞玉箋　清光緒十四年(1888)上海蜚英館石印本　二册

620000－1131－0000223　集/70
韞山堂時文初集一卷二集二卷三集一卷　(清)管世銘撰　清光緒十六年(1890)刻本　三册

620000－1131－0000224　史/79
增補綱鑑輯要四十卷首一卷　(明)袁黄纂　清光緒十三年(1887)玉尺山房刻本　五册　存八卷(一、十八至二十一、二十八、三十四，首一卷)

620000－1131－0000225　子/47
增補事類統編九十三卷首一卷　(清)黄葆真輯　清光緒三年(1877)群玉書屋刻本　二十册　存四十二卷(一、八至十、十五至十七、二十二至三十九、七十至七十七、八十五至九十三)

620000－1131－0000226　子/47－1
增補事類統編九十三卷首一卷　(清)黄葆真輯　清末刻本　十册　存二十一卷(十九、三十五至四十三、八十一至八十七、九十至九十三)

620000－1131－0000227　叢書/34
增訂漢魏叢書八十六種　(清)王謨輯　清光緒二十八年(1902)湖南藝文書局刻本　三十五册　存四十一種

620000－1131－0000228　集/176
增訂袁文箋正四卷　(清)袁枚撰　(清)魏大縉增訂　清末石印本　一册

620000－1131－0000229　經/168
增廣大題文初集不分卷二集不分卷　(清)□□輯　清末石印本　三册　存初集孟子、二集論語

620000－1131－0000230　經/175
增廣性理新論一卷　(清)□□撰　清光緒二十四年(1898)上海書局石印本　一册

620000－1131－0000231　史/149
戰國策三十三卷札記三卷　(漢)高誘注　(清)黄丕烈校　清光緒二十七年(1901)上海鴻寶齋石印本　五册

620000－1131－0000232　史/147
中興名臣事略八卷　朱孔彰撰　清光緒二十五年(1899)上海集成印書局鉛印本　二册

620000－1131－0000233　史/50
中亞洲俄屬游記二卷　(英國)蘭士德撰

(清)莫鎮藩譯　清光緒二十年(1894)刻本　二册

620000－1131－0000234　史/50－1
中亞洲俄屬游記二卷　(英國)蘭士德撰　(清)莫鎮藩譯　清光緒二十年(1894)刻本　二册

620000－1131－0000235　史/50－2
中亞洲俄屬游記二卷　(英國)蘭士德撰　(清)莫鎮藩譯　清光緒二十年(1894)刻本　二册

620000－1131－0000236　經/3
周官精義十二卷　(清)連斗山編　清嘉慶二十二年(1817)刻本　六册

620000－1131－0000237　經/122
周易四卷　(宋)朱熹注　清光緒十六年(1890)刻本　二册

620000－1131－0000238　經/92
周子全書四卷　(宋)周敦頤撰　清光緒十三年(1887)傳經堂刻本　一册

620000－1131－0000239　子/145
諸子平議三十五卷　(清)俞樾撰　清光緒二十一年(1895)上海鴻文書局石印本　二册

620000－1131－0000240　子/145－1
諸子平議三十五卷　(清)俞樾撰　清光緒二十一年(1895)上海鴻文書局石印本　二册

620000－1131－0000241　子/195
莊子内篇註四卷　(明)釋德清注　清光緒十四年(1888)金陵刻經處刻本　二册

620000－1131－0000242　經/40
酌雅齋四書遵註合講十九卷圖説一卷　(清)翁復編　清乾隆五十四年(1789)刻本　六册

620000－1131－0000243　史/106
資治通鑑補正二百九十四卷首一卷　(宋)司馬光編　(元)胡三省音注　(明)嚴衍補正　清光緒二十八年(1902)上海益智書局石印本　五册　存五十四卷(一至五十三、首一卷)

620000－1131－0000244　史/104
資治通鑑二百九十四卷目録三十卷　(宋)司馬光編　清光緒二十五年(1899)上海蜚英館石印本　五十册

620000－1131－0000245　史/81－1
資治通鑑綱目前編二十五卷正編五十九卷續編二十七卷末一卷　(明)陳仁錫評閲　清嘉慶八年(1803)敬書堂刻本　一百十五册　缺四卷(正編四至七)

620000－1131－0000246　史/11
資治新書初集十四卷首一卷　(清)李漁輯　(清)沈心友訂　清刻本　十二册

620000－1131－0000247　史/12
資治新書二集二十卷　(清)李漁輯　(清)沈心友訂　清刻本　十七册　存十九卷(一至十七、十九至二十)

620000－1131－0000248　史/113
資治新書十四卷首一卷　(清)李漁輯　(清)沈心友訂　清刻本　六册　存七卷(一至七)

620000－1131－0000249　史/65
左恪靖侯奏稿初編三十八卷續編七十六卷三編六卷　(清)左宗棠撰　清光緒刻本　二十六册　存五十四卷(初編一至三,續編一至二十二、二十五至三十二、三十七、四十七至四十九、五十二至五十三、五十六、六十三至七十六)

620000－1131－0000250　史/184
左文襄公書牘二十六卷　(清)左宗棠撰　清光緒十八年(1892)刻本　十五册　存十五卷(一、三至十六)

620000－1131－0000251　史/10
[乾隆]狄道州志十六卷　(清)呼延華國修　(清)吴鎮纂　清乾隆二十八年(1763)刻本　八册

620000－1131－0000252　史/8
[乾隆]皋蘭縣志二十卷　(清)吴鼎新修　(清)黄建中纂　清乾隆四十三年(1778)刻本　四册

620000－1131－0000253　史/9
[乾隆]隴西縣誌十二卷　(清)魯廷琰修　(清)田呂叶纂　清乾隆元年(1736)刻三十七年(1772)增補重印本　六冊

620000－1131－0000254　史/15
[乾隆]中衛縣志十卷　(清)黄恩錫纂修　清乾隆二十六年(1761)刻本　四冊

620000－1131－0000255　史/200
[宣統]狄道州續志十二卷首一卷　(清)聯瑛修　(清)李鏡清纂　清宣統元年(1909)刻本　八冊

620000－1131－0000256　史/177－1
[雍正]陝西通志一百卷首一卷　(清)劉於義修　(清)沈青崖纂　清雍正十三年(1735)刻本　二十一冊　存二十一卷(四至五、七至八、十、二十七、七十三、七十五、八十、八十二至八十三、九十一至一百)

甘肅省白銀市會寧縣圖書館古籍普查登記目録

全國古籍普查登記目録

國家圖書館出版社
National Library of China Publishing House

古籍普查登記目錄

甘肅省白銀市會寧縣[illegible]

全國古籍普查登記目錄

編

《甘肅省白銀市會寧縣圖書館古籍普查登記目録》

編委會

主　編：梁瑞霞

編　委：梁瑞霞　張　超

620000－1104－0000001　集 031
白沙子全集六卷首一卷　(明)陳獻章撰　(清)何九疇編　清康熙四十九年(1710)何九疇刻本　六冊

620000－1104－0000002　集 200
板橋雜記三卷　(清)余懷撰　**吳門畫舫錄一卷**　(清)西溪山人編　清光緒三十四年(1908)長沙葉氏郎園刻雙梅景闇叢書本　一冊

620000－1104－0000003　叢 076
半厂叢書十種八十四卷　(清)譚獻輯　清光緒八年至十五年(1882－1889)仁和譚氏刻本　二十冊

620000－1104－0000004　子 136
本草綱目五十二卷附圖二卷瀕湖脉學一卷脉訣攷證一卷奇經八脉攷一卷萬方鍼綫八卷　(明)李時珍撰　清順治十四年(1657)衣德堂刻本　四十八冊

620000－1104－0000005　史 127
皕宋樓藏書志一百二十卷續志四卷　(清)陸心源編　清光緒八年(1882)陸氏十萬卷樓刻潛園總集本　三十二冊

620000－1104－0000006　集 049
昌黎先生集四十卷外集十卷遺文一卷　(唐)韓愈撰　**朱子校昌黎先生集傳一卷**　(宋)朱熹撰　清同治八年(1869)江蘇書局刻本　十冊

620000－1104－0000007　集 040
昌黎先生詩集注十一卷　(唐)韓愈撰　(清)顧嗣立刪補　清道光賡德堂刻朱墨套印本　六冊

620000－1104－0000008　集 063
昌黎先生詩集注十一卷年譜一卷本傳一卷　(唐)韓愈撰　(清)顧嗣立刪補　清光緒九年(1883)廣州翰墨園刻三色套印本　四冊

620000－1104－0000009　類 241
重訂廣事類賦四十卷　(清)華希閔撰　清嘉慶六年(1801)刻本　二冊　存七卷(四至十)

620000－1104－0000010　史 227
重訂王鳳洲先生會纂綱鑑四十六卷宋元紀二十三卷　(明)王世貞撰　清光緒元年(1875)善成堂刻本　四十一冊　存六十四卷(四至十一、十四至四十六,宋元紀二十三卷)

620000－1104－0000011　集 028
重訂文選集評十五卷首一卷末一卷　(清)于光華輯　清乾隆四十三年(1778)刻本　十六冊

620000－1104－0000012　集 042
重訂文選集評十五卷首一卷末一卷　(清)于光華輯　清乾隆四十三年(1778)刻本　十四冊　缺二卷(六、十)

620000－1104－0000013　叢 162
重刊宋本十三經注疏附校勘記十三種四百一十六卷　(清)阮元校勘　清光緒十三年(1887)脈望仙館石印本　十二冊　存一百八十二卷(左傳一至六十、禮記一至四十、毛詩一至三十四、公羊一至二十八、尚書一至二十)

620000－1104－0000014　經 220
重刻四庫全書辨正通俗文字不分卷　(清)陸費墀撰　(清)王朝梧增補　清道光五年(1825)碧梧山房刻本　一冊

620000－1104－0000015　叢 138
船山遺書二百八十八卷　(清)王夫之撰　清同治四年(1865)曾國荃刻本　一百冊

620000－1104－0000016　經 236
春秋全經左傳八卷　(□)□□撰　清光緒刻本　七冊　存七卷(一至三、五至八)

620000－1104－0000017　經 043
春秋三十卷　(宋)胡安國傳　清乾隆五十五年(1790)刻本　八冊

620000－1104－0000018　經 184
春秋十六卷首一卷陸氏三傳釋文音義十六卷　(晉)杜預注　(唐)陸德明音義　清同治十年(1871)刻本　十四冊

620000－1104－0000019　經240
春秋左傳五十卷　（晉）杜預注　（唐）陸德明音義　（明）鍾惺評點　清道光二十年（1840）刻本　四册　存三十八卷（一至三十八）

620000－1104－0000020　經077
大文堂合纂四書體註十九卷　（宋）朱熹集注　（清）范翔參訂　清末刻本　六册

620000－1104－0000021　經103
大學衍義補一百六十卷首一卷　（明）丘濬撰　（明）陳仁錫評閲　清光緒二十一年（1895）桂垣書局刻本　三十二册

620000－1104－0000022　經102
大學衍義四十三卷　（宋）真德秀撰　清光緒二十年（1894）桂垣書局刻本　七册

620000－1104－0000023　史122
讀史方輿紀要十卷附歷代州域形勢九卷　（清）顧祖禹撰　清光緒二十八年（1902）湖南書局刻本　十册　存十七卷（讀史方輿紀要十卷、歷代州域形勢三至九）

620000－1104－0000024　類041
讀書紀數略五十四卷　（清）宫夢仁纂　清康熙四十六年（1707）宫夢仁刻本　十六册

620000－1104－0000025　集047
杜工部集二十卷首一卷　（唐）杜甫撰　（明）王世貞等評　清光緒二年（1876）粤東翰墨園六色套印本　八册

620000－1104－0000026　集150
杜工部集二十卷首一卷　（唐）杜甫撰　（明）王世貞等評　清光緒二年（1876）粤東翰墨園六色套印本　十册

620000－1104－0000027　類189
杜韓詩句集韻三卷　（清）汪文柏輯　清康熙四十六年（1707）古香樓刻光緒八年（1882）來青閣修補印本　四册

620000－1104－0000028　集130
二曲集二十六卷　（清）李顒撰　清道光八年（1828）雲蔭堂刻本　七册

620000－1104－0000029　集118
二曲全集二十六卷　（清）李顒撰　清光緒二十六年（1900）湘陰小嫏嬛山館刻本　七册

620000－1104－0000030　叢215
二十四史三千二百四十九卷　（□）□□輯　清同治至光緒五省官書局刻本　五百四十六册

620000－1104－0000031　集211
樊川詩集四卷　（唐）杜牧撰　（清）馮集梧注　清光緒十六年（1890）湘南書局刻本　二册

620000－1104－0000032　集238
分韻青雲詩集四卷　（清）楊逢春輯　清道光十一年（1831）宏道堂朱墨套印本　二册

620000－1104－0000033　集219
馮少墟集二十二卷續集五卷　（明）馮從吾撰　清康熙十二年（1673）刻光緒二十二年（1896）補刻本　十八册

620000－1104－0000034　史120
綱鑑擇語十卷　（清）司徒修輯　清同治八年（1869）刻本　四册　存八卷（一至二、五至十）

620000－1104－0000035　集071
高子遺書十二卷附録一卷年譜一卷　（明）高攀龍撰　清晚期刻本　八册

620000－1104－0000036　集179
古唐詩合解十二卷　（清）王堯衢注　清光緒刻本　六册

620000－1104－0000037　集192
古唐詩合解十二卷　（清）王堯衢注　清嘉慶二十五年（1820）崇順堂刻本　四册　存十卷（一至六、九至十二）

620000－1104－0000038　集173
古文詞略讀本二十四卷　（清）梅曾亮輯　清光緒三十一年（1905）鉛印本　一册　存四卷（一至四）

620000－1104－0000039　集055
古文辭類纂七十五卷　（清）姚鼐纂　清光緒

二十七年(1901)李氏求要堂刻本　十二册

620000－1104－0000040　集214
古文喈鳳新編八卷　(清)汪基輯　清光緒刻本　六册　存六卷(二至三、五至八)

620000－1104－0000041　集216
古文喈鳳新編八卷　(清)汪基輯　清雍正十一年(1733)刻本　四册

620000－1104－0000042　集213
古文析義六卷　(清)林雲銘評注　清末刻本　六册

620000－1104－0000043　集198
古文析義十六卷　(清)林雲銘評注　清乾隆四十三年(1778)積秀堂刻本　七册

620000－1104－0000044　集206
古文雅正十四卷　(清)蔡世遠輯　清嘉慶九年(1804)刻本　三册　存十一卷(一至七、十一至十四)

620000－1104－0000045　集177
古文淵鑑六十四卷　(清)徐乾學輯注　清宣統二年(1910)學部圖書局石印本　二十一册　存五十七卷(一至三十一、三十三至五十八)

620000－1104－0000046　集156
觀劇絶句三卷　(清)金德瑛撰　清光緒三十年(1904)葉氏觀古堂刻本　一册

620000－1104－0000047　子044
管子二十四卷　(唐)房玄齡注　(明)劉績增注　(明)沈鼎新　(明)朱養純參評　(明)朱長春通演　(明)朱養和輯訂　清嘉慶九年(1804)聚文堂刻本　七册

620000－1104－0000048　史222
國朝滿洲蒙古御史題名不分卷　(清)蘇芳阿撰　清光緒刻本　一册

620000－1104－0000049　史221
國朝御史題名不分卷　(清)黄叔璥輯　清道光十七年(1837)刻本　一册

620000－1104－0000050　史223
國朝御史題名不分卷　(清)黄叔璥輯　清光緒刻本　一册

620000－1104－0000051　子110
韓非子二十卷　(清)張之純評注　清嘉慶九年(1804)王氏聚文堂刻本　四册

620000－1104－0000052　集049
韓集點勘四卷　(清)陳景雲撰　清同治九年(1870)江蘇書局刻本　一册

620000－1104－0000053　經205
韓詩外傳十卷　(漢)韓嬰撰　清光緒三年(1877)湖北崇文書局刻本　二册

620000－1104－0000054　集163
韓文起十二卷　(唐)韓愈撰　(清)林雲銘評注　清康熙三十二年(1693)刻本　十二册

620000－1104－0000055　史096
漢書一百卷　(漢)班固撰　清光緒九年(1883)上海點石齋石印本　六册

620000－1104－0000056　子073
鶡冠子三卷　(宋)陸佃注　(明)王宇評　(明)朱養純考訂　清嘉慶九年(1804)王氏聚文堂刻本　一册

620000－1104－0000057　集149
洪北江全集二十三種二百二十三卷　(清)洪亮吉撰　清光緒三年至五年(1877－1879)授經堂刻本　八十四册

620000－1104－0000058　史097
後漢書一百二十卷　(南朝宋)范曄等撰　(唐)李賢等注　清光緒九年(1883)上海點石齋石印本　四册

620000－1104－0000059　集087
胡文忠公集十卷首一卷　(清)胡林翼撰　(清)閻敬銘輯　清同治九年(1870)京都富華閣刻本　八册

620000－1104－0000060　子025
畫禪室隨筆四卷　(明)董其昌撰　(清)楊補編次　清康熙五十九年(1720)刻本　四册

620000－1104－0000061　子074

淮南子二十一卷 （漢）高誘注 （清）莊逵吉校 清嘉慶九年(1804)王氏聚文堂刻本 六冊

620000－1104－0000062 集083
皇朝經世文編五集三十二卷 （清）求是齋主人輯 清光緒二十八年(1902)宜今室石印本 十一冊

620000－1104－0000063 集233
皇朝經世文編一百二十卷 （清）賀長齡輯 清光緒十二年(1886)上海寶善書局石印本 一冊 存十一卷(一至十一)

620000－1104－0000064 集080
皇朝經世文編一百二十卷 （清）賀長齡輯 清光緒十二年(1886)上海書局鉛印本 二十三冊 存一百十七卷(四至一百二十)

620000－1104－0000065 集081
皇朝經世文三編八十卷 （清）陳忠倚輯 清光緒二十八年(1902)天章書局石印本 十六冊

620000－1104－0000066 集082
皇朝經世文四編五十二卷 （清）何良棟輯 清光緒二十八年(1902)上海書局石印本 十二冊

620000－1104－0000067 集079
皇朝經世文續編一百二十卷 （清）葛士濬輯 清光緒十四年(1888)圖書集成局鉛印本 二十四冊

620000－1104－0000068 經058
皇極經世書傳八卷 （明）黃畿撰 清道光刻民國六年(1917)純淵堂補刻本 八冊

620000－1104－0000069 經109
皇極經世緒言九卷首二卷 （宋）邵雍撰 （明）黃粵洲注 清嘉慶四年(1799)刻本 十冊

620000－1104－0000070 經067
皇極經世易知八卷 （清）何夢瑤輯釋 清光緒十三年(1887)校經山房刻本 八冊

620000－1104－0000071 集029
黃詩全集五十八卷 （宋）黃庭堅撰 清刻本 二十三冊 存五十二卷(年譜七至十四、內集注一至二十、外集注一至十七、別集注一至二、外集補一至四、別集補一)

620000－1104－0000072 經183
監本書經六卷 （宋）蔡沈集傳 清咸豐七年(1857)稻香齋刻本 四冊

620000－1104－0000073 經115
今文尚書攷證三十卷 （清）皮錫瑞撰 清光緒二十三年(1897)善化皮氏刻師伏堂叢書本 四冊 存二十一卷(一至二十一)

620000－1104－0000074 子217
金剛經彙纂不分卷心經彙纂不分卷 （清）孫念劬纂 清道光二十六年(1846)徐澤醇刻本 二冊

620000－1104－0000075 集230
經史百家雜鈔二十六卷 （清）曾國藩纂 清光緒刻本 十冊 存十卷(十六至二十一、二十三至二十六)

620000－1104－0000076 集008
空同子集六十六卷目錄三卷附錄二卷 （明）李夢陽撰 明萬曆三十年(1602)鄧雲霄刻本 二十四冊

620000－1104－0000077 經144
來瞿唐先生易註十五卷首一卷末一卷 （明）來知德撰 清末刻本 十冊

620000－1104－0000078 集125
蘭山課業風騷補編不分卷 （清）吳鎮輯 清乾隆五十七年(1792)刻本 二冊

620000－1104－0000079 集245
蘭山課業風騷補編不分卷 （清）吳鎮輯 清乾隆五十七年(1792)刻本 二冊

620000－1104－0000080 集203
蘭山課業詩賦約編不分卷 （清）盛元珍輯注 清乾隆刻本 六冊

620000－1104－0000081 集232

蘭山課業松厓詩錄二卷　(清)吳鎮撰　清乾隆五十七年(1792)刻本　二册

620000－1104－0000082　集202
蘭山課業松厓詩錄二卷　(清)吳鎮撰　清乾隆五十七年(1792)刻本　二册

620000－1104－0000083　集128
樂善堂全集定本三十卷目錄一卷　(清)高宗弘曆撰　清乾隆二十三年(1758)刻本　十八册

620000－1104－0000084　集045
李義山詩集三卷　(唐)李商隱撰　(清)朱鶴齡注　(清)何焯　(清)朱彝尊　(清)紀昀評述　清同治九年(1870)廣州倅署三色套印本　四册

620000－1104－0000085　集046
李義山詩集三卷　(唐)李商隱撰　(清)朱鶴齡注　(清)何焯　(清)朱彝尊　(清)紀昀評述　清同治九年(1870)廣州倅署三色套印本　四册

620000－1104－0000086　經160
禮記十卷　(元)陳澔集說　清同治十年(1871)刻本　十册

620000－1104－0000087　集193
歷朝二十五家詩錄三十七卷首一卷　(清)鄒湘倜輯　清光緒元年(1875)鄒氏得頤堂刻本　十一册　缺二十三卷(二至三、六至七、十至十一、十六、二十二至三十七)

620000－1104－0000088　史050
歷代名臣言行錄二十四卷　(清)朱桓輯　清嘉慶二年(1797)刻本　二十八册

620000－1104－0000089　集210
六朝四家全集十七卷採輯歷朝詩話一卷辨訛攷異四卷　(清)胡鳳丹輯　清同治九年(1870)胡氏退補齋刻本　六册　存十八卷(六朝四家全集十七卷、採輯歷朝詩話一卷)

620000－1104－0000090　集099
龍川文集三十卷附錄二卷辨譌考異二卷　(宋)陳亮撰　清光緒元年(1875)湖北崇文書局刻本　十册

620000－1104－0000091　集062
廬陵宋丞相信國公文忠烈先生全集十六卷　(宋)文天祥撰　(清)文有煥輯　清雍正三年(1725)刻本　十二册

620000－1104－0000092　集104
陸象山先生文集三十六卷　(宋)陸九淵撰
少湖徐先生學則辯一卷　(明)徐階撰　清道光三年(1823)金谿槐堂書屋刻本　十二册

620000－1104－0000093　經168
毛詩傳箋通釋三十二卷　(清)馬瑞辰撰　清光緒十四年(1888)廣雅書局刻本　十二册

620000－1104－0000094　叢218
梅氏叢書輯要二十三種六十二卷首一卷　(清)梅文鼎撰　清光緒石印本　六册

620000－1104－0000095　經092
孟子要略五卷　(宋)朱熹撰　(清)曾國藩評　清同治十三年(1874)傳忠書局刻本　一册

620000－1104－0000096　集151
明大司馬盧公集十二卷首一卷　(明)盧象昇撰　清光緒元年(1875)刻本　八册

620000－1104－0000097　子231
墨子十六卷　(清)畢沅校注　清光緒刻本　一册　存五卷(四至八)

620000－1104－0000098　集201
木皮散人鼓詞一卷　(清)賈鳧西撰　**乾嘉詩壇點將錄一卷**　(清)舒位撰　清光緒三十三年(1907)長沙葉氏郎園刻雙楳景闇叢書本　一册

620000－1104－0000099　子224
南華真經評注五卷　(晉)郭象注　(晉)向秀注　清康熙刻本　五册

620000－1104－0000100　子239
甌鉢羅室書畫過目攷四卷　(清)李玉棻輯　清光緒刻本　一册　存一卷(二)

620000－1104－0000101　集003

歐陽文忠公全集一百五十三卷附録五卷（宋）歐陽修撰　明刻本　十八册

620000－1104－0000102　集093
彭城集四十卷（宋）劉攽撰　清同治刻本　八册

620000－1104－0000103　叢152
皮氏經學叢書九種二十四卷（清）皮錫瑞撰　清光緒二十二年至三十四年（1896－1908）思賢書局刻本　十四册　存八種二十一卷（經學通論五卷、經學歷史一卷、古文尚書冤詞平議二卷、尚書中侯疏證一卷、王制箋一卷、鄭志疏證八卷、聖證論補評二卷、六藝論疏證一卷）

620000－1104－0000104　史107
平定關隴紀略十三卷（清）易孔昭撰　清光緒十三年（1887）刻本　十三册

620000－1104－0000105　集134
曝書亭集八十卷附録一卷（清）朱彝尊撰　清光緒十五年（1889）寒梅館刻本　二十四册

620000－1104－0000106　經011
欽定春秋傳説彙纂三十八卷首二卷（清）王掞等纂　清康熙刻本　十六册

620000－1104－0000107　經012
欽定春秋傳説彙纂三十八卷首二卷（清）王掞等纂　清康熙刻本　二十二册　存三十六卷（一至九、十一至三十五，首二卷）

620000－1104－0000108　史169
欽定春秋左傳讀本三十卷（清）英和撰　清光緒八年（1882）山西濬文書局刻本　十六册

620000－1104－0000109　史143
欽定明鑑二十四卷首一卷（清）托津等纂修　清同治九年（1870）湖北崇文書局刻本　十册

620000－1104－0000110　經016
欽定詩經傳説彙纂二十一卷首二卷詩序二卷（清）王鴻緒等纂　清光緒刻本　八册　存十三卷（八至十一、十四至二十，詩序二卷）

620000－1104－0000111　經013
欽定詩經傳説彙纂二十一卷首二卷詩序二卷（清）王鴻緒等纂　清雍正刻本　十二册　缺六卷（四至九）

620000－1104－0000112　經014
欽定詩經傳説彙纂二十一卷首二卷詩序二卷（清）王鴻緒等纂　清雍正刻本　二十三册　缺一卷（四）

620000－1104－0000113　經015
欽定詩經傳説彙纂二十一卷首二卷詩序二卷（清）王鴻緒等纂　清雍正刻本　十九册　存十九卷（一至二、五至十一、十三至十五、十八至二十一，首下，詩序二卷）

620000－1104－0000114　經017
欽定書經傳説彙纂二十一卷首二卷書序一卷（清）王頊齡等纂　清雍正刻本　十二册

620000－1104－0000115　經018
欽定書經傳説彙纂二十一卷首二卷書序一卷（清）王頊齡等纂　清雍正刻本　二十三册　缺一卷（七）

620000－1104－0000116　子157
琴學入門二卷（清）張鶴輯　清同治六年（1867）刻本　二册

620000－1104－0000117　集026
清寧合撰二卷（清）仁宗顒琰撰　清嘉慶刻本　二册

620000－1104－0000118　史228
日本國志四十卷首一卷（清）黄遵憲撰　清光緒刻本　一册　存二卷（十一至十二）

620000－1104－0000119　經075
日講四書解義二十六卷（清）喇沙里撰（清）陳廷敬撰　清光緒十八年（1892）刻本　十二册

620000－1104－0000120　集091
容齋隨筆十六卷續筆十六卷三筆十六卷四筆十六卷五筆十卷（宋）洪邁撰　清光緒二十年（1894）皖南洪氏刻本　十六册

620000－1104－0000121　叢 105

榕園全集五種三十卷　（清）李彥章撰　清道光刻本　十八册　存三種二十八卷（文鈔一至六、詩鈔一至十六、官書一至六）

620000－1104－0000122　集 190

儒興堂唐詩合解十二卷　（清）王堯衢注　清光緒元年（1875）刻本　五册

620000－1104－0000123　集 191

儒興堂唐詩合解十二卷　（清）王堯衢注　清末刻本　一册　存四卷（一至四）

620000－1104－0000124　史 119

三國志六十五卷　（晉）陳壽撰　（南朝宋）裴松之注　清光緒十三年（1887）江南書局刻本　八册

620000－1104－0000125　叢 072

三蘇全集四種二百五卷　（宋）蘇洵等撰　（清）弓翊清校　清道光十二年（1832）眉州三蘇祠刻本　七十二册　缺二十六卷（欒城集二十五至四十八，東坡全集二十一、東坡年譜一卷）

620000－1104－0000126　集 126

三唐人文集三種三十七卷　（清）馮焌光輯　清光緒元年至二年（1875－1876）南海馮氏讀有用書齋刻本　六册

620000－1104－0000127　叢 124

山谷詩集注二十卷外集詩註十七卷別集詩註二卷　（宋）黄庭堅撰　（宋）任淵注　（宋）史容注　（宋）史季溫注　清光緒二十一年至二十五年（1895－1899）刻本　二十册

620000－1104－0000128　叢 059

邵子全書二十四卷　（宋）邵雍撰　清光緒抄本　十四册

620000－1104－0000129　集 064

沈余遺書八卷　（清）趙舒翹輯　清光緒二十二年（1896）江蘇書局刻本　四册

620000－1104－0000130　經 226

慎詒堂四書十九卷　（宋）朱熹集注　清光緒十三年（1887）裕和堂刻本　一册　存二卷（大學一、中庸一）

620000－1104－0000131　經 159

詩經八卷　（宋）朱熹集傳　清同治十年（1871）刻本　四册

620000－1104－0000132　經 186

詩經不分卷　（清）吳汝綸評點　清光緒十二年（1886）都門印書局鉛印本　二册

620000－1104－0000133　經 180

詩經體註圖考大全八卷　（清）高朝瓔撰　清同治十二年（1873）刻本　四册

620000－1104－0000134　史 108

十六國春秋一百卷　（北魏）崔鴻撰　（清）汪日桂重訂　清光緒十二年（1886）湖北官書處刻本　十二册

620000－1104－0000135　史 185

實政錄七卷　（明）呂坤撰　清道光七年（1827）開封府署刻本　六册

620000－1104－0000136　經 065

釋名疏證補八卷續釋名一卷釋名補遺一卷疏證補坿一卷　（漢）劉熙撰　王先謙校　清光緒二十二年（1896）王先謙刻本　三册

620000－1104－0000137　經 048

書經集傳音釋六卷書圖一卷書序一卷說書綱領一卷　（宋）蔡沈集傳　（元）鄒季友音釋　清光緒十五年（1889）江南書局刻本　六册

620000－1104－0000138　經 129

書經體註大全合參六卷　（宋）蔡沈集傳　（清）范翔鑒定　清光緒二十年（1894）刻本　四册

620000－1104－0000139　經 246

漱芳軒合纂禮記體註四卷　（清）范翔鑒定　清末刻本　二册　存二卷（三至四）

620000－1104－0000140　叢 061

說鈴前集三十八種四十七卷後集十七種二十六卷續集七種十卷　（清）吳震方輯　清刻本　十六册　存三十五種四十二卷

620000－1104－0000141　經178

說文通訓定聲十八卷柬韻一卷說雅十九篇古今韻準一卷行述一卷　（清）朱駿聲撰　（清）朱鏡蓉參訂　清道光二十九年（1849）黟縣學會刻同治九年（1870）補刻本　二十四冊

620000－1104－0000142　子033

說苑二十卷　（漢）劉向撰　清乾隆刻本　八冊

620000－1104－0000143　類165

四書典制類聯音註三十三卷　（清）閻其淵輯　清嘉慶五年（1800）刻本　十一冊　存三十一卷（一至三、六至三十三）

620000－1104－0000144　經098

四書集註十九卷　（宋）朱熹集注　清末石印本　六冊

620000－1104－0000145　類166

四書人物類典串珠四十卷首一卷　（清）臧志仁輯　清嘉慶十八年（1813）刻本　十一冊　存三十九卷（三至四十、首一卷）

620000－1104－0000146　經114

四書註解一百七十二卷　（清）左欽敏輯　清光緒二十九年至民國四年（1903－1915）尚志齋刻本　二十冊

620000－1104－0000147　叢195

松花菴全集十二卷　（清）吳鎮撰　（清）楊芳燦輯　清宣統二年（1910）刻本　一冊　存三卷（二至四）

620000－1104－0000148　集005

宋李忠定公奏議選十五卷文集選二十九卷首四卷　（宋）李綱撰　（明）李春熙輯　明崇禎十二年（1639）左光先刻本　十六冊

620000－1104－0000149　集139

蘇文忠公詩編註集成一百三卷　（清）王文誥輯　清光緒十四年（1888）浙江書局刻本　十冊　存五十八卷（集成一至四十五、弁言一、姓氏考一、御評一、雜綴一、識餘一至四、詩圖一、墓志一、本傳一、真像一、詩目一）

620000－1104－0000150　集123

蘇文忠公詩集五十卷目錄二卷　（宋）蘇軾撰　（清）紀昀評　清同治八年（1869）韞玉山房朱墨套印本　十二冊

620000－1104－0000151　類137

太平御覽一千卷　（宋）李昉等纂　清光緒十八年（1892）南海李氏刻本　九十六冊

620000－1104－0000152　集101

湯子遺書四卷首一卷　（清）湯斌撰　清光緒五年（1879）鉛印本　八冊

620000－1104－0000153　類242

唐類函二百卷目錄二卷　（明）俞安期纂　明萬曆刻本　一冊　存三卷（一百四十二至一百四十四）

620000－1104－0000154　集022

唐陸宣公集二十二卷　（唐）陸贄撰　清雍正刻本　十二冊

620000－1104－0000155　集188

唐詩三百首註疏四卷　（清）孫洙編　（清）章燮注　清道光二十六年（1846）刻本　四冊

620000－1104－0000156　集199

唐宋八大家文讀本三十卷　（清）沈德潛評　清乾隆十五年（1750）刻本　五冊　存十三卷（一至五、十至十一、十八至二十、二十三至二十五）

620000－1104－0000157　史153

匋齋藏石記四十四卷首一卷藏磚記二卷　（清）端方撰　清宣統元年（1909）上海商務印書館石印本　十二冊

620000－1104－0000158　叢155

陶廬叢刻初集二十一種一百四十三卷二集九種三十一卷　王樹枏撰　清光緒至民國新城王氏刻本　五十七冊　存二十一種一百二十九卷

620000－1104－0000159　史131

陶齋吉金錄八卷　（清）端方輯　清光緒三十四年（1908）石印本　八冊

620000－1104－0000160　史132
陶齋吉金續錄二卷　(清)端方輯　清宣統元年(1909)石印本　二册

620000－1104－0000161　子007
天文祥異賦占不分卷　(□)□□撰　清乾隆抄本　十四册

620000－1104－0000162　子006
天元玉歷祥異賦不分卷　(明)仁宗朱高熾撰　清乾隆抄本　八册

620000－1104－0000163　子034
鐵網珊瑚二十卷　(明)都穆撰　清乾隆刻本　六册

620000－1104－0000164　史001
通志二百卷　(宋)鄭樵撰　元大德三山郡庠刻本　四册　存六卷(一百二十九、一百三十九至一百四十一、一百六十二至一百六十三)

620000－1104－0000165　經237
銅板四書旁訓貫解十九卷　(清)朱良玉纂　清刻本　六册

620000－1104－0000166　集024
王杰文集選鈔一卷　(清)王杰撰　清乾隆抄本　一册

620000－1104－0000167　集148
王臨川全集一百卷目錄二卷　(宋)王安石撰　清光緒九年(1883)刻本　十六册

620000－1104－0000168　集100
王文成公全書三十八卷　(明)王守仁撰　(明)徐愛編　清光緒刻本　二十四册

620000－1104－0000169　叢032
王漁洋遺書三十八種二百七十三卷　(清)王士禛撰　清刻本　四十二册　存三十一種一百五十一卷

620000－1104－0000170　集194
望溪先生文集十八卷集外文十卷集外文補遺二卷年譜一卷　(清)方苞撰　(清)戴鈞衡輯　清咸豐元年(1851)刻本　十四册　存十五卷(文集十五至十八、集外文十卷、年譜一卷)

620000－1104－0000171　集094
文選六十卷　(南朝梁)蕭統輯　(唐)李善注　清光緒十一年(1885)上海同文書局石印本　十册

620000－1104－0000172　集053
文選六十卷　(南朝梁)蕭統輯　(唐)李善注　清刻本　八册　存八卷(十五、十九、二十三、二十七、三十、三十三、三十七、四十一)

620000－1104－0000173　集021
文選六十卷　(南朝梁)蕭統輯　(唐)李善注　(清)葉樹藩參訂　清乾隆三十七年(1772)葉氏海錄軒刻朱墨套印本　十六册

620000－1104－0000174　集142
文選六十卷考異十卷　(南朝梁)蕭統輯　(唐)李善注　(清)胡克家考異　清同治八年(1869)湖北崇文書局刻本　二十四册

620000－1104－0000175　集004
文苑英華一千卷　(宋)李昉　(宋)宋白　(宋)徐鉉輯　明隆慶元年(1567)胡維新戚繼光刻本　六册　存五十一卷(六百二十至六百四十四、六百七十至六百七十六、七百二十至七百二十八、九百至九百九)

620000－1104－0000176　叢135
西堂全集一百二十八卷附一種六卷　(清)尤侗撰　清康熙刻本　二十册　存五十七卷(雜著一至二十四、詩集一至三十三)

620000－1104－0000177　集117
惜抱軒今體詩選十八卷　(清)姚鼐選　清同治五年(1866)金陵書局刻本　二册

620000－1104－0000178　子171
習苦齋畫絮十卷　(清)戴熙撰　(清)惠年輯　清光緒十九年(1893)刻本　四册

620000－1104－0000179　集068
夏峯先生集十四卷　(清)孫奇逢撰　清道光大梁書院刻本　十六册

620000－1104－0000180　經070
湘薌漫錄不分卷　(清)查彬撰　清道光十九

年(1839)吳氏有懷堂刻本　五册

620000－1104－0000181　子145
象數論六卷　(清)黄宗羲撰　清光緒廣雅書局刻本　四册

620000－1104－0000182　經209
小學考五十卷　(清)謝啟昆撰　清光緒十五年(1889)石印本　六册

620000－1104－0000183　叢060
謝疊山先生評註四種合刻十五卷　(宋)謝枋得撰　清光緒八年(1882)京都豫章別業刻本　四册

620000－1104－0000184　經084
新訂春秋左傳折衷八卷　(清)王之槐編　清同治刻本　八册

620000－1104－0000185　集066
新刊權載之文集五十卷年譜一卷　(唐)權德輿撰　清嘉慶刻本　八册

620000－1104－0000186　史235
新刊趙田了凡袁先生編纂古本歷史大方綱鑑補三十九卷　(明)袁黄撰　清光緒刻本　四册　存五卷(九、二十二、三十、三十八至三十九)

620000－1104－0000187　經164
新刻來瞿唐先生易註十五卷　(明)來知德撰　清末刻本　九册

620000－1104－0000188　經078
新刻批點四書讀本十九卷　(宋)朱熹集注　清道光七年(1827)愷元堂朱墨套印本　六册

620000－1104－0000189　集056
續古文辭類纂二十八卷　(清)黎庶昌纂　清光緒二十一年(1895)金陵狀元閣刻本　十二册

620000－1104－0000190　史176
續資治通鑑二百二十卷　(清)畢沅撰　清乾隆鎮洋畢氏刻嘉慶六年(1801)馮集梧續刻同治六年(1867)補刻同治八年(1869)江蘇書局修補本　六十册

620000－1104－0000191　類002
學海君道部□□卷目錄□□卷　(明)饒伸輯　明萬曆刻本　四册　存十二卷(二十一至二十九、四十三至四十五)

620000－1104－0000192　子111
荀子二十卷　(唐)楊倞注　王先謙集解　清光緒十七年(1891)刻本　六册

620000－1104－0000193　史172
燕蘭小譜五卷　(清)吳長元撰　**海鷗小譜一卷**　(清)趙執信撰　清宣統三年(1911)長沙葉氏郎園刻雙楳景闇樓叢書本　一册

620000－1104－0000194　集023
楊龜山先生集四十二卷首一卷末一卷　(宋)楊時撰　清康熙四十六年(1707)楊氏刻本(原缺末一卷)　十二册

620000－1104－0000195　經036
易經辨疑七卷　(清)張問達輯　清康熙刻本　十二册

620000－1104－0000196　經019
易經揆一十四卷易學啟蒙補二卷　(清)梁錫璵撰　清乾隆十六年(1751)刻本　十册

620000－1104－0000197　經113
易占經緯四卷附錄一卷　(明)韓邦奇撰　清中晚期刻本　四册

620000－1104－0000198　叢121
有正味齋全集四種五十三卷　(清)吳錫麒撰　清嘉慶十三年(1808)刻本　十五册　缺四卷(詩集十三至十六)

620000－1104－0000199　集116
漁洋山人古詩選三十二卷　(清)王士禛撰　清同治五年(1866)金陵書局刻本　八册

620000－1104－0000200　史197
御批歷代通鑑輯覽一百二十卷　(清)楊述曾等纂修　清光緒二十七年(1901)慎記書莊石印本　十册

620000－1104－0000201　史212
御批歷代通鑑輯覽一百二十卷　(清)楊述曾

等纂修　清光緒二十五年(1899)新化陳氏三味堂刻本　二十八册　存五十六卷(五至八、十至十三、二十三至二十六、三十三至三十四、三十九至四十八、五十三至五十六、五十九至六十、六十七至七十四、七十九至八十二、八十五至八十六、八十九至九十四、一百一至一百二、一百五至一百六、一百九至一百十)

620000－1104－0000202　史229
御批通鑑輯覽一百二十卷　(清)楊述曾等纂修　清光緒石印本　七册　存四十三卷(十五至二十一、五十三至五十七、六十三至六十八、七十四至八十四、一百一至一百六、一百十三至一百二十)

620000－1104－0000203　經009
御纂周易折中二十二卷首一卷　(清)李光地編　清康熙刻本　十二册

620000－1104－0000204　經010
御纂周易折中二十二卷首一卷　(清)李光地編　清康熙刻本　十册

620000－1104－0000205　叢020
淵鑒齋御纂朱子全書六十六卷　(宋)朱熹撰　(清)李光地編輯　清末刻本　三十二册

620000－1104－0000206　集057
元豐類稿五十卷　(宋)曾鞏撰　清光緒十六年(1890)慈利漁浦書院刻本　十册

620000－1104－0000207　集170
元遺山先生集四十卷附錄一卷　(金)元好問撰　清光緒七年(1881)讀書山房刻元遺山先生全集本　十七册

620000－1104－0000208　集247
惲遜庵先生遺集一卷　(清)惲日初撰　(清)惲珠錄　清道光八年(1828)雲蔭堂刻本　一册

620000－1104－0000209　史147
曾文正公年譜十二卷　(清)黎庶昌編　(清)李瀚章審定　清光緒二年(1876)傳忠書局刻本　六册

620000－1104－0000210　叢092
曾文正公全集十三種一百五十六卷首一卷
(清)曾國藩撰　(清)李瀚章輯　清同治至光緒傳忠書局刻本　一百二十七册

620000－1104－0000211　經181
增補春秋左傳易讀六卷　(清)司徒修輯　清咸豐六年(1856)刻本　六册

620000－1104－0000212　經182
增補左傳易讀六卷　(清)司徒修輯　清咸豐六年(1856)刻本　六册

620000－1104－0000213　叢141
增訂漢魏叢書八十六種四百五十三卷　(清)王謨輯　清光緒二年(1876)紅杏山房刻民國四年(1915)盧樹枏修補本　八十册

620000－1104－0000214　史208
增廣尚友錄統編二十二卷　(清)應祖錫編輯　清光緒二十八年(1902)鴻寶齋石印本　十二册

620000－1104－0000215　史030
戰國策十卷　(漢)劉向編　(宋)鮑彪校注　(元)吳師道重校　清乾隆二十七年(1762)文盛堂刻本　七册

620000－1104－0000216　史207
戰國策十卷　(漢)劉向編　(宋)鮑彪校注　(元)吳師道重校　清乾隆刻本　五册　存六卷(一至三、五至七)

620000－1104－0000217　叢106
張氏叢書二十一種三十一卷　(清)張澍輯　清道光元年(1821)張氏二酉堂刻本　十册

620000－1104－0000218　集051
張太岳文集四十七卷　(明)張居正撰　清末刻本　十六册

620000－1104－0000219　集085
張燕公集二十五卷年譜一卷　(唐)張説撰　(宋)王宗稷編譜　清末刻本　五册

620000－1104－0000220　集196
震川先生集三十卷別集十卷　(明)歸有光撰

清康熙十四年(1675)刻本　七册　存三十一卷(九至三十、別集二至十)

620000-1104-0000221　叢158
正誼堂全書六十三種四百八十卷續刻五種四十六卷　(清)張伯行輯　(清)楊浚重輯　清同治五年(1866)正誼書院刻八年至九年(1869-1870)續刻本　一百六十册　存六十六種四百八十六卷

620000-1104-0000222　史204
周書十卷周書逸文一卷　(清)朱右曾校釋　清光緒三年(1877)湖北崇文書局刻本　二册

620000-1104-0000223　經037
周易本義通釋十卷輯錄雲峰文集易義一卷　(元)胡炳文撰　清康熙十九年(1680)通志堂刻通志堂經解叢書本　四册

620000-1104-0000224　經038
周易參義十二卷　(明)梁寅撰　清康熙十九年(1680)通志堂刻通志堂經解叢書本　四册

620000-1104-0000225　經086
周易人事疏證八卷　(清)章世臣輯　清宣統二年(1910)同文書館鉛印本　十二册

620000-1104-0000226　經146
周易詳說十八卷　(清)劉紹攽撰　清同治十二年(1873)刻本　八册

620000-1104-0000227　集243
朱文公校昌黎先生文集四十卷外集十卷集傳一卷遺文一卷　(唐)韓愈撰　(宋)朱熹考異　明萬曆三十三年(1605)刻本　十六册

620000-1104-0000228　史154
竹葉亭雜記八卷　(清)姚元之撰　清光緒十九年(1893)刻本　二册

620000-1104-0000229　子112
莊子集解八卷　王先謙集解　清宣統元年(1909)思賢書局刻本　六册

620000-1104-0000230　子027
莊子選鈔不分卷　(清)□□抄　清抄本　二册

620000-1104-0000231　子225
莊子因六卷　(清)林雲銘撰　清光緒白雲精舍刻本　一册　存二卷(五至六)

620000-1104-0000232　子187
莊子因六卷　(清)林雲銘撰　清刻本　六册

620000-1104-0000233　史174
資治通鑑二百九十四卷附釋文辯誤十二卷　(宋)司馬光撰　(元)胡三省音注　清嘉慶二十一年(1816)胡克家刻同治八年(1869)江蘇書局修補重印本　一百册

620000-1104-0000234　史175
資治通鑑二百九十四卷附釋文辯誤十二卷　(宋)司馬光撰　(元)胡三省音注　清嘉慶二十一年(1816)胡克家刻同治八年(1869)江蘇書局修補重印本　一百册

620000-1104-0000235　史035
資治通鑑綱目發明五十九卷　(宋)尹起莘撰　清雍正八年至十年(1730-1732)刻本　六册

620000-1104-0000236　類052
子史精華一百六十卷　(清)允祿等纂修　清雍正刻本　三十六册

620000-1104-0000237　叢140
子書百家一百一種五百八卷　(清)崇文書局輯　清光緒元年(1875)崇文書局刻本　一百八册

620000-1104-0000238　經039
左繡三十卷首一卷　(清)馮李驊　(清)陸浩評輯　清康熙五十九年(1720)華川書屋刻本　十四册

620000-1104-0000239　史090
[道光]陝西志輯要六卷首一卷　(清)王志沂輯　清道光七年(1827)賜書堂刻本　十二册

620000-1104-0000240　史088
[光緒]甘肅新通志一百卷首五卷　(清)升允　(清)長庚修　(清)安維峻纂　清宣統元年(1909)刻本　六十七册　存九十卷(一至二、

四至十二、十八至二十四、二十八至四十七、四十九至八十一、八十三至八十六、八十八至九十二、九十四至九十六、九十八至一百,首一、三至五)

620000－1104－0000241　史 089

[康熙]重纂靖遠衛志六卷首一卷　(清)馬文麟修　(清)李一鵬纂　清康熙四十八年(1709)刻本　十二冊　存二卷(五至六)

河西學院圖書館古籍普查登記目録

全國古籍普查登記目録

國家圖書館出版社
National Library of China Publishing House

《河西學院圖書館古籍普查登記目録》

編委會

主　編：閆廷亮

副主編：武　鑫　王　玲　尚　珍　李海華　楊樹仁

620000－1145－0000001　038
白虎通四卷闕文一卷校勘補遺一卷　(漢)班固撰　(清)盧文弨校補　(清)莊述祖輯　清嘉慶四年(1799)刻本　四册

620000－1145－0000002　140
白香山詩集二十卷補遺二卷後集十七卷　(唐)白居易撰　(清)汪立名輯　清康熙四十一年(1702)刻本　十册

620000－1145－0000003　040
碑傳集一百六十卷首二卷末二卷　(清)錢儀吉撰　清光緒十九年(1893)江南書局刻本　六十册

620000－1145－0000004　060
昌黎文集四十卷外集十卷遺文一卷集傳一卷　(唐)韓愈撰　清同治八年(1869)刻本　十册

620000－1145－0000005　009
重訂七種文選四十八卷　(清)儲欣評選　清乾隆五十年(1785)刻本　二十六册

620000－1145－0000006　103
重刊船山遺書五十六種附校勘記二卷　(清)王夫之撰　清同治四年(1865)金陵曾氏刻本　九十九册　存三百三十九卷

620000－1145－0000007　023
重刊廣韻五卷　(宋)陳彭年撰　清刻本　三册

620000－1145－0000008　069
重刊宋本毛詩註疏附校勘記十三卷　(清)阮元撰　(清)盧宜旬摘錄　清嘉慶二十年(1815)刻本　十三册

620000－1145－0000009　122
重刊宋本十三經註疏附校勘記二百八十六卷　(清)阮元撰　清嘉慶二十年(1815)刻本　一百四十五册

620000－1145－0000010　074
重刻剡川姚氏本戰國策三十三卷札記三卷　(漢)劉向輯　(漢)高誘注　(清)黄丕烈校　清同治八年(1869)刻本　五册

620000－1145－0000011　029
初唐四傑集三十七卷　(唐)王勃等撰　(清)項家達校　清乾隆四十六年(1781)刻本　十册

620000－1145－0000012　083
詞話四卷　(清)李調元撰　清刻本　一册

620000－1145－0000013　075
大學衍義補輯要十二卷首一卷　(明)丘濬撰　(清)陳弘謀纂輯　清道光二十二年(1842)刻本　八册　存九卷(一至八、首一卷)

620000－1145－0000014　142
大學衍義輯要六卷　(宋)真德秀撰　(清)陳弘謀纂輯　清道光二十二年(1842)寶恕堂刻本　八册

620000－1145－0000015　105
大學衍義四十三卷　(宋)真德秀撰　清光緒二十七年(1901)上海書局石印本　六册

620000－1145－0000016　048
大雲山房文稿初集四卷　(清)惲敬撰　清嘉慶二十年(1815)刻本　八册

620000－1145－0000017　088
地球韻言四卷　(清)張士瀛撰　清光緒三十一年(1905)上海鴻寶齋石印本　二册

620000－1145－0000018　070
第八才子書西廂記八卷　(元)王實甫撰　(清)金聖歎批點　(清)陳同等評　(清)鄧汝寧音譯　清致和堂刻本　六册

620000－1145－0000019　037
杜樊川詩集注四卷外集一卷別集一卷　(唐)杜牧撰　(清)馮浩注　清光緒十六年(1890)湘南書局刻本　五册

620000－1145－0000020　013
杜詩詳註二十五卷首一卷附編二卷　(唐)杜甫撰　(清)仇兆鰲注　清康熙刻本　二十八册

620000－1145－0000021　036

爾雅三卷　(晉)郭璞撰　(唐)陸德明音釋　清同治十一年(1872)山東書局刻本　三册

620000－1145－0000022　011
樊南文集詳注八卷首一卷　(唐)李商隱撰　(清)馮浩注　清乾隆三十年(1765)刻本　二册

620000－1145－0000023　034
方望溪文鈔六卷首一卷　(清)方苞撰　(清)戴鈞衡輯　清宣統二年(1910)上海國學扶輪社鉛印本　五册

620000－1145－0000024　051
高季迪先生大全集十八卷　(明)高啟撰　清康熙刻本　三册

620000－1145－0000025　054
龔定盦全集十七卷　(清)龔自珍撰　清宣統元年(1909)上海國學扶輪社鉛印本　七册

620000－1145－0000026　126
古文辭類纂七十四卷　(清)姚鼐輯　清光緒二十八年(1902)蜀東善成堂刻本　十册　存四十卷(一至二十四、五十九至七十四)

620000－1145－0000027　064
古文辭類纂七十四卷　(清)姚鼐輯　清乾隆四十四年(1779)合河蔣氏家塾刻本　十二册

620000－1145－0000028　062
古文辭類纂七十五卷附校勘記一卷　(清)姚鼐輯　清光緒二十七年(1901)刻本　十二册

620000－1145－0000029　020
古文眉詮七十九卷　(清)浦起龍評選　清乾隆九年(1744)刻本　二十册

620000－1145－0000030　018
古文雅正十四卷　(清)蔡世遠輯　清嘉慶九年(1804)陝甘學政刻本　四册

620000－1145－0000031　116
古韻通説二十卷　(清)龍啟瑞撰　清光緒九年(1883)四川尊經書局刻本　四册

620000－1145－0000032　078
廣韻五卷　(宋)陳彭年撰　清刻本　五册

620000－1145－0000033　025
歸愚詩鈔二十卷矢音集三卷　(清)沈德潛撰　清乾隆十八年(1753)刻本　八册

620000－1145－0000034　014
歸震川先生全集三十卷補編一卷別集十卷附録一卷　(明)歸有光撰　(清)歸莊校　(清)歸玠輯　清康熙十四年(1675)刻本　八册

620000－1145－0000035　041
癸巳類稿十五卷　(清)俞正燮輯　清道光十三年(1833)求日益齋刻本　四册　存十二卷(一至三、七至十五)

620000－1145－0000036　082
國朝歷科館選録三卷　(清)沈廷芳輯　(清)陸費墀　(清)陸世煒重訂　清刻本　三册

620000－1145－0000037　150
國語天聖明道本二十一卷考異四卷札記一卷　(三國吴)韋昭注　(清)汪遠孫考異　(清)黄丕烈札記　清同治八年(1869)湖北崇文書局刻本　五册

620000－1145－0000038　076
韓集點勘四卷　(清)陳景雲撰　清同治九年(1870)江蘇書局刻本　一册

620000－1145－0000039　097
漢書注校補三卷　(清)周壽昌撰　清光緒十七年(1891)廣雅書局刻本　一册

620000－1145－0000040　110
皇朝通典一百卷　(清)嵇璜等纂　清光緒八年(1882)刻本　四十册

620000－1145－0000041　115
皇朝通志一百二十六卷　(清)嵇璜等纂修　清光緒八年(1882)刻本　四十册

620000－1145－0000042　104
皇朝文獻通考輯要二十六卷　湯壽潛輯　清末刻本　十六册

620000－1145－0000043　114
皇朝文獻通考三百卷　(清)張廷玉等撰　清

光緒八年(1882)刻本　一百六十冊

620000－1145－0000044　143
皇清經解一千四百八卷　(清)阮元輯　清道光九年(1829)學海堂刻咸豐十一年(1861)廣州鎔經鑄史齋補刻本　二百十六冊

620000－1145－0000045　016
黄詩全集五十八卷　(宋)黄庭堅撰　(清)翁方綱校注　清乾隆五十四年(1789)刻本　二十冊

620000－1145－0000046　065
畿輔水利議一卷　(清)林則徐撰　清光緒二年(1876)刻本　一冊

620000－1145－0000047　102
汲冢周書十卷　(晉)孔晁注　(清)周光霽校　清嘉慶六年(1801)刻本　一冊

620000－1145－0000048　043
鮚埼亭集三十八卷首一卷經史問答十卷　(清)全祖望撰　(清)史夢蛟校　清嘉慶九年(1804)刻本　十二冊

620000－1145－0000049　148
金史紀事本末五十二卷首一卷末一卷　(清)李有棠撰　清光緒二十九年(1903)刻本　十二冊

620000－1145－0000050　046
經籍籑詁一百六卷首一卷　(清)阮元撰　清嘉慶十七年(1812)刻本　四十八冊

620000－1145－0000051　145
卷施閣文集二十卷詩集二十卷鮚軒詩八卷　(清)洪亮吉撰　清乾隆五十九年(1794)貴陽節署刻本　十八冊

620000－1145－0000052　053
困學紀聞集證二十卷首一卷末一卷　(宋)王應麟撰　(清)萬尉亭輯　清嘉慶八年(1803)刻本　十六冊

620000－1145－0000053　012
李太白文集三十六卷　(唐)李白撰　(清)王琦輯注　清乾隆二十三年(1758)刻本　十六冊

620000－1145－0000054　138
李衛公外集二十五卷　(唐)李德裕撰　清刻本　五冊

620000－1145－0000055　003
李義山文集十卷　(唐)李商隱撰　(清)徐樹穀箋　(清)徐炯注　清康熙四十七年(1708)徐氏花谿草堂刻本　六冊

620000－1145－0000056　149
歷代史表五十九卷首一卷末一卷　(清)萬斯同撰　清光緒十五年(1889)廣雅書局刻本　六冊

620000－1145－0000057　151
遼史紀事本末四十卷首一卷末一卷　(清)李有棠撰　清光緒二十九年(1903)刻本　八冊

620000－1145－0000058　139
林文忠公政書三十七卷事略一卷　(清)林則徐撰　清刻本　十一冊

620000－1145－0000059　024
陸放翁全集一百五十三卷　(宋)陸游撰　明末汲古閣刻本　三十八冊

620000－1145－0000060　015
陸宣公集二十二卷　(唐)陸贄撰　(清)年羹堯重訂　清雍正三年(1725)刻本　六冊

620000－1145－0000061　135
馬氏目耕帖三十一卷　(清)馬國翰撰　清光緒十年(1884)楚南書局刻本　二十六冊

620000－1145－0000062　100
明儒學案六十二卷師說一卷　(清)黄宗羲述　清光緒十四年(1888)刻本　三十六冊

620000－1145－0000063　005
明詩別裁集十二卷　(清)沈德潛　(清)周準輯　清刻本　六冊

620000－1145－0000064　035
明夷待訪録不分卷　(清)黄宗羲撰　(清)黄承乙校　清末刻本　二冊

620000－1145－0000065　052
墨子閒詁十五卷目錄一卷附錄一卷後語二卷　（清）孫詒讓撰　清宣統二年（1910）刻本　八册

620000－1145－0000066　072
牡丹亭二卷　（明）湯顯祖撰　（清）陳同　（清）談則　（清）錢宜評　清乾隆七年（1742）刻本　二册

620000－1145－0000067　077
廿二史劄記三十六卷　（清）趙翼撰　清嘉慶五年（1800）刻本　十二册

620000－1145－0000068　056
駢體文鈔三十一卷　（清）李兆洛撰　清道光刻本　八册

620000－1145－0000069　001
曝書亭集八十卷附錄一卷　（清）朱彝尊撰　**笛漁小稿十卷**　（清）朱昆田撰　清康熙刻本　十册

620000－1145－0000070　021
欽定國朝別裁集三十二卷　（清）沈德潛撰　清刻本　十二册

620000－1145－0000071　132
欽定四庫全書總目二百卷首一卷　（清）永瑢　（清）紀昀等編　清同治七年（1868）廣東書局刻本　一百二十册

620000－1145－0000072　108
欽定續通志六百四十卷　（清）嵇璜等纂　（清）紀昀校訂　清光緒十二年（1886）浙江書局刻本　一百九十册

620000－1145－0000073　131
全唐文一千卷　（清）董誥　（清）阮元　（清）徐松輯　清光緒二十七年（1901）廣雅書局刻本　二百册

620000－1145－0000074　047
日知錄集釋三十二卷刊誤二卷　（清）顧炎武撰　（清）黄汝成集釋　清道光十四年（1834）嘉定黄氏西谿草廬刻本　十二册

620000－1145－0000075　019
容齋隨筆十六卷續筆十六卷三筆十六卷四筆十六卷五筆十卷　（宋）洪邁撰　清乾隆五十九年（1794）掃葉山房刻本　十册

620000－1145－0000076　086
三雁紀游三卷　（□）天倪子述　清光緒十四年（1888）刻本　一册

620000－1145－0000077　032
山海經廣注二十三卷　（清）吳志伊注　清康熙六年（1667）刻本　六册

620000－1145－0000078　087
删訂唐詩解一卷　（清）吳昌祺撰　清刻本　一册

620000－1145－0000079　008
十六國春秋一百卷　（北魏）崔鴻撰　（明）屠喬孫輯　明萬曆三十七年（1609）蘭暉堂刻本　三十二册

620000－1145－0000080　061
十七史商榷一百卷　（清）王鳴盛撰　清光緒十九年（1893）廣雅書局刻本　十七册

620000－1145－0000081　141
十三經札記二十二卷群書札記十六卷　（清）朱亦棟撰　清光緒四年（1878）武林竹簡齋刻本　十二册

620000－1145－0000082　022
史記論文一百三十卷　（清）吳齊賢評點　清刻本　二十册

620000－1145－0000083　039
世説新語三卷補四卷　（南朝宋）劉義慶撰　（南朝梁）劉峻注　（明）淩濛初訂　（清）章麟來補　清同治刻本　十册

620000－1145－0000084　045
水經注四十卷　（北魏）酈道元撰　清乾隆刻本　十六册

620000－1145－0000085　050
説文解字注三十二卷　（清）段玉裁注　清同治六年（1867）刻本　十六册

620000－1145－0000086　042
說文通訓定聲十八卷柬韻一卷說雅十九篇古今韻準一卷行狀一卷　(清)朱駿聲撰　清咸豐元年(1851)刻本　二十四冊

620000－1145－0000087　068
司馬溫公全集八十二卷　(宋)司馬光撰　(明)吴時亮發刻　明崇禎元年(1628)刻本　二十一冊

620000－1145－0000088　124
宋六十名家詞八十九卷　(明)毛晉輯　清光緒十四年(1888)刻本　二十八冊

620000－1145－0000089　098
宋元學案一百卷首一卷　(清)黄宗羲撰　(清)黄百家纂輯　(清)全祖望修定　清光緒五年(1879)刻本　四十冊

620000－1145－0000090　002
唐宋十大家全集錄五十二卷首一卷　(清)儲欣輯　清康熙四十四年(1705)刻本　三十二冊

620000－1145－0000091　133
唐文粹一百卷　(宋)姚鉉纂　明末刻本　二十二冊

620000－1145－0000092　112
通典二百卷　(唐)杜佑撰　清光緒二十二年(1896)刻本　五十冊

620000－1145－0000093　129
通鑑紀事本末二百三十九卷　(宋)袁樞撰　(明)張溥評　清同治十二年(1873)江西書局刻本　八十冊

620000－1145－0000094　107
通志二百卷　(宋)鄭樵撰　清光緒二十二年(1896)刻本　一百八十八冊

620000－1145－0000095　031
王文成公全書三十八卷　(明)王守仁撰　清刻本　十六冊

620000－1145－0000096　004
王右丞集箋注二十八卷首一卷末一卷　(唐)王維撰　(清)趙殿成注　清乾隆二年(1737)刻本　十冊

620000－1145－0000097　063
王子安集註二十卷首一卷末一卷　(唐)王勃撰　(清)蔣清翊注　清光緒九年(1883)刻本　六冊

620000－1145－0000098　059
文獻通考輯要二十四卷　湯壽潛輯　清光緒二十八年(1902)刻本　七冊　缺九卷(十三至十九、二十二至二十三)

620000－1145－0000099　109
文獻通考三百四十八卷　(元)馬端臨撰　清光緒二十二年(1896)刻本　一百五十二冊

620000－1145－0000100　027
武英殿聚珍版二十七種九十一卷　(清)紀昀　(清)陸錫熊纂　清刻本　二十一冊

620000－1145－0000101　128
相臺五經九十六卷　(宋)岳珂輯　清末刻本　三十冊　存九十二卷(詩經一至二十,易經一至三、七至十,禮記一至二十,尚書一至十二,春秋一至三十、年表一、春秋名號歸一圖一至二)

620000－1145－0000102　057
湘綺樓文集三十卷　王闓運撰　清光緒三十三年(1907)墨莊劉氏刻本　二十冊

620000－1145－0000103　049
新元史二百五十七卷　柯劭忞撰　清末鉛印本　六十冊

620000－1145－0000104　067
徐孝穆全集六卷　(南朝陳)徐陵撰　(清)吴兆宜注　清光緒二年(1876)刻本　六冊

620000－1145－0000105　066
續古文辭類纂二十八卷　(清)黎庶昌纂　清光緒十六年(1890)金陵書局刻本　十二冊

620000－1145－0000106　113
續通典一百五十卷　(清)嵇璜　(清)劉墉等纂　(清)紀昀等校　清光緒十二年(1886)浙

江書局刻本　四十冊

620000－1145－0000107　073

續通鑑紀事本末一百卷　（清）李銘漢撰　清光緒二十九年（1903）刻本　三十二冊

620000－1145－0000108　111

續文獻通考二百五十卷　（明）王圻撰　清光緒十三年（1887）刻本　一百二十冊

620000－1145－0000109　055

續資治通鑑二百二十卷　（清）畢沅撰　清嘉慶六年（1801）刻本　六十四冊

620000－1145－0000110　084

雪履齋筆記一卷　（元）郭翼撰　（清）李調元校　**日聞錄一卷**　（明）李翀撰　（清）李調元校　**吴中舊事一卷**　（元）陸友仁撰　（清）李調元校　**鳴鶴餘音一卷**　（元）虞集撰　（清）李調元校　清刻本　一冊

620000－1145－0000111　007

弇州山人四部稿選八卷　（明）王世貞撰　（明）沈一貫選　清刻本　八冊

620000－1145－0000112　136

養素堂文集三十五卷　（清）張澍撰　清道光十七年（1837）刻本　十六冊

620000－1145－0000113　010

因樹屋書影十卷　（清）周亮工撰　（清）吴宗信校訂　清雍正三年（1725）懷德堂刻本　四冊

620000－1145－0000114　117

輶軒使者絕代語釋別國方言箋疏十三卷　（漢）揚雄撰　（清）錢繹箋疏　清光緒十六年（1890）廣雅書局刻本　三冊

620000－1145－0000115　006

漁洋山人精華錄箋注十二卷附錄一卷年譜一卷補注一卷　（清）王士禛撰　（清）金榮箋注　清乾隆鳳翽堂刻本　十冊

620000－1145－0000116　044

庾子山集註十六卷年譜一卷　（北周）庾信撰　（清）倪璠批注　清道光十九年（1839）刻本　十六冊

620000－1145－0000117　147

玉函山房輯佚書六百卷　（清）馬國翰輯　清光緒十年（1884）楚南書局刻本　九十四冊

620000－1145－0000118　026

玉谿生詩詳注三卷首一卷樊南文集箋注八卷首一卷　（唐）李商隱撰　（清）馮浩注　清刻本　四冊

620000－1145－0000119　030

元史紀事本末二十七卷　（明）陳邦瞻原編　（明）臧懋循補輯　（明）張溥論正　清刻本　三冊

620000－1145－0000120　090

袁文箋正十六卷　（清）袁枚撰　（清）石韞玉箋注　清光緒十四年（1888）上海蜚英館石印本　二冊

620000－1145－0000121　017

昭明文選六臣全注六十卷　（南朝梁）蕭統撰　（唐）李善　（唐）呂延濟等注　清康熙二十四年（1685）刻本　三十二冊

620000－1145－0000122　106

周易六卷　（三國魏）王弼注　清刻本　一冊　存三卷（四至六）

620000－1145－0000123　096

籀廎札迻十二卷　（清）孫詒讓撰　清光緒二十年（1894）刻本　四冊

620000－1145－0000124　033

朱子集一百四卷　（宋）朱熹撰　（清）朱振鐸輯　清咸豐十年（1860）紫霞洲祠堂刻本　四十冊

620000－1145－0000125　146

諸葛忠武侯文集六卷故事三卷　（三國蜀）諸葛亮撰　（清）張澍輯　清刻本　三冊

620000－1145－0000126　130

資治通鑑二百九十四卷識文辨誤十二卷　（宋）司馬光撰　清同治十年（1871）湖北崇文書局刻本　一百四冊

620000－1145－0000127　028
子書百家八十五種四百三十四卷　（清）崇文書局輯　清光緒元年（1875）刻本　九十八册

620000－1145－0000128　137
［乾隆］甘州府志十六卷首一卷　（清）鍾庚起纂修　清乾隆四十四年（1779）刻本　九册

甘肅省天水市清水縣圖書館古籍普查登記目録

全國古籍普查登記目録

國家圖書館出版社
National Library of China Publishing House

古籍普查登記目錄

[illegible]

[illegible]

《甘肅省天水市清水縣圖書館古籍普查登記目録》

編委會

620000－1112－0000001　038
北齊書五十卷　（唐）李百藥撰　（明）趙用賢　（明）張一桂校　明萬曆十六年（1588）南京國子監刻本　七冊

620000－1112－0000002　035
北史一百卷　（唐）李延壽撰　明萬曆十九年至二十一年（1591－1593）南京國子監刻清順治、康熙遞修本　二十二冊　存七十卷（一至二、六至二十五、二十九至三十一、三十五至四十、四十三至四十五、五十至六十一、七十五至八十三、八十六至一百）

620000－1112－0000003　086
陳書三十六卷　（唐）姚思廉撰　明萬曆十六年（1588）南京國子監刻明清遞修本　一冊　存十卷（十九至二十八）

620000－1112－0000004　074
重訂王鳳洲先生會纂綱鑑四十六卷　（明）王世貞纂　清末刻本　二十七冊　存二十九卷（十至十一、十三至十七、二十四至四十、四十二至四十六）

620000－1112－0000005　001
春秋大事表五十卷春秋輿圖一卷附錄一卷　（清）顧棟高輯　清光緒十四年（1888）求友齋刻本　二十四冊

620000－1112－0000006　029
春秋集傳大全三十七卷　（明）胡廣纂　明永樂十三年（1415）內府刻本　一冊　存二卷（十四至十五）

620000－1112－0000007　016
春秋三傳十六卷首一卷釋文音義十六卷　（晉）杜預等注　（唐）陸德明音義　清同治十年（1871）刻本　六冊　存九卷（春秋三傳一至八、首一卷）

620000－1112－0000008　062
大清律集解附例三十卷總類六卷　（清）朱軾纂　清雍正三年（1725）刻本　十冊　存十六卷（一至三、七至十八、二十五）

620000－1112－0000009　118
大清律例增修彙纂大成四十卷　（清）陶東皋　（清）陶曉篔增修　清光緒二十九年（1903）石印本　二十四冊

620000－1112－0000010　067
大清律例增修彙纂大成四十卷　（清）陶東皋　（清）陶曉篔增修　清光緒三十四年（1908）石印本　二十四冊

620000－1112－0000011　049
大清一統志五百卷　（清）和珅等纂修　清末石印本　二十一冊　存一百四十三卷（十至十七、六十四至六十八、七十五至八十八、一百二十五至一百四十七、一百五十六至一百六十四、二百二十六至二百六十九、二百七十六至二百九十、三百五至三百二十八、三百六十）

620000－1112－0000012　114
東周列國全志二十三卷　（清）蔡界評點　清刻本　一冊　存二卷（二十至二十一）

620000－1112－0000013　060
甘肅忠義錄一百三十一卷　（清）楊昌濬修　（清）張國常纂　清光緒十六年（1890）刻本　二十三冊　存九十一卷（紳民一至二十八、三十五至四十六、五十二至八十八，文武職表八至十、十四至二十二，列傳十一至十二）

620000－1112－0000014　061
甘肅忠義錄一百三十一卷　（清）楊昌濬修　（清）張國常纂　清光緒十六年（1890）刻本　五冊　存二十三卷（紳民十四至二十八、三十五至三十九，文武職表八至十）

620000－1112－0000015　100
古文喈鳳新編八卷　（清）汪基輯　清道光二年（1822）桂林堂刻本　四冊　存四卷（一至三、五）

620000－1112－0000016　112
關中書院課士賦不分卷　（清）路德評選　清道光十八年（1838）刻本　一冊

620000－1112－0000017　106
桂芳齋重訂古文釋義新編八卷　（清）余誠評

選　清道光五年(1825)刻本　四册

620000－1112－0000018　019

合訂四書發註十九卷　(清)朱奇生纂　清刻本　三册　存八卷(論語一至五、八至十)

620000－1112－0000019　043

後漢書一百二十卷　(南朝宋)范曄撰　(唐)李賢注　清光緒二十七年(1901)味經刊書處刻本　三十四册

620000－1112－0000020　101

皇朝經世文統編一百二十卷　(清)□□輯　清光緒石印本　十九册　存五十六卷(十二至十七、三十至四十、四十四至四十七、五十八至六十一、六十七至七十八、八十一至八十二、八十九至九十一、九十八、一百五至一百十五、一百十九至一百二十)

620000－1112－0000021　109

皇朝經世文新編二十一卷　麥仲華輯　清光緒二十七年(1901)上海日新社石印本　十八册　存二十卷(一至二十)

620000－1112－0000022　046

金史一百三十五卷目錄二卷金國語解一卷　(元)脱脱等撰　明嘉靖八年(1529)南京國子監刻明清遞修本　六册　存三十八卷(六至十八、二十七至三十二、四十至五十八)

620000－1112－0000023　033

晉書一百三十卷音義三卷　(唐)房玄齡等撰　(唐)何超音義　明嘉靖南京國子監刻明清遞修本　六册　存二十卷(七至十、十三至十八、二十一至三十)

620000－1112－0000024　111

舉業瑣言不分卷　(清)汪志伊撰　清乾隆五十八年(1793)刻本　一册

620000－1112－0000025　028

禮記集説大全三十卷　(明)胡廣等纂　明永樂十三年(1415)内府刻本　九册　存十四卷(一、三、五至六、十一至十四、十七至十八、二十五至二十八)

620000－1112－0000026　021

禮記省度四卷　(清)彭頤纂　清乾隆元年(1736)武林文治堂刻本　四册

620000－1112－0000027　022

禮記十卷　(元)陳澔集説　清同治十年(1871)刻本　十册

620000－1112－0000028　115

歷朝紀事本末七種五百六十六卷　(清)陳如升　(清)朱記榮輯　清光緒十四年(1888)上海書業公所鉛印本　八册　存三種九卷(宋史三十、三十二至三十五、三十七,西夏三十八,元史四十至四十一)

620000－1112－0000029　037

梁書五十六卷　(唐)姚思廉撰　明萬曆三年(1575)南京國子監刻明清遞修本　八册

620000－1112－0000030　045

遼史一百十六卷　(元)脱脱等撰　明嘉靖八年(1529)南京國子監刻明清遞修本　七册　存一百八卷(一至六十二、七十一至一百十六)

620000－1112－0000031　026

陸氏三傳釋文音義十六卷　(唐)陸德明撰　清同治十年(1871)刻本　一册　存六卷(十一至十六)

620000－1112－0000032　080

美國税則條款不分卷　(清)□□纂　清末刻本　一册

620000－1112－0000033　048

明史三百三十二卷目錄四卷　(清)張廷玉等撰　清乾隆四年(1739)武英殿刻二十四史本　六十四册　存一百六十八卷(五至二十四、二十八至四十一、五十至五十六、六十一至六十八、八十至八十一、八十四至八十五、八十九至九十二、九十八至一百三、一百六至一百十五、一百十九至一百二十一、一百二十六至一百二十九、一百三十四至一百三十七、一百五十九至一百六十二、一百七十二至一百七十四、一百八十一至一百八十二、一百八十四至一百九十二、一百九十六至一百九十八、二百二十一至二百二十六、二百三十一至二百四十三、二百四十七至二百四十九、二百八十一至二百八十二、二百八十六至三百十四、三百十七至三百二十一、三百二十五至三百二十六、三百三十至三百三十二)

620000－1112－0000034　095
莫愁湖楹聯便覽一卷　(清)釋壽安輯　清光緒五年(1879)刻本　一册

620000－1112－0000035　078
莫愁湖志六卷首一卷　(清)馬士圖撰　清光緒八年(1882)刻本　二册

620000－1112－0000036　036
南齊書五十九卷　(南朝梁)蕭子顯撰　明萬曆十六年至十七年(1588－1589)南京國子監刻明清遞修本　九册　存五十一卷(九至五十九)

620000－1112－0000037　034
南史八十卷　(唐)李延壽撰　明萬曆十七年至十九年(1589－1591)南京國子監刻明清遞修本　十二册　存五十一卷(七至三十一、三十六至五十三、六十二至六十五、七十七至八十)

620000－1112－0000038　039
廿一史約編八卷首一卷　(清)鄭元慶編輯　清刻本　八册

620000－1112－0000039　116
憑山閣增輯留青新集三十卷　(清)陳枚選　清末刻本　十二册　存十五卷(一至六、二十二至三十)

620000－1112－0000040　082
前漢書一百卷　(漢)班固撰　(唐)顔師古注　明嘉靖九年(1530)南京國子監刻明清遞修本　一册　存二卷(九十九至一百)

620000－1112－0000041　077
欽頒州縣事宜一卷　(清)田文鏡撰　清末刻本　一册

620000－1112－0000042　004
欽定春秋傳說彙纂三十八卷首二卷　(清)王掞等纂　清康熙刻本　二十一册　存三十四卷(三至十七、十九至三十五,首二卷)

620000－1112－0000043　005
欽定春秋傳說彙纂三十八卷首二卷　(清)王掞等纂　清康熙刻本　九册　存十六卷(五至六、八至九、十三至十六、十九至二十二、二十七、三十至三十二)

620000－1112－0000044　053
欽定國子監則例四十四卷首六卷　(清)劉墉等纂　清嘉慶二年(1797)刻本　十册

620000－1112－0000045　054
欽定國子監則例四十四卷首六卷　(清)劉墉等纂　清嘉慶二年(1797)刻本　五册　存二十四卷(五至九、十四至二十、三十三至四十四)

620000－1112－0000046　084
欽定戶部軍需則例九卷續纂一卷欽定兵部軍需則例五卷欽定工部軍需則例一卷　(清)阿桂等纂　清末刻本　一册　存四卷(欽定戶部軍需則例九、續纂一卷、欽定兵部軍需則例一至二)

620000－1112－0000047　056
欽定科場條例四卷續增科場條例四卷　(清)王杰等纂　清乾隆五十五年(1790)刻本　五册　存六卷(欽定科場條例四卷、續增科場條例一至二)

620000－1112－0000048　058
欽定科場條例四卷續增科場條例四卷　(清)王杰等纂　清乾隆五十五年(1790)刻本　三册　存三卷(欽定科場條例一、三至四)

620000－1112－0000049　057
欽定科場條例五十四卷　(清)王杰等纂　清乾隆五十五年(1790)刻本　九册　存三十二卷(二至九、十五至二十五、三十三至四十五)

620000－1112－0000050　059
欽定科場條例五十四卷　(清)王杰等纂　清

乾隆五十五年(1790)刻本　二册　存四卷(二十至二十三)

620000－1112－0000051　055

欽定科場條例五十四卷首五卷　(清)王杰等纂　清乾隆五十五年(1790)刻本　十五册　存四十九卷(一至二十、二十三至二十九、三十五至四十三、四十七至五十四,首五卷)

620000－1112－0000052　009

欽定禮部則例二百二卷　(清)特登額等修　(清)長秀等纂　清道光刻本　十册　存七十一卷(九至十五、三十四至五十三、六十九至八十四、一百三十七至一百五十二、一百六十六至一百七十一、一百八十九至一百九十四)

620000－1112－0000053　011

欽定禮部則例二百二卷　(清)特登額等修　(清)長秀等纂　清道光刻本　八册　存五十三卷(一至八、十五至三十二、一百八至一百二十一、一百三十三至一百四十二、一百四十七至一百四十九)

620000－1112－0000054　012

欽定禮部則例二百二卷　(清)特登額等修　(清)長秀等纂　清道光刻本　五册　存三十三卷(十五至二十二、一百十四至一百二十一、一百三十三至一百四十九)

620000－1112－0000055　013

欽定禮部則例二百二卷　(清)特登額等修　(清)長秀等纂　清道光刻本　七册　存六十五卷(一至八、五十四至八十四、九十八至一百十六、一百二十八至一百三十四)

620000－1112－0000056　014

欽定禮部則例二百二卷　(清)特登額等修　(清)長秀等纂　清道光刻本　十六册　存一百五卷(九至十一、二十二至二十四、三十至六十三、七十二至九十七、一百九至一百十三、一百四十四至一百四十五、一百五十至一百七十、一百八十四至一百九十四)

620000－1112－0000057　015

欽定禮部則例二百二卷　(清)特登額等修　(清)長秀等纂　清道光刻本　十五册　存一百十七卷(一至六十八、一百二十八至一百五十二、一百六十六至一百八十三、一百八十九至一百九十四)

620000－1112－0000058　010

欽定禮部則例二百二卷　(清)特登額等修　(清)長秀等纂　清嘉慶刻本　十七册　存一百四十二卷(一至二十三、五十七至一百二、一百八至一百四十九、一百五十九至一百七十八、一百九十一至二百一)

620000－1112－0000059　006

欽定禮記義疏八十二卷首一卷　(清)允祿等纂　清刻本　五十三册　存五十三卷(一、五至六、九至十、十四、二十至二十一、二十三、二十五至三十一、三十四、三十七至四十、四十二、四十四至五十、五十二、五十五至六十三、六十五、六十七至六十九、七十一至七十二、七十四、七十六至七十八、八十至八十二,首一卷)

620000－1112－0000060　087

欽定磨勘條例四卷　(清)禮部編　清刻本　二册

620000－1112－0000061　002

欽定詩經傳説彙纂二十一卷首二卷詩序二卷　(清)王鴻緒等纂　清雍正五年(1727)刻本　二十二册　存二十三卷(一至六、八至二十一,首下,詩序二卷)

620000－1112－0000062　003

欽定詩經傳説彙纂二十一卷首二卷詩序二卷　(清)王鴻緒等纂　清雍正五年(1727)刻本　十二册　存十二卷(二、五、八至十一、十三至十五、十八、二十至二十一)

620000－1112－0000063　007

欽定書經傳説彙纂二十一卷首二卷書序一卷　(清)王頊齡等纂　清雍正刻本　九册　存九卷(六至八、十、十五至十八,首下)

620000－1112－0000064　051

欽定學政全書八十六卷首一卷　(清)王杰等

纂　清乾隆刻本　九册　存三十五卷(六至十、十四至十八、二十六至三十一、四十五至四十八、六十四至七十八)

620000－1112－0000065　052

欽定學政全書八十六卷首一卷　(清)王杰等纂　清乾隆刻本　二十六册　存七十八卷(一、三至四十一、四十五至五十九、六十四至八十六)

620000－1112－0000066　050

欽定中樞政考三十二卷　(清)保寧纂　清嘉慶八年(1803)刻本　十三册　存十三卷(二、四、六至七、十三、十五、十七至十九、二十三、二十六至二十八)

620000－1112－0000067　008

欽定周官義疏四十八卷首一卷　(清)允祿等纂修　清刻本　三十二册　存三十三卷(一至八、十、十二至十五、二十二至二十五、二十七、三十至三十五、三十七、三十九、四十一至四十六,首一卷)

620000－1112－0000068　083

三流道里表不分卷　(清)徐本輯　清乾隆四十九年(1784)刻本　一册　存五省(江西、湖南、湖北、福建、山東)

620000－1112－0000069　085

上諭條例不分卷　(清)□□輯　清刻本　一册

620000－1112－0000070　081

聖諭十六條附律易解一卷　(清)夏炘輯　清同治九年(1870)刻本　一册

620000－1112－0000071　025

詩韻集成十卷　(清)余照輯　清咸豐十年(1860)刻本　四册

620000－1112－0000072　069

十朝東華錄五百二十四卷同治朝東華續錄一百卷　王先謙編　清光緒二十五年(1899)石印本　三十七册　存二百八十六卷(天命一至四,天聰一至七,康熙二十五至一百十,雍正六至十九,乾隆一至四十一、六十九至八十一、一百十四至一百二十,道光十一至十五、三十二至六十,咸豐三十一至三十五、四十二至五十四、六十一至七十六、八十七至九十,同治四至十、二十八至四十三、五十三至五十七、八十二至八十六、九十二至一百)

620000－1112－0000073　044

史記一百三十卷　(漢)司馬遷撰　(南朝宋)裴駰集解　(唐)司馬貞索隱　(唐)張守節正義　清末刻本　七册　存二十卷(十四、十九至二十、二十四至三十、三十三至三十八、四十四至四十七)

620000－1112－0000074　018

漱芳軒合纂四書體註旁訓十九卷　(清)范翔參訂　清光緒刻本　二册　存十卷(論語一至十)

620000－1112－0000075　023

漱芳軒合纂四書體註十九卷　(清)范翔參訂　清嘉慶十一年(1806)刻本　五册　缺三卷(孟子五至七)

620000－1112－0000076　030

四書集註大全四十三卷　(明)胡廣等纂修　明刻本　一册　存二卷(孟子集註大全一至二)

620000－1112－0000077　017

四書述要十九卷　(清)楊玉緒撰　(清)張尹鑒定　清末刻本　四册　存六卷(大學一卷、中庸一卷、論語六至七、孟子四至五)

620000－1112－0000078　020

四書體註十九卷　(清)范翔參訂　清末刻本　二册　存三卷(孟子五至七)

620000－1112－0000079　024

四書摘要大全二十卷　(清)李武纂　清刻本　十三册

620000－1112－0000080　041

宋史四百九十六卷目錄三卷　(元)脱脱修　明嘉靖南京國子監刻明清遞修本　四十一册　存二百三卷(一百九至一百五十九、一百七十八至一百九十八、二百五至二百二十一、二百二十八至二百三十三、二百三十六至二百五十六、二百六十六至二百七十、二百八十二至二百九十一、二百九十八至三百一、三百八至三百十二、三百二十四至三百二十七、三百三十二至三百四十一、三百四十六至三百四十九、三百六十至三百六十四、三百七十六至三百八十八、三百九十八至四百、四百六至四百二十九)

620000－1112－0000081　040
宋書一百卷　(南朝梁)沈約撰　明萬曆二十二年(1594)南京國子監刻清順治、康熙遞修本　十八册　存八十一卷(一至十、十九至三十、三十八至四十三、四十五至八十一、八十五至一百)

620000－1112－0000082　042
隋書八十五卷　(唐)魏徵等撰　明萬曆二十二年至二十三年(1594－1595)南京國子監刻清順治、康熙遞修本　十三册　存六十七卷(一至二十、二十七至七十三)

620000－1112－0000083　113
唐駢體文鈔十七卷　(清)陳均輯　清同治刻本　一册　存四卷(十四至十七)

620000－1112－0000084　107
陶詩彙評四卷東坡和陶合箋四卷　(清)溫汝能纂訂　清宣統二年(1910)掃葉山房石印本　四册

620000－1112－0000085　073
通鑑紀事本末二百三十九卷　(宋)袁樞撰　(明)張溥論正　清光緒十四年(1888)鉛印本　十册　存八十九卷(一百二十三至一百四十三、一百五十五至二百十五、二百二十五至二百三十一)

620000－1112－0000086　075
通鑑擥要前編二卷正編十九卷續編八卷明史擥要八卷　(清)姚培謙　(清)張景星錄　清乾隆刻本　十八册　存三十四卷(通鑑擥要前編二卷,正編十九卷,續編一至四、六至八,明史擥要三至八)

620000－1112－0000087　032
魏書一百十四卷　(北齊)魏收撰　明萬曆二十四年(1596)南京國子監刻明清遞修本　八册　存四十四卷(四至十二、十九至二十三、三十二至三十九、四十六至六十七)

620000－1112－0000088　099
五倫書六十二卷　(明)宣宗朱瞻基撰　明正統十二年(1447)内府刻本　二册　存三卷(三、五十一、五十六)

620000－1112－0000089　098
性理大全書七十卷　(明)胡廣等纂　明永樂十三年(1415)内府刻本　十四册　存三十卷(一、二十至二十八、三十二至三十四、三十八至四十八、五十二至五十四、六十七至六十九)

620000－1112－0000090　063
雍正上諭不分卷　(清)世宗胤禛撰　(清)允祿　(清)弘晝編　清乾隆刻本　九册　存雍正八年至十二年、十三年正月至八月

620000－1112－0000091　064
雍正上諭不分卷　(清)世宗胤禛撰　(清)允祿　(清)弘晝編　清乾隆刻本　九册　存雍正八年正月至三月、七月至十二月,九年至十二年,十三年正月至八月

620000－1112－0000092　065
雍正上諭不分卷　(清)世宗胤禛撰　(清)允祿　(清)弘晝編　清乾隆刻本　八册　存雍正八年正月至三月、七月至十二月,九年,十一年至十二年,十三年正月至八月

620000－1112－0000093　066
雍正上諭不分卷　(清)世宗胤禛撰　(清)允祿　(清)弘晝編　清乾隆刻本　五册　存雍正八年七月至十二月,九年,十一年七月至十二月,十三年正月至八月

620000－1112－0000094　071
御批歷代通鑑輯覽一百二十卷　(清)楊述曾纂　清光緒三十年(1904)商務印書館鉛印本　八册　存二十五卷(一至三、十二至十五、

三十至四十七）

620000－1112－0000095　027

御纂周易折中二十二卷首一卷　（清）李光地纂　清刻本　一冊　存一卷（七）

620000－1112－0000096　047

元史二百十卷目錄二卷　（明）宋濂等撰　明嘉靖南京國子監刻明清遞修本　二十四冊　存一百三卷（五至八、十五至二十四、四十八至五十、六十三至六十四、六十七至七十五、一百十四至一百十九、一百二十四至一百五十、一百五十六至一百六十二、一百六十四至一百七十二、一百七十七至一百八十二、一百八十七至二百六）

620000－1112－0000097　076

約章分類輯要三十八卷　（清）蔡乃煌纂　清光緒二十六年（1900）湖南商務局刻本　四冊　存七卷（六、二十二至二十六、二十八）

620000－1112－0000098　097

召福集不分卷　（清）□□輯　清道光十一年（1831）刻本　一冊

620000－1112－0000099　094

制藝鎔裁論語□□卷　（□）□□輯　清刻本　四冊　存四卷（二至五）

620000－1112－0000100　072

硃批諭旨不分卷　（清）鄂爾泰　（清）張廷玉編　清光緒十三年（1887）上海點石齋朱墨石印本　九冊　存九冊（四至五、八、十一、三十至三十二、三十七、三十九）

620000－1112－0000101　068

資治新書十四卷首一卷　（清）李漁輯　（清）沈心友訂　清康熙二年（1663）芥子園刻本　六冊　存十一卷（二至三、六至十四）

620000－1112－0000102　110

左文襄公全集十二種一百二十三卷首二卷　（清）左宗棠撰　清光緒刻本　六冊　存十二卷（續編二十六、二十八至三十六，首二卷）

620000－1112－0000103　070

［光緒］重纂秦州直隸州新志二十四卷首一卷　（清）余澤春修　（清）王權纂　清光緒十五年（1889）刻本　十六冊

620000－1112－0000104　092

［乾隆］清水縣志十六卷　（清）朱超纂修　清乾隆六十年（1795）刻本　四冊

甘肅省慶陽市鎮原縣圖書館古籍普查登記目録

全國古籍普查登記目録

國家圖書館出版社
National Library of China Publishing House

《甘肅省慶陽市鎮原縣圖書館古籍普查登記目録》

編委會

主　編：何等强

副主編：李苗玲　劉卉雯

編　委：王淑娟　王　敏　魏　權　段歡歡　祁海芳　劉婭妮
　　　　杜芬芬　羅海河　竇亮亮　苟　芳　張莉鋒　惠廷璽

620000－4104－0000001　269
筆算數學三卷二十四章　(美國)狄考文輯　(清)鄒立文述　清光緒三十二年(1906)刻本　三冊　缺十四章(七至二十)

620000－4104－0000002　323
筆算數學三卷二十四章　(美國)狄考文輯　(清)鄒立文述　清光緒三十二年(1906)刻本　六冊

620000－4104－0000003　001
重刊宋本十三經注疏附校勘記四百一十六卷　(清)阮元校勘　清光緒十八年(1892)湖南寶慶務本書局刻本　十六冊　缺二十二卷(左傳五十三至五十八,尚書一至四、十五至二十,禮記五十五至五十七,穀梁十五至十七)

620000－4104－0000004　120
春秋繁露十七卷附錄一卷　(漢)董仲舒撰　(清)盧文弨校　清光緒八年(1882)淮南書局刻本　二冊

620000－4104－0000005　108
春秋三傳十六卷首一卷　(□)□□輯　(唐)陸德明音義　清同治十年(1871)刻本　十二冊

620000－4104－0000006　301
大清律例歌訣三卷　(清)程夢元編　清光緒二十六年(1900)鉛印本　一冊

620000－4104－0000007　600
地理問答二卷　(清)□□撰　清光緒二十八年(1902)石印本　二冊

620000－4104－0000008　135
東塾讀書記二十五卷　(清)陳澧撰　清光緒二十四年(1898)紉蘭書館刻本(原缺卷十三至十四、十七至二十、二十二至二十五)　六冊

620000－4104－0000009　362－365
東塾讀書記二十五卷　(清)陳澧撰　清光緒二十四年(1898)紉蘭書館刻本(原缺卷十三至十四、十七至二十、二十二至二十五)　四冊　缺三卷(一至三)

620000－4104－0000010　282
爾雅註疏十一卷　(晉)郭璞注　(宋)邢昺疏　清咸豐四年(1854)刻本　六冊

620000－4104－0000011　356
費氏古易訂文十二卷　王樹枏撰　清光緒十七年(1891)刻本　四冊

620000－4104－0000012　147
甘肅師範學堂輿地課藝不分卷　(清)易抱一輯　清光緒三十年(1904)刻本　二冊

620000－4104－0000013　360
廣雅補疏四卷　王樹枏撰　清光緒十六年(1890)刻本　一冊

620000－4104－0000014　237
廣輿記二十四卷　(清)蔡方炳增輯　清刻本　十六冊

620000－4104－0000015　3001
函海一百六十種七百九十四卷　(清)李調元輯　清光緒七年至八年(1881－1882)廣漢鍾登甲樂道齋刻本　二十七冊　存十五種四十七卷

620000－4104－0000016　202
後漢書九十卷續漢志三十卷　(南朝宋)范曄撰　(晉)司馬彪撰　(南朝梁)劉昭注　清光緒十三年(1887)金陵書局刻本　二十冊

620000－4104－0000017　21
皇朝經世文編一百二十卷　(清)賀長齡輯　(清)魏源編　(清)曹堉校　清光緒九年(1883)刻本　八十冊

620000－4104－0000018　642
皇朝經世文編一百二十卷　(清)賀長齡輯　(清)魏源編　(清)曹堉校　清光緒十七年(1891)刻本　八十冊

620000－4104－0000019　722
皇朝經世文新編二十一卷　麥仲華輯　清光緒二十七年(1901)石印本　十二冊

620000－4104－0000020　602
皇朝經世文續編一百二十卷　(清)管窺居士

輯　清光緒十四年(1888)刻本　四十冊

620000－4104－0000021　567
皇朝政典挈要八卷　(日本)增田貢撰　(清)毛淦補編　清光緒二十八年(1902)鉛印本　四冊

620000－4104－0000022　352
節本泰西新史攬要八卷　(英國)李提摩太譯　周慶雲節錄　清光緒二十七年(1901)刻本　二冊

620000－4104－0000023　253
經餘必讀八卷續編八卷三編四卷　(清)錢樹棠　(清)雷琳　(清)錢樹立輯　(清)趙在翰纂　清光緒二十年(1894)刻本　十冊

620000－4104－0000024　340
康熙字典十二集三十六卷　(清)張玉書　(清)陳廷敬等纂　清光緒二十年(1894)石印本　六冊

620000－4104－0000025　346
康熙字典十二集三十六卷　(清)張玉書　(清)陳廷敬等纂　清光緒三十三年(1907)石印本　六冊

620000－4104－0000026　1202
孔氏家語十卷　(三國魏)王肅注　明汲古閣刻本　二冊

620000－4104－0000027　98
禮記十卷　(元)陳澔集說　清同治十年(1871)刻本　十冊

620000－4104－0000028　3003
禮記十卷　(元)陳澔集說　清同治十年(1871)刻本　五冊　存五卷(三至五、九至十)

620000－4104－0000029　533
歷代畫史彙傳七十二卷首一卷目錄三卷附錄二卷　(清)彭蘊璨輯　清光緒五年(1879)刻本　二十四冊

620000－4104－0000030　329
苗氏說文四種　(清)苗夔撰　清咸豐元年(1851)刻本　四冊　缺七卷(聲讀表一至七)

620000－4104－0000031　382
歐陽文忠公全集一百五十三卷首一卷附錄五卷　(宋)歐陽修撰　清光緒十九年(1893)刻本　三十六冊

620000－4104－0000032　145
歐洲東方交涉記十二卷　(英國)麥高爾輯撰　(美國)林樂知譯　(清)瞿昂來譯　清光緒六年(1880)江南機器製造總局刻本　二冊

620000－4104－0000033　未001
七家詩選七卷　(清)張熙宇輯　清光緒九年(1883)刻本　一冊　存四卷(一至四)

620000－4104－0000034　3000
七家詩選七卷　(清)張熙宇輯　清晚期刻朱墨套印本　二冊　存四卷(簡學齋一、澹香齋一、修竹齋一、桐雲閣一)

620000－4104－0000035　173
前漢書一百二十卷　(漢)班固撰　(唐)顏師古注　清光緒十三年(1887)金陵書局刻本　二十九冊　缺七卷(二至八)

620000－4104－0000036　3002
潛夫論十卷　(漢)王符撰　清光緒元年(1875)崇文書局刻本　二冊

620000－4104－0000037　未002
潛夫論十卷　(漢)王符撰　清末掃葉山房石印本　一冊

620000－4104－0000038　299
欽定大學堂章程五卷　(清)張百熙撰　清光緒二十八年(1902)石印本　一冊

620000－4104－0000039　557
日本國志四十卷首一卷　(清)黃遵憲編　清光緒二十四年(1898)刻本　十冊

620000－4104－0000040　354
日露戰爭未來記不分卷十四章　(英國)木里司撰　(日本)大町桂月　(清)金開華　薛鳳昌譯　清光緒二十九年(1903)鉛印本　二冊

620000－4104－0000041　222

三國志六十五卷　(晉)陳壽撰　(南朝宋)裴松之注　清光緒刻本　十五冊　缺二卷(一至二)

620000－4104－0000042　141
三通序不分卷　(清)□□輯　清光緒十四年(1888)刻本　二冊

620000－4104－0000043　未003
陝甘鄉試硃卷不分卷　(清)□□輯　清末刻本　一冊

620000－4104－0000044　448
聖武記十四卷　(清)魏源撰　清末鉛印本　六冊

620000－4104－0000045　366
詩經八卷　(宋)朱熹集傳　清光緒十六年(1890)刻本　四冊

620000－4104－0000046　569
詩經八卷　(宋)朱熹集傳　清宣統三年(1911)上海章福記石印本　四冊

620000－4104－0000047　149
史記集解一百三十卷　(漢)司馬遷撰　(南朝宋)裴駰注　清光緒四年(1878)金陵書局刻本　二十冊

620000－4104－0000048　288
史通削繁四卷　(清)紀昀撰　清光緒二十二年(1896)新化三味堂刻本　四冊

620000－4104－0000049　125
四書貫解十九卷　(清)朱良玉纂輯　清嘉慶十二年(1807)刻本　五冊　缺三卷(孟子一至三)

620000－4104－0000050　481
四裔編年表四卷　(美國)林樂知　嚴良勳譯　(清)李鳳苞彙編　清光緒二十三年(1897)石印本　四冊

620000－4104－0000051　572
萬國分類時務大成四十卷首一卷　(清)錢豐選輯　清光緒二十七年(1901)石印本　二十八冊

620000－4104－0000052　302
洗冤錄歌訣一卷　(清)寶鑒編　清光緒二十六年(1900)鉛印本　一冊

620000－4104－0000053　318
小學集註六卷　(宋)朱熹撰　(明)陳選注　清光緒三十三年(1907)刻本　二冊

620000－4104－0000054　320
小學集註六卷　(宋)朱熹撰　(明)陳選注　清光緒三十三年(1907)刻本　二冊

620000－4104－0000055　319
小學集註六卷　(宋)朱熹撰　(明)陳選注　清光緒三十三年(1907)刻本　一冊　存二卷(五至六)

620000－4104－0000056　296
校邠廬抗議二卷　(清)馮桂芬撰　清咸豐十一年(1861)刻本　二冊

620000－4104－0000057　445
學記臆解一卷　(清)劉光蕡撰　清末刻本　一冊

620000－4104－0000058　446
學記臆解一卷　(清)劉光蕡撰　清末刻本　一冊

620000－4104－0000059　447
學記臆解一卷　(清)劉光蕡撰　清末刻本　一冊

620000－4104－0000060　263
學算筆談十二卷　(清)華蘅芳撰　清光緒二十三年(1897)刻本　六冊

620000－4104－0000061　143
儀禮十七卷嚴本義理鄭氏注校錄一卷　(漢)鄭玄注　清同治九年(1870)湖北崇文書局刻本　二冊

620000－4104－0000062　471－475
瀛環志略十卷　(清)徐繼畬輯注　清同治十二年(1873)刻本　五冊

620000－4104－0000063　462
庸書内篇二卷外篇二卷　(清)陳熾撰　清光

緒鉛印本　二冊

620000－4104－0000064　31－40
御批歷代通鑑輯覽一百二十卷　(清)傅恆等纂修　清同治十三年(1874)刻本　六十冊

620000－4104－0000065　44
淵鑒類函四百五十卷目錄四卷　(清)張英編　清康熙刻本　七冊　存二十一卷(一百十二至一百三十二)

620000－4104－0000066　84
原富八卷　(英國)斯密亞丹撰　嚴復譯　清光緒二十八年(1902)石印本　七冊

620000－4104－0000067　464
增訂格物入門七卷　(美國)丁韙良撰　清光緒十五年(1889)刻本　七冊

620000－4104－0000068　417－420
增像全圖東周列國志八卷首一卷　(清)蔡界評點　清末石印本　四冊

620000－4104－0000069　272
周禮政要二卷　(清)孫詒讓撰　清光緒三十一年(1905)刻本　二冊

620000－4104－0000070　274－281
周禮注疏刪翼三十卷　(明)王志長輯　(明)葉培恕定　明崇禎十二年(1639)刻本　十六冊

620000－4104－0000071　133
周易四卷　(宋)朱熹注　清同治十年(1871)刻本　二冊

620000－4104－0000072　292
資治通鑑地理今釋十六卷　(清)吳熙載撰　清光緒二十三年(1897)廣東經史閣刻本　四冊

620000－4104－0000073　268
左繡三十卷首一卷　(清)馮李驊　(清)陸浩評輯　清康熙五十九年(1720)刻本　十六冊

620000－4104－0000074　127
左傳舊疏考正八卷　(清)劉文淇撰　清光緒三年(1877)刻本　四冊

620000－4104－0000075　1204
[康熙]鎮原縣志二卷　(清)錢志彤鑒定　(清)韓宰校正　(清)張述轅纂修　清康熙五十四年(1715)刻本　二冊

甘肅省平涼市靈臺縣圖書館古籍普查登記目錄

全國古籍普查登記目錄

國家圖書館出版社
National Library of China Publishing House

《甘肅省平涼市靈臺縣圖書館古籍普查登記目録》

編委會

主　編： 姚永鋒

副主編： 柳海燕　鄧亞鳳

編　委： 胡文杰　張　霞　姚亞麗　韓　飛

620000－1118－0000001　子 037

白芙堂算學叢書二十三種八十九卷　(清)丁取忠輯　清同治至光緒長沙古荷花池精舍刻本　七册　缺七卷(輿地經緯度里表一、求一術通解一至二、割圜八綫綴術一至四)

620000－1118－0000002　新 017－023

筆算數學三卷　(美國)狄考文輯　(清)鄒立文述　清末陝西味經官書局鉛印本　十册

620000－1118－0000003　經 158

重刊宋本十三經注疏四百十六卷附校勘記　(清)阮元撰　(清)盧宣旬摘錄　清光緒十八年(1892)湖南寶慶務本書局刻本　一百五十五册　缺十卷(周易一至二、孟子一、禮記一、爾雅一至六)

620000－1118－0000004　新 047－048

初等地理教課書一卷　張相文輯　清末陝西味經官書局鉛印本　八册

620000－1118－0000005　經 163

大學古本質言一卷　(清)劉沅撰　清光緒三十一年(1905)刻本　一册

620000－1118－0000006　新 028

代數備旨不分卷十三章　(美國)狄考文編譯　清光緒二十九年(1903)浙紹特別書局石印本　六册　缺一章(八)

620000－1118－0000007　史 128/1:8

地理學講義不分卷　(日本)志賀重昂撰　薩端譯　清末陝西味經官書局鉛印本　八册

620000－1118－0000008　新 001

東洋史要二卷　(日本)桑原騭藏撰　樊炳清譯　清末陝西味經官書局鉛印本　二十二册

620000－1118－0000009　子 032

痘症精言四卷　(清)袁句撰　清乾隆至嘉慶匯源堂刻本　七册

620000－1118－0000010　史 126－127

改正世界地理學六卷首一卷附一卷　(日本)矢津昌永撰　吳敁孫編譯　清光緒三十年(1904)甘肅官書局刻本　十九册

620000－1118－0000011　史 109－121

甘肅忠義錄一百三十一卷　(清)楊昌濬修　(清)張國常纂　(清)胡乎駿續纂　清光緒十六年(1890)刻本　十七册　存六十三卷(婦女表一至六、十至十三、十八至五十一、六十三至六十六、七十二至七十六、八十二至八十八,將士表八至十)

620000－1118－0000012　新 009

高等小學西洋歷史教科書一卷二章　(清)南洋官書局編譯　清光緒三十一年(1905)南洋官書局石印本　一册

620000－1118－0000013　集 001

合刻註釋張子房解學士千家詩講讀二卷　(明)湯海若校釋　清同治七年(1868)刻本　一册

620000－1118－0000014　新 038/1:19

化學歌括不分卷植物學歌略不分卷　(清)虞和欽編　清末陝西味經官書局鉛印本　十九册

620000－1118－0000015　經 068.1/1:3

繪圖周禮便蒙課本六卷　(清)黃崑圃撰　(清)南洋官書局增訂　清光緒三十二年(1906)南洋官書局石印本　六册

620000－1118－0000016　子 027

紀效新書十八卷首一卷　(明)戚繼光撰　清光緒二十一年(1895)上海醉經樓石印本　四册

620000－1118－0000017　史 009.1/1:4

節本泰西新史攬要八卷　(英國)馬懇西撰　(英國)李提摩太譯　周慶雲節錄　清光緒二十七年(1901)烏程周慶雲夢坡室刻本　七册

620000－1118－0000018　史 132

京師大學堂經濟學講義不分卷五篇　(日本)杉榮三郎編　**中國地理講義一卷首一卷**　(清)鄒代鈞撰　清末鉛印本　二册

620000－1118－0000019　經 211

京師大學堂經學科講義不分卷　王舟瑤撰　清末鉛印本　一册

620000－1118－0000020　史130－131
京師大學堂史學科講義一卷　屠寄撰　**萬國史講義一卷**　(日本)服部宇之吉撰　清末鉛印本　二册

620000－1118－0000021　經212
京師大學堂心理學講義不分卷　(日本)服部宇之吉撰　**掌故學講義一卷**　楊道霖撰　清末鉛印本　七册

620000－1118－0000022　史129
京師大學堂中國通史講義不分卷七章　王舟瑤撰　清末鉛印本　一册

620000－1118－0000023　集002－004
精選新科直省闈墨必讀不分卷　(清)□□輯　清末鉛印本　七册

620000－1118－0000024　新046
蒙學課本地球歌韻四卷　(清)張士瀛編　清光緒二十八年(1902)石印本　二册

620000－1118－0000025　子002－007
蒙學課本二卷　(清)□□編　清光緒二十五年(1899)南洋公學刻本　二十一册

620000－1118－0000026　史040
南嶽志八卷　(清)高自位編　清乾隆十八年(1753)開雲樓刻本　三册　存三卷(六至八)

620000－1118－0000027　史003.1/1:8
歐洲列國戰事本末二十二卷歐洲族類源流略五卷　王樹枏撰　清光緒二十八年(1902)中衛縣署刻陶廬叢刻本　五十一册

620000－1118－0000028　子061
礮法畫譜不分卷　(清)丁乃文撰　清光緒二十一年(1895)陝西味經售書處刻本　七册

620000－1118－0000029　經145
評點春秋綱目左傳句解彙雋六卷　(清)韓菼重訂　清刻本　四册　存四卷(一至二、四至五)

620000－1118－0000030　新014/1:14
普通小學歷史讀本不分卷　(清)□□撰　清末陝西味經官書局鉛印本　十四册

620000－1118－0000031　子008/17:1
普通學歌訣一卷　張一鵬撰　清光緒二十六年(1900)味經官書局鉛印本　十七册

620000－1118－0000032　子001
啟蒙課本不分卷　(清)京師大學堂編　清光緒三十一年(1905)南洋官書總局石印本　一册

620000－1118－0000033　子026/9:1
勸學篇二卷　(清)張之洞撰　清光緒二十四年(1898)甘肅藩署刻本　七册

620000－1118－0000034　新034
三角數理十二卷　(英國)海麻士輯　(英國)傅蘭雅口譯　(清)華蘅芳筆述　(清)曹擷亭繪圖　清光緒二十二年(1896)上海璣衡堂石印本　七册

620000－1118－0000035　史039/1:3
十九世紀歐洲政治史論不分卷四章　(日本)酒井雄三郎撰　(清)華文祺譯　清末陝西味經官書局鉛印本　三册

620000－1118－0000036　史018
史記菁華錄六卷　(清)姚苧田輯　清光緒十八年(1892)上海書局石印本　四册　存四卷(一、三至五)

620000－1118－0000037　史011/1:4
史論啟蒙一卷　(清)周雪樵評選　(清)嵇銓注釋　清末陝西味經官書局鉛印本　四册

620000－1118－0000038　新015
隨方一得草四卷　(清)易抱一撰　清光緒三十年(1904)刻本　五册

620000－1118－0000039　子031
圖註八十一難經辨眞四卷　(明)張世賢圖注　清末刻本　一册　存二卷(一至二)

620000－1118－0000040　史030
萬國公法四卷　(美國)惠頓撰　(美國)丁韙良譯　清光緒二十七年(1901)鑄記書莊鉛印本　七册

620000－1118－0000041　史026

萬國近政考略十六卷　(清)鄒弢撰　清光緒二十七年(1901)三借廬鉛印本　四册

620000－1118－0000042　子 036/1:9

衛生學問答不分卷　丁福保撰　清光緒三十年(1904)甘肅高等學堂刻本　九册

620000－1118－0000043　史 012

文獻通考詳節二十四卷　(元)馬端臨撰　(清)嚴虞惇節錄　清光緒二十四年(1898)石印本　六册

620000－1118－0000044　新 005

西洋史要發端不分卷　(日本)小川銀次郎撰　樊炳清　薩端譯　清末陝西味經官書局鉛印本　十六册

620000－1118－0000045　史 022

熙朝紀政八卷　(清)王慶雲撰　清光緒二十八年(1902)石印本　七册

620000－1118－0000046　經 210/17:1

小學教育富國學問答不分卷四章　(清)陳乾生編　清末陝西味經官書局鉛印本　十七册

620000－1118－0000047　新 049－050

校邠廬抗議二卷　(清)馮桂芬撰　清光緒二十四年(1898)石印本　四册

620000－1118－0000048　子 062

新訂王氏羅經透解二卷　(清)王道亨輯　清道光三年(1823)刻本　一册

620000－1118－0000049　子 009/18:1

訓蒙捷徑續編二卷　(清)黄慶澄撰　清光緒二十四年(1898)鉛印本　十八册

620000－1118－0000050　經 006/009

易經體註大全合參四卷　(清)李兆賢輯撰　(清)范紫登鑒定　清刻本　四册

620000－1118－0000051　子 044

御製數理精藴四十五卷表八卷　(清)聖祖玄燁撰　清光緒三十二年(1906)上海通時書局石印本　十七册　缺十卷(上編一至五、下編三十一至三十五)

620000－1118－0000052　新 039

增訂格物入門七卷　(美國)丁韙良撰　清光緒十五年(1889)同文館鉛印本　六册　存六卷(二至七)

620000－1118－0000053　新 010

中等美國歷史教科書不分卷二十章中等英國歷史教科書不分卷三篇中等法國歷史教科書不分卷九章　(清)南洋官書局譯　清光緒三十一年(1905)南洋官書局石印本　四册

620000－1118－0000054　史 034

中外政治新章程彙編八卷　(清)陳邦瑞編　清末陝西味經官書局鉛印本　五册　存五卷(三、五至八)

620000－1118－0000055　經 066

周禮政要四卷　(清)孫詒讓撰　清光緒二十八年(1902)瑞安普通學堂刻本　二册

620000－1118－0000056　史 043

[光緒]甘肅新通志一百卷首五卷　(清)升允　(清)長庚修　(清)安維峻纂　清宣統元年(1909)刻本　六十六册　缺十四卷(三、六至七、二十五、二十七、五十五、七十一至七十三、七十五至七十九)

甘肅省慶陽市環縣圖書館古籍普查登記目録

全國古籍普查登記目録

國家圖書館出版社
National Library of China Publishing House

《甘肅省慶陽市環縣圖書館古籍普查登記目録》

編委會

主　編： 孫天順

副主編： 時依青

620000－4107－0000001　01/003
春秋左傳杜注三十卷首一卷　(晉)杜預注　(清)姚培謙學　清末李光明莊刻本　十二册

620000－4107－0000002　02/024
綱鑑正史約編三十六卷　(明)顧錫疇撰　清同治八年(1869)刻本　二十册

620000－4107－0000003　04/011
古文辭類纂七十五卷　(清)姚鼐纂　清光緒二十七年(1901)滁州李氏求要堂刻本　十二册

620000－4107－0000004　02/003
漢書一百卷　(漢)班固撰　清同治八年(1869)金陵書局刻本　十六册

620000－4107－0000005　02/004
後漢書一百二十卷　(南朝宋)范曄撰　(唐)李賢等注　(晉)司馬彪續撰　清同治金陵書局刻本　十八册

620000－4107－0000006　02/025
晉略十卷　(清)周濟撰　清道光十九年(1839)刻本　十册

620000－4107－0000007　01/005
禮記十卷　(元)陳澔集說　清末李光明莊刻本　十册

620000－4107－0000008　01/002
論語十卷　(宋)朱熹集注　清末刻本　二册　存五卷(六至十)

620000－4107－0000009　01/004
孟子要略五卷　(宋)朱熹撰　(清)劉傳瑩輯　清同治十三年(1874)刻本　一册

620000－4107－0000010　02/033
廿二史劄記三十六卷　(清)趙翼撰　清光緒二十六年(1900)刻本　十二册

620000－4107－0000011　02/023
廿一史約編八卷首一卷　(清)鄭元慶撰　清康熙刻本　八册

620000－4107－0000012　02/030
日本國志四十卷首一卷　(清)黄遵憲撰　清光緒二十四年(1898)浙江書局刻本　十册

620000－4107－0000013　02/008
十七史十七種一千五百七十四卷　(□)□□輯　明崇禎至清順治琴川毛氏汲古閣刻本　二百六十册

620000－4107－0000014　04/001
文選六十卷　(南朝梁)蕭統撰　清刻本　十二册

620000－4107－0000015　04/010
續古文辭類纂二十八卷　(清)黎庶昌纂　清光緒二十一年(1895)金陵狀元閣刻本　十二册

620000－4107－0000016　03/001
淵鑒齋御纂朱子全書六十六卷　(宋)朱熹撰　(清)李光地等纂　清康熙五十三年(1714)刻本　四十册

620000－4107－0000017　02/026
曾文正公大事記四卷　(清)李鴻章　(清)曾國荃審定　(清)王定安撰　清光緒傳忠書局刻本　二册

620000－4107－0000018　02/029
曾文正公全集十三種一百六十六卷首一卷　(清)曾國藩撰　清同治至光緒傳忠書局刻本　一百二十六册

620000－4107－0000019　01/001
周禮六卷　(漢)鄭玄注　清光緒二十年(1894)金陵書局刻本　六册

《西北民族大學圖書館古籍普查登記目録》
書名筆畫字頭索引

一畫

二畫

三畫

四畫

五畫

六畫

七畫

八畫

九畫

十畫

十一畫

十二畫

十三畫

十四畫

十五畫

十六畫

十七畫

十八畫

十九畫

二十畫

二十一畫

二十二畫

二十三畫

二十四畫

二十五畫

二十八畫

二十九畫

《西北民族大學圖書館古籍普查登記目録》
書名筆畫索引

一畫

二畫

三畫

四畫

五畫

六畫

七畫

八畫

九畫

十畫

十一畫

十二畫

十三畫

十四畫

十五畫

十六畫

十七畫

十八畫

十九畫

二十畫

二十一畫

二十二畫

二十三畫

二十四畫

二十五畫

二十八畫

二十九畫

《甘肅省蘭州市圖書館古籍普查登記目録》
書名筆畫字頭索引

一畫

二畫

三畫

四畫

五畫

六畫

七畫

八畫

九畫

十畫

十一畫

十二畫

十三畫

十四畫

十五畫

十六畫

十七畫

十八畫

十九畫

二十畫

二十一畫

二十二畫

二十四畫

《甘肅省蘭州市圖書館古籍普查登記目録》
書名筆畫索引

一畫

二畫

三畫

四畫

五畫

六畫

七畫

八畫

九畫

十畫

十一畫

十二畫

十三畫

十四畫

十五畫

十六畫

十七畫

十八畫

十九畫

二十畫

二十一畫

二十二畫

二十四畫

《甘肅省定西市安定區圖書館古籍普查登記目録》
書名筆畫字頭索引

二畫

三畫

四畫

五畫

六畫

七畫

八畫

九畫

十畫

十一畫

十二畫

十三畫

十四畫

十五畫

十六畫

十七畫

十八畫

十九畫

二十畫

二十一畫

二十二畫

二十三畫

《甘肅省定西市安定區圖書館古籍普查登記目録》
書名筆畫索引

二畫

三畫

四畫

五畫

六畫

七畫

八畫

九畫

十畫

十一畫

十二畫

十三畫

十四畫

十五畫

十六畫

十七畫

十八畫

十九畫

二十畫

二十一畫

二十二畫

二十三畫

《甘肅省平涼市莊浪縣圖書館古籍普查登記目録》
書名筆畫字頭索引

二畫

三畫

四畫

五畫

六畫

七畫

八畫

九畫

十畫

十一畫

十二畫

十三畫

十四畫

十五畫

十六畫

十七畫

十八畫

十九畫

二十畫

二十一畫

二十二畫

二十三畫

《甘肅省平涼市莊浪縣圖書館古籍普查登記目録》
書名筆畫索引

二畫

三畫

四畫

五畫

六畫

七畫

八畫

九畫

十畫

十一畫

十二畫

十三畫

十四畫

十五畫

十六畫

十七畫

十八畫

十九畫

二十畫

二十一畫

二十二畫

二十三畫

《甘肅省臨夏市圖書館古籍普查登記目録》
書名筆畫字頭索引

二畫

三畫

四畫

五畫

六畫

七畫

八畫

九畫

十畫

十一畫

十二畫

十三畫

十四畫

十五畫

十六畫

十七畫

十八畫

十九畫

二十畫

二十一畫

二十二畫

《甘肅省臨夏市圖書館古籍普查登記目録》
書名筆畫索引

二畫

三畫

四畫

五畫

六畫

七畫

八畫

九畫

十畫

十一畫

十二畫

十三畫

十四畫

十五畫

十六畫

十七畫

十八畫

十九畫

二十畫

二十一畫

二十二畫

《甘肅省定西市通渭縣圖書館古籍普查登記目録》
書名筆畫字頭索引

二畫

三畫

四畫

五畫

六畫

七畫

八畫

九畫

十畫

十一畫

十二畫

十三畫

十四畫

十五畫

十六畫

十七畫

十八畫

十九畫

二十畫

二十一畫

二十二畫

二十四畫

《甘肅省定西市通渭縣圖書館古籍普查登記目録》
書名筆畫索引

二畫

三畫

四畫

五畫

六畫

七畫

八畫

九畫

十畫

十一畫

十二畫

十三畫

十四畫

十五畫

十六畫

十七畫

十八畫

十九畫

二十畫

二十一畫

二十二畫

二十四畫

《甘肅省武威市民勤縣文化館古籍普查登記目録》
書名筆畫字頭索引

二畫

三畫

四畫

五畫

六畫

七畫

八畫

九畫

十畫

十一畫

十二畫

十三畫

十四畫

十五畫

十六畫

十七畫

十八畫

十九畫

二十畫

二十一畫

二十二畫

《甘肅省武威市民勤縣文化館古籍普查登記目録》書名筆畫索引

二畫

三畫

四畫

五畫

六畫

七畫

八畫

九畫

十畫

十一畫

十二畫

十三畫

十四畫

十五畫

十六畫

十七畫

十八畫

十九畫

二十畫

二十一畫

二十二畫

《甘肅省定西市臨洮縣圖書館古籍普查登記目録》
書名筆畫字頭索引

二畫

三畫

四畫

五畫

六畫

七畫

八畫

九畫

十畫

十一畫

十二畫

十三畫

十四畫

十五畫

十六畫

十七畫

十八畫

十九畫

二十畫

二十二畫

二十四畫

《甘肅省定西市臨洮縣圖書館古籍普查登記目録》
書名筆畫索引

二畫

三畫

四畫

五畫

六畫

七畫

八畫

九畫

十畫

十一畫

十二畫

十三畫

十四畫

十五畫

十六畫

十七畫

十八畫

十九畫

二十畫

二十二畫

二十四畫

《甘肅省白銀市會寧縣圖書館古籍普查登記目録》
書名筆畫字頭索引

二畫

三畫

四畫

五畫

六畫

七畫

八畫

九畫

十畫

十一畫

十二畫

十三畫

十四畫

十五畫

十六畫

十七畫

十九畫

二十畫

二十一畫

二十二畫

二十四畫

《甘肅省白銀市會寧縣圖書館古籍普查登記目録》
書名筆畫索引

二畫

三畫

四畫

五畫

六畫

七畫

八畫

九畫

十畫

十一畫

十二畫

十三畫

十四畫

十五畫

十六畫

十七畫

十九畫

二十畫

二十一畫

二十二畫

二十四畫

《河西學院圖書館古籍普查登記目録》
書名筆畫字頭索引

十畫

十一畫

十二畫

十三畫

十四畫

十五畫

十六畫

十七畫

十八畫

十九畫

二十一畫

二十二畫

《河西學院圖書館古籍普查登記目録》
書名筆畫索引

二畫

三畫

四畫

五畫

六畫

七畫

八畫

九畫

十畫

十一畫

十二畫

十三畫

十四畫

十五畫

十六畫

十七畫

十八畫

十九畫

二十一畫

二十二畫

《甘肅省天水市清水縣圖書館古籍普查登記目録》
書名筆畫字頭索引

十二畫

十三畫

十四畫

十五畫

十六畫

十七畫

十九畫

《甘肅省天水市清水縣圖書館古籍普查登記目録》
書名筆畫索引

二畫

三畫

四畫

五畫

六畫

七畫

八畫

九畫

十畫

十一畫

十二畫

十三畫

十四畫

十五畫

十六畫

十七畫

十九畫

《甘肅省慶陽市鎮原縣圖書館古籍普查登記目録》
書名筆畫字頭索引

二畫

三畫

四畫

五畫

六畫

八畫

九畫

十畫

十一畫

十二畫

十三畫

《甘肅省慶陽市鎮原縣圖書館古籍普查登記目録》
書名筆畫索引

二畫

三畫

四畫

五畫

六畫

八畫

九畫

十畫

十一畫

十二畫

十三畫

十四畫

十五畫

十六畫

十七畫

十八畫

十九畫

《甘肅省平涼市靈臺縣圖書館古籍普查登記目録》
書名筆畫字頭索引

二畫

三畫

四畫

五畫

六畫

七畫

八畫

九畫

十畫

十一畫

十二畫

十三畫

十四畫

十五畫

十九畫

二十一畫

《甘肅省平涼市靈臺縣圖書館古籍普查登記目録》
書名筆畫索引

二畫

三畫

四畫

五畫

六畫

七畫

八畫

九畫

十畫

十一畫

十二畫

十三畫

十四畫

十五畫

十九畫

二十一畫

《甘肅省慶陽市環縣圖書館古籍普查登記目録》
書名筆畫字頭索引

二畫

四畫

五畫

八畫

九畫

十畫

十二畫

十四畫

十五畫

十七畫

二十一畫

《甘肅省慶陽市環縣圖書館古籍普查登記目録》
書名筆畫索引

二畫

四畫

五畫

八畫

九畫

十畫

十二畫

十四畫

十五畫

十七畫

二十一畫